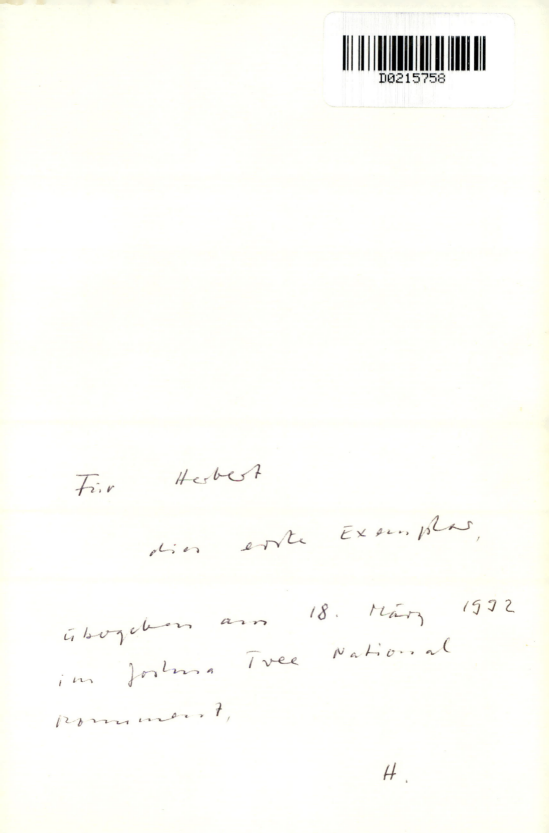

Für Herbert

dies erste Exemplar,

übergeben am 18. März 1992
im Joshua Tree National
Monument,

H.

THOMAS-MANN-STUDIEN

ZEHNTER BAND

THOMAS-MANN-STUDIEN

HERAUSGEGEBEN VOM THOMAS-MANN-ARCHIV
DER EIDGENÖSSISCHEN TECHNISCHEN HOCHSCHULE
IN ZÜRICH

ZEHNTER BAND

VITTORIO KLOSTERMANN · FRANKFURT AM MAIN

JAHRE DES UNMUTS

Thomas Manns Briefwechsel mit René Schickele

1930–1940

HERAUSGEGEBEN VON HANS WYSLING
UND CORNELIA BERNINI

VITTORIO KLOSTERMANN · FRANKFURT AM MAIN

Aus den Beständen des Deutschen Literaturarchivs in Marbach und des
Thomas-Mann-Archivs der Eidgenössischen Technischen Hochschule Zürich

Die Deutsche Bibliothek – CIP-Einheitsaufnahme

Jahre des Unmuts : Thomas Manns Briefwechsel mit René
Schickele 1930–1940 / hrsg. von Hans Wysling und Cornelia
Bernini. – Frankfurt am Main : Klostermann, 1992
(Thomas-Mann-Studien ; Bd. 10) – ISBN 3-465-02517-2
NE: Mann, Thomas; Schickele, René; Wysling, Hans [Hrsg.]; GT

Satz: Satz- und Reprotechnik GmbH, Hemsbach
Druck: Druck Partner Rübelmann, Hemsbach
Printed in Germany

INHALT

EINE SCHWIERIGE FREUNDSCHAFT

I

Die Emigration hat die beiden zusammengeführt. Zwar kannten sie sich schon von der Preußischen Akademie der Künste her persönlich, und 1931, auf seiner Heimreise von Paris, hatte Thomas Mann bei Schickele in Badenweiler vorgesprochen. Annette Kolb, die gemeinsame Freundin, dürfte den Besuch in die Wege geleitet haben. Aber zu einem engeren Verhältnis kam es erst 1933, in Sanary-sur-mer, dem Treffpunkt deutscher Emigranten. An der französischen Südküste hielten sich 1933 und später Dutzende von Geflohenen auf, abwartend, hoffend, verzweifelnd. Darüber braucht nicht mehr geschrieben zu werden. Die hier abgedruckten Briefe wiederholen es – und beleuchten es neu. Heinrich Mann, Lion Feuchtwanger, Wilhelm Herzog, Hermann Kesten, Ludwig Marcuse, Bertolt Brecht, Erwin Piscator, Ernst Toller, Julius Meier-Graefe, Franz Werfel, die Mann-Kinder: Sie alle waren da, einige ein paar Tage, andere wochen- oder jahrelang, bis es 1940, als die deutschen Armeen südwärts stießen, weiterzuflüchten galt.

René Schickele hatte sein Haus in Badenweiler schon im Herbst 1932 verlassen. Teils wollte er sich von seinem Asthma befreien, teils floh er vor der nationalsozialistischen Bedrohung. Sie machte sich schon vor Hitlers Machtübernahme geltend, so sehr, daß Schickele für sich und das deutsche Volk zu fürchten begann. Er sah eine „mehrjährige Sonnenfinsternis"[1] voraus. Das Gerassel und Hetzgebell wurde lauter und schärfer. Am 6. August 1931 war er in der rechtsnationalen Zeitung *Deutsche Treue* von einem „Sebastian Brant" persönlich angegriffen worden[2]: Seine Bücher seien „zersetzendes geistiges Gift, welches das Volk bis in die tiefsten Wurzeln seines nationalen Bewußtseins zerfressen" habe. Der pazifistische „Edelquatsch" der *Weißen Blätter* habe ihn schon früh als Vertreter jener „revolutionären intellektuellen Kreise" ausgewiesen, denen jedes vaterländische Gefühl abgehe. Im übrigen sei er ein elsässischer Jude. Schickele hatte die Zeichen erkannt. Elsässer: das war er, und er hatte ganze Romane darüber geschrieben. Jude war er nicht, aber er spürte, daß mit solcher Beschimpfung begann, was als Verfolgung, Austreibung und Ausrottung enden würde. Den Gedanken der Vorläufigkeit im Herzen, ließ er sich in Sanary nieder. Schließlich war er seit 1918 Franzose, er hatte einen französischen Paß, er war in Strasbourg zur Schule gegangen – seine Mutter, in Oberehnheim/Obernai, hatte nur französisch gesprochen. So war er im eigenen Land im Exil.

Als Thomas Mann ihm am 13.4.1933 von Castagnola aus schrieb, er wisse nicht, wo er sein Haupt hinbetten solle, nach München könne er nicht zurück – „wissen Sie eine friedliche Unterkunft für uns, ein Häuschen etwa?", schrieb ihm Schickele spontan (17.4.1933): „das wäre schön, wenn Sie herkämen!" Und er sandte Thomas Mann eine Liste von Häusern, die zu besichtigen wären. Alles ging jetzt sehr rasch. Am 6.5.1933 kamen Thomas und Katja Mann in Toulon an. Sie verbrachten einige Hotelwochen in Le Lavandou und Bandol, und am 12.6.1933 „kam Hans Schickele mit seinem Gefährt", den Umzug von Bandol nach Sanary, Haus „La Tranquille", zu tätigen. Man hatte wieder eine Adresse, und sie sollte es bleiben, bis am 23.9.1933 die Rückreise nach Zürich und bald auch der Einzug ins Küsnachter Haus erfolgten. „Ja, es war ein gutes, schönes, erfreuliches Zusammenleben, und ich werde diesen Sommer immer in dankbarer Erinnerung behalten", schrieb Thomas Mann am 17.10.1933 dem Freund.

Noch zweimal, im Mai 1935 und im Frühherbst 1936, hielten sich Thomas und Katja Mann in Südfrankreich auf[3]. In Nizza, am 16.5.1935, stand Heinrich am Bahnhof, „distinguiert und seltsam von Anblick". Zum Tee ging's „nach Fabron zu Schickeles". Es folgte ein Nachtessen im Hotel Régence; Frau Kröger erhielt Rosen und fiel durch „alberne Ordinärheit auf" – da ließ sich nichts mehr ändern. Es war wie immer: Spaziergänge, Ausfahrten, Zusammentreffen mit Literaten – auch Klaus war da. Am 20. Mai das „Abschieds-Telephongespräch" mit Schickele. Und so beim längern Aufenthalt von 1936. Diesmal wohnte man in St. Cyr-Les Lecques, im Grand Hotel, traf sich mehrmals mit Schickeles, Meier-Graefes Frau, auch mit Feuchtwangers. Thomas Mann lobt die durch „den Mistral gereinigte leichte Luft". Heinrich kam, man hatte lange vergeblich auf ihn gewartet, nach Aiguebelle Le Lavandou. Über dem Schluß des Aufenthalts lagen Schatten, Heinrich war unpäßlich, Katja erkrankte, Thomas Mann selbst begann an Gliederschmerzen zu leiden.

Und dann, auf der Heimreise, schreibt Thomas Mann in Genf die fatalen Sätze in sein Tagebuch (23.9.1936): „Der Genugtuung, der fremden und immer bedrückenden Sphäre des Südens entronnen zu sein (ich atme mit Beruhigung die frische Nebelluft), gesellt sich diejenige, meine Sphäre wieder von der H.'s trennen und in unerläßlichem Sinne allein zu sein." Da bricht, unversehens und unvermutet, der uralte brüderliche Zwiespalt wieder auf[4]. Keine politische Not, keine Emigrantenängste vermochten das zu ändern. Der Süden war Heinrichs Sphäre: bellezza,

Sinnlichkeit, Renaissance-Schwärmerei, „Blut- und Schönheitsgroß-mäuligkeit"; Thomas Manns Sphäre war die Nebelluft: „der faustische Duft, Kreuz, Tod und Gruft", „Ritter, Tod und Teufel" – es war die moralistisch-protestantische Welt, aus der er kam und in die er gehörte. Urplötzlich ist sie wieder da, die Kluft.

II

Die Sache war die, daß Schickele, so sehr er Freund geworden war, auf Heinrichs Seite gehörte und schon immer gehört hatte: künstlerisch, politisch, wohl auch in seinen psychischen Reaktionen. Das hatte seine Vorgeschichte, und diese Vorgeschichte ließ sich nicht einfach beiseite räumen.

Dem jungen Schickele war Thomas Manns Prosa im tiefsten zuwider gewesen. Im Dezember 1904 hatte er ihn im Berliner Künstlerhaus vor-lesen hören. Schickeles Besprechung ist bissig. *Fiorenza* ist ihm „ein Drama schöner Sätze", die Sätze rinnen ihm dahin wie über „berauschte Blumen und Samt in Abendröte" – als wär's von Hofmannsthal. Man genießt es, kommt aber genießend nicht an die Dinge und Menschen heran, man schaut zu, fühlt von ferne mit, und bleibt draußen, weil diese Prosasätze gleichzeitig auf intellektuelle Distanz halten: „Sie sprechen Psychologie bei jedem Wort." *Das Wunderkind*, von Thomas Mann als zweites vorgelesen, erscheint dem jungen Rezensenten als „ein Schul-beispiel für die Novellenkunst von Thomas Mann". Was ihn stört, ist die Ironie: „Ein Mensch mag zusammenbrechen wie ein totes Tier – ich sehe ihn, *über*sehe ihn, bemerke demnach das *Komische* der Tragik. Und notiere den Vorfall, sowie ich ihn sah: mit leiser Ironie quand-même, die in der *gezeichneten* Linie, im geschriebenen Satz erkaltet – hart *scheint*." Und jetzt: „Der Schluß der Novelle. Ein breites Motiv im Anfang wird aufgegriffen und breitspurig ausgebaut. Das wirkt dann populär." So steht es am 3. 12. 1904 im *Neuen Magazin für Literatur, Kunst und soziales Leben*, dessen Herausgeber Schickele damals war. Ob Thomas Mann die Besprechung gelesen hat? Es ist zu vermuten. Die Vorwürfe waren ihm nicht neu. Vom Rezensenten indessen dürfte er zum erstenmal gehört haben.

Es ist nicht anzunehmen, daß Schickele damals mit Thomas Mann gesprochen hat. Zu Heinrich fand er dagegen rasch Zugang. 1904 schrieb er eine Besprechung zu *Flöten und Dolche* und fand darin auch für die *Göttinnen* begeisterte Worte[5]. Er stellt Heinrich Mann neben Oscar

Wilde, ja über ihn. Heinrich ist der erste arrivierte Schriftsteller, der ihm ein anerkennendes Wort schreibt und ihn zu sich einlädt. Es geht um den Erstlingsroman *Der Fremde*. „Ihr Roman hat mich verblüfft; er ist sehr ungewöhnlich", schreibt Heinrich Mann am 24.10.1908. Und, am 23.3.1909: „Ihr Roman ist unter denen der nach mir gekommenen Autoren (soweit ich sie kenne) der erste, den ich ernst nehme. Darin ist endlich Schärfe und Radikalismus, strenge Geistigkeit nach offener Sinnlichkeit, und kein gemüthvoller Mischmasch. Sie werden, wenn es so weiter geht mit Ihnen, vielleicht ein großer Autor werden [...]. Sie sind ein Analytiker, der mehr hat als das logische Gerippe. Sie wissen zu verhängen, haben Atmosphäre und bringen Zauber hervor." In Schikkeles Buch, schrieb Heinrich Mann, fielen „unvergesslich wahre Blitze des Geistes auf [...] Gärten voll Blumen und Statuen". Heinrichs Brief ist wohl, als Lob und Kritik, die beste Besprechung, die Schickele zeit seines Lebens erhalten hat. Da begrüßte ein Ausgewiesener einen, der neu dazukam, und erkannte in ihm seinen Sohn.

Später, zu Heinrich Manns 60. Geburtstag, schreibt ihm Schickele eine Laudatio[6], die von „unbegrenzter Verehrung und Dankbarkeit" erfüllt ist. „Wir waren zwanzigjährig, als wir die Romane der Herzogin von Assy verschlangen, Flake und ich rissen sie uns aus der Hand." Von da an verschlang Schickele jedes Werk von Heinrich Mann – das *Schlaraffenland*, *Die Jagd nach Liebe*, auch den *Untertan* und *Die Armen*, auch *Kaiserreich und Republik*, *Die große Sache*; auch die Essays – er nennt *Eine Freundschaft*, *Zola* und *Geist und Tat*, die Sammlung von 1919. Die ganze Hommage von 1931 überquillt von Begeisterung und Dankbarkeit.

Und tatsächlich: Die brünstigen Landschaftsschilderungen der *Göttinnen* leben in der *Witwe Bosca* wieder auf:

Das Blühen findet kein Ende von Valence, dem Tor des Sonnenreiches, bis hinunter ans Meer, dem die hellen Götter entstiegen. Selbst in den kahlsten Monaten, November und Dezember, blühen immer noch Rosen, roter Centranthus und weißer Thymian an Rain und Fels, Geranien und Ringelblumen in den Gärten, im Pinienwald das hohe Heidekraut, es blühen schon die frühen Mimosen, die Nelken. Die Blüten des Mispelbaumes sind unscheinbar, aber wenn dich plötzlich ein Duft einhüllt, süß und dicht, fast glaubst du, ihn mit Händen zu greifen, so ist es der Duft der Mispel – der leiseste Wind spült ihn über Hecken und Mauern.
In Trupps sprudeln die Blumen aus dem Boden, du gerätst in Düfte wie in überströmendes Quellwasser, das auf gut Glück seinen Weg sucht. Frauen sind dann einfach entzückt von solcher Liebeserklärung aus heiterem Himmel, wohingegen die Männer sich gewohnheitsmäßig nach dem Ursprung und Ausgangspunkt der Überrumpelung umsehen.

Nachts hängt der Sternenstaub in Wolken am Himmel, unruhig zucken die Fackeln der großen Gestirne. Du siehst: die Schöpfung ist nicht zu Ende, sie ruckt und gärt, ruhelos geht sie weiter.
So ist es von Valence, dem Tor des Lichtreiches, bis hinunter ans Meer.

Was den jungen Schickele an den *Göttinnen* fasziniert hatte, wird wieder lebendig: die Grell- und Steilheiten des bellezza-Kults, das Aufsprühen und Ausfransen der Lichtränder, die Schwälle von Duft und Sternenstaub, das erotische Streifen der Winde, das Flackern der Gestirne. Schickeles Landschaften sind nicht nur weich, schimmernd und nachgiebig. Härte ist darin, das Herbe und Lautere von Spott und Blöße. Heinrich Mann hat das in einer Besprechung des *Erbes am Rhein* (1926) wieder gelobt – „Sie werden Erfolg haben, René Schickele, Ihr Roman wird lange dauern", heißt es am Schluß in pädagogisch-beschwörender Überschwänglichkeit[7].

Schönheitsselige Hingerissenheit war Thomas Manns Sache nicht. Als er den Anfang der *Witwe Bosca* las, hatte er wohl seine Schwierigkeiten damit. Landschaften gab es bei ihm nicht, oder dann waren sie metaphysisch: das Meer, die Wüste, das Schneefeld mit dem nihilistischen *semper idem* der Wellen und Buckel. Alles übrige, das Gewirre von Farben und Duft, war dem Schopenhauerianer Schein und Trug, war Blendwerk der Maja[8]. Der uralte Streit zwischen den Brüdern Mann zieht hier weitere Kreise. Schon in Palestrina hatte sich Thomas Mann gegen die Landschaftsschwärmerei des Bruders gewandt[9]. Er wollte auf die Faszination der goldenen Himmel nicht hereinfallen und hielt es mit dem Pathos der Distanz. Dem „Ruchlosigkeits-Ästhetizismus" und dessen Unbedenklichkeiten stellte er die moralistisch-pessimistische Verehrung des Leidens entgegen.

Kam das Politische dazu. Auch da hatte Schickele an der Seite Heinrichs gestanden. Er gehörte zu jenen Literaten, „die ums Jahr 1916 in Zürich saßen und Schmähartikel gegen Deutschland dichteten" (X, 868). Er war einer jener expressionistischen Aktivisten, die „ganz auf das Rapide, Vehement-Bewegte, Kraß-Ausdrucksvolle" gestellt waren (XII, 212). Thomas Mann wußte nur zu gut, wie sehr er unter diesen Leuten gelitten hatte, damals. Was er dann in seinem Aufsatz von 1939 über Schickele schreibt, tönt sehr zurückhaltend, akademisch und nicht zuletzt vorwurfsvoll-ironisch (X, 763f.):

[...] und eines Tages – es war noch während des Krieges – fand er sich als Führer, als General einer neuen literarischen und mehr als literarischen Schule, des Expressionismus.

Ich weiß nicht, ob dieser Terminus in Frankreich geläufig ist, – er bezeichnet eine deutsche geistige Bewegung jener Zeit, welche, im Gegensatz zu dem als bloß quietistisch aufnehmend und widerspiegelnd beurteilten Naturalismus und Impressionismus, einen explosiven Aktivismus der Kunst forderte, verbunden mit dem Willen zum höchsten und stärksten seelischen Ausdruck, einem Willen, der die Sympathie mit dem Seelenleben der Gotik und die Ablehnung der von der Renaissance her bestimmten bürgerlichen Kultur zeitigte. Der Aktivismus der Bewegung ging über das Literarische und Künstlerische hinaus, er war vom ersten Augenblick an politisch und nahm bei den einen mehr militant-kommunistische, bei den anderen republikanisch-pazifistische Gestalt an.

Die literarische Heimstätte der expressionistischen Bewegung und der sie tragenden jungen Generation war die von Schickele herausgegebene Monatsschrift „Die weißen Blätter", die während des Krieges zuerst in Berlin, dann in Zürich erschien. Hier war es, wo Leonhard Frank, Kafka, Edschmid, Werfel und Sternheim zum ersten Mal einem größeren Publikum präsentiert wurden. Die politische Hauptdoktrin der Schule war die Untrennbarkeit von Politik und Literatur. Die Zeitschrift bedeutete die Mobilisierung des Geistes für die Politik, und zwar für eine antimilitaristische und pazifistische. Eine ihrer kennzeichnendsten Kundgebungen war ein Beitrag meines Bruders Heinrich, – jenes unter dem Schein eines enthusiastischen Zola-Porträts geschleuderte „J'accuse" gegen den imperialistischen Krieg.

War nun Schickele, wiewohl der taktische Führer dieser Schule, eigentlich ein Expressionist? Man kann das nicht sagen, – wie denn ja kaum jemals eine starke Persönlichkeit sich in den Rahmen eines literarischen Programms hat einfügen wollen. Es sind gewisse geistige, das Geistige betonende, über die das Leben nur aufnehmende und widerspiegelnde, willenlose Passivität des Naturalismus hinausgehende Elemente, die ihn mit dem Expressionismus verbinden; aber seine künstlerische Natur und formale Haltung war im Grunde zu human, dem Krassen und Steilen im Grunde zu abgeneigt, als daß das Wesen des Expressionismus eigentlich sich in seiner Kunst erfüllte. Übrigens ist der Expressionismus eine Mode von gestern und Schickele's Werk lebt, vielleicht gerade darum, weil es von Anfang an lebendig und von Theorie wenig bestimmt war.

In Schickeles *Weißen Blättern* war Ende 1915 jener Essay erschienen, der Thomas Mann wie mit Messern unter die Nägel fuhr: *Zola*, von Heinrich Mann. Dieser Essay hat den *Betrachtungen eines Unpolitischen* die Schärfe und Aggressivität eines Bruderzwists gegeben. Wenn je narzißtische Verletzlichkeit in das rabiate Verlangen nach Verletzung umschlug, dann hier. Das als Zeit-Schrift begonnene Buch, ursprünglich gegen den äußeren Feind, die Entente, gerichtet, wurde zum Schießkeller, in dem an allen Ecken und Enden der Bruder stand, der Rivale. Er mußte niedergemacht werden – jedes Schimpfwort war da willkommen: Rhetor-Bourgeois, Schönheitsgroßmaul, Zivilisationsliterat.

Die Geschichte braucht nicht mehr erzählt zu werden. Schickele war an der Seite Heinrichs von Anfang an zur Stelle gewesen. Schon 1915 hatte er die ersten Kriegsschriften Thomas Manns, *Gedanken im Kriege*, den *Brief an das Schwedische Tageblatt* und den *Friedrich*-Aufsatz in einer mehrspaltigen Glosse abgetan[10]. Den Kriegsaufsatz hatte er ein Produkt der „zivilen Korruption" genannt. Der „Ritter Thomas Mann, im Damensattel reitend zwischen Tod und Teufel", war ihm als lächerlicher Don Quichotte erschienen. Diese Glosse dürfte Thomas Mann nicht entgangen sein, auch nicht jener Ausfall, der Ende 1916 in den *Weißen Blättern* zu lesen stand[11]:

Thomas Mann verteidigt im Novemberheft der „Neuen Rundschau" des weitern die schöne Seele seines „Friedrichs", die so sehr seine eigene ist, wie Eichendorffs „Taugenichts", – den er, der holde Schminkkünstler, zum Ausgangspunkt seiner morbiden Betrachtung nimmt – mit Tonio Kröger und Aschenbach nicht einen Hauch gemeinsam hat. Was auch immer Thomas Mann schreibe, welchen Gegenstand er zu behandeln vorgebe, er spricht nur dasselbe Plaidoyer für seine privateste Angelegenheit, deren Name wechselt, ohne daß ihr Inhalt sich änderte. Er ist ein unruhiger Sentimentaler, der zu seiner Selbstbehauptung den Aufwand seines ganzen großen bösen Intellekts nicht entbehren kann. Als die Literatur noch wichtiger schien, hauste er vergnügt in der impotenten Melancholie seiner Lieblingsfiguren, typischen Literaten, nichts als Literaten, und sehnte sich, nicht minder genußsüchtig, wenn auch weniger überzeugend, nach den „Blonden, helläugigen", den „Starken" und „Gesunden", was zusammen die „tragische Ironie" ergab, auf die er von wohlwollenden Kritikern geeicht wurde. Als der Krieg näher kam, wechselte er – nicht das Thema, aber die Namen. Tonio Kröger und Aschenbach erhielten Friedrich II. zum Bruder; und als dann die deutschen Heere gen Paris marschierten, sprach er ohne Umschweife von der „deutschen" Seele und fragte sie, die Seele: „Ist nicht der Friede das Element der zivilen Korruption, die ihr amüsant und verächtlich scheint?" In seinem letzten Aufsatz dreht er sich, wie gewohnt, um einen Standpunkt, den er nicht hat. Er dreht sich mit der gewohnten Überlegenheit. Anschauungen, die er bekämpft, werden karikiert, wohingegen seine eigenen Meinungen daran zu erkennen sind, daß er sie nicht karikiert.

Das ließ an Deutlichkeit nichts vermissen. Hie Heinrich-Land, dort Thomas-Land. Nicht daß Schickele ein ergebener Parteigänger Heinrichs gewesen wäre, aber seine voluntaristische, aktivistische Einstellung hatte ihn in dessen Nähe gerückt; sein Pazifismus und sein Sozialismus hatten ihn zusätzlich von Thomas Mann entfernt.

III

1933 dann, als Thomas Mann nicht wußte, wo er sein Haupt hinbetten sollte, wurde ausgerechnet dieser Mann zum treuen Makler und Freund. Was sie endgültig zusammenführte, war der gemeinsame Haß auf Hitler. Aber schon in den zwanziger Jahren hatte vieles zu einer Annäherung geführt. Thomas Mann war es, der 1926 Schickele zur Aufnahme in die Akademie vorschlug. In der Antwort auf eine Rundfrage des *Tagebuch* (1.12.1928), hatte Thomas Mann *Maria Capponi* und den *Blick auf die Vogesen* empfohlen (XIII, 419): „Es ist die mondänste, reifste, süßeste, vornehm bestrickendste deutsche Prosa, die heute geschrieben wird, die bezauberndste trotz Hesse, der es auf seine Art doch nicht fehlen läßt. Verzärtelung? Dieser sinnlichen Freundlichkeit haftet nicht eine Spur des Gemeinen, des bloß Schmeichlerischen an. Im Grunde ist sie streng, im Grunde geistig [...]." Das sind der Superlative zuviele, und der zweite Satz ist zumindest ambivalent; aber wenn man will, kann man es alleweil als Empfehlung lesen. Zwei Jahre später trat dann das Politische in den Vordergrund: Mit der *Deutschen Ansprache* (1930), seiner Rede vor Arbeitern in Wien (1932) und mit seinem *Bekenntnis zum Sozialismus* (1933) plädierte Thomas Mann für das Zusammenrücken von Bürgertum und Sozialdemokratie, weil nur eine geschlossene Front noch etwas gegen den Nationalsozialismus auszurichten vermöge (XI, 880):

> Der exzentrischen Seelenlage einer der Idee entlaufenen Menschheit entspricht eine Politik im Groteskstil mit Heilsarmee-Allüren, Massenkrampf, Budengeläut, Halleluja und derwischmäßigem Wiederholen monotoner Schlagworte, bis alles Schaum vor dem Munde hat. Fanatismus wird Heilsprinzip, Begeisterung epileptische Ekstase, Politik wird zum Massenopiat des Dritten Reiches oder einer proletarischen Eschatologie, und die Vernunft verhüllt ihr Antlitz.

Aus den Greueln des Anfangs erhob sich Hitler-Deutschland zum gespenstischen Moloch. Jahr für Jahr, manchmal Tag für Tag schlugen die Meldungen des Schreckens auf die Welt herein. Heute nimmt sich das aus wie ein übler Zusammenschnitt aus Wochenschauen: Reichstagsbrand, Röhm-Mord, die Ankurbelung der Wirtschaft, das Gerassel der Kriegsindustrie, der Kraft-durch-Freude-Rummel, der Wahnwitz der Massenveranstaltungen, die Einmärsche in Österreich, in der Tschechoslowakei, in Polen, in Frankreich.

Die Kommentare der beiden Briefpartner sind voll von Abscheu und Haß. Sie sind voll von prophetischer Kraft und von Irrtümern, von vorschnellen Hoffnungen und niederschmetternden Enttäuschungen. Vor allem sind sie voll von Ungewißheit. Große Geister halten ungewisse Lagen aus, heißt es. Die, die da schreiben, würden von Aushalten nicht mehr reden. Sie überleben und bilden sich nichts darauf ein. Bonmots, Witze, satirische Ausfälle – all das kommt gegen den Moloch schon längst nicht mehr an. „Ich bin wie betrunken von Trauer. Schwarzes Blut. Haß. Befreiend. *Glorie* der Gewalttat. Rache. Größte aller Wollüste", schreibt Schickele in sein Tagebuch (April 1934).

Was sie im Tagebuch festhalten, ergibt eine Chronik des Grauens, der ohnmächtigen Wut und der Trauer. Schickele notiert und sammelt 1932/33 in den *Blauen Heften* über Seiten hinweg. In Heft III beginnt er, die Einträge durch Zwischentitel zu gliedern: *Heuchler, Heller Schwindel, Die Selbstmorde mehren sich..., und die Fluchtversuche, Hilft nichts! Hinaus!, Märtyrer*. Seine Absicht, aus den Notaten und Artikeln ein Buch zu machen, kann nicht mehr übersehen werden. Am 4.4.1934, nachdem er vom Selbstmord seines Freundes Marum im Konzentrationslager erfahren hatte, wird die Absicht zum Entschluß: „Ein kleines Buch. *Alles* darin sagen." Es sollte ihn „von der Seelenlast" befreien, „ein restloses Bekenntnis, eine Beichte aus letzter Einsamkeit"[12].

Auch in Thomas Mann braut es sich zusammen. Auch seine Tagebücher werden auf weite Strecken zur Vorarbeit. Der Gedanke, ein Buch über Deutschland zu schreiben, taucht im Brief vom 2.4.1934 an Schickele erstmals auf. Alles, was geschehen war, sollte in einem Buch des Unmuts und des Zorns gesammelt werden. Es war wie zur Zeit des Ersten Weltkriegs. Damals hatte sich Thomas Mann in den *Betrachtungen* verheddert. Jetzt zögerte er, wohl weil er wußte, wie wenig solche Schmerz- und Haßtiraden ihm und der Welt halfen. Aber der Gedanke an eine „Kampf- und Zeit-Schrift"[13] drängt sich immer wieder vor, quält und lähmt ihn, das Lutherisch-Kämpferische in ihm verlangte nach befreiendem Ausbruch, zu einem Buch *Wider Hanswurst*. „Der Gedanke", heißt es am 31.7.1934 im Tagebuch, „über Deutschland zu schreiben, meine Seele zu retten, [...] ein Ende zu machen mit dem Schand-Regime [...] läßt mich nicht los, beschäftigt mich tief. Vielleicht ist es wirklich die rechte Stunde dafür, vielleicht kann gerade ich zur notwendigen Wende und zur Wiedereinführung Deutschlands in die Gemeinschaft gesitteter Völker mit verhelfen?" Tags darauf beginnt er für diese „Abrechnung" zu sammeln, er denkt an einen „Bekenntnis- und Beschwörungsbrief", etwa an die *Times*, spürt aber bereits dumpf, daß es dabei nicht bliebe, daß seine Wut viel zu groß ist. Nur schon ein Eintrag über ramponierte Mythen füllt im Tagebuch einige Seiten (5.8.1934) – diese Seiten sind im Grunde der Anfang seiner Abhandlung. Aber sollte er? Die Zweifel sind groß. Auch Katja spricht von der „Nutzlosigkeit und Müßigkeit" einer politischen Kampfschrift, er selbst spürt seinen Abscheu – und dann beginnt er doch aus den Tagebüchern auszuziehen und zu notieren. Und er beginnt Taine zu lesen (16.8.1934): über Spartanismus und Militarismus, den bolschewistischen Staatssozialismus. Er übt sich stilistisch ein (17.8.1934): „Der Reichstagsbrand, die Kommunistenverschwörung, die Roehm-Verschwörung, die hundert sumpfigen Lügen und Gaunereien alle, der Kolportage- und Verbrecherroman des Ganzen [...]." Nur: War das nicht schon die Sprache von Goebbels? War man nicht schon, wenn man diese Sprache übernahm, deren Opfer? „Beschäftigung mit dem Politikum", heißt es weiterhin (26.8.1934). Dann will er auf die *Meerfahrt mit Don Quichotte* ausweichen (31.8.1934). Doch bald streckt die Hydra wieder das Haupt ... Am 19.4.1935 plant er ein „Sendschreiben oder Memorandum an das deutsche Volk, worin die Gefühle der Welt ihm gegenüber erläutert und es vor dem Schicksal des inimicus generis humani" gewarnt werden müsse. „Es handelt sich abermals um die politische Seelenrettung, deren rechte und angemessene Form ich beständig suche [...]."

Schickele ist in diesen Zeiten des Zweifels ein guter Berater (26.4.1934): „Vor allem müssen Sie Ihre Arbeit vollenden, bis dahin kann Ihre ,Abrechnung' warten. Wer weiss, ob nicht höhere Mächte sie für Sie besorgen? Ihre Arbeit können aber nur Sie allein tun." Und als Thomas Mann am 10.8.1934 scheinbar dezidiert schreibt, er sei unter dem Eindruck der Tagesereignisse im Begriff, die Arbeit am *Joseph* hinzuwerfen, um sich endlich rücksichtslos das Herz zu erleichtern, rät ihm Schickele (5.9.1934): „[...] *schreiben Sie* Ihre Abrechnung [...], und wenn Sie es geschrieben haben, lesen Sie es vielleicht einigen Menschen vor, zu denen Sie Vertrauen haben, und bestimmen *dann*, wann und wie Sie es der Öffentlichkeit übergeben."

Die Veröffentlichung unterblieb fürs erste. Die Tagebuchblätter von 1933/34, vermehrt um nachträgliche Einschübe, sind erst 1946 erschienen – *Leiden an Deutschland*. Aber es gibt aus den dreißiger Jahren ein paar Briefe, die man nicht missen möchte. Es sind weniger die Tiraden zum Tage als einige grundsätzliche Selbstbeobachtungen, die überliefernswert sind. Am 24.11.1937 klagt Schickele darüber, daß „die gottverfluchte Politik" seine Gesundheit in einem „unerträglichen, sinnlosen, *geradezu lebensgefährlichen* Maße" angreife. „Wie andre sich in der Jugend die Syphilis ,holen', so habe ich mir, fast noch ein Kind, die Politik ,geholt', ich habe sie im Blut und kann sie nicht ausscheiden. Das einzige Mittel, sie loszuwerden, nämlich sie in eine aktive politische Tätigkeit umzusetzen, habe ich mir (zum Unterschied von fast allen meinen Jugendfreunden) bewusst versagt. Das rächt sich jetzt, da die politischen Dinge sich zur Apokalypse verdichten – von deren Zeichen ich oft, viel zu oft *körperlich* besessen bin ..." Thomas Mann spielt in seiner Antwort die Freiheit der Kunst gegen die Befangenheit des politisierenden Künstlers aus. Die Freiheit der ästhetischen Sphäre habe er im Riemer-Kapitel der *Lotte* wieder gespürt. Jetzt habe er eine Rede über den *Sieg der Demokratie* auszuarbeiten, „eine Art von politischer Sonntagspredigt [...], bei der mir wohler wäre, wenn ich sie von einer Romanfigur halten lassen könnte, statt sie extemporischer und traumhafter Weise so ganz auf eigene Hand zu halten." Und er fügt bei: „Glaube ich denn daran? Weitgehend! Aber doch wohl nicht so, daß ich sie ganz im eigenen Namen halten dürfte. Unter uns gesagt, ist es eine Rolle, – mit der ich mich so weit identifiziere, wie ein guter Schauspieler sich mit der seinen identifiziert. Und warum spiele ich sie? Aus Haß auf den Faschismus und auf Hitler. Aber sollte man sich von solchem Idioten seine Gedanken und seine Rolle vorspielen lassen? Freiheit, Freiheit! In der Politik ist sie nicht zu finden, soviel dort davon die Rede ist." Es ist das eine Antwort auch des Verfassers der *Betrachtungen* an seinen damaligen Kritiker Schickele. Schon im Ersten Weltkrieg hatte der Haß den Künstler in eine Rolle getrieben. Die Fülle der Standpunkte und damit die Freiheit hatte Thomas Mann erst im *Zauberberg* wiedergewonnen. Sein Hans Castorp ist ja nicht nur begriffsstutzig und unfähig zur Orientierung; er *verweigert* sich, mögen die Propheten hüben und drüben noch so laut rufen. Die Ironie des Erzählers ist, von hier aus gesehen, nichts anderes als eine Form der Verweigerung.

Unter dem Konflikt zwischen Freiheit und Rolle hat Thomas Mann ein Leben lang gelitten. Alles, was ihn in diesen zehn Jahren bedrängt, hat mit diesem Konflikt zu tun: der Austritt aus der Preußischen Akademie der Künste, 1933; der Briefwechsel mit Korrodi, 1936; der Brief an den Dekan der Universität Bonn, 1937. Kamen dazu die Diskussionen mit Bermann Fischer. Kamen dazu die fast tödlichen Reibereien mit Klaus und Erika im Falle der *Sammlung*, die Mühen mit *Maß und Wert*. Schickele nahm an allem teil, meist war er unmittelbar beteiligt.

Maß und Wert kollidierte von Anfang an mit seinem eigenen Plan, die *Weißen Blätter* mit neuer Zielsetzung und unter anderem Namen wieder aufleben zu lassen[14]. Die Finanzierung hätte Hugo Simon übernehmen sollen; vielleicht wären auch Hubertus Prinz zu Löwenstein oder der Schweizer Hans C. Bodmer zu gewinnen gewesen – Annette Kolb bemühte sich in dieser Sache. An Thomas Mann schreibt er erst, als er von dessen Plänen hört (1.2.1937): „Wenn es damit seine Richtigkeit hat, setze ich meine Bemühungen natürlich nicht fort, schon allein aus dem Grund, weil wir ungefähr das gleiche Programm haben, die Anziehungskraft aber Ihres Namens als des Herausgebers ein Argument ist, das ausserhalb jeder Diskussion steht." Thomas Mann notiert am 2.2.1937 nur: „Brief Schickeles über seine Absicht die ‚Weißen Blätter‘ zu erneuern; fatal, Fusionierung der Pläne notwendig." Am 5.2.1937 schreibt er dann: „Ihr Brief hat mich in einige Bestürzung und Verwirrung versetzt, mich aber im Grunde auch wieder gefreut; denn diese Einhelligkeit, was die Notwendigkeit einer freien deutschen Zeitschrift betrifft, hat wirklich etwas Erfreuliches und Überzeugendes. [...] Daß ich mit dem Gedanken an die Zeitschriftgründung von vorneherein auch den Gedanken an Sie und an Ihre Mitarbeit verbunden habe, brauche ich kaum zu sagen. Noch weniger ist es nötig, zu beteuern, wie überaus fatal es mir wäre, durch meine Teilnahme an diesen Plänen die Ihren zu durchkreuzen, die Ihnen vielleicht lebenswichtig sind."

Die Ereignisse laufen jetzt schnell ab, und nicht alles läßt sich im nachhinein klären. Thomas Manns Tagebuch vermerkt eine Besprechung bei Oprecht, an der Frau Mayrisch, die Geldgeberin, und die Herren Schlumberger und Breitbach teilnahmen. „Berufung Lions für morgen." Tags darauf wird vom gleichen Kreis Ferdinand Lion als Redakteur eingesetzt. Von Schickele ist nirgends die Rede. Ob da alte Vorbehalte gegenüber dem Herausgeber der *Weißen Blätter* wieder virulent werden? Lion scheint von Breitbach vorgeschlagen worden zu sein. Als schweizerischen Mitherausgeber wählte man den Schriftsteller Konrad Falke; ihn dürfte Oprecht vorgeschlagen haben. Wie dem auch sei, man erhält den Eindruck, Herausgeber und Verleger von *Maß und Wert* hätten mit Lion einen gefügigeren Redakteur einem eher ungefügigen vorgezogen.

Der Konservatismus der Zeitschrift, ihre übervornehme Zurückhaltung, wäre Schickeles Sache nicht gewesen. Thomas Mann scheint im Vorwort nicht zuletzt an ihn zu denken, wenn er schreibt (XII, 798): „Wir haben wohl einen und den anderen das Gesicht verziehen sehen beim Klang dieses Namens. ‚So artig? So konservativ?‘ schien er sagen zu wollen. ‚So esoterisch sogar und vornehm wollt ihr sein? [...] Hofft ihr mit solcher züchtigen Titel-Pädagogik einen Hund vom Ofen zu locken in Zeiten kundigsten Anreißertums und einer revolutionären Propaganda-Schmissigkeit, in der alles Angriff, Vorstoß, Umbruch und ‚junger Morgen‘ ist oder sich doch triumphierend so nennt?‘" Wiederherstellung, Orientierung, Licht: das waren Wörter und Ziele, mit denen der wütenden Zeit nicht mehr beizukommen war. Sie gehörten einer vergangenen Kultur an. Als Schickele Thomas Manns Vorwort zur Beurteilung erhält, nennt er es „prächtig" (4.6.1937). „Es hat auch tatsächlich meinen Appetit auf Mitarbeit, der von vornherein nicht gering war, *verschärft.*" Daß er lieber ein energisches politisches Gegensignal gesehen hätte, steht außer Zweifel, aber davon sagt er kein Wort. Zum Mitarbeiter von *Maß und Wert* ist Schickele nie geworden. Lion verhielt sich abweisend bis ins Halsstarrig-Unhöfliche hinein. Einmal weigerte er sich, eine Landschaftsschilderung abzudrucken: Landschaften habe er schon genug; zudem habe er einmal einen „Hymnus" von Heinrich Mann auf das *Erbe am Rhein* gelesen, und Heinrich sei ihm ohnehin zuwider ... Was nützte es Schickele da, wenn ihn Thomas Mann gleichzeitig bat, einen „vortrefflichen, klärenden und alles zurechtrückenden Aufsatz über das Problem des Emigrantentums" zu schreiben (31.5.1937)?

IV

Was bleibt, sind die Werke. So pflegt man zu sagen. Aber man wird nicht behaupten wollen, daß Werkberichte und -besprechungen im Zentrum dieses Briefwechsels stehen. Die politische Diskussion waltet vor.

Schickele geht auf alles ein, was damals von Thomas Mann erschienen ist, insbesondere auf die *Geschichten Jaakobs* (1933), den *Jungen Joseph* (1934), *Joseph in Ägypten* (1936) und *Lotte in Weimar* (1939). Die *Geschichten Jaakobs* liest er zweimal, einzelnes daraus „zum dritten Mal" (18.11.1933). Er findet das Buch meisterhaft, auch wenn er zuweilen „den Eindruck von Überbelastung" hat. Dann, am Schluß, eine zierliche Kritik, der Hinweis auf „diese Ihre steifkomische, bewußte Koketterie, diese ironische Ekstase Ihres Stils, ein ‚Nichtgenugkriegenkönnen' an dem Ihnen eigenen sprachlichen Liebreiz – ja also, wie soll ich sagen: auch wenn Ihre Sprache zur Lübeckischen Kurtisane wird, auch dort und gerade dann war ich in heiterer Weise entzückt". Ironie und narzißtische Selbstverliebtheit der Sprache, das sind die alten Vorbehalte.

Dem *Jungen Joseph* zollt er „uneingeschränkte Bewunderung" (13.5.1934): „[...] ich ergehe mich in Ihrem Buch in einer Art, die an Unzucht grenzt! Da es sich aber um eine Unzucht handelt, wie sie im Tempel geübt wurde, dürfte sie durch einen höheren Sinn geweiht und entsühnt sein." Die Überschwänglichkeit des Lobes wird im folgenden begründet. Am 25.6.1934 nennt er die Kapitel von Joseph im Brunnen und von der Trauer Jaakobs „*Meisterstücke ironischer Darstellung*": die „Vergeistigung eines Gefühlsüberschwanges durch ironische Besinnlichkeit" behüte die Schilderung vor einem „gemüthaften Aufwind", der die Einheitlichkeit des Tons gebrochen hätte. Den *Joseph in Ägypten* läßt Schickele durch den Sohn Hans der ganzen Familie vorlesen. Thomas Mann hat damals kaum einen aufgeschlosseneren Leser gefunden als Schickele.

Daß er das Werk des anderen mit gleicher Aufmerksamkeit verfolgt hätte, läßt sich nicht behaupten. Eine Ausnahme ist der *Lawrence*-Essay (1934), in den Schickele hinter der Maske der Hauptgestalt seine ganze Person, all ihre „Liebe und Ärgernis", versteckt hat. So war Heinrich Mann im *Zola*-Essay (1915) vorgegangen, und Schickele eiferte ihm nach, wenn er dem englischen Dichter seine eigenen politischen und persönlichen Leiden andichtete.

Schon 1933 war die *Witwe Bosca* erschienen. Thomas Mann hat eine Besprechung dazu geschrieben, allerdings erst 1939, zur französischen Ausgabe (X, 761–766). Daß er den Roman, den ganzen Roman gelesen hätte, läßt sich aus diesen paar Seiten nicht ableiten. Er gibt zuerst einen ziemlich unpersönlich gehaltenen biographischen Abriß. Über die Etiketten „politischer Publizist", „französischer Intellektueller", „Expressionist, Aktivist, Pazifist" kommt er dabei nicht hinaus. Man kann sich des Eindrucks nicht erwehren, Thomas Mann habe einfach einen Lexikon-Artikel bearbeitet. Ein paar Lichter sind da: Die Formulierung, Schickeles Sprache sei ein „Hochzeits-Karmen zwischen Deutschland und Frankreich" (X, 765) ist oft zitiert worden. Dem Roman selbst sind nur die beiden Schlußabschnitte gewidmet. Auch hier taucht eine Formel auf, die eingeschlagen hat: die Bosca sei eine „Pans-Hexe". Das „Böse und Dämonische" werden der „Zartheit und Süßigkeit der Empfindung" gegenübergestellt; das „Krasse und Steile", alle „Heftigkeit" werde bei Schickele durch Anmut und Humanität, durch Witz, Esprit, Grazie gemildert. Thomas Mann scheint sich an *Flöten und Dolche* zu erinnern, er braucht das gleiche Vokabular wie bei der Kritik an Heinrichs Werken, nur gedämpft: Natur, Sinnlichkeit, Süd-Komplex –, „und Pan bläst die Flöte dazu". Schickeles Menschen erscheinen ihm als „Ausgeburten der Landschaft", sie möchten wie die Götter des Mittelmeers aus Flut, Fels und Blumen auftauchen – aber wie vertrug sich das mit Schickeles Geistigkeit, seinem politischen Willen? Thomas Mann behilft sich mit dem Hinweis auf die provenzalischen Troubadours, in deren Liedern ja auch kämpferische Invektiven neben dem Preis und der Not der Liebe gestanden hätten.

Ein Vorwort zur *Flaschenpost* hat Thomas Mann nicht geschrieben, „so heikel-anziehend die Aufgabe wäre" (1.4.1937). Auch eine Besprechung von *Le Retour* (1938) ist, zu Schickeles großer Enttäuschung, nicht zustande gekommen. Der Nachruf auf René Schickele erweist sich als Wiederholung des *Bosca*-Aufsatzes, mit einem neugeschriebenen Ingreß. Und 1950, als Frau Schickele ihn um ein Vorwort zu einer Neuausgabe von Schickeles Werken bittet, lehnt Thomas Mann ab.

V

„Man kann auch ohne viel Hoffnung tapfer sein. Man muss sich nur vor der Verzweiflung hüten." Das steht in Schickeles Brief vom 4.6.1937, und es bezieht sich auf die politische Situation; Schickele hätte es auch von seiner privaten schreiben können. Die kraß zutage tretenden Atrozitäten, die Gerüchte von Greueln und wie das alles stoßweise und brutal sich ausbreitete – es erschreckte und lähmte ihn. Und in der Emigration, genauer: bei den Emigranten fand er keinen Halt. Das endlose Gerede, Mutmaßen, Prophezeien nervte ihn, mehr und mehr zogen Gespenster und Irrlichter an ihm vorbei, panisches Geflüster und unstete Blicke.

Gegen Hitler zu sein: das verband, aber es trug nicht. Die Emigranten, die ihn umgaben, waren alle gegen Hitler, sie spürten alle den gleichen Haß. Aber die einen waren Juden, die anderen Sozialisten oder Kommunisten, manche beides. Er fühlte sich weder zu den einen noch zu den andern hingezogen. Die Volksfront, als sie einmal stand, war ihm zu gewalttätig-revolutionär[15]. Er war Pazifist geblieben, glaubte an ein Europa der Völker, aber dieser Glaube war unzeitgemäß geworden, von Karl dem Großen sprach höchstens noch er. Nach Pfingsten 1934 notiert er im Tagebuch (RS III, 1117): „Meine Gemeinschaft mit den deutschen Oppositionellen beruhte auf einem Irrtum. Sie wünschten ausnahmslos ein starkes Reich, die Sozialdemokraten so gut wie die Kommunisten. Ich nicht. Ich wünschte ein ästhetisches Deutschland."

Schwieriger noch war sein Verhältnis zu den jüdischen Emigranten. Sie gebärdeten sich seiner Meinung nach zu laut: Sie allein waren die Emigration, sie allein zählten und waren die Betroffenen; und dabei hatten es die Nicht-Juden, die emigriert waren, häufig schwerer, weil sie über weniger Beziehungen verfügten. Schickele hatte da ähnliche Schwierigkeiten wie Thomas Mann – oder wie Korrodi, dessen Redaktion täglich belagert und bestürmt wurde. Hatte er anfänglich launig von „Sanary-les-Allemands" gesprochen, so nannte er es von 1934 an, immer noch launig, „Sanary-les-Juifs" (RS III, 1105). Seit er Bermann nicht mehr traute, seit er sich von ihm verraten fühlte – die Briefe zeigen, wie es kam –, mehren sich im Tagebuch die Ausfälle gegen jüdische Emigranten (RS III, 1074): „Welch ein Getto überall, wo die Emigranten auf einem Haufen sitzen! Die gleichen Gedanken, der gleiche Wortschatz, sie beschauen abwechselnd den jüdischen Nabel der Welt und laufen Amok gegen alles, was von der orthodoxen ‚Linie' (des Ressentiments) abweicht." Das ist aufgezeichnet nach einer Begegnung mit dem sozialistischen Bankier Hugo Simon und dessen Frau. Ihn nennt er einen „Etappenmakkabäer", der Frau bescheinigt er, sie befinde sich „auf dem Weg zu einem alljüdischen Snobismus". Dabei wußte er, daß er in seiner finanziellen Not gerade auf Juden wie Simon angewiesen war, daß Simon die geplanten neuen *Weißen Blätter* finanzieren sollte, daß Annette Kolb bei Simon Geld bettelte für ihn.

Es kommt in Schickeles Tagebuch zu wütenden Ausbrüchen gegen die Juden. Je schwächer er sich fühlt, um so gehässiger werden sie[16]. Dabei verkehrte er in Sanary eigentlich „nur in jüdischen Kreisen" (16.6.1935 an Lion Feuchtwanger[17]). Fast täglich kam der amerikanische Schriftsteller Schalom Asch bei ihm vorbei, erzählte die neuesten Judenwitze, gab Anlaß zur Erfindung von neuen. Schickeles liebster und wohl einziger Freund war der Kunsthistoriker Julius Meier-Graefe – er hatte einen jüdischen Großvater, war also nach arischem Wortgebrauch ein „Vierteljude". Schickele liebte ihn: Ju war herrlich spontan, unprätentiös, manchmal vielleicht geschwätzig bis zur Drolligkeit (so wenigstens empfand es Thomas Mann[18]), aber man konnte herrlich mit ihm quatschen und schnöden, ohne unehrlich werden zu müssen. Als Ju am 5.6.1935 unerwartet im Spital von Vevey starb, war das ein schwerer Schlag für Schickele.

Anderes machte ihm zu schaffen, zerplagte und zermürbte ihn. Längst Abgeschobenes, aber nie ganz Verdrängtes meldete sich buchstäblich zu Wort: Schickeles außereheliche Tochter, Renate, schrieb ihm, sie habe den Wunsch, den Namen Renée Schickele anzunehmen, um einen Arierausweis zu bekommen. Der Vorgang wird im Briefwechsel mit Thomas Mann nicht erwähnt, spielt aber in jenem mit Annette Kolb eine Rolle – sie war, in dieser Sache, Schickeles einzige Vertraute. Renate war die Tochter der jüdischen Ärztin Minna Mai. Deren Geschichte ist erst neuestens erforscht worden[19]. Schickele hatte sie 1907 in Venedig und Florenz kennengelernt. Sie war damals die Braut seines Jugendfreundes Otto Flake, seit Sommer 1907 dessen Frau. Zehn Jahre später ist die „abendschöne Jüdin" in Schickeles Gedichtsammlung *Die rote Frau* eingegangen – Bilder von Lust, Qual und Wahnsinn bestimmen dort die Erinnerung[20]. In Meudon bei Paris hatten die beiden Ehepaare Flake und Schickele eine Zeitlang im gleichen Haus gewohnt, bis es zur Scheidung der Flakes kam. Minna traf Schickele während des Ersten Weltkriegs im Schweizer Exil, wo sie als Assistenzärztin arbeitete. In Basel brachte sie am 23. 4. 1917 Renate zur Welt. Schickele anerkannte seine Vaterschaft. 1919 fand er wieder mit seiner Familie zusammen, in Uttwil am Bodensee. Er dürfte Lannatsch, wie er seine Frau nannte, von da an als still wandelnden Vorwurf empfunden haben. Daß die Tochter sich nun plötzlich wieder zurückmeldete, warf einen zusätzlichen Schatten auf Schickeles ohnehin gefährdete Existenz.

Zu den politischen und persönlichen Schwierigkeiten kamen Zweifel ganz anderer Art: Schickele erschien bei Lebzeiten vergessen zu gehen. Frank, Feuchtwanger, Marcuse, Roth, Arnold und Stefan Zweig: sie alle fanden immer noch Leser, verdienten noch immer Geld, sie waren erfolgreich auch im Ausland. Während Feuchtwangers *Geschwister Oppenheim* eine internationale Auflage von 257 000 Exemplaren hatten, verkaufte Schickele von der *Witwe Bosca*, als sie endlich erschien, über längere Zeit kaum einige hundert. Das wurde nach dem Verlagswechsel nicht besser. Es wurde nicht besser, als er ein kleines Werk in französischer Sprache erscheinen ließ – *Le Retour* (1938). Auch er hätte von einem „Nachlaß bei Lebzeiten" sprechen können.

Das Gespenst der Einsamkeit umschlich ihn[21], aber, was schlimmer war, auch der Zweifel an seiner künstlerischen Begabung. War sein Versagen in der Zeit begründet, oder lag es in ihm? In heiteren Stunden war alles wieder da: der sprühende Witz, der feine Spott, die gallische Schärfe. Dann aber fuhren die Wogen der Mutlosigkeit aufs neue über ihn hinweg und machten ihn krank[22]. Das Asthma, um dessentwillen er nach Südfrankreich gekommen war, wurde zu einer Dauerlast. Mitte der dreißiger Jahre kam ein Ekzem dazu, er lebte jahrelang in einer „Juckhölle" (28. 12. 1937 an Annette Kolb), war unfähig zur Arbeit. Depressionen stellten sich ein. Das Gefühl des Versagens legte sich als Schreibhemmung über ihn. Während der letzten sieben Jahre wurde er vom Aberglauben zerplagt. Beim Einzug in das Haus Le Chêne, am 6. 10. 1933, berichtet er von dem Salamander, den Lannatsch an der Wand des Badezimmers entdeckt hatte (RS III, 1054): „Er hatte keinen Schwanz mehr, ein Auge fehlte, das andre hing halb heraus. ‚Bringt Glück', sagte der Hausbesitzer. Wir besichtigten den Salamander und dachten dasselbe." Über Monate hinweg ist der Salamander im Tagebuch präsent. Er verschwindet, dann findet die Putzfrau die „vertrocknete Leiche" wieder. Es waren Zeichen des Todes.

Schickele hat Thomas Mann von seinem Leiden geschrieben, aber er hat nicht geklagt. Er wollte den andern nicht belasten, auch mit seiner Armut nicht. Dazu war er zu stolz. Wohl kaum etwas hatte ihm so geholfen wie jener Brief, den ihm Thomas Mann zum Essay über Lawrence schrieb, am 12. 10. 1934: „Das ist wahrhaftig europäische Kost, europäischer Geist, undeutsch und damit – ohne leidenden Haß – auch antideutsch in seiner Anmut, seiner Freiheits- und Wahrheitsliebe, ein Stück Literatur, wie es in dem jammervollen Kerker, der heute Deutschland heißt, einfach nicht wachsen kann, ja, man überzeugt sich dabei, daß das Gute heute notwendiger Weise draußen entsteht, und lacht sich ins Fäustchen, daß es den Macht-Eseln nie, nie, niemals gelingen wird, das Deutsche im Politisch-Totalitären einzufangen. Zuviel ist ihnen schon entschlüpft, und sei es meinetwegen, daß man mit den Feuchtwanger, Arnold Zweig und E. Ludwig nicht genug Ehre einlegt, so sind eben Sie da, mein Bruder und Hermann Hesse [...]. Was mich betrifft, so sei ich, gewährt mir die Bitte, in diesem lockeren und doch so schicksalshaften Bunde der Vierte oder Fünfte!" Gewiß, das war mit Augenzwinkern gesprochen, aber mit den Brüdern Mann und Hesse in einem Atemzug genannt zu werden, tat wohl, Augenzwinkern hin oder her[23]. Im übrigen war Schickele auch in Momenten des Übermuts bescheiden genug, dem Klang solchen Lautenspiels nicht allzulange nachzuhängen.

René Schickele starb am 31. 1. 1940. Einige Tage später lief das Schiff, das ihn in die Vereinigten Staaten hätte bringen sollen, aus dem Hafen von Marseille aus. Seine Frau reiste mit und wurde in Amerika von ihren Söhnen aufgenommen. Seinen letzten Brief an Thomas Mann hatte er am 18. 1. 1940 geschrieben. Thomas Mann notiert dazu im Tagebuch (12. 2. 1940): „Posthumer Brief Schickele's, 14 Tage vor seinem Tode, ohne Andeutung eines Vorgefühls. [...] sonderbar dumpf zu Herzen gehend." Und zwei Tage später nennt er ihn rückblickend einen „Empfindungs- u. Erlebnisgenossen".

DER BRIEFWECHSEL

Lieber, sehr verehrter Herr Mann,

verzeihen Sie, wenn ich Ihnen eine halbe, sogar eine ganze Stunde Ihrer Zeit stehle, und erlauben Sie mir, Ihnen all das zu sagen und so umständlich, wie es mir nötig scheint, was ich der Sektion leider nicht sagen könnte, ohne befürchten zu müssen, das Gegenteil von dem zu erreichen, was ich beabsichtige. Verübeln Sie es mir auch, bitte, nicht, wenn ich die Dinge einigermassen beim Namen nenne. Ich will gegen niemand polemisieren, vielmehr versuchen, Ihnen das Bild zu vermitteln, das ich mir, nicht ohne Geduld und Mühe, von unserm letzten Akademiehandel gemacht habe. Hoffentlich gelingt es mir, nicht allzu langweilig zu sein.

Für den ersten Punkt, die theologische Untersuchung darüber, was wir über die Bezeichnung M. d. A. beschlossen haben, bin ich Ihrer guten Laune gewiss. Ich nehme an, dass auch Sie beim Lesen der „Antworten auf die Umschreiben betr. die Bezeichnung M. d. A." vor Heiterkeit gestrahlt haben.

Typisch finde ich die Antwort Stuckens, der Loerke zustimmt, um im zweiten Absatz festzustellen, wir hätten „uns ja gegenseitig um M. d. A. verpflichtet". Eine Verpflichtung, die nun wiederum nach Ricarda Huchs Ansicht nicht besteht. Der jungfräuliche Fulda aber tut es überhaupt nicht, es sei denn, er verfalle der Vergewaltigung. Halbe sass weit weg, hatte jedoch den Eindruck, es sei ein Beschluss zustande gekommen – und vergisst, dass er uns, obwohl er weit weg sass, umständlich auseinandersetzte, warum es ihm vielleicht doch nicht mehr gelingen werde, das M. d. A. über seinem neuen, bei Velhagen erscheinenden Roman anzubringen (was nicht den geringsten Sinn gehabt hätte, wenn das Inkrafttreten unsers „Übereinkommens" erst von der Zustimmung der Abwesenden abhängig gemacht worden wäre). Mombert an Loerke: „Die anwesenden Mitglieder haben sich… *verpflichtet*, das M. d. A. beizufügen", worauf er, zum Schluss, entscheidet: „Das Protokoll" (das eine solche Verpflichtung von der neuerlichen Zustimmung sowohl der dabeigewesenen wie der daheimgebliebenen Kollegen abhängig machen will) „gibt die tatsächlichen Vorgänge… richtig wieder". Wilhelm Schäfer glaubt, ich sei im Recht, aber er hat das irrtümliche oder zumindest missverständliche Protokoll mit unterzeichnet. Thomas Mann (mille excuses, seigneur!), Thomas Mann bekennt sich zur Auffassung Loerkes, obwohl er, anders als Halbe, ganz in der Nähe und Däubler gegenüber sass. Scholz umgeht die Frage. Strauss ist natürlich gehässig. (Der arme Mann hat seine Hypochondrie zur nationalen Angelegenheit erhoben und liest nur noch den „Völkischen Beobachter", für einen Stilkünstler ein lebensgefährliches Unterfangen.) Den wenig empfindlichen Geschmack, den er mir im Vorbeigehn ins Knopfloch steckt, teile ich mit den Mitgliedern aller in Europa sonst bestehenden Akademien. Ich kann es ihm nur nicht sagen, weil es mich in seinen Augen erst recht verächtlich machte...

Und da wundern sich die Dichter über die Parlamente! Lieber und verehrter Herr Mann, wir werden wenigstens für die Hauptversammlungen einen Stenographen engagieren müssen! Zwar haben die Parlamentarier das Recht, das Stenogramm ihrer Rede nachträglich zu korrigieren, aber doch nicht das der andern. Weiter dürfen auch wir nicht gehn.

Verzeihen Sie die Scherze – in Wirklichkeit ist mir ganz ernst zumute. Ich las gerade im Tagebuch Jules Renards: wenn Zola in der Lage gewesen wäre, unter seinen J'accuse-Artikel „Membre de l'Académie Française" zu setzen, hätte die Dreyfusaffaire einen ganz andern Verlauf genommen... Nun sind wir in Deutschland mit unsrer „Sektion" noch lange nicht so weit, und ich denke nicht daran, „alte französische Gesellschaftstraditionen ins heutige Deutschland zu überführen", wie Mombert schreibt. Dies dürfte auch schwer fallen in einem Land, wo jeder Anfänger es für eine Schande hält, einen Meister gehabt, d. h. etwas gelernt zu haben und jede Generation sich in einem kannibalischen Fieber bestrebt zeigt, die „Alten" unter Flüchen und Gebeten totzuschlagen.

Ich habe es, bei Begründung meines Antrags ähnlich gehalten wie Hermann Hesse bei seinem Austritt. Ich nannte einen Grund, hinter dem ein zweiter stand, und dieser zweite, unausgesprochene war es, der mich so hartnäckig sein liess. *Wie ich bestimmt weiss, benutzte Hesse die Gelegenheit, uns den Rücken zu kehren, weil er von jeher fürchtete, es könnte beim nächsten Krieg (an dessen Nähe er glaubt) die Akademie in verstärkter Form die Rolle der 93 Intellektuellen wiederholen. Nun, auch ich dachte hauptsächlich politisch, als ich versuchte, eine Solidarität der Mitglieder anzubahnen, ich dachte, der Tag sei nicht fern, wo die Akademie als solche ihre (für die Deutschen wohl noch prekäre, für das Ausland aber, dem die Bedeutung seiner eigenen Akademien vorschwebte, gewisse) Autorität in die Waagschale werfen könnte. Ich dachte an den deutschen Bürgerkrieg, der geistig schon lange und seit der letzten Reichstagswahl auch körperlich offenbar geworden ist. Nicht, als ob ich mir im Fall blutigen Ernstes eine sofortige Wirkung von unsrer Stellungnahme verspräche! Wäre es aber nicht das stärkste Mittel und ein*

Trost in der Verdammnis solcher Tage, der Welt den Kern eines Volkes, die Lebendigkeit eines unerschüttert geistigen und gewissermassen ewigen Deutschlands vor Augen zu führen, ein Bekenntnis nicht nur, sondern der Abglanz jenes Weges, in den die Politik doch wieder würde einbiegen müssen, und dies umso entschlossener, je heftiger ihre wirre Wut sich ausgetobt hätte? Es schadete nicht einmal, wenn dann einige Mitglieder sich von der Mehrheit trennen würden. Die Akademie als solche hätte das ihre getan, und die Namen der „Dissidenten" würden die Ausnahme bilden, die die Regel bestätigt.

Wie soll denn die Akademie die ihr bei der Gründung zugedachte Aufgabe erfüllen, wenn die Öffentlichkeit sich unter dem sagenhaften Gebilde nicht das geringste vorstellen kann, und das Volk kommt nur über die Dichter zur Dichtung – wie anders denn!

Nun verfügen wir aber über keine andre Publizität für die Akademie, als dass wir uns öffentlich zu ihr bekennen. Keine Akademie der Welt, auch die älteste nicht, würde das geringste im Bewusstsein ihrer Völker bedeuten, wenn sie anonym geblieben wäre. Und sie bleibt anonym, wenn die Öffentlichkeit nicht weiss, nicht dauernd daran erinnert wird, „wer" die Akademie „eigentlich ist". Wir haben nicht die Möglichkeit, als nationale Mannschaft aufzutreten und Wettkämpfe mit unsern auswärtigen Kolleginnen auszutragen, was gewiss das sicherste Mittel wäre, der Akademie Ansehn und moralische Autorität zu verschaffen. Es fehlt Deutschland die geistige Hauptstadt, so bleibt auch die Möglichkeit irgendwelcher gesellschaftlicher Formung auf ein Minimum beschränkt.

Sie werden mir antworten: „Weiss ich alles, deshalb bin ich ja auch für das M. d. A., vorausgesetzt, dass die Mehrheit mitmacht." Wir *waren* die Mehrheit und wollten, 17 Mann hoch, mit dem Beispiel vorangehn in der Hoffnung, die andern würden folgen. Statt dessen huft ein Teil derer, die fest abgestimmt hatten, prompt zurück, und die andern werden unsicher oder halten sich zurück „pour la cause de la cuisine". Dazu rechne ich vor allem Molo, der wieder eifrig am Kochen ist. Döblin hat sich bei seinem Vortrag am Radio als M. d. A. ansagen lassen, aber nun, da inzwischen das Protokoll mit Loerkes Fragen herauskam, schweigt er sich darüber aus.

Wie kommen wir von dem verfahrenen Weg herab? Bitte, versichern Sie sich des Einverständnisses Hauptmanns, und da Wassermann bereits zugesagt hat und Ihr Bruder Heinrich, wie ich annehme, ebenfalls zusagt, schlage ich vor, nach deren Zustimmung ein Rundschreiben an die Mitglieder *loszulassen, mit den vier Namen an der Spitze, das etwa beginnt: „Wir haben uns entschlossen, unsre Bücher und wichtigen Aufsätze mit M.d.A. zu zeichnen, und bitten Sie, sich uns ausdrücklich anzuschliessen, auch für den Fall, dass Sie bei der Generalversammlung anwesend waren und dort bereits für die obige Bezeichnung gestimmt haben."* Auf die Weise kommt Loerke zu seinem Recht und die Sektion über den toten Punkt. Was meinen Sie dazu?

Jetzt noch ein Wort über die unmögliche Lage, die der „Einstimmige Beschluss der Genossenschaft, Sektion für Dichtkunst" vom 24. November geschaffen hat. Die Genossenschaft, Sektion für Dichtkunst, bestand in dieser Sitzung aus 5 (in Worten: fünf) Mitgliedern! Deshalb wurde wohl auch der „Beschluss" *vor* dem Protokoll und *ohne Namensnennung* versandt – ein Schuss im Nebel, aber aus einem Böller.

Der Ton war mir unverständlich und wäre es bis heute geblieben, hätte ich nicht inzwischen von einem Briefwechsel zwischen Molo und Schäfer gehört, der im Anschluss an eine Schäfersche Rede zu Rüttenauers 70. Geburtstag stattfand. Diese Rede wurde 1925 gehalten, als Schäfer böse auf die Akademie war, aber erst im Sommer dieses Jahres in einer Festschrift zu einem andern Geburtstag, nämlich dem des literarhistorischen Bildermannes Albert Soergel, veröffentlicht. Molo will von der Veröffentlichung erst jetzt erfahren haben, als gerade der jungfräuliche Fulda wieder am Pariser Platz auftauchte und sich um seine traditionelle Vicepräsidentschaft betrogen sah. Er beklagte sich bei Schäfer, der in der Rede erzählt hatte, ein jeder Dichter habe seinen Molo, der ihm von einem „Kunstwart" als Muster eines guten Stiles vorgehalten werde – von seinem Standpunkt mit einigem Recht. *Gleichzeitig erschien in der „Vossischen Zeitung" eine Notiz über Schwierigkeiten in der Akademie. Diese Schwierigkeiten, hiess es da, rührten von einer kleinen Gruppe Berlinhassern her, die die Führung an sich reissen wolle, also „ le même son de la cloche" wie im Einstimmigen Beschluss der 5 Mann starken Genossenschaft, Sektion für Dichtkunst vom 24. November. Ferner hiess es in der Notiz (trotzdem beschlossen war, dies vorläufig nicht zu veröffentlichen): aus Abscheu vor solchen Verächtern des Berliner Asphalts habe Hesse die Tür der Akademie hinter sich zugeschlagen…* Die Zusammenhänge scheinen mir klar, und ich verstehe jetzt auch, wieso auf einmal, nachdem wir alle gerade beglückt über den Verlauf der Generalversammlung auseinandergegangen waren und Schäfer unsern Dank abgestattet hatten, der Geist des Brest-Litowsker Generals Hofmann am Pariser Platz erschien und in der historisch bekannten Weise auf den Tisch schlug.

Vielleicht verstehn auch Sie es jetzt, lieber Herr Mann – aber was soll geschehn?

War diese Generalversammlung tatsächlich nur eine Komödie, die nicht länger dauern konnte, als die Generalversammlung? Man sollte es meinen, wenn man liest, was Loerke mir heute schreibt. Er meint: *„Der Riss durch die Sektion lässt sich wohl nicht mehr verhüllen. Die Einmütigkeit bei der Hauptversammlung war nur die Folge des Wunsches, Frieden zu halten, selbst um einen hohen Preis. Aber nun erweist sich am Austritt Hesses (es ist alles Mögliche unternommen worden, ihn zu halten) und an der absoluten Lähmung der Sektion, dass der Preis zu hoch war."* Er spricht vom „Kirchhofsfrieden" der Generalversammlung und erklärt: „Vielleicht wäre energisches Widerstreben besser gewesen: die H. V. des Vorjahres war ertragreicher."

Hier habe ich nun doch gestaunt. Ich stand dabei, wie gerade Loerke, der doch damals schon vom „Kirchhofsfrieden" wusste (wir Auswärtigen ahnten ja nichts derlei), wie Loerke Schäfer besonders herzlich dankte! Ebenso Stucken. Loerke hat auch im gleichen Geist weiterhin mit Schäfer korrespondiert – bis die erste Versammlung der Berliner Mitglieder kam und alles umwarf. Wenn aber Generalversammlungen ihren harmonischen Verlauf nur einem Kirchhofsfrieden verdanken, dem gleich darauf die Posaunen des Jüngsten Gerichts folgen, dann bleiben wir in Zukunft lieber zu Hause und überlassen es dem fünfköpfigen General Hofmann, die Akademie zu regieren. Die Verordnungen des cholerischen Herren können wir jeweils im Protokoll nachlesen.

Nein, so geht es nicht. Man wirft Schäfer vor, er habe vor der *Generalversammlung eine Privatsitzung abgehalten, und Loerke schreibt, die gehässige und unwahre Notiz in der „Voss" gehe „wahrscheinlich auf die* Erregung zurück, die durch das vorherige Bekanntwerden der Privatsitzung entstanden war…" In Wirklichkeit hat Schäfer, als er seine Geschäftsordnung vorlegte (von der übrigens nach der Beratung kaum ein Satz unverändert blieb), ausdrücklich erklärt, er habe die Geschäftsordnung mit einigen Freunden am Vorabend der Generalversammlung aufgesetzt. Niemand hat protestiert! Nachträglich wird nun die Notiz in der „Voss" gewissermassen als Gegenangriff auf Schäfers „Privatsitzung" hingestellt (von der übrigens die Öffentlichkeit nichts erfuhr).

Was Wilhelm Schäfer gegen die Akademie gesündigt hat, vor allem durch seinen vorjährigen Artikel in der „Frankfurter Zeitung", scheint mir einigermassen wettgemacht, und nun sollte einer unter uns auf-

stehn und Frieden gebieten. Und der können nur Sie sein, Thomas Mann!

Die Berliner mögen im Recht sein mit der Behauptung, die Geschäftsordnung sei unbrauchbar. Jedoch, sie ist von der Generalversammlung zum Beschluss erhoben worden, und dieser Beschluss kann nur durch eine andre Generalversammlung aufgehoben werden. Ich schlug Loerke deshalb vor, eine ausserordentliche Generalversammlung einzuberufen. Darauf antwortet er: „Gegen eine ausserordentliche Hauptversammlung haben sich schon mehrere Mitglieder ausgesprochen. Wer darf sie einberufen? Wer bezahlt sie? Ich habe mit negativem Ergebnis sondiert." Da es, wie gesagt, niemals in der Macht der Antragsteller liegt, ihren inzwischen zum Beschluss der Versammlung erhobenen Antrag zurückzuziehn, bleibt dennoch kein andrer Weg als die *Einberufung einer ausserordentlichen Generalversammlung*, ohne Rücksicht darauf, wie stark sie besucht sein wird. Abgesehn davon, dass *die Berliner sich formal ins Unrecht setzen*, wenn sie auf ihrem Ultimatum bestehn und bei der zweifellos nachfolgenden öffentlichen Auseinandersetzung *die Geschichte von unsrer Generalversammlung wie eine tolle Komödie wirken würde*, abgesehn davon und einigem andern, was sich aus dem Krach ergäbe, sehe ich keinen andern Weg, aus dem Dilemma herauszukommen. Denn die Antragsteller würden, selbst wenn dies einen Sinn hätte, vermutlich ihren Antrag *nicht* zurückziehn. Was dann? Die Berliner Kollegen treten in den angedrohten Streik bis zur nächsten ordentlichen Generalversammlung, die aber niemand einberufen würde, weil der ständige Sekretär mitstreikt! Angenommen der Spass würde Ernst, so könnte der Kultusminister nichts andres tun, als auf das Weiterbestehn unsrer Sektion zu verzichten.

Mit herzlichen Grüssen

Ihr ergebener René Schickele

Badenweiler, am 16. 12. 30.

Lieber, sehr verehrter Herr Mann,

Ihr Radikalismus erschreckt mich nicht – wie sollte er auch! Ich bin aufgewachsen zwischen Radikalismen: nationalen, sozialen, religiösen, und auch das Übergebot auf diesem Gebiet ist mir leider nur allzu vertraut. Erschreckt hat mich, dass Sie entschlossen waren, einen Konflikt zum Äussersten zu treiben, unter Umständen, die die Angehörigen der vielberufenen Gruppe geradezu als die Vertreter des Rechts und der guten Sitte hätte erscheinen lassen. Das heisst wirklich: blindlings zuschlagen, weil man das böse Herz des andern kennt. Die Herrn brauchten nur 1.) das Protokoll der Generalversammlung, 2.) den „einstimmigen Beschluss" zu veröffentlichen, damit wir (gestatten Sie, dass ich „wir" sage) nach Wahl entweder als falsche, hinterlistige Kerle oder als Narren daständen, die über Nacht Meinung und Temperament gewechselt haben. Sie sprechen von der „gutmütigen Voreiligkeit" unsrer Berliner Kollegen, womit sie sich ins Unrecht gesetzt hätten. Sie haben sich aber doppelt ins Unrecht gesetzt, indem sie, statt ebenso gutmütig ihre Voreiligkeit bekannt zu geben und eine Revision des einstimmig gefassten Beschlusses zu verlangen, gegen Abwesende gröblich ausfällig wurden.

Dies allein ist der Grund, weshalb ich, mit Ihren Worten zu reden, in einem gewissen Grade die Partei der antiberlinischen Störenfriede und Querulanten zu nehmen *scheine*. Übrigens stimmt es wörtlich: es *scheint* nur so. In Wirklichkeit habe ich die Partei der Akademie ergriffen. Aber selbst gegen den Schein, möchte ich meinen, sollte mich meine politische und publizistische Persönlichkeit schützen, wenn Sie mir das anspruchsvolle Wort erlauben, das der Verlegenheit um eine bessere Bezeichnung entspringt – auch z. B., um bei unsrer Sektion zu bleiben, meine Haltung bei der Wahl Döblins, wobei ich es doch hauptsächlich mit jener „Gruppe" (wenn auch nicht nur mit ihr) zu tun hatte. Lieber Herr Mann, schlagen Sie vor, den weltanschaulichen Konflikt (der aber, wie Sie selbst sagen, bereits bei der Urwahl bestand) bei unsrer nächsten Generalversammlung auszukämpfen, und Sie werden mich auf dem Posten finden. Das wäre eine saubere Sache, ebenso wie eine Trennung anlässlich einer prinzipiellen Erklärung zu einer gegebenen politischen Lage (ich deutete sie in meinem Briefe an), die niemand uns unmöglich machen könnte, weil wir die Mehrheit in der Sektion bilden. Aber diesen Klamauk, der erstens aus einer allzu christlichen Nachgiebigkeit, zweitens aus einem darauf folgenden heidnischen Wutanfall nebst einigen höchstpersönlichen Intrigen entstanden ist, den kann ich mit dem besten Willen nicht mitmachen, weil er ein offenbares Unrecht darstellt, und wenn die Rede Kolbenheyers noch so zum Speien, das Schreiben Schäfers noch so schulmeisterlich, die Zurückhaltung der angegriffenen Berliner (in der Generalversammlung!) noch so bewunderungswert waren.

Der Austritt Hesses ist schlimm, sehr schlimm und der Anlass bedauerlich genug. Finden Sie aber, verehrter Herr Mann, dass ein Satz im Schreiben eines Mitglieds für einen genügenden Grund gelten soll, einer Akademie den Rücken zu kehren, in die man freiwillig eintrat?

Zumal, wenn der Satz von einem langjährigen Duzfreund herrührt, dem man brieflich den wirklichen Grund nennt? Haben Sie überhaupt schon gehört, dass in einem andern Land jemand aus der Akademie ausgetreten sei?

Ja, und nun die bösen Auswärtigen! Erinnern Sie sich, bitte, an die Lage, die wir bei Beginn der Generalversammlung vorfanden, und von der es im Protokoll heisst:

„Döblin ist erfreut über die Rede Kolbenheyers, weil sie bezeugt, dass die in Berlin lange eingeleitete Besinnungsaktion auch von den auswärtigen Mitgliedern betrieben wird. Nur muss er die Annahme als irrig bezeichnen, als kehre die Berliner Sektion von übertriebener Geschäftigkeit um. Die Berliner Sektion ist ebenso wenig existent wie die auswärtige, sie besteht aus einigen Gästen. Es besteht zur Zeit nirgends ein Antrieb, auch in Berlin nicht…"

Mit andern Worten: „Wir brauchen die Auswärtigen, um weiter zu kommen, wir in Berlin schaffen's nicht, wir bestehn nur aus gelegentlichen Gästen." Deshalb war ich Einfaltspinsel, der keinerlei Eifersucht auf die Berliner empfindet, auch so zufrieden, ja stolz, dass wir zusammen etwas zustande brachten, sogar die Statuten, die seit Jahr und Tag nicht weitergekommen waren!

Der Antrieb ist nun also da. Ein Antrieb allerdings, von dem wir Auswärtigen uns vor dem „Einstimmigen Beschluss" nichts träumen liessen. Glauben Sie, dass jetzt die Berliner Sektion mehr „existent" sein wird?

Nochmals, ich weiss, dass hinter der „lächerlichen und tendenziösen Eifersucht mehrerer Auswärtiger" gegen die „Berliner" eine zielbewusste Politik steckt (soweit es sich nicht, bei dem oder jenem, um persönlichen Ehrgeiz handelt). Dann wollen wir, wenn Sie es für gedeihlich halten, diesen Konflikt, den einzigen, um den sich der Aufwand lohnte, ausfechten, aber, bitte, nicht in diesem Schwaden von übler Rede und Nachrede.

Ich hatte mich an Sie gewandt, sehr verehrter Herr Mann, als den „Umpire", der den vom Zaun gebrochenen Streit schlichten sollte. Ich hatte keinen Auftrag dazu, es sei denn von meinem Willen, mit Solidarität und Tradition oder doch mit der Voraussetzung dazu wenigstens einmal den Anfang zu machen. Gewiss ist es fast so, dass es in unsrer Sektion aussieht, wie im Land überhaupt, aber doch nur beinah. Einen Unterschied, zu unsern Gunsten, gibt es doch. Wir *hätten* die stabile Mitte, wenn wir uns nicht verhetzen liessen, und, du lieber Gott, eine Akademie ist nun einmal und war bis vor kurzem niemals eine weltanschauliche, geschweige denn eine politische Einheit, sie sollte es nicht einmal sein. Wenn sie es ist, dann herrscht der kommunistische oder der fascistische Terror...

Damit ziehe ich mich wieder in den Wald zurück, aus dem ich in den trugvollen Kirchhofsfrieden unserer Generalversammlung kam.

Seien Sie herzlich gegrüsst

[Ihr René Schickele]

München 20.V.31

Lieber Herr Schickele,

sehr, sehr schön und wahr ist der Aufsatz. Man sollte ihn jetzt wieder veröffentlichen. Ich hielt noch bei den „Betrachtungen", als er erschien, und sehe wieder, was für eine langsame Natur ich bin. Jetzt sind wir ziemlich bei einander. – Der Abend bei Ihnen war reizend. Meine Frau schreibt nächstens. Grüße Ihnen und den Ihren.

T.M.

München, den 21.XII.32
Poschingerstr. 1

Lieber Herr Schickele,

haben Sie recht herzlichen Dank für Ihre Aufsätze, die so voll von Geist sind und Lebensgefühl. Sie haben mich wieder recht empfinden lassen, wie gedankenlos es ist, daß unsere Literaturgeschichten, auch die besseren, die Entwicklung des deutschen Essays im letzten Menschenalter einfach außer acht lassen. Ich habe es dem Dr. Eloesser jetzt in der Rundschau zu verstehen gegeben.

Es geht Ihnen gut, hoffe ich. Mir nicht. Mein Roman ist offenbar zu schwer für mich. Ich habe sehenden Auges schon soviel daran verdorben, daß mir graust. Dabei loben die Leute die veröffentlichten Rosinen. Das ergibt ein lächerlich schlechtes Gewissen.

Gute Festtage!

Ihr Thomas Mann

München 14.I.33

Lieber Herr Schickele,

Gruß und Dank für Ihren Artikel, den man viel größer hätte drucken sollen! Wie ich hier mit Ihnen hasse und mich lustig mache! Und dieser

Grad von intellektueller Unreinlichkeit beruft sich auch noch auf Nietzsche!

Ihr Thomas Mann

Neues Waldhotel Arosa
27. II. 33.

Lieber René Schickele:

Ihre Zeilen erhielt ich erst hier, wo wir zum Abschluß einer Wagner-Vortragsreise, die mich nach Holland, Belgien und Paris führte, einen Erholungsaufenthalt gerade begonnen haben.

Auch von der Akademie und persönlich von Döblin hatte ich unterdessen nähere Nachrichten über die Geschichte mit meinem Bruder und die Verhandlungen, die sich daran geknüpft haben. Meine erste Reaktion auf die Nachricht vom Rücktritt meines Bruders war natürlich der Gedanke, ebenfalls auszutreten. Aber ich kam bald zu der Einsicht, daß man den Machthabern diesen Gefallen nicht tun dürfe. Ich habe heute in diesem Sinne an Döblin geschrieben. Es ist meine entschiedene Meinung, daß die Sektion sich nicht selbst auflösen darf, ein so schwerer choc der Verlust unseres Vorsitzenden sein mag. Wir müssen es der feindlichen Besatzungsmacht überlassen, ihren offenen Gewaltakten auch diesen hinzuzufügen, der immerhin recht sichtbar und skandalös wäre. Ihr Vorschlag, uns privatim in irgend einer Form wiederzukonstituieren, ist sowohl für den Fall erwägenswert, daß die Sektion für Dichtung überhaupt beseitigt wird, wie auch für den, daß eine rein „nationale" Körperschaft an unsere Stelle tritt. Wir müssen die Geschehnisse abwarten. Etwas anderes bleibt in diesem Augenblick, vor den Wahlen, den Entscheidungen, nicht zu tun. Ich habe in demselben Sinn an Döblin geschrieben und denke, Sie werden auch meiner Meinung sein. Für heute nichts weiter.

Seien Sie herzlich gegrüßt von

Ihrem ergebenen Thomas Mann

Lugano den 13. IV. 33
Villa Castagnola

Lieber Herr Schickele,

doch, Sie haben ganz richtig adressiert, und bis über Ostern bleiben wir auch noch hier. Wohin wir dann unsere Häupter betten, steht noch dahin. Wir haben an Bozen gedacht, aber auch an Süd-Frankreich z. B.

an Sanary. Wissen Sie eine friedliche Unterkunft für uns, ein Häuschen etwa?

Über einen Brief von Ihnen würde ich mich freuen. Ich höre, Sie haben der Akademie garnicht geantwortet. Auch das finde ich gut.

Herzlich

Ihr Thomas Mann

Sanary s. mer (Var)
Villa Ben qui hado
17.4.33.

Lieber Herr Mann,

das wäre schön, wenn Sie herkämen! Ich glaube, Sanary sollte für Sie in vieler Hinsicht Bozen vorzuziehen sein. Es ist vor allem „stubenrein" und wird es auch bleiben, während Tirol –! „Unser" Abgeordneter ist der brave Pierre Renaudel, den seine Landsleute, weil er von Beruf Tierarzt ist, gelegentlich „le Jaurès pour les animaux" nennen, worauf er zu erwidern pflegt: „A vos ordres!" Es gibt eingesessene Deutsche in Sanary, aber das sind lediglich Sonnenanbeter, die meisten kennen wir nicht, und die wir kennen, sehen wir nicht. Wir verkehren nur mit Meier-Graefes, die im benachbarten St. Cyr s. mer wohnen, und mit Molls (den Schwiegerfeltern Werfels).

Molls fahren morgen weg, zu Alma Werfel nach Venedig, ihre Wohnung würde demnach frei. Es ist das Erdgeschoss einer Villa, die, sehr still, am äussersten Ende des Hafens von Sanary liegt. 4 Zimmer, Küche und Bad. 800 Frs im Monat. Möbliert natürlich.

Wir bewohnen auf der Höhe über Sanary (10 Minuten vom Hafen) ein (mit alten provencalischen Möbeln) sehr anständig ausgestattetes Haus (7 Zimmer, Küche und Bad, Garten) und bezahlen monatlich 750 (frz.) Frs. In der Saison (Juli–September) kosten die Wohnungen das Doppelte. Jetzt könnten Sie sich Ihre Wohnung noch bequem aussuchen. Es ist viel frei.

Ich würde Ihnen folgendes vorschlagen: Sie steigen im Grand-Hotel Bandol ab (10 Minuten von hier, alle Viertelstunde ein Autocar), wir stellen eine Liste der Villen in Sanary und Bandol auf, die für Sie in Betracht kommen, und am Tage nach Ihrer Ankunft setzt sich Frau Katja mit meiner Frau in unsern (wunderbarerweise immer noch vorhandenen) alten „Adler" und besichtigt die Wohnungen. Wäsche ist nicht einbegriffen. Aber man kann sie mieten. *Sie müssten mir sagen, wieviel Zimmer Sie brauchen.*

Von der Akademie ist inzwischen, wie erwartet, ein zweiter, eingeschriebener Brief eingetroffen. Ich habe ein bischen „à corsaire corsaire et demi" gespielt und eine Antwort geschickt, von der ich den Durchschlag beilege. Sie sehen, nachdem der gemeinsame Exodus nicht geglückt ist, bestehe ich darauf, hinausgeworfen zu werden. Eine gemeinschaftliche Aktion wäre übrigens auch damals nicht zustande gekommen. Loerke schrieb mir: „Gerade wir müssen unsrer Kultur leben, und wir wollen es auch." (Er fürchtete wohl, ohne den Nachsatz könnte ich ihn missverstehn?) Benn aber, Gottfried Benn beschimpfte am Telefon seine alte Freundin Thea Sternheim als „Landesverräterin, die mit ihrem Geld ins Ausland geflohen" sei, was Madame sich gesagt sein liess. Sie hing den Hörer ein und reiste unverzüglich nach Brüssel zurück.

Hanns Johst, Expressionist von 1920, wird's ja nun schaffen. Sein „Schlageter", der dieser Tage am Staatstheater herauskommt („Wahrscheinlich im Beisein des Führers"), ist von 48 deutschen Bühnen angenommen, der Kampfbund für deutsche Kultur füllt die zu witternde Morgenluft in Flaschen ab (3,50 im Monat frei Haus) und erklärt dreimal täglich im Radio, es sei eine Lust zu leben. Der ganze „Zeit"-Schmus, zwischen 1919 und 1929 quasi-kommunistisch gebraten, wird, von nationalsozialistischen Köchen als Hackbraten hergerichtet, neu aufgetischt, die hungernde Nation schlägt sich wenigstens das Gemüt voll, und sonst, Sie werden sehen, fällt ihnen nichts ein. Sie kennen das Wort: „Wenn der König trinkt, ist das Land besoffen." Wie aber erst, wenn der König verrückt ist! Sogar unter den Wahnsinnigen gibt es begabte und unbegabte. Diese sind natürlich die gefährlicheren, denn ihre Verrücktheit ist „à la portée de tout le monde."

In einer illustrierten Zeitschrift sah ich ein Bild: „Dr. Goebbels im Gespräch mit führenden Köpfen der Literatur." Die führenden Köpfe waren Hanns Heinz Ewers, Walter Bloem und Werner Schendell.

Der Spuk dauert ein Jahr, denke ich – oder zehn. Er kann nur von aussen beseitigt werden. Nicht, als ob ich an einen baldigen Krieg glaubte, aber der Krieg wird, wie seinerzeit im Fall Delcassé, erst einmal bis dicht vor die Tür kommen, und dann wird jemand zur andern Tür hinausgehn. Annette K. schreibt mir aus Paris, Barrère gäbe H. ein Jahr. Ich frage mich allerdings, ob er nicht zu denen gehört, die auch Mussolini nur ein Jahr gaben…

In der Schweiz, höre ich, wimmelt es von Spitzeln. Darum, lieber Herr Mann: wenn Sie Ihres Zimmers nicht unbedingt sicher sind, so vernichten Sie, bitte, diesen Brief. Nicht so sehr meinetwegen, ich bin weit vom Schuss, als im Hinblick auf unsre Freunde in Deutschland, die ja gewissermassen Geiseln sind.

Mit herzlichen Grüssen an Sie und Ihre verehrte Frau

Ihr ergebener René Schickele

Villa Ben Qui Hado
Sanary-sur-mer (Var)
23. 4. 33.

Lieber Herr Mann,

ich muss Ihnen rasch sagen, wie sehr mich Ihr Schreiben an die „Fr. Zt." ergriffen hat.

Niemals hat man für ein tragisches Motiv einen so leisen, ja zarten Ton gefunden!

Das Pronunziamiento selbst habe ich nicht gelesen.

In herzlichem Gedenken

Ihr René Schickele

Lugano, Villa Castagnola.
23. IV. 33.

Lieber Herr Schickele:

Ihr reizender Brief hat uns beiden viel Freude gemacht. Ich danke Ihnen herzlich dafür. Er hat uns in unserem Vorhaben, zu Ihnen zu stoßen, außerordentlich befestigt, gerade auch durch Ihre freundschaftliche Bereitwilligkeit, uns bei dieser Niederlassung für den Rest des Frühjahrs und den Sommer zusammen mit Ihrer lieben Frau behilflich zu sein. Ob wir schon Anfang oder erst Mitte Mai kommen werden, ist noch nicht sicher. Wir müssen vorher noch in Basel Quartier machen, und auch die Ordnung meiner Paßangelegenheit muß ich noch abwarten.

Unsere großen Kinder, die uns gerade besucht haben, haben heute die Rückfahrt nach Le Lavandou, wo sie seit einigen Wochen sitzen, angetreten. Sie haben auch die beiden Jüngsten schon mitgenommen. Sie haben die Absicht, sich ihrerseits schon in den nächsten Tagen mit Ihnen in Verbindung zu setzen, beziehungsweise Sie aufzusuchen, um die Suche nach einer passenden Unterkunft für uns in Angriff zu nehmen. Da die Kinder unsere Wünsche und Bedürfnisse genau kennen, wird es vielleicht jetzt schon möglich sein, etwas Passendes für uns zu mieten. Sonst steigen wir zunächst nach Ihrem Vorschlag im Grand Hotel in Bandol ab und suchen von dort aus weiter.

Wir würden ein Häuschen in der Art des Ihren einer Wohnung vorziehen. Was wir brauchen, sind etwa sechs Zimmer, so daß wir die beiden Jüngsten jedenfalls bei uns haben und womöglich auch die beiden Ältesten beherbergen können. Auf Badezimmer und anständige Toilette wird Gewicht gelegt.

Über die Ereignisse und unser aller Lage lassen Sie mich schweigen. Wir verstehen uns stillschweigend und werden im übrigen alles bald besprechen können.

Mit herzlichen Grüßen von uns zu Ihnen

Ihr Thomas Mann

Zürich den 23. IX. 33
Hotel St. Peter

Lieber Schickele,

aus Kälte und Komfort des Nordens einen herzlichen Ankunftsgruß. Der Himmel ist blau wie wir's gewohnt sind, aber die Sonne finden wir schwächlich. Hier sind gerade Kommunalwahlen, großer Betrieb, und die Kulturbürgerliche Partei der „Freisinnigen" hat mit der Nationalen Front eine Einheitsliste. Die Politik ist das Dümmste und Ordinärste auf der Welt, man sollte es sich überlegen, ob man ihr überhaupt noch einen Gedanken widmen will. Torgler wird freigesprochen werden und die Brandstiftung auf eine kleine Gruppe ausländischer Kommunisten „geschoben" werden, zu der van der Lubbe gehören soll. Sein idiotisches Kichern erklärt der Psychiater mit „jungenhaftem Übermut". An Göring soll gewiß ein bischen hängen bleiben, – Ihre Phantasie war garnicht so überkühn. Dank noch einmal Ihnen allen für alle Freundlichkeit!

Ihr Thomas Mann

Villa Ben Qui Hado
Sanary-sur-mer (Var)
10. X. 33.

Lieber, verehrter Thomas Mann,

das „Bunte Kleid", das schönste Stück deutscher Prosa, das ich kenne, ist soeben an Sie abgegangen – entschuldigen Sie, bitte, die Vergesslichkeit!

Es war eine schöne Zeit, die ich in Ihrer Nähe verbringen durfte. Ich muss Ihnen ausdrücklich dafür danken. Sie wäre vielleicht noch schöner gewesen, wenn ich Sie auf Ihren Spaziergängen hätte begleiten können. Das nächste Mal!

Ich bin mit der Arbeit fertig und trainiere auf gesunden Lebenswandel. Da ich ein Stehaufmännchen bin, geht es gesundheitlich rasch vorwärts mit mir.

In Berlin ist man mit meinem Roman sehr zufrieden. Ich selbst weiss nicht, ob und wieviel er taugt. Das kann man bei solch einem Tempo auch nicht wissen. Ich habe das Gefühl, in einer Wolke „gefochten" zu haben und bisweilen recht glücklich gewesen zu sein.

Bermann schickte heute einen Vertrag, der mich verpflichtet, den nächsten Roman am 1. Juni abzuliefern!... Er hat auch noch andere Schönheitsfehler – schade, dass Sie nicht mehr hier sind, um diese Verlegergrossmut rundum zu betrachten. Ich unterschreibe den Vertrag nicht. Seitdem er das *ganze* MS hat, werde ich in jeder Weise knapp gehalten – ich weiss nicht einmal, ob der Roman in der „Voss" schon läuft. Ich nehme an, Sie werden ihn in der Zeitung massakrieren – aus Sittlichkeitsgründen.

Mit Klaus bin ich wieder in Ordnung. Es war eine dumme Zwischenträgerei des kleinen Peter Mendelssohn, der sich offenbar freute, seinem Kameraden Klaus in den „Deux magots" etwas Unangenehmes zu servieren.

Hoffentlich klappt die Sache mit den Möbeln. Die Kisten für Simons sind unbeanstandet nach Nizza gekommen.

Wassermann scheint nun doch nicht mehr bei Fischer zu erscheinen, wie? Nach Zeitungsberichten gehört er dem Gremium des neugegründeten Berliner Gettos an, mit Osborn, Eloesser und dem Vorsitzenden der Berliner Jüdischen Frontkämpfer Hauptmann a.D. Löwenstein. Die Prügelknaben organisieren sich unter Aufsicht der S.A. – ein erbaulicher Anblick!

Es ist eine gierige und todestrunkene Zeit (Thema meiner „Witwe Bosca"), die eine groteske Komik hervorbringt.

Ich hoffe, Sie arbeiten gern. Und fühlen sich wohl in Zürich. Und werden nun auch im Lande vorlesen. Die grosse Befriedigung, die Sie daraus ziehn werden, soll Sie für die vielen bittern Stunden Einsamkeit belohnen!

Seien Sie und die Ihren herzlichst gegrüsst von Ihrem
René Schickele

Lieber René Schickele,

haben Sie Dank für Ihren Brief! Ja, es war ein gutes, schönes, erfreuliches Zusammenleben, und ich werde diesen Sommer immer in dankbarer Erinnerung behalten. Mein Bruder schrieb mir ganz ähnlich, und so scheinen wir alle eines Sinnes zu sein. Vielleicht läßt es sich doch einmal wiederholen. Hier ist es nun aus mit der Sonne, nachdem uns der Züricher Himmel unverhofft lange eine heitere Miene gezeigt. Wir werden schon noch bereuen, aber vorläufig zerstreut und amüsiert mich noch das städtische Leben, Konzerte, Theater, alles deutsch, aber frei und unschuldig, ohne die muffigen und bösartigen Nachteile des Deutschen. Dazu viele Besucher aus Deutschland, die immer sagen: „Es ist, alsob man gesessen hätte." Und dann gehen sie wieder hinein.

Bertram schickte mir einen Gedichtband „Wartburg" „mit der herzlichen Bitte um Heimkehr in die Burg." „In die Burg" sagt er! „O kehre heim, du edler Sänger –". Tannhäuser, zweiter Akt, nein zweites Bild. Aber mir würde es genau gehen wie ihm im zweiten Akt.

Ihr Roman ist sicher und ohne jeden Zweifel entzückend. In der Voß werde ich ihn nicht lesen, das kann ich nicht, genug daß sie zahlt. Aber auf das Buch freue ich mich unendlich und viele darbende, dürstende Deutsche dort drinnen mit mir, das gewiß. Die Stillhalte-Opfer, die wir für die Erhaltung dieser Wirkungsmöglichkeit bringen, haben schon ihren guten Sinn, so stark die Versuchung immer wieder ist, gegen das elende Lügenwesen vom Leder zu ziehen. Bermann teilt mit, daß in den 7 Tagen seit Erscheinen der „Jaakobsgeschichten" die Auflage von 10000 Exemplaren so gut wie verkauft ist. Man muß neu drucken. Soll man das zerstören? Materiell habe ich nichts davon. Die Honorare sind beschlagnahmt, und bei Querido wäre ich in dieser Hinsicht viel sicherer und besser gefahren. Aber das ideelle Interesse bleibt bestehen. Schwarzschild sieht sich gezwungen, in der „Sammlungs"-Angelegenheit gegen uns vorzugehen. Er hat es mir loyal angekündigt und um private Auskunft gebeten. Ich habe ihm nicht nur diese gegeben, sondern auch einige Zeilen zur Veröffentlichung hinzugefügt, die ja wohl nicht als „Beitrag" aufgefaßt werden können, des Inhalts, es gebe zweifellos verschiedene Arten, heute dem höheren Deutschland zu dienen, und meiner Natur liege die produktive näher als die polemische. Der Wunsch, mich, solange es irgend zu vermeiden sei, nicht von meinem deutschen Publikum trennen zu lassen, habe nichts mit grobem Opportunismus zu tun, wie leicht zu erweisen etc..

Beschämend genug bleibt die Sache. Natürlich hat man unserer Absage in der deutschen Presse eine triumphale Aufmachung gegeben, mächtig stolz auf den Erfolg. Bermann beteuert, daß das gegen seine Wünsche gewesen sei, aber es steht fest, daß er der Sache unnötige Verbreitung gegeben hat: Korrodi z.B. hat er geradezu telephonisch dazu angehalten, unser „Abrücken" zu melden, und sein Haß auf die Zeitschrift, den Verlag und Klaus im Besonderen hat etwas Monomanisches. Er gilt eigentlich dem Emigrantentum überhaupt, ganz in des Führers Sinn. „Die draußen sind alle ganz schief gewickelt", sagte er mir neulich am Telephon. Als Arzt sollte er wissen, wie es heißt, wenn Einer die ganze Welt für schief gewickelt hält, nur sich selbst nicht. Aber er spricht da für Deutschland, diesen typischen Fall von Kollektiv-Paranoia.

Was sagen Sie zu den frenetischen Kriegsverleugnungen und paneuropäischen Friedensreden unserer Helden, gelegentlich des Austritts aus der Gesellschaft der Völker? War so etwas von geistiger Misere und schamlosem Selbstwiderspruch schon einmal da? Aber sie nennen es die „Evolutionsfähigkeit des Nationalsozialismus". Ein Trost ist, daß diesmal niemand ihnen mehr glaubt.

Der innenpolitische Effekt wird glänzend sein: Lückenlose Geschlossenheit der Nation, neue Aufpulverung aus der Unzufriedenheit, Ablenkung von dem Prozeß-Skandal. Sie können das noch ein- zweimal machen. Und dann wird es nicht mehr gehen. –

Ich habe Freude an meinen Kindern. Erika hat hier einen enormen Erfolg mit ihrem Cabaret, – jeden Abend ausverkauft, die Presse einhellig begeistert. Nächstens geht sie damit auf Reisen. Bibi ist mit Ehren in die Akademie aufgenommen und, ungewöhnlicher Begabung halber, gleich dem ersten Lehrer, de Boer, dem Konzertmeister des Symphonie-Orchesters zugeteilt worden. Auch für Golo scheint sich dank den Bemühungen seiner französischen Freunde ein Weg zu eröffnen; er nimmt eine Dozentenstelle in der Nähe von Paris an, ohne Gehalt, aber gegen Kost und Logis. Dies Geschlecht, ein bischen problematisch natürlich, hat im Grunde einen guten Fonds und wird seinen Weg schon machen. Mit Klaus ist es auch nicht so schlimm. Ist seine zweite Nummer nicht schon viel besser?

Leben Sie recht wohl! Genießen Sie Ihre Freiheit, „nach langer Arbeit glücklichem Vollbringen", wie Platen sagt. Ich schleppe – ich schleppe. Und hoffentlich wird es nicht schleppend.

Viele herzliche Grüße den Ihren!

Ihr Thomas Mann

Lieber René Schickele,

herzlichen Dank für Ihren Ärger! Ich war auch einen Augenblick niedergeschlagen. Aber es hat nichts auf sich. D. hat seinerzeit den „Zauberberg" genau so mies gemacht, genau so widerspenstig und übellaunig darüber geschrieben – und jetzt, neulich hat er ihn für ein Aktivum der abgelaufenen Epoche erklärt. Über das Neue wird Klügeres schon mit der Zeit noch gesagt werden – man kann für ein so eigensinniges und ungewohntes Buch nicht vom ersten Tage an herzliche Aufnahmewilligkeit erwarten. Übrigens reagiert das Publikum erstaunlich: in einer Woche waren die ganzen 10000 ausgegeben, u. schleunigst muß man jetzt nachdrucken. Ich habe aber nichts davon. Wenn wenigstens unsere Möbel aus B. kämen! Man hat Angst, wie es scheint.

Ihr T.M.

Sanary-sur-mer (Var)
„Le Chêne"
18.XI.33.

Lieber Thomas Mann,

Ihr Buch habe ich nun zum zweiten und manches daraus zum dritten Mal gelesen. Und ich bedaure alle, die sich einen solchen Lese-Luxus nicht erlauben können. Schliesslich ist es auch nicht viel anders als bei einer Partitur, die man zwar herunterlesen kann, deren Schönheiten sich aber erst bei „voreingenommenem" Gehör recht erschliessen. Man hört auch beim Lesen erst einmal zu flüchtig, umsomehr als der Dichter zum Unterschied vom Musiker dem Leser mit etwas grob Sinnlichem, fast allzu Handgreiflichem, nämlich mit einer „Handlung" zusetzt.

Ich finde das Buch meisterhaft, und wenn ich beim ersten Lesen zuweilen den Eindruck von Überbelastung hatte, so fand ich beim Wiederlesen allen Stoff restlos bewältigt und in die seltsam jüdisch-sakrale Musik dieser Sprache aufgelöst. Auch dort, wo Ihr Barock (unbegreiflich, dass Sie Jean Paul nicht lieben!) gleichsam in den Jesuitenstil übergreift, diese Ihre steifkomische, bewusste Koketterie, diese ironische Ekstase Ihres Stils, ein „Nichtgenugkriegenkönnen" an dem Ihnen eigenen sprachlichen Liebreiz – ja also, wie soll ich sagen: auch wenn Ihre Sprache zur Lübeckischen Kurtisane wird, auch dort und gerade dann war ich in heiterer Weise entzückt.

Aber – es ist ein schweres Buch. Und das ist gerade jetzt gut. Da es vermutlich das letzte ist, das die guten Deutschen von Ihnen ohne List und Tücke lesen werden, haben Sie reichlich Zeit, es sich anzueignen...

Heute las ich in der „Frf. Zeit." von der feierlichen Verkündigung der deutschen Kulturkammer und hatte gleich zu Beginn ein feuchtes Auge, weil ich mir so gut Hitler und Hauptmann Auge in Auge vorstellen konnte und den Händedruck, der dieses Bündnis besiegelte – jetzt, da der Staat so total geworden ist, dass sogar das Dachauer Konzentrationslager fast geschlossen für Hitler stimmte! Vom 15. Dezember an werden wir also dem deutschen Schrifttum nicht mehr angehören. Ausländer und Inländer sind in den Statuten ausdrücklich gleichgestellt – nebenbei eine Frechheit.

Mit meinem Buch gab es ein langes Hin und Her, weil Bermann so gern massenhaft gestrichen hätte. Loerke schrieb mir einen Brief, den ich Ihnen zeigen werde, wenn Sie das Buch gelesen haben. Jetzt erscheint es ohne Striche, aber um Wochen verspätet, ich denke gerade, bevor der Vorhang fällt, kurz vor dem 15. Dezember. Möglich, dass es am gleichen Tag verboten wird. Dann werde ich nach Amsterdam „gehn", aber nicht zu Querido, sondern zu de Lange, dessen Verlag politisch *nicht* polemisieren will. Bei Querido weiss man nicht, in welche Gesellschaft man gerät, und ich will weder mit offenem, noch mit getarntem Bolschewismus etwas zu tun haben. Abgesehn von anderm, vergesse ich nicht, dass *Moskau* die Welt mit den Methoden beschert hat, die jetzt, mit verschiedenen Vorzeichen, die halbe Welt beherrschen. Ich weiss, es ist schwer, seine Selbständigkeit zu wahren und vielleicht nicht einmal richtig. Ich bin aber in jeder Weise unfähig, anders zu handeln.

Hat Rolland bei Ihnen angefragt, bevor er „spontan" (statt Heinrich Manns...) Klaus seinen kleinen Bannstrahl zur Verfügung stellte? Mich hat er nicht gefragt, was ich mit Rücksicht auf die Art, wie ich in Jahren, die er nicht vergessen haben kann, zu ihm gestanden habe, verwunderlich finde. Freilich geht er heute durch dick und dünn mit Moskau. Und ich weiss längst, wie man dann wird, wenn man erst soweit ist. Pfaffen allesamt! Grosse und kleine. Bei Gide ist es anders. Was blieb dem moralisch strapazierten Mädchen in seinem Alter viel anders übrig als fromm zu werden! Und heute bekehrt man sich eben nicht mehr zum Katholizismus wie zur Zeit der Huysmans und Claudel, sondern zum Kommunismus aktivster Form.

Raten Sie, wer am meisten über uns entrüstet war? Nein, Sie erraten es nie. Georg Bernhard, dessen frisch-fromm-fröhliches Abendessen Ihnen hoffentlich noch aus der Erzählung Ihres Bruders in Erinnerung ist, der sich bis zuletzt anklammerte und zu jedem Kompromiss bereit war, wenn man ihn nur leben liesse – und der sagenhafte Dr. Breitscheid, der in feierlicher Reichstagssitzung für Hitler stimmte... Immerhin war Schwarzschild nicht töricht genug, das zu tun, *was die Nazis erwarteten*, nämlich einen Teil der Emigrierten gegen den andern aufzuwiegeln, der, allein durch Ihre Gegenwart, kaum der unbeträchtlichere ist. Dagegen telegrafierte Herzfelde an Feuchtwanger die Aufforderung, gegen die vier „Schweine" zu schreiben.

Bezeichnender Weise drangen die Wellen der Empörung nicht über das Familienplantschbecken hinaus. Die Franzosen ignorierten die Geschichte und auch das übrige Ausland. Die Franzosen vermutlich schon allein deshalb, weil ihnen die Emigranten schon beträchtlich auf die Nerven gehn – bis zur plumpen Gehässigkeit Paul Morands in „1933". Das Präventivkrieg-Geflüstere und -Gehetze von Leuten, von denen nicht *einer* im Ernstfall an die Front ginge, so sagen sie, lässt nicht nur die gebotene Zurückhaltung, sondern das kümmerlichste Schamgefühl vermissen. In einem Jahr wird es, geistig gesehn, keine Spur mehr einer deutschen Emigration geben. Übrig bleiben werden die „Ei[n]zigen" und „ihr Eigentum." Der eigentliche Feind ist der heutige Kollektivwahn. Das heutige „Kollektiv" ist nicht etwas Organisches wie im Mittelalter oder in noch früheren Kulturen, sondern die mit allen Mitteln der Hypnose und Gewalt erpresste Unterwerfung ganzer Völker unter den Willen eines Demagogen, der alle Machtmittel des Staates auf seine Seite gebracht hat, eine lückenlose Sklavenkette. Das ist beispiellos, das hat es *noch nie* gegeben – die heutige *Technik* erst ermöglichte die Lückenlosigkeit der Versklavung. Und nachdem dieser Lückenlosigkeit gegenüber die bestorganisierten Parteien geradezu kläglich versagt haben, sollten Dichter auf jene Barrikade steigen, die zur lächerlichsten aller Metaphern geworden ist? Victor Hugo war verbannt, jawohl, aber (abgesehn davon, dass er als Politiker humoristisch wirkte) jedes seiner Werke, ja, jeder seiner Atemzüge war in Paris hörbar, er hatte seine Partei im Lande und sogar am Hof. Die bonapartistische Diktatur verhält sich zur heutigen wie eine zierlich gearbeitete Pistole zu einem Maschinengewehr. Sie kann nicht abgelöst oder gestürzt werden, sie endet nicht anders als in einer neuen Weltkatastrophe. Oder aber sie hält sich so lange, dass sie sich in Sicherheit wiegt, sich grossmütig zeigt und von einer neuen Generation durchsetzt wird, die unmerklich ihren Körper verwandelt, wie eben der Körper durch eine andre Lebensweise und der Geist durch eine andre Denkweise verwandelt wird. Und dann, dann erst wird eine aktive Opposition im alten Sinne möglich sein. Bis dahin können wir nichts tun als uns selbst behaupten und die Rüsthäuser des

Geistes in Ordnung halten, indess die Barbaren Masken und Parolen nachschwimmen mit dem gleichen Ziel: sich unter grenzenloser Anwendung von Gewalt und Lüge zu behaupten. Es sei denn, man nehme den roten Schleier, man werde Kommunist. –

Denn ein Romain Rolland kann tun, was er will: neben der Ecclesia militans bleibt er ein Mann des Gebets, ein Klosterbruder, dem vor dem Blutvergiessen schaudert, sobald er es tatsächlich *sieht*.

Herzliche Grüsse

Ihres René Schickele

Küsnacht b/ Zürich den 24. XI. 33

Lieber René Schickele,

für Ihren überaus erquicklichen Brief kann ich nicht prompt und herzlich genug danken – es war mir schon leid, daß diese paar Tage darüber vergehen mußten. Ihre wiederholte und eindringliche Beschäftigung mit dem „Roman" hat mich tief gerührt. Man findet diese Aufgeschlossenheit für das Fremde so selten unter unseresgleichen: ich selbst darf sie mir keineswegs zuschreiben, und nur in Fällen ganz besonderen menschlichen und künstlerischen Vertrauens ist sie da, weshalb denn die Witwe Bosca gewiß sein kann, wirklich und von Anfang bis zu Ende gelesen zu werden, während meistens ein zur Meinungsabgabe gerade ausreichendes Sich bekannt machen mit dem Objekt dafür eintreten muß. Ich bin erleichtert, zu hören, daß man auf die Striche verzichtet hat. Es wäre mir eine empfindliche Störung gewesen, beim Lesen mit Ausfällen rechnen zu müssen. An ein Verbot glaube ich durchaus nicht. Sichtbarlich hat man Hemmungen; man scheut sich denn doch (im Religiösen wie in der Kriegs- und Friedensfrage zeigt sich das), aus der Gemeinschaft der gesitteten Völker auszuscheiden; vieles, was man gebrüllt hat, wird eifrig verleugnet, und im Literarischen ist schon wieder allerlei möglich, Parteinahme fürs Internationale etc., was es vor kurzem noch nicht gewesen wäre. Die „Kunstkammer", an deren Spitze (der literarischen Abteilung) ein nicht unebener Mann, H. F. Blun[c]k, steht, hat es schon für höchst fehlerhaft und lächerlich erklärt, Leute wie Nolde und Barlach, die eben noch in sogenannten Schreckenskammern dem nationalen Abscheu preisgegeben wurden, zum Kunst-Bolschewismus zu rechnen und sie für hochgradig und hochkarätig „deutsch" erklärt. Wer weiß, was uns noch passiert? Hermann Burte, ein Mann von starken, wenn auch lustigmacherisch durchsetzten Sympathieen für das System, sagte mir gestern in Gesellschaft: „Seien Sie sicher, daß man Sie zurückholt. Es wird gehen, wie mit den Stabsärzten, die angesichts eines schweren Falles sagen: ›Herr Kamerad, ich glaube, wir rufen mal einen richtigen Arzt. [‹]"

So glaube ich, daß Sie in Sachen der Lizenzkarte etc. zu schwarz sehen. Es wird nichts so heiß gegessen, und mit unserem Ausscheiden aus dem deutschen Schrifttum hat es wahrscheinlich gute Weile. Ich schließe das schon daraus, daß weder Bermann noch Suhrkamp, die doch kürzlich ausführlich schrieben, irgend etwas Bedenkliches in dieser Hinsicht verlauten ließen. Wenn es irgend zu vermeiden ist, wird man uns nicht ausschließen, auch ohne Zugeständnisse unsererseits – so muß ich wenigstens hoffen. Blun[c]k wird die rote Karte für uns an Fischer schicken, und der möge sie behalten.

Vielleicht erscheint Ihnen das als unberechtigter Optimismus; aber berechtigt oder nicht, ich neige in wachsendem Grade zum Optimismus seit einiger Zeit und tatsächlich zu der Vermutung, daß in etwa 2 bis 3 Jahren, vielleicht schon früher, das Land wieder bewohnbar für uns sein wird. Der Teil Ihres Briefes, der von den fundamentalen Unterschieden zwischen dem politischen Kämpfertum früherer Epochen und dem handelt, was uns möglich ist, ist besonders glänzend, und Sie sollten es Herrn Rolland schreiben. Ich habe ihn wiederholt, verschiedenen Besuchern, vorgelesen. Er trifft den Nagel auf den Kopf. Es ist wie Sie sagen: der Geist, d.h. das ältere, bessere, höhere Deutschland kann nichts thun, als sich in Form halten, mittelbar einwirken, eine Art von Zellenbildung betreiben, und das Übermächtige allmählich durchsetzen und modifizieren. Es ist nicht anders zu machen. Haßgesänge haben garkeinen Sinn und die Katastrophe herunterprophezeien zu wollen (sie wird nicht kommen, weder die innere noch die äußere), hat auch keinen. Das andere aber *wird* kommen, denn die Ahnung, daß es ohne „uns" doch wohl nicht so recht gehn möchte, regt sich wahrscheinlich schon jetzt. Ich kann mir ein Leben streng außerhalb alles Offiziellen, ohne je dem Publikum Gelegenheit zu einer Demonstration zu geben, aber mit dem stillschweigend zugestandenen Recht, gelegentlich den Mund ziemlich weit aufzutun, ganz gut vorstellen. Es hätte seinen Reiz und seine Würde. Aber freilich sind wir noch nicht so weit.

Nun aber lassen Sie mich noch mit einem Wort auf Ihre so zarten und witzig kennzeichnenden Worte über mein Buch zurückkommen. Ich danke es Ihnen schon besonders, daß Sie ihm vermittelst der Musik beizukommen versucht und beizukommen gewußt haben; denn tatsächlich ist es ja nur das Sprachliche, das die scheinessayistisch- „wissenschaftlichen" und die bildhaften Elemente zur Einheit zusammenfaßt. Daß diese ganz schwer atmende Wissenschaftlichkeit ein Spiel ist und so gut zur „Kunst" gehört wie die Bilder, sollte doch schon daraus erhellen, daß es zwar vielleicht einen Abraham, aber sicher keinen Isaak, Jakob, Joseph, Esau, Laban etc gegeben hat, und daß es also eine scherzhafte Fiktion ist, wenn meine „Kritik" vor ihrer Realität Halt macht. Was aber ich an diesem Bande liebe, ist nicht seine Ironie, sondern gerade die urmotivische Einfachheit darin, das paradigmatisch und mythisch Menschliche, etwas wie die Liebe zwischen Jaakob und Rahel. Beim Schreiben von Rahels Tod habe ich weinen müssen (ich höre, daß auch Ihr gutes Hänschen dabei geweint hat) und so lächerlich es klingt, ich kann diese Szene noch heute nicht wieder lesen, ohne daß mir aufs neue die Thränen kommen. Das ist aber etwas ganz Neues bei mir, es ist mir noch nie passiert, und ich finde, man ist nicht überrascht genug darüber, daß ich einmal zum Schlicht-Ergreifenden fand. Es handelt sich eben um den Versuch eines humoristisch-mythischen Abrisses der Menschheitsgeschichte. Aber, unter uns gesagt, ich glaube, dieser Prolog-Band wird der beste bleiben. –

Morgen früh bekommen wir die Möbel aus Badenweiler. Sie sind längst da, aber der Empfang hat sich verzögert, weil aus Bern die Erlaubnis zur zollfreien Auslieferung eingeholt werden mußte. Sie ist nun zum Erstaunen der hiesigen Zollbeamten erfolgt, und morgen werde ich tatsächlich wieder an meinem Schreibtisch sitzen. Ich hätte es nicht gedacht, daß er den Weg finden werde. Da er es getan, bin ich nicht weit davon, zu glauben, daß er ihn auch wieder zurückfindet – eines Tages.

Leider habe ich im Augenblick keinen Abzug mehr des Briefes an die „Arbeiterzeitung". Aber ich bekomme wohl einen wieder und schicke ihn Ihnen dann gleich.

Meine Frau war 14 Tage recht krank und erholt sich nur langsam, aber es geht doch täglich etwas besser. Die Kinder sind vollkommen glücklich hier, und unwillkürlich – eine Art allmählicher Abdankung – läßt man *ihr* Interesse doch mehr und mehr den Ausschlag geben.

Herzliche Grüße von uns allen an Sie alle!

Ihr Thomas Mann

Küsnacht-Zch. 2. XII. 33

Lieber René Schickele,
wir haben sehr gelacht über das E. E. K. I. für B. F.. Er läßt es sich gefallen, aber mit reizender Beschämung. Recht komisch war auch, wie

das N. T. B. und die N. W. B. ihre Angriffe vorher anmeldeten: sie müßten nun leider dem Drucke weichen. Da tat es denn weniger weh. –
Bermann meldet, der Arrest meiner Honorare sei aufgehoben. Da heißt
es, sich rasch bezahlt machen, denn jeden Augenblick kann etwas passieren. Ich denke an ganz Bestimmtes. – Meiner Frau geht es besser, und
wir freuen uns, daß auch Hänschen wieder mobil ist. – Diesen Augenblick kommt Ihr Buch. Wie hübsch es aussieht! Auch der Werfel ist da,
aber ich mache mich doch zuerst an die Witwe.

Ihr Thomas Mann

Küsnacht/Zch. 14. XII. 33

Lieber René Schickele,

ich habe ein sehr schlechtes Gewissen vor Ihnen und möchte wenigstens ein Lebenszeichen wie dieses geben, wenn es zu einem Briefe auch
noch nicht reicht. Längst habe ich Ihren reizenden Roman ausgelesen
und kam nicht dazu – aus reiner Insuffizienz – Sie vernehmlich zu
beglückwünschen. Ein durch und durch liebenswürdiges Buch, die anmutigste deutsche Prosa von heute, Crême, Blüte, Spitze, das Aeußerste
an heiterer und gesunder Verfeinerung – gefährlich nicht im Sinn der
Verweichlichung, aber des Anspruchs, denn andere deutsche Bücher
nachher zu lesen, wird schwer sein. Das Herzlich-Geistreiche, das doch
die Strenge auch dieses Lebens fühlen läßt, hat mich erquickt und wird
viele erquicken. – Korrodi spreche ich morgen und gebe vielleicht
M.-Gr. direkt Nachricht – oder K. tut es.

Herzlich Ihr T. M.

Küsnacht-Zch. den 8. I. 34

Lieber René Schickele,

das Aussehen des armen Wassermann war schon bei unserer letzten
Begegnung hier, vor 3 Wochen, im Baur au lac, als er von seiner unsinnigen holländischen Reise zurückkam, so unzweideutig, daß wir ihm
kein halbes Jahr mehr gaben. Nun ist es noch schneller mit ihm gegangen
– am Neujahrsmorgen früh ist er einem Herzschlage erlegen.

Er war seit Jahren stoffwechselkrank, und die Zuckerkrankheit gerade
verträgt Aufregungen am wenigsten. Er kam aber aus solchen nicht
heraus: Die Streitigkeiten mit seiner ersten Frau, einer rabiaten Person,
ruinierten ihn finanziell; diese Tolle hat ihn buchstäblich zu Tode gehetzt, und die Erfahrungen in Deutschland taten das Ihre, um das

Leiden, mit dem man unter Umständen alt werden kann, rapide voranzutreiben. Das Herz war schwer strapaziert; er war schon im Herbst im Wiener Krankenhaus wegen eines bösen Anfalls von sogenannter angina pectoris behandelt worden, und aus Geldbedürfnis unternahm er dann noch die Reise nach Holland, wo er, um Hotelkosten zu sparen, in einem ungeheizten Privat-Garagenhaus genächtigt und sich weiter verdorben hat. Der Herzschlag hat ihn, wie man sich sagen muß, im letzten Augenblick vor dem vollkommenen Ruin in Sicherheit gebracht; selbst aus seinem Hause in Altaussee hätte die Frau ihn (um der Zweiten willen) verjagt. Wie sie das gekonnt hätte, verstehe ich nicht; aber juristisch und finanziell lag es so. Es ist ein tief melancholischer Untergang nach sehr glänzendem Aufstieg aus Not und Dunkel.

Sein Werk hat mir wegen eines gewissen leeren Pompes und feierlichen Geplappers oft ein Lächeln abgenötigt, obgleich ich wohl sah, daß er mehr echtes Erzählerblut hatte als ich. Auch kannte ich seinen heiligen Ernst, seine Vision eines großen Werkes (nicht das Werk, fand ich, war „visionär", sondern sein leidenschaftliches Wunschbild davon, sein Wille) und hielt seine persönliche Freundschaft in Ehren. Die Todesnachricht war mir, ohne daß ich es gleich gemerkt hätte, ein solcher Choc, daß ich mich noch heute nicht davon erholt habe: Die Nerven und der Magen versagten, ich war ein paar Tage bettlägrig. Daran hatte die Aufnahme in Deutschland wohl ihren Anteil. Der Berliner Börsencourier schrieb: „W. war einer der angesehensten Schriftsteller November-Deutschlands. Mit der deutschen Literatur hatte er so gut wie nichts zu schaffen." Soll einen diese stinkende Idiotie nicht unter die Erde bringen? Sehen Sie es sich an: Es ist der deutsche Nekrolog für uns alle. —

Bermann, mit der ganzen Familie z.Z. in Chantarella (so leben wir alle Tage), läßt an meinem II. Bande eifrig drucken, – und dabei scheint man in Berlin auf der Ausfertigung der Gleichschaltungsformulare bestehen zu wollen, die ich ablehnen muß. Vermutlich werde ich also aus dem deutschen Schrifttum ausscheiden. Auch höre ich unter der Hand, daß man im Preuß. Kultusministerium beabsichtigt, mich demnächst vor die Frage zu stellen, offiziell oder sogar öffentlich, ob ich nach Deutschland zurückkehren oder den Emigranten zugezählt werden und „alle Konsequenzen" tragen will. Was heißt „alle Konsequenzen"? Ich habe die Reichsfluchtsteuer bezahlt und bin ganz regulärer Auslandsdeutscher. Ich werde auch wohl im abgekürzten Verfahren Schweizer werden und will in der Schweiz begraben sein, wie George es gewollt hat, der nach diesem „letzten Willen" den riesigen Hakenkreuz-Kranz, der auf seinem Hügel in Locarno liegt, doch wohl nicht so recht verdient hat.

Grüßen Sie vielmals Ihre liebe Frau und wünschen Sie ihr gute Besserung von uns mit ihrem Arm!

Ihr Kartenbild machte mir wieder Heimweh nach Sanary, nach meiner kleinen Stein-Terrasse, auf der ich abends immer saß und den Sternschnuppen zusah. Das ist nun auch schon wieder lange her. Nicht lange mehr, und der Tag unserer Abreise von München (12. Februar) wird sich jähren. Mein Gott, es ist doch sonderbar.

Herzlich Ihr Thomas Mann

Sanary-sur-mer (Var)
„Le Chêne"
25.1.34.

Lieber Thomas Mann,

bei uns geht es nicht sehr gut – der Nervenschmerz im Arm meiner Frau bringt sie allmählich ganz herunter. In diesem Zustand muss sie heute nach Badenweiler fahren, um unsern Umzug zu bewerkstelligen. Zum Glück findet sie dort Hilfe, so dass sie hofft, sich in den 14 Tagen sogar zu erholen. Ich zweifle daran. Wir vermieten unser Haus leer an den von den Nazis abgesägten badischen Polizeichef, für 3 Jahre. Bei den Verhandlungen mit unsern dortigen Freunden meinte der gute Mann (früherer aktiver Husarenoffizier): „Kommt der Umsturz früher und ich werde wieder eingestellt, so kann ja auch Herr Sch. nach Badenweiler zurückkehren." Ob er diese reservatio in Bezug auf die dreijährige Mietzeit als Klausel in den Vertrag aufnimmt?

Möchten Sie etwas in Deutschland besorgt haben, so ist meine Frau über Annette Kolb zu erreichen, die vom 2.2. an in den Basler „Drei Königen" sein wird. Meine Frau wird sie besuchen und dann auch über Basel-Mülhausen zurückfahren.

Die Nachrufe auf Wassermann zeigen die verruchte Bösartigkeit des neuerlichen Aufgebots derer, an deren Wesen die Welt genesen soll. Es sind schon die tollsten Chiliasten seit – ja seit wann? Attila hatte schliesslich römische Kultur, sein Sohn war in Rom erzogen, und was die „Rasse" anlangt, so war das erste, was Alexander nach Besiegung der Perser tat, dass er die Tochter des Darius heiratete und seine Elite die Töchter der persischen Elite heiraten lies[s]. Freilich figurierte Karl der Grosse schon in den *Schulbüchern* der Weimarer Republik als Rasseverräter, u. a. weil er ebenso ungern deutsch sprach und die „völkischen

Belange" pflegte wie Friedrich II. (Wann wird der abgesägt? Denn dass sie ihn gelten lassen aus Erkenntnis des Ur-Bösen, das in ihm war, kommt kaum in Betracht.)

Prof. Witkop schrieb mir, Kolbenheyer habe bei den Freiburger Studenten gelesen und ihm nachher erzählt, das Präsidium der Reichsschrifttumskammer sei ihm angeboten worden, er habe es aber abgelehnt, weil er „das Organisieren im Reich der Geistig-Schaffenden für unfruchtbar halte." Und Goering wirft Rosenberg und seinem „Kampfbund für deutsche Kultur" Anschmeisserei an den ci-devant Liberalismus vor, während er gleichzeitig Rust mit Fusstritten traktiert. Und er hat allen Ernstes eine Christenverfolgung begonnen! Kein Zweifel, dass der Vatikan bei der ersten günstigen Gelegenheit, die ihm die internat. Politik bietet, mit aller Schärfe gegen das Hakenkreuz auftritt. Und der [?]schauer schäumt. Und der Stahlhelm, der Hitler in den Sattel half, möchte ihn am liebsten jetzt schon wieder herunterholen – worauf Adolf, nach dem Vorbild des römischen Kaisers, den ältesten Sohn des Kronprinzen „an seine Person attachierte" … Als Geisel, versteht sich. Und es ist wohl mehr als eine alte Gewohnheit, dass sich die Geheimräte wieder als Saboteure bewähren. Früh oder spät (eher früh!) wird H. zwischen Monarchie und Nationalbolschewismus wählen müssen. Im ersten Fall werden die SA und SS ausgespielt haben mitsamt ihrer Ideologie, im andern wird sich der Weltkonservativismus, der jetzt mit H. liebäugelt, gegen ihn kehren. Bis sich das alles auswirkt, können aber Jahre vergehn – die 3 Jahre meines zukünftigen Mieters scheinen mir reichlich optimistisch.

Inzwischen wird Thomas Mann mehr oder minder beschimpft, aber bestimmt nicht vergessen werden. Was dauert, rechtfertigt sich selbst. Die niederträchtigen Grabreden auf Wassermann beweisen übrigens nichts – ausser der Roheit der Redner. Dass W. nach seinem Tod nicht mehr gelesen würde, war mir von jeher klar. Dauer verleiht nur die Form – und gerade die fehlte ihm. Deshalb nennt ihn ja auch Emil Ludwig den grössten deutschen Romancier.

Kommt der 2. Band des „Jaakob" tatsächlich noch bei Fischer heraus?

Immerhin – eine respektable Leistung, wenn Bermann das fertigbringt!

Dass Sie beim „Intransigeant" auf Ihrem Wort bestehn mussten, dürfte die Emigration wieder mal aufbringen. Die Korrektur wird Ihnen selbst peinlich genug gewesen sein – aber was sollten Sie tun! Umsomehr als die Zeitung die „freie Übersetzung" als Schlagzeile gewählt hatte.

Mir hat inzwischen Josef Roth mitgeteilt, er sei von der „Bosca" so entzückt, dass er mein Telegramm an Fischer vergessen habe. Ich finde es recht bezeichnend, dass bei der Geschichte immer nur von Ihnen und mir die Rede ist, nicht aber von Döblin – obwohl von Rechts wegen bei ihm zu dem Verbrechen des Emigrantenverrats das viel grössere des Rassenverrats hinzukommt. (Darf ich Sie bei der Gelegenheit an Ihren Brief an die Wiener „Arbeiterzeitung" erinnern, den ich gern lesen möchte?)

Wir siedeln nächsten Monat nach Nizza über. Das Leben ist dort 30–50% billiger als in Sanary! Man hat uns ein grosses Haus, 15 Minuten von der Promenade des Anglais entfernt, still abseits gelegen, mit Zentralheizung und allem Komfort, für 8000 frs Jahresmiete angeboten, und wir haben begründete Aussicht, es für 6000 zu bekommen. Hans wird die dortige Ecole des Beaux Arts besuchen – er will Architekt werden. Dafür eignet er sich auch.

Über den Aufsatz von H. M. in der letzten „Sammlung" bin ich entsetzt. Ich beneide ihn nicht um die Ruhe, mit der er dem Krieg entgegensieht. Und dass die Schrecken eines solchen Unternehmens ein nationalsozialistischer Einschüchterungsversuch sein sollen, das dürfte den beiden friedwilligsten Völkern der Erde, Frankreich und Russland, keineswegs einleuchten. Es liegt im Gesetz dieser Emigration, dass ihre politischen Wortführer unweigerlich auf die extremsten Flügel gedrängt werden, zu den Nationalisten oder zu den Kommunisten. Doch wehe dem Nationalisten, der es wagen würde, in der französischen Kammer das zu sagen, was H. M. in seinem Aufsatz so gemütsruhig ausspricht! Er würde „von einem Sturm der Entrüstung weggefegt werden". Ich mag ihm gar nicht darüber schreiben und muss abwarten, bis ich ihn sprechen kann. Leider verstehn wir einander immer weniger.

Freilich, kommt der Krieg, da wird er die traurige Genugtuung haben, die Kriegsmoral als erster gepredigt zu haben, dann wird sie, *wieder einmal*, „das Gesetz der Stunde" sein.

Aber was wir dann erleben – nein, das möchte ich nicht sehn, um keinen Preis!

Bitte, empfehlen Sie mich Frau Katia, von der wir leider gar nichts mehr hören, und nehmen Sie die herzlichsten Grüsse

Ihres René Schickele

Lieber René Schickele,

von einer Vortragsreise (10 Städte, ich danke!), auf der mich Ihr lieber Brief begleitet, sende ich Ihnen und den Ihren herzliche Grüße. Das Leiden Ihrer Frau geht uns nahe! Die Meine schreibt bestimmt in diesen Tagen ausführlich an sie. Zur Übersiedelung nach Nizza die besten Wünsche. Es ist vernünftig. Wir denken ernstlich an *Florenz*.

Was sagen Sie?

Ihr T. M.

Sanary-sur-mer (Var)
„Le Chêne"
29.2.34.

Lieber, verehrter Thomas Mann,

seien Sie, bitte, nicht ungeduldig – ich muss Sie plagen wegen Ihres offenen Briefs an die (nun auch längst dahingegangene) Wiener „Arbeiterzeitung." Es vergeht kaum ein Tag, an dem ich nicht angezapft werde, und schliesslich muss ich doch wenigstens die wichtigsten Aktenstücke dieses Prozesses kennen. Ich schicke Ihnen Ihre Äusserung sofort zurück.

Heute erhielt ich (über den Grafen Kessler) einen Brief aus Moskau. Ich lege ihn bei mit der Bitte um Rückgabe. Es ist der fünfte derartige Brief, den ich, jedesmal über einen andern Mittelsmann und jedesmal von einem andern Absender, aus Moskau erhalte. – Haben Sie die Grabrede der *Komintern* auf die Wiener Arbeiterschaft gelesen? Sie hat wirklich nichts gelernt und nichts vergessen. (Ein Auszug dieses niederträchtigen Sermons stand in No. 8 der „Neuen Weltbühne".)

Man hat mir ernsthafte Vorschläge für die Neuherausgabe der „Weissen Blätter" gemacht. Sie gehn von Hugo Simon aus. Er meint, die materielle Basis sei verhältnismässig leicht zu beschaffen. Darüber hege ich einige Zweifel. Annette Kolb schrieb mir aus Lugano, dass Hesse unsern Standpunkt „unbedingt" teile. Vielleicht wird es doch allmählich nötig werden, ihn an Hand einer Zeitschrift *theoretisch und praktisch* zu begründen? Zusammen mit Franzosen und Engländern, die sich durch ihre Werke und gelegentlichen Äusserungen als unsere natürlichen Verbündeten erweisen.

Die „Sammlung" würde durch die neuen „Weissen Blätter" nicht „genieret" werden – im Gegenteil.

Ihre Gattin warf in ihrem Brief an meine Frau die Frage auf, ob es nicht noch Schlimmeres gäbe als den Krieg. Ich meine: Nein! Es gibt tatsächlich nichts Abscheulicheres als den heutigen Krieg. Er verwandelt einen Erdteil in ein einziges Konzentrationslager, auf das überdies Pech und Schwefel regnen. Aus den immerhin noch zählbaren Greueln, die uns heute schon den Schlaf rauben, wird ein Dauerzustand *unabsehbarer* Gewalt. Ganze Generationen würden „auf der Flucht" (nach vorn) „erschossen", und was die Juden anlangt – nein, da ist es doch klar, was mit ihnen geschähe. Die Hälfte würde bei Kriegsausbruch beseitigt, der Rest nach der ersten Niederlage. Das erste Mal wäre es eine „vorsorgliche Massnahme gegen die Wiederholung des Dolchstosses von hinten", das andremal die „Strafe für erwiesenen Verrat."

Frau Katia hat sich das alles bestimmt nicht vor-gestellt!

Wollen Sie sich wirklich in Florenz niederlassen, unter dem „geringern Übel"? Ich glaube es noch nicht.

Sollen wir uns nicht in oder bei Nizza für Sie umsehn? Das Haus, das wir gemietet haben, kostet jährlich 6750 frs – mit 8 grossen Räumen, Zentralheizung und allem andern Komfort. Auch die Lebensmittel sind um 30–50% billiger als in Sanary. „Nähere Auskunft erteilt Frau Anna Schickele", die ja Ihre Gattin vermutlich auf ihrer Rückreise sehn wird.

Herzliche Grüsse

Ihres René Schickele

Arosa den 2. III. 34

Lieber René Schickele,

Ihnen und den Ihren einen herzlichen Gruß von dieser Höhe! Gerade vor einem Jahre waren wir *auch* hier... Ein sonderbarer Umlauf war das. Aber mir ist besser, ruhiger zu Sinn als damals, und ich habe das Gefühl, daß wir, Sie und ich, uns richtig gehalten haben.

In treulichem Gedenken

Ihr T. M.

Arosa, 6. III. 34.
Neues Waldhotel.

Lieber René Schickele:

Verzeihen Sie, daß ich diese Zeilen diktiere: das Schreiben wird mir hier oben sehr sauer, und außer der morgendlichen Arbeit vermeide ich es nach Möglichkeit.

Es tut mir leid, daß ich es in all der Zeit verbummelt und versäumt habe, Ihnen den Ausschnitt aus der Arbeiterzeitung zu schicken, wie Sie es wünschten. Die psychologische Erklärung ist, daß ich der Äußerung wenig Bedeutung beilege und garnicht geneigt bin, ein Dokument oder „Aktenstück" darin zu erblicken. Nun habe ich sie hier nicht bei mir und bin, offen gestanden, nicht einmal sicher, ob ich sie unter meinen Papieren in Küsnacht noch finden werde; ich hoffe es aber, und wenn ich zurück bin, gegen den 20. des Monats also, will ich bestimmt gleich danach suchen.

Der Gedanke eines Wiedererstehens der „Weißen Blätter" hat natürlich sehr viel Anziehendes, und auch ich glaube, daß die Finanzierung zunächst einmal ohne Schwierigkeit gelingen würde. Wie es dann weiter gehen würde, ist nicht leicht vorauszusagen. Mein Gefühl, wenn ich es eingestehen darf, ist dies, daß es für eine solche Zeitschrift, die doch eben keine Emigrantenzeitschrift im Sinn und Geist der schon bestehenden sein soll, heute noch *zu früh* ist. Es ist mit Deutschland heute noch nicht zu reden oder, soweit Empfänglichkeit vorhanden ist, wird sie von den Gewalthabern unterbunden. Meiner Überzeugung nach aber wird der Augenblick kommen, wo ein Arrangement, eine Verständigung mit dem älteren, höheren Deutschland, auch soweit es sich außerhalb der Grenzen befindet, den neuen Mächten zur unausweichlichen Notwendigkeit geworden sein wird, und ich glaube, das wird der Zeitpunkt sein für das Wiedererscheinen einer Zeitschrift, wie Sie sie in der liberalen Epoche des Krieges gegründet und geführt haben.

Es mag sein, daß meine Neigung, die Zeit als noch nicht reif für diesen Plan zu empfinden, mir von einem gewissen politischen désintéressement eingegeben wird, das angesichts des brutalen Unsinns, der diese Sphäre beherrscht, mehr und mehr Besitz von mir ergreift. Ich fürchte, ich bin für die Politik verloren: Während Sie Briefe bekommen, wie den von Becher, den ich nicht ganz ohne Kopfschütteln gelesen habe und Ihnen mit Dank zurückgebe, korrespondiere ich mit allerlei internationalen Alttestamentlern und Mythologen über die religionsgeschichtlichen Motive im „Zauberberg" und den Jaakobsgeschichten. Meine Ablehnung der auf Verbrechen, Lüge und Humbug errichteten deutschen Staatstotalität gebe ich kund durch mein Außensein und -bleiben. Die Welt mag davon Kenntnis nehmen. Von Weiterem nimmt sie ohnedies, wenn ich sie recht verstehe, nur sehr ungern Kenntnis und findet, in ihrer Abneigung gegen Taten und ihrem Bedürfnis, mit Hitler-Deutschland sich leidlich einzurichten, wenig Gefallen daran, von verbitterten Emigranten sich aufputschen zu lassen. Davon wäre ja nun gewiß in den neuen „Weißen Blättern" nicht die Rede, und doch meine ich, daß auch der Welt mit ihnen erst dann recht gedient sein wird, wenn die deutschen Machthaber so weit sein werden, sie nach Deutschland hineinzulassen, ja ihr Erscheinen in Deutschland zu dulden. Dies ist, wie gesagt, mein Gefühl. Ich kann mich irren und möchte Sie nicht beirren. Jedenfalls ist es niemals zu früh, das Unternehmen ins Auge zu fassen und in der Stille vorzubereiten.

Nach Absolvierung einer sehr mühseligen Vortragstournee war ich erholungsbedürftig, und meine Frau war es schon länger. So sind wir, wie meine Frau der Ihren nach Badenweiler schon geschrieben hat, auf vierzehn Tage hier heraufgefahren, und das wird wohl leider den großen Nachteil haben, daß wir die Anwesenheit Ihrer lieben Frau in Zürich versäumen werden. Vielleicht läßt es sich noch vermeiden: Ab 18. etwa werden wir wieder in Küsnacht sein, es wäre schön, wenn sich die Durchreise Ihrer Gattin bis dahin verzögerte.

Es ist unbeschreiblich schön hier oben, und ein gewisser Erregungszustand, den der extreme Charakter von Klima und Landschaft bewirkt, wird wettgemacht durch das Glücksgefühl, das er ebenfalls einflößt. Genau dieselben Tage verbrachten wir voriges Jahr auch an diesem Ort, und es ist wunderlich genug, wie im Schneegedünst dieser Höhe das Jahr der Abenteuer in sich selbst zurückkehrt. Besser und ruhiger ist mir doch zu Sinn als damals, das darf ich sagen.

Ihre Zweifel, daß sich unsere Florentiner Pläne so bald verwirklichen würden, waren vollkommen berechtigt. Die Idee ist schon wieder in den Hintergrund getreten. Aber auch Nizza und Umgegend, soviel Verlokkendes sie haben, kommen wohl vorläufig nicht in Betracht. Es handelt sich hauptsächlich um die Kinder, die in Zürich zu ihrer glücklichen Zufriedenheit installiert sind und deren eben wieder aufgenommene Ausbildung besser nicht so bald wieder unterbrochen und einem neuen Wechsel unterworfen wird. Besonders gilt das für den Jungen, der in Zürich einen hervorragenden Violin-Lehrer gefunden hat, von dem er sich sehr schwer trennen würde.

Nehmen Sie vorlieb mit diesem wenigen für heute! Wir denken oft über Möglichkeiten eines Wieder-Zusammenrückens und Wieder-Zusammenlebens mit Ihnen nach. Vielleicht findet sich dies doch, wenn der Sommer kommt.

Herzlich wünschen wir Ihnen einen glücklichen, vorteilhaften und Sie in Ihrer Arbeit möglichst wenig störenden Wohnungswechsel und behagliche Installierung mit Ihren Badenweiler Möbeln. Grüßen Sie das gute Hänschen recht schön von uns und auch Ihre Frau von Her-

zen für den Fall, daß wir sie nicht mehr in Zürich begrüßen können!

Ihr Thomas Mann

[22.3.1934]

Lieber Th. M.,
> unsere neue Adresse lautet:
> Nice-Fabron (A. M.)
> „La Florida"
> Chemin de la Lanterne

Hoffentlich werden Sie im Sommer Gelegenheit haben, Lage des
Hauses und auch sein Inneres zu begutachten. Vielen Dank für Ihren
Brief aus Arosa. Ich glaube, Sie haben recht. „W. Bl." sollte übrigens die
Zeitschrift nicht heissen, sondern (dem Sinn, nicht dem Wort nach)
etwa: „Verteidigung des Westens."

B. scheint in Berlin wieder ganz töricht geworden. Gestern trafen wir
zufällig Ihren Bruder im Café. Er sah sehr schwarz, war lebhaft und so
vergnügt, wie man es heute sein kann.

Von Fiutschwänscher hörte ich, dass Franks die Villa der dicken Fayet
(oder ähnl.) gegenüber der „Tranquille" gemietet haben. Sehr schön,
aber eine einzige Kletterpartie. Sie erinnern sich wohl an den dicken,
nacktbäuchigen Buddha – wir sahn ihn beim Menschenfresser Seabrook.

Ihnen allen die herzlichsten Grüsse von den Meinen.

Ihr R. S.

Küsnacht/Zch. den 2. IV. 34.

Lieber René Schickele,
> an diesem schönen Ostermorgen (es ist das himmelblaueste Osterfest,
das mir, glaube ich, je vorgekommen) möchte ich Ihnen wieder einmal
einen Gruß senden und mich nach Ihrem und der Ihren Ergehen er-
kundigen in dem neuen Heim, worin Sie sich hoffentlich wohl fühlen,
und das Ihrer Arbeit günstig ist. Wir bedauern oft, im Stillen und im
Gespräch, daß wir es nicht sehen können, und daß überhaupt die Episode unseres nachbarlichen Lebens und häufigen Austausches vom
vorigen Sommer so ganz Episode gewesen sein soll, deren Erneuerung
vorderhand kaum in Aussicht steht. Noch neulich schrieb ich meinem
Bruder darüber, der auch beklagt hatte, daß man gerade heute nicht in
der gleichen Stadt und nicht einmal in dem gleichen Lande lebe, und

setzte ihm auseinander, was uns hier festhält. Es sind vor allem die Kinder, die uns für die nächsten Jahre jedenfalls noch an die Schweiz binden. Sie sind hier, im Gymnasium und Konservatorium, installiert, sie sind ausgesprochen glücklich, und es wäre ein Unrecht, sie schon wieder, und zwar ins Fremdsprachige, zu verpflanzen. Besonders für den Jungen, der bei seinem Konzertmeister gute Fortschritte macht, wäre ein neuer Lehrerwechsel entschieden schädlich. Wir könnten ihn allenfalls hier lassen; aber wenigstens auf Medi, die in 1 1/2 Jahren ihr Abitur macht, wollen wir warten. Weiter denken wir nicht – wer denkt weiter als 1 1/2 Jahre? Solange wollen wir in Gottes Namen den Sündenpreis an unser Haus überm See wenden, und das Weitere findet sich.

Übrigens leugne ich nicht, daß ich den Zustand einer halben oder nicht ganz schroffen Emigration, wie das Leben in der Ostschweiz, sozusagen vor den Toren Deutschlands sie darstellt, gern aufrecht erhalten und ihn gern mit der Zeit noch lockerer und freizügiger gestalten würde. Offen beneide ich Hesse, der längst draußen, dem aber Deutschland nicht verschlossen ist. An meinem Abscheu vor den Zuständen dort und meinem Herzenswunsch, die Bande, die da wirtschaftet, möchte recht bald in irgend einer Form der Teufel holen, hat sich nicht das Geringste geändert; aber ich sehe immer weniger ein, wie ich dazu komme, um dieser Idioten willen von Deutschland ausgeschlossen zu sein oder ihnen auch nur meine Habe, Haus und Inventar zu überlassen. Ich stehe von dem Versuch nicht ab, diese den Münchener Rammeln aus den Händen zu winden; und da ich auch beim letzten Schub, zur Enttäuschung eben jener Rammel, nicht ausgebürgert worden bin, besteht tatsächlich eine Art von Aussicht, daß ich sie in absehbarer Zeit zurückerhalte. Die Verfügung über unsere Möbel würde eine große Mietersparnis für uns bedeuten, und eine seelische Beruhigung wäre es auch, von den Dingen des vorigen Lebens umgeben zu sein. Hauptsächlich aber: ihre Rückeroberung wäre einfach ein Triumph über die Münchener Gewalthaber, und nach dem Ermessen menschlicher Vernunft müßte sich die Erneuerung meines Passes wohl oder übel daran schließen. Dann könnte ich wenigstens durch Deutschland reisen, um unser Haus im Memel-Gebiet aufzusuchen. Ich erhebe Anspruch auf solche Freizügigkeit, ich empfinde es als ungehörige Zumutung, daß sie mir versagt sein soll! Ist das nicht *auch* ein Standpunkt? Sagen Sie mir doch, ob Sie ihn verräterisch und charakterlos finden!

Sie können sich's aber auch sparen, denn mein Standpunkt und meine Pläne und Entschlüsse sind schwankend und zwiespältig. Sobald ich von meinem spleenigen Epos, in dem ich nun bis zu der ersten Konversation zwischen Joseph und Potiphar im Dattelbaumgarten des letzteren vorgeschritten bin, aufschaue, fange ich an, über eine buchförmige Auseinandersetzung höchst persönlicher und rücksichtsloser Art mit den deutschen Dingen nachzudenken, an die ich mich irgend eines Tages doch wohl werde machen müssen, und die natürlich den endgültigen Bruch mit Deutschland bis zum Ende des Regimes, d. h. doch wohl bis an meiner Tage Ende bedeuten würde. Oder glauben Sie an einen Zusammenbruch zu meinen, gar zu Ihren Lebzeiten? Die Unzufriedenheit ist groß, es wird mächtig und recht offen geschimpft, in der Wirtschaft sieht es böse aus (obgleich gewisse Industrieen gedeihen), Marksturz und Surrogatware drohen, an außenpolitischen Mißerfolgen wird es auch ferner nicht fehlen u. s. w.. Aber das deutsche Volk ist stark im Hinnehmen, und da es die Freiheit nicht liebt, sondern sie als Verwahrlosung empfindet, weshalb sie ihm denn auch wirklich gewissermaßen zur Verwahrlosung gereicht, so wird es trotz schweren Desillusionierungen sich unter der neuen, roh-disziplinären Verfassung immer noch besser und richtiger in Form fühlen, immer noch „glücklicher" sein als unter der Republik. Die unbeschränkten Belügungs-, Betäubungs- und Verdummungsmittel des Regimes kommen hinzu. Das intellektuelle und moralische Niveau ist längst so tief gesunken, daß der zu eigentlicher Empörung notwendige Schwung einfach nicht aufzubringen ist. Und dabei hat man, eben in seinem Tiefstande, das erhebende Bewußtsein, eine neue Welt zu repräsentieren, – als welche eben eine Welt des Tiefstandes *ist*. Wir sind Fremdlinge darin und haben am Ende zu resignieren. Ich wenigstens habe längst angefangen, mich historisch zu betrachten, als überständig aus einer anderen Kulturepoche, die ich im Individuellen zu Ende führe, obgleich sie eigentlich schon tot und versunken ist. Eduard Korrodi von der „Neuen Zürcher Zeitung" ist kein großer Kritiker, aber daß er in seiner Besprechung des „Joseph" diesen den „Abgesang deutscher Bildungsdichtung" nannte, hat mich wirklich bewegt. Ferdinand Lion, mit dem ich hier manche nette Plauderstunde habe, bedient sich für das Buch einer noch feierlicheren Kennzeichnung. Er nennt es „Les adieux de l'Europe". Das ist ein melancholischer, aber ehrenvoller Titel, den ich mir gefallen lasse, und in pessimistischen Stunden wenigstens glaube ich, daß alles, was wir heute treiben, diesen Namen verdient. Der Plan Ihrer Zeitschrift und ihr Titel „Verteidigung des Westens" zeigen mir, daß Sie kämpferischer gesinnt sind. Ich habe Ihnen wohl eher abgeraten, aber im Grunde meines Herzens wünsche ich, daß Sie den Plan verwirklichen. Es gibt nichts Schöneres als ehrenvolle Rückzugsgefechte, und außerdem wissen wir vielleicht nicht, wie stark wir noch sind.

Ich würde Ihnen den neu erschienenen „Jungen Joseph" schicken, wenn ich nicht sicher wäre, daß Sie ihn ohnedies bekommen. Hoffentlich habe ich bald Gelegenheit, ihn Ihnen persönlich zuzueignen. Bermann hat ihn mit etwas sonderbarer Beschleunigung herausgebracht. Die zweite Pause wird dafür desto länger sein. Man muß die zur Produktion unentbehrliche Heiterkeit doch beständig dem Gedankengram des Tages abgewinnen, und eine gewisse Ermüdung ist nach den ersten tausend Seiten auch unvermeidlich. –

Eines so blauen Frühlings wie des diesjährigen kann ich mich garnicht entsinnen. Wie muß es erst bei Ihnen sein! Morgen werde ich sehen, wie weit man im Tessin ist, denn ich fahre zu einem Vortrage nach Locarno: 4 Stunden, das ist ungefähr die weiteste Reise, die man hierzulande machen kann.

Heute Abend ißt Annette bei uns. Wir werden also von Ihnen sprechen. Übrigens ist es, da dieser Brief liegen blieb, der vierte geworden.

Grüßen Sie die Ihren recht herzlich, auch meinen Bruder, wenn Sie ihn sehen! Und nehmen Sie selbst die freundschaftlichen Grüße

Ihres Thomas Mann

Küsnacht den 17. IV. 34

Lieber René Schickele,

endlich habe ich, wenn auch nicht die „Arbeiterzeitung", so wenigstens eine Maschinenabschrift meines Briefes von damals gefunden und schicke sie Ihnen. Sie wollten das Ding ja immer noch lesen.

So ein Frühling wie er diesmal im ganzen Alpenvorlande, auch in München, herrscht, ist mir in meinem ganzen Leben noch nicht vorgekommen. Seit Wochen ist hier ein Tag schöner als der andere. Alles ist grün und in Blüte. Die Nächte sind frisch, aber tags sind die milden Lüfte nachgerade in eine Juli-Glut ausgeartet, die etwas Unnatürliches hat. Ich schreibe in einem Kostüm à la Sanary. Vielleicht gibt es ein Erdbeben.

Heute hörte ich von der Direktion des Schauspielhauses, man habe Heinrich für die nächste Zeit hierher zu einem Vortrag eingeladen! Das wäre. Aber ob er's thut? Auch kann's einen Aufruhr geben, denn wir leben in korrekten Beziehungen zu dem benachbarten Musterlande.

Herzliche Grüße von Haus zu Haus.   Ihr Thomas Mann

Nice-Fabron (A.M.)
„La Florida"
Chemin de la Lanterne
26. 4. 34.

Lieber Thomas Mann,

alle unsere Freunde haben Ihr neues Buch gelesen und schreiben mir und sprechen mit mir darüber – nur ich bin noch immer nicht dazu gekommen. Dies und Wochen voll Unruhe und Ärger sind der Grund, warum ich immer wieder die Antwort auf Ihren Brief hinausschob, obwohl sein Inhalt mich dauernd stark bewegte. So mag das Buch noch einige Tage warten, nicht aber sein Verfasser.

Um gleich mit dem Wichtigsten anzufangen, erstaune ich jedesmal von neuem über die Verheerung, die das Schlagwort vom bevorstehenden, ja bereits begonnenen *Grossen Sterben* in Geistern angerichtet hat, die gegen die Jongleurkunststücke Spenglers von Haus aus ebenso gefeit sein sollten wie gegen den Fatalismus der marxistischen Lehre. (Das *Zusammenwirken* dieser beiden, im Grund widersprechenden Anschauungen erklärt allein Verbreitung und Stärke dieser „fable convenue".) Wir leben in der Zeit der Klassensuggestion und einer – *tierischen Angst.* Soviel ich sehe, war alle grosse Literatur „Bildungsliteratur". Die berühmte Beschreibung des Schildes des Achilles bei Homer scheint mir ein Musterbeispiel dafür, das „Bunte Kleid" ein anderes, die griechische Tragödie, Plato, das wenige, was von Rom übrigblieb, der Minnesang, die französische und deutsche Klassik, das viktorianische ebenso wie das elisabethanische England – alles „Bildungsliteratur"! Es gab eine Zeit vor 5, 6 Jahren, da hatten die Russen tatsächlich tabula rasa gemacht und dies und ihre eigenen Puschkin, Tolstoi und Dostojewski strenggläubig aus ihren Bibliotheken verbannt. Da waren also, Gorki und allen seinen Bemühungen zum Trotz, die „Adieux à l'Europe" in aller Form vollzogen. Ich finde die Russen entschuldbarer als uns, die wir noch in keinerlei wirklichen oder eingebildeten [sic] Kanaan stehn. Aber auch die Russen sind von diesem geistigen Kannibalismus wieder abgekommen. Erinnert nicht die „hantise" unserer Generation ein wenig an den Schrecken und die himmlische Hoffnung, womit die Christenheit um das Jahr 1000 das Ende der Welt erwartete? Viele, viel zu viele von uns haben den Mut verloren, unser Selbstvertrauen ist entsetzlich geschwächt – das ist alles! Das wirtschaftliche Denken des Marxismus ist uns, auch den Gegnern des Sozialismus, so in Fleisch und Blut übergegangen, dass wir geneigt sind, ökonomische Ursachen für geistige zu halten. Aber können Sie sich nicht z. B. recht wohl einen Kommunismus, *einen wirtschaftlich gefestigten Kommunismus auch als humanistisch* vorstellen? Er wird es sogar ganz bestimmt sein, wenn er lange genug am Leben bleibt, genau wie das kirchliche Mittelalter schliesslich humanistisch wurde. Selbst den Völkerwanderungen ist es nicht gelungen, Rom endgültig unter seinen Trümmern zu begraben. Marx und der Kommunismus sind Produkte der europäischen, sogar ausgesprochen westlichen Kultur, er *kann* seinen Ursprung nicht verleugnen, selbst wenn er es wollte. (Wobei mir einfällt, dass die untergangssüchtigen Kommunisten, die Ihnen zusetzen, sich ein Beispiel an Marx nehmen sollten, der *Heine liebte und* in einer bei ihm sehr ungewöhnlichen Weise *verwöhnte*!) Dass dann der Kommunismus zuerst in einem industriell zurückgebliebenen Land verwirklicht wurde, ist ein (übrigens recht *un*-marxistischer) Witz der Weltgeschichte. Es hatte zur Folge, dass dort sein Ideal vorerst nicht die von Marx geforderte „humanitas" wurde, sondern ein smarter, mit industriellem Aberglauben verquickter Amerikanismus... Was uns nicht im geringsten zu genieren braucht!

In der Wochenschrift „1934" las ich heute einen hübschen Satz von Abel Bonnard, der Nietzsche Freude gemacht hätte: „La civilisation, c'est de vivre dans un ordre si léger qu'on n'en sent pas plus le poids qu'on n'éprouve, dans l'ordre physique, la pression de l'air." Bonnard meint, so sei das Leben vor dem Krieg gewesen, und damit sei es nun endgültig vorbei. Gerade an der „Endgültigkeit" zweifle ich. Es schien *bei jeder Pause* endgültig vorbei! Sagte nicht vor rund hundert Jahren Talleyrand: „Qui n'a pas connu la France d'avant 1789 ne sait rien de la douceur de vivre!" Und hundert Jahre später erlebten die Bonnards die gleiche „douceur" und beklagten ihr „endgültiges" Verschwinden.

Es ist Pause. Auf der Bühne wird umgebaut. Warten wir ab, wie das Stück weitergeht. Es wird stets der gleiche Mensch gespielt. Der Angst der „Gemeinen" entspricht der Banditismus der Gangster-Lords, die auf allen Gebieten heraufkommen. Ihr Banditismus ist technisch und demokratisch. Al Cappone verhält sich zu Rinaldo Rinaldini wie das Maschinengewehr eines Flugzeugs zur Knallbüchse hinter der Hecke eines Hohlweges. Al Cappone sagte zu seinen Richtern: „Mein Banditismus ist die Folge *eures* politischen Systems, das darauf ausgeht, eine Mehrheit zu euern Mitschuldigen zu machen. Mit meinem Scheckbuch und meinem Revolver kaufe ich mir, wen ich will, ganz gleich, was für eine Regierung wir haben und welche Partei am Ruder ist." Die modernen Rinaldinis sind Ingenieure und Propagandisten. (Deutsch heisst dies letzte natürlich: Fachleute der Werbe*kunst*!) Die Blaue Blume gibt es nur noch im Plakat. Dafür macht sie sich endlich bezahlt.

„Mit dem Belagerungszustand kann jeder Esel regieren." In welchem Märchen steht dieser Satz?

Sie haben tausendmal recht, lieber Thomas Mann, wenn Sie Ihre Sache mit den Banditen nach allen Regeln durchzufechten suchen. Erfahrungsgemäss werden Banditen legal, sobald sie sich konsolidiert haben. Damit kann man immerhin rechnen... Vor allem müssen Sie Ihre Arbeit vollenden, bis dahin kann Ihre „Abrechnung" warten. Wer weiss, ob nicht höhere Mächte sie für Sie besorgen? Ihre Arbeit können aber nur Sie allein tun. Wenn Sie sich heute fragen: „Soll ich mit Deutschland brechen oder nicht?", so würden Sie sich, wenn Sie gebrochen hätten, fragen: „Tat ich gut damit oder nicht?" Der Zwiespalt liegt *in Ihnen*, wie in der unleugbaren Tatsache, dass es (wenigstens für Sie) nach wie vor ein von keinem Gift und keiner Gewalttat zerstörbares Deutschland gibt, und wären es nur die Luft und die Strassen und Bäume und ein bestimmtes Grün und einige Gesichter, die Sie als verwandt und liebenswert empfinden, oder *einfach Ihr unbeugsamer Wille zu bleiben, was Sie sind*. Das ist das eine, Unveränderliche. Das andere Deutschland, vor dem uns graut, mag es sich noch so lange behaupten, ist jedenfalls veränderlich, in Wirklichkeit und erst recht vor Ihrem Gefühl. Ihr Bruder Heinrich sagte mir kürzlich spontan: „Selbstverständlich würde ich in Deutschland publizieren, wenn ich könnte! Sie haben mich ja zu dem, was ich tue, gezwungen." Diese Ehrlichkeit fehlt den meisten Emigranten, d.h. bei Licht besehn, all denen, die nicht mehr in D. publizieren *können*. Die verlieren sich denn auch prompt an die Politik. Und die Politiker sind wie Huren und Rauschsüchtige, sie wollen jeden in ihr Laster hineinziehn. (Das ist übrigens noch das beste an ihnen. Es verrät ihr schlechtes Gewissen.)

Leider werde auch ich wohl nächstens vor die Tür gesetzt werden. Ich konnte mich nicht länger an der Nase herumführen lassen von Bermann und musste de Lange in Amsterdam meinen nächsten Roman versprechen. Peeperkorn erzählte Meier-Graefe in Rapallo, er habe alle Mühe gehabt, 300 M. (!) von Bermann herauszubekommen. Was soll ich denn da noch viel hoffen! Was aber macht *Peeperkorn* mit 300 Mark?

Während Sie in Osterbläue schwelgen, hatten wir grässliches Wetter. Woche um Woche. Ich wurde langsam gemütskrank trotz kouragierter Regenspaziergänge und gelegentlichen Zusammenseins mit Ihrem Bruder – einen wohlassortierten, von Frau K. gereichten Thee nicht zu vergessen. Tags kam die Nachricht, dass unser Freund Marum „in seiner Zelle im Konzentrationslager Kislau Selbstmord begangen" habe. Hans hat Frau Marum noch kürzlich in Karlsruhe besucht, und alles, was sie erzählte, lässt kaum darauf schliessen, dass der Selbstmord so freiwillig war, wie es nach der offiziellen Meldung den Anschein hat. (Was heisst in einem solchen Fall „freiwillig"?) Meine Frau und ich schrieben an Frau Marum und der Gedanke, dass der Brief womöglich von der Staatspolizei geöffnet werde, war mir ein Labsal. 3000 Menschen haben M. das letzte Geleit gegeben, und sein Grab mit Blumen gefüllt!

Ich traf zufällig Fritz v. Unruh. Er hat seine schöne Besitzung in Zoagli vermieten müssen, um wenigstens teilweise von der Miete zu leben. Er suchte ein kleines Haus zwischen hier und der italienischen Grenze. Als er aus der Akademie ausschied, fielen die Fascisten über ihn her wie über ein räudiges Tier. Das hat sich nun wieder gegeben, scheint es. Auch er rechnet mit einer langen Dauer der Hitlerherrschaft.

Ich war in einem „Schubert"-Film, der bereits die 9. Woche läuft. Kitsch, aber – Schubertmusik. Sie hätten die Andacht der Franzosen sehn sollen! Ich kämpfte allen Ernstes gegen Tränen, dick mitten drin im ebenso bewegten Publikum.

Dank für die Abschrift Ihres schönen und wahrhaftigen Briefes an die Wiener „Arbeiterzeitung"! Nach dem, was dort inzwischen geschah, mutet die Auseinandersetzung etwas gespenstisch an. So schnell reiten die Toten!

Die Holland-Nummer der „Sammlung" hat mich bedenklich gestimmt... Wird wohl nötig gewesen sein. Viel Staat ist damit nicht zu machen. Der arme Klaus! An „Diktators Liebe" erquicke ich mich täglich. Ich möchte so gern wissen, was Mussolini dazu sagt! „Und wenn sich ihre Schenkel spreiten..." Herrlich! „Entflieht sie ihm mit abgewandtem Antlitz, drin kein Stern mehr steht."

Haben Sie gelesen, wie Goebbels seine Journalisten abgekanzelt hat? Er kann, sagte er, den deutschen Journalisten nicht mehr Mut geben, als sie haben. Wie schreibt man eigentlich „Kutzbe"? Mit einem harten oder einem weichen P? Goebbels vergass den Diebold, der Ihren 2. Band ganz brav gelobt hat. War das etwa kein Mut? Im Bericht, den der Chefredakteur Kircher in der „Frf. Zeit." von der Versammlung gab, klang noch deutlich Bauchweh nach. Viel Mut gehört dazu, Mut zu haben!

Was mich anbelangt, bin ich bei beiden Parteien „untendurch." Die Nazi-Presse brachte kein Wort über die „Bosca", die Emigranten-Presse auch nicht. Mit einer kleinen Rente liesse sich so ausgezeichnet leben.

Grüssen Sie, bitte, Frau Katia und die Kinder und seien Sie selbst herzlichst gegrüsst

von Ihrem René Schickele

Beim Durchlesen des Briefes fürchte ich, Sie könnten meine Bemerkungen über „Bildungsliteratur" für ungebildet, wenn nicht gar für dumm halten. Ich kann mir nicht helfen. Ich halte das für Wortklaubereien, eine Querelle d'allemands. Ich habe nie von einer ähnlichen Diskussion in Frankreich oder England gehört!

Nice-Fabron (A.M.)
„La Florida"
Chemin de la Lanterne
13.5.34.

Lieber Thomas Mann,

ich bade, ich ergehe mich in Ihrem Buch in einer Art, die an Unzucht grenzt! Da es sich aber um eine Unzucht handelt, wie sie im Tempel geübt wurde, dürfte sie durch einen höhern Sinn geweiht und entsühnt sein. In der Tat ist es gerade die hohe Zucht Ihrer Gedanken und Ihrer Sprache, die mich derart gefangennimmt, die Erklärung von Abrahams Gott, an sich ein so schweres Unterfangen – mit wie zarten Händen haben Sie das Komplizierte aufgelöst, dass es, mit jeder Seite mehr, zur Einfachheit selber wird. „Er war nicht das Gute, sondern das Ganze." Die Enträtselung seiner „grossen Eifersucht auf seinen Bund mit dem Menschen", es ist, als ob auf wunderbare Weise die Dinge ständig von oben nach unten und von unten nach oben stiegen, um sich und unsere Welt zu erhellen. (Tun sie ja auch, auf Ihren Wink und Befehl!)

Die beiden Träume Josephs – prachtvoll! Welch ein Einfall, den zweiten durch Rubens gutmütige Stiermässigkeit *ganz leicht, ganz heiter* und gleichzeitig so bedrohlich zu machen! Einzig durch das Sichumblicken Rubens, dem dann in der Handlung Rubens kurzes Verweilen bei Joseph mit dem „Du hörst es, Knabe" entspricht! Ich glaube, dieses Kapitel liebe ich noch mehr als das „Bunte Kleid."

Im selben Kapitel bringen Sie mit einem trivialen: „Längeres Stillschweigen" eine verblüffend komische Wirkung hervor. Ohne das folgende: „Ist das alles?" Gads wäre es nichts. Beides geht in einander über, auch beim lauten Lesen. Dann etwas wie das tiepoleske Raffinement, da Joseph (S. 143) seine Studien mit dem Alten unterbricht, „um auch für seine *aparte* Person vom *rosigen* Morgen bis an den Abend"...

Ich finde überhaupt, in diesem Buch wird noch mehr gemalt als musiziert, obwohl sich reichlich hinreissende Kadenzen finden wie diese (auf S. 12): „Aber in Josephs Welt und Kreise, ... und allgemein fand man, dass auf seine Lippen, die bestimmt zu voll gewesen wären ohne ihre Bewegung im Sprechen und Lächeln, *Huld vergossen habe der Ewige.*"

Und ein Tempowechsel wie (auf S. 140): „Man muss den Rubens verstehn. Er war nicht der Mann..."

Der Schluss des Kapitels, plötzlich denkbar knapp nach gemächlicher Epik: „Beim Abendmahl aber trug dieser das Kleid, so dass die Brüder wie Klötze sassen *und Jakob sich fürchtete.*" (*Auch*, in andrer Art wieder, *der Kapitelschluss auf S. 318.*)

So könnte ich noch lange fortfahren mit Belegen für meine uneingeschränkte Bewunderung und tue es vielleicht auch, wenn ich Sie nicht damit langweile. Ich bleibe noch eine ganze Weile beim jungen Joseph, ich lese vorwärts und zurück, und die Freude wird jedesmal – nicht grösser, aber vertraulicher.

Nein, der Roman ist kein Bastard – so geübt, ist er das Gesamtkunstwerk (grässliches Wortungetüm!)

Haben Sie Dank, und seien Sie mit den Ihrigen herzlichst gegrüsst von Ihrem

René Schickele

Küsnacht den 16.V.34.

Lieber René Schickele,

von Herzen danke ich für Ihre guten Worte über den Joseph und für Ihre genaue und zarte Beschäftigung mit dem Buch. Glauben Sie mir, ich bin tief gerührt davon und empfinde es als keine kleine Wohltat und Ermutigung, von Einem, auf den es ankommt, Solches über das problematische Werk zu hören. Es ist Ihre französische Sensibilität in Dingen der Prosa, der ich die Freude dieses Briefes verdanke; denn wir müssen uns ja klar darüber sein, dass alles, was Sie da freundlich anmerken und anführen, für deutsche Ohren einfach in den Wind getan ist: sie merken nichts davon, und für das Ganze überhaupt Ohren zu haben, hindert die heutigen Deutschen (ausgenommen natürlich die Juden, deren Freude und Dankbarkeit ergreifend sind) schon der mittelländisch-menschheitliche Stoff. Sie wollen davon nichts wissen, sie haben nichts als „das deutsche Volk" im Kopf, – im unrechten Augenblick, wie gewöhnlich, und daß die innerdeutsche Würdigung meines Romans dabei zu kurz kommt, ist wahrhaftig das Wenigste. Ganz anderes noch kommt zu kurz, aber zu erwarten ist, daß zuerst und zuletzt die Deutschen dabei zu kurz kommen werden.

Besonders freut mich, daß Sie das Malerisch-Bildmäßige in dem Buch so stark hervorheben. Man hat gesagt, die Konzeption sei zwar großartig, aber allzu geistig; es fehle das sinnliche Gegengewicht. Ist es nicht irgendwie doch vorhanden, – im Ausdruck, in der Art die Dinge anzusprechen, im Atmosphärischen, auch in den Menschen, die, glaube ich, dreidimensional sind trotz ihrer typischen Gebundenheit? Ich muß es hoffen, – vor allem nun hoffen, daß mir der 3. Band gelingt, denn ich bin ehrgeizig für uns draußen. Sie und ich und mein Bruder, von dessen Henri IV ich viel erwarte, müssen unsere Sache sehr gut machen, damit man einmal sagt, wir seien in dieser Zeit das eigentliche Deutschland gewesen.

Ausgezeichnet – Ihr Wort vom Roman als Gesamtkunstwerk! Es ist eine alte Lieblingsidee von mir. Der Wagner'sche Begriff davon war lächerlich mechanisch.

Ich sage Adieu: Morgen fahren wir nach Paris, übermorgen nach Boulogne, dort schiffen wir uns ein nach Amerika. Es ist nur ein Sprung: wir folgen einer Einladung Knopfs, der will, daß ich das Erscheinen der englischen Jaakobsgeschichten an Ort und Stelle begehen helfe. Es gibt ein public dinner und andere Veranstaltungen, zehn Tage lang, die kein Spaß sein werden. Aber auf den Überfahrten kann man sich ja stärken, vorausgesetzt, daß der Ozean friedlich ist, was in dieser Jahreszeit allenfalls zu erwarten. Mitte Juni sind wir wieder hier, und im Herbst hoffen wir Sie zu sehen. Wir denken sehr an Süd-Frankreich für diesen Zeitpunkt.

Herzliche Grüße Ihrem ganzen Hause! Es war mir so erfreulich zu hören, daß Sie es schön und gut haben, daß das Asthma weg ist und daß Sie spazieren gehen.

Ihr Thomas Mann

Nice-Fabron (A. M.)
„La Florida"
Chemin de la Lanterne
25. 6. 34.

Lieber Thomas Mann,

wir haben am 6. Ihrer gedacht und ein Glas „vin du pays" auf Ihr Wohl geleert. Es war eine wunderbare Nacht mit einer Menge von Glühwürmern, wie ich sie noch nie beisammen sah – wehende Schleier von Glühwürmern, gleich einer wandernden Strasse winziger goldgrüner Sterne durch einen ebenfalls vollbesetzten tanzenden Glühwurmhimmel. Ein Zauber ohnegleichen! Die hier vorkommende Art leuchtet nicht ständig wie jenseits der Alpen, sondern versendet ein eifriges Blickfeuer.

Wir betrachteten das Schauspiel als Ehrenvorstellung zur Feier Ihres Geburtstages!

Da Sie dieser Tage aus Amerika zurücksein müssen, komme ich nun mit meinem Sprüchlein und wünsche Ihnen und uns, Sie möchten bleiben, der Sie waren: ein grosser, ständig im Aufstieg begriffener Künstler, dem das Schicksal obendrein die heikle Aufgabe zuwies, in einer Zeit verdorbener und vergewaltigter Gewissen das unverletzliche Bewusstsein eines besseren Deutschlands zu verkörpern – des einzigen, auf das die Welt ernstlich wertlegt. – Die Meinen schicken herzliche Glückwünsche!

In Ihrem letzten Brief fragten Sie, ob es mir auch so vorkomme, dass der geistigen Konzeption des „Jungen Joseph" das sinnliche Gegengewicht fehle.

Ich meine, das komme auf den Grad von Sinnlichkeit an, den man von einer dichterischen Gestaltung erwartet. Prüfstein: die Kapitel, die von Joseph im Brunnen und von der Trauer Jaakobs handeln. Beide sind *Meisterstücke ironischer Darstellung*. Mag sein, für manche Leser komme dabei das Gefühl (das ja auch eine Form der Sinnlichkeit ist) etwas zu kurz. Gerade hier aber, meine ich, wo ein gemüthafter Aufwind in der Schilderung nahe lag, ja geradezu gefordert schien, *mussten Sie auf dem Vorrang des Geistigen bestehn!* Die Gefahr, andernfalls die Einheitlichkeit des Tones und der Komposition in Frage zu stellen, scheint mir grösser als die von Ihnen gewählte Vergeistigung eines Gefühlsüberschwanges durch ironische Besinnlichkeit.

Lebendig, „dreidimensional" sind sämtliche Gestalten, in der Hauptsache durch das Mittel der Typisierung, die bei dem Haufen von Brüdern gar nicht zu vermeiden war. Fraglich finde ich nur den „Mann auf dem Feld" – *falls er eine Episode bleibt!* Ich weiss nicht recht, wie er dahineinkommt. Bald dachte ich an Le Sage, bald an Chamisso.

Aber ich nehme an, dass er Joseph noch wiederholt begegnet und sich Ihrer Landschaft assimiliert.

Wie ist es Ihnen in Amerika ergangen? Vous a-t-on fait parler? Ich las gar nichts über das Abenteuer.

Mit den herzlichsten Grüssen, auch an die buchstäblich verehrte und geliebte Frau Katia, von uns allen und auch an die Kinder:

Ihr René Schickele

Lieber René Schickele,

es war sehr freundlich von Ihnen, uns mit einem so lieben Brief hier wieder zu begrüßen. Wir haben ihn zusammen gelesen und wieder einmal bedauert, daß soviel Raum zwischen unsere Häuser gelegt werden mußte. Die Menschen, die man schätzt, zu denen man Vertrauen hat, und deren Umgang man als Gewinn und nicht als Zeitverderb empfindet, sind zu wenig zahlreich, als daß dies Bedauern nicht immer wieder unter uns zu Worte kommen müßte. Wir denken und planen auch oft über die 1 1/2 bis 2 Jahre hinaus, die wir hier noch gebunden sind: Durch die Kinder, wenn nicht länger durch die Vorstellung, Deutschland nahe leben zu sollen oder gar eines Tages dorthin zurückzukehren. Je länger ich draußen bin, und je ekel- und grauenerregender es dort drinnen zugeht, desto mehr verblassen diese Gedanken und sterben ab. Welch ein Unglücksland! Nein, nein, nie wieder kann man sich ihm anvertrauen. Weit davon weg leben und sterben ist das Einzige. Ich kann nicht sagen, wie die letzten Tage mit ihrem Mord- und Pest-Atem von dort drüben mir wieder zugesetzt haben. War so etwas schon einmal da? Man hat es ja von Anfang an gefragt, aber man fragt es immer wieder, obgleich man sich nicht wundern sollte, daß dieses verworfene und auf eine unsagbar subalterne Weise *höllische* Unwesen seinen Weg weitergeht nach dem Gesetze, nach dem es angetreten, und ungeachtet man überzeugt sein kann, daß es nach diesem Gesetz auch enden wird.

Während diese Bande ihre blutige und im albernsten Grade *überflüssige* „Geschichte" macht, muß man versuchen, so sauber und heiter wie möglich das Seine zu tun. Ich bin Ihnen unendlich erkenntlich für Ihre nachhaltige Anteilnahme an dem derzeit Meinen und auch für Ihre Einwände. Sie haben vollkommen recht: Der „Mann auf dem Felde" ist nicht restlos zu verantworten; es steht da ähnlich wie mit Joachims spiritistischer Erscheinung im „Zauberberg". Die Josephsgeschichte ist, wie Goethe sagt, eine „*natürliche*" Geschichte, und der Mann ist tatsächlich nicht recht am Platze. Zwar habe ich die Hintertür halbwegs offen gelassen, daß er allenfalls doch ein etwas wunderliches Menschenkind sein kann; aber sie ist recht schmal, und man kommt fast nicht hindurch. Trotzdem! Ich möchte das Kapitel und die drollig-verdrießliche Figur nicht missen, auch die Szene nicht am leeren Brunnen, mit Ruben. Ganz zuletzt ist dies Hineinspielen doch zu rechtfertigen. Die rabbinischen Kommentare fassen den „Mann" als Engel auf, und in meinem Buch spielt die pikierte Engelwelt ja von Anfang an eine Rolle:

schon in der „Höllenfahrt", und daß Jaakob am Jabbok mit einem Engel ringt, wird auch, wenn auch mit einigem Schmunzeln akzeptiert. Na, lassen wir's gut sein!

Der amerikanische Ausflug hat mich 4 Wochen gekostet, – die ich mir eigentlich des 3. Bandes wegen nicht leisten konnte. Es war ein besserer Jux, unnötig eigentlich, aber ich will doch nicht bereuen, ihn mitgenommen zu haben. Auch ist es ja hübsch, dieses Einernten von in langen Jahren gesäter und herangewachsener Sympathie, besonders wenn zu Hause die Ernte verhagelt ist. Ich habe die Hände vieler Leute gedrückt, junger und älterer, die mir sagten, es sei ihnen wie ein Traum, „like a dream", mich in Wirklichkeit vor sich zu haben; und wie ein Traum war auch mir das Ganze. Als ich bei dem „Testimonial Dinner" im Plaza-Hotel (300 Personen, das ganze literarische Manhattan mit dem Mayor an der Spitze) zu meiner Dankesrede aufstand, war mir wirklich recht träumerisch zu Mute. Der Clou waren übrigens nicht die Reden, es war der kolossale Geburtstagskuchen, der schließlich unter großem Applaus hereingetragen wurde, und dessen 59 Lichterchen ich dem Ritus gemäß auf einmal auszublasen hatte, – was auch tatsächlich gelang! So belohnen sich kindliche Übungen. –

Gestern war Meyer-Graefe bei uns, und wir hatten einen netten Abend im Freien, bei Thee und Cigaretten, ganz à la Sanary. Er ist *alt* geworden, das fanden alle, war aber amüsant und dramatisch wie immer und erzählte sehr eindrucksvoll von seiner neuen französischen Perle mit dem Kind in Toulon („Ça ne m'interesse pas. J'ai vécu! Et je ne veux pas recommencer.") Auch von Ihnen sprachen wir viel, von Ihrem schönen neuen Heim, von dem schönen neuen Roman, mit dem Sie müßig gehen (das glücklichste Stadium, das ich mir auch einmal wieder wünsche). Er ist Ihnen ein guter Freund, das zeigte sich an seinen Berichten über Verhandlungen mit Bermann, die er in Ihren Angelegenheiten geführt. B. kam nicht sehr gut weg dabei. Alles, was gegen ihn zu sagen ist, kann man zusammenfassen in das Urteil, daß er keine Verlegernatur ist wie der Alte. Auch untersteht er den allgemeinen moralischen und ideellen Nachteilen der jüngeren Generation gegen die ältere, die einfach größer und besser war. Der alte Samy glaubt nicht im Geringsten an B. und an Suhrkamp auch nicht, wie er mir bei seinem Besuche hier deutlich zeigte. –

Wie steht es mit Ihrem Plan der Erneuerung der Weißen Blätter? Es wäre doch schön…

Leben Sie recht wohl! Grüßen Sie Ihre liebe Frau und den guten Hans vielmals von uns! Wir haben augenblicklich die alten Eltern meiner Frau hier, die nächstens in die heimatliche Räuberhöhle zurückkehren müssen, und Golo, der gestern eintraf, um seine Ferien hier zu verbringen.

Herzlich

Ihr Thomas Mann

Entretien International d'Art
25–28 Juillet 1934–XII

Venise
Palais Ducal

So habe ich eben dies vom Völkerbund gespendete Papier benützt. Wir sind, wie gesagt, seit gestern hier, und zwar zur diesmal hier stattfindenden Sitzung der Kulturkommission des Völkerbundes, der Tommy ja immer noch angehört (obgleich er nach Weisung des Auswärtigen Amtes „ohne Dank und Bedauern" daraus hätte austreten sollen). Es ist *sehr* heiß und wir werden nur bis Ende der Woche bleiben; der Hauptreiz des Unternehmens war, daß wir aus diesem Anlass etwas *Passartiges* ausgestellt bekamen, das uns nun weiter dienen mag.

27. – Nun blieb der Brief zwei Tage liegen, und was sich inzwischen zugetragen, hat uns der Katastrophe ja wieder in einer erschreckenden Weise näher gebracht. (Obgleich ja Deutschland ja natürlich *nichts* damit zu tun hat und nun so loyal seine Grenzen schließt.) Ich schreibe aber *bestimmt* nichts mehr darüber, sondern möchte nur noch unsere herzliche Anhänglichkeit an die Familie Schickele ausdrücken. Wir halten fest an dem Plan einer Reise zu Ihnen im Herbst, möchte nichts dazwischen kommen! Und nehmen Sie noch einmal meinen herzlichen Dank!

Ihre Katia Mann

Sie haben unserm Geburtstagskind so lieb und schön geschrieben, lieber René Schickele, gerade habe ich den Brief gelesen und war ganz gerührt, auch durch die Lebhaftigkeit Ihrer Erinnerung an die Tranquille. Vielen Dank! Wir haben ja auch genug zu erinnern, z. B. den schönen Abend bei Ihnen, einige Tage später, als *Sie* Geburtstag hatten und aus der „Witwe" vorlasen. Das muß sich ja nun auch bald jähren, und wir wollen darauf noch zurückkommen. Das Leben aber möge uns solche Abende bald wieder heraufführen.

Herzliche Grüße Ihnen und Ihrem Hause!

T.M.

Lieber René Schickele,

nun haben wir doch, wie der Oesterreicher sagt, „auf" den 4ten August

vergessen und schämen uns sehr! Verzeihen Sie! Schuld an dem schimpf-
lichen Ausfall ist nichts anderes als die Politik, der so unzeitige und so
viele allzu sanguinische Hoffnungen noch einmal zerstörende Tod Hindenburgs, der uns mit seinen Folgen so präokkupierte, besonders mich,
daß uns die fest gehegte Absicht, Ihnen zum Festtage zu schreiben, aus
dem Sinne kam. Wollen Sie, so lächerlich verspätet, unsere herzlichen
Glückwünsche noch annehmen? Möchten Sie den Tag in guter Gesundheit und heiteren Gemütes verlebt haben!

Was mich betrifft, so kann ich mich offen gestanden zur Zeit weder
des einen noch des anderen rühmen. Seit wir von Venedig zurück sind
(ach, es war eine tiefe Freude, die Stadt wieder zu sehen), befinde ich
mich in einer argen Arbeitskrise, die mir Schlaf und Laune raubt. Nicht
umsonst führte ich die Politik zur Entschuldigung meiner Vergeßlich-
keit an. Die Tagesereignisse, die Vorgänge in Deutschland üben beständig einen so scharfen Reiz auf mein moralisches, kritisches Gewissen
aus, daß die Arbeit an meinem 3. Bande völlig stockt und ich im Begriffe
bin, sie hinzuwerfen, um mich einer politischen Bekenntnis- und
Kampfschrift hinzugeben, durch die ich mir rücksichtslos das Herz
erleichtern, Revanche für alle in diesen 1 1/2 Jahren erlittene geistige
Unbill nehmen und gegen das Regime vielleicht einen Schlag führen
könnte, den es spüren würde. Natürlich ist es mir leid und weh um den
Roman, der ohnehin übertragen und verschleppt ist, und ich fühle wohl,
wieviel gegen eine solche Investition an Zeit und Kräften spricht. *Lohnt*
es überhaupt noch, sich auf diesen Schund polemisch einzulassen und
schönere Pflichten darüber zu vernachlässigen? Andererseits, ist nicht
auch jenes doch eine Pflicht, deren Erfüllung die Welt mir danken würde? Kurzum, ich schwanke hin und her und weiß nicht, wo Hand
anlegen, – ein scheußlicher Zustand. Auf den Bruch mit „Deutschland"
kommt es mir längst nicht mehr an; ich wünsche ihn und hätte auch
meine Bücher viel lieber draußen.

Nie haben Sie mir von Ihrer Schrift über Lawrence erzählt, – durch
Klaus erfahre ich davon und bin nicht wenig neugierig darauf. Vermut-
lich haben Sie ihr allerlei übers Literarische Hinausgehendes einverleibt.
Auch der Roman meines Bruders kommt ja nun nächstens und einer von
Neumann, nicht zu vergessen den „Cervantes" von Frank. An Lektüre

74

wird es also nicht fehlen. Und kommt alles von außen! Schließlich möchte man auch dabei sein.

Alles Herzliche Ihnen und den Ihren,

Ihr Thomas Mann

Nice-Fabron (A.M.)
„La Florida"
Chemin de la Lanterne
5.9.34.

Lieber Thomas Mann,
längst hätte ich Ihnen für Ihre Glückwünsche danken sollen!

Ihnen und Frau Katia herzlichsten Dank! Wir haben noch immer die Hoffnung, sie beide diesen Herbst zu sehen.

Ich lese die Korrektur meines Essais über Lawrence (der vieles enthält, was nur mittelbar mit L. zusammenhängt). Ursprünglich sollte es nur eine Anzeige der von Huxley herausgegebenen Briefe werden – und wurde im Handumdrehen ein kleines Buch. Ich unterbrach meinen Roman, um einiges abzuladen, was mich mit der Zeit zu drücken begann. Es wird der äusseren Linken ebensowenig gefallen wie der Rechten, das versteht sich von selbst. In Deutschland werde ich (leider!) nicht mehr gedruckt werden. Darf ich Ihnen die Revision schicken?

Wie steht es mit Ihrem „Intermezzo"? Wenn ich mir einen Rat erlauben darf: *schreiben Sie* Ihre Abrechnung (die ja von unvergleichlich grösserer Bedeutung ist als mein Privatissimum – von den Folgen zu schweigen!), und wenn Sie es geschrieben haben, lesen Sie es vielleicht einigen Menschen vor, zu denen Sie Vertrauen haben, und bestimmen *dann*, wann und wie Sie es der Öffentlichkeit übergeben. Was meinen Sie? Sie *müssen* die Geschichte loswerden, das ist klar. Andrerseits handelt es sich bei Ihnen um einen direkt, mit Namensnennungen geführten Schlag (bei mir nicht), der für die gesamte Emigration von entscheidender Bedeutung ist. Nachher wird die Emigration ganz anders aussehn...

Ja, und da ist wieder dieser läppische Schriftstellerkongress in Moskau! Ich freue mich nur, dass gerade die Jüngeren, soweit sie nicht fest für den Bürgerkrieg angeworben sind, meine Gefühle teilen: Joseph Roth, Hermann Kesten u.a. Die Forderung in Moskau lautete: *Sklavenliteratur*.

Unmöglich!

Die französischen Literaten stehn z.T. jetzt dort, wo die unsern des gleichen Jahrgangs 1928 standen... Zum Glück hat die französische Demokratie mit der verflossenen deutschen nur eine sehr entfernte Ähnlichkeit. Gide nehme ich nicht ernst. „Junge Hure, alte Betschwester..." Früher wurde man katholisch.

Kesten sagte mir, Heinrich M. habe in seinem Schreiben an den Kongress Russland als „Hort der Freiheit" gepries[s]en. Aber das muss ich erst schwarz auf weiss sehen, bevor ich es glaube. (Fragen kann man ihn nicht, weil statt seiner Frau Kröger antworten würde.)

Herzliche Grüsse von Haus zu Haus!

Ihr René Schickele

Küsnacht den 12. IX. 34.

Lieber René Schickele,

Dank für Ihren guten und *richtigen* Brief! Ich frage mich nur, ob ein solcher Frontal-Angriff auf Kosten des Romans, den viele selbst schon als Gegen-Werk und -Leistung empfinden, wirklich meine Sache ist – und ob es nicht eigentlich schon zu spät ist für ein ausdrückliches und ausführliches Bekenntnis gegen dies längst über und über widerlegte Unwesen. Sagen nicht andere alles, was ich sagen könnte, viel besser, als ich es könnte? „Herr, ich habe einen blöden Mund." Und was der Drückeberger- und Zweiflergedanken noch mehr sind. Unterdessen, um Zeit zu gewinnen, schreibe ich etwas Drittes, Neutrales, einen Aufsatz über den „Don Quijote". – Daß ich die Hauptsache nicht vergesse und solange noch Platz ist: Ich bitte dringend und angelegentlich um die Revision Ihrer Lawrence-Studie, bin sehr neugierig.

Ihr Thomas Mann

Küsnacht den 23. IX. 34

Lieber René Schickele,

es hat mich gefreut, das von Curtius zu hören.

Meine amerikanischen Interviewer waren sehr zurückhaltend. Man sagte, ich unterschiede mich von Einstein dadurch, daß ich zur rechten Zeit den Mund zu halten wüßte. Andererseits hat man mir manches in den Mund gelegt, aber dies doch wohl nicht, ich hätte davon gehört.

Dem alten Fischer geht es sehr kümmerlich. Im Schwarzwald hatte er eine Gelbsucht, und da er überhaupt keine Nahrung mehr nahm, war die Familie versammelt. Er ist doch noch einmal aufgestanden, aber sein Geisteszustand hat unter der Krankheit weiter sehr gelitten, sodaß es an aller Orientierung und Erinnerung fehlt. Er ist übrigens wieder in Grunewald.

Wo bleiben die Lawrence-Bögen?

Ihr Thomas Mann

Lugano, Villa Castagnola
den 12.X.34

Lieber René Schickele,

es waren schöne Stunden, die ich hier, in dem kleinen Salon, der mir für abendliche Lektüre zur Verfügung steht, mit Ihrem Essay verbracht habe. Das ist wahrhaftig europäische Kost, europäischer Geist, undeutsch und damit – ohne leidenden Haß – auch antideutsch in seiner Anmut, seiner Freiheits- und Wahrheitsliebe, ein Stück Literatur, wie es in dem jammervollen Kerker, der heute Deutschland heißt, einfach nicht wachsen kann, ja, man überzeugt sich dabei, daß das Gute heute notwendiger Weise draußen entsteht, und lacht sich ins Fäustchen, daß es den Macht-Eseln nie, nie, niemals gelingen wird, das Deutsche im Politisch-Totalitären einzufangen. Zuviel ist ihnen schon entschlüpft, und sei es meinetwegen, daß man mit den Feuchtwanger, Arnold Zweig und E. Ludwig nicht genug Ehre einlegt, so sind eben Sie da, mein Bruder und Hermann Hesse (den ich liebe, obgleich man fragen könnte, was ich eigentlich an dem eigenbrötlerischen und egoistischen schwäbischen Sonderling habe. Aber über Deutschland verstehen wir uns, und er macht jetzt so merkwürdige, schrullig-kühne Sachen, Sie werden sehen.) Was mich betrifft, so sei ich, gewährt mir die Bitte, in diesem lockeren und doch so schicksalhaften Bunde der Vierte oder Fünfte!

Kurzum, Sie haben große Ehre eingelegt. Ihre von Geist und Kunst funkelnde Analyse hat mir tiefen, sympathievollen Genuß bereitet, und ich bin voller Bewunderung für den assoziativen Reichtum der Arbeit, ihre Lebendigkeit, den schönen Einschlag „heiliger Überzeugung", den ihre Skepsis und Freiheit besitzt, die sicher treffende, gesinnungsvolle Polemik, die sie mit aufnimmt, aber sehr von oben herab übt, ohne sich etwas zu vergeben, ohne je zu kondeszendieren und sich im Haß zu binden, – wie ich es, fürchte ich, bei gewissen Vorbereitungen, die bei Seite liegen zu lassen ich mehr als je entschlossen bin, zu tun im Begriffe war. Sie haben es richtig gemacht, und der Gegenstand begünstigte Sie außerordentlich dabei: ein Dichtergeist, dessen Liebe zum Instinkt gelegentlich ins Politische abirrte. Ich habe viel angestrichen in dem kleinen (innerlich großen) kritischen Roman, aber am meisten, wie ich sehe, in dem Kapitel „Revolution" mit der entscheidenden Stelle über Nietzsche und Lawrence und den „Ausgleich" von Instinkt und Bewußtsein, in dem das Heil – man darf wohl sagen: die Zukunft liegt. Sie können sich denken, wie das mich anging, den schließlich all die Zeit her etwas beschäftigt, was man den „humanisierten Mythus" nennen könnte.

Bestimmt gehört der „Lawrence" zum Allerbesten, was Sie geschrieben haben. Er ist wahrscheinlich das Beste – und vom Besten, was heute überhaupt da ist. Weder in England noch in Frankreich macht man es besser, und die unfreien Länder werden nie dergleichen hervorbringen.

Herzlich

Ihr Thomas Mann

Nice-Fabron (A. M.)
„La Florida"
Chemin de la Lanterne
24. XI. 34.

Lieber, sehr verehrter Thomas Mann,

bitte, entschuldigen Sie, dass ich Ihnen nicht längst für Ihre freundlichen, *zu* freundlichen Worte über das kleine „Lawrence"-Buch gedankt habe! Ich fühlte mich ordentlich durch Ihre Grossmut beschämt. Da ich mich zu einem Bekenntnis verpflichtet fühlte, die pathetische Geste aber scheute, kam mir Lawrence gerade gelegen. Er diente mir, in mehr als einer Hinsicht, zur Erleichterung meines Gewissens. Mehr hat es damit wirklich nicht auf sich. Ich meine, das Büchlein ist für mich wichtiger als für andere. Zuletzt freute ich mich über die hübsche Ausstattung. Und damit: Schluss! Nach Deutschland kommt es nur auf privatem Weg, verkauft kann es nicht werden. Und Meier-Graefe wird wohl recht haben, wenn er mir zu meinen „hundert Lesern" gratuliert.

Darf ich eine Bitte aussprechen? Zufällig kam mir eine „N. Z. Z." in die Hand mit einer Fortsetzung Ihres „Don Quichote". Ich hörte von einem Nachruf auf S. Fischer. Würden Sie die Güte haben, mich beides lesen zu lassen? Ich schicke es gleich wieder zurück.

Seit 4 Wochen schleppe ich mich mit einer launischen Grippe, die bald zugreift, bald locker lässt, sich aber nicht vertreiben lässt. Es ist ein unwürdiger Zustand. Denn ein Mindestmass an Verstand gehört zur Menschenwürde. Indess komme ich mir vor wie ein Nachtwächter, der am hellen Tag seine Häuser nicht wiederfindet. Ein unleidlicher Traumzustand – aus lauter Dummheit!

Ich las von den Demonstrationen vor der „Pfeffermühle". Goebbels lässt seinem Volk davon im Radio erzählen – auch das hörte ich. Ich habe den Eindruck, dass sie das Verbot des Kabaretts erzwingen wollen – durch „Ermattungsstrategie". Ob es gelingt?

In der Emigration ist der beliebteste Gesprächsstoff jetzt der Krieg – und die Konzentrationslager. Besonders Feuchtwanger soll in der Darstellung dieser hübschen Einrichtung schwelgen, mit einer masochistischen Phantasie, die man ihm gar nicht zugetraut hätte. „Dem Hitler geschieht's recht, wenn wir ins Konzentrationslager kommen" ... Aber gleichzeitig schreibt mir ein Bekannter aus Colmar: „Ach, wissen Sie, wie in unserm armen Grenzland wieder das Gespenst des Krieges spukt. Manchmal kursieren Gerüchte, Details, die schon nach Panik riechen. Wir sind wie verirrte Zivilisten, Unbefugte im Festungsgelände."

Gerade deshalb glaube ich aber *nicht* an den Krieg. Die Offensive gleich nach Saar wird vielmehr eine Friedensoffensive Hitlers sein, um Frankreich coûte que coûte zu gewinnen. Bezeichnend die gestrige Rede des französischen Kriegsministers in der Kammer!

Kurt Wolff hat sich für spottbilliges Geld bei Florenz grossartig angekauft. Ein kleines Gut (Gemüsebau) von 3 ha, Pächterhaus mit „lebendem und totem Inventar", ein vom bisherigen Besitzer, einem deutschen Grafen, vollständig eingerichtetes Herrenhaus (mit Wäsche, Silber, Geschirr) – alles für 100 000 franz. Francs! Im Notfall könnten sie von dem Gut leben! Er hatte immer eine ebenso leichte wie glückliche Hand.

Hans ist auf seiner Schule mit Preisen geradezu überschüttet worden. Es geht ihm gut. Dagegen hat meine Frau noch immer mit ihrem Arm zu tun. Sie turnt damit und schreit vor Schmerzen – der Herr Masseur ist sehr streng.

Wir grüssen Sie alle herzlichst!

Ihr René Schickele

Was macht der 3. Band?

Küsnacht den 26. XI. 34

Lieber Schickele,

ich schicke Ihnen das Gewünschte und noch was dazu. Sie sind nun mit Lektüre vorläufig reichlich versehen.

Der „Frontal"-Angriff auf die Pfeffermühle ließ sich erst recht gefährlich an, namentlich wegen der Haltung gewisser Hauptzeitungen, die fürchterlich an die Münchner Neuesten Nachrichten von vor dem Fall erinnerte. Aber die Behörden benehmen sich tadellos, sie decken die Vorstellungen, die wieder ausverkauft sind, und dulden nicht ihren Abbruch. Auch wird die Truppe nach dem 1. in anderen Städten der Schweiz weiter gastieren, bevor sie nach Prag und Budapest geht.

Bitte, geben Sie die Drucksachen an Meyer-Graefe weiter!

Unsere Glückwünsche für Hänschen und gute Besserung Ihrer Frau! Möge auch von Ihnen der Druck weichen oder besser schon gewichen sein, den ich nur zu gut kenne! Ich laboriere an Neuralgieen und Halsdrüsen-Plage seit Wochen und langweile mich mit dem Roman, unfähig zu glauben, daß es „subjektiv" ist.

Ihr T. M.

Küsnacht den 16. XII. 34.

Lieber Schickele,

recht herzlichen Dank für Brief und Buch, besonders für die Widmung. Man hat Ihre glänzende Arbeit wirklich anziehend ausgestattet. Ich bin glücklich über den Besitz. Ich habe den „Lawrence" unter meinen Weihnachtsempfehlungen in der Basler Nationalzeitung mit Auszeichnung genannt. Das ist sehr wirksam, sagt man.

Die vier orangefarbenen Leinenbändchen sind einfach die *Reklam*-Ausgabe des Don Quijote, sehr gut gedruckt. Ich kaufe mir zur Regeneration meiner beraubten Bibliothek manches von dort.

Sind Sie im Februar in Nizza? Wir *planen*, unsere Winter-Erholungsreise diesmal nicht nach Arosa, sondern zu Ihnen zu machen.

Ich will froh sein, wenn Sie Ihre Frau heil und mit gesunden Sinnen wieder haben. Deutschland ist ein Angsttraum.

Ihr T. M.

Küsnacht den 1. I. 35

Lieber Schickele,

Ihr liebes Geschenk zum Jahreswechsel kam gestern und rührte uns sehr. Dank für Ihre Freundschaft und Anhänglichkeit! Und müssen wir „auch aus Tells Revier den Stab noch in die Weite setzen", dann kommen wir zu Ihnen, das ist ausgemacht. Es ist leicht möglich. Meine Frau, gläubig-sanguinisch, erwartet von allerlei Nachrichten aus dem Saargebiet und aus Deutschland den Zusammenbruch des Regimes von Woche zu Woche. Aber ich bin tief skeptisch, vielleicht weil ich mit spasmischem Darm und sehr mattem Nervenstande ins Jahr III hineingehe. Sicher wird es große Veränderungen bringen, und die Abhalfterung der Partei wird fortschreiten. Aber zur Bankerotterklärung, zur Kapitulation, zum Eingeständnis des Wahnsinns wird es wohl nicht kommen. Reichskanzler Michaelis sagte: „Das Volk soll den Krieg in schöner, stolzer Erinnerung behalten!" So auch hier, außer im Falle der äußerst unwahrscheinlichen kommunistischen Revolution.

Herzliche Wünsche!

Ihr T. M.

Küsnacht den 1. III. 35

Lieber Schickele,

Anfang *April* sind Sitzungen des Völkerbund-Comités in Nizza, und dazu, d. h. unter diesem Vorwande und bei dieser Gelegenheit (nämlich umsonst) kommen wir hin, um Sie zu sehen, meinen Bruder, Meier-Gräfe etc.. Wir freuen uns darauf, und störend ist nur, daß eine dumme, akademische Rede über La formation de l'homme moderne ausgearbeitet werden muß. Eine nette formation. Ich werde einfach schimpfen. – Unsere Reise neulich nach Prag, Wien, Budapest war sehr festlich und ermutigend, – persönlich gesehen, aber dabei darf man sich nicht lange aufhalten. Heute sah ich hier Fritz von Unruh. Er glaubt bestimmt an Krieg. Aber vorher sehen wir uns noch.

Ihr und Ihrer aller

Thomas Mann

Küsnacht den 28. III. 35

Lieber Schickele,

ich muß Ihnen die betrübliche Mitteilung machen, daß aus unserem Wiedersehen in den nächsten Tagen nichts werden wird. Meine Gesundheit ist recht schwankend, die öffentlichen Dinge zehren unbeschreiblich an ihr, und das Memoire, das ich für das Comité des lettres et des arts geschrieben habe, ist, zwangshaft, ein so leidenschaftlicher Ausdruck meiner – unserer – Schmerzen geworden, daß es bei persönlicher Mitteilung wohl befremdlich aus dem Rahmen fallen, möglicherweise sogar dem Völkerbunde Verlegenheiten bereiten würde. Ich habe daher in Genf wissen lassen, daß ich es mir versagen muß, an den diesjährigen

Sitzungen teilzunehmen und den Wunsch ausgedrückt, daß mein Beitrag nicht über den engeren Personenkreis des Comités hinausdringen möge. Unser Reiseplan wird damit für den Augenblick hinfällig. Wir nehmen uns aber aufs bestimmteste vor, ihn privat noch in diesem Frühjahr, etwa im Mai, zu verwirklichen. Das tröstet uns über das momentane Scheitern der Hoffnung, Sie und die Ihren wiederzusehen.

Seien Sie also gegrüßt bis dahin und verzeihen Sie das gewiß kopflos anmutende Hin und Her! Die Anormalität der Zeit ist schuld daran, die meiner Natur so ungemäß und so belastend für sie ist wie möglich.

Herzlich Ihr

Thomas Mann

Küsnacht 4. V. 35

Lieber Schickele,

gewiß, wir kommen, in ca 8 bis 10 Tagen, sobald die altern[den] Eltern meiner Frau (80 und 85), die jetzt hier bei uns sind, uns verlassen haben. Wir werden wohl in kleinen Tagemärschen reisen, mit unserm Wägelchen, und bleiben einige Tage. Ein längerer Aufenthalt kann es nicht sein, weil ich gegen Mitte Juni wieder auf einen Sprung nach Amerika hinüber muß, – eine akademische Sache, der ich mich, auch aus Bosheit gegen das troisième empire, nicht gut entziehen konnte. Aber es kostet wieder einen Monat. – Wird es nicht aber etwas delikat sein in Nizza wegen der persönlichen Beziehungen? Nun, wir werden sehen. Jedenfalls freuen wir uns herzlich.

Ihr Thomas Mann

Telegramm
Nice den 5.6.1935 14 Uhr 10

thomas mann zürich

ju decede ce matin vevey hopital providence au moment ou meilleur ami nous quitte prions croire sincerite sentiments exprimes pour journee demain dans album de notre editeur aenne et jean partent ce soir pour vevey.

famille schickele

Wie merkwürdig, dass der Zuruf: ‚Grüss dich, Deutschland, aus Herzensgrund‘ an eine ausländische Adresse gerichtet werden muss! – um den, der damit gemeint ist, zu erreichen.

Mit Thomas Mann verbinden mich Glaube, Hoffnung und Liebe. „Aber die Liebe ist die grösseste unter ihnen.“

René Schickele

Küsnacht den 7. VI. 35

Lieber René Schickele,

Sie haben meiner so freundlich-freundschaftlich gedacht mitten im Schmerz um den Verlust Ihres nächsten Freundes, dafür danke ich Ihnen, aber auch auf unseren Festtag hier fiel ein dunkler Schatten, und mitten im heiteren Trubel des gestrigen Tages wurden immer wieder unsere Gedanken ernst und gingen zu Ihnen und nach Vevey. So „spielt“ das Leben, soll man's übermütig nennen oder stumpf? Auch wir haben gehangen an dem Mann und trauern mit Ihnen. – Eben kommt Ihre Karte. Es ist eine Erleichterung, daß Ihre Frau und Hans nicht reisen müssen, zu schweigen von Ihnen, dem nicht auch noch äußere Aktivität zugemutet werden kann. Meine herzlichen, dringlichen Wünsche gelten Ihrer Gesundheit, Ihrer Ruhe und Ihrem guten Mut.

Hier gehen die Wogen hoch dieser Tage, und ich leugne nicht, daß die Hunderte von Briefen aus Deutschland, ja, ja, aus Deutschland, sogar aus Arbeitsdienstlagern, meinem Herzen wohltun. Die Kinder sind lustig versammelt, werden aber schon in ein paar Tagen wieder nach allen Himmelsrichtungen auseinanderstieben, und auch wir schiffen uns am 10. (nach einem Besuch bei Annetten) in Le Havre ein. Auf der „Lafayette“ werde ich, was da hereinbrach, wohl sichten und etwas dafür danken können, aber Sie sollten gleich ein Wort haben.

Halten Sie sich tapfer, lieber René! Wir lieben Sie alle, und unsere guten Wünsche umgeben Sie.

Ihr Thomas Mann

Küsnacht den 25. VII. 35.

Lieber Schickele,

es ist mir schrecklich zu hören, daß Sie so sehr zu leiden gehabt haben, – so eine Blutvergiftung muß unter dem Widerwärtigen mit das Widerwärtigste sein. Ich muß immer an Mahler denken, der Streptokokken hatte und Walter auf seine Frage, ob er denn große Schmerzen habe, ächzend antwortete: „Nein, Schmerzen nicht, aber *so unangenehm* ist es!" Das Unangenehme, hochgesteigert, denke ich mir als das Allerschlimmste. Aber ich lese: Sie haben auch Schmerzen, besonders jetzt bei dem eitrigen Abklingen der Krankheit. Möchte die Heilung nun rasch vonstatten gehen! St. Cyr und das Meer werden das Ihre dazu tun. Es war sehr klug und energisch von Ihnen, die Fahrt dorthin zu erdulden. Auch denke ich mir das Zusammenleben Ihrer kleinen Leidensgesellschaft dort nicht ohne Reize. Gewiß wäre es nicht schlecht, von Ihrer Partie zu sein.

Mein Leben war unruhig in letzter Zeit. Habe ich Ihnen eigentlich geschrieben von der Reise, die sich gleich an den unerwarteten Trubel von Anfang Juni schloß? Tat ich's nicht, so hätte ich's gern getan. Aber mein Bankerott als Briefsteller ist vollständig. Amerika, wohin ich mich widerwillig aufmachte, war doch eindrucksvoll: Einsteins und meine Promotion in Harvard gab dem riesigen Publikum Anlaß zu langen Beifallsdemonstrationen, die wohl weithin gehört worden sind. Schon darum ist es gut, daß ich der Universität nicht durch eine Absage einen Strich durch ihre wohlgedachte Rechnung gemacht habe. Übrigens hörte ich, daß the President nicht ohne Anteil an den Wahlen gewesen sei. Er lud uns denn auch sehr freundlich zu sich ein, und wir hatten in Washington, im Weißen Haus, ein interessantes privates Dinner (als Dinner übrigens sehr schlecht) mit ihm und Mrs. Roosevelt. Er hat mir Eindruck gemacht. Seit 10 Jahren völlig gelähmt und dabei diese Energie und experimentelle, um nicht zu sagen: revolutionäre Kühnheit. Er hat viele Feinde, unter den Reichen, denen er zu Leibe geht, und unter den Hütern der Constitution wegen seiner diktatorischen Züge. Aber kann man gegen eine *aufgeklärte* Diktatur heute noch viel einwenden? Richtig ist, daß er ziemlich wegwerfend vom Kongreß sprach, sich über die französische Regierungsstürzerei lustig machte und seine eigene Stellung dagegen rühmte: „I am prime-minister and president at the same time, and before four years they can't get me out." Danach breites amerikanisches Lachen. Er ist aber ein sehr verfeinerter Typus.

Eine Woche waren wir auf dem Lande in Riverside am Sound im Hause eines holländisch-amerikanischen Schriftstellers Hendrik van Loon, und da habe ich sogar ein bischen gearbeitet. Der dritte Band ist unbeschreiblich schwierig. Ich habe jetzt gerade eine große Szene vor zwischen Potiphar und seiner Frau; Klaus meinte, sie habe etwas von

Proust. Aber dann muß ich die Anfänge des Bandes erst einmal über-
arbeiten und konzentrieren; sie waren falsch angegriffen.

Gute Besserung, lieber Schickele! Meine Frau hat sich bis zur Rührung über all Ihre Briefe gefreut.

Ihr Thomas Mann

Nice-Fabron (A. M.)
„La Florida“
Chemin de la Lanterne
17.X.35.

Lieber Thomas Mann,

nun sind es bald drei Monate, dass ich Ihren gütigen Brief erhalten
habe, und obwohl ich Ihnen gleich danken wollte und buchstäblich
beinahe täglich daran dachte, ist es mir doch nicht gelungen. Ich weiss
keinen zureichenden Grund zu nennen, noch weniger eine Entschuldigung, die mein Schweigen ernstlich rechtfertigte. Es war Trägheit des
Geistes, nicht des Herzens, und darum unentschuldbar. Denn der Geist
lässt sich immerhin kommandieren. Ich lebte wohl, um nun doch eine
Rechtfertigung zu versuchen, im stupiden Dämmerzustand des Rekonvaleszenten, der die auf die Stunde genau einsetzenden „Touren“ der
höllischen Bosheit erwartet, und wenn das lautlose Rasseln des Weckers
in den Gliedmassen vorbei ist, in eine Wehleidigkeit versinkt, wie sie
auch den echten Märtyrern zu eigen ist, und dies, obwohl ihre Stand-
haftigkeit von himmlischer Zufuhr gespeist wird... Jetzt aber geht es mir
schon sehr gut, bis auf die letzte Bastion des Teufels, den „Mussolini“.
Nach ärztlicher Voraussage sollte sie vor 14 Tagen fallen, behauptet sich
indessen bis heute.

Das erste Buch, das ich mit Verstand las, war der „Henri IV“ Ihres
Bruders. Ein sehr schönes Buch, ich hatte viel Freude daran und manchmal, wie bei der Schilderung des Hofes von Pau, Augenblicke reiner
Entzückung. In der zweiten Hälfte wird die Farbigkeit etwas flackernd,
der Faltenwurf etwas breit – aber das macht nichts, man bleibt nach wie
vor gefesselt, selbst wenn man, wie ich, die Zeit und die persönlichen
Umstände genau kennt und Stoff und Handlung also keine Über-
raschungen bieten. Auch stört es mich nicht, dass der Humanismus,
unter welchem Gesichtswinkel der Autor seinen Helden sieht, keinesfalls der Humanismus der Renaissance, sondern der des 18. Jahrhunderts
ist. Dagegen hätte ich die mit geläufigen Schlagworten anknüpfenden
Beziehungen auf die Gegenwart („Weissgardisten“ u. ähnl.) gern ver-

misst – ich glaube, derartiges ist nur bei einer *Satire* erlaubt und möglich. („Candide.") Andernfalls wirkt es journalistisch. Und in der Tat beschränken sich diese Signale auf einen bestimmten, zusammenhängenden Teil des Ganzen, vermutlich auf eine Zeitspanne, da der Autor stark in der Aktualität lebte und sie auch vor seinem „Heinrich"-Manuskript nicht los wurde. Wodurch sie erst recht ihre Willkürlichkeit, ihre Zufälligkeit verraten. *Was aber bedeuten die französischen „Moralités"?* Wer mir das erklären könnte! –

Von der Reise, die sich gleich an Ihre amerikanische Expedition anschloss, haben Sie mir nie erzählt. Ich hörte es gern. Auch über Salzburg erführe ich gern etwas von Ihnen. Ist es viel mehr als Melomanie – rachetée par le génie de Toscanini? Dies wäre gewiss Glückes genug, aber mein Misstrauen gegen musikalische Völlerei, selbst in der edelsten Form, wird mit den Jahren immer stärker. Es ist ein zu bequemes Alibi. Und zweifellos verdummt die Musik die Masse. Es wäre reizvoll, der deutschen Entwicklung in diesem Sinne nachzugehn, von Bach bis – ja, bis Strauss. Ich kann mir sehr gut Hitler als Salome vorstellen und meinen negroiden Freund Hilferding als Jochanaan – und die Nervengewitter im Braunen Haus von Strauss „untermalt".

Ja, und da wir nun, wie unvermeidlich, bei der Politik angelangt sind: was sagen Sie zu unsern Gentlemen und ihrer jäh erwachten Vertragstreue? Warum ist Hitler „nur" ein europäischer Mahdi? Warum liegt Berlin nicht am Tana-See oder München in Ägypten? Wenn die englischen Wahlen herum sind, werden wir was erleben! Man denke: diesen frivolen Franzosen ist der Rhein wichtiger als der Suezkanal... Kleinbürger, die nicht in Kontinenten zu denken vermögen! Denen das armselige Hemd näher ist als der prächtige englische Rock! Jetzt soll die Autorität des Völkerbundes gerettet werden – jetzt! Nicht nur die Hühner – die Kanonen lachen!

Herzliche Grüsse von uns dreien an Sie und die Ihren!

René Schickele

Küsnacht den 31. X. 35

Lieber Schickele,

für Ihren lieben Brief bedanke ich mich mit dem anliegenden Skriptum, das ich neulich dem Friedenspreis-Comité in Oslo gesandt habe, und das Ihnen vielleicht Spaß machen wird. Zu viel mehr reicht „es" zur Zeit nicht – ich bin recht reduziert durch einen Magen-Anfall, der wahrscheinlich (man sucht nach möglichst harmlosen Gründen) durch das

86

widrige Föhnwetter und -Unwetter der letzten Tage ausgelöst worden ist. Meine Freude über Ihre fortschreitende Genesung, für die Ihr lebhafter Brief ein so schönes Zeichen ist, lasse ich mir dadurch nicht verkümmern. Herzlichen Glückwunsch und so fortan! Wem diese zwei Seiten von der Hand gingen, der hat schon Arbeitsappetit und wird bald wieder mit vollen Segeln fahren.

Reisen? Außer dem Ausflug nach Salzburg, einer reinen Lustbarkeit und Festivität, haben wir seit Amerika keine gemacht, die kleinen Schweizer Fahrten von Stadt zu Stadt abgerechnet. Es war erfreulich, Zeuge zu sein des Riesenerfolges der Salzburg Stage, politisch erfreulich, denn der Aerger darüber in Deutschland war groß, und der Völk. Beobachter behauptete, die oesterr. Regierung habe 300 Automobile gechartert, die sie mit ausländischen Nummern herumfahren lasse. Doch weit gefehlt. Oesterreich, nicht nur Salzburg, hatte wirklich eine wunderbare Saison, und die konnte es brauchen. Es ist ja so, daß alles, was Glück und Wohlfahrt heißt, dem Nazitum sofort schweren Abbruch tut. Nacht muß es sein, wo Hitlers Sterne strahlen. Wir haben den Faust, den Fidelio, den Don Giovanni, den Falstaff und zwei Konzerte mitgemacht, jugendlich-unverwüstlich; man wunderte sich allgemein. Das Schönste war der Fidelio unter Toscanini und mit der Lehmann. Man hat heute Sinn für dies Werk, und wir alle fanden, es sei wie geschaffen zur Festoper für einen bestimmten Tag. Ich las auch im Mozarteum etwas aus meinem III. Bande vor, einen Todesfall, darin bin ich nun einmal stark. Aber da es dergleichen nicht alle Tage zu tätigen gibt, komme ich nur langsam vorwärts, wenn auch vorwärts immer ein bischen. Ein großes Gespräch zwischen Potiphar und seiner Frau, eine nicht geheure Szene, soll ins Dezemberheft der Neuen Rundschau kommen. Zur Zeit hat die arme Herrin viel zu leiden, wobei sie mir psychologisch leicht von Proust beeinflußt scheint, der mich nun auf einmal fesselt. Er ist von einer phantastischen Müßigkeit, die mich verblüfft und anzieht. Und Dinge wie der Tod „meiner Großmutter" in der „Herzogin von Guermantes", mit den Blutegeln im Haar, sind doch unvergeßlich.

Frankreich in Ehren, aber ich bin nicht Ihrer Meinung, was England und die abyssinische Sache betrifft. Die Engländer, welche Fehler sie auch begangen und wieviel klassischen cant [sie] bewährt haben mögen (niemand kann aus seiner Haut), hatten den guten Willen, Mussolini zu stürzen und mit dem Fascismus aufzuräumen, was eine große Sache, ja, die Hauptsache gewesen wäre. Die Berliner wollten mit Fascismus schon garnichts mehr zu tun haben. Wenn dieser unerschüttert in Europa aufrecht bleibt, so ist nur Laval daran schuld, der ein ganz übler Bursche ist, die Vorform eines Fascisten, der mit Berlin verhandelt und jetzt sogar eine Verordnung zum Schutz auswärtiger Staatsoberhäupter und Regierungschefs erlassen hat. Da lobe ich mir den alten Churchill und seine goldenen Worte im Strand-Magazine. Der reine Lichtblick.

Für Heinrichs Roman habe ich größte Bewunderung. Zweifellos, das ist große Literatur, und Besseres hat Europa heute wohl nicht zu bieten, nicht erst zu reden davon, wie hoch es die innerdeutsche Mediokrität überragt. Daß die öftere Zuspitzung des Historischen ins Aktuelle das Journalistische streift, habe ich ihm auch in meinem Briefe nicht verschwiegen. Aber schließlich, warum nicht? Man kommt sich fast erbärmlich vor und jedenfalls allzu „deutsch" als Konservator des Rein Dichterischen. Auch fehlt es daran ja nicht: Ich denke nicht nur an das Kapitel „Der Tod und die Amme", sondern an die durchgehende Weisheit, Ironie, moralische Schönheit und Schlichtheit des Buches, das mich als Synthese aller Gaben des Autors, als persönlich-großartige Zusammenfassung von Spät und Früh und auch als geistige Zusammenfassung der Epoche von Montaigne bis Goethe (siehe die verstreuten kleinen Faust-Citate) ergreift. Die Zusammenfassung des Deutschen und Französischen ist nichts Schlechteres als die faustische von Deutschland und Griechenland; sie ist wohl im wesentlichen dasselbe, und die Moralités, von denen Bertaux erklärt, sie seien in klassischem Französisch geschrieben, hätten ihren guten und schönen Sinn schon als Huldigung an die geliebte Sphäre, der er den Großteil seiner Bildung verdankt, und die sich auch ihm dankbarer erweisen sollte. Der Mann müßte längst die Ehrenlegion haben, aber nicht erst das Band, sondern die Rosette, – statt sich als Durchschnittsemigrant mit den Nizzaer Aemtern herumschlagen zu müssen, zu denen er leider auch noch, um alles zu erschweren, seine Geliebte schickt.

Nun sehen Sie, so ist doch noch etwas wie ein Brief zustande gekommen! Schicken Sie mir den Maschinen-Durchschlag *bei Gelegenheit*, bitte, zurück, grüßen Sie Weib und Kind und gedenken Sie freundlich

Ihres Thomas Mann

Lieber Thomas Mann,

hoffentlich ist Ihr Magen wieder in Ordnung! Es gibt übrigens einen ausgezeichneten Spezialisten dafür in Strassburg, den Professor Humbert, rue Gustave Klotz. Bei solchen Sachen spielt die Diät eine Hauptrolle und die Gewissheit, dass es nichts Schlimmes ist. Deshalb kommt alles auf die Diagnose an, eine wirklich *gründliche* Untersuchung. Prof. Humbert hat einen Vetter von mir, der viele Ärzte konsultiert hatte und immer tiefer in Depression versank, nicht mehr arbeiten, nicht mehr leben konnte, völlig gesund gemacht – buchstäblich dem Leben wiedergegeben. Wenn Ihr Magen Sie weiterhin beunruhigt, möchte ich Ihnen doch raten, es mit diesem französischen Elsässer zu versuchen, der noch die ganze deutsche medizinische Schule durchgemacht hat und die Gewissenhaftigkeit in Person ist.

Mir geht es nun täglich besser. Ich habe mich gesund geschrieben. Ich arbeite. Es ist aber schwer, wieder in die Arbeit hineinzukommen, wenn man monatelang davon abgeschnitten war. Es ist, als ob man in ein früheres Leben zurückkehrte. Ein bisschen unheimlich. Aber spannend.

Ich teile Ihre Bewunderung für den „Henri IV[“]. Die möglichen Einwände sind Bagatellen. Die Bände der „Histoire Contemporaine" von France sind allerdings schon heute kaum noch verständlich, geschweige denn interessant – und ich frage mich, was wichtiger war: der Bürgerpflicht mit *diesen* Bänden zu genügen oder der gleichen, nur sublimierten Pflicht mit Büchern wie „Les Dieux ont soif". Damit antworte ich (denn es ist eine Antwort) auf Ihre Frage, ob es nicht allzu „deutsch" sei, das rein Dichterische konservieren zu wollen. Man kann wohl das eine tun und das andre nicht lassen, nur, meine ich, sollte man beides nicht vermengen. Die „Moralités" eine Huldigung an Frankreich? Eine solche Huldigung ist der ganze Heinrich Mann. Ich kann mir nicht helfen: eine so grosse Liebe auf Apothekerfläschchen abzuziehn, finde ich etwas komisch. Und Bertaux ist ein braver Mann.

Ihr Bruder wäre längst naturalisiert, wenn nicht dieser Stavisky dazwischengekommen wäre. Sarraut hängte einfach ab... Nun muss erst der *dreijährige* Aufenthalt in Frankreich „gegeben" sein. Inzwischen hätte man ihn freilich recht und gut zum Offizier der Ehrenlegion machen können, wenn nicht zum Commandeur. Das müsste *direkt* von höchster Stelle geschehn, denn bei der sonst vorschriftsmässigen Enquête dürfte Frau Kröger wieder eine unliebsame Rolle spielen (da sie u. a. die Manie hatte, sich in gehobener Stimmung politisch wichtig zu machen und von ihren kommunistischen Verbindungen in den blauen Tag zu reden). Leider darf ich ihm bei seinen jetzigen Schwierigkeiten mit den blöden Passbehörden nicht mehr behilflich sein.

Hoffentlich, lieber Thomas Mann, erleben Sie nicht bald neue Enttäuschungen mit den Gentlemen. Nicht Laval verhandelt mit Berlin, sondern die *Engländer* reissen sich die Beine aus, um Frankreich und Deutschland gemeinsam unter ihren Hut zu bringen. Sie wollen den Rücken frei haben, nicht um den Fascismus zu erledigen, sondern um Mussolinis kolonialen Ehrgeiz in die vom Empire gebotenen Grenzen zurückzuweisen. Für jeden Hieb aber, den sie gegen Mussolini führen, bekommt Hitler seine Provision. Ich fürchte, sie wird beträchtlich!! Jetzt, da die englischen Wahlen mit einem so erfreulichen Ergebnis schliessen, werden wir ja bald sehn, was gespielt wird. Im Vergleich zu Hitler wohnt Mussolini für uns auf dem Mars... *Ich jedenfalls habe bereits den Parademarsch in den Ohren*, unter dessen Klängen Hitler an Edens Hand in Genf einmarschiert. Als „gleichberechtigte Macht"...

Ihr Brief an das Friedenskomitee ist wunderbar! Ein herrliches Stück Prosa und eine gute Tat. Ich habe ihm in meiner Umgebung eine kleine Publizität bereitet (in Erwartung, dass er im Druck erscheint), darüber hat sich das Papier ein wenig abgenützt. Sie bekommen aber bald eine bildschöne Abschrift. Meine Frau kann wieder an die Maschine. Seit heute haben wir ein Mädchen. Es ging nicht mehr anders, jetzt, da ich wieder arbeite. Aber natürlich bedeutet es eine neue Sorge.

Mit herzlichen Grüssen von Haus zu Haus

Ihr René Schickele

Küsnacht-Zürich
Schiedhaldenstraße 33
22. XI. 35.

Lieber Schickele:

Ich gratuliere oder kondoliere, wie es Ihnen besser gefällt; warte nur, balde bin ich auch so weit. Es wäre ja interessant, den Grund oder Vorwand zu erfahren, aber es gefällt mir durchaus, daß Sie die Nachforschung danach Bermanns Sache sein lassen.

Bermanns Situation ist sehr undurchsichtig. Daß er die Absicht hatte oder noch hat, den Verlag (oder die Firma) zu verkaufen und in der

Schweiz mit einem Teil des bisherigen Autoren-Stammes einen neuen Verlag aufzutun, wissen Sie wohl. Die Sache stellt sich aber beim Versuch der Realisierung offenbar sehr viel schwieriger dar, als Bermann in seinem bekannten Optimismus gedacht hatte, und sowohl die Loslösung von Berlin als auch die Installierung hier, gegen die offenkundige Eifersucht der Schweizer Verleger, stößt auf sichtliche Widerstände. Ich, wie auch Hesse und, soviel ich weiß, Annette Kolb nebst einigen anderen (Hauptmann nicht) haben Bermann zugesagt, für den Fall der Transferierung des Verlages in die Schweiz bei ihm zu bleiben. Die Vorschläge, die er Ihnen machen will, werden sich in dieser Richtung bewegen, und ich brauche Ihnen nicht zu sagen, daß ich es sehr begrüßen würde, wenn Sie mit von der Partie wären. Es handelt sich jetzt nur darum, seine Loslösung von Berlin abzuwarten, die ja schließlich, wenn auch unter größeren Schwierigkeiten und Opfern, als er sich vorgestellt hatte, vonstatten gehen wird. Denn daß er sich persönlich dort halten kann, ist offenbar ausgeschlossen. An den guten Willen Bermanns ist gewiß zu glauben, und ich vertraue auch darauf, daß er, einmal im Freien, ein anderer sein wird als unter dem Druck des Terrors und etwas Gutes und Förderliches zustande bringen kann. Ich meine, wir sollten es jedenfalls mit ihm versuchen. Wenn er uns das Leben erst einmal garantieren kann, so riskieren wir ja nicht viel, jedenfalls weniger als er.

Mehr kann ich Ihnen nicht sagen. Daß Sie sich mit Bermann unterhalten, ihn hören und unmittelbare Eindrücke von ihm empfangen, halte ich für wichtig.

Die Geschichte mit v. d. Heydt ist ja sehr komisch und auch lehrreich. Von Zuckmayer zum Beispiel, der vor vierzehn Tagen nach Berlin fuhr, haben seine Freunde seitdem nichts mehr gehört. Wer weiß?

Auch für Ihren vorigen Brief danke ich noch herzlich, und auch meine Frau ist Ihnen noch Dank schuldig für einen schönen Brief. Wir sind glücklich, daß Sie auf so gutem Wege sind und wieder arbeiten können. Das ist die Hauptsache. Ich glaube, daß ich wieder einmal vor der Veröffentlichung eines Roman-Bandes stehe: Ich las neulich im Familienkreise ein neues Kapitel vor und wurde angeregt zu tun, was ich aus heiliger Scheu immer vermieden hatte, nämlich festzustellen, auf welcher Manuskriptseite des dritten Bandes ich eigentlich halte. Es war die sechshundertste, – und dabei habe ich stofflich erst etwa die Hälfte der ägyptischen Abenteuer hinter mich gebracht! An ein Erscheinen des dritten Romanes in einem Bande ist also nicht mehr zu denken, und da das sukzessive Prinzip überhaupt einmal eingeführt ist, wird es am Ende nicht schaden, den freundlichen Leuten, die auf Fortsetzung warten, mit „des dritten Romanes erstem Teil" eine Abschlagszahlung zu leisten.

Herzliche Grüße von Haus zu Haus!

Ihr Thomas Mann

Küsnacht-Zch. 16. XII. 35.

Lieber Schickele:

Für Ihren freundlichen Brief möchte ich Ihnen gleich danken. „Briefe in die Finsternis" ist ein schöner Titel, den ich bitte, mir merken zu dürfen.

Der Fall Hamsun oder auch der Fall Hamsuns ist auch mir recht nahegegangen. Welche unbegreifliche Roheit! Er schadet seinem Bilde bei Mit- und Nachwelt ganz zweifellos durch diesen unseligen Schritt. Seine Sympathie für das Regime mag zum Teil auf der Verwechslung von diesem mit Deutschland überhaupt beruhen, dem er, wie alle großen Skandinaven, zu Dank verpflichtet ist. Im übrigen kennen wir ja aber die politische Gesinnung, die sich von je aus seiner Apostaten-Haltung gegen den Liberalismus ergab. Schon in den „Mysterien" hat er Gladstone verhöhnt und gesagt, die Feder Victor Hugo's gleiche „einem Speckschinken, von dem es brandrot hinuntertriefe", ein schlechtes Bild, ein häßliches Bild und sehr dumm dazu. Später vermischte sich dann mit seiner doch auch von Paris her stark beeinflußten Artistik das bäuerlich Blut- und Bodenhafte, Anti-Literarische, Anti-Civilisatorische, und heute ist er bei der Kameradschaft bei [mit] den Nazis angelangt. Ich war sehr versucht, ihm zu schreiben, denn er hat sich immer freundlich zu mir verhalten und mir auch zum Geburtstag gratuliert. Ich glaubte, ihm eine Warnung schuldig zu sein; aber es würde zu weit führen, ich habe es aufgegeben, und es beruhigt mich, daß er, wie Sie sagen, im eigenen Lande allerlei zu hören bekommen hat.

Die Kritik über den Henri IV war ein recht typischer Streich der „Züri Zitig", sie paßte nur allzu gut in das Blatt. Den Verfasser erraten Sie beinahe aufs Haar: es ist nur eben nicht der Vater Hermann Kesser, sondern sein Söhnchen Armin Kesser. Ich habe dem Herrn Korrodi geschrieben, daß ich den jungen Mann, der mit meinem Sohn Klaus gut stand und den wir auch bei uns im Haus begrüßt hatten, nach dieser Leistung nicht mehr zu sehen wünsche.

Es hat mich tief gerührt, daß Sie dem Rundschau-Kapitel gleich Ihre Aufmerksamkeit geschenkt haben. Ich bin jetzt so gut wie entschlossen, mit einem neuen Band im Frühjahr herauszukommen. Er bringt noch nicht den Schluß, sondern umfaßt nur den Aufenthalt Josephs in Ägypten bis zur Katastrophe mit Potiphars Frau und der zweiten Fahrt in die Grube. Es hat sich herausgestellt, daß ein Band für den ägyptischen Roman keinesfalls reicht, und da der neue Vorrat substantiell genug ist für einen Band, so werde ich ganz gut tun, wieder einmal eine Abschlagszahlung zu leisten und mir dadurch mehr Ruhe für den Schlußteil zu schaffen.

Bermann war beim Eintreffen Ihres Briefes gerade wieder von hier abgereist. Er hat hier neuerdings verhandelt und sich um die Arbeitsbewilligung bemüht, aber er hat es schwer, hier wie in Berlin. Denn wie der Verkauf sich gestalten wird, kann man sich im voraus sagen, nur er persönlich macht sich immer noch Illusionen. An Straßburg hatte ich noch nicht gedacht. Ob nicht aber durch eine Niederlassung gerade dort der deutsche Markt, auf den Bermann noch rechnet, unbedingt verloren ginge? Ich will ihm aber jedenfalls den Vorschlag einmal machen. An Wien denkt er neuerdings stark unter dem Eindruck der hier sich ihm entgegenstellenden Schwierigkeiten. Ein wenig besser ist der klerikale Muff ja wohl als die nationalsozialistische Pest, aber wer weiß denn, wie lange das überhaupt noch hält?

Seien Sie mit den Ihren herzlich gegrüßt von mir und den Meinen!

Ihr Thomas Mann

Küsnacht-Zürich
20. XII. 35
Schiedhaldenstraße 33

Lieber Schickele,

Bermann ist in Berlin. Ich kann nicht mehr tun, als Ihren Brief bis zur nächsten Bestellungsgelegenheit aufzubewahren. – Mich freut, was Sie von dem Optimismus der Franzosen schreiben. Ich war mit der franz. Italien-Politik immer insofern einverstanden, als sie auf dem Sinn für die Hauptgefahr beruhte. Daß aber *dieser* Friedensplan gefallen ist, ist doch ein moralisches Glück, und ich finde, daß die Engländer sich brav herausgepaukt haben. Es kann und darf nicht gut gehen mit der idiotischen Sentimentalität der „Tage der Eheringe" und der durch Krieg ergaunerten „Einigkeit der Nation" in Italien. Das ist deutsch und schlecht. Frankreich kann es nicht unterstützen.

Ihr T. M.

Nice-Fabron (A.M.)
„La Florida"
Chemin de la Lanterne
6.2.36.

Lieber Thomas Mann,

ich gratuliere! Das ist deutlich, wahrhaftig und würdig. Nachdem Sie den letzten Punkt in Ihrer Antwort an K. gesetzt hatten, wird es Ihnen ergangen sein wie mir, als ich von der Beschlagnahme meiner Bücher hörte; Sie werden aufatmend gedacht haben: „Gottlob, dass es soweit ist – ich habe es nicht provoziert, umso lieber nehme ich den ‚Freispruch' an."

Es wird Ihnen auch klar sein, dass mit Ihrer Erklärung *die ganze Bermann-Geschichte in die Luft geflogen ist.* Eigentlich hat er uns viel zugemutet, vor allem Überflüssiges. Wir wussten doch schon in Sanary, dass es nur eine Frage der Zeit sei, wann der eiserne Vorhang auch für uns herabkäme. Und was mich betrifft: wäre ich damals mit dem Manuskript der „Bosca" von ihm weg und zu de Lange gegangen (ich hatte ein glänzendes Angebot von Landauer), ich wäre *nicht* in diese finanzielle Bedrängnis geraten. Dadurch, dass er unserm Rat nicht folgte, hat er nicht nur eine grosse, weltläufige Rolle, er hat auch viel mehr Geld eingebüsst, als er noch im besten Falle aus meiner Produktion hätte herausholen können. Sodass ich, alles in allem, mit gutem Gewissen von ihm scheide. Besser wäre gewesen, ich hätte es früher gehabt. Er hat mir geschadet, ohne dass ich ihm geholfen hätte.

Nun bin ich auf den Krach gespannt, der auf Ihre Erklärung hin in Deutschland losgehn wird. Seien Sie auf *jede* Infamie gefasst, auf die tollste Unterstellung, z.B. dass die Ermordung Gustloffs mit Ihrem Artikel in Zusammenhang stehe. –

Inzwischen habe ich ein kleines *französisches* Buch beendet, das erste, das ich zu schreiben versuchte. Seltsam, wie gleich ich mir dabei geblieben bin, wo ich doch von der welttiefen Verschiedenheit der beiden Sprachen so durchdrungen bin!

Ich ahne nicht einmal, ob das Buch etwas taugt. Es war ein rechtes Abenteuer. Und hat mir viel Spass gemacht. Ich fürchtete immer, ich würde unwillkürlich, d.h. mental übersetzen, aber nein, gar nicht. Es war, als landete ich heil und vergnügt auf einem andern Stern...

Es soll aber nur eine Gastreise gewesen sein.

Seien Sie und die Ihren herzlich gegrüsst von uns dreien.

Ihr René Schickele

Nice-Fabron (A.M.)
„La Florida"
Chemin de la Lanterne
14.2.36.

Lieber Thomas Mann,

mein Nachrichtenoffizier Valeriu Marcu – das ist ein rumänischer
Jude, der ein gutes Buch über Scharnhorst schrieb und mit dem General
v. Seeckt befreundet ist, der während des Krieges zu Füssen Lenins sass
und dann die ungarische Rote Armee befehligte, ein Kollege also unseres
guten Ernst Toller, und über die S.P.D. langsam zum Stahlhelm hin-
überwechselte, der in seiner Heimat zum Tode, in Deutschland zu 15
Jahren Zuchthaus verurteilt ist (wovon ihn freilich die Amnestie befrei-
te), kurz, Valeriu Marcu behauptet, ich sei ein ahnungsloses Schäfchen.
Auf Ihren Brief an K. würde *nichts* erfolgen, und zwar weil Goebbels ein
Soldat sei, gewissermassen, und sich seine Handlungsweise keineswegs
durch die Emigration vorschreiben lasse. Die Absage werde in die Ne-
benkosten der Olympiade eingerechnet und, wenn überhaupt, dann erst
später heimgezahlt. Wenn überhaupt soll heissen: wenn nicht zwischen
Bermann und dem Propaganda-Ministerium eine Abmachung besteht –
wovon übrigens hier, in Paris und in London alle Welt überzeugt ist für
den Fall, dass B. seinen Plan tatsächlich ausführt *und die Bücher des
neuen Verlages nach Deutschland hineindürfen.*

Dabei wäre, meiner Meinung, noch immer zu überlegen, was wichtiger ist: das Täuschungsmanöver des P.M. (wer soll denn da schon
getäuscht werden!) oder der Umstand, dass Sie und die andern, die es
können, ihr deutsches Publikum behalten.

Das einzige Argument, das ich gelten lasse, ist die Befürchtung, dass
der neue Verlag den bestehenden Emigrationsverlagen ernstlich Abbruch tun könnte – darin (und in den Konsequenzen) erblickt man ja
auch den Grund für das Entgegenkommen des P.M.s.

Nun möchte ich gern von Ihnen hören, lieber Thomas Mann, ob ich
wirklich so naiv war, und wie *Sie* die Dinge sehn.

Ich las einen Brief von Brüning, der die Emigrationspolitik, wie sie
von Bernh. und Schwarzs. betrieben wird, scharf ablehnt, der aber in
seiner ganzen Einstellung wiederum so einfältig ist, dass ich das Gruseln
bekam – ein wenig auch angesichts eines Optimismus, der buchstäblich
etwas Märchenhaftes hat. Er vertraut ausschliesslich auf die „Kräfte, die
in D. am Werk sind", und die durch die Politik der Emigranten nur
gestört würden. Nun ist auch mir das meiste an dieser Politik nicht
geheuer, aber ich muss doch sagen: ohne sie wären die deutschen Emi-

granten schon ebenso vergessen, wie es die russischen und italienischen sind. Dies aber kann ich ihnen nicht wünschen. Ich sähe darin nicht nur ein Unglück für die Betroffenen, sondern eine moralische Nichtswürdigkeit derer, die es verschuldet hätten. –

Bei uns ist es kalt geworden. Die deutsche Propaganda scheint sich der Sonne bemächtigt zu haben. Obwohl sich zu den Mimosen die blühenden Mandelbäume gesellt haben, bleibt der Frühling hinterm Ofen. Nicht einmal der Nizzaer Karneval lockt ihn heraus.

Haben Sie die Drohungen gelesen, die Hitler in Schwerin gegen die Juden ausstiess? Und von der Neuorganisierung der Gestapo Notiz genommen, die jetzt, bis ins letzte, unabhängig vom übrigen Staatsapparat und zur Geheimen Grossinquisition gemacht ist, niemand anderm verantwortlich als Goering allein?

Ein deutscher Freund schrieb mir aus Basel: „Die Judenschilder sind abgenommen, aber die Pfosten mit den Schrauben stehn noch und warten, dass die Sportsfreunde weg sind." –

Seien Sie alle herzlichst gegrüsst von Ihrem

René Schickele

Küsnacht-Zürich.
19. II. 36.

Lieber Schickele:

Lassen Sie es mich kurz machen! Ich muß sehen, daß ich mit dem Schlußteil meines neuen Bandes fertig werde, dem Abenteuer zwischen Joseph und Potiphars Frau, das auch literarisch im Kleinen ein rechtes Abenteuer ist, wie das Ganze im Großen. Hinzukommt, daß durch mein Impromptu in der N.Z.Z. meine Korrespondenz sehr angeschwollen ist. Ich muß um Nachsicht bitten.

Zu sagen ist einfach, daß ich den Schritt aufs Geratewohl getan habe und mir der wahrscheinlichen Folgen dabei bewußt war. Ich habe sie nicht gefürchtet. Daß man sie auch als unwahrscheinlich betrachten konnte, habe ich erst nachher erfahren, denn Valeriu Marcu ist in der Tat nicht der einzige, der annimmt, es werde überhaupt nichts erfolgen. Ich habe die Erfahrung dieser Meinung häufig gemacht in den letzten Wochen, habe sie gerade bei Deutschen gefunden, die hier vorsprachen und sich über meinen Brief wie die Schneekönige freuten. Sie ist insofern mit Sicherheit nicht richtig, als die Frage der Freigabe meines Vermögens und der Einhändigung eines Passes selbstverständlich durch diesen Akt für immer erledigt ist. Was weiter kommt, muß ich abwarten. Bermann, der gerade hier ist, vertritt aufs bestimmteste die Meinung, das Verbot der Bücher zum mindesten, wenn auch nicht die offizielle Ausbürgerung, werde prompt erfolgen. Nun gut, ich glaube einfach nicht, daß es auf lange sein wird. Ich mußte ein solches Wort einmal sprechen und habe es in dem Augenblick getan, als man mich in tendenziöser Weise von der Emigration abzudrängen versuchte, in dem Gefühl außerdem, daß in der Welt recht unangenehme halb-und-halbe Vorstellungen von meinen Beziehungen zum Dritten Reich teilweise herrschten, außerdem aber einfach aus inneren, seelischen Gründen. Es war zum guten Teil eine Temperaments-Handlung, eine natürliche Reaktion auf all das Beleidigende und Empörende, was täglich auf einen eindringt, die wirkliche, tiefe Überzeugung, daß dieses Unwesen dem ganzen Erdteil mit Sicherheit zum Verhängnis werden wird, wenn es bleibt, und das Bedürfnis, nach meinen schwachen Kräften ihm hier und heute entgegenzutreten, wie ich es schon zu Hause getan hatte. Aber ich sage Ihnen mit all dem nichts Neues. Der Anlaß zu meiner Äußerung war ja etwas wunderlich und vielleicht nicht ganz würdig, aber was liegt daran? Daß ich Schwarzschild mit jener Erklärung zugunsten Bermanns entgegentrat, kann ich nicht bereuen. Es war wirklich Unsinn, was er schrieb, in jeder Beziehung. Ich bin überzeugt und habe die Bestätigung dafür von Querido selbst in Händen, daß die Gründung eines englisch-deutschen Verlages, wie sie geplant ist, für die schon bestehenden Emigrations-Verlage keine Konkurrenz und Beeinträchtigung, geschweige ihre Vernichtung bedeuten würde, sondern einen starken Auftrieb für den deutsch-außerdeutschen Buchhandel und eine ungemeine Verstärkung des deutsch-außerdeutschen geistigen Lebens überhaupt. Ich habe das Zustandekommen dieses Verlages – und er *wird* so oder so zustande kommen – vom ersten Augenblick an dringlich gewünscht und habe Schwarzschilds Quertreibereien, die hier sehr schädlich und verwirrend gewirkt haben, in der Überzeugung oder vielmehr der sicheren Einsicht zu parieren gesucht, daß die Verdächtigung Bermanns, er gehe als Beauftragter des Propaganda-Ministeriums hinaus, der Gipfel der Absurdität ist.

Alle Reichsdeutschen, die ich spreche, stehen unter dem Eindruck, daß das nationalsozialistische Abenteuer sich in seinem Endstadium befindet und die allgemeine Zersetzung aufs äußerste vorgeschritten ist. Was aber kommen soll, weiß niemand, die Berichtenden selbst wechseln darüber beständig ihre Vermutungen, und man muß wohl vieles auf Rechnung ihres glühenden Wunsches setzen, der aber eben nachgerade Allgemeingut ist und schließlich ja doch wohl irgendwelche Veränderungen zeitigen muß. Ich sage mir, entweder kommt in anderthalb bis zwei Jahren der Krieg, oder es muß sich in dieser Frist der Zustand so weit gewandelt haben, daß auch unsere Bücher in Deutschland wieder möglich sind.

Damit genug für heute! Meine Frau schreibt in diesen Tagen auch an die Ihre. Seien Sie recht herzlich gegrüßt und nehmen Sie unsere besten Wünsche für Ihre Gesundheit und Ihre Arbeit! Es wäre schön, sich einmal wieder zu sehen. Aber Nizza kommt wohl leider so bald nicht wieder in Betracht für uns. Alle möglichen anderen Reisepläne und halbe bis ganze Verabredungen liegen vor, nach Argentinien sogar und nach Rußland.

Ihr Thomas Mann

St. Cyr s.-mer (Var)
Château „La Banette"
29.9.36.

Lieber, verehrter Thomas Mann,

als Angebinde aus dem Süden haben Sie eine Gesichtsrose mitbekommen?

Welch poetisches Wort für ein garstig Ding! Gleich ähnlichen Krankheitsbezeichnungen muss es aus der fröhlichen, robusten Zeit stammen, die auch die Corona Veneris erfand.

Hoffentlich hat sie sich inzwischen entblättert, und Ihre beneidenswert gesunde Gesichtsfarbe ist wieder zum Vorschein gekommen!

Schade, dass die Reise ins mittägliche Frankreich diesmal missriet! Wären Sie in Les Lecques geblieben – aber daran ist ja nun nichts mehr zu ändern. Der Midi (Sie haben es früher erfahren) erfordert überhaupt eine Quarantäne der Anpassung, es geht nicht an, einfach „Bäumchen, wechsle dich" mit dem Norden und Süden zu spielen, sie sind, wie alle extremen Naturen, anspruchsvolle Herren. Dabei waren wir die Bevorzugten, wir haben von Ihrem und Frau Katias Aufenthalt *nur* Freude gehabt und behalten, eine beständige Erinnerung, die, wie Jean Paul sagen würde, der remontierenden Rose wahrhaftiger gleicht als das Vexierbild Ihrer Gesichtsnerven. Nehmen Sie nochmals unsern herzlichen Dank!

Wir bleiben noch eine Woche hier. Dann bin ich mit der Korrektur der „Flaschenpost" fertig, und das MS kann nach Amsterdam abgehn. Es ist etwas wie mein „Candide" geworden, zumindest was den Galgenhumor und die zeitliche Untermalung betrifft – selbstverständlich weder in der

Fabel, noch im Stil. Ich konnte auch nicht den erfreulichen Ruhesitz meines Vorgängers erwählen, ein Gemüsegarten, selbst in der Nähe Konstantinopels, wäre heute kein Unterpfand des Friedens, und so musste ich dorthin gehn, wo es verhältnismässig am sichersten ist: in ein Irrenhaus (wobei ich annehme, unsere Gewalthaber hegen für die freimütig Irren ähnliche Gefühle wie tüchtige, weltläufige Söhne der gleichen Familie für ihre faulen Brüder, die „nichts aus sich zu machen" verstehn). Im Irrenhaus treffe ich den „Führer", und der bringt endlich alles in Ordnung... Die Schriftgelehrten in Sanary sind freilich der Meinung, ich müsste den „Führer" durch einen „Herrn" oder „Meister" oder sonstwie ersetzen, aber dafür, scheint mir, gibt sich der Spass viel zu harmlos. Ich überlasse die Entscheidung dem Verleger.

Und nun freue ich mich auf mein Buch über Franz v. Assisi, in das ich bereits verliebt bin, bevor noch eine Zeile geschrieben ist – so herzlich gewinnend steht die Gestalt vor mir. Ich möchte (wenn nicht nach Amerika oder: noch nicht nach A.) diesen Winter einen Monat nach Florenz und den zweiten nach Assisi.

Was aber wird aus den beiden andern grossen Romanbruchstücken, die ich *seit 1 1/2 Jahren* liegen habe („Grand'maman" und „Der Preusse"), wenn ich sie nochmals übergehe? Ob sie nicht schimmeln?

Merkwürdig, kaum ist die Arbeitskraft wieder da, stehe ich, statt, wie ich glaubte, dem Nichts, geradezu einer Fülle von Möglichkeiten gegenüber, die überdies zum grossen Teil schon Gestalt gewonnen haben. Und so sehr mir, wie jedes Jahr, vor dem Winter graut, er scheint mir unter diesen Umständen weniger bedrohlich.

Inzwischen gab Arnold Zweig mir den Brief Tucholskys an ihn zu lesen und den Abdruck in der „Weltbühne". Sie werden wohl nur den Abdruck kennen. Abgesehn davon, dass dieser auch sonst fragmentarisch ist, enthält er nicht, wie das Original, den ausdrücklichen Wunsch Tucholskys, für den Fall, dass Zweig („Sie sind Schriftsteller, lieber A. Z." – ich kenne die Sippe!) sich damit auseinandersetzen wolle, den *Namen des Briefschreibers* zu *verschweigen*. Hingegen blieb Ihr Name stehn – und *das alles* ist, wie ich A. Z. unverblümt sagte, von einer weltanschaulich verbrämten *Unanständigkeit*, die ich mir nur durch eine Art Sensationslust zu erklären vermag, die Zweig bei der Nachricht von T.'s tragischem Tod überfiel. Schliesslich bestritt er dies nur noch teilweise – was mich wiederum mit ihm versöhnte. Denn es ist selten genug, dass Polemiker einen Fehler einsehn, geschweige denn zugeben.

Haben Sie den *amtlichen* russischen Prozessbericht über die Verhandlung gegen die 16 „Trotzkisten" zu Gesicht bekommen? Die letzte Schamlosigkeit. Im Vergleich damit enthielt der Reichstagsbrandprozess Eichendorffsche Nachklänge! In Diktaturstaaten verliert man offenbar *völlig das Ohr der Welt!* Man ist es gewohnt, dass *alles* geschluckt wird, selbst die krasseste Lüge, das widerhallige Gegenteil dessen, was drei Sätze früher gereicht wurde. Und dieser Byzantinismus! Der „grosse Stalin" vorn und hinten. Wenn der Staatsanwalt drei Zeilen von Lenin zitiert, müssen unweigerlich dreizehn Sätze von Stalin folgen. Du lieber Gott! Es lebe der verrottete Liberalismus!!

Seien Sie und die verehrte Frau Katia von uns allen auf das Herzlichste gegrüsst.

Ihr René Schickele

Darf ich Sie an „Königliche Hoheit" erinnern?

Küsnacht-Zürich
6. X. 36.
Schiedhaldenstraße 33

Lieber Schickele,

Ihr Brief ist ein sehr willkommener und anregender Zwischenfall in meiner recht mühsamen, nur langsam vorrückenden Rekonvaleszenz. Aber nicht leicht zu erobern ist das Geschenk, und vor das Vergnügen ist die Qual gesetzt. Ihre Handschrift, offen gesagt, nimmt einen immer privateren Charakter an, und ganz bin weder ich noch ist meine Frau der krausen Runen Herr geworden. Freilich kommt es mir wohl nicht zu, einen Stein aufzuheben, – gesetzt, ich dächte an eine so grobe Geste. Ein Muster ist hier mein Bruder, dem Sie ohne unsere Krankheit in Le Lavandou ganz einfach begegnet wären, denn das Fischsuppenfest war angesetzt, und er war auf mein Zureden bereit, Ihnen entgegenzutreten, wie wenn nichts geschehen wäre. (Alsob etwas geschehen wäre!) – Seine Hand versagt sich jede Ausgeschriebenheit, und alles, was von ihr kommt, steht in klassischer Klarheit, einer Art von Druck-Kurrent, in höchster Leserlichkeit da. Man muß es wohl beispielhaft nennen – in demselben Sinn und mit derselben Unbedingtheit, womit man seinem geistigen Charakter überhaupt dies Attribut zuerkennt.

Nie hätten wir Sie verlassen sollen, soviel steht fest. Noch 14 Tage Les Lecques, und erholt und gestärkt hätten wir die Heimreise antreten können. Statt dessen kostete es, bei der damals noch fortbestehenden Überfülltheit der Küste, viel Schweiß und Plage, jenseits von Toulon eine neue Unterkunft zu finden, die Vereinigung mit Heinrich, der in dem gräßlichen Sainte Maxime saß, machte weitere zeitraubende Schwierigkeiten, und kaum war sie vollzogen, als das allgemeine Zähneklappern begann. Es war noch ein Glück, daß in der Nähe, bei E. A. Rheinhardt, der nette, gescheite jüdische Arzt aus Wien, Dr. Hammerschlag, wohnte, der uns behandelte.

Es war kein Segen über dieser Reise, die so regenerierend hätte wirken können. Eine peinigende Neuralgie in der linken Schulterpartie brachte ich mit, und kaum daß wir uns hier wieder geborgen sahen, begann die Rauferei mit der neuen Infektion, und der Rotlauf nahm seinen Weg von der Nase über meine linke Gesichtshälfte –, übrigens unter der Aufsicht eines vortrefflichen, sorgsamen Schweizer Arztes, der mit Injektionen und Salben den Prozeß zu mildern und abzukürzen wußte. Immerhin, es war ein bischen viel, eins nach dem anderen, die Nerven kommen nur langsam wieder hoch, und die verpfuschte Erholungsreise hätte ich eigentlich jetzt erst nötig. Die Arbeitskraft bleibt, da es schon an der Lust fehlt, ununtersucht.

Was mir aus Ihrem Briefe hauptsächlich, zugleich erquickend und neiderregend hervorgeht, ist der Reichtum an Ideen, Plänen, schöpferischen Aussichten, die Sie bei wiederkehrenden Kräften wieder in sich vorfinden. Ein glücklicher Zustand! In der Niedergeschlagenheit vergißt man tatsächlich sich selbst, seinen Besitz, seine Möglichkeiten, und überhaupt ist es ein Fehler des Lebens, daß man in der Regel so wenig bei sich ist und eigentlich nur in seltenen, erhöhten Augenblicken sein Leben und dessen Inhalte selbstbewußt beisammen hat. Die Dankbarkeit für gescheite Kritiken erklärt sich aus der Gedächtnisstärkung, die sie mit sich bringen. Sie werden jetzt durch die wiederkehrende Gesundheit „erinnert", und ich freue mich von Herzen für Sie und uns alle auf die geist- und melodievollen Dinge, die aus dieser Besinnung hervorgehen werden.

Für mein Teil muß ich froh sein, daß die Verfassung, die man am schonendsten als Gegenteil der Erfülltheit bezeichnet, wenigstens erst von meinem Tage Besitz ergreift, nachdem gerade ein Stück Arbeit schlecht und recht unter Dach gebracht ist. „Joseph in Aegypten" soll Mitte des Monats ausgegeben werden. Ich bin ungeheuer neugierig, was Sie zu diesen sonderbaren Spielen sagen werden. Ohne voll befriedigt zu sein, habe ich doch das Gefühl, daß immerhin etwas Besonderes, menschlicher Heiterkeit auf neue Art Zuträgliches noch einmal damit in die Welt gesetzt ist.

Ihnen, Ihrer lieben Frau und der ebenfalls so lieben Hausherrin von La Nanette [Banette], auch Hänschen nicht zu vergessen, – den herzlichsten Dank für die freundlichen Stunden, das zu kurze freundschaftliche Zusammenleben von St. Cyr! Bei Ihren Entschlüssen für die Zukunft möge Glück und Segen sein. Mir ahnt, daß Sie für uns mit entscheiden, und so wünschte ich in meinem Herzen, Sie blieben Europa treu. Wenn aber die Vernunft es nicht leidet, nehmen am Ende auch wir welche an.

„Königliche Hoheit" nebenbei. B. Diebold hat mir gerade einen wahrhaft entsetzlichen Verfilmungsplan davon vorgelegt.

Ihr Thomas Mann

[Nice-Fabron
„La Florida"
Chemin de la Lanterne]
19. Dezember 1936.

Lieber, sehr verehrter Thomas Mann,

bitte: die ausdrückliche Versicherung meiner Verehrung ist nicht die gern gebrauchte Anrede, auch nicht der spanische Gruss, der mit dem Federhut den Boden fegt. Ein festlicher Wimpel steigt hoch und flattert lebhaft im Wind, der lauter Bläue ist, einmal, zweimal, und dann bleibt er oben. Ich danke für „Königliche Hoheit". Ich danke für „Josef in Ägypten".

„Königliche Hoheit" ist gewiss der beste humoristische Roman seit den leider etwas arg verzwickten Meisterwerken Jean Pauls. Ja, seit Jean Paul... Mehr denn je erscheint mir Ihre kühle Haltung gegenüber diesem bei allem, teils grossartig, teils putzig verspielten Barock, so liebenswürdigen, im tiefsten Sinn so deutschen, überdies als Denker scharfsinnigen und „westlichen" Genie ganz unbegreiflich. Nietzsches Definition des Barockstils, „wo das Gefühl mangelnder Dialektik oder des Ungenügens in Ausdruck und Erzählung, zusammen mit einem überreichen, drängenden Formentrieb, jene Gattung zu Tage fördert" – wenn sie auf Jean Paul passt, sagt sie nicht auch sehr Richtiges über Ihre eigene Musizierfreudigkeit aus? Über Ihren eigenen verbalen Überschwang? Der doch gewiss auch einem nicht aufzuhaltenden Formen- oder Formungstrieb entspringt, ja dieses ewige Ungenügen gegenüber gewissen alten Einwänden (denen Sie selbst mit dem ‚Schwätzerchen' Castorp zu begegnen wussten) auf treffende Weise erklärt? (Ihre Schrift selbst hat die Bewegung des Pumpenschwengels, der schöpft!) Jean Paul hatte einen Adoptivsohn, einen Hugenotten-Sprössling, den steckte er in eine preussische Kadettenanstalt, wo er durch seine welsche Anmut auffiel, eine geistige Anmut, eine Musikalität, die übrigens dank der Blutmischung bei der Elite des preussischen Offizierskorps häufig zu Hause war. Er hiess Fontane. Und da sind wir auch schon nicht mehr weit von Ihnen entfernt, lieber Thomas Mann. So steht [es] um Sie und stände so, auch wenn Sie kaum ein Buch von Fontane und keine Zeile von Jean Paul gelesen hätten. Es gibt nichts „Illegitimeres" im bürgerlichen Sinne als die geistigen Verwandtschaften, es wimmelt da von Bastarden, die von ihrer „richtigen" Familie nichts wissen. Mir scheint, Ihrem Klaus Heinrich brauchte man nicht einmal die Uniform auszuziehen, um ihn bei Siebenkäs einzuquartieren. Der Mann, der sich den Wind um den Gesichtshöcker blasen liess, wartet bereits auf ihn. Ich stände sogar gut dafür, daß er dort eine Imma Spoelmann träfe, in Gestalt einer englischen Lady. Der Sprödigkeit der Gefühlsäusserungen entsprechend, sind bei Ihnen die Kleider der Herrschaften gelüftet, sogar chemisch gereinigt, was natürlich nicht ohne Einfluss auf ihre geistige Haltung bleibt; das Jahrhundert der Seife, des Badezimmers und Nietzsches verleugnet sich nicht – es ist eben die dritte Generation.

Sie sehen, ich streite wieder einmal für meinen alten Jean Paul. Was kann er dafür, dass die Nazis ihn für sich in Anspruch nehmen? So wenig wie Nietzsche. Viel weniger. Immerhin scheinen sie Jean Paul, nachdem sie ihn auf den Schild erhoben, auch gelesen zu haben, und seitdem hört man nichts mehr von ihm. Keine Silbe! Es ist so still um ihn geworden wie um Stefan George.

„Königliche Hoheit" hat mir viele Stunden reinster Heiterkeit geschenkt, und als der englische Spektakel losging, habe ich mir den Spass gemacht, Klaus Heinrich in Eduard umzutaufen, Imma Spoelmann in Mrs. Simpson und mir damit ein Maskenspiel angerichtet, das seinen lustigen Dienst noch immer weitertut. Fragt sich nur, ob Imma von der Zumutung, bereits zwei Männer hinter sich gebracht zu haben, nicht ernstlich verstimmt würde?

Abgesehn vom Romanhaften gestaltet „Königliche Hoheit" die (im doppelten Sinne) gesellschaftliche Revolution, noch bevor sie faustdick ausbrach. Das Buch ist auch in dieser Hinsicht bemerkenswert. Sehr gefesselt hat mich die (in dieser Form erstmalige) Psychologie der „Demagogie von oben", der Schaustellung, gültig für alle Zeiten und Zonen. Da ist der Untertan mit Humor gesehn – ewig auch er, wer immer das erhabene Bild abgeben mag. Mit diesem vornehm heiteren Buch fehlte mir eine Stufe Ihres Aufstiegs. Ich habe eine gute Zeit darauf zugebracht... Gewisse Längen, die Sie sich auferlegten, weil Sie glaubten, auch auf volkswirtschaftlichem Feld gründlich sein zu müssen, oder weil das Gebiet für Sie selbst neu und deshalb besonders spannend war. Ebenso wird es vielleicht denen ergehn, die nichts von solchen Dingen wissen, für die es also gar keine Längen sein werden. Ich fand die Ausführungen ein wenig pedantisch, sie fallen aus dem Ton des Buches heraus und muten seltsam lehrhaft an. Gerade sie hätten mit Humor, mit Witz vorgetragen werden sollen, um das trockene Gericht schmackhafter zu machen. Und nun von der Kammermusik zum Grossen Orchester. Wenn Ihr *Joseph* fertig ist, wird man ein Buch schreiben müssen, um dem an Verwirklichung und Anregung reichen Werk gerecht zu werden. Die Orchestrierung des letzten Bandes steht hinter der des vorangegangenen nicht zurück, obgleich die gegebenen Themata gleichsam magerer wirken, als die aus dem Dunkel steigenden Figuren der früheren Teile, was natürlich von der Helle, dem „Zivilisationslicht" Ägyptens herrührt. Man darf sagen: das Judentum als Inbegriff des Religiösen, die Theogonie steigt mit diesem Abschnitt des Werkes von der Quellenhöhe der Mütter ans Licht, wird männlich, regierungsfähig für die „moderne" Welt.

Hans hat uns das ganze Buch vorgelesen, nach den ersten Seiten schon hatte er, wozu freilich die Erinnerung an Ihren Vortrag beitrug, den Rhythmus heraus, er las beschwingt, ohne Stockung, mit kunstvoller Atmung bei den längsten Perioden, und kommt nun nach Amerika mit einer Diktion, auch im Alltäglichen, als wäre er in Ihrem Haus aufgewachsen. Wenn alle Stricke reissen, kann er in den USA als stimmliches *Double* von Th. M. herumreisen.

Am 9. ist er, nach fünftägigem Aufenthalt in Paris, das er nicht kannte, und von dem er natürlich entzückt war, als 3. Klasse-Passagier der *Queen Mary* abgefahren, am 14. war er angelangt, und am 15. hatten wir ein Telegramm unserer Freunde Habgood: „Jean affectueusement reçu". Nicht weniger als drei Grazien holten ihn vom Schiff ab. Wir nehmen an, dass er Weihnachten bei seinem [Bruder] sein wird.

Und die Politik? Spanien beunruhigt mich nach wie vor, eigentlich mehr als je zuvor, es ist zur Zeit die gefährlichste Wetterecke, und die Schalmeien der italienischen und deutschen Ableugnungen klingen furchterregend in dieser Wolfsschlucht. Trotzdem scheint mir die Lage im Untergrund gebessert. Der Friedenspreis für O., an dessen Verleihung Sie ja kräftig mitgewirkt haben, war ein Signal: die Welt fängt an, weniger Furcht zu zeigen, wahrscheinlich, weil sie endlich einsieht, wie berechtigt ihre Furcht ist.

Wie fühlen Sie sich als Tscheche? Als Besitzer eines Passes, nehme ich an – weiter nichts. Ich gratuliere also zum Pass. Alle diese Massnahmen ändern nichts am Wesentlichen. Ihre Ausbürgerung wird Klio, wenn sie erst bei diesem Kapitel der deutschen Geschichte angelangt sein wird, als schlechten Witz vermerken. Was aber hat Bermann dazu gesagt? Ich hörte, er sei, Hals über Kopf, nach Berlin gereist. War Ihre Eintragung auf die deutsche Verlustliste nicht ein Schlag, der sein neues Kontor gänzlich ins Wanken brachte?

„Die Flaschenpost", mein neues Buch, erscheint im Februar. Ich weiss aber noch immer nicht, ob ich das vor einem Jahr französisch geschriebene kleine Bekenntnisbuch (mit dem unmöglichen Titel „Le Retour") erscheinen lassen soll. Frau Katia erklärte sich in St. Cyr freundlicher Weise bereit, es zu lesen. Es geht heute oder morgen an sie ab. Ich möchte, dass sie mir sagt, ob sie meine Bedenken teilt. Diese will ich ihr aber erst mitteilen, wenn sie die Blätter gelesen hat.

Ich habe meine Handschrift auf Erholungsurlaub geschickt, es geht ihr besser, aber sie will mir noch nicht präsentabel genug vorkommen. Auch bei bester Verfassung ist sie weit davon entfernt, im Leser ein andres Vergnügen als die Schadenfreude des Graphologen hervorzurufen.

Mit den herzlichsten Grüssen an Frau Katia, Sie und die Ihren, auch von meiner Frau:

[Ihr René Schickele]

Hotel Westminster
12, rue de la Paix
Paris
Nizza, 20.1.37.

Lieber Thomas Mann,
wir sind im Begriff, nach Paris abzufahren, die Koffer sind schon gepackt.

Ich muss Ihnen aber noch schnell für Ihren schönen Brief an den Bonner Dekan danken, der die grösste Schärfe mit der grössten Würde verbindet.

Er wird einst in den deutschen Lesebüchern stehn!

Wir steigen bei den Simons ab und suchen uns dann eine uns entsprechende Unterkunft für 3–4 Wochen. *Ihr Hotel bleibt aber unsere Adresse.*

Seien Sie mit den Ihren herzlichst gegrüsst, auch von meiner Frau!

Ihr René Schickele

Meine Frau bittet Frau Katia um Bibis Adresse.

1.2.37:

Hôtel Westminster
Rue de la Paix
Paris
E. Bruchon D^R

Lieber Thomas Mann,

einer der Gründe, die mich bewegten, nach Paris zu fahren, war die Aussicht, die „Weißen Blätter" neu herausgeben zu können. Es interessieren sich einige bemittelte Leute dafür (darunter übrigens auch Schweizer). Sie hätten schon vor einiger Zeit erscheinen können, wenn nicht das Honorar der Mitarbeiter immer als „Nebensache" behandelt worden wäre. Ich bin aber der Meinung, daß jemand, der zwei Monate an einem Essai oder einer Novelle gearbeitet hat, ein Honorar erhalten muss, das ihm erlaubt, zwei Monate, wenn auch bescheiden, davon zu leben. Das ist nur möglich auf Grund einer Stiftung. Und daran sind meine Bemühungen bisher gescheitert, obwohl es ein leichtes sein sollte, von den grossen Summen, die immer noch von den amerikanischen Stiftungen an die verschlafenen Friedensgesellschaften geleitet werden, einen Teil für diesen Zweck abzuzweigen.

Es handelt sich wohl nur darum, den richtigen Weg zu den entsprechenden Verwaltungen zu finden, und den habe ich leider bisher noch nicht beschreiten können. Ich habe mich jetzt energischer darum bemüht. Da erfahre ich aber, dass Sie drauf und dran sind, eine Zeitschrift herauszugeben. Wenn es damit seine Richtigkeit hat, setze ich meine Bemühungen natürlich nicht fort, schon allein aus dem Grund, weil wir ungefähr das gleiche Programm haben, die Anziehungskraft aber Ihres Namens als des Herausgebers ein Argument ist, das ausserhalb jeder Diskussion steht.

Es fragt sich also nur, ob Sie tatsächlich daran denken, eine Zeitschrift, die unentbehrliche Zeitschrift vom Stapel zu lassen, oder ob es sich lediglich um ein „Emigrationsgerücht" handelt.

Hier spricht man überall von Ihrem Brief an den Bonner Dekan. Mit dieser Veröffentlichung haben Sie die letzten Widerstände innerhalb der Emigration buchstäblich gebrochen.

Mit den herzlichsten Grüssen

Ihr René Schickele

Lieber René Schickele:

Ihr Brief hat mich in einige Bestürzung und Verwirrung versetzt, mich aber im Grunde auch wieder gefreut; denn diese Einhelligkeit, was die Notwendigkeit einer freien deutschen Zeitschrift betrifft, hat wirklich etwas Erfreuliches und Überzeugendes. Von allen Seiten kommt der Ruf danach, und es scheint, daß der Augenblick dafür wirklich da ist. Was nun die Gerüchte von „meinen" Plänen betrifft, so ist es sehr falsch, von solchen zu reden. Die Dinge kommen an mich heran, und ich sträube mich mehr, als daß ich der Unternehmende wäre. Eine reiche Frau, literarisch interessiert, setzt für einige Jahre eine größere Summe aus, und man einigt sich dahin, daß der charitativen Verzettelung dieses Geldes die Gründung einer Zeitschrift vorzuziehen ist, deren Fehlen allerseits so stark empfunden wird und mit der der literarischen Emigration, den jungen Leuten, in viel produktiverer Weise geholfen werden könnte als mit Einzelgaben. Über diesen Beschluß hinaus ist die Sache kaum gediehen. Man will mit mir sprechen. Ein Vertrauensmann der Spenderin kommt im Lauf der nächsten Woche nach Zürich, und man will mit mir das Nähere und Weitere beraten, all das Nähere und Weitere, das so schwierig und kompliziert ist, angefangen bei dem Verleger, der in Betracht käme, und bei der Herausgeberschaft, die man mir, wie ich kommen sehe, antragen wird, obgleich der Gedanke mir schwere Befürchtungen einflößt mit Hinsicht auf meine Arbeitskraft und -zeit. Ich spreche hier oben mit Lion und Kahler über das Problem, und es zeigt sich die Möglichkeit einer gewissen mit nicht viel Arbeit verbundenen Oberleitung von meiner Seite, bei der die eigentliche Redaktionsarbeit einer anderen Kraft zufallen würde. Aber all das schwebt noch in der Luft und ich muß nähere Auskunft verschieben bis nach jenen Besprechungen.

So steht es also vorläufig. Von Ihren Plänen habe ich nichts geahnt, und Sie können denken, in welche Verlegenheit es mich stürzt, davon zu hören. Von meiner Zusage an der Beratung über die beste Verwendung des zur Verfügung gestellten Geldes teilzunehmen, einer Zusage, die ich wirklich nur aus menschenfreundlichen Gründen gegeben habe, kann ich nicht gut zurücktreten. Daß ich mit dem Gedanken an die Zeitschriftgründung von vorneherein auch den Gedanken an Sie und Ihre Mitarbeit verbunden habe, brauche ich kaum zu sagen. Noch weniger ist es nötig, zu beteuern, wie überaus fatal es mir wäre, durch meine Teilnahme an diesen Plänen die Ihren zu durchkreuzen, die Ihnen vielleicht lebenswichtig sind. Einen Hauptpunkt der bevorstehenden Besprechung wird selbstverständlich Ihre Mitteilung bilden. Ich kann für heute nichts weiter sagen, muß nur hoffen, daß der Sache des deutschen geistigen Lebens auf eine Weise gedient wird, die auch Sie gutheißen können.

Herzlich freundschaftlich

Ihr Thomas Mann

Nice-Fabron (A. M.)
„La Florida"
Chemin de la Lanterne
Ostern 1937
[28. 3. 1937]

Lieber Thomas Mann,

schlimm, dass ich zu den Anforderungen und Plagen, mit denen Sie in letzter Zeit überhäuft wurden, auch das meine beitragen musste! Landauer meint, der (im Hinblick auf den etwas unlustigen Verlag für uns beide) sehr wichtige Erfolg meines Romans „Die Flaschenpost" hänge völlig von der literarischen Kritik ab, weshalb es gut wäre, wenn die grössten Kanonen aufführen und einen entsprechenden Spektakel verursachten. Ich habe nicht nur zugelassen, dass er Ihnen in diesem Sinne schrieb, ich habe ihm versprochen, auch selbst noch bei Ihnen anzuklopfen – und dies, obwohl ich weiss, dass Ihre Korrespondenz allein Ihnen mehr Zeit wegnimmt, als ein Dutzend Aufsätze es täte... Soll ich wie jener unglückliche Mann ausrufen: „Not kennt kein Gebot"? Nein, denn ich glaube es nicht, und deshalb würde ich es Ihnen auch nicht übelnehmen, wenn Sie rundweg ablehnten. Immerhin wüsste ich gern, welchen Eindruck diese merkwürdigen Leiden Werthers anno 1937 auf Sie gemacht haben.

Aber, noch weiss ich nicht, wie Sie auf den ersten Versuch der Mobilmachung reagiert haben, da folgt schon der zweite in Gestalt des Herrn Jean Fayard, der mein französisch geschriebenes Büchlein zwar famos findet, aber nicht wagt, es ohne allerhöchste Protektion herauszubringen. Es soll zwei Vorreden erhalten, eine von Duhamel und – eine von Thomas Mann. So, meinen die Auguren, werde die zu erwartende deutsch-französische Diskussion würdig und wirkungsvoll eingeleitet... Für den Fall, dass Sie dazu bereit sind, will Monsieur Barbey, der Lektor Fayards, Ihnen das Manuskript in Ihr Pariser Hotel bringen – und für Lektüre bei der Überfahrt nach Amerika wäre gesorgt. Übrigens würde Sie das vielleicht nicht einmal langweilen. Ich habe nicht vergessen, wie Sie über Chamisso geschrieben haben. In einer Zeit, da es mir in jeglicher Weise schlecht genug ging und ich, höchste Form des Heimwehs, allnächtlich von meiner Mutter träumte, habe ich plötzlich begonnen, diese Seiten vor mich hin zu schreiben, die Sprache stieg wie aus verschütteten Tiefen rund und fertig auf, es dauerte etwa 6 Wochen, dann war es zu Ende. Alfred Neumann, dem ich einiges davon zeigte, schrieb mir, er sei „entsetzt", weil es nicht, wie bei Rilke, übersetzt, sondern ur-französisch sei, und er beschwor mich, der ich doch zu den Rittern der deutschen Sprache gehöre, nicht zu desertieren. Davon kann natürlich keine Rede sein. Das Büchlein ist eine Erklärung, ein Bekenntnis, nicht einmal ein Rückfall, und ich erwähne das Zeugnis des Romanisten Neumann lediglich aus dem Grund, weil es wiederum *mich* „entsetzte" – als wäre ich über den Bodensee geritten... Nachher schrieb ich „Die Flaschenpost."

Wenn Fayard „Le Retour" bringt, bringt er auch (was finanziell ganz anders ins Gewicht fällt) die „Witwe Bosca". Das ist das Bedenkliche an der Sache. –

Herrn Lion, den ich in Paris zweimal sah, bot ich ein Romanfragment an. Aber er wollte einen Essai, erstens, weil er mit Landschaft schon versorgt ist (Glaeser...), und auch, weil er, wie er mir gestand, mich als Landschaftsmaler nicht kenne. Denn er habe einmal einen „Hymnus" von Heinrich Mann auf das „Erbe am Rhein" gelesen, und Heinrich Mann sei ihm zuwider. So werde ich dem braven Redakteur also Zeitkritisches geben (sowenig es mir gerade jetzt behagt).

Ich wünsche Ihnen, lieber Thomas Mann, eine schöne Überfahrt, mit oder ohne „Le Retour", und eine ebenso erfreuliche Heimkehr: le vrai, le bon retour! Bitte grüssen Sie Frau Katia herzlichst von uns beiden.

Ihr René Schickele

Küsnacht-Zürich
Schiedhaldenstraße 33
1.IV.37

Lieber René Schickele,

wir fahren am 6ten direkt nach Le Havre; erst auf der Rückreise wollen wir uns ein paar Tage in Paris aufhalten. Bitte, schicken Sie *umgehend* das französische Buch, damit ich es mitnehmen kann und unterwegs auf ein Vorwort sinne. Über Ihren Roman zu schreiben, finde ich in nächster Zeit keine Ruhe, so heikel-anziehend die Aufgabe wäre. Ich lese mit

Staunen und heiterem Grauen. Etwas höchst Besonderes, mehr Hamlet wohl noch als Werther, graziös und irr, sehr merkwürdig. Irgendwie werd' ich schon noch dafür zeugen.

Ihr T. M.

Nice-Fabron (A. M.)
„La Florida"
Chemin de la Lanterne
29. 5. 37.

Lieber Thomas Mann,

Sie sind ermüdet aus Amerika zurückgekommen und werden von grässlichen Nervenschmerzen geplagt. Wie ich Sie kenne, arbeiten Sie trotzdem, und ich muss Ihnen immer wieder sagen, wie sehr ich die Tapferkeit bewundere, mit der Sie Ihre Berufung gegen alle Widerstände einsetzen, nicht zuletzt gegen die inneren, verschwiegenen, „von denen niemand etwas weiss". Aber wer Sie liebt, ahnt gerade diese in einer Weise, die der Kenntnis beinahe gleichkommt. Die Tapferkeit besteht in der ständigen Selbstprüfung, in der grossen Not, mit sich selbst, mit der oft kaum erfasslichen Wahrheit übereinzustimmen, wo unsre geheimsten Triebfedern am Werke sind. Partei ergreifen, das ist leicht. Keiner ergreift so gern Partei wie der Leichtsinnige, dem es darum geht, einen äusseren Halt zu finden. Es kommt aber darauf an, dass es die eigene, undiskutierbare Partei ist, die man ergreift, und dass die äussere Wahrheit, wozu man sich bekennt, nicht die innere, langsam und oft genug verschlungen wachsende, und wäre es durch Übereile, schändet. Und gerade dies, lieber Thomas Mann, ist Ihr Fall. Wir leben schon lange genug in der Emigration, um einen Überblick zu haben, und es zeigt sich (ich hörte es kürzlich selbst sture Parteimenschen zugeben), dass Sie vom Anfang bis heute richtig gehandelt haben, nämlich treu dem Gesetz Ihrer Natur, dem wir das Beste von Ihnen verdanken, und es hiesse gerade dies verleugnen, wollte man von Ihnen übereifrige Gesten erwarten, wie sie heute im Kleinen und Grossen die Welt verwirren und in der Verwirrung erhalten. Hier muss ich Ihnen gestehn, dass der demonstrative Beifall, den Sie seit Ihrem Brief an den Bonner Dekan bei der Emigration fanden, für mich der Komik nicht entbehrt, einer Komik, die mit Gefühlen der Verachtung für etliche dieser Marktschreier reichlich gemischt ist. Hatten diese schon vorher, als Ihre Haltung noch „bedenklich" oder „bedauerlich" genannt wurde, keine Gelegenheit versäumt, Sie als Eideshelfer vorzuführen (ohne jedoch deshalb eines anständigeren Sinnes zu werden), so nahm die Zufriedenheit der diplomierten Herrn Ausleger des Weltgeistes diesmal Formen an, dass man sich fragte: Geben diese heftig bewegten Hände nun eigentlich lauteren Beifall kund, oder ist es nicht vielmehr der Tumult von Händen, die sich reinwaschen in Ihrem Wort? Schliesslich kam gar dieser Narr von Alfons Goldschmitt angerannt und verpetzte öffentlich bei Ihnen einen Professor, der eine Extratour mit der „Frankfurterin" getanzt haben soll, das Schwein.

Ja, also, da schrieb (ich „steckte" es Ihnen teilweise schon einmal „zu", aber: meminisse iuvabit, und diesmal folgt das Zitat in Gänze) im Februar 1851 Engels an Marx: „Man sieht mehr und mehr ein, dass die Emigration ein Institut ist, worin jeder notwendig ein Narr, ein Esel und ein gemeiner Schurke wird, der sich nicht ganz von ihr zurückzieht, und dem die Stellung des unabhängigen Schriftstellers, der auch nach der sogenannten revolutionären Partei den Teufel fragt, nicht genügt." Darauf antwortete Marx: „Mir gefällt sehr die öffentliche Isolation, worin wir zwei, Du und ich, uns jetzt befinden. Sie entspricht ganz unsrer Stellung und unsern Prinzipien. Das System wechselseitiger Konzessionen, aus Anstand geduldeter Halbheiten und die Pflicht, vor dem Publikum seinen Teil Lächerlichkeit in der Partei mit all diesen Eseln auf sich zu nehmen, das hat jetzt aufgehört." Und abermals Engels: „Wir haben jetzt endlich wieder einmal – seit langer Zeit zum erstenmal – Gelegenheit, zu zeigen, dass wir keine Popularität, keinen Support von irgendwelcher Partei irgendwelchen Landes brauchen und dass unsre Position von dergleichen Lumpereien total unabhängig ist. Wir sind von jetzt an nur noch für uns selbst verantwortlich... Wir können uns übrigens im Grunde nicht einmal sehr beklagen, dass die petits grands hommes uns scheuen; haben wir nicht seit so und so viel Jahren getan, als wären Krethi und Plethi unsere Partei, wo wir gar keine Partei hatten, und die Leute, die wir als zu unsrer Partei gehörig rechneten, wenigstens offiziell, auch nicht die Anfangsgründe unserer Sachen verstanden?"

So war es immer und wird immer so sein. Die Emigration ist ein Unglück, und man braucht mit ihren bedauernswerten Opfern nicht so scharf ins Gericht zu gehn. Man gehört dazu, man muss dazu gehören wollen und helfen, wie und wo man kann. Ein Wutausbruch wie der von Engels ist eine Erklärung für manches, sonst Verschwiegene, kein Argument und sollte es auch nicht sein. Aber wie es einen, wenn man krank ist, trösten mag, dass der Nachbar, der noch viel mehr litt, dennoch heil davonkam, so führe ich mir zuweilen die zornbebenden Worte der beiden Kirchenväter zu Gemüt, – worauf mir jedesmal leichter wird.

Denn abgesehn von den ständigen materiellen Sorgen, habe auch ich meinen Ärger, diesmal mit der „Flaschenpost". Ich habe mir nicht viel von ihr versprochen. Immerhin erwartete ich Verständnis bei solchen, die selbst von Berufs wegen „Gerichtstag über sich halten". Da bekomme ich gerade die Kritik Ernst Glaesers in der N. Z. Z. zugeschickt... Ein Buch also ohne Tragik! Mich selbst, als ich Korrektur las, wandelte das bleiche Grauen an, und ich überlegte ernstlich, ob ich nicht das Buch wie manch andres, was ich in jener Zeit schrieb, in der Schublade verwahren sollte. Schliesslich vertraute ich auf den Humor – als Schwimmgürtel. Die grobschlächtigen Burschen merken das nicht, und statt für das „Amüsante" dankbar zu sein, beklagen sie es. Was sind das überhaupt für Zustände in der Kritik der Emigration! Es ist ganz zufällig, ob und wie über ein Buch geschrieben wird – nein, doch nicht! Beim „Wie" bricht fast immer ein altes oder neuerliches Ressentiment durch, und das Stichwort der Cliquen überdauert, so unglaublich es scheinen mag, die grössten Katastrophen. Was soll man von den Völkern erwarten, wenn so geprüfte und von Natur sowohl wie von ihrem Schicksal zur Umschau und Einsicht bestellte Einzelwesen derart versagen!

Da ist ein Gedicht von mir, im Jahre 1919 erschienen, es kam (mit welchem Erfolg?) in die deutschen Schulbücher. Ich lege die Verse bei und hoffe, Sie empfinden es nicht als Unbescheidenheit, wenn ich den Wunsch ausspreche, wir möchten uns beide trotz allem daran halten.

Mit den herzlichsten Grüssen von Haus zu Haus

Ihr getreuer René Schickele

ABSCHWUR
Ich schwöre ab:
jegliche Gewalt,
jedweden Zwang,
und selbst den Zwang,
zu andern gut zu sein.
Ich weiss:
ich zwänge nur den Zwang.
Ich weiss:
das Schwert ist stärker
als das Herz,
der Schlag dringt tiefer
als die Hand,
Gewalt regiert,

was gut begann,
zum Bösen.

Wie ich die Welt will,
muss ich selber erst
und ganz und ohne Schwere werden,
ein klares Wasser
und die reinste Hand,
zu Gruss und Hilfe dargeboten.

Stern am Abend prüft den Tag,
Nacht wiegt mütterlich den Tag.
Stern am Morgen dankt der Nacht.
Tag strahlt.

Tag um Tag
sucht Strahl um Strahl,
Strahl an Strahl
wird Licht,
ein helles Wasser strebt zum andern.
Weithin verzweigte Hände
schaffen still den Bund.

Küsnacht-Zürich
31. V. 37
Schiedhaldenstraße 33

Lieber René Schickele,

haben Sie Dank! Es war mir in meiner Depression und Schmerzensmüdigkeit so wohltuend, Ihre freundschaftlichen Worte zu hören. Daß
Sie unter Glaesers elendem Gefasel leiden würden, hatte ich vorausgesehen. „Hinter ihm steht der Atem eines eingeborenen Dichters“. Das
war der lobende Teil. Was war danach von dem kritischen zu erwarten?
Das heißt: Was ist von einem Dichter zu erwarten, der in einem waldlosen Lande lebt? Tragik gewiß nicht. Die Ecole de Zurich ist eine
Nazi-Schule, stilistisch und geistig. Ihre Art sich von den „üblichen
Emigranten“ zu distanzieren ermutigt wenig dazu, ihre Isolation zu
teilen. Man muß sich schon eine besondere erfinden, und zu meiner
größten Beruhigung entnehme ich Ihren Worten, daß ich's mit meiner
Haltung so ungefähr getroffen habe. Korrodi's Meinung ist das aller-

dings nicht. Nach diesen Leuten dürfte man überhaupt nicht draußen sein, – während die Distanzierung von diesem Deutschland mir denn doch noch wichtiger scheint, als die von der „üblichen" Emigration, mit der verwechselt zu werden wir zwei doch wohl wenig Gefahr laufen, auch wenn wir diese Gefahr nicht durch besondere Vornehmtuerei und Nazi-Deutsch zu bannen suchen. *Sie* könnten einen vortrefflichen, klärenden und alles zurechtrückenden Aufsatz über das Problem des Emigrantentums schreiben. Es wäre etwas für die neue Zeitschrift, für deren erste Nummer ich ein Vorwort geschrieben habe, das ich schicke, mit der Bitte, mir das Mt. nach Lektüre zurückzusenden. Lion schreibt, es sei das einzig Gute, was er bisher bekommen habe. Ich habe gleich gewußt, daß ich das Ganze würde allein machen müssen, woran die Sache denn auch wohl scheitern wird.

Sie vermuten richtig: ich suche weiter zu arbeiten, und es beruhigt mich unsäglich, daß ich nach der Unterbrechung[,] nach der blöden Triumphreise, die übrigens der University in exile tatsächlich eine Dotation von 100000 Dollars eingebracht hat (bekäme ich nur ein bischen ab!), die Goethe-Novelle nun doch wenigstens wieder täglich um eine Seite fördere. Es geht nur knapp, denn ich bin auf sehr ungenügende Schlaf-Ration gesetzt. Gegen Mitternacht nehme ich Phanodorm und schlafe bis 3. Dann kommen Schmerzen, und ich löse zwei Alonal-Tabletten in Kamillenthee. Das reicht bis 5. Dann ist es endgültig aus und keine Position mehr zu finden, in der es auch nur minutenlang auszuhalten wäre. Und was fängt man dann an mit dem angebrochenen Vormittag!

Ich will nach Ragaz zur Kur. Wir erwarten Erika, die am 6ten von New York zu Besuch kommt, und mit der wir hier noch ein paar Tage verbringen möchten. Dann geht es ernstlich ins Radium-Wasser, auf das ich alle meine Hoffnungen setze, da bisher jegliche Therapie, auch Kurzwellen-Wärme-Behandlung, vollständig versagt hat.

Sie haben körperlich Schreckliches durchgemacht, während ich es gut hatte. Möge Ihre Gesundheit sich nun immer festigen und tapfer Widerstand leisten, dem deutschen Seekrieg in Spanien und allem, was dem Herzen geboten wird. Grüßen Sie Ihre liebe Frau recht herzlich! Das Vorwort soll Ihnen nur, womöglich, Appetit machen, „uns" einmal etwas zu schreiben.

Ihr Thomas Mann

Lieber Thomas Mann,

das ist ein prächtiges Vorwort – ich danke Ihnen, dass Sie es mich lesen liessen. Es hat auch tatsächlich meinen Appetit auf Mitarbeit, der von vornherein nicht gering war, *verschärft.* Das Thema „Emigration" ist gewiss verlockend, aber es müssten da soviel Empfindlichkeiten geschont werden... Ich will es versuchen. Selbst wenn der Versuch sich als verlorene Liebesmühe erweisen sollte, wird mein Gewinn bei dieser Erkundungsstreife nicht nur mir selbst, sondern auch der Sache von Nutzen sein. Ich empfinde allerdings eine wachsende Abneigung, um nicht zu sagen: eine organische Scheu vor jeder Aussprache, die über den Rahmen einer persönlichen Meinungsäusserung hinausgeht, und daraus ergibt sich automatisch die Unfähigkeit, einen rechtschaffenen Aufsatz zu schreiben. Aber dagegen muss reagiert werden, gegen den abgründigen Pessimismus, den jeder Blick in die Zeitung täglich von neuem bestätigt... So habe ich z.B. die Beschiessung Almerias nicht mit Gefühlen der Empörung zur Kenntnis genommen oder jedenfalls nicht ausschliesslich damit. Es war viel, sehr viel Befriedigung dabei, etwa so, dass ich ausrief: „Was soll da herauskommen, wenn grosse Völker den vernünftig, ja sittlich gedachten Satz, der Krieg sei die Fortsetzung der Politik mit andern Mitteln, in die Forderung verkehren, *der Friede sei die Fortsetzung des Krieges mit andern Mitteln?* Und wenn diese Völker nur den totalen Krieg kennen, nämlich die hemmungslose Barbarei? Dies kommt dabei heraus – eine Kostprobe, ein beinahe koketter Wink mit der Apokalypse. Was denn sonst!" Ist es nicht zum Lachen, wenn wir in der englischen Presse lesen, die Beschiessung von Almeria habe endlich den wahren Charakter der deutschen führenden Persönlichkeiten gezeigt? Wie oft haben wir solche Worte seit dem 30. Juni 34 gehört? In acht Tagen sind sie vergessen – bis zum nächsten Mal. Es verhält sich aber nicht so, als ob die Welt durch die Wiederholung der Schandtat in steigende Aufregung geriete oder gar zu einer klaren Erkenntnis der Sachlage fortschritte. Es wächst ihr lediglich eine dickere Haut, was wiederum die andern ermutigt fortzufahren. Schliesslich, schliesslich werden die heute noch auf einer sittlichen Weltordnung bestehenden Völker nicht anders können, als dem Teufel mit den unter solchen Umständen allein noch wirksamen, nämlich teuflischen Mitteln zu begegnen, und dann sind wir soweit, dass wir allesamt in der Barbarei drinsitzen, einzig von der Frage bewegt, welche Giftgase, welche Mordbazillen, welche Lügen sich als die kräftigeren behaupten. Mehr Entgegenkommen, als dass man ihm teuflisch komme, hat der Teufel niemals erwartet...

Wie dem auch sei: Wir andern haben auf dem Posten zu bleiben – ich wiederhole es mir täglich und blicke dabei auf meine kleine, harmlose Feder. Man kann auch ohne viel Hoffnung tapfer sein. Man muss sich nur vor der Verzweiflung hüten. Vielleicht ist es gut, dass heute jedes Wort von uns wie in extremis gesprochen ist. –

Bitte, grüssen Sie die geliebte Frau Katia und Ihre schöne, kämpferische Tochter Erika und die andern Söhne und Töchter, die dieser Sommer um Sie versammeln wird. Wenn Frau Katia ihre Familie übersieht, kann sie sich rühmen, dem ganzen „Front populaire" in allen seinen Abstufungen und Auswirkungen einschliesslich der „loisirs" und der „congés payés" vorzustehn, und wenn man es recht überlegt, war sie ja schon von je die Ministerpräsidentin eines streng konstitutionellen Herrschers, die die ungleichmässigen Elemente ihres Kabinetts mit Herz und Hand zusammenhielt.

Ihnen, lieber Thomas Mann, wünsche ich Heilung und Erholung in Ragaz. Haben Sie es übrigens einmal mit der Homöopathie versucht? Meine Frau, die an einer furchtbaren Nervenentzündung in Hand und Arm litt, hat sie jedenfalls erlöst. Unser guter Hausarzt in Badenweiler, der Geheimrat Schwörer, hielt nicht viel von der Homöopathie, aber auch nicht viel mehr von der Schulmedizin, und deshalb riet er selbst, wenn er am Ende seiner Weisheit war, zur Homöopathie. Es gibt bestimmt gute homöopathische Ärzte in Zürich, vielleicht auch in Ragaz. Versuchen Sie es doch einmal! In einem Zustand wie dem Ihren findet man sich auch mit einer strengen *Diät* ab. Die ist das Wichtigste in der Homöopathie. Es dauert gewöhnlich etwas lange, bis sich die gute Wirkung einstellt. Was hilft es aber, wenn zwar die Schmerzen betäubt, nicht aber behoben werden? Ich sage das, glauben Sie mir, bitte, in voller Kenntnis der Schmerzen. Wenn also das Baden in Ragaz nicht hilft – doch hoffe ich, dass es hilft. Ich habe schon von Ragazer Wunderkuren gehört.

Seien Sie herzlichst gegrüsst von

Ihrem René Schickele

Lieber Thomas Mann,

endlich kommt ein Lebenszeichen von Fayard, ich lege den Brief bei.

Duhamel. Er schreibt seit 20 Jahren keine Vorreden mehr. Mir zuliebe hätte er gern eine Ausnahme gemacht, obwohl dies zahllose Ressentiments hätte aufleben lassen. Aber als Verlagsdirektor des „Mercure de France" kann er die Ausnahme nicht gerade mit einem Buch machen, das leider bei einem andern Verlag erscheint. Er wird sich nach Erscheinen dafür einsetzen.

Nun dachten die Leute bei Fayard an Giraudoux. Ich habe ihm nicht geschrieben, weil ich von vornherein Jean Schlumberger für geeigneter hielt. Er ist elsässischer Abkunft, kann deutsch und kennt meine Bücher.

Abgesehn von der „crise de livre" – ich glaube den Leuten in Paris, dass es ihnen, wie sie mir wiederholt versicherten, darum zu tun ist, das Buch nicht nur „auf den Markt zu bringen", sondern ihm einen succès de vente zu sichern. (Des literarischen Erfolges sind sie gewiss.) Und, offen gestanden, liegt mir nicht weniger daran. Auch hängt es wohl davon ab, ob Fayard sich mit der „Bosca" heraustraut, oder ob er die Veröffentlichung weiter hinausschiebt.

Die langwierige Geschichte, die mich mit allem Drum und Dran wieder zum Anfänger macht (mein Leben lang habe ich nicht antichambriert, jetzt komme ich aus dem Vorzimmer gar nicht mehr heraus) geht mir auf die Nerven. Der Wein wird darüber zu Essig. Ich habe gar keinen Spass mehr an dem Buch, das mir eine so grosse, weil unerwartete Freude war, und etwas wie ein Geschenk (aus dem Jenseits?) an mich selbst.

Das ist der Blütenstaub
einer Myrthe. Die Knospe
zeigt einen kleinen Blut-
flecken, die Blüte ist
strahlend weiss – ein
Pfauenrad von zartem Licht.

Annecy (Haute-Savoie)
Poste Restante
4.7.37.

Lieber Thomas Mann,

wir sind imbegriff, nach dem schönen Savoyen aufzubrechen, morgen in aller Frühe fahren wir los. Wir sind für 2–3 Wochen bei Bekannten eingeladen.

Seit Jahr und Tag raten die Ärzte zu diesem Klimawechsel. Ich erinnere mich nicht, einem neuen Ort mit soviel Freude entgegengesehn zu haben. Wie ein junger Bräutigam fahre ich der nur flüchtig bekannten Braut entgegen. Was ihr an Liebe fehlen sollte, das bringe ich mit, und so kann es kaum fehlschlagen.

Meine Frau bittet die Ihre um Entschuldigung – sie wird in den nächsten Tagen schreiben. Ich wollte Ihnen nur gleich sagen, dass Sie an das Vorwort zu „Retour" gar nicht zu denken brauchen. Wenn es überhaupt geschrieben werden soll, dann erst im Frühjahr 38, und Gott weiss, was dann sein wird. Das Büchlein erscheine im Herbst in den „Œuvres libres" von Fayard, einer Art Zeitschrift in Buchform. Fayard hat es mir vorgeschlagen, und mir ist es recht. Ich möchte von mir aus sowenig Aufhebens wie möglich davon machen. Der Verleger betrachtet diese Veröffentlichung wohl als Versuchsballon. Im Frühjahr sollte dann die Buchausgabe folgen.

Ich hoffe, das Pendel schlägt jetzt bei Ihnen kräftig nach der andern Seite aus! Ach! wären Sie damals in St. Cyr geblieben! Sie hatten sich nach anfänglichem Zaudern so gut eingelebt! ... Möge das Engadin Ihnen guttun! Wenn Sie Zarathustra begegnen, müssen Sie ihn fragen, was er von den Nazis hält.

Seien Sie alle herzlichst gegrüsst von uns beiden.

Ihr René Schickele

Lieber René Schickele,

Dank für Ihre Zeilen! Ich freue mich für Sie über diese Reise, diesen Luft- und Landschaftswechsel, von dem ich mir das Beste für Sie verspreche. Nicht, daß man dem, was Sie schreiben, eine besondere Bedürftigkeit anmerkte. Ich las in der Korrektur Ihren kleinen Beitrag fürs erste Heft von „M. u. W." Echtester Schickele, voll feiner und launiger Lyrik. Es ist schön, daß wir Sie gleich dabei haben, und ich freue mich ehrlich auf das Emigrationsgespräch im zweiten Heft.

Mich sehen Sie zurück in Küsnacht – nicht ledig meiner Schmerzen, das nicht. Aber es war in Ragaz für mich nichts weiter zu holen, und ich muß nun in Geduld die verheißene Nachwirkung abwarten. Tout passe, tout lasse, und ob am Ablauf die Kur dann irgendwelchen Anteil gehabt hat, möge in Gottes Namen dahinstehen.

Was mich beruhigt, ist, daß ich wieder arbeite, an der Goethe-Geschichte nämlich, in der ich durch Amerika und Ragaz so schändlich aufgehalten worden, und deren Eröffnungskapitel unsere erste Nummer zieren wird. Ich bin jetzt bei einer großen Unterhaltung zwischen Lotte und Dr. Riemer. Die beiden Opfer packen gründlich aus.

Herzliche Grüße Ihrer lieben Frau! Und haben Sie eine gute Zeit!

Ihr Thomas Mann

Lieber Freund Schickele:

Für Ihren freundlichen Gruß vom 25. recht herzlichen Dank. Möge Ihre liebe Frau glücklich reisen und Ihnen Gutes zu berichten haben! Die Vorstellung, daß Sie unterdessen so ganz allein in der Florida hausen werden, ist etwas melancholisch, aber Sie haben zu tun und die Zeit wird Ihnen rasch vergehen.

Der Erfolg unseres ersten Heftes hat auch mir Freude gemacht. Ihr schöner Beitrag, für den ich Ihnen seinerzeit hoffentlich gebührend gedankt habe, ist sehr bemerkt worden und hat, wohin ich horchte, Entzücken erregt. Wie schön wäre es, wenn wir bald, recht bald, etwas Weiteres und Größeres von Ihnen bringen könnten! Erlauben Sie mir doch, bitte, Ihnen in dieser Hinsicht das Gewissen ein wenig zu schärfen! Sie hatten ein Gespräch, und zwar ein aufrichtiges, über die Emigration in so nahe und sichere Aussicht gestellt, daß wir uns schon so gut wie in seinem Besitz wähnten. Wo ist es nun? fragt der Dichter. Im Ernst, diese Sache muß doch in Ihrem Kopf schon so weit vorgeschritten sein, daß es Ihnen nicht viel Mühe mehr machen könnte, sie aufs Papier zu bringen. Lion äußerte sich gestern am Telephon zu meinem Schrecken und Kummer pessimistisch in dieser Frage. Strafen Sie ihn bitte Lügen! Wir brauchen die Unterstützung durch Ihre Kunst so dringend für das gewagte und manchen Fährlichkeiten preisgegebene Unternehmen.

Herzliche Wünsche nur noch für heute. Wir sind seit vierzehn Tagen hier mit unserem Freunde Reisiger zusammen, haben aber viel Regenwetter gehabt. Trotzdem ist es hübsch hier, die südlichen Bilder zu sehen erquickt doch immer wieder, und ich hoffe, daß Lotte in Küsnacht rasche Fortschritte machen wird. Es verlangt mich sehr, diese Improvisation hinter mich zu bringen, damit ich zum vierten Joseph übergehen kann. Anfang nächsten Jahres wird freilich noch eine Amerika-Reise recht strapaziöser Art zwischenein fallen.

Wir grüßen herzlich.

Ihr Thomas Mann

Nice-Fabron (A.M.)
„La Florida"
Chemin de la Lanterne
24.XI.37.

Lieber, verehrter Thomas Mann,

Sie haben doch das Billett erhalten, das Ihnen Frau Meier-Graefe in meinem Auftrag schrieb? Der Winter ist dieses Jahr hier unten nicht freundlich, es regnet viel, das Haus ist feucht, und ohne die Koketterie der Rivierasonne, die gar nicht anders kann als sich zumindest alle drei Tage einmal in ihrer ganzen Pracht zu zeigen, wäre es nicht auszuhalten. Wo Sie gehn und stehn, hören Sie die Leute erbärmlich husten, und ich huste mit. Der berüchtigte „Rivier[a]hals"! Die Ärzte haben eine gute Zeit.

Ich war wirklich gerührt von der Dringlichkeit, womit Sie mich zur weiteren Mitarbeit an „Maß und Wert" ermahnten, und hätte ich etwas Ordentliches fertig gehabt, ich hätte es gewiss (die einzige, schickliche Antwort!) sofort eingesandt. Aber ich sitze auf lauter Fragmenten, ich fürchte, es wird allmählich eine Manie, ich muss ernstlich dagegen reagieren. Natürlich hängt das mit meiner scheusslich labilen Gesundheit zusammen, wie diese wiederum von der gottverfluchten Politik in einem unerträglichen, sinnlosen, *geradezu lebensgefährlichen* Maße beeinträchtigt wird. Wie andre sich in der Jugend die Syphilis „holen“, so habe ich mir, fast noch ein Kind, die Politik „geholt“, ich habe sie im Blut und kann sie nicht ausscheiden. Das einzige Mittel, sie loszuwerden, nämlich sie in eine aktive politische Tätigkeit umzusetzen, habe ich mir (zum Unterschied von fast allen meinen Jugendfreunden) bewusst versagt. Das rächt sich jetzt, da die politischen Dinge sich zur Apokalypse verdichten – von deren Zeichen ich oft, viel zu oft *körperlich* besessen bin...

Ein Lichtblick war der Genuss (der geradezu „geschmäcklerische“, also verbotene Genuss) Ihrer neuen Prosa. Ich durfte Ihren Felix Krull auf einem weiteren und sehr erheiternden Stück seines Weges begleiten und mich am Goldmund Ihres Dr. Riemer laben. Sein Gespräch mit Lotte, vielmehr des Doktors *verzwickte Beichte* gehört zum Geistreichsten, was Sie geschrieben haben. Der alte Herr vom Frauenplan dreht sich darin auf seinem Sockel, dass es eine Augenweide und ein herzliches Vergnügen ist. Prachtvoll, wie der Doktor den verschmitzten Conférencier macht! Freilich, als ich an die Stelle kam: „neuschaffen Wort hat lächelnd verwunschenen Sinn, ins Heiter-Geisterhafte wollt es hinüber, goldig zugleich, oder „goldisch“, wie's in der Heimat heisst, und völlig sublim, – aufs Angenehmste gebunden, moduliert aufs Gefälligste, voll kindlich klugen Zaubers, trägt es sich vor in gesitteter Verwegenheit“ – – als ich das gelesen hatte, war ich versucht fortzufahren: „Sie sprechen vortrefflich, Professor Mann!...“ Aber wie sollten Sie anders sprechen! Sie sind ja kein Antiquar der Sprache... Schade, dass es nicht noch mehr „Lotte“ in diesem Heft gab, denn der übrige Inhalt – doch darüber will ich mich lieber nicht auslassen, weil ich mir des grossen Ärgers bewusst bin, mit dem ich auf den Redakteur Lion blicke. Ich bin der Meinung, dass, wenn er schon seine Mitarbeiter nicht lobt (was ein Standpunkt wäre), seine kritische Tätigkeit gänzlich ausschalten sollte, denn dieser schrullige Mann besitzt keinerlei kritisches Vermögen. Gewiss, es hat mich gekränkt, dass er die „Flaschenpost“ überging, aber abgesehn davon: Brentanos „Prozess ohne Richter“ ist ein anständiges, viel zu anspruchsvolles Anfängerbuch, und ist es nicht komisch, Sie und Döblin ausgerechnet als *„mythische“ Dichter* gleichzustellen? Döblin besitzt eine ungemeine Vorstellungskraft, doch seine „Mythen“ sind reine, *persönliche* Phantasiegebilde, er hat überhaupt kein Verhältnis zu irgendwelchen *religiösen Urelementen*. Und die, will mir scheinen, gehören doch wohl zum Begriff „Mythos“. – Was war denn nur eigentlich mit Gläser? Lion zeigte sich so stolz auf seine Mitarbeit! –

Ich bin seit 3 Wochen allein. Meine Frau fehlt mir sehr. Sie schreibt entzückt von drüben. Ihre Enkel versetzen sie um viele Jahre zurück, sie scheinen ihren eigenen Kindern zu gleichen, „nur in allem um eine Nuance kräftiger." (Bravo, Amerika!) Sie wird Mitte Dezember zurück sein.

Bitte, grüssen Sie die geliebte Frau Katia und seien Sie selbst herzlichst gegrüsst

von Ihrem René Schickele

Möchte Frau Katia so freundlich sein, mir das MS von „Retour" zu schicken? Vielen Dank!

Mein Landsmann Oskar Wöhrle ist tatsächlich zu den Nazis übergelaufen! Er war früher Kommunist...

„La Florida"
25. XI. 37.

Lieber Thomas Mann,

in meinem gestrigen Brief vergass ich zweierlei.

Ich verspreche Ihnen feierlich, dass ich von Januar an regelmässig an „Maß und Wert" mitarbeiten werde. Bis dahin hoffe ich, den einen der beiden Romane beendet zu haben, an denen ich arbeite. Aber auch wenn das, Gott behüte, nicht der Fall sein sollte, können Sie auf mich zählen.

Aber hier muss ich doch erwähnen, dass Lion von allen meinen (von ihm verschiedentlich erbetenen) Anregungen nicht eine einzige befolgt hat. Die Leute, die ich ihm als Übersetzer u. s. w. nannte, passen ihm offenbar nicht.

So möchte ich nun lieber Ihnen eine kleine technische Änderung nahelegen. Eine Zeitschrift muss so geheftet sein, dass man sie bequem aufschlagen, womöglich umbiegen kann. Sie darf also nicht *seitlich* geheftet sein, wie es bei „M. u. W." geschieht. Die Ersparnis ist gering und lohnt nicht die Unbequemlichkeit.

„Retour" ist wieder nicht erschienen! Der Verlag behält ihn aber hartnäckig, ebenso wie die Übersetzung der „Bosca". Sie wollen nichts zurückgeben, vertrösten von Quartal zu Quartal, schreiben liebenswürdige, ja, begeisterte Briefe und *tun nichts*.

Seien Sie alle herzlich gegrüsst

von Ihrem René Schickele

Lieber René Schickele,

Sie haben mich beschämt mit Ihrem lieben, freundschaftlichen Brief, der gestern und heute eintraf (gestern der Hauptteil, heute das Supplement), – beschämt in doppelter Hinsicht. Erstens hatte ich das Gefühl, selbst bei Ihnen in Briefschuld zu stehen, gleichviel ob nun gerade ich zuletzt hatte von mir hören lassen; denn Sie sind allein und nicht sehr wohl, und ich wünschte Ihnen zu schreiben, kam aber nicht dazu – Sie wissen ja: Arbeit, Unpäßlichkeit, Zerstreuungen, plötzlich einfallende Ansprüche, wo man auf Termin schuften und alle Korrespondenz liegen lassen muß –. Dann aber ist es beschämend und rührend zu sehen, wie ein Mensch und Künstler, der sich durch die Scheußlichkeiten der Zeit in der eigenen Produktivität (ach, wie begreiflicher Weise!) gehemmt und bedroht fühlt, die Seelenkraft und Güte aufbringt, anderer Leute Machwerk zu loben. Ich rechne Ihnen die freundlichen Worte hoch an, die Sie für das Riemer-Kapitel finden – und die dann übrigens doch von einer Aufgeschlossenheit und kritischer Munterkeit zeugen, daß man für Ihre seelische und geistige Elastizität und Heiterkeit nichts Ernstliches, Dauerndes zu fürchten braucht.

Auf jenes Kapitel bilde ich mir hauptsächlich darum etwas ein, weil ich es unter den schlimmsten Ischias-Schmerzen, meist nach halb schlaflos verbrachten Nächten geschrieben habe. Um die Schillerisch-Kantische „Freiheit" (ich sah gestern im Theater mit größter Bewunderung „Die Piccolomini") ist es eben doch eine stolze menschliche Sache, wenn auch der Geheime Rat sorglich dagegen war. Ich bin ihm in manchen Stücken aufsässig (unbeschadet unbeschreiblicher Liebe und Solidarität) und habe Riemers aufmuckende Unterworfenheit dazu benutzt, mein eigen Mütchen zu kühlen. Auch habe ich von langer Hand eine Schwäche für den plattdeutschen Dialog und möchte ihn am liebsten auf das Theater bringen. (Das Theater muß sich vergeistigen, wenn es bestehen will.) In den „Buddenbrooks" gibt es dergleichen noch nicht, aber das Kunstgespräch im „Tonio Kröger" ist schon eine deutliche Vorstufe zu der Unterhaltung zwischen Lotte und Riemer – man freut sich doch seiner Wachstümer. Wie heikel und interessant aber [der] imaginäre, überreale und hochstilisierte Dialog als *Kunstform* ist, (denn eine solche bleibt er) zeigt nur gerade die Ausstellung, die Sie machen, und Ihr promptes Gelächter bei der Antwort „Sie sprechen vortrefflich!" Sie legen damit den Finger genau auf den wunden Punkt, bei dem ich selbst nie ein gutes Gewissen hatte. Denn gerade diese Stelle über Goethe's Prosa habe ich aus einem *Essay* („G. als Repräsentant des bürgerlichen Zeitalters") übertragen. Sie war *geschrieben*, bevor ich sie sagen ließ. Ich habe daran herumgestümpert, um sie mundgerecht, sprechbar, lebendig-dialogisch zu machen, aber es ist nie recht gelungen. Die Passage ist essayistischer Fremdkörper geblieben, ein Stein des Anstoßes; und der Fall, auf den Sie so fein reagieren, zeigt doch deutlich, welche zarte Grenze eben doch läuft zwischen der noch so hochgetrieben[en] und imaginären geistigen Rede und dem, was nicht mehr Rede, sondern Schreibe ist.

Finden Sie nicht, daß diese ästhetischen Probleme im Grunde viel interessanter sind und uns natürlicher als alle Politik? Wie sehr die künstlerische Sphäre, nur sie allein, die der *Freiheit* ist, habe ich gerade bei dem Riemer-Kapitel sehr stark gespürt und bin unglücklich oder halb unglücklich, daß ich sie jetzt wieder verlassen mußte, um für Amerika politische Philosophie zu treiben und die dort gewünschten lectures über „den zukünftigen (sehr zukünftigen) Sieg der Demokratie" auszuarbeiten. Treulich entwickle ich da die Gedankenwelt des demokratischen Idealismus – ich glaube, ziemlich richtig; studiert habe ich sie nie, aber die Dinge haben ja ihre innere Logik –, und es kommt eine Art von politischer Sonntagspredigt zustande, bei der mir wohler wäre, wenn ich sie von einer Romanfigur halten lassen könnte, statt sie extemporischer und traumhafter Weise so ganz auf eigene Hand zu halten. Glaube ich denn daran? Weitgehend! Aber doch wohl nicht so, daß ich sie ganz im eigenen Namen halten dürfte. Unter uns gesagt, ist es eine Rolle, – mit der ich mich so weit identifiziere, wie ein guter Schauspieler sich mit der seinen identifiziert. Und warum spiele ich sie? Aus Haß auf den Faschismus und auf Hitler. Aber sollte man sich von solchem Idioten seine Gedanken und seine Rolle vorspielen lassen? Freiheit, Freiheit! In der Politik ist sie nicht zu finden, soviel dort davon die Rede ist.

Wie dankbar bin ich Ihnen für Ihren Vorsatz, der Zeitschrift durch Ihre Mitarbeit zu helfen! Es ist schwer, sehr schwer damit, und doch muß die Schande verhütet werden, daß wir ein ausgesprochenes Fiasko damit erleiden. Ein paar Jahre wenigstens müssen wir durchhalten, nun die Sache einmal angefangen ist. Ob Lion auch nun so lange durchhalten wird, ist freilich fraglich. Er ist ein gar zartes Käuzchen, dabei eifersüchtig und eigensinnig und ein Ästhet mit viel größerer Scheu vor der Gesinnung, als ich sie vorhin an den Tag legte. Es ist fraglich, ob wir auf die Dauer einig gehen werden. Und daß er sich um die „Flaschenpost" nicht gekümmert hat, war eine grobe Unaufmerksamkeit. Immerhin, er hat sonst seine Sache bisher nicht schlecht gemacht. Heft II hatte gutes Niveau und guten Zusammenklang, und wenn ich recht sehe, wird Heft III sogar noch besser. Die seitliche Heftung fällt Oprecht zur Last. Ich muß einmal mit ihm darüber sprechen.

Meine Frau schickt „Retour". Die französische Bummelei ist oft zum Verzweifeln. Auch ich habe meine Erfahrungen mit ihr. Bis Gallimard das mitfolgende Schriftchen herausgebracht hat, – das hat Zeit gekostet! Der Übersetzer macht mich darin zum Siebziger, weil ich geschrieben hatte: „im siebenten Jahrzehnt". Ich frage mich oft, wie man schreiben würde, wenn man immer der Dummheit der Übersetzer gedächte.

Herzlich

[Ihr Thomas Mann]

Nice-Fabron (A. M.)
„La Florida"
Chemin de la Lanterne
6. 1. 38.

Lieber Thomas Mann,

wie gütig von Ihnen, dass Sie das Vorwort zur „Witwe Bosca" schreiben wollen! Je früher Fayard es bekommt, umso besser. Wenn Sie es mir schickten, würde ich es hier unter meiner Aufsicht übersetzen lassen, was immerhin eine Garantie dafür wäre, dass das Original nicht zu sehr leidet... Und vielleicht könnten Sie Fayard dann gleich die Übersetzung einschicken.

Wie es dort zugeht, können Sie sich schwerlich vorstellen. Ich lege einen Brief Barbiers bei, aus dem Sie ersehn mögen, wie da um meine armen Bücher herum intrigiert wird. Es gibt eine *Gruppe* (nicht etwa einen einzelnen), die „Le Retour" als Buch, eine zweite, die ihn in den „Œuvres libres", eine dritte, die *erst* die „Bosca", *dann* „Le Retour" herausbringen möchte, eine vierte, die es umgekehrt halten will, und das bekämpft sich in den Kulissen bis aufs Messer – mit dem Ergebnis, dass von alledem *nichts* geschieht. (Der angekündigte Vertrag ist wieder nicht eingetroffen.)

Es ist einigermassen ermüdend – „ach! ich bin des Treibens müde"! – und ginge es nicht um die paar tausend Francs, ich täte nichts lieber, als die Verbindung abbrechen und auf günstigere Umstände hoffen. Ich hätte es ohne meine Frau längst getan. Möglich, dass das *Vorhandensein* Ihres Vorworts die Entscheidung bringt. Aber ich habe ein so schlechtes Gewissen, da ich doch weiss, wie überfragt und überlastet Sie sind!

Seien Sie mit den Ihren aufs Herzlichste gegrüsst von uns beiden!

Ihr René Schickele

Ich sage nichts von Heft 3, weil ich es noch nicht zu Gesicht bekam. Könnte nicht der Verlag einen hiesigen Buchhändler beliefern? Ich bin nicht der einzige, der sich hier dafür interessiert.

Sonnig, aber kalt. Klamme
Finger. Daher die Maschine!

„La Florida"
9.1.38.

Lieber Thomas Mann,

was sagen Sie zu den Vorgängen in Russland? Nach den Generälen die Obersten! Was mit dem unteren Offizierskorps geschieht, das zu melden lohnt sich nicht. Dass aber von dieser wirklichen oder angeblichen Riesenverschwörung von der Sowjetpresse berichtet wird, kann nur den Zweck verfolgen, masslos einzuschüchtern und nun auch die Armee unter Terror zu stellen. In der letzten offiziellen Meldung hiess es, die Obersten hätten aus einem von der G.P.U. kontrollierten Arsenal Patronen und Handgranaten gestohlen (um Stalin zu ermorden). Dies wiederum heisst klar, dass die Arsenale, statt wie anderswo von der Heeresverwaltung, von der G.P.U. kontrolliert werden. Die Japaner können lachen! Sie tun's auch, blutig genug.

Stalin wird sicher ermordet werden. Was dann? Militärdiktatur? Bekommt der reduzierte Sowjetstern Haken?

Das einzig Erfreuliche ist die Entwicklung in Amerika. Ich wette, dass demnächst eine französische und englische Mission von Generalstäblern nach den Staaten reist...

Ihre Vortragsreise wird sich also unter welthistorischem Wetterleuchten vollziehn, und ich vermute, dass Sie viel mehr in Ihre „Rolle" *hineinwachsen*, als Sie es noch vor kurzem gedacht haben. Das ist gut, sehr gut, denn ich sehe mich vergeblich nach einer andern Parole um als dieser „Demokratie". *Das Soziale muss das Demokratische korrigieren – und umgekehrt.* Wenn die Welt noch friedlich vorwärtsgebracht werden kann, dann nur so. Ich verspreche Ihnen ein ungeheures Echo in Amerika. Sie werden diesem seltsam kindlichen, aber so frischen und tapfern Volk geradezu aus dem Herzen sprechen. Ich kenne [ein] paar amerikanische „Bolschewiki" („Sympathisierende"): Im Grunde sind sie nur furchtbar böse auf Wallstreet, sie wollen keinerlei Diktatur, auch keine blutigen Operationen. Wie sollte man diese erfreuliche, wenn auch vage Geistes- und Gemütsverfassung anders bezeichnen als mit „sozialer Demokratie"! Das Praktische wird der Tag bringen – und er bringt es ja auch. Roosevelts Stern ist im Steigen.

Wann werden Sie aus Amerika zurück sein? Ich möchte Sie dann so gern sehn! Selbst vor einer Reise nach Zürich würde ich nicht zurückschrecken.

Ja, und nun der Anlass dieses Briefes, soweit er nicht eine Antwort auf den Ihren ist. Hugo Simon, Bankier und Menschenfreund, schickt mir die Pläne seiner neuesten Unternehmung, auch einen Durchschlag seines Briefes an Sie und Ihrer Antwort. Er fragt, ob ich Ihnen nicht zureden möchte „beizutreten". Abgesehn davon, dass Sie eines derartigen Zuspruchs nicht bedürfen und ich auch nicht weiss, warum gerade meine Intervention von Belang sein sollte, finde ich Ihre Antwort klar und erschöpfend. Gewiss haben Ihre persönlichen, um nicht zu sagen privaten Schritte weitergeführt und deutlichere Spuren hinterlassen, als die „Freiheitspartei" und ähnliche Vereine. (Das Flittchen Klepper sitzt hier in der Nähe auf dem Landgut eines deutschen Emigranten und kleppert auf der Schreibmaschine. Zu komisch, wie die paar Gruppen sich um die Kundschaft reissen!) Ausserordentlich wichtig ist die Aufklärung des Auslandes. Möglich auch, dass die Minierarbeit der Volksfront das Gefüge des „Dritten Reiches" lockert. Wie weit – das ist eine Frage, die wohl von andern *heftigeren* Ereignissen überholt wird... Die Änderung der Verhältnisse in Deutschland kann vorläufig nur von den Deutschen selbst unternommen werden, von denen, die in und mit Deutschland leben. Man darf kaum damit rechnen, dass ein andrer Ludendorff Münzenberg, Klepper, Bernhard u. a. m. in einem plombierten Wagen nach Deutschland befördern werde. Eine Revolution könnte sie zurückrufen. Aber ein zweiter 9. November würde, falls er sich, was ich nicht glaube, wiederholen sollte, ganz anders, nämlich militärisch geregelt werden: Finis Germaniae! Deshalb halte ich sehr viel vom persönlichen Bekenntnis und sehr wenig von dieser Art von Verschwörungen, hielte auch dann wenig davon, wenn mir die Rädelsführer nicht so vertraut wären. Übrigens sind bei ihnen infolge der Moskauer Ereignisse bedeutende Veränderungen im Gang. Sollte man die nun auch wiederum mitmachen?

Ich habe dieser Tage den „Hyperion" wieder gelesen, dann in den „Zarathustra" hineingeblickt und, wie eins das andre ergab, die Spuren Hölderlins bei Nietzsche weiter verfolgt, zurück bis zum Schulaufsatz des Siebzehnjährigen, worin es heisst: „Empedokles, ... in dessen schwermütigen Tönen die Zukunft des unglücklichen Dichters, das Grab eines jahrelangen Irrsinns hindurchklingt, aber nicht in unklarem Gerede, sondern in der reinsten Sprache und in einer unendlichen Fülle von Gedanken" ... Es ist die Rede von den „Gedichten aus der Zeit seines Irrsinns", in denen ebenso wie „schon in den früheren, der Tiefsinn mit der einbrechenden Nacht des Wahnsinns ringt". Nicht wahr: wie merkwürdig? Auch könnte ein Schüler heute ganz Ähnliches über Nietzsche schreiben, vorausgesetzt, es gäbe heute in Deutschland einen Siebzehnjährigen, der dazu aufgelegt, geschweige denn imstande wäre.

Uns alle, gross und klein, versucht das Schicksal des Empedokles. Ähnliche Epochen zeugen ähnliche Dämonen. Vor ihnen müssen wir uns hüten, viel mehr als vor äusseren Gewalten. Das Drunter und Drüber kommt noch viel toller! Niemand weiss, wie im Ernstfall die Fronten verlaufen werden. Worauf sollen Menschen, die nicht parteipolitisch gebunden sind, bauen, wenn nicht auf das, was ihre eigene Wahrheit ist! Wie sollen sie die Freiheit für alle erstreben, wenn sie sich nicht ihrer eigenen Freiheit versichern!

„Alles prüfe der Mensch, sagen die Himmlischen,
Dass er, kräftig genährt, danken für alles lern'
Und verstehe die Freiheit,
Aufzubrechen, wohin er will."

Die Verse habe ich für Sie herausgeschrieben und schenke sie Ihnen als Angebinde für die Amerikareise.

Seien Sie und die geliebte Frau Katia herzlichst gegrüsst von uns beiden.

Ihr getreuer René Schickele

Neues Waldhotel Arosa
den 27. I. 38

Lieber Schickele,

ich schicke die préface, – Nachsicht, Geltenlassen der guten Absicht ist alles, was ich dafür erhoffen kann. Sie ist unter den ungünstigsten Umständen diktiert, zwischen der Arbeit an meinen amerikanischen lectures und der an einem großen Schopenhauer-Aufsatz, der ebenfalls für Amerika fertig werden muß, – in dieser Luft hier oben, die zugleich aufregt und ermüdet. Stellenweise finde ich den Aufsatz beim Lesen geradezu blödsinnig. Ich kann nur hoffen, daß Ihre Übersetzung (habe ich recht verstanden, daß Sie ihn selbst übersetzen wollen?) ihn ein wenig herausreißt. Sind mir Irrtümer untergelaufen – stellen Sie sie richtig! Mißfällt Ihnen sonst etwas – ändern Sie es, streichen Sie es! Ich gebe Ihnen ganz freie Hand. Und meine herzlichen Wünsche für die Laufbahn Ihres Romans in Frankreich!

Wir sind seit 3 Wochen hier und bleiben nur noch einige Tage. Am 1. Februar sind wir wieder in Küsnacht, am 16. geht unser Schiff von Cherbourg.

Tausend Dank noch für Ihren letzten interessanten und ermutigenden Brief! Ich habe selbst das Gefühl, daß mein politischer Vortrag jetzt für U.S.A. genau das Richtige und eine Unterstützung der Politik Roosevelts ist. Wie gern würde ich Ihnen mündlich berichten nach unserer Rückkehr im Mai! Zürich ist *entzückend* um diese Jahreszeit!

Ihr Thomas Mann

Küsnacht-Zürich 15. VII. 38
Schiedhaldenstraße 33

Lieber René Schickele,

umgehend danke ich für Ihre guten Zeilen. Wenn die meinen nicht zahlreicher werden, so erklären Sie sich's mit dem Gedränge dessen, was zu sagen wäre, (embouteillement) und dessen, was unter den neuen Umständen an Geschäften (von der Arbeit zu schweigen) sich herandrängt. In Jamestown, Rhode Island, neulich, wurde ich 63. Es ist recht freundlich von der Epoche, einen so beweglich und neuerungsbereit zu erhalten.

„Oesterreich" – wir trafen gerade in Philadelphia ein – war ein solcher Choc, daß wir uns zunächst von Europa abgeschnitten glaubten, genau wie 33 von Deutschland. Desto traumhafter kommt es jetzt vor, uns wieder in der alten Umgebung zu sehen: Wochen, ja Monate lang hatten wir das alles für davongeschwommen gehalten wie München. Wir genießen die europäische Luft und Landschaft und Lebensform um so herzlicher, als wir uns nur noch als Besucher zu betrachten haben, – Sie wissen über die Lebensveränderungen Bescheid, die dieser jüngste, längste Aufenthalt drüben gezeitigt hat: Ich bin „Lecturer in the humanities" in Princeton, aber, lassen Sie's gut sein, es handelt sich mehr um eine Ehrensache und um die Verpflichtung, dort den größeren Teil des Jahres zu verbringen. Die paar Vorlesungen werden meiner privaten

Arbeit nicht sehr im Wege sein, und mit der ersten gleich werde ich mich kaum im Laufenden unterbrechen und davon entfernen: mit einem Vortrag über „Faust" soll ich mein heiteres Amt antreten.

Sobald nur die lecture tour abgeschlossen war (sie war ein schöner Erfolg, gewiß 60 000 Menschen haben mich gehört, wobei sich der Lautsprecher immer wieder als geradezu beglückende Erfindung erwies), habe ich wieder zu arbeiten begonnen, den begonnenen Schopenhauer-Aufsatz in New York abgeschlossen und in Jamestown „Lotte in Weimar" wieder aufgenommen. Ob wohl Adelens Erzählung Sie amüsiert hat? Jetzt nähert ein großes Gespräch mit August v. G. sich seinem Ende, und dann soll also der Alte selbst kommen. Ich glaub's noch nicht, muß aber den aufregenden Spaß einmal haben.

Wissen Sie von dem Arrangement zwischen Bermann – Bonnier – Querido – de Lange – Oprecht – und Longmann's Green in New York? Bei Aufrechterhaltung der Einzelfirmen bilden sie alle jetzt einen Concern, der namentlich in Amerika, aber auch in Europa zusammenwirken wird, was „die entschiedensten Aussichten eröffnet".

Wie gern höre ich von Ihren – späten, unnatürlich späten – französischen Erfolgen. Und die Bosca? Wären die Franzleute weniger lässig, weniger langsam und schwach an Initiative! Wie muß ich warten auf den dritten Joseph, der in Amerika eine so lebendige Aufnahme gefunden hat. „Du hast es besser"? Jedenfalls hat man es besser drüben.

Ich wollte oft, ich hätte meine Bücher und Möbel schon dort in Sicherheit. Wann wird es hier losgehen? Die Vernunft ist in einem seltsamen Widerstreit: sie sagt einem, daß der Krieg kommen *muß* – und zu gleicher Zeit, daß er nicht kommen *kann*. Das Hin und Her erklärt sich vielleicht daraus, daß wir schon mitten darin sind.

Meine wärmsten, freundschaftlichsten Wünsche für Ihr Wohlergehen, Ihre Gesundheit, Stimmung und Arbeit! Ihre Frau hat ganz recht: Vielleicht bekommt man unter den neuen Verhältnissen einander leichter und öfter zu sehen als bisher.

Ihr Thomas Mann

65 Stockton Street 31. XII. 38
Princeton, N. J.

Liebe Freunde,

nicht ganz kann ich das Jahr zu Ende gehen lassen, ohne einen Gruß, ein Zeichen des Gedenkens an Sie hinübergehen zu lassen. Es war eine schwere Zeit letzthin und ist nur gut, daß man es eigentlich immer schwer hat; da fällt es einem nicht so auf. Die Gemütskrankheit – man kann es nicht anders nennen – der besseren Menschheit über den Münchener Frieden habe ich redlich geteilt und mir meinen Gram in den ersten Tagen hier, während wir uns noch einrichteten, mit dem Vorwort zu dem Büchlein „Achtung, Europa!" vom Herzen geschrieben, das Ihnen unterdessen möglicherweise schon vor Augen gekommen ist, das ich aber diesen Zeilen doch mit auf den Weg geben will. Ich bin seither wieder ein wenig gläubiger geworden. Dies nihilistische Geschmeiß wird nicht Europa organisieren und nicht die Welt beherrschen. Die Katastrophe, die vor 12 Wochen nicht nötig gewesen für ihren Fall, in irgend einer Form wird das Strafgericht kommen, und dann werden die Deutschen sich wieder an der „Tragik" ihrer Geschichte und ihres Unendlichkeitsstrebens weiden. Man braucht sie nicht zu bedauern. Aber Frankreich, welche Sorge macht einem Frankreich! Ich habe gelernt, daß seine Regierung an „München" schuldiger war, als Chamberlain. Und dann der Packt – im Augenblick des Pogroms! Und dann das Gefühl, daß dieses Land wirklich nur noch seine Ruhe haben will – eine Ruhe, die man ihm dann doch keineswegs lassen wird... Aber Sie wissen da besser Bescheid. Trösten Sie mich, wenn Sie können.

Dies hier ist ein gewaltig naives, zutraulich eifriges Land; man hat Mühe, sich ohne Unfreundlichkeit seiner zu erwehren. Ich habe weiter an „Lotte in Weimar" geschrieben – der Roman wird so merkwürdig – ich sollte mich ganz daran halten, wenn man mich ließe. Zur Zeit läuft ein innerer Monolog des Alten, bevor er in Person sichtbar wird: die Gedanken, die ihm durch den Kopf gehen an dem Morgen bevor er Lottes Billet erhält. Auf was man sich alles einläßt. Aber nun mußte ich's wieder liegen lassen, um die lecture vorzubereiten, mit der ich bald auf die Reise gehen muß; ich nenne sie „Das Problem der Freiheit" und habe allerlei *mir* Interessantes aus der Frühzeit der modernen Demokratie und über den jungen Sozialismus, St. Simonismus dafür gesammelt.

Nun also, das ist ja doch ein ganz ausgiebiger Brief geworden. Die wenigsten Leute schreiben noch so lange. Jetzt kommt Annette dran, die ich mehr und mehr in mein Herz geschlossen habe, die wir aber, fürchte ich, nicht lange mehr haben werden.

Leben Sie wohl, wie es auch komme!

Ihr ergebener Thomas Mann

Lieber Schickele,

daß Sie meine kleinen Vorzeigungen so aufmerksam verfolgen und so freundlich kritisch kommentieren, rührt mich sehr. Dank für Ihre Karte und auch noch für Ihre Worte über Augusten: der Platonismus der Gespräche, mit der [denen] ich die Figur des Alten einzirkele, ist offenkundig; man muß ihm manches Irreale zugute halten, das über die Möglichkeiten der per-sonen hinauszugehen scheint. Ein bischen ist übrigens auch die Idee „fiebriger Steigerung" aus dem „Zauberberg" im Spiel, hier erzeugt durch die quälende Nähe des Genies. Das Buch ist mir mehr und mehr auf diese Linie geraten, lenkt aber in dem Augenblick, wo der Alte wirklich auftritt, wieder ins Realistisch-Lustspielmäßige des Anfangs ein. Doch tritt Er auch im nächsten Kapitel noch nicht körperlich auf, sondern nur geistig: Es ist ein innerer Monolog und Gedankengang an dem Morgen, da Lotte in W. eintrifft, bevor er davon weiß, ein assoziatives Gemurmel von hundert Seiten, unterbrochen von Dialogen mit seinen Schreibern.

Der Tage-Buch-Beitrag, der vorher englisch in „Esquire" erschienen ist, hieß einfach „Der Bruder". Es war geradezu seine Pointe, daß der Name überhaupt nicht genannt war. Schwarzschild hat geglaubt, ihn nicht entbehren zu können. Trotzdem gestehe ich, daß ich den Aufsatz, den ich schon vor einem Jahr in Californien schrieb, mit heiterer Genugthuung wieder gelesen habe. Es war die Genugthuung, die meine ältesten Kinder, als sie in Spanien waren, so stark empfunden haben wollen: Da wurde doch *geschossen*.

Was sagen Sie zur Message unseres Präsidenten? Ich verehre ihn sehr, er ist der Beste, den wir haben. Aber mir scheint, ein zweischneidiges Instrument war dies eben doch. Ich nehme an, daß es sich innenpolitisch empfahl, gibt aber dem Monstrum, das schon recht ratlos war, eine neue Chance – und seinen heimlichen Helfern auch.

Gern hörte ich ausführlicher von Ihrem Ergehen. Alles Schöne Ihnen und Ihrer lieben Frau!

Ihr Thomas Mann

Lieber Schickele, –

inmitten von Tumult und Ungewißheit, inmitten von Kriegsdrohung und neuer „Appeasement"-Gefahr wird eines immer klarer, nimmt immer genauere Umrisse an: Die Entscheidung muß und wird in Deutschland fallen. Solange das deutsche Volk sich von dieser „Führung" nicht befreit hat, wird es einen dauerhaften Weltfrieden nicht geben. Wir wissen das seit langem, und die Welt fängt an, es zu begreifen. Wir wissen auch, daß die Deutschen ihr Regime im Grunde hassen und daß sie nur den Krieg mehr fürchten als den Hitler. Die tiefe, mißtrauische und angsterfüllte Abneigung des deutschen Volkes gegen seine Nazi-Regierung ist nicht primär „politischer" Natur. Wovor den Besseren unter den Deutschen schaudert, das ist der moralische Abgrund, in dem sie zu versinken drohen, – die abscheuliche Verkommenheit im Sittlichen und Kulturellen. Es steht fest, daß innerhalb des letzten halben Jahres eine erhebliche Anzahl von Deutschen ihr Land verlassen haben, die weder „politisch" noch „rassisch" als „anrüchig" gelten konnten, ganz einfach weil die November-Pogrome oder die Propaganda-Hetze gegen die Tschechoslowakei zu viel für sie gewesen waren. Sie berichten von der vor keiner Gefahr zurückscheuenden Gier, mit der sie Schriften und Äußerungen, die von draußen, die aus der Freiheit kamen, an sich rissen, von dem qualvollen Durst nach Wahrheit nicht bloß, sondern nach Anstand vor allem, nach Würde, nach ruhiger Besinnung, – von ihrer Sehnsucht nach den Stimmen des Geistes und der Gesittung. Und, während die Bücher der prämierten Staats-Schriftsteller bei allem Propaganda-Lärm keine Leserschaft mehr in Deutschland finden, sind es Übersetzungen, die „gehen", – sind es die paar „erlaubten" ausländischen Autoren, deren Arbeiten von den Deutschen verschlungen werden. Wie sehr, wie dringend verlangt es aber unsere Freunde in Deutschland danach, von uns zu hören! Im Laufe der Campagne gegen die Intelligenz ist das „Schwarze Corps", – ein paar Wochen ist es her, – gegen die Buchhändler zu Felde gezogen: Wenn es nach denen ginge, würde überhaupt von früh bis spät nicht[s] anderes mehr verkauft werden als Emigranten-Literatur. Wir haben allen Grund, dem „Schwarzen Corps" in diesem Punkt Glauben zu schenken.

Es ist notwendig, für die Deutschen drinnen und für uns Vertreter des geistigen Deutschlands draußen, daß wir die Verbindung miteinander aufnehmen. Der unnatürliche Zustand, daß wir, die wir die Deutschen lehren müssten, sich auf ihr besseres Selbst zu besinnen, des Kontaktes mit ihnen beraubt sind, muß ein Ende nehmen. Unsere Stimmen werden gehört werden daheim, wenn wir sie nur eindringlich genug vernehmen lassen. Dies ist mein Plan:

Im Laufe von etwa 12 Monaten möchte ich etwa 24 Broschüren ins Land gehen lassen, die von den Repräsentanten des deutschen Geistes *für die Deutschen* geschrieben werden sollen. Die Schriften-Reihe soll keineswegs durchwegs politischen Charakter haben, – sie soll an die besseren Instinkte unserer Landsleute appellieren, während Hitler nur ihre gefährlichsten wachzurufen weiss. Ein Committee von amerikanischen Freunden (Chairman Dr. Frank Kingdon, Präsident der Universität Newark) wird die Finanzierung des Projektes übernehmen, – ich werde im Laufe dieses Jahres an 24 verschiedene deutsche Schriftsteller, Gelehrte, Theologen und Künstler mit Vorschlägen herantreten. Für den Augenblick bitte ich Sie um nichts weiter als um Ihre prinzipielle Zustimmung. Ich möchte Ihren Namen, der in Deutschland und in der Welt einen guten, einen werbenden Klang hat, der Namensliste meines deutschen Committee's beifügen dürfen. Wenn Sie ja gesagt haben werden, sollen Sie sehr bald Genaueres hören.

Mit gleicher Post gehen ähnliche Briefe an die folgenden Freunde und Kollegen: Wilhelm Dieterle, Dr. Bruno Frank, Professor James Frank, Leonhard Frank, Lotte Lehmann, Heinrich Mann, Dr. Hermann Rauschning, Professor Max Reinhardt, Ludwig Renn, Professor Erwin Schrödinger, Professor Paul Tillich, Fritz von Unruh, Franz Werfel, Stefan Zweig.

Ich selber werde in diesen Wochen mit einer Arbeit beginnen, die für die Deutschen getan werden soll.

Was die Wege der Verbreitung angeht, so gibt es ihrer zahlreiche, – sogar die Post ist ein Weg. Wir rechnen mit einer Verbreitung von mindestens 5 000 Exemplaren pro Broschüre, wobei jedes Exemplar vielfach gelesen werden wird. Die Arbeiten sollen honoriert werden, bescheiden und etwa im Rahmen dessen, was Beiträge dieses Umfanges an den amerikanischen Wochenschriften ("Nation", "New Republic") abwerfen.

Lassen Sie mich zusammenfassen, lieber Schickele: Neben unseren eigensten Aufgaben, neben der "Forderung des Tages" und über sie hinaus, gibt es unsere Pflicht und Schuldigkeit, unsern Einfluß auf die Deutschen zu nutzen. Nur wenn die Deutschen mit Hitler ein Ende machen, kann der Krieg vermieden werden. Nur wenn, sollte er nicht vermieden werden, die Deutschen *vor der Niederlage* dem Regime die Gefolgschaft verweigern, dürfen wir auf einen Frieden hoffen, der nicht die Keime des neuen Krieges schon wieder in sich trägt. Die Deutschen müssen zur Raison gebracht werden, und wer sollte es tun, solange wir schweigsam bleiben?

Lassen Sie schnell von sich hören und nehmen Sie meine besten Grüße.

Ihr Thomas Mann

Princeton, N. J. 23. V. 39
65 Stockton Street

Lieber Schickele,

gestern kamen Ihre beiden köstlichen Geschenke, die Veuve und das von allen Grazien gesegnete, mit wirklicher Kongenialität verdeutschte „Retour". Haben Sie herzlichen Dank! Es ist schwer zu entscheiden, was Ihnen mehr Freude machen muß – was mir mehr Freude macht –: das Eingehen des Romans in die französische Sphäre, darin er sich so sichtlich wohl fühlt, oder die Heimkehr jener wunderbar leichten Gestaltungen ins Deutsche. Es sind nicht mehr allzuviele, die sich daran erquicken können, aber so ein Buch, selbst ein deutsches, bleibt eben doch ein weitflüchtiges Geschoß, und aus den erstaunlichsten Winkeln der Welt erwidert jetzt manchmal ganz überraschend die Dankbarkeit.

Hätten wir doch in „Maß u. Wert" aus „Heimkehr" im Voraus etwas bringen können! Sie sehen die Zeitschrift nicht? Das wäre sehr ungehörig. Sie ist besser geworden. Ich fand, daß die letzten Hefte sich anderer europäischer Revue-Literatur ungescheut an die Seite stellen konnten. Es soll auch weitergehen damit trotz aller Ungunst. Ich habe hier etwas Geld für die Sache aufgebracht, und weitere, wenn auch bemessene Bewährungsfrist ist gegeben.

Ich will selbst nach dem Rechten sehen. Am 6. Juni besteigen wir unser Ferien-Schiff nach Europa. Wir haben vor, den ersten Teil des Sommers in der Schweiz, den zweiten in Schweden zu verbringen. Möchten mir diese Monate die Fertigstellung von „Lotte in Weimar" bringen. Es ist nicht unmöglich; so zerstreut mein Leben war, hab ich hier den Roman ein gutes Stück gefördert.

Ihnen und Ihrer lieben Frau das Herzlichste!

Ihr Thomas Mann

Grand Hotel & Kurhaus „Huis ter Duin"
Nordwijk aan Zee
(Holland) 29. VII. 39

Lieber Schickele, Dank für Ihre Zeilen vom 15. und 25.!

Herwegh und die Partei scheint auch mir ein recht gutes Thema für „M. u. W." Ich will mit Golo drüber sprechen. Er ist schon in Zürich oder trifft dieser Tage von Paris dort ein. Wir reisen in ca 8 Tagen, wollen 14 Tage bis 3 Wochen da bleiben, dann nach London fliegen zum Besuch unserer mittleren Tochter und schließlich nach Stockholm, wo ich den Delegierten der deutschen PEN-Gruppe machen muß. Es scheint übrigens ein ganz genußreiches Fest zu werden. Auch muß ich bei Bermann wegen der neuen „Stockholmer Gesamtausgabe", die die verschwundene alte ersetzen soll, nach dem Rechten sehen, und die Schifffahrt von dort nach New York ist angenehm, besonders im Fall der Fälle, an den ich aber nicht glaube. Das fascistische Europa hat nicht die mindeste Lust, den antifascistischen Krieg, *unseren* Krieg zu führen. Wer wünscht Staaten zu besiegen, wo das Strikerecht abgeschafft ist? Ist ja vorbildlich.

Mynona mag ich nicht und wünsche ihn bei uns nicht zu sehen. Er hatte immer ein freches Thersites-Maul, und seine Art von „angeblichen" Hitler-Gegnern zu sprechen, die seinen Kantianismus nicht teilen, ist auch schon wieder höchst unangenehm. Lassen wir ihn seine „entscheidenden Dinge" schreiben. Wieso denn auch ist ausgerechnet seit 39 seine Stimme erstickt?

Für die „Auslandspost" – Sie meinen doch wohl Erikas und meinen Broschürenplan? – haben wir schon ein paar gute Sachen bekommen von B. Frank, Gumpert u. a.. Rauschning schreibt etwas, und ich hoffe, mit der Zeit auch etwas zu liefern. Und Sie?? Hier hatte ich eine Einleitung zu „Anna Karenina" für Amerika zu machen, die mir ganz wohl gelungen ist. Jetzt schreibe ich jeden Vormittag in meiner Strandhütte an „Lotte in Weimar" und habe die phantastische Hoffnung gefaßt, das Buch, an dem in Stockholm schon gedruckt wird, im Herbst noch herauszubringen. Ganz unmöglich ist es nicht, da ich mich von dem verrückten amerikanischen Winter gut erholt habe. – Nizza wird wohl leider für dies Jahr nur ein Wunsch bleiben.

Ihnen und Ihrer lieben Frau alles Herzliche!

Ihr Thomas Mann

Lieber, verehrter Thomas Mann,

eben lese ich Ihre Botschaft an den Sozialdemokratischen Bund in New York, und ein drückender Zweifel fällt mir vom Herzen! Ja, nun sind die beiden Teufel demaskiert, von denen man sich fragt: „Ist es ein lebendig Wesen, das sich in sich selbst getrennt, – Sind es zwei, die sich erlesen, dass man sie als eines kennt" – ob es gleich an Blasphemie grenzt, Verse heranzuziehn, die gerade einem gegenteiligen Phänomen gelten. Die Welt teilt sich in zwei Lager, und das ist gut. Sie werden immer deutlicher, immer kräftiger hervortreten, und da es nicht mehr zu leben lohnte, wenn der Ungeist siegte, so mag es denn der furchtbare Kampf auf Tod und Leben werden *über alle Begriffe hinaus*, die wir uns bisher von derartigen historischen Entscheidungskämpfen zu machen pflegten. Der Kampf wird extra muros et intra auszufechten sein. Es ist der *Welt-Bürgerkrieg*. Ich will lieber völlig unterliegen, als nur mit halbem Herzen bei einer Partei zu sein, mit geteilten Gefühlen ihrem Sieg beizuwohnen, zur Feier eine Fahne aufzuziehn, die für mein innerstes Empfinden auf Halbmast stehen bliebe. Zum ersten Mal in meinem Leben bin ich Konformist und fühle mich ganz und gar auf der rechten Seite. Ich bin gläubig, wie der grosse Pasteur es zu sein wünschte: mit der Kraft und der Ausdauer eines bretonischen Bauern. Ich glaube an unser Recht und unsern Sieg. Wie ich in meinem Büchlein über Lawrence die Zwillinge schilderte, so zeigen sie sich jetzt unverkennbar auf dem Welttheater, und ich betrachte das Schauspiel mit dem überheblichen, doch verzeihlichen Gefühl, es sei mir zur Klarstellung meines Standpunktes die Geschichte selbst („die Politik ist das Schicksal", sagte Napoleon zu Goethe) ebenso unfreundlich wie offenherzig entgegengekommen.

Womit ich denn unversehens bei der Exzellenz angelangt wäre, deren lebensgrosses Porträt Sie soeben der Öffentlichkeit übergeben haben.

Ich las „Lotte in Weimar" mit Genuss und lese noch darin. Der Genuss nimmt nicht ab, und der Gewinn nimmt zu. Es ist ein herrliches Goetheporträt, ein Meisterstück. Dass sich ausserdem darin ebensoviel von Thomas Mann findet, wie von Tizian in jedem seiner Bildnisse stecken mag, fügt der Freude noch einen besondern Spass bei, eine Unsumme von teils amüsanten, teils zu Nachdenklichkeit stimmenden Kobolden. Auch dort, wo sich das Gesicht des Alten gewissermassen in einem tiefen Brunnen spiegelt und mich frösteln sollte, herrscht grosse Heiterkeit. Übrigens fröstelt einen auch. Trotzdem bleibt es hell um einen, oben, wo man steht und hinunterguckt, es bleibt der Glanz des Altweibersommers mit seinen ziehenden Fäden, in die man sich gern verstricken lässt. Kurz, ich grüsse einen Geniestreich.

Bis auf den Schluss, die Szene im Wagen. Da haben Sie mich noch nicht überzeugt. Vielleicht kommt es noch. Vorläufig habe ich ein ähnliches Gefühl, wie wenn sich auf einem Porträt des Tizian, um bei dem zu bleiben, als Hintergrund eine lionardeske Landschaft öffnete, die mit der Malweise des übrigen nicht recht übereinstimmte. Nicht, als ob mich die Szene, für sich genommen, weniger ansprüche! Im Gegenteil. Ich finde sie rührend, vermutlich sind es sogar die menschlichsten Seiten des Buches, wenn ich so sagen darf – nur scheinen sie mir buchstäblich aus dem Rahmen zu fallen.

Ich habe das Buch erst kürzlich erhalten, in Gewährung einer an Bermann gerichteten Bitte, und da ich kaum annehmen kann, dass Sie mich ganz und gar vergessen haben, frage ich mich, ob nicht ein Exemplar, wie mancher Brief in diesen Wochen, verloren gegangen.

Merci, cher maître!

Mit den herzlichsten Grüssen an die geliebte Frau Katia und Sie selbst von uns beiden:

Ihr René Schickele

Hotel Nicollet
Minneapolis, Minn. 15. II. 1940
Ralph Hitz, President

Liebe, verehrte Frau Schickele,

Sie haben unser Telegramm bekommen – wie Worte finden im ersten Augenblick für etwas, was dem Gefühl und Gedanken zunächst ganz unannehmbar scheint. Der liebe René, wir sollen ihn also wirklich nicht wiedersehen. Es ist so bitter schwer zu fassen, unsere Herzen sind noch in beständiger schmerzlicher Revolte dagegen, denn wenn man sich auf irgend ein Wiedersehen drüben im alten Erdteil gefreut hatte, so war es das mit ihm. Man war nicht vorbereitet auf eine solche Nachricht – es zeigt sich, wie sehr und fast leichtsinnig man auf das Leben vertraut – besonders auf ein solches durch Geist und Kunst erhöhtes und gesteigertes Leben, dessen Leidenslast man aus einer gewissen eigenen Erfahrung als zugehörig betrachtet und darum weniger fürchtet als man sollte. Wir hatten kürzlich in Princeton Ihren Sohn Rainer gesprochen und von ihm gehört, es ginge René nicht gerade gut und eher schlechter. Das hatte uns bekümmert, aber uns keine schwarzen Gedanken gemacht.

Hat denn nicht er selbst, bei allen Beschwerden, an sein Leben geglaubt? Jetzt, schon auf dieser Reise, in Chicago, wo wir Medi Borgese besuchten, traf zu unserer Erschütterung ein Brief von ihm ein, geschrieben knappe 14 Tage vor seinem letzten. Er spricht von der moralisch-politischen Lage, dem „Welt-Bürgerkrieg", in dem wir uns befinden, und in dem er sich mit voller Klarheit auf der rechten Seite fühle. Er sagt mir liebe, kluge, heitere Dinge über mein letztes Buch, das ihm zu schicken ich natürlich Auftrag gegeben hatte. Aber kein Wort steht in dem Brief von seinem Befinden, keine Andeutung einer Vorahnung.

Es ist nicht zu fassen, daß ich ihm für dies Dokument einer Freundschaft und geistigen Sympathie, durch die ich mich allezeit tief geehrt gefühlt habe, und die ich so sehr erwiderte, nicht mehr danken, auf seine Gedanken erwidernd nicht mehr eingehen kann, da sie nur noch ein Nachhall sind. Auch wird es einem kalt um das Herz bei der Vorstellung, daß die Freunde, d.h. die Lebens- und Erlebnis-Genossen einer nach dem anderen dahingehen und man mehr und mehr allein in einer befremdenden Welt zurückbleibt. – Nun, auch nicht auf lange. –

Soviel sind unsere Gedanken jetzt bei Ihnen. Wir fragen uns, wie Sie es tragen, wie und wo Sie leben werden. Der Gedanke liegt nahe, daß Sie bald zu Ihren Söhnen herüberkommen. Tun Sie es! Es ist ein erfreulicher Gedanke, nicht nur für uns, sondern auch, wenn wir uns an Ihre Stelle denken. Es ist ein gutes Land hier, alles in allem, und Sie würden sich geborgen fühlen vor den Schrecknissen, an deren Anfang der unglückliche alte Erdteil wohl leider erst steht.

In treuer freundschaftlicher Ergebenheit

Ihr Thomas Mann

DOKUMENTATION

RENÉ SCHICKELE: „IN JUGEND UND SCHÖNHEIT". DAS ENDE EINER JUGEND

In: Das neue Magazin für Literatur, Kunst und soziales Leben,
Hrsg. René Schickele, Berlin, 3.12.1904, Jg. 73, H. 23, S. 726–728

Was sind Taten? Zufälle. Die Jugend schreit nach der Tat; endlich lernt sie einsehn, dass es eine sentimentale Sehnsucht nach Blut und Wollust war, die den Achtzehnjährigen erfüllte, ein Ja zum Heisshunger nach andern, nach Frauen und Freunden und Feinden. Die Sehnsucht nach dem einen Extrem, aus der Beschränkung der Familie, der Gesellschaft, der Armut an eignem Wert und eignem Handeln heraus. Das ist das Stadium nach der Schwermut der Pubertätsjahre. Und der Achtzehn-jährige rast auf hundert Hengsten ins Leben. Ins „Leben". Denn dieses „Leben" ist weiter nichts als Vorstellung, als illusorische Erfüllung aller Gier, die ein jugendliches Temperament ausbrütet. Zwei, drei, zehn Jahre später sind die Aecker, über die die Wunschmeute vor den Rossen einher flog, voller Disteln und bitterer Kräuter, traurig sterbender Lieb-lingsblumen. Des „Mannes" drittes Wort heisst nun „Enttäuschung". Ein Zeichen, dass der „Mann" noch immer von den schäumenden Ros-sen träumt, und dass ihm nur weh ist, weil er von zwanzig Rücken fiel. (Mancher sprang schon nach dem ersten Fall nicht wieder auf.) Es sind die ewigen Studenten.

Einige sterben in „Jugend und Schönheit"; meist gewaltsam, eigen-willig. Zuweilen geschieht es, dass einer sich wirklich umbringt. Aber sie tun es nie „in Jugend und Schönheit", nie, nie. Sie legen einen ausge-lebten, gebrochnen Leib in die Erde, weiter nichts. Jeder Selbstmord ist ein Fluch auf das Leben, und mag er in wildem Ingrimm gellen. Es ist ein bitter Fluch, aufgedrängte Entsagung. Keiner, der nicht in gefrornem Leinen schritt, trug ein weisses Kleid durchs Leben. Es sind zerwühlte Stunden, da regnet Kot, da speit die lauterste Seele Kot aus – die Stunden der Läuterung auf Leichnamen, die man umgeworfen und getreten hat. Die Hände haben gewütet, wie auch die Seele sich heiser schrie und Gebete stammelte. Blasphemien werden einst als stille Glorien glänzen, vielleicht. Einst strahlt aller Schmutz ein heiliges Licht aus und glüht wie Herzblut am Abendhimmel. Vielleicht. Auf dem Gipfel der Entsagung webt weisse lindernde Sonne.

Da, nun fiel es das Wort. Entsagung. Die Disteln nehmen und sich peitschen? Es ist ein Weg. Es gingen so viele der Unsern ins Kloster. Aber sie blieben nicht, wenn sie nicht gleich sterben durften. Oder sie lebten nicht mehr ihren eignen Herzschlag. Die Entsagung, die ich meine, ist ein Hintergrundsgefühl. Ein Lächeln zu den Leidenschaften, die unser Blut kochen machen, unsre Arme heben. Ein Wissen. Die entschlossene, endgültige Einsamkeit. Glück. Ja, wirklich Glück vor dem Schauplatz zuckender Gestalten, jubelnden oder röchelnden Lebens. Man bleibt einsam und leiht dem und jenem dies und das von sich für Stunden, Tage, Jahre – lässt es zum Extrem spielen, brechen (jedes Extrem muss brechen) und nimmt das abgefallene Leben wieder auf. Ein andres Bild: Gluten strömen ihre Kreise im einsam stehnden *hütenden* Stahlmantel. Oder Ströme, die über die Erde gehn und die Himmel und Landschaften der Länder und Leidenschaften, die sie spiegelten, heim zum mütterlichen Meere bringen. Kreisläufe, hunderte – und das Glück des einsamen Mittelpunktes. Der ruht und spiegelt.

Der ewige Student zieht das Hippodrom vor.

Ein junger Dichter, *Wilhelm Schmidt-Bonn*, hat sich mit dem Problem einer Jugend und ihrem Ende beschäftigt. Das ist in einem Drama, *Mutter Landstrasse, das Ende einer Jugend*, geschehn. Das Drama ist nicht gut. Aber zum ersten ist es erfreulich, dass der Held des Stückes, dem seine Jugend von verständiger Faust entzwei gehauen wird, sich nicht etwa entleibt. Es geht nicht gerade melodramatisch aus. Zum zweiten hört man Herzschläge. Zum dritten spürt man einen heftigen Protest heraus. Und dann, es bleibt jedem vorbehalten, dem Helden, der da lachend über die Trümmer in südliches Land zieht, die Seele zu geben, die man will. Der Wert des Stückes ist in der Unzulänglichkeit des Dichters enthalten, er rettet sich durch Mangel an dramatischer Begabung. Ich glaube ja bestimmt, dass der Held mit Juchhestimmung, die von wehmütigen Erinnerungen abgelöst wird, und die wiederkommt und geht und wiederkommt, ins freie, unverbindliche Wanderleben zieht. Dass er die jugendlichste Sentimentalität von „Jugend und Schönheit" nun erst recht, nur auf umgedrehter Bühne bestätigt. Warum aber soll man nicht nach Aktschluss den Mann auf eignen Wegen wandern sehn, da der Dichter ihn hat laufen lassen, als die Frage nach dem Schlusswert herantrat? Als das erste vollgültige Lebenswort gesprochen werden sollte. Das So oder So zum Sieg über den eignen Zusammenbruch, nach dem Sieg das So zum ersiegten Leben. Das zweite Drama von Wilhelm Schmidt-Bonn beweist, dass er der ewige Student bleibt. Da hat ein junges Weib aus Lebenshunger auf einen braven Kerl verzichtet, den Armut und Beschränktheit binden. Er sieht, unmöglich, sie zu halten, lässt sie ein leckes Boot besteigen und lachend auf den Rhein hinausrudern, dem Dampfer zu, der in die grossen Städte fährt. Diesmal kommt die Heldin um. Es wird – ein jammervolles Melodram. Warum reisst sie sich nicht die Kleider vom Leibe, schwimmt ans Land. Sie stände wie ein heisses Mal mitten in der Sonne, vor ihm, am Ufer stände sie, einen Augenblick. Dann würde sie sich auf ihn stürzen, ihn jählings mit ihren Madonnenhänden erwürgen und nun, nun ins Leben rasen, eine kalt und heisse Furie, ein Weib! *Das* wäre das Ende einer Jugend. Leben, nicht Melodram. Ein jeder wird gebrochen, muss gebrochen werden, wenn er mit Augen und Nüstern leben will, über Dumpfheit, naive Torheit und Unwissenheit hinüber den Schritt in Wirbelstürme setzen. Aber dann bricht *er*. Dann hat er sich als sein Werkzeug in Händen, hebt es immer wieder auf, wenn es ihm entfallen ist. Er kennt es, misstraut sich, baut auf sich, der er anfängt, sich zu verstehn. *Die Tragödie besitzt ihren Gipfel nicht im körperlichen Tod, wohl aber im Weiterleben.* Wir müssten lernen, posthum zu *leben* und für den Augenblick, den möglichst langen, zu *handeln*. Hier setzt ein neues modernes Drama ein. Schmidt-Bonn hat kurz davor versagt.

Andre werden kommen. Vielleicht im Roman eher als im Drama...

René Schickele.

RENÉ SCHICKELE: BERLINER ABENDE.
THOMAS MANN ALS GAST DES VEREINS FÜR KUNST

In: Das neue Magazin für Literatur, Kunst und soziales Leben,
Hrsg. René Schickele, Berlin, 3. 12. 1904, Jg. 73, H. 23, S. 756

Mittwoch im Künstlerhaus durfte man *Thomas Mann* lesen hören:
Bruchstücke seines Dramas, eine schon veröffentlichte Novelle „Das
Wunderkind".

Das Drama schöner Sätze. Das Drama jener Frauenbildnisse, denen
Leonardo das gedämpft wilde Leben in die Augen hineingeträumt hat.
Wären es Verse, sie müssten in den Rhythmen Hofmannsthals dahin-
rinnen, über berauschte Blumen und Samt in Abendröte. Weiche Flü-
gelschläge wie Atmen, die eine Seele öffneten, bedeckten. Hier sind es
Prosasätze. Sie sprechen Psychologie bei jedem Wort. Drum scheint
dieses Drama eher Tagstimmung, mehr Wissen eines Künstlers, als
Dichten. Es scheint entblösst – aber nur gerade soviel, wie jene Bilder
entblösst und *hell in Dunkel* hineingeträumt scheinen. Das sagt alles:
man ist im Museum gewesen und hat sich jener Kunst ganz geöffnet,
plötzlich so ganz und eins in ihrer Luft geatmet, sich die Lungen ange-
füllt mit ihr und kommt nachhause. Da stehn und sitzen sie herum.
Sprechen, heben die Hand. Unsre Leidenschaften verlangen und besitzen wie die ihren, wir küssen wie sie, sprechen die schönen Sätze, die sie
nun wieder sprechen – und haben das grosse, schöne Gefühl, Kunst,
lebenden Schein zu geniessen, nicht unser Schicksal einsetzen zu müssen, es nur zu geniessen, selber, gleich, heute ... Es sind jene Bilder, jene
einzig seelischen Bilder.

„*Das Wunderkind*" ist ein Schulbeispiel für die Novellenkunst von
Thomas Mann. Der Ironiker. Das Gefühl, das nicht untergeht, das
schwimmt. Das Bewegungsfreiheit und also – Ironie bewahrt hat. Ein
Mensch mag zusammenbrechen wie ein totes Tier – ich sehe ihn, *über-
sehe ihn, bemerke demnach das *Komische* der Tragik. Und notiere den
Vorfall, sowie ich ihn sah: mit leiser Ironie quand-même, die in der
gezeichneten Linie, im geschriebenen Satz erkaltet – hart *scheint*. Der
Schluss der Novelle. Ein breites Motiv im Anfang wird aufgegriffen und
breitspurig ausgebaut. Das wirkt dann populär.

René Schickele.

RENÉ SCHICKELE: DER TRIUMPH DER LÜGE

In: Das neue Magazin für Literatur, Kunst und soziales Leben,
Hrsg. René Schickele, Berlin, 24. 12. 1904, Jg. 73, H. 26, S. 805–809

> *Motto:* „Pippo Spano – in den Lauten deines Namens
> selbst geschieht ein Pfeifen von geschwungner
> Waffe, und dann ein breiter Schlag." (Sehnsuchtsmotiv)
> *„Flöten und Dolche" von Heinrich Mann.**

Pippo Spano, das ist der Condottiere. Oder sein Bild, wie jene Bilder
heute zu uns sprechen, das Bildnis Pippo Spanos, des einen Condottiere für alle. Das ist einer, der hat das Leben zu Boden gerissen, sich befriedigt und ist andre Lüste suchen gegangen: den kaltheissen Mord, das
Kriegsgeschrei, das über wankenden Städten widerhallt, das grimme
Schauer und Laster in den Gliedern aufjagt und den Baldachin des Himmels schüttelt. Pippo Spano hat Christentum und Gewissen in Blut
gebettet, von der roten Wärme umrauscht tönt es zur Macht, zum Sturm
– das Gewissen, fordert eifersüchtig jede Gewalt in die Schranken, hütet
den Heisshunger nach der Schönheit, die an den Muskeln von starken
Katzen entlang elektrisch rinnt und durch die Körper kreist, wenn sie
schreiten: Sie entsteigt unsichtbaren und magnetischen Quellen, dem
unerforschten Humus ... Pippo Spanos Gewissen ist Hochmut. Pippo
Spanos Gewissen ist Hunger und Durst. Ist der Hass des Schmerzes und
die Freude der Lust. Er ist selber ein schönes, fast vollkommenes Tier.
Er lebt kraft der Energien unbedenklicher Triebe, er lebt wie das Meer
und die Wälder, wie die Geschöpfe in ihrer Tücke, denen kein Heiland
kam, denen die mitleidende Liebe in Finsternis schlummert. Deren Sein
in Raub und Gymnastik atmet, mit den bedächtigen Pausen der Ver-
dauung. Und den unnennbaren – tierischen, tierischen Schmerzen! Eine
intelligente Reinkultur von Tier.

Pippo Spano – Nun soll er, das Verbrechergewissen, das künstlerische
Lebensgewissen Malvoltos, des Dichters, werden. Leben mit gebund-
nem Zügel ist nicht Leben: ganzes Umfassen aller Erscheinungen,
Durchgeniessen alles Lebendigen. Das Leben schleppt keine abgestorb-
nen Gliedmassen.

Dorian Gray von *Oskar Wilde* und die Bücher von *Heinrich Mann*
sind mit demselben Mal gezeichnet. Sie sind gelogen. Mit derselben
Überzeugung einer sehr starken Menschenkenntnis und der noch hef-

---

* Bei Albert Langen, München.

tigeren Sehnsucht. Man denke an das VII. Kapitel des Dorian Gray. An das Erbarmen vor der kleinen Sibyl Vane, deren Hände waren wie aus kühlem Elfenbein, deren Körper sich im Tanze hin und her neigte, wie eine Blume im Wasser sich neigt. Dann liegt sie da wie eine zertretne Blume. „Dorian, Dorian, verlass mich nicht!" Dieses Kapitel ist die schönste Lüge aus Oskar Wildes Leben, die er niedergeschrieben hat. Vor dem Bilde Pippo Spanos (bei Mann) mordet Malvolto ein Weib. Seine Seele hat es gesehn, wie es sich selber enden wollte:

„Den Kopf träumerisch im Nacken, mit einem unsichern Lächeln der Wollust, führte sie den Dolch, dem zaudernd seine Hand folgte, zu sich hin, ihrem Leibe zu, in den er eindringen sollte; und ihre heldenhafteste Gebärde war von der begehrlichen Anmut ihrer unkeuschesten."

Wie sollte er sterben können, wo er eben so viel Schönheit mit seinem kunstschaffenden Komödiantenleben erfasst hat. *Neue* Schönheit. Malvolto stösst zu, sieht das Kind verröcheln, das nur *ihn* gekannt hat, und Malvolto vergisst sich ganz vor Jammer. Er wird nach einigen Monaten ihr Buch schreiben. Die Liebesszenen dieser Novelle, der tiefwilde Rausch der Tage und Nächte einer grössten Liebe, enthalten Heinrich Manns *Triumph der Lüge*. Die Fülle von Leidenschaft, die Leben und Kunst zu suggerieren vermag, hat sein flammendes Pfauenrad geschlagen und endet als steckengebliebene Komödie in schmachvollem Morgengraun.

„Bedenke, dass mir die Welt nur Stoff ist, um Sätze daraus zu formen?" Heinrich Mann. „Bei Dingen von grosser Bedeutung ist der Stil und nicht die Wahrhaftigkeit die Hauptsache." Oskar Wilde. Und in philistros: „Dass jemand ein Giftmörder ist, sagt nichts gegen seine Prosa."

Doppelt ist die Lüge der Künstler: Wenn sie zu leben und zu lieben begehren, müssen sie Empfindungen heucheln, die sie längst sich unterworfen haben, die für sie blosse Ideen und Mittel geworden sind, und wenn sie arbeiten, lügen sie Süchte und Enttäuschungen in grosses, einfaches Leben um.

Und das sind zwei Gegensätze: das unreinliche Erleben des Männchens und das heilige Schaffen des Kunstwillens, – die sich nicht aufheben.

Vor dem Bildnis Pippo Spanos steht der Dichter Mario Malvolto:

„Siehst du, nach solchem Rausche schmachte nun ich! Ich bin zu zerbrechlich dafür und zu nüchtern; darum erdichte ich Menschen, die anders sind. Darum stehst du hier, als mein Gewissen, als mein Zwang zur Grösse. Du sollst mir Ueberdruss machen an der mässigen Lust und dem haushälterischen Leiden, womit wir unzulänglichen Spätgebornen uns bescheiden. Unsre Kunst befruchtet sich mit einem mattfarbnen Rokokoleiden, geziert und ohne Grösse. Belanglose Neurasthenikergeschicke dehnen sich aus über ein bürgerliches Dasein von siebzig Jahren, währenddessen man täglich für einige Kupfermünzen Leid verzehrt und für einen Nickel Behagen. Der Künstler gräbt umständlich in seiner verstopften Seele umher, immer nur in seiner eignen, und fördert Traurigkeiten zu Tage, die er eitel herumzeigt. Mit feindseliger Ironie blinzelt er über alles weg, was stark ist und in allen Farben lebt.

So aber will ich leben! Ich will verschwenden; innerhalb meiner kurzen Jahre soll meine Kunst mir ein zweites, mächtigeres Leben schaffen…"

Dorian Gray, sein Bildnis, und Pippo Spanos gebanntes Leben im Mondlicht. – Es ist die *eine* Sehnsucht. Verjährte Gewalt und Sünde hemmen den Schritt, grosse Schönheit lässt den Durstigen hinsiechen vor ihren unirdischen Quellen – und nehmen wir sie, die gewaltige sündenschöne Kunst, wie man gewaltsam ein Weib *nimmt*, so ist es Lüge. Komödie. Denn wir sind nicht von JENEM Geschlecht, nicht von einer strotzenden Welt – wir vermögen nicht, in ihr Blut unterzutauchen: und zu *leben*! Die Kunst ist die würdigste Komödie. Wir spielen Kunst. Der Plebejer sagt: *Artist* und meint den absoluten Künstler; er weiss nicht, dass sich an den marmornen Gebilden dieser Kunst kostbare Leben verbluten, dass jeder Zug mit Schmerzen gesät ist und Musik, letzte geheimste Musik aus den Poren dieser stillen Gestalten dringt, die in kalter Glut durch ein künstliches Leben gleiten. Solche verhaltne, grausame Bücher werden von hoffnungslosen Geschlechtern geschrieben. Sie sehn ihren Weg in den Horizont verlaufen – und machen ihre Rechnung mit der Hölle. Mit Haltung! Aufrecht sollst du in die mythischen Gefilde fahren – wie ein rechter glanzvoller Engel, der von Gottes Thron fiel, siegreich Schmerz und Lust zu leiden. Die Sehnsucht – die Sehnsucht allein fährt so dahin, nicht du, nicht ich, die Sehnsucht allein – der erste leibliche Schritt, den wir tun, ist schon Verrat an ihr. Warum? Weil die Kunst in einfachen schweren Zügen gestaltet sein will, weil sie das Einfache geben muss, sollen die Rhythmen weit tragen und einprägsam in jedem empfindlichen Menschen wieder ihren Gang erschaffen, auf fremden Gesichtern ihre Miene bannen. Der Künstler empfindet das Leben als Not um das Einfache, Zielvolle – um *sichere Gestaltung*. Und der Kunstwille kann erst aus dem vielfältigen Wirrwarr des Wegs, den der taumelnde Tag geht, die grossen Linien ausheben. Er braucht die dumme Fülle, das doch bedeutungsvolle Gekritzel auf der

Schiefertafel als Folie, um zusammendrängen, ausscheiden, läutern und gestalten zu können. Aber so einfach ist kein Leben. Das ist rasendes Fegefeuer. Einfach allein ist die Kunst und ist der Tod.

II.

Und doch –
Ein Recken der Arme gen Himmel. Ein Wollen in die versinkende Himmelsbläue. In solchem attischen Licht standen die hehren Plastiken. Sie waren olympische Einfachheit. Wie klar und simpel ist die Legende von den Göttern und Göttinnen, die das plastische Menschliche veranschaulichten. Die eine Kunst auch der Aermsten im Geiste waren. Die starken Leitmotive des gequälten Säugetierlebens, die aufwärts tragen, das Gute zu Marmorschönheit in blendendem Lichte werden lassen. Wir armen Mitteleuropäer. *Unsre* Süchte erschafft ein Rodin. Die Qual allein, die körperlich gewordne Qual unsrer Zeiten kann uns trösten; wir schaun sie an, die Wehgestalten in ihrer wirbelnden, gekrampften Wehmut, und aus ihren Tantalusgeschicken fliesst Trost: ... es sind Wirbel, die auf dem Wasser kräuseln, dem ewig sich wandelnden Wasser der grenzenlosen Flut, es sind Momente des ewig sich umformenden Humus ... Es geht dahin, es reisst vorbei, aus dem tiefsinnig stillen Grund der in Sonnenströmen fliessenden Erde hebt ein Schmerz, der Trotz das Haupt und treibt wie eine losgerissne Wurzel und schwindet im Horizont. Auf dem leeren Horizont plant der Menschheit Blick und möchte ihn mit deutenden Gebilden bevölkern.
Rodin. Die einen pflegen den Glauben, einen vagen Rettungsgedanken, die andern haben lächeln gelernt.
Und doch –
Heinrich Mann schuf die drei Romane der Herzogin von Assy. In der südlichen Himmelsluft sollen die alten Bildwerke erstehn. Aber sie haben unsre Augen, die das Leid weit und stechend gemacht hat. Sie sterben an der marmornen Ruh und gehn in Flammensäulen auf. Sie beginnen in getragnem Tempo und enden con furore.
Eine neue Renaissance versucht die Herzen der neuen Menschen, und diese erliegen in hektischer Trauer. Heinrich Mann hat den einen Ausweg gewählt: er herrscht, und gebietet dem Karneval einer Untergangszeit: Neurastheniker und Syphilitiker tragen den Purpur königlicher Tage, mit schmerzverzerrten Gesichtern heben sie das Bein zum Cancan, lassen mit zuckenden Augen die Arme sinken. Heil der Pose, sie rettet *eine* Stunde von den vielen ehrlosen Jahren, sie leiht die halbe

Illusion der Grösse eines vollgiltigen Lebens. Die halbwegs Gesunden, Ironiker, tänzeln leise mit und lassen ihren Wahnsinn in Kunstwerken aus, weil sie angeekelt, wehmütig, zynisch geworden sind. Es ergiebt sich die Kunst vielfältiger, närrischer, verlogner Zeit, die in vielsagenden Karikaturen tobt, weil die exzentrischen Einzelzüge allein die tödlich langweiligen Menschen heben, weil das Exzentrische der hervorstechende Zug einer kranken Zeit ist. Jede Stimmung erscheint verflucht relativ für den Wert einer Gestalt, schimmernd, vorüberhuschend, alles Leben ist halbwahre Illusion, weil die Instinkte wie selten gelöst und bewusst geworden sind: eine Faust voll Zahlen, die man reihen kann, wie man mag, nur, dass eine magnetische Macht, die geheimnisvoll in ihnen arbeitet, ihre unheimliche Hand im Spiel hat. Das Unbegreifliche halbdunkler Hintergründe. Wir spielen und fühlen, wir sind alle miteinander ein Spiel, das sphärisch und gesetzmäßig (wie das kleine Menschenschöpfungsspiel) einen unbegreiflichen Gang geht. Die Rettung ist: herrschen, den paar Ziffern, die man fand, gebieten, spielen, mit brausenden Sinnen spielen (einziges Glück) – die Illusion selbstherrlicher Schöpfung pflegen.

So weit kam Oskar Wilde nicht. Er blieb Theoretiker und ein Lehrmeister der Form, der Beispiele, Muster zurücklässt. Ein Märtyrer; ein Hingerichteter. Die andern nach ihm werden mit sieghaften Gesten durchs Leben gehn, als Triumphatores mit den heimlichen Tausendwunden, als Wahrheitseher, mit dem Lichte aller Lügen geschlagen, als kostbare Pfeile, die ein Spiel über alle Menschen hinaus ins – Schöne … Schöne warf. Verzweifelte; Lächelnde; Rasende; Cyniker; Trauernde; Gequälte und für Stunden Erlöste. Ganz Losgelöste.

So versinnbildlicht es der Dichter:

(Allegro)

„Als ich einundzwanzig war, liess ich mir mein Erbteil auszahlen, ging damit nach Paris und brachte es ohne besondre Mühe in ganz kurzer Zeit an die Frau. Mein leitender Gedanke bei dieser Handlungsweise war: ich wollte das Leben aus der Perspektive eines eignen Wagens, einer Opernloge, eines ungeheuer teuren Bettes gesehen haben. Hiervon versprach ich mir literarische Vorteile. Bald stellte sich aber ein Irrtum heraus. Es nützte mir nämlich nichts, dass ich alles besass: ich fuhr fort, es mir zu wünschen. Ich führte das sinnenstarke Dasein wie in einem Traum, worin man weiss, man träume, und nach Wirklichkeit schmachtet. Ich schritt an der Seite einer chiken, ringsum begehrten, mir gnädigen Dame nur wie neben den zerfliessenden Schleiern meiner Sehnsucht…"

Das Stück heisst „Drei-Minuten-Roman", ist ein paar knappe Seiten lang, enthält in einem Erlebnis die ganze Aesthetik der neueren Literatur, die doppelte Aesthetik des Erlebens und des Gestaltens. Vielleicht ist das Geschlecht der naiven Dichter ausgestorben. Heute sind sie verklärte Analytiker. Anatome und Magier in einem. Mann und Kerr sind von ähnlichem Geblüt.

HEINRICH MANN AN RENÉ SCHICKELE:
ZWEI BRIEFE ZUM ROMAN „DER FREMDE" (1908)

24. Okt. 1908 Charlottenburg
Knesebeckstr. 76 Gartenhaus I

Lieber Herr Schickele,

über Ihren Roman möchte ich Ihnen noch einige Worte sagen. Vor Allem, daß ich ihn wirklich gut finde. Sie haben es mir, scheint es, nicht geglaubt; und ich sehe ein, daß, in Anbetracht Ihrer kritischen Gesinnung, meine Anerkennung hätte derber sein müssen. Sie sind natürlich nicht wie die meisten, die für jedes Lob ein Vergrößerungsglas haben.

Ihr Roman hat mich verblüfft; er ist sehr ungewöhnlich. Er hat mir, mit seiner Verbindung von Ideellem und Lyrischem, auch imponirt; denn ich selbst wäre kaum im Stande, dreihundert Seiten zu schreiben, wovon nicht reichlich zweihundert in Scenen wären. Sie können viel: wenn Sie wollen, sogar wild sein. Die hoch gefärbte Fahrt nach Belfort zeigt es. Freilich ist mir's an solcher Stelle, als ob in ein Bild von Whistler plötzlich Zuloaga einen saftigen Pinselschlag thäte. Im Ganzen erwarte ich doch von Ihrem Besuch etwas Zartes und Elegantes. Ihre Leidenschaft wird wohl immer gedämpft sein: Sie schämen sich ihrer ein wenig. Ich mich meiner auch zuweilen; dämpfe sie aber keinesfalls. Lassen Sie sich durch Ihre Delikatesse nicht verleiten, den Anfang zu streichen! Daß Sie heute vielleicht schon nicht mehr ganz empfinden wie Ihr Held, thut nichts. Diese Passion müßte einmal in deutscher Sprache zum Aufschreien kommen: Gerechtigkeit wollte es.

Die Lektüre Ihres Werkes wird mir ein seltener Genuß werden; ich freue mich darauf.

Inzwischen sehen wir uns hoffentlich nicht zu selten. Wollen Sie aus meinem Roman, den ich fortschicken muß, etwas hören, dann kommen Sie, bitte, schon heute um 5 Uhr! *Wenn Sie nicht können*, sind Sie entschuldigt.

Aufrichtig,
Ihr
Heinrich Mann

Mittwoch*

---

* Teilweise abgedruckt in: Expressionismus. Literatur und Kunst 1910–1923. Eine Ausstellung des Deutschen Literaturarchivs im Schiller-Nationalmuseum Marbach a. N., hrsg. von Paul Raabe und H. L. Greve unter Mitarbeit von Ingrid Grüninger. Stuttgart ⁴1986, S. 135.

23. März 1909
Meran
Trutzmauerhof

Lieber Herr Schickele,

ohne freilich zu wissen, ob Sie es hören wollen, berichte ich Ihnen ein wenig von meinen Eindrücken. Vor allem: Ihr Roman ist unter denen der nach mir gekommenen Autoren (soweit ich sie kenne) der erste, den ich ernst nehme. Darin ist endlich Schärfe und Radikalismus, strenge Geistigkeit nach offener Sinnlichkeit, und kein gemüthvoller Mischmasch. Sie werden, wenn es so weiter geht mit Ihnen, vielleicht ein großer Autor werden – und ganz allein bleiben, da Sie in einer von Menschen unseres Grades wenig beachteten Sprache schreiben. Und Sie hatten doch wohl die Möglichkeit, sich zu Frankreich zu halten! War daran, daß Sie es nicht thaten, wirklich die Enttäuschung schuld, die Ihr Held an Paris erlebt? Und die so unberechtigt ist! Die Einwände gegen die Republik (die doch von einem universell und gründlich Enttäuschten kommen sollen) könnten manchmal von einem, den Fortschritt verachtenden Deutschen sein. Sie thun hier sich selbst Unrecht, und beweisen es durch Ihre schöne kleine Rede am Grabe des Poquelin.

Ich mußte dies zuerst sagen, weil es der einzige geistige Einwand ist, den ich zu machen habe; die anderen sind technisch. Übrigens sehe ich wohl, daß Paul Merkel seinen Heißhunger nach Enttäuschungen auch in Paris befriedigen muß: nur haben Sie ihm hier eine mißverständliche Nahrung gegeben, wie mir scheint.

Es kommt hinzu, daß ich mir in dieser Gegend des Buchs über die Tiefen von Paul's Wesen noch nicht klar war, – was auch gar nicht zu wünschen war, denn ihre späte und schwankende Enthüllung bewirkt den größten Reiz des Romans. Als ich Paul zum ersten Mal aufrufen hörte, ‚Ich bin verloren!‘, da stutzte ich noch. Auch seine erste Szene mit Malva (noch in der Heimatstadt) habe ich nicht durchschaut. Dennoch sind diese Dinge irgendwie eindrucksvoll genug, um später der definitiven Aufklärung zu dienen. In der großen Aussprache, Lamonde gegenüber, sieht man zum ersten Mal den Weg zurück, der schon gemacht ist, und fühlt sich in sicherer Richtung.

Und Sie gehen ihn, wohl als Erster, bis zu Ende. Aus dem sinnlichen ‚Einsamen‘ ziehen Sie die letzte Essenz: Phantasie, Hellsichtigkeit – Todesangst. D. h. man sieht ein springendes Licht auf einzelnen Punkten des zurückgelegten Weges: den ganzen verfolgt man kaum; – und es ist wahrscheinlich besser so, weniger trocken, mehr ahnungsmäßig, mehr lyrisch.

Das ist Ihr Bestes: Sie sind ein Analytiker, der mehr hat als das logische Geripppe. Sie wissen zu verhängen, haben Atmosphäre und bringen Zauber hervor. Man vermißt das in der Princesse de Clèves, in le Rouge et le Noir; soviel ich mich erinnere, auch im Adolphe. Die Scene zwischen Merkel und Calon, mit der Frage nach der Uhr, hätte (ich zögere vor der Lästerung) doch vielleicht keiner der französischen Logiker geschrieben. Man steht nun einmal dazwischen und allein; Ihr Roman hat den richtigen Titel.

Da Sie künstlerisch unvergleichlich wachsamer und vielfältiger sind als die bisherigen Analytiker, ergiebt sich, daß in Ihrem Buch (und wo sonst noch?) unvergeßlich wahre Blitze des Geistes auf (wie soll ich sagen) Gärten voll Blumen und Statuen fallen. Der Satz von Tartre, als von einem von Pauls unterwegs verlorenen Brüdern! Und in der Nähe, das wunderschöne Bild der Frauen, mit Gesichtern wie Brunnen bei Nacht.

Das Gefährlichste war (nach meinen Begriffen) der Abschnitt ‚Das Meer‘, also die völlige Ideologie, ohne die Stützen von Welt und Handlung. Ich begreife es, daß hier der Styl mit Ihnen durchgegangen ist. Dennoch steht gerade hier (auf Seite 220/I) das am schönsten Geschriebene des ganzen Buches. – Das ganze Buch hindurch und innerhalb alles Entzückens, das es mir verschafft hat, lasse ich immer diesen Einwand mitreden: der Styl ist stellenweise zu straff gespannt; ein Kritiker, der nicht tief hineinsieht, würde sagen ‚gekünstelt‘. Natürlich aber ist bei einem ersten Roman die Gespanntheit des Styles ganz in der Ordnung; die Spannung giebt sich schon. Wer aber gleich anfangs gemäßigt ist, wird später wahrscheinlich schlaff.

In der Scenenführung dagegen, wie in der Ökonomie des Buches scheinen Sie mir schon merkwürdig reif. Im ersten Theil erwähne ich das Tempo in der Schilderung der Pubertät, – die übrigens hier ihre bei weitem tiefste Schilderung erfahren hat. Ebenso glänzend sind die Abentheuer in Paris.

Besonders gut sind die Schlüsse aller vier Theile, weil jeder das Seine vertritt und zusammenfaßt: die sanguinische Phantastik des ersten, die schmerzliche Erkenntnis des zweiten, die begeisterte Ideologie des dritten, und des vierten Resignation und Verklärung. – Man überblickt das, und wundert sich, wie reich Ihr Buch ist.

Dabei ist es äußerst gedrängt, oft auch nur andeutend das Verhältniß zur Mutter, die (so richtig bemessene) Zweideutigkeit dieses Verhältnisses hätte einem Andern für das Buch genügt. Sie aber lassen Alles auf einmal springen, – ob Sie sich nun keine Zeit zum Warten zutrauen, oder ob Sie sicher sind, in Kürze wieder ebenso viel gesammelt zu haben. Wenn ich nach mir urtheilen darf, hat man beide Gründe; und ich wünsche Ihnen immer dieselbe Ungeduld vereint mit Kraft.

Herzlich
Ihr
Heinrich Mann*

---

* Abgedruckt in: René Schickele. Leben und Werk in Dokumenten, hrsg. von Friedrich Bentmann. Nürnberg 1974, S. 48–51.

RENÉ SCHICKELE: GLOSSEN.
THOMAS MANN

In: Die weissen Blätter, Leipzig 1915, Jg. 2, H. 7, S. 924ff.

Thomas Mann gibt die drei Arbeiten, die er zu diesem Kriege verfaßt hat, in einem Bändchen der Fischerschen „Sammlung von Schriften zur Zeitgeschichte" heraus. Die zwei kürzeren, „Gedanken im Krieg" und ein Brief an ein schwedisches Tageblatt, erschienen in der „Neuen Rundschau", die dritte, bei weitem wertvollere, „Friedrich und die große Koalition", brachte der „Neue Merkur". Die erste, im September geschrieben, legt den ausgebrochenen politischen Konflikt also dar, daß es sich, für das siegreich gegen Paris marschierende Deutschland, um einen Kampf der Kultur gegen die Zivilisation handle. „Kultur ist Geschlossenheit, Stil, Form, Haltung, Geschmack, ist irgend eine gewisse geistige Organisation der Welt, und sei das alles auch noch so abenteuerlich, skurril, wild, blutig und furchtbar ... Zivilisation aber ist Vernunft, Aufklärung, Sänftigung, Sättigung, Skeptisierung, Auflösung – Geist." Thomas Mann, der sich schon damals und früher mit Friedrich dem Großen beschäftigte, erscheint der Gegensatz am schlagendsten verkörpert in Voltaire und dem König: „Das ist Vernunft und Dämon, Geist und Genie, trockene Helligkeit und umwölktes Schicksal, bürgerliche Sättigung und heroische Pflicht, Voltaire und der König: das ist der große Zivilist und der große Soldat seit jeher und für alle Zeiten." Eine Parallele zwischen Napoleon und Goethe wäre vielleicht, für das nachrevolutionäre Frankreich, um das es sich hier handelt, in jeder Hinsicht ergiebiger gewesen. Aber, wie gesagt, beschäftigte sich Thomas Mann gerade mit der Geschichte Friedrichs des Großen, wenn auch – sein Abriß über Friedrich und die große Koalition zeigt es in jeder Zeile – mit jener Methode, die seiner Geistesart entspricht, und die mit der Art Voltaires mehr Verwandtschaft hat, als mit dem dämonischen Überschwang der Tage, wo Thomas Mann zur Abfassung einer so geistreich, mit so zärtlichen Fingern zusammengesetzten, so ganz unleidenschaftlichen Arbeit die Ruhe fand. „Ist nicht der Friede" fragt er einmal, „das Element der zivilen Korruption, die ihr (der deutschen Seele) amüsant und verächtlich scheint?" Verhielte es sich so, dann verdiente der erste Kriegsaufsatz, den Thomas Mann in den Septembertagen gebaut und geputzt wie die Villa in einem stillen Vorort hinstellte, ein repräsentatives Produkt dieser „zivilen Korruption" genannt zu werden. Wobei zugegeben wäre, daß im Giebel des reizenden Absteigequartiers der

Spruch nicht zu übersehen sei: „Wir sind in Not, in tiefster Not. Und wir grüßen sie, denn sie ist es, die uns so hoch erhebt."

Wie hoch?

Gerade so hoch, daß der Ritter Thomas Mann, im Damensattel reitend zwischen Tod und Teufel, seine unsäglich kokette Gebärde hinüberwerfen konnte wie einen Handschuh in die dampfenden Reihen der Soldaten.

*

„Friedrich und die große Koalition" wurde im Dezember geschrieben. Ich finde den Versuch meisterhaft. Und, für den mitfühlenden Leser, erschreckend. Trotz seiner skeletthaften Dürre erinnert er an gewisse Novellen von Stendhal aus der Renaissance … Wie der „Mailänder" sich von der üppigen Fleischlichkeit seiner Gestalten entzücken ließ, die, in roten und in weißen Höllen aufgerichtet, singend am Guten zerbrachen und im Bösen die wollüstige Vernichtung suchten, so gibt sich der nordische Thomas Mann, noch in der wachsenden Steigerung einer seltsamen Erregtheit wie unberührt, das Schauspiel eines Totentanzes, wo das klappernde Gebein sich in einem Satyrspiel bewegt, dazu nicht gerade das beste Französisch parliert wird, von dämonischer Melancholie erhoben zwischen Himmel und Erde hängt, um gelegentlich, nach genußvollem Studium durch den Betrachter, und zum Schluß endgültig mit einem Ruck in die Sterne zu fahren. Das alles ist köstlich zugerichtet. Es fehlt nicht an Einlagen im heutigen sowie im Stil der Zeit. Das Rampenlicht bleibt rosa, selbst dann, wenn der Knochenmann wie der Gekreuzigte selbst an der angespannten Schnur hängt. Das alles ist ganz ausgezeichnet gemacht, und wenn die Methode zuweilen an den „Fall Wagner" erinnert, so zeigt gerade der Vergleich mit Nietzsche ebenso wie die sich einstellende Erinnerung an Stendhal: wie sehr Thomas Mann ein Geschöpf des Geistes ist und nicht der Leidenschaft, und zwar so sehr, daß es ihm nicht einmal wie Stendhal gelingt, sich, komödiantisch, der hinreißenden Leidenschaftlichkeit einer fremden Vision zu überlassen. Ich sage nichts über die Sache, die er verficht („Er mußte unrecht tun und ein Leben gegen den Gedanken führen …, damit eines großen Volkes Erdensendung sich erfülle"), ich sehe nur, wie er diese Sache vertritt als ein rechter Advocatus diaboli, und daß er ein Bild errichtet, das, als fortwirkendes Beispiel für die Geschlechter von heute und morgen, Züge aufweist, wie sie unheimlicher selten an einem Götzen gesehen wurden. Warum also, fragt sich der aufmerksame Leser, werden ungeheure Kriege geführt? Aus dämonischem Drang, einer Kultur zuliebe, die allerdings auch „Orakel, Magie, Päderastie, Vitzliputzli, Menschenopfer, orgiastische Kultformen, Inquisition, Autodafés, Veitstanz, Hexenprozesse, Blüte des Giftmordes und die buntesten Greuel umfassen kann", um uns vor dem Geist zu bewahren, „dem geschworenen Feind der Triebe, der Leidenschaften," aus dem „geheimen Instinkt", von dem Friedrich einmal spricht, und über den Thomas Mann, nachdem er festgestellt, daß er das Handeln des Königs geleitet, sein Leben bestimmt habe, aussagt: „es ist durchaus eine deutsche Denkbarkeit, daß dieser geheime Instinkt, dies Element des Dämonischen in ihm überpersönlicher Art war: der Drang des Schicksals, der Geist der Geschichte". Dämonie, Genialität, Mystik gehören seit Kriegsausbruch zum Bestand unserer Zeitungsideologie, zusammen mit dem Dogma von der Unfehlbarkeit des Erfolges und dem „Geist", der die problematischste Angelegenheit geworden ist, die es heute gibt. Thomas Mann, der ihn im September und sogar noch im Dezember aufs heftigste befehdet, nein, mit Verachtung ablehnt, verspricht im April die „Synthese von Macht und Geist" als das „dritte Reich", das Deutschland sich durch diesen Krieg bereite. Soll Voltaire König werden? Oder der König zugleich Voltaire sein? „Warum nicht?" antwortet Thomas Mann. „Adelige und gelehrte Jugend, die sich täglich riskiert," schreibt ihm aus der Front, „daß sie, ,vor sich den Feind und den Sieg', manchmal von dem miteinander sprächen, was „er" gemacht, namentlich von dem letzten, einer Geschichte vom Tode, und daß diese ihnen ,niemals näher war'". Und wenn sich diese Feststellung auch zunächst gegen die Kritiker richtet, die dieses Buch schlecht fanden, so erweitert sich doch gleich das Gesichtsfeld, wenn der Verfasser des „Tods in Venedig" aus seiner jüngsten Erfahrung schließt: „Der Geist, ihr Händereiber, war dem Leben ,niemals näher', als eben jetzt, – das Leben selbst sagt es, und da ihr vorgebt, es so sehr zu achten, nun, so glaubt ihm."

Der Beweis schlägt den Widerstrebendsten. Hier ist der Beginn des dritten Reichs, greifbar.

RENÉ SCHICKELE: GLOSSEN. BEMERKUNGEN DES HERAUSGEBERS

In: Die weissen Blätter, Leipzig 1916, Jg. 3, H. 1, S. 134ff.

Der Verlag teilt mit: Das Schauspiel „Hans im Schnakenloch", das das Heft eröffnet, wird erst bei seiner Aufführung nach dem Frieden als Buch ausgegeben. Dieses Heft ist nach Schluß des Quartals einzeln nicht mehr zu beziehen.

*

Eduard Bernstein war sehr krank. Die Veröffentlichung seiner Erinnerungen, die im Dezemberheft begann, erfuhr dadurch eine Verzögerung.

*

In den letzten Monaten haben sich die Schwierigkeiten, unter denen die Herausgabe der Weißen Blätter leidet, noch bedeutend vermehrt. Um eine ausführliche Erklärung für die vielfachen Unzuträglichkeiten zu vermeiden, mögen die Leser bedenken, daß unsere Zeitschrift von jungen Menschen geschrieben wird, die der Krieg in alle Winde verstreut hat. Auch war der Herausgeber monatelang abwesend. Er bittet alle diejenigen um Entschuldigung, denen er auf ihre Briefe nicht geantwortet hat.

*

Unterdessen hat mein ehemaliger Freund Otto Flake in der Neuen Rundschau einen Aufsatz über die Jüngste Literatur veröffentlicht, worin er einer Gesellschaftsanschauung den Garaus macht, die er „Expressionismus" nennt. Ich könnte, ich will ihm nicht antworten, wie eine reinliche Auseinandersetzung es vielleicht verlangte, und beschränke mich deshalb darauf, ihn an einiges zu erinnern, was er, wenigstens in seinem Aufsatz, vollkommen vergessen zu haben scheint. Den Roman von Heinrich Mann, den er kritisiert, zu erwerben, hat er sich zur Zeit, wo die Weißen Blätter vorbereitet wurden, lebhaft bemüht, der Roman wäre im ersten Jahrgang dieser Zeitschrift erschienen, den er als verantwortlicher Schriftleiter gezeichnet hätte. Flake hat sich überdies angeboten, für Heinrich Mann die Verhandlungen über die Übersetzung in eine fremde Sprache zu führen ... Die Arbeit erschien dann in einer Münchener Wochenschrift. Flake weiß, daß der Roman infolge des Krieges überstürzt zu Ende gebracht wurde, er weiß, daß und warum das ausgedruckte Buch während des Kriegs nicht erscheint. Er hätte, ganz abgesehen von kameradschaftlichem Anstand, Gründe, sogar persönliche Gründe genug gehabt, diese Zurückhaltung zu achten. Dabei nehme ich an, daß er aufrichtig, im Innersten durch den Krieg umgelernt hat, und daß er sich nicht einer Strömung fügte, die sein eigenes Denken und Trachten leichthin umwarf ... Was er nicht über meinen Roman „Benkal", sondern über mich schrieb, berühre ich nicht, es tat mir leid, daß er den Augenblick für gekommen hielt, nein, daß er sich in diesem schlecht gewählten Augenblick verleiten ließ, in der Neuen Rundschau weiterzugeben, was unser Landsmann Fritz Lienhard in seiner Flugschrift über das Elsaß ungefähr zur selben Zeit ausspielte, wo der von Lienhard verdächtigte Ernst Stadler auf dem Schlachtfeld fiel: eine falsche Charakteristik unserer während mehr als zehn Jahren gemeinsamen Bestrebungen, die auf eine unwürdige Denunziation hinauslief. Aber Flake überbot Lienhard: er vergaß wiederum, daß er bis in die letzte Zeit sich selbst in jener, wie er sagt „hysterischen" Verfassung befand, die er als die unliterarische Gemeinsamkeit der „Expressionisten" bezeichnet. Der Aufsatz ist schlecht. Wer von uns hätte noch keinen schlechten Aufsatz geschrieben? Er bedeutet jedoch die Ausführung eines redaktionellen Auftrags, dessen Sinn nicht mißzuverstehen war. Den Auftrag hätte Flake, wenn nicht aus persönlichen, so wenigstens aus gesellschaftlichen Gründen ablehnen müssen. Wenn er ihn aber übernahm, so hätte er entweder, in rücksichtsloser Aufrichtigkeit, ein Pamphlet schreiben sollen – was eine saubere Sache gewesen wäre – oder aber sich darauf beschränken müssen, literarische Angelegenheiten, ohne kulturhistorische Manöver, nach bestem Wissen literarisch einzuordnen. Die scheinbare Objektivität des Verfahrens, das er wählte, mag zeitgemäß sein. Sie ist widerlich und setzt einen Schriftsteller tiefer herab, als ihn zwölf gute Bücher hinaufheben könnten, die er noch in seinem Leben schriebe.

Ich würde nicht bei einem Aufsatz wie dem besprochenen verweilen, wenn nicht Angelegenheiten, die sehr persönliche zu sein scheinen, heute in Wirklichkeit überpersönlicher Art wären: sie stellen Menschen dorthin, wohin sie endgültig gehören kraft der Prüfung, die ihnen von der Zeit auferlegt ward. Gemeinschaften haben sich gelöst, andre werden sich statt ihrer bilden. Ihr Bestand wird fester sein, weil sie nicht durch Zufall, Neigung und Berechnung bestehen werden, sondern aus Treue zu sich selbst und der erprobten Widerstandskraft gegen Gewaltsamkeiten aller Art. Man wird gern alles verzeihen, aber gut tun, nichts zu vergessen.

*

Da wir schon beim „Expressionismus" sind, will ich mit meiner Meinung über ihn nicht hinter dem Berg halten. Der Expressionismus ist ebensoviel und ebensowenig wert, wie jedes Schlagwort. Es gab expressionistische Dichtungen, expressionistische Gemälde, bevor es einen „Expressionismus" gab. Vielfach nennen wir heute expressionistisch, was früher romantisch hieß, und deshalb ist es nicht richtig, daß uns die Intensität des Ausdrucks, die ihn kennzeichnen soll, erst durch französische Werke vermittelt werden mußte. Jedenfalls hat das Schlagwort den Wert eines Schlagworts, es ist mit ihm bestellt wie mit dem Realismus und Naturalismus früherer Generationen. Es kann eine moralische Macht werden oder in der Literaturgeschichte stecken bleiben. Der Essai von Heinrich Mann im Novemberheft zeigte, zu welcher politischen Macht der Naturalismus in Frankreich gelangen konnte, ein Vergleich mit der sozialisierenden Liebhaberei der schnell emporgekommenen deutschen Naturalisten, die eben nur Literaturbeflissene waren, Literaten, die, wenigstens bildlich gesprochen, eilig nach Berlin W übersiedelten, würde das Mißverhältnis in ein noch grelleres Licht setzen.

Der Expressionismus, so, wie ihn die sehn, die als Expressionisten angesprochen werden, ist natürlich auch eine technische Ausdrucksform – der die Naturalisten genau so gegenüberstehn, wie die „totalen" Deutschen der achtziger Jahre den Naturalismus ansahn. Er bedeutet aber vor allem den Wunsch, neben die Schilderung einen moralischen Willen zu setzen, er ist kämpferisch, er ist radikal, er schleudert die Kunst, die in und seit unsrer Klassik ein vornehmes Privatleben führte, durch die Straße – selbst auf die Gefahr hin, daß sie dort zugrunde gehe.

*

Es ist nicht nur leicht, es ist schön, sich einer Liebe hinzugeben. Die Art, wie er es tut, kennzeichnet einen Menschen. Und eins weiß ich: wer jetzt feig war, der *ist* feig und wird es immer sein, er wird bei der ersten Gelegenheit das Geschäft der oppositionellen Haltung wieder beginnen, genau, wie er in die Hochkonjunktur des „Patriotismus" sprang, um ja auf der Butterseite zu bleiben. Es gibt möglicherweise viele Arten, deutsch zu sein, als reifer Mann sich zu verleugnen, ist die beste nicht. Wir gehn nicht nach dem London früherer Jahrzehnte, wir bleiben in der Nähe Weimars, heute wie vor einem Jahr. Eine Nation ist vielfältig genug gegliedert. Wir gehören nicht zu denen, die leben, um Geschäfte zu machen. Diese mögen in der Mehrzahl sein. Je zahlreicher, je stärker sie sind, desto leichter können sie unsere Hilfe entbehren. Jene können siegen oder geschlagen werden, wir nicht. Wir hüten einen Schatz, ohne den Europa aus bösen Negern bestände. Denn dieser Schatz ist das einzige, was uns von den „Wilden" unterscheidet. Jede andere Überlegenheit teilen wir letzten Endes mit den Affen. Unsere Mörser, sie mögen noch so gut sein, haben mit Goethe nichts gemein, die gelungensten Durchbrüche zu Bach nicht die geringste Beziehung. Ein Sieg ist, wenn Geist Macht wird, wenn aber die Gewalt sich des Geistes bedient, um der Macht und nur ihretwillen, so übt sie die schlimmste Sklaverei, die Menschen erdulden können.

Und sie haben sie nie erduldet.

Und sie werden sie nie dulden.

Der Kampf darum heißt Weltgeschichte.

Jeder tue, an seinem Platz, was sein Gewissen ihm gebietet. Es gibt kein anderes „Gebot der Stunde".

R.S.

RENÉ SCHICKELE: NOTIZEN

In: Die weissen Blätter, Zürich und Leipzig 1916,
Jg. 3, H. 11, S. 182 f.

Thomas Mann verteidigt im Novemberheft der „Neuen Rundschau"
des weitern die schöne Seele seines „Friedrichs", die so sehr seine eigene
ist, wie Eichendorffs „Taugenichts", – den er, der holde Schminkkünstler, zum Ausgangspunkt seiner morbiden Betrachtung nimmt – mit
Tonio Kröger und Aschenbach nicht einen Hauch gemeinsam hat. Was
auch immer Thomas Mann schreibe, welchen Gegenstand er zu behandeln vorgebe, er spricht nur dasselbe Plaidoyer für seine privateste
Angelegenheit, deren Name wechselt, ohne daß ihr Inhalt sich änderte.
Er ist ein unruhiger Sentimentaler, der zu seiner Selbstbehauptung den
Aufwand seines ganzen großen bösen Intellekts nicht entbehren kann.
Als die Literatur noch wichtiger schien, hauste er vergnügt in der im-
potenten Melancholie seiner Lieblingsfiguren, typischen Literaten,
nichts als Literaten, und sehnte sich, nicht minder genußsüchtig, wenn
auch weniger überzeugend, nach den „Blonden, helläugigen", den
„Starken" und „Gesunden", was zusammen die „tragische Ironie" ergab, auf die er von wohlwollenden Kritikern geeicht wurde. Als der
Krieg näher kam, wechselte er – nicht das Thema, aber die Namen.
Tonio Kröger und Aschenbach erhielten Friedrich II. zum Bruder; und
als dann die deutschen Heere gen Paris marschierten, sprach er ohne
Umschweife von der „deutschen" Seele und fragte sie, die Seele: „Ist
nicht der Friede das Element der zivilen Korruption, die ihr amüsant
und verächtlich scheint?" In seinem letzten Aufsatz dreht er sich, wie
gewohnt, um einen Standpunkt, den er nicht hat. Er dreht sich mit der
gewohnten Überlegenheit. Anschauungen, die er bekämpft, werden karikiert, wohingegen seine eigenen Meinungen daran zu erkennen sind,
daß er sie nicht karikiert. Vielmehr läßt er sie genau, wie er sie in einem
Leitartikel oder einer andern „Philosophie des Krieges" gefunden hat.
Thomas Mann dachte und schrieb von jeher in Antithesen; er hat einiges
von den Engländern und das übrige von den Franzosen gelernt. Jetzt,
wo er eine „Intellektualisierung, Literarisierung, Radikalisierung"
Deutschlands, „seine ‚Vermenschlichung' im westlich-politischen Sinne
und seine Enthumanisierung im deutschen" kommen sieht, kurz, die
„Demokratisierung Deutschlands, – was alles man wohl in das Wort
Entdeutschung nicht übel zusammenfaßt", jetzt entwickelt er, in soviel
Antithesen, daß sie, mit Flaubertscher Sorgfalt gruppiert, einander auf-

heben, Gedanken, für die Oskar A. H. Schmitz nicht erst die Hilfe des Kriegserlebnisses brauchte, um damit sein kulturkonservatives Programm zu machen ... Ein artiger Satz sei zitiert, der zeigt, daß Thomas Mann nicht etwa mit einer Konjunktur schwamm, als er sich über den Frieden und den Krieg so stark und gesund ausließ: „Aber Rolland mußte nach Genf gehn anläßlich des bescheidenen Maßes von Gerechtigkeit, das er in Au-dessus de la Mêlée bekundete, während ich beinahe nach Genf hätte gehn müssen wegen des außerordentlich bescheidenen Maßes von Chauvinismus, das ich in ‚Friedrich und die große Koalition‘ an den Tag legte.“

Man lese den Aufsatz. Dann, in der gleichen Nummer, die „Chronik“ von *Junius*. Dort steht: „Das Schreckmittel, nämlich der Vorwurf, daß man gegen den Kreislauf der eigenen Geschichte sich verwestliche und blutsfremde Einrichtungen ins deutsche Leben einschleppe, ist heute schon mehr als dumm.“ –

HEINRICH MANN: DER ROMAN VON RENÉ SCHICKELE

In: Die literarische Welt, Berlin, 22.10.1926, Jg. 2, Nr. 43, S. 1

Spielen, sich nicht beschränken und bescheiden, neugierig und mit Anmut von Vielem kosten, viel lieben, aber nie genug: – wohin führt das, wenn das Leben ernster wird? Heimliche, aber nie aussetzende Frage des „Erbes am Rhein"*. Alles darin ist leichtfüßig, das Erleben gleicht sich aus, es läuft nur weiter, und lange, lange glückt es, wie Du wünschest. Die heimliche Angst geht dennoch mit, ein kranker Punkt ist in Dir, Claus. Was Du je hervorbringst, ob noch so heitere Sprünge, ja auch das Blühen und Glänzen Deiner Seele, trägt schon das verdächtige Zeichen des einstigen Unglücks. So muß es sein. Sonst wäre Dein Dasein zu sehr bevorzugt vor den Sterblichen.

Claus von Breuschheim, Du hast ein Land mit Sendung und Geschichte, das Elsaß, darin aber handelnd und wirkend Deine Vorväter. Du hast Schloß, Waldhaus und einen ganz besonderen Blumengarten, der mit Dir lebt. Du hast die Stadt Straßburg als Dir vom Himmel verliehen, eroberst Dir aber mit Deinen lustigen, dabei tiefen Sinnen auch Venedig, die schönsten Punkte am Mittelmeer, Frauen, den Anschluß an Macht und Besitz auf dem westlichen Teil dieses Kontinents, und wieder eine Frau, wieder ein Land.

Du beginnst als Vierzehnjähriger mit Mythologie und einer Reise, sogar ein höherer Geistlicher verliebt sich in Dich. Bevor im Krieg der Kampf und männliche Trauer Dir bekannt werden, heißt Du der Götterliebling Paris. Was willst Du mehr? Du hast sogar Maria Capponi, die das Eigentliche wäre, das, worauf es ankommt, natürlich sollte man es halten. Nur ist immer noch etwas anderes vorher zu ermessen, erproben, wir haben doch Zeit, das Leben ist lang und voll herrlicher Gelegenheiten. So hältst Du das Eigentliche nicht. Du kennst sogar den „Zorn auf Maria", auf das Glück! Gib acht, dies endet mit Resignation. Zuerst wußtest Du nicht sicher, ob Du Deine Tante mehr liebtest als Maria Capponi, später heiratetest Du ein Mädchen, das Dir vertrauenswürdiger schien. Auch als diese Dir starb und Maria verwitwete, hast Du noch gezaudert. Da geschieht es endlich, daß sie Dir nein sagt, Du hättest es nie geglaubt. Dir bleibt eine Ungeliebte, die Dich haben will, sei noch froh.

---

* „Ein Erbe am Rhein". Kurt Wolff Verlag, München.

Mit Resignation endet es auch sonst, es endet nie anders, kein Grund, sich aufzuregen. Der Mensch hier, aus einer schönen Herzensheimat, dazu viel geliebt, von Gesicht so reizend wie von Geist, ist zu klagen nicht befugt, er klagt auch nicht. Er erkrankt nur manchmal. Er braucht nur Schlafmittel, was immer voll Ironie ist angesichts des letzten Schlafes, der ohnedies kommt. Sein Autor Schickele, nimmt ihn so ernst, wie der Lebende es verdient. Tragisch nimmt er ihn nicht, obwohl es ginge. Denn Schickele ist sowohl mild als wahrheitsliebend. Auf die tragischen Szenen, deren jedes Jahrzehnt seinem Claus nur eine mitbringt, stürzt er sich nicht, er gleitet unversehens hinein, läßt sie sich austoben, und dann wird weiter geatmet im Sonnenlicht.

Die wenigen Auftritte der „Energie", wie Stendhal sagte, liegen regelmäßig im Süden, dagegen liegt im Norden das tägliche Brot des Erlebens, die Besinnung, die Blumenzucht, das gerechte Erkennen. Claus und Schickele neigen vor Personen jeder Art zum Wohlwollen, verschärft durch Wissen. Vorlaute oder vertrackte Leute, alle werden lächelnd in Gnaden aufgenommen. Ein französischer General ist soviel wert wie ein deutscher Industrieller. Claus-Schickele würden glauben, sich selbst zu nahe zu treten, sprächen sie ohne Takt von Erscheinungen, deren jeder sie doch von einer Seite selbst verwandt sind. Jeder nähern sie sich zustimmend, mit Skepsis im Hintergrund – nicht Greisenskepsis, eher die eines wohlgeratenen Jünglings, der schon klug geworden, aber gern noch heiter ist.

Nicht Empörung, keine Bitterkeit. Sogar das politische Problem seines Landes und Daseins wird nur mit Anmut abgewandelt – und hatte ihn doch sicher oft gebrannt. Die Taten der Geschichte, der Machthaber aller Zeiten – wir sind eingeweiht, sie wurden grell genug wieder einmal beleuchtet, als auch diese Zeit grausend ihre eigene Geschichte mitansehen mußte. Schickele weiß alles, er zeigt es. Was auf Erden vorgeht, zeigt er an dem Andenken jener mächtigen Kolonialwarenhandlung, die sich Republik Venedig nannte. Es ist ungefähr, wie Anatole France die Geschichte Frankreichs und jede Geschichte in L'Ile des Pingouins umreißt und entblößt, nur ohne die tiefinnere Härte, die Schamlosigkeit, die solch ein großer Greis hat. Hier ist gehaltener Spott, der nichts ändern will. (Wir sahen zu gut, was im Weltgetriebe Ideen gelten!) Lieber leiden, ja, verstummen, als nicht mehr freundlich der Welt zu bleiben und die Ausdrücke der guten Gesellschaft nicht weiter anzuwenden. Daher der Schauplatz eine Gesellschaft mit festen Formen und Konventionen ist.

War der Autor Schickele auch früher so? Das steht nicht in Frage. „Ein

Erbe am Rhein" ist das ganze Leben, alles davon, was der Gereifte sichergestellt und bewahrt haben will. Es ist die Abrechnung – in zivilisierter Form. Anstatt anzuklagen, nur höfliches Halt vor meiner Tür! Tragen, was man zuletzt doch selbst verschuldet hat, aber nicht sich zerfleischen. Es ist das große Auftreten einer Natur in allen ihren Rollen auf einmal. Die kleineren Bücher Schickeles sahen Sie jedesmal nur in einer einzelnen Rolle und nicht mit dieser vollen Verantwortung. Hier gibt er endlich sein volles Maß, es spät zu tun hat manches für sich. Man hat inzwischen viel angesammelt und verbraucht es nicht mehr leichthin. Neigte man etwa zur lyrischen Schwelgerei, jetzt ist der Augenblick, auch sie nutzbringend mitwirken zu lassen beim großen Auftreten.

Hier wirken klarer Blick und Romantik mit. Die Trauer bedient sich der Leichtigkeit. Wie viel Tiefe eröffnet auf einmal das weltliche Getändel! In allem aber ist Geschmack der letzte Richter. Dies Zusammenspiel war möglich, weil in solchem Lebensroman versammelt sind Jüngling und Mann, sogar der Knabe noch, auch schon der Greis. Sie umgeben den Schreibenden, ihre Stimmen vermischen sich in seiner. Die Mißgriffe alles Lebenden werden klar, weil der Eine sie kennt. Die Lustigkeit bleibt, weil der Andere von nichts weiß. Noch immer kommt dieser Stil nicht zur Ruhe, er bäumt sich bei jedem Schritt. Der Zurückblickende und jede seiner Personen sprechen kühn und voll saftiger Anmut, genährt mit Bildern und Gesichten, – sprechen sämtlich wie Schickele, was in der Ordnung ist. (Fontane fand es bei Keller nicht in der Ordnung, wohl aber bei Fontane.)

Einer blickt zurück und alles wird Beschwörung, selbst der seiende Tag, – wird Verklärung, Nachglanz von Gewesenem auf der Seite des Lebens, die abwärts führt. Die Lebensstufen erhellen sich nacheinander. Zuerst, was noch fast Gegenwart ist, der Tod seiner Frau. Gleich darauf die Vorväter, ihr Land; sie müssen wohl zweite Gegenwart sein; dann die Kindheit, schon Maria Capponi, schon der Unterton dessen, was hätte sein sollen. Hierauf scheint durch lange Strecken ganz vergessen, daß alles in Wirklichkeit längst dahin und vertan ist. Auch Wiedererleben ist köstlich, auch Trauer ist es. Merkwürdige Unbesorgtheit dessen, der so sehr die Sonne liebt und sich dem Schatten immer näher spielt, nein, schon darin ist. Warnungen überhört er, sie erfüllen sich auch erst lange nachher. Jetzt ist das Unglück vollendet, da klingen überhörte Worte furchtbar nach … Dies ist eine Komposition, sie ist so überaus kundig, daß sie an Zufall erinnert. Sie könnte übersehen werden. Kunst ist aber erst dann unbedingt, wenn sie übersehen wird. Was hat allein dazu gehört, um zwischen Teile, die hoch geistig oder tief beseelt sind,

Blumenstücke einzulegen, Blumen als Mitlebende von reineren Sitten – Blumenstücke voll Duft, Poesie von 1850. Das Äußerste zu wissen, das im Entschweben noch ergreift, dies hat dazu gehört.

Gastieren wir eigentlich auf Anstellung mit dem gesamten Personal unseres Lebens? Möchten wir den Erfolg, den wir verdienten, auch haben? Der Erfolg fordert hauptsächlich Willen, „man darf über den Ruhm nicht lachen", sagte grade Flaubert. Stendhal dagegen erfand zuletzt zwar einen Buckligen, damit die Leute endlich mitgingen; nur hatte er im Herzen längst gewählt, ihm schmeichelte seine lebenslange Erfolglosigkeit. So sind wir nicht, wir sind ein tapferer Elsässer, der seinen Acker umgräbt, immer bewußt, die Scholle sei, obwohl sein eigen, gemischt aus Erde der zwei wertvollsten Länder. Sie werden Erfolg haben, René Schickele, Ihr Roman wird lange dauern. Sehen Sie sich aber doch wieder einmal beim Theater um. Es kann nie schaden. Sie wissen, auch ein schwächeres Stück würde dem stärksten Roman nur nützen. Man hört noch immer viel – sogar über leere Theater, worin nichts mehr vorgeht, von irgendeinem Belang fast nichts. Darüber schreibt man, erhitzt sich, man sticht durch Vorhänge, hinter denen nicht einmal Polonius ist. Inzwischen erscheinen Meisterwerke.

Ihr Roman, René Schickele, wird dauern. Er ist gesegnet unter den Romanen, die geistgewollt und die Wahrheit unseres Lebens selbst sind.

THOMAS MANN: BÜCHERLISTE

In: Das Tagebuch, Berlin, 1.12.1928, Jg. 9, H. 48, S. 2034–2038

Nenne ich Bücher des Jahres, die mich freuten und ergriffen, so sollte ich diejenigen übergehen dürfen, für die ich ohnehin in einer oder der anderen Form schon eingetreten bin. Ich habe Vorworte geschrieben zu den deutschen Ausgaben zweier Fremdwerke: dem anklagevollen Eheroman des Amerikaners Ludwig Lewisohn ‚Der Fall Herbert Crump‘ (Drei-Masken-Verlag) und der schönen Künstler- und Liebesgeschichte des Franzosen Edmond Jaloux ‚Die Tiefen des Meeres‘ (Wegweiser-Verlag). Auch habe ich hier über den Reiz und Menschenwert der ‚Politischen Novelle‘ von Bruno Frank in aller Freundschaft gesprochen. Noch nie aber hatte ich Gelegenheit, für das rührend große, rührend deutsche Alterswerk unseres teuren Gerhart Hauptmann, das Epos von ‚Till Eulenspiegel‘ meine herzliche Ehrerbietung zu bezeugen, und auch Jakob Wassermann konnte ich nach begieriger Lektüre der Aushängebogen seines ‚Maurizius‘ nur privatim versichern, dies Werk müsse ihm den größten moralischen, künstlerischen und selbst äußeren Erfolg seines Lebens bringen. Die Vorhersage hat sich bewährt, das Buch hält beim 75. Tausend. Es ist nicht nötig, darauf hinzuweisen, aber wie sollte man es nicht anführen?

Ich habe Schnitzlers ‚Therese‘ (S. Fischer) mit großer Liebe gelesen. Die monotone Trauer und Menschenlebenswahrheit des Romanes, der, wie heute alles Wichtige auf diesem Gebiet, mehr und anderes ist, als ein ‚Roman‘, ist bezwingend. Dann hat Dimitri Mereschkowski ein Napoleon-Buch geschrieben (Grethlein & Co.), voll mythischer Suggestionen, höchst eindrucksvoll. Ein jüngerer Russe, Josef Kallinikow, fesselte mich sehr mit seinem Zweibänder ‚Frauen und Mönche‘ (H. Hässel Verlag), einem Werk großen Stils, sinnlich, fabelreich, episch-spannend. Dem Osten nahe ist Werfel, dessen ‚Abiturientag‘ (Zsolnay) faszinierende Lektüre ist, – im Psychologischen freilich von etwas undurchsichtiger Tiefe.

Ist Annette Kolbs Hofgesellschafts- und Familienroman aus dem Vorkriegs-München ‚Daphne Herbst‘ (S. Fischer) nicht reizend? Annette ist im Deutschen nicht sonderlich fest; sie schreibt: „Die Heizung spielte nicht mehr. Ihr fror.“ Aber was macht das? Ihr Buch ist doch von so origineller Eleganz, so persönlicher Anmut und skurriler Feinheit, daß es der Dichterin des ‚Exemplars‘ mein Herz aufs neue gewonnen hat. Ich glaube, René Schickele stimmt mir zu, und Annette dürfte stolz darauf sein. Ist er nicht etwas ähnliches, wie sie, auf höchster Stufe? Wie schön ‚Maria Capponi‘ ist und der ‚Blick auf die Vogesen‘, der folgte (Kurt Wolff Verlag), brauche ich nicht noch einmal zu sagen. Es ist die mondänste, reifste, süßeste, vornehm bestrickendste deutsche Prosa, die heute geschrieben wird, die bezauberndste trotz Hesse, der es auf seine Art doch nicht fehlen läßt.

Verzärtelung? Dieser sinnlichen Freundlichkeit haftet nicht eine Spur des Gemeinen, des bloß Schmeichlerischen an. Im Grunde ist sie streng, im Grunde geistig und so fern von blödem Aristokratismus, daß es nicht geschmäcklerische Sprunghaftigkeit bedeutet, ein ungehobeltes Buch, die ‚Brennende Ruhr‘ des Proletariers Karl Grünberg (Greifenverlag) in einem Atem damit zu nennen. Ein „Roman aus dem Kapp-Putsch“, eingeführt von Johannes R. Becher, womit das Werk politisch-sozial-moralisch gekennzeichnet ist. Ich wünsche weder den Autor noch den Patron zu beleidigen, indem ich feststelle, daß das Buch starke künstlerische Eigenschaften besitzt.

Daß die Bücher vom Kriege mit der Zeit immer besser werden und jetzt schon sehr gut sind, ist allgemeine Beobachtung. Ich las ‚Ginster, von ihm selbst geschrieben‘ (S. Fischer), ein Zeitdokument von Wert, als dessen Verfasser ein bekannter Journalist genannt wird. Der Krieg, im Lande erlebt und nicht an der Front, aber doch eben am eigenen Leibe und eigenen Geist, mit trockener Wahrhaftigkeit. Die Prosa ist nicht einmal besonders persönlich, aber kultiviert und sicher, in der Stimmung von kaustischer Resignation. Ich glaube, das Zeugnis wird bleiben; und bestimmt bleiben wird ‚Jahrgang 1902‘ von Ernst Glaeser (bei Kiepenheuer), – mit dem berühmt gewordenen Motto „La guerre – ce sont nos parents“: Der Krieg, gesehen mit den Augen des Menschengeschlechts, das zwölfjährig war, als er ausbrach, hingenommen zugleich und durchschaut, erlebt im Durcheinander mit den Ahnungen, Krisen, Erfahrungen des geheimnisbedrängten, kindlich-nicht-mehr-kindlichen Sensoriums. Kein Roman, aber was liegt an Romanen? Dichtung ist sie doch, die liebenswerte Urkunde, und vor allem Wahrheit. „Ich will die Wahrheit“, sagt der junge Mensch zwischendurch, „selbst wenn sie fragmentarisch ist, wie dieser Bericht. Vielleicht wird er noch andere Menschen aufreizen, die Wahrheit zu sagen. Und wenn sie nicht schreiben können, dann sollen sie denken.“ Gut, gut.

Ich las Wilhelm Speyers ‚Kampf der Tertia‘ (Rowohlt) mit einer Art von Vernarrtheit. Natürlich, die Schwäche fürs Jugendliche nimmt zu in dem Maß, wie sich der Abstand vergrößert von dem Zeitpunkt, da man selber den ‚Tonio Kröger‘ schrieb, – der freilich was anderes war. Entschuldigt, jede Jugend ist jung auf ihre Art, aber ich glaube doch, daß etwas unsterblich Gleiches ist in allem Jungsein, und daß noch manche Jugend dem Tonio zulächeln wird, – verschämt tut es sogar die heutige. Was Speyer betrifft, so kann er Verschiedenes, wird aber entzückend jedesmal, wenn er den Boden der Freiluftschule, des Landerziehungsheimes dichterisch wieder berührt, – tatsächlich lebt er in tiefster Seele von seiner Kindheit, wie eigentlich wir alle. Übrigens ist sein Buch dem Glaesers im Grunde nicht fern. Es handelt heimlich sogar vom Kriege.

Viel Jugend, auffallend viel hoffnungsvolle Jugend in diesem Jahr, die teils erst sichtbar wird, teils sich mit etwas Zweitem bestätigt und behauptet. Dies tut Ferdinand Bruckner, dessen ‚Krankheit der Jugend‘ Aufsehen erregt hatte, und der sich mit den ‚Verbrechern‘ (S. Fischer) erst recht als szenischer Gestalter von Kühnheit und Kraft erweist. Andere heißen teils Hauser, teils Heuser. Von Heinrich Hauser ist der schöne Matrosen- und Kolonisten-Roman ‚Brackwasser‘ in Reclams Sammlung ‚Junge Deutsche‘, den ich mit großem Vergnügen las, eine starke Geschichte von jener sensitiven Gesundheit, deren Meister Hamsun ist. Nur daß man die Willkür nicht ganz versteht und billigt, mit der darin zwischen erster und dritter Person gewechselt wird. Kurt Heuser sodann, schon aus der ‚Neuen Rundschau‘ bekannt, die ihn entdeckte, ist der junge Farmer, der die liebenswerten afrikanischen Novellen ‚Elfenbein für Felicitas‘ (S. Fischer) geschrieben hat. Auch will ich Wolfgang Hellmerts ‚Fall Vehme Holzdorf‘ (gleichfalls Reclam) nicht vergessen, einer Erzählung aus wirrer Zeit von leidender Armut, – und wenigstens nicht unterlassen, aus dieser Reihe noch ein paar Namen zu nennen, deren Klang schon bestimmter ist, so Penzoldt und Manfred Hausmann.

Heinrich Eduard Jacob, um wieder auf etwas frühere Jahrgänge zu kommen, wird, wie mir scheint, nicht genug gelobt und gelesen. ‚Dämonen und Narren‘ waren gekonnte Arbeit, von phantastischem Schliff. Der Autor übertrifft sich in dem kleinen Roman, der jetzt bei Rowohlt erschienen ist, ‚Jacqueline und die Japaner‘, einer reizenden Mischung aus deutscher Boheme und asiatischer Seelenkultur, geistreich einfach vorgetragen. Zugleich sei A. M. Frey, der Spukhafte, genannt, der mit seinem originellen neuen Novellenbuch ‚Missetaten‘ (bei Beck in München), vergeistigten Kriminalgeschichten, die Wertschätzung erneut und vertieft hat, die ich seit dem ‚Solneman‘ für ihn hege. Armin T. Wegner hat ein sehr liebes Kinderbuch geschrieben, – ein Buch nicht für Kinder, sondern für Mütter: ‚Moni, oder die Welt von unten‘ (Deutsche Verlagsanstalt, Stuttgart). Es hat mich entzückt durch eine Intensität des Schauens und Wissens, die halb auf Intuition und Sympathie, halb auf Erinnerung beruhend, sehr dichterisch anmutet. Eine Feuilleton-Sammlung höchst freundlicher Art fiel mir in die Hände: ,–ck erzählt' (Verlag der Frankfurter Societäts-Druckerei). „ck" ist die Chiffre für Geck, den langjährigen Feuilletonisten der ,Frankfurter Zeitung', und das Vergnügen, das seine sorgsam geformten Plaudereien voll stiller Klugheit und Warmherzigkeit mir bereiteten, wird von vielen geteilt werden.

Bücher der Kritik und des Gedankens wollen noch angeführt sein, die mir Gewinn brachten. Man kennt Kuno Fiedler kaum, was nicht in der Ordnung ist. Seit Erscheinen seiner mutigen Schrift ,Der Anbruch des Nihilismus', das aus aphoristischen Gedanken über das Verhältnis von Religion und Bürgerlichkeit, von Religion und Kultur bestand, haben geistige Leute ein Auge auf ihn, und sein jetzt (bei Georg Müller) herausgekommenes Buch ,Die Stufen der Erkenntnis, eine Ranglehre' ist sehr geeignet, ihm die Aufmerksamkeit eines weiteren Publikums zuzuwenden. Fiedler ist Theolog und wurde wegen seiner Kritik Luthers als Geistlicher suspendiert. Er ist jetzt Studienrat im Thüringischen, ein feiner, stolzer Kopf, zuweilen von trockenem Humor, ein Denker, dessen Vornehmheitslehre heute, wo deutscher Aristokratismus mit dem Demokratismus der Zeit im Weltanschauungskampfe liegt, vielen behilflich sein kann, ins reine zu kommen. Gern las ich Julius Babs kulturpolitische Betrachtungen ,Befreiungsschlacht' (Engelhorns Nachf.), zuträgliche Kost, ein männlich tüchtiges Buch der Vernunft und des guten Willens. Eduard Korrodi, der Schweizer, hat ,Geisteserbe der Schweiz' zu einem wunderschönen Lesebuch gesammelt und bei Eugen Rentsch in Erlenbach-Zürich herausgegeben: Prosa aus zwei Jahrhunderten, voll einer goldenen Redlichkeit und aufrechten Menschlichkeit, die Freude und Ehrerbietung erregen. Herder hat gesagt, die Schweizer hätten „den Kern der deutschen Sprache mehr unter sich erhalten", – der Kompilator erwähnt es in seinem guten Nachwort, und man spürt diese Wahrheit auf Schritt und Tritt. Perlen sind unter den Stücken, wie Troxlers ,Blicke in das Wesen des Menschen', die Fragmente aus Lavater, Keller, Bachofen, J. von Müller, Burckhardt, wie Rector Welti's Rede über ,Urbanitas', – aber ich muß weiter gehen. Friedrich Schnack, der Dichter von ,Sebastian im Walde', gibt ein Buch über ,Das Leben der Schmetterlinge', höchst innige, leicht zauberhaft getönte Naturbeschreibung, wie sie von diesem Träumer des Mythisch-Lieblichen wohl einmal kommen mußte. Das schönste Kunstbuch des Jahres ist zweifellos Meier-Graefes ,Renoir' (bei Klinkhardt & Biermann), gedrängt voll von Reproduktionen, deren Vollkommenheit in Erstaunen setzt.

Ich muß zu Ende kommen – ohne zu Ende gekommen zu sein. Der Zudrang ist mächtig; man begegnet ihm, verwirrt, mit erfreuter Abwehr. Ist es Reichtum, ist es Hypertrophie? Wir wollen das erstere glauben und ein Angebot feststellen, das, wenn nicht Blüte, so doch vielfältige Bewegung bedeutet. Man beobachtet Stammesvorstöße. Etwas wie eine nordwestdeutsche Erhebung ist zu bemerken. In Hamburg (um Blunck), in Bremen und Lübeck geht allerlei vor. Ich möchte den Verlag Otto Quitzow in Lübeck nennen, der eine charakteristische Regsamkeit entfaltet.

Ein Wort zum Schluß. Man sagt, das Publikum kaufe nur Neuigkeiten. Kaufte es sie nur! Die Klage, Bücher seien zu teuer, ist doch, meine Lieben, eine offenkundige Ausrede. Das meiste von dem, was ich hier nannte, kostet weniger als eine bessere Electrola-Platte, die in Millionen Exemplaren aufgelegt werden kann. Man sagt auch, das Publikum kaufe nur große Namen; es wollte, wenn es sein Geld schon anlege, etwas Sicheres. Sollte man sich von Mode und Fama so gängeln lassen? Der große Name bietet dir keine Gewähr, daß sein Werk gerade dir etwas zu sagen hat. Überlasse, Entdeckungen zu machen, nicht ganz und gar der Kritik, die sich zumeist in mäßigem Grade darauf versteht. Riskiere etwas. Auch wenn du kein Meisterwerk erstanden hast, sondern den bemühten Versuch, wirst du lesend teilhaben an der inneren Arbeit der Zeit.

SEBASTIAN BRANT: DER DOLCHSTOSS DER LITERATEN.

Die Mitarbeiter der „Weißen Blätter" – ein
„schwarzes" Kapitel aus dem Weltkrieg

In: Deutsche Treue.* Berlin, 6.8.1931, Nr. 31/32, S. 3/4, und 20.8.1931,
Nr. 33/34, S.3–5

„Es ist bis jetzt", sagt Wolfgang Breithaupt in seinem Buche „Volksver-
giftung", „bei der Beurteilung der revolutionären Entwicklung in
Deutschland fast überall der Fehler gemacht worden, den revolutionären Wert der intellektuellen Kreise zu unterschätzen. Dies ist um so
verhängnisvoller, als der *intellektuelle Zersetzungsprozeß* im Bürgertum
fast noch verderblichere Folgen gezeigt hat, als die revolutionäre Propaganda innerhalb der Arbeiterschaft. Während in der Arbeiterschaft
die revolutionären Theorien bei der übergroßen Mehrzahl aus sozialen
Forderungen herrührten, findet man in den revolutionären intellektuellen Kreisen *jenes zersetzende geistige Gift, welches das Volk bis in die
tiefsten Wurzeln seines nationalen Bewußtseins zerfressen hat.* Man lese
die „Weißen Blätter" von René Schickele".

Jawohl, man lese sie. Fasse die Wirksamkeit ihrer Mitarbeiter während des Weltkrieges überhaupt einmal ins Auge. Und dann frage man
sich, ob die nationalsozialistische Ablehnung alles Jüdischen und unsere
Abkehr von der mit Recht so neupreußischen Dichterakademie nicht
guten Grund haben.

1914 bis 18, die Aelteren unter uns werden sich dessen noch entsinnen, lag Sperrfeuer um Deutschland. Wir sind durch dieses Feuer
gegangen und Millionen sind geblieben. Aber nicht alle machten sich mit
uns auf den feurigen Weg; manche gingen lieber – in die Schweiz. So der
1914 einunddreißigjährige elsässische *Jude René Schickele*, der sein (den
Literaturhistoriker Soergel „erschütterndes") „Leben *zwischen* den
Zeiten, Rassen und Völkern" in Zürich dazumal ungestörter als im national erwachten Deutschland führen konnte. Was tat Schickele nun in
der Schweiz? Nun, er gab dort seit Januar 1915 die „Weißen Blätter"
heraus, die einer „europäischen Gemeinschaft" nach Friedensschluß
vorarbeiten sollten. Diese Vorarbeit war so, daß die deutsche Zensur die
meisten Hefte verbieten mußte. Und selbst die nicht beanstandeten

---

* Zeitschrift für monarchische Staatsauffassung, hrsg. vom Nationalverband Deutscher
Offiziere.

„Weißen Blätter" waren, vom Standpunkt des Frontkämpfers gesehen, glatte Kriegssabotage. Zum Beweis dafür zitieren wir Schickele höchstselbst; in seinem Schriftchen „Der 9. November" erzählt er Seite 24 ff. folgendes: „In der engen Stube eines Häuschens auf dem *Schweizer* Ufer des Bodensees (tja, die Schweiz!) sitzt Leonhard Frank und liest mit aufgesperrten blauen Augen, unter denen das harte Geißlergesicht sich weiß verkrümelt (tja, das Verkrümeln!), eine Novelle. Es ist der „Kellner", später „Der Vater" umgenannt, die erste jener kaltheißen *Anklagen* (!), die er herausgeben wird. Schnell in die Druckerei damit, für die „Weißen Blätter", und hinaus mit den Heften nach *Deutschland*, Frankreich, Italien, England und Oesterreich!" Carl Sternheim schickt „Tabula rasa", die frühzeitige Warnung vor der Anpassung des Proletariers an den Burgeois. (Und so etwas wird von Schickele begrüßt zu einer Zeit, wo auf unbedingte völkische Gemeinschaft der Deutschen alles, aber auch alles ankam!) Von Heinrich Mann kommt „Madame Legros", von Werfel „Der Traum einer neuen Hölle", wilde Aufschreie von Becher, Zornrede von Ehrenstein, beschwörende Gedichte von Däubler, Hasenclever, Wolfenstein und vielen, vielen anderen jungen Dichtern. In trüben Züricher Tagen flammt Rubiners „Himmlisches Licht" auf. Und weiter: „Wie gern gäbe ich zu, daß wir feige und träge und selbstsüchtig gewesen seien, wir, die den Häschern (huhu!) entronnen, glaubten, *nicht mitkämpfen zu dürfen*, auf welcher Seite, für welchen Vorwand (!!) immer". Aber nein doch: Sehr tapfer war dieser Krieg, wenn auch bloß Federkrieg, von der Schweiz aus! Und träge? Aber keine Spur! Die Federn rannten ja nur so übers Papier, so wie wir in Westen und Osten gegen eine Welt von Feinden rannten! Und selbstsüchtig? Pfui, wer sowas glaubt! Sicher erhielten die Mitarbeiter an den „Weißen Blättern" auch nur soviel Honorar, wie wir „ungeistigen" Feldgrauen Gold! „Wir ließen es uns", so schließt dies Bekenntnis einer schönen Seele, „viel kosten, geduldig zu bleiben (in der Schweiz? bis zum Kriegsende?) und nichts als ein Maulwurfshaufen in der bengalischen Beleuchtung des *falschen (soll heißen: Frontsoldaten-)* Heldentums, die Dunkelheit und die Stille um uns zu prüfen … Freunde haben mir gesagt, daß sie in solcher Stille durch das Sperrfeuer gewandelt seien". Wirklich charmant, diese Koketterie mit dem Sperrfeuer! Doch ernstlich: Was für ein Edelquatsch! Wir akzeptieren nur die Bezeichnung „*Maulwurfshaufen*", mit der Herr Schickele seine Wühlarbeit sehr treffend charakterisiert hat. Ein Urteil über Heldentum aber steht *ihm* am allerwenigsten zu! Doch was verstehen *wir* wohl von Kunst?! Wir müssen doch wohl unrecht haben, denn Herr Schickele ist heute ja –

Mitglied der Preußischen Dichterakademie! Wegen der „Weißen Blätter"? Oder wegen seines klassischen Ausspruchs: „Am 9. November war ich am glaubhaftesten, fast möchte ich sagen: nachweislich im Himmel"? (Fast möchten wir sagen: Wär er doch in Abrahams Schoß geblieben!)

Nehmen wir nun die Mitarbeiter Schickeles etwas unter die Lupe. Da ist *Leonhard Frank*, ebenfalls *Jude*, ein Jahr älter als sein Rassegenosse. Welche Verdienste erwarb er sich in Deutschlands Schicksalstagen? Nun, „er sah" – wie Polgar, der eigentlich Pollak heißt, uns versichert – „von Anfang an die patriotische Verwandlung von *Menschen in Raubtiere (Frontsoldaten!)* als ein *Erde und Himmel schändendes Verbrechen* an". 1916 auf 17, wo wir die Somme hinter uns und die Flandernschlachten vor uns hatten, schrieb Frank seine Novelle „Der Vater". Dort heißt es: „Sommer 1916 bekam Robert die Nachricht, daß sein Sohn gefallen war. Auf dem Felde der Ehre. Er las immer wieder: Gefallen auf dem Felde der Ehre. Er las den Zettel in der Küche, im Weinkeller, *auf dem Klosett*. Gefallen auf dem Felde der Ehre. Ehre. Das war ein Wort und bestand aus vier Buchstaben. Vier Buchstaben, die zusammen eine *Lüge* bildeten von solch höllischer Wucht, daß ein ganzes Volk an diese vier Buchstaben angespannt hatte werden können. Das Feld der Ehre war kein Feld, kein Acker, war keine Fläche, war nicht Nebel und nicht Luft. Es war das *absolute Nichts*". Und so etwas durfte in Deutschland, dessen Söhne bereits zu Abertausenden für die großartige *Idee* nationaler Ehre dahingesunken waren, gedruckt werden!! Schießen und Morden setzte Frank natürlich auch gleich; er verstieg sich bis zu den Sätzen: „Nicht der Engländer, Franzose, Russe, und für diese nicht der Deutsche, sondern in uns selbst ist der Feind. Das Nichtvorhandensein der Liebe ist der Feind und die Ursache aller Kriege. (Welches Gewäsch!) Man braucht ja nur zu lieben, dann fällt kein Schuß mehr. Dann ist der Friede da". Frank hätte das 1917 im Felde nur einmal persönlich ausprobieren sollen! Doch ohne Spott: War solche talmudistische Vernebelung der Gehirne nicht ein *Dolchstoß* wider den nationalen Widerstandswillen, wie er garnicht scharf genug verurteilt werden kann?! Und doch wurde er belohnt. Auch Frank „ziert" heute die *Dichterakademie*.

Sein pazifistischer Kollege und halber Rassegenosse *Hasenclever* brachte es dagegen „bloß" bis zum jüdischen Kleistpreis. Obwohl er doch auch das Seinige tat, den Siegeswillen des deutschen Volkes zu brechen. Durch seine Tragödie „Antigone" nämlich, über die er selbst folgendes gesagt hat: „Sie war der Abschluß einer politischen Manifestation, mit der das Gewissen des Schriftstellers *gegen den Krieg* und gegen Vergewaltigung (wohlgemerkt: 1917!) protestierte, indem sie dem antiken Stoff *zur Irreführung der Zensur* eine zeitgemäße Deutung verlieh." Diese „zeitgemäße Deutung" charakterisieren folgende Stellen:

Frau: Unsere Männer sind tot. *Wir haben Hunger! Gebt uns zu essen!*

Bürger: Wir wollen *keinen Krieg* mehr!

Viele Stimmen: Wir wollen *Frieden*!

Eine Stimme (grell): Nieder die Reichen!

Ein Bursche: Ich habe fünf Tage *nichts gefressen*! Man wird nicht von Siegen satt!

Man sollte fast denken, Hasenclever habe fürchterlich „Kohldampf geschoben". Da er jedoch – eigenem Zeugnis nach – den Krieg als „Einkäufer und Küchenjunge" mitgemacht hat, kanns nicht so schlimm gewesen sein. Um wieviel schlimmer gerade deshalb der Trick, die Heimat mit Hungergeschrei aufzuputschen! Für völkische Belange fehlte dem Halbjuden Hasenclever natürlich ebenfalls jedes Organ. Wir lesen da:

„Volk, du schreist und reißt die Augen auf.

Was soll der *Popanz Ruhm* und *Herrlichkeit*?"

Und:

„Alle Menschen sind Brüder".

(Danke für *die* Verwandtschaft!) Schließlich wittert der Autor auch noch Morgenluft:

„Friede allen Nöten,

Friede allem Leid.

Schon auf Morgenröten

grüßt die neue Zeit".

Friede wann? Morgenröte wann? 1917!! Herr Hasen*clever*, wir werden das *nicht* vergessen. Fast ebenso böse wie die Tragödie „Antigone" – in der übrigens Wilhelm II, damals doch immerhin noch der *oberste Kriegsherr*, als Kreon karikiert wurde – ist Hasenclevers Drama „Der Sohn", welches 1916 in Dresden uraufgeführt wurde. Die Tendenz ging hier darauf aus, „Die Tyrannei der *Familie, dies mittelalterliche Blutgeschwür, zu zerstören*" – Zersetzung und wieder Zersetzung!

(Schluß folgt).

(Schluß aus Nr. 30/31).

Ein liebenswürdiger Zeitgenosse war auch der bei Kriegsausbruch 28jährige *Jude Ehrenstein*, der seinen Haß gegen „Franzosen, Italiener, *Deutsche*, Juden, Russen, Engländer, *Kannaken … Heermörder* und

Generäle öffentlich bekannt und das große Wort „Ich habe die Nase voll von all den *völkischen Erd- und Blutgerüchen*" gelassen ausgesprochen hat. (In eine jüdische Nase geht eben viel hinein!) Ehrenstein schrieb 1916 „Der Mensch schreit", 1917 „Die rote Zeit" und 1918 „Den ermordeten Brüdern" – schon die Titel besagen genug. Die Krankenschwestern beliebte er (in dem nach Ansicht des Juden Ernst Weiß „der Messias nie starb") als *„Säue Gottes"* zu bezeichnen. Sein von der Kriegszensur nicht beanstandetes Gedicht „Das sterbende Europa" enthält folgende Verse:

„Auf den mordenden Meeren
hallen Heulgebote
zum unbekannten U-Gott.
Ueber den eisenzerhackten, feuerzerfeuerten Heeren
 versiegter Sieger die *adlerschändenden* Flieger,
über Stadtdörfern, Kreuzen im Kreuzfeuer verbrannten,
der *tierischen Fahne, Dschingiskhan* blutrot".

Das ist zwar abscheuliches, galizisches Deutsch, aber in seiner Tendenz doch verständlich. Oder gibt es einen, der hier den allem heldischen Denken feindlichen Wüstengeist nicht geifern hört?

Der *Jude Rubiner*, dessen „himmlisches Licht" Schickele so begeisterte, war um nichts besser als Mosjö Ehrenstein. Als fanatischer Kommunist hat er sich bewährt. Seine Denkweise manifestierte er in dem überaus bezeichnenden Satze: „Die Seele ist unsere tötendste Ausschweifung. (Es ist wirklich großartig, weil der *Jude keine Seele hat*, sollen wir auch keine haben!) *Es kommt darauf an, daß wir in die vollkommenste Verzweiflung gehen, wo wir nichts mehr zu retten haben.* Kein Geheimnis mehr. Kein Fürsichsein. Kein Privatleben". Und solche Menschenfreunde setzten sich dann hin und schrieben und schrieen von Menschenliebe, putschten die durch Leid verwirrten Gemüter mit Versen wie folgenden auf:

„Dürftige Mädchen,
die in ungesehenen Winkeln von Soldaten gebären,
fiebrige Mütter, die keine Milch haben, ihre Kinder zu nähren,
Schüler, die mit erhobenem Zeigefinger stramm stehen müssen,
ihr Fünfzehnjährige mit dunklem Augrand und Träumen von
 Maschinengewehrschüssen,
ihr, die ihr nichts wißt, nur daß euer Leben das Letzte ist,
eure Tage sind hungrig und kalt:
Zu euch stäuben alle Worte der Welt aus den Spalten der Mauern,
ihr seid der schallende Mund, der *Sturmlauf*, das Haus

auf der *neuen* gewölbten Erde Berlin usw."

Gewiß – das ist dunkel. Der Zensur wegen. Aber gerade in dieser Dunkelheit –, die fingerfertig an Wunden der Zeit tastete, – aufreizend!

Weniger verkappt trat *Johannes R. Becher* auf, der Jude zu sein bestritten hat. Er verdiente es aber, allein schon wegen seiner „Hymne auf Rosa Luxemburg", in der u. a. die Verse stehen:

„Du Silbertau im Steppenbrand!
– Du Himmelstrost in Höllenschmerz!
– Du Lächelmond am Mord-Zenith! (Da lächeln die Hühner!!)
– Du tiefste Purpurpause im Antlitz-Krampf!
Blanke *unschuldsvolle*
Reine jungfrauweiße
Taube Glaubenssaft
ob Tribünen-Altar schwebend *Hostie* (!!) hoch."

Im Kriege schrieb der stets „krawallbereite" Becher, der Klassiker der „Kotflüsse, Furunkelstädte, Eitersümpfe, Kadaverkaskaden, Spülichtkatarakte", getreu seinem Prinzip

„Der Dichter meidet strotzende Akkorde. (Na, na)
Er stößt durch Tuben, peitscht die Trommeln schrill.
Er reizt das Volk auf mit gehackten Sätzen".

die „Gedicht"bände „An (d. h. für) Europa" (1916) und „Päan gegen die Zeit" (1918). Aus den „Weißen Blättern" zitieren wir die erste Strophe folgenden Poems:

An den General.
Verreckend schau ich *feistes* Antlitz dich.
Wie spaltest du, elendes Wrack, entzwei.
Aus deß Gehirn entsprang uns Stich um Stich
Anschob die Faust purpurene Bastei.
Armeen stampftest in ein *Höllgrab* du.
Wozu?!

Theodor *Däubler*, der Dichter des „Nordlichts" (nach unserer Meinung aber alles andere als ein nordisches Licht!) steuerte während des Krieges ebenfalls vielen Blättern, die pazifistische Minierarbeit leisteten, Gedichte bei. Er beschränkte sich aber wesentlich auf seine unpolitische Spezialität, das „kosmische (und mitunter komische) Gerede". Heute sitzt er in der Dichterakademie. Gefährlicher war *Rudolf Leonhard*, der seine Produkte nach dem Grundsatz „Ein Gedicht bestehe nicht, sondern *wühle um*" fabrizierte. Er hieß ehedem *Lewysohn* und brachte es 1918 zum „Rat geistiger Arbeiter". *Jude*, wie er, ist der große *Franz*

Werfel, der sich mit seinen „Troerinnen" schon Frühjahr 1914 gegen den Krieg gewandt hat. Infolgedessen weinerte er angesichts des Weltkrieges „Des Geistes Haus zerschossen!" und schwang sich wenig später schon zu dem *„Revolutions*aufruf"

„Renne, renne, renne gegen die alte, die *elende* Zeit!"

auf. Als „Führer der Mitleidslyrik" in harten Zeiten, wo *mannhafte* Worte am Platz gewesen wären, hat er zweifellos geschadet. Steht doch letzten Endes hinter allen seinen Gedichten jene *heldenfeindliche* Ansicht, die er einmal in die Worte kleidete:

„Kennst du die starke Waffe
der wirklichen Sieger?
Sie verachten das Wort, sie ziehen die Niederlage dem Sieg vor,
sie ergeben sich, sie lassen sich gefangennehmen...
Denn furchtbar ist der Demütige, furchtbarer, der sich erkennt,
und ein Tamerlan, wer sich aufgibt."

Leider wimmelt es in Deutschland von Tamerlanen – wir aber meinen: Deutschland den Deutschen! Man wird indessen Werfel fast von Herzen gut, wenn man ihn mit seinem Rassegenossen *Karl Sternheim* vergleicht, dem typischen „modernen *Juden*, der alles, was er nicht versteht (und was versteht er von deutschen Dingen?!), mit kaltem Lächeln abtut". Seine von Schickele gerühmte Novelle „Ulricke" wird bleiben als Zeugnis dafür, was sich das deutsche Volk im Judenzeitalter bieten ließ. Während des Weltkrieges hatte er nichts Besseres zu tun, als seinem Haß gegen den preußischen Adel, der doch eben die größten Blutopfer für Deutschland und damit auch für Herrn Sternheims persönliche Sicherheit brachte, freien Lauf zu lassen. Auch die 1914 bis 1917 aufgezeichneten, vorsichtshalber aber erst nach dem Umsturz veröffentlichten „Randbemerkungen" des *Juden Georg Hermann* (Borcherdt) seien hier erwähnt; zwar haben sie mit den „Weißen Blättern" nichts zu tun, aber um so mehr mit dem Kapitel „Judentum und Weltkrieg". Wir wählen folgende Blütenlese aus:

„Die blonde Bestie ist mir stets ein Greuel gewesen. Ich liebe Deutschland, aber ich liebe *Menschentum* mehr. – Der Krieg ist eine außerordentlich begeisternde Sache, *solange* die *anderen* totgeschossen werden. – *Meuterei* nennt man die höchst verwerfliche *Selbstbesinnung des Viehs*, das zur *Schlachtbank* getrieben wird. – Lieber fünf Minuten *feige* als ein Leben lang tot. – Welche „Lächerlichkeit": Das Leben ist der Güter höchstes nicht. Ich (Jude Borcherdt!) bestreite das und erwarte den Gegenbeweis. – Die Leiter betrachten das *Volk* als *Vieh*. So wie eine Generation alt wird, wird sie *geschlachtet*. – Krieg ist etwas für *Leute, die ihr Hirn im Bizeps haben.* (Wir gratulieren Ihnen, Herr Borcherdt, daß unser Bizeps streng legal ist ...) – *Heldentum* ist ... ein Bulldoggen- und Schnappschildkröten-Ideal".

Ich fürchte, die „Schildkröten" werden Sie noch einmal „schnappen", Herr Borcherdt, versteht sich streng legal, durch eine ausreichende Judengesetzgebung. *So also dachte Juda im Weltkrieg!*

Wo sich soviel Juden und Paneuropäer zusammenfanden, konnte natürlich *Heinrich* („mir graut vor dir!") *Mann* nicht fehlen. Trieb ihn das von mütterlicher Seite ererbte portugiesische Blut in diese Gesellschaft? Was immer es auch gewesen sein mag, er paßte jedenfalls als der große Europaschwärmer, Republikfreund und Demokrat, als der Anbeter Frankreichs und Verächtlichmacher Vorkriegsdeutschlands, der er war resp. wurde, als der Verherrlicher der französischen Revolution („Madame Legros"!) prächtig in die Clique um die „Weißen Blätter". Er, der 1917 in seinem Aufsatz „Das junge Geschlecht" vom Existenzkampf der Nation? von den äußeren Gefahren? ach nein! von der Demokratie sprach und der Jugend dabei unter anderem zurief: „Verlaßt euch nicht auf große Männer" und „Gewiß, nichts werdet ihr *weniger scheuen* als den *inneren Kampf*!" „Euer Volk liebend, werdet ihr die *Menschheit* nicht hassen" (Soviel wir uns entsinnen können, hatten wir 1917 allen Grund, die Menschheit zu hassen).

Es ist erschütternd: Wo alles darauf ankam, ein waffenfrohes Geschlecht heranzuziehen, um die äußeren Feinde wenigstens vom heimischen Boden fernzuhalten, predigten Männer wie dieser Mann (der für uns aber keiner ist!) was? *Den inneren Kampf.* Es ist nicht zu ermessen, welch unheilbarer seelischer Schaden durch solche verblassene Redereien gerade in *der* Jugend angerichtet wurde, die in das dienstpflichtige Alter hineinwuchs und berufen war, den alten Frontsoldaten frische Kräfte und verjüngende Impulse zuzuführen ... Es ist nicht zu ermessen – *dennoch* aber ist Heinrich Mann Präsident der *Dichterakademie* und fordert als solcher *Einfluß* auf die *Schullesebücher*. Will er dort seinen „*Unrat*", – seinen mit recht so vergessenen Roman –, abladen? Oder möchte er seine „Gedenkrede auf Eisner" in den Schullesebüchern gedruckt sehen?

Deutschland, sei wach!!!

RENÉ SCHICKELE: HEINRICH MANN.
SKIZZE ZU EINEM PORTRÄT

In: Berliner Börsen-Courier, Berlin, 27.3.1931,
Jg. 63, Nr. 145, morgens, S. 5/6

Badenweiler, 25. März 1931.
Ihrer Aufforderung, Heinrich Mann in Ihrer Zeitung zu seinem 60. Geburtstag zu gratulieren, kann ich leider nicht in der von Ihnen gewünschten Weise nachkommen. So schnell geht es nicht bei mir! Zudem verhindern es auch die Umstände, unter denen ich lebe – ersparen Sie mir, bitte, die genauere Bezeichnung, die Sie zu meiner Entschuldigung wohl erwarten dürften.

Ich empfinde für Heinrich Mann unbegrenzte Verehrung und Dankbarkeit und liebe ihn so, daß ich noch heute, nach mehr als zwanzigjähriger persönlicher Bekanntschaft, ganz andere Dinge tue, als ich im Sinne habe, wenn ich mit ihm zusammen bin. Ich habe keine Hoffnung, diese Schüchternheit je zu verlieren, und wünsche es auch gar nicht mehr. Er soll mich ruhig für einen vertrackten Waldbewohner halten, dem der Duft eines Weines von Weltruf zu Kopfe steigt, sobald er ihm mit der Nase zu nahe kommt. Auf die Entfernung gibt sich das wieder, und unter andern Umständen, wie gesagt, würde ich mich nicht scheuen, jetzt an die Zeichnung und Ausmalung eines lebensgroßen Porträts heranzugehen, das vielleicht nicht besser, aber sicher auch nicht schlechter ausfiele, als die andern Nummern der Ausstellung, die sich heute in Deutschland und im Ausland dem Publikum öffnet.

Wir waren zwanzigjährig, als wir die Romane der *Herzogin von Assy* verschlangen, Flake und ich rissen sie uns aus der Hand. Die Farbe jener Zeit hätte den feurigen und etwas düstern Hintergrund für das Porträt abzugeben – was wäre das schon allein für ein Stück Arbeit! Denn es fiele nicht leicht, der heutigen Jugend klarzumachen, was uns an dieser tollen und gleichzeitig bis zum Aeußersten vergeistigten Romantik so begeisterte, obwohl ... Obwohl, überlege ich es mir recht, eine Jugend, die etwa in den *Geächteten* von Salomon oder den Büchern von Jünger und Schauwecker ihr Genüge findet, gerade so gut sich den Reizen der *Herzogin von Assy* hingeben könnte, wie den gewiß minder prächtigen und in jeder Hinsicht verdächtigen Gebärden einer Politik, die (auf Grund mißverstandener Erscheinungen des Wirtschaftslebens) nichts andres als eine „erwachende" *Romantik* darstellt.

Es ließe sich einwenden, dieser neudeutschen „erwachenden Roman-

183

tik" fehle zwar nicht die Tollkühnheit, wohl aber der *Geist* der *Herzogin von Assy*-Zeit, ein Geist, stark und hell, der selbst jenen Malvolto der *Pippo Spano*-Novelle zu entsühnen vermag, daß aus einem Ungeheuer vor lauter Geist fast ein Mensch wird ... Fehlt aber „denen, die jung sind", wirklich der Geist, oder vielmehr: empfinden sie wirklich kein *Bedürfnis* nach Geist? Davon wird mich niemand überzeugen! Nein, wenn sie nach geistlosen Reisläufern aussehn, so liegt es einfach daran, daß sie vom Geist nichts wissen. Statt eines echten, menschlichen Abenteuers, statt jener Sublimierung des Notwendigen, die man Geist nennt, hat man ihnen – was gezeigt? Ergraute Parteien. Ein Geschäftstheater, in dem zwar ihre Führer kräftig mitspielen (wovon sie ebenfalls nichts wissen), das ihnen aber gerade gut genug scheint, mit Knüppeln danach zu schmeißen. Unheimlich gescheite Staatsmänner, die weiter stottern, wie die Alten noch ganz annehmbar gesungen. Und, als Gegenbeispiel, eine Vergangenheit, die als Mistbeet von Ressentiments gepflegt wird, und eine Zukunft voll mittelalterlicher Pracht ... Zugegeben, man müßte ein Barnum gewesen sein, um in der wirren und grellen Nachkriegszeit die Aufmerksamkeit der Jungen zu erregen – warum fanden wir keinen Barnum in unsern Reihen? Die Barnums regieren schon eine ganze Weile die Welt. Waren wir nicht gewarnt genug?

Man sieht, der erste Pinselstrich an einem Porträt Heinrich Manns fährt gleich mitten in die Zeit! Wer ihn richtig abkonterfeien wollte, hätte dreißig Jahre deutscher Geschichte mitzumalen. Seine nur scheinbar italienische, in Wahrheit tiefromantische, tiefdeutsche Welt, von den *Göttinnen* bis zu dem Meisterwerk seiner vollen Reife, der *Kleinen Stadt*, und der leisen, unendlich zarten und verträumten Musik von *Liliane und Paul*.

Mit dem Berliner Roman *Schlaraffenland*, der Brücke zwischen den Romanen Fontanes und Döblins *Alexanderplatz* (dem ersten, ausschließlich und unauswechselbar Berliner Roman) beginnt unmaskiert das Leben, der Kampf auf deutschem Boden. Die Münchner bekommen ihr Teil mit der *Jagd nach Liebe*, das ganze Reich das seine mit dem *Untertan*, der kurz vor dem Krieg in einer Berliner Zeitschrift erscheint und natürlich bald abgebrochen werden muß. Der Krieg geht verloren. Die *Armen* treten mit Macht in die Politik.

Daneben gehn, als deutliche Streiter und Mahner, die großen Essais: *Eine Freundschaft* (Flaubert und die Sand) gehört noch zu der Herzogin von Assy und dem Dichter Malvolto. Jedoch, schon der *Zola* sagt mitten im Krieg, was von Heinrich Mann als der berufenen Stimme eines in Panik und Verdüsterung abgestürzten oder nur einfach verstummten

Gewissens dazu gesagt sein mußte. Gleich nach dem Krieg beginnt er (und *er* in allem Ernst und unermüdlich) mit dem „geistigen Aufbau"; der Essai *Kaiserreich und Republik* bildet das Hauptstück jener deutschen Zeichen und Wunder, deren sich nie ein Barnum annahm ... Weshalb man ihn schlicht in der Sammlung von 1919 *Geist und Tat* nachlesen mag.

Zur selben Zeit, als Deutschland nach Locarno ging, wuchs Heinrich Manns aufklärende, um eine lichtere Zukunft werbende Arbeit bewußt ins Europäische. Es ist kein geeintes Europa vorstellbar, dessen Herzstück und Achse nicht die Länder am Rhein wären. So rundete sich der zweite Essaiband *Sieben Jahre* (1921–1928) von selbst zu einem europäischen Buch um den Mittelpunkt: Deutschland–Frankreich ...

Zuletzt erschien *Die große Sache*. Hier wäre auf die Romantik Heinrich Manns zurückzukommen und in aller Ausführlichkeit zu zeigen, wie dieser hochmoderne Roman von der italienischen Renaissance der *Göttinnen* im wesentlichen nicht weiter entfernt liegt, als der Kontinent derer, die heute jung sind, mitsamt seinem wildesten Dschungel vom Werk unseres Meisters und Jubilars ... Nur, sie wissen zu wenig davon! ... Sie verstehen es nicht ganz! ... Man zeigt es ihnen nicht, wie es ist!

Ich bin beim Schluß und Trinkspruch angelangt, den ich am Freitagabend listig anzubringen bitte: möge die Jugend zu dem Werk Heinrich Manns wie in ihre eigene, schönere Zukunft einkehren – es geruhe die deutsche Republik, der er 1919 das beste Essaibuch deutscher Sprache widmete, sich bewußt zu werden, daß sie unter ihren Bürgern keinen bessern findet als ihn.

Mit herzlichen Grüssen
Ihr René Schickele

In: René Schickele, Tagebuch, 21.3.1934 (RS III, S. 1071 f.)

21. März

Wir sitzen im *Café Monnot*, da kommt Heinrich Mann. Er wird fett. Doppelkinn, das die Bewegungen des Kopfes nicht immer ganz mitmacht. Der Kopf geht weg, und das Kinn bleibt liegen.

Nachdem er seinen Kaffee bestellt hat, zieht er, wie er das offenbar täglich tut, die Zeitung aus der Tasche und legt sie sorgsam vor sich auf den Tisch. Es ist die *Dépêche de Toulouse*. Er gibt ihr monatlich einen Artikel und bekommt sie als Mitarbeiter umsonst. Andere Zeitungen liest er nicht. Dann faltet er die Hände und sieht einen aus seinen blauen Augen an. Sie sind harmloser als die eines Kindes. Beim geringsten Anlaß bricht ein Ausdruck von Mißtrauen durch. Schon, wenn seine Eitelkeit sich von fern bedroht fühlt. Wenn man gut von jemand spricht, der ihn vor langer Zeit einmal, selbst unwissentlich, gekränkt hat. Von Huxley sagt er mit seiner lehrhaften Betonung: „Herr Huxley ist ein hochmütiger Herr." Warum? Huxley sollte letzten Sommer einmal zu Meier-Graefes kommen an einem Abend, an dem Heinrich Mann einen Aufsatz aus dem Manuskript des *Hasses* vorlas. Er wurde daran verhindert, weil seine Frau für den gleichen Abend Gäste geladen hatte, was er nicht wußte oder vergessen hatte. Als ich das erstemal von dem Mißverständnis hörte, klärte ich Mann auf – mit dem Ergebnis, daß er mich in seinen Argwohn nur einbezog. Er sagt nach wie vor: „Herr Huxley ist ein hochmütiger Herr", komisch wichtigtuerisch wie ein braves Kind, das erklärt: „Hunde beißen."

Er beklagte sich, daß die Emigrantenpresse das Deutschland Hitlers dauernd als groß und gefährlich hinstelle, so daß die andern sich fürchten müßten. „Wer wird den Mut haben, gegen einen so furchteinflößenden Koloß etwas Ernsthaftes zu unternehmen!"

Ich bin eher der Meinung, daß nichts so zu Wagnissen verführt wie die Furcht. Mir scheint die Politik der Emigrantenblätter aus ganz andern Gründen verfehlt.

Er arbeitet an seinem Roman (*Heinrich IV. von Frankreich*). Den ganzen Tag am Schreibtisch. Seine einzige Erholung der kurze Cafébesuch zwischen fünf und sechs. „Seit zwei Jahren geht es so mit der Arbeit. Ich brauche Ferien." Im Augenblick, da er es ausspricht, breitet sich eine maßlose Müdigkeit über ihn. Sein Gesicht zerfällt. Die Augen blicken traurig in die Ferne. Die Arme hängen.

Ich kenne keinen einsameren Menschen. Ein Schatz von Güte und Weisheit liegt in ihm. Der Schatz muß unerschöpflich sein. Seit vierzig Jahren wendet er ihn an dicke Frauen, die keine Stirn, aber ein kräftiges Handgelenk haben und „das Leben kennen". Es ist nicht anders möglich, als daß der Vorrat an Menschlichkeit, aus dem er diese Beziehungen speist, von ihnen auch wieder ergänzt wird. Es ist wohl die *humanité brute*, der Rohstoff des Menschlichen, was ihn anzieht. Der Frauentypus von frühesten Erlebnissen bestimmt. Lübeck, wo es am dunkelsten ist. Seltsame Mischungen von Spießertum und Verworfenheit. Er fühlt sich selbst als Professor Unrat, möchte aber als Oberingenieur Birk (*Die große Sache*) sterben. Er *wird* auch so sterben. Ganz gewiß. Er ist das eine so gut wie das andre. Je älter er wird, um so mehr sehnt er sich nach *Herz*. Er sucht es dort, wo es am dunkelsten und vielleicht am einfachsten ist. In seinen letzten Romanen und Aufsätzen kam das Wort „Herz" immer häufiger vor. Im selben Maße ließ er, wohl nicht ohne Selbstüberwindung, seinen Rationalismus hinter der „Ahnung höherer Mächte" zurücktreten. Oberingenieur Birk hat das „zweite Gesicht"! Und anläßlich seines sechzigsten Geburtstages berichtete er in einer Zeitung von der telepathischen Kunde, die er in Sils Maria vom Tod seiner in Deutschland lebenden Schwester erhalten habe.

Der Sieg Hitlers und die Vertreibung aus Deutschland haben die Entwicklung nur scheinbar unterbrochen. Er verfiel auf den Haß und schrieb ein Buch, um ihn zu rechtfertigen. Kurz vorher hatte er einem besonders bösartigen Gegner geantwortet: „Ich hasse Sie nicht." In seinem Buch *Der Haß* schreibt er: „Unter normalen Verhältnissen begegnet ein Zivilisierter bei seinesgleichen nur einem gemäßigten, sehr relativen Haß, und auch er selbst, mit allem, was er vom Leben weiß, fühlt sich nur schwer imstande zu hassen ohne Vorbehalt und Hemmung ... Ein überspannter Haß wäre dir nicht gesund. Außerdem wäre er unwürdig deiner Intelligenz."

Oberingenieur Birk, der plötzlich von der glanzvollen und anscheinend gesicherten Höhe seines Lebens abstürzt und im Exil *um die nackte Existenz* kämpfen muß. Das sieht freilich leicht nach Haß aus.

KLAUS MANN: RENÉ SCHICKELES NEUER ROMAN. „DER FALL RICHARD WOLKE"

In: Pariser Zeitung, Paris, 5. 5. 1937, Jg. 2, S. 327; wiederabgedruckt in: Klaus Mann, ‚Prüfungen. Schriften zur Literatur', hrsg. von Martin Gregor-Dellin, München: Nymphenburger Verlagshandlung 1968, S. 248–252

Es wäre gar nicht übel, sondern recht angenehm und beinah notwendig, wenn es einen Codex von Zeichen gäbe, die man einer Buchkritik voraussetzen könnte, so etwa wie vor einem Musikstück Schlüssel und Tonarten angegeben sind. Ich meine Zeichen, die den Leser darüber unterrichten, welchen Maßstab der Rezensent an das zu beurteilende Werk legt; zu welcher Kategorie von Büchern das betreffende etwa gehört – ob es hohe Literatur oder Tendenz- oder Unterhaltungs-Literatur ist –; welchen Platz in der Hierarchie der Schriftsteller sein Autor einnimmt – denn eine solche Hierarchie gibt es –; mit welchem Maß von prüfender Strenge, mit welchem Anspruch man ihm also entgegentritt.

Da dieser Zeichen-Codex, dieses System von Hieroglyphen fehlt, wird der Leser oft getäuscht und in die Irre geführt. Er findet etwa ein zwar politisch nützliches, gut gemeintes, brav gemachtes, aber literarisch ganz anspruchsloses und – um es nur heraus zu sagen – wertloses Buch herzlich gelobt („Nur so weiter, junger Mann!" heißt es da. „Solche Bücher können wir gebrauchen!"), das Produkt eines wirklichen Schriftstellers aber, eines echten, passionierten Künstlers wegen irgendwelcher fragwürdiger Züge, wegen irgendwelcher Fehler, die ihm eignen mögen, getadelt. Der Leser muß also den – falschen – Eindruck bekommen, daß die Arbeit des braven, aber literarisch nur ganz mäßig begabten jungen X. wertvoller sei als die des reifen, hoch entwickelten, vielfach bewährten Y. Der Kritiker hat nämlich an das Werk des Y. einen ganz anderen und sehr viel strengeren Maßstab gelegt als an die redliche Erstlings-Leistung des jungen X. Nur hat er unterlassen, den Leser darauf hinzuweisen, daß er Y. nur tadelt, weil er das Beste, das Vollkommene von ihm erwartet; und daß er X. mit soviel Gutmütigkeit nur deshalb behandelt, weil er bei ihm durchaus nichts von besonderem Reiz und Wert vorausgesetzt hatte.

Diese der Kritik voranzusetzenden Schlüssel-Zeichen müßten das Publikum vor allem auch darüber ins Bild setzen, ob der Schriftsteller, mit dem man es zu tun hat, eine persönlich geprägte, eine dichterische Prosa schreibt; ob er überhaupt einen Stil hat, oder ob er sich nur schlecht und recht – mehr oder minder korrekt – verständlich macht. Ich fürchte, man hat vielfach vergessen, daß der Rang eines Autors, zunächst und vor allem, durch seinen Stil bestimmt wird. „Der Stil ist die Physiognomie des Geistes", heißt es bei Schopenhauer. „Sie ist untrüglicher, als die des Leibes." Auf die Merkmale und besonderen Zeichen dieser „Physiognomie" verstehen sich nur noch wenige; sie werden meist übersehen. Wer fragt denn noch danach, wie ein Buch geschrieben ist? Wer kümmert sich denn noch um Reiz und Rhythmus, um Charme und Melodie der Prosa? Wenn einer nicht geradezu grammatikalische Schnitzer macht, kann er heute schon ein großer Schriftsteller heißen…

Gäbe es bei breiteren Leserschichten –, gäbe es auch nur bei der literarischen Kritik einen Sinn und ein Verständnis für die stilistischen Valeurs – ein Autor wie René Schickele müßte berühmter sein, müßte erfolgreicher sein, als er es tatsächlich ist; wenn man seinen Namen hört, müßten alle, die deutsche Dichtung lieben, gleich wissen: René Schickele – ein echter Künstler unter unsren Schriftstellern! Einer, der das Instrument der deutschen Sprache wirklich beherrscht; der auf ihm zu spielen versteht, ihm überraschend holde Töne zu entlocken weiß, wie nur wenig andere, wie nur ganz wenig andere in dieser Zeit.

Immer also, wenn wir uns mit einer Arbeit von René Schickele kritisch beschäftigen, haben wir unserer Betrachtung jenen „Schlüssel", jene Hieroglyphe voranzustellen, welche bedeutet: Hier handelt es sich um hohe Literatur, um etwas sehr Feines, Seltenes, um ein Produkt aus kostbarer Substanz. Erst wenn das betont und eindeutig festgestellt worden ist, dürfen wir auch mit Einwänden kommen.

Denn freilich lassen sich gegen den neuen Roman von Schickele „Die Flaschenpost" (Verlag Allert de Lange, Amsterdam) auch Einwände anbringen, und Bedenken drängen sich auf. Es ist in diesem mit viel Schönheiten reich begnadeten Buch ein Element des Spielerischen, des Abseitigen; es herrscht in ihm, von Anfang bis zum Ende, eine melancholisch-hochmütige Distanz zu den großen Sorgen und Problemen der Zeit, durch die wohl mancher zum Widerspruch, ja zum Widerwillen gereizt werden könnte.

Der Held des Romans – aber keine Bezeichnung dürfte in diesem Falle weniger passend sein als die des „Helden"; die zentrale Person des Buches also, jene nämlich, die das Wort führt, welcher der Bericht in den Mund gelegt ist – ist ein Fremdling in dieser Zeit, kommt nicht mit, will nicht mitkommen, weiß durchaus nichts anzufangen mit den großen kollektiven Bewegungen der Epoche, ein Individualist bis zu dem Grade, daß man ihn beinah einen Anarchisten nennen möchte, wenn ihm zum Anarchisten nicht wiederum die Tatkraft, die Aktivität im Verneinen fehlten. Da die Realität ihm unerträglich ist, flüchtet er in den Wahnsinn – wobei sich die alte Hamlet-Frage ergibt: Spielt er den Wahnsinn nur, oder ist er ihm wirklich verfallen? Die Verfallenheit an den Wahnsinn zeigt sich vor allem darin, daß er den Mann, welcher in dem südfranzösischen Nest sein Nachbar ist, hartnäckig und eigensinnig für den Exkönig von Spanien hält. Es ist dem Richard Wolke – dies der Name unseres Riviera-Einsiedlers – gar nicht auszureden: Der Herr von nebenan ist der Exkönig. Dabei handelt es sich in Wirklichkeit um einen Anarchisten auf Urlaub – um einen veritablen Anarchisten in diesem Fall; er hat schon sechzehn Personen, darunter zwei Minister, umgebracht. Wolke seinerseits bringt nur einen einzigen Menschen um: eben den falschen Exkönig. Dieses ist die einzige Tat, zu der er es bringt –: eine verfehlte, eine irrtümliche, eine falsche; denn der, den er tötet, ist ja im Grunde sein Gesinnungsgenosse. Aber so geht es wohl, wenn die nicht zum Handeln Geborenen sich zur Handlung aufraffen: sie hauen daneben, es kommt nicht das heraus, was sie sich vorgestellt hatten. Zunächst allerdings spüren sie eine gewisse Befriedigung – irrtümlicherweise. „Ich ging nach Hause", heißt es, nachdem das Unsinnige geschehen ist, mit schönem, lyrischem Pathos, „duftend vom schwermütigen Glücke eines, dessen Lebenswerk getan ist." Wer aber lacht, wer vor Lachen geradezu brüllt, das ist die Polizei: Wolke hat – oh, bittere Ironie! – ohne es zu wissen oder zu wollen, einen schlimmen „Feind der Gesellschaft" beseitigt.

Sonst bringt er nicht viel fertig im Laufe dieser melancholisch-witzigen Erzählung. Nicht einmal zu der Nacht mit der Freundin des falschen Exkönigs – einer hinreißend geschilderten, von Sinnlichkeit gleichsam leuchtenden Person, in die sich unser Wolke heftig verliebt – darf es kommen.

Die Handlung – die sich gerade dadurch auszeichnet, keine Handlung zu sein – ist in die strahlende südfranzösische Landschaft gestellt, in den „Midi" – keiner vermag ihn so zu schildern wie René Schickele, Spezialist für das Elsaß und für die Provence. Wie das duftet! Was für zarte und satte Farben das hat! Wenn ich an das Buch „Die Flaschenpost" denke, habe ich eine Erinnerung wie an den Duft von Mimosen. Und wie prachtvoll lebendig stehen diese südlichen Typen da: Josefo – reizender Gauner, fragwürdiger Papa dieser von allerlei gemischtem Volk bewohnten kleinen Niederlassung. Und Nina, seine reizvolle Frau, eine Kranke, schon halb Entrückte, mit Betrübtheit und Zärtlichkeit sehen wir sie sterben, wie man eine hübsche, durchsichtig zarte Figur entschweben sieht.

Es gibt viel zu bewundern, viel zu lieben. Das ganze Buch ist geschrieben mit einer zauberhaft leichten Hand; mit jenem Fingerspitzengefühl für die Nuance, das Nietzsche bei seinen Deutschen so bitter vermißte. Man ist Artist und Liebhaber des Artistischen genug, um begeistert zu sein. Freilich, man ist auch Moralist – moralistischer Politiker genug –, um mit Kummer, ja, um mit einem Gefühl, das fast Empörung ist, zu empfinden: Hier entzieht sich ein reifes, sicheres, sensibles, hoch entwickeltes literarisches Talent der Problematik der Zeit. Ein Künstler flieht in holde, abseitige Gegenden: es ist Fahnenflucht. Der Fall Richard Wolke, das ist beinah der Fall René Schickele. Der Unterschied ist nur: Schickele ist wertvoller als Wolke; er ist uns wertvoller, wir brauchen ihn mehr. Wolke ist nur ein Kauz. Schickele ist ein Dichter. Der Dichter sollte sich nicht zu viel mit Käuzen beschäftigen, sondern mehr mit denen, die Anteil nehmen an unseren Sorgen und Hoffnungen und die teilhaben an unseren Kämpfen.

(1937)

THOMAS MANN: RENÉ SCHICKELE †

Thomas Manns Nachruf erschien am 26. 5. 1940 in The New York Times Book Review
in englischer Sprache. Er setzt sich zusammen aus einem 1940 geschriebenen Vorspann
(Durchschlag im Thomas-Mann-Archiv der ETHZ, XIII, 849–851) und dem schon
1939 publizierten Aufsatz *Zur französischen Ausgabe von René Schickeles ‚Witwe
Bosca'* (erstmals in französischer Übersetzung unter dem Titel *René Schickele Ecrivain
Français de la Langue Allemande* in ‚Les Nouvelles Littéraires', Paris, 14. 1. 1939). Der
deutsche Text wurde erstmals in *Altes und Neues* abgedruckt; vgl. X, 761–766. Bentmann hat den Vorspann aus der New York Times Book Review rückübersetzt (S.
229–231).

Ende Januar ist in Vence, einem Vorort von Nizza, René Schickele, der
elsässische Schriftsteller, 57 Jahre alt, in die Ewigkeit eingegangen.

Wenn Goethe recht hat mit seinem Satz: „Höchste Wirkung der
Kunst ist Gefühl der Anmut", so war unser verstorbener Freund ein
außerordentlicher Künstler, und gerade im germanischen Sprachbe-
reich, wo Helligkeit, Grazie, beschwingte Leichtigkeit so selten, ist
seinem Lebenswerk unsterbliche Bewunderung sicher. Versteht sich,
daß Schönheit auch hier ein Kind des Leidens war und der Triumph
darüber, – sieghafte Verklärung der Qual: ist sie nicht immer das Lächeln
des Heiligen, der an seinem Pfahl unter einem Regen von Pfeilen ver-
blutet? Es ist ja wohl nicht anders, daß die Höhe und Bedeutung eines
künstlerischen Werkes dem Maß von Leiden entspricht, das sein Schöpfer trug, und daß dieses von jenem abzulesen ist. Der Dichter, den wir
betrauern, hat viel gelitten, körperlich und in seiner Seele, und in den
Tod, der schließlich sanft war, wird er gewilligt haben mit einem „Es ist
genug". Ein schweres Asthma begleitete ihn durch die Jahrzehnte und
untergrub die Kräfte seines Herzens, das zum Lebensdienste, zum
Dienste am Guten und Schönen so willig war, – untergrub sie zusammen
mit dem Gram über das Elend Europas, über die Nachbarschaftstragö-
die der beiden Nationen, denen der Grenzbewohner nach Blut und
Geist angehörte.

Als ich seinen letzten Brief empfing, hatte er schon seit vierzehn Tagen
das Zeitliche verlassen. Es ist ein Dokument jener moralischen Verein-
fachung, zu der die Epoche den hochentwickelten und alle Nuancen des
Zweifels gewöhnten Geist auf eine verjüngende Weise nötigt, – unverständlich allerdings für die Dummköpfe, die, wenn ein solcher Geist
heute von Freiheit und Demokratie spricht, meinen, er äußere Mittel-
klassen-Ideen. „Die Welt", schrieb er, „teilt sich in zwei Lager, und das
ist gut. Sie werden immer deutlicher, immer kräftiger hervortreten, und

da es sich nicht mehr zu leben lohnte, wenn der Ungeist siegte, so mag es denn der furchtbare Kampf auf Leben und Tod werden über alle Begriffe hinaus, die wir uns bisher von derartigen historischen Entscheidungskämpfen zu machen pflegten. Der Kampf wird extra muros et intra auszufechten sein. Es ist der *Welt-Bürgerkrieg*. Ich will lieber völlig unterliegen, als nur mit halbem Herzen bei einer Partei zu sein, mit geteilten Gefühlen ihrem Sieg beizuwohnen, zur Feier eine Fahne aufzuziehen, die für mein innerstes Empfinden auf Halbmast stehen bliebe. Zum erstenmal in meinem Leben bin ich Konformist und fühle mich ganz und gar auf der rechten Seite. Ich bin gläubig, wie der große Pasteur es zu sein wünschte: mit der Kraft und der Ausdauer eines bretonischen Bauern. Ich glaube an unser Recht und unsern Sieg. Wie ich in meinem Büchlein über Lawrence die Zwillinge schilderte, so zeigen sie sich jetzt unverkennbar auf dem Welttheater, und ich betrachte das Schauspiel mit dem überheblichen, doch verzeihlichen Gefühl, es sei mir zur Klarstellung meines Standpunktes die Geschichte selbst („die Politik ist das Schicksal", sagte Napoleon zu Goethe) ebenso unfreundlich wie offenherzig entgegengekommen."

Klarheit, Gläubigkeit, Kraft, Ausdauer, – das sind die letzten Worte eines zum Leiden und zur Kunst erlesenen, durch sie verfeinerten Herzens, dessen Schläge schon gezählt waren. Nein, der Geist ist nicht der entnervende Zerstörer der Seele und des Lebens, wie schlechte Philosophen behaupteten, die der Barbarei vorarbeiteten. Keine Verschlagenheiten, Ironieen und Zweifel hindern ihn, wenn es ernst wird, wie heute, in Schlichtheit und Kraft für das Gute und Menschenwürdige einzustehen – wie unser Freund, der Dichter René Schickele es in diesem Briefe tut. Mir sollen seine Worte ein Vermächtnis sein, und ich will seiner gedenken in den kommenden Entscheidungen. –

Die folgenden Zeilen, die von seinem Leben, seiner Entwicklung einiges erzählen, schrieb ich als Einleitung zur französischen Ausgabe seines provençalischen Romans „Die Witwe Bosca". Mögen sie helfen, den Namen eines liebenswerten deutsch-europäischen Dichters, der leben wird, wenn wir nicht alle zuschanden werden, auch in diesem Lande bekannter zu machen.

THOMAS MANN: ZUR FRANZÖSISCHEN AUSGABE VON RENÉ SCHICKELES ›WITWE BOSCA‹

In: ›Altes und Neues. Kleine Prosa aus fünf Jahrzehnten‹,
Frankfurt a. M.: S. Fischer 1953, S. 560–565

Nicht die gesicherte, selbstverständliche und fraglose Existenz, – die zusammengesetzte, übergängliche und fragwürdige, des Fragens würdige Natur, der geistige Grenzfall macht das literarische Genie. Schickele ist Elsässer, er stammt aus dem Grenzlande, wo zwischen Deutschland und Frankreich die europäischen Geschicke immer hin und her schwankten: das bestimmt seine geistige Erscheinung, die Haltung und Stimmung seines reichen, reizvollen Lebenswerkes, es bestimmt selbst seine persönliche Wirkung, in der seine Deutschsprachigkeit mit dem körperlichen Typus eines französischen Intellektuellen kontrastiert. Ich weiß nicht, in welchem Grade es Zufall ist, daß er deutsch schreibt, weiß nicht, ob diese Tatsache das Ergebnis einer bewußten Wahl, eines klaren Willensentschlusses ist, wie er sich etwa im Falle des Schweizers Conrad Ferdinand Meyer begab, der lange zwischen beiden Sprachen schwankte. Wir Deutschen jedenfalls dürfen uns freuen, daß dieser Schriftsteller der Unsrige wurde, denn seine Bücher sind innerhalb unserer Prosa etwas absolut Außerordentliches an Geist und Grazie, welche ihr französisches Erbteil darstellen, während eine gewisse Naturhaftigkeit, eine Verbundenheit mit Erde und Landschaft, die bis zum Panischen geht, als ihre deutsche Komponente betrachtet werden mag, die seiner Leichtigkeit Tiefe und Schwere, seiner Geistigkeit oft einen Anhauch von Dämonie verleiht.

Nach seiner Studienzeit in Straßburg, Paris und München begann Schickele seine literarische Laufbahn mit dem Roman ›Der Fremde‹, der mir von Barrès' ›Les Déracinés‹ herzukommen scheint, was vielleicht weniger auf geistiger Verwandtschaft als auf menschlich-konkreteren Gemeinsamkeiten, der tiefen, landschaftlichen Verwurzelung des einen in Lothringen, des andern im elsässischen Boden beruht. Schickele wurde denn auch bald zum elsässischen Heimatdichter – in des Wortes unphiliströsester und künstlerischster Bedeutung: denn seine elsässische Romantrilogie ›Das Erbe am Rhein‹, nach 1920 geschrieben, kann für immer als das mit feiner und starker Künstlerhand gebildete Standardwerk elsässischer Landschaft und elsässischer Seelenlage gelten und stellte den Dichter ein für allemal an den hervorragenden Platz, den er heute in der deutschen Literatur einnimmt. Vier Jahre zuvor erschien sein ‚Hans im Schnakenloch‘, der ‚Peer Gynt‘ des Elsaß, 1914 in den ersten Kriegsmonaten entstanden. Das Stück wurde in Berlin und im Reich gespielt, obgleich der Held zum Schluß nach Frankreich überläuft. Es wurde denn auch kurz vor seiner hundertsten Aufführung verboten, und man hat unter der Republik, als die Akten geöffnet wurden, eine erregte Korrespondenz darüber zwischen der Theater-Intendanz, die sich für das Stück einsetzte, und dem Hauptquartier, das es schon lange verbieten wollte, gefunden.

Ich sagte, die jugendliche Beeinflussung durch Barrès sei kaum von geistiger Art gewesen, denn Schickele, wie der Lothringer ein Lyriker und Paysagist, war nie, wie dieser, ein rückwärts gewandter und todverbundener Romantiker, sein reicher und lebensfreundlicher Geist war immer vorwärts gerichtet, war revolutionär, soweit die melodiöse Konzilianz seines Künstlertums es nur zuließ, und eines Tages - es war noch während des Krieges – fand er sich als Führer, als General einer neuen literarischen und mehr als literarischen Schule, des Expressionismus.

Ich weiß nicht, ob dieser Terminus in Frankreich geläufig ist, – er bezeichnet eine deutsche geistige Bewegung jener Zeit, welche, im Gegensatz zu dem als bloß quietistisch aufnehmend und widerspiegelnd beurteilten Naturalismus und Impressionismus, einen explosiven Aktivismus der Kunst forderte, verbunden mit dem Willen zum höchsten und stärksten seelischen Ausdruck, einem Willen, der die Sympathie mit dem Seelenleben der Gotik und die Ablehnung der von der Renaissance her bestimmten bürgerlichen Kultur zeitigte. Der Aktivismus der Bewegung ging über das Literarische und Künstlerische hinaus, er war vom ersten Augenblick an politisch und nahm bei den einen mehr militant-kommunistische, bei den anderen republikanisch-pazifistische Gestalt an.

Die literarische Heimstätte der expressionistischen Bewegung und der sie tragenden jungen Generation war die von Schickele herausgegebene Monatsschrift ‚Die weißen Blätter‘, die während des Krieges zuerst in Berlin, dann in Zürich erschien. Hier war es, wo Leonhard Frank, Kafka, Edschmid, Werfel und Sternheim zum ersten Mal einem größeren Publikum präsentiert wurden. Die politische Hauptdoktrin der Schule war die Untrennbarkeit von Politik und Literatur. Die Zeitschrift bedeutete die Mobilisierung des Geistes für die Politik, und zwar für eine antimilitaristische und pazifistische. Eine ihrer kennzeichnendsten Kundgebungen war ein Beitrag meines Bruders Heinrich, – jenes unter dem Schein eines enthusiastischen Zola-Porträts geschleuderte ‚J’ accuse‘ gegen den imperialistischen Krieg.

War nun Schickele, wiewohl der taktische Führer dieser Schule, ei-

gentlich ein Expressionist? Man kann das nicht sagen, – wie denn ja
kaum jemals eine starke Persönlichkeit sich in den Rahmen eines literarischen Programms hat einfügen wollen. Es sind gewisse geistige, das
Geistige betonende, über die das Leben nur aufnehmende und widerspiegelnde, willenlose Passivität des Naturalismus hinausgehende Elemente, die ihn mit dem Expressionismus verbinden; aber seine künstlerische Natur und formale Haltung war im Grunde zu human, dem
Krassen und Steilen im Grunde zu abgeneigt, als daß das Wesen des
Expressionismus eigentlich sich in seiner Kunst erfüllte. Übrigens ist der
Expressionismus eine Mode von gestern und Schickele's Werk lebt, vielleicht gerade darum, weil es von Anfang an lebendig und von Theorie
wenig bestimmt war.

Was ihn mit der Schule verband, war in erster Linie sein sozialer
Instinkt und seine politische Wachheit, die ihn von der politischen In-
differenz der durchschnittlichen deutschen Intellektuellen vorteilhaft
unterscheidet. Ich glaube sogar, daß ein politischer Publizist, wenn nicht
ein aktiver Politiker an ihm verlorengegangen ist; freilich hätte ihm eine
solche Aktivität wohl nur in Frankreich Befriedigung gebracht. Denn
daß das deutsche politische Leben sich seinen westlich-demokratischen
Bedürfnissen und Neigungen fügen werde, hoffte er vergebens.

Als die Revolution von 1918 kam, schien Schickele ein Sieger. Er
begrüßte in Berlin die junge Republik. War er bald enttäuscht?

Es scheint so, denn bald jedenfalls zog er sich in jenes stille Schwarz-
wald-Revier zurück, nahe Badenweiler, nahe zu Frankreich hin, von wo
er, wie ein Wächter, die Ebene seines Elsaß sich ausbreiten sah.

Hier war er ein Lynkeus für Europa, zum Sehen geboren, zum
Schauen bestellt. Hier entstand der erwähnte dreigliedrige Roman (,Ma-
ria Capponi', ,Blick auf die Vogesen', ,Der Wolf in der Hürde'),
französisch nach der heiteren Durchsichtigkeit seiner Form; ein deutsches Zeugnis außerdem von Schickele's Verwachsensein mit der Natur,
von dem gerade diese Jahre beherrscht waren. Das Panische, von dem ich
gerade sprach, tritt jetzt besonders stark in seiner Kunst hervor; aber die
Natur ist bei ihm nicht todernst, wie bei Giono oder Ramuz, sie droht
niemals, sie lächelt oder lacht sogar: es ist Pans-Gelächter, und Pan bläst
die Flöte dazu. Diese Natur verträgt Witz, Esprit, Grazie; alles Natur-
hafte bei Schickele, die Jahreszeiten, die Blumen, die gegründete Erde,
die Wölbung des Himmels gewinnen etwas Bewegtes und Tänzerisches.
Seine Sprache ist immer etwas wie ein Hochzeits-Karmen zwischen
Deutschland und Frankreich, und jedes dunkle und tiefe Wort darin hat
Engelsschwingen, welche es schweben lassen.

Es ist, als ob der Zug nach Frankreich sich in Schickele immer verstärkte. Bald, beizeiten, schon längst vor 1933, wandert er in die Provence, das Land, wo die Troubadours ihre kämpferischen Invektiven und ihre Liebeslieder gesungen haben. Er ging dorthin und kehrte nie nach Deutschland zurück. Die neuen Herren des Landes konnten einem so freien Geist nicht hold sein. Sie wurden sogar bald recht unhold. Schickele's Bücher wurden erst in Hamburg verboten, dann in München, dann überall, totalitär. Er tröstete sich mit den Göttern des Mittelmeeres, aus dem, wie er so oft gesagt und gesungen, nicht nur sie, sondern auch Europa selbst aufgetaucht ist. Das arme Europa, das mehr als jemals gefährdete, ihm galt seine Sorge, sein Glaube, der Glaube eines französischen Deutschen, eines deutschen Franzosen, eines Europäers.

‚Die Witwe Bosca‘ ist in seiner Provence-Zeit entstanden. Die Landschaft des französischen Südens ist die eigentliche Heldin dieses Romans, und ihre Bewegtheit würde an einen anderen Wahl-Provenzalen, an van Gogh denken lassen, wenn nicht bei Schickele die Intensität und Heftigkeit der Schilderung fortwährend durch Anmut humanisiert wäre. Die Menschen des Buches, zahlreich und von individuellem Leben erfüllt, sprechen und handeln eifrig, aber sie reflektieren nie; sie sind eigentlich selbst nur Ausgeburten der Landschaft, bald vom Mistral getrieben wie das junge Liebespaar, bald von dunkeln Erdkräften. Die Witwe, die Hauptperson, ist eine richtige Pans-Hexe.

Der epische Strom besteht aus lauter Strudeln und Wirbeln. Es ist ein Brio in dieser Dichtung, wie deutsche Prosa es selten gekannt hat; dabei ein fester, tiefer und humoristischer Blick für das Böse und Dämonische, für das menschlich Unheimliche, verbunden mit einer Zartheit und Süßigkeit der Empfindung, welche gleich in seinem ersten Satz, der sich leitmotivisch wiederholt, sich entzückend ausspricht. Er lautet: „Die Jahreszeiten der Provence wechseln leise in der Nacht. Du siehst, du hörst sie nicht kommen. Eines Morgens wachst du auf und hast einen neuen Schatz." So kam dies Buch; als einen solchen neuen Schatz haben wir es bei seinem Erscheinen empfunden. Möchtet auch Ihr Franzosen nun, da es der französischen Sprache gegeben – vielleicht soll man besser sagen: im Geiste zurückgegeben wird, es aufnehmen als einen solchen! Er gehe ein, dieser Schatz, in unsern sichersten europäischen Safe.

ANMERKUNGEN

Einführung

1 RS III, 1164. Schickeles Tagebuchaufzeichnungen aus jener Zeit, die sogenannten 7
   Blauen Hefte (ungedruckt, Marbach), sind voll von Beobachtungen und Notizen zum
   Tagesgeschehen. Die Auftritte der NSDAP werden z.T. mit eingeklebten Zeitungs-
   ausschnitten dokumentiert (vgl. insbesondere Heft 1, 10.6.1932–28.9.1932). Am
   15.6.1932 hatte Schickele notiert: „Hitler *ante portas*" (vgl. RS III, 1038).

2 Der Artikel ist im Anhang, S. 175–182, abgedruckt. – Im Brief vom 11.9.1934 an
   Stefan Zweig (RS III, 1209) heißt es: „Ich habe Badenweiler mit meiner Familie bereits
   vor zwei Jahren (im Herbst 1932) verlassen. Schon unter Papen und Schleicher begann
   es mir in die Nase zu stinken. Es stank nach August 1914 – ohne den Beigeschmack
   echten Opfermutes, der damals den Irrsinn den Göttern genehmer zu machen
   schien."

3 Zum Folgenden vgl. Thomas Manns Tagebücher. 8

4 Vgl. dazu Hans Wysling (Hrsg.), Thomas Mann, Heinrich Mann, Briefwechsel, Frankfurt a.M.: S. Fischer 1984, Einführung.

5 Vgl. René Schickele, Der Triumph der Lüge, in: Das neue Magazin, Berlin, 24.12.1904, 9
   Jg. 73, H. 26, S. 805–809 (abgedruckt im Anhang, S. 147–152). Der erste erhaltene
   Brief von Heinrich Mann an Schickele datiert vom 4.11.1906 (ungedruckt, Marbach):
   Heinrich möchte Schickele im Romanischen Café treffen und lesen, was er über ihn
   geschrieben hat. – Vgl. auch Anhang, S. 153–156.

6 René Schickele, Heinrich Mann. Skizze zu einem Porträt (RS III, 915–918). 10

7 Vgl. Anhang, S. 166–169. 11

8 Zur Maja-Thematik vgl. Hans Wysling, Narzißmus und illusionäre Existenzform.
   Zu Thomas Manns Hochstapler-Roman, Bern und München: Francke 1982,
   S. 112–121 (Thomas-Mann-Studien 5).

9 Brw. Heinrich Mann, S. XXVIII ff.

10 Vgl. Anhang, S. 157–159. 13

11 Vgl. Anhang, S. 164–165. Im 11. Notizbuch, S. 43 (Herbst 1916), äußert sich Thomas
    Mann abschätzig über die „Wetterlé und Schickelé".

12 Brief vom Herbst 1935 an Erna Pinner (RS III, 1227). 15

13 Im Brief vom 23.1.1936 an Erika Mann schreibt er rückblickend: „Hilft alles nichts,
    die Gewissensmahnung, die in Dir zum Zorn wird, bleibt, und beständig habe ich das
    heiter-großartige Spiel, das ich in Gestalt des ‚Joseph' treibe, und das an und für sich
    schwierig genug ist, dagegen durchzusetzen. Monate lang habe ich es schon einmal
    unterbrochen, um Entwürfe zu einer Kampf- und Zeit-Schrift von der Art der ‚Be-
    trachtungen' aufzuhäufen."

14 Vgl. Klaus Manns Brief vom 1.6.1934 an René Schickele, in: Klaus Mann, Briefe und 17
    Antworten 1922–1949, München: Spangenberg 1987, S. 186. Schickele erwog den
    Zeitschriftentitel *Verteidigung des Westens* (vgl. Thomas Manns Brief vom 2.4.1934 an
    René Schickele). – Zur Gründungsgeschichte der Zeitschrift *Maß und Wert*
    vgl. Thomas Manns Tagebücher, ferner: Werner Mittenzwei, Exil in der Schweiz,
    Leipzig: Reclam 1981, S. 191–208; Peter Stahlberger, Der Zürcher Verleger Emil
    Oprecht und die deutsche politische Emigration 1933–1945, Zürich: Europa Verlag
    1970, S. 234–262.

21 15 Am 17.2.1934 schreibt er Harry Graf Keßler (RS III, 1193f.): „Da aber der totale
kommunistische Staat für mich *(wenn auch schweren Herzens)* so unannehmbar ist wie
der faschistische, muß ich allein bleiben – übrigens mit vielen anderen (und nicht den
schlechtesten), denen ihr Gewissen ebenfalls verbietet, sich einer Sache zu verschreiben, die für sie entweder (wie die faschistische) in Ziel *und* Methode oder (wie die
kommunistische) zwar nicht im Ziel, aber in der Methode eine seelengefährdende
Irrlehre darstellt. Ich glaube nun einmal nicht, daß der Zweck die Mittel heiligt!"

22 16 Nur zwei Beispiele: Am 6.4.1935 übergab ihm Heinrich Mann seine Schrift *Der Sinn
dieser Emigration.* Schickele zitiert und kommentiert (RS III, 1085 f.):

> *Der Sinn dieser Emigration* beruht auf 3 Forderungen.
> 1. *„Entjudung"* der Emigration. „Die Propaganda der Emigration richtet sich noch
> immer fast allein gegen die Judenverfolgungen. Die Juden sind nur ein Teil der deut-
> schen Emigration... Marxisten gehn bei den großen jüdischen Kundgebungen noch
> öfter leer aus" (als die vertriebenen Denker), „obwohl Hitler erklärt hat, er hasse die
> Juden gar nicht als Juden, nur als Träger des Marxismus. Sie sollten dies nie vergessen,
> denn es ehrt sie." Ob es sie ehrt, weiß ich nicht. Jedenfalls ziehn sie es vor, die reichen
> Juden in aller Welt, auf deren Hilfe sie angewiesen sind, nicht an den Marxismus zu
> erinnern. Denn die verabscheuen einen jüdischen Marxisten noch viel mehr als einen
> christlichen. 2. *Schaffung eines Wohlfahrtskomitees für die geeinte und durch die Ei-
> nigkeit eine Macht gewordene Emigration.* Wie sollte dies geschehen? Kommunisten
> und Sozialdemokraten beschimpfen einander täglich heftiger. Mehr denn je erkennt
> Moskau nur eine Front an: die kommunistische. Die Juden werden sich nicht bei ihren
> Geldgebern kompromittieren wollen, indem sie Arm in Arm mit Marxisten auftre-
> ten.

> Am 6.8.1934, Schickele ist kurz zuvor mit Bruno Frank, Feuchtwanger und Ludwig
> Marcuse bei Frau Schwob eingeladen gewesen, kommt er zu einem bombastischen
> Verdikt (RS III, 1129):

> Ich sage zu Theodor Wolff: „Der Nationalsozialismus ist der Versuch, den 1918
> verlorenen Krieg zu gewinnen." „Warum dann die Judenverfolgung" antwortet er. Er
> weiß noch immer nicht, daß die Juden an allem Schuld sind. Oder wollte er sagen, daß
> er gegen einen solchen Versuch nichts einzuwenden hätte, wenn man die Juden daran
> teilnehmen ließe?

17 Der Brief, abgedruckt in RS III, 1224–1226, ist eine wichtige Stellungnahme zur
Judenfrage.

18 Am 2.7.1934 notiert sich Thomas Mann bei Gelegenheit Meier-Graefes Besuch in
Küsnacht: „Man saß im Freien und trank Thee. Er war schnoddrig und komisch
dramatisch wie gewohnt."

19 Julie Meyer-Boghardt (1976, 1988).

23 20 Die rote Frau. Sprüche und Reimereien von René Schickele. Geschrieben in Spiez im
September 1917, in: Die Literarische Welt, Berlin, 24.12.1926, Jg. 2, Nr. 52, S. 9.

21 „Die Menschen, die man schätzt, zu denen man Vertrauen hat, und deren Umgang man
als Gewinn und nicht als Zeitverderb empfindet, sind zu wenig zahlreich, als daß dies
Bedauern nicht immer wieder unter uns zu Worte kommen müßte", hatte ihm Thomas

Mann schon am 3.7.1934 geschrieben. Solche Anteilnahme war indessen angesichts der inneren Einsamkeit der Beteiligten nur selten möglich.

22 Otto Flake schreibt in seiner Autobiographie, *Es wird Abend* (Frankfurt a. M.: S. Fischer 1980, S. 149), Schickele sei schon als junger Mensch fast ständig leidend gewesen: Er trug „immer Aspirin, Brom und andere Drogen bei sich, die er schon während der Straßburger Tage in unheimlichen Mengen schluckte. Er hatte schlechte Zähne, litt an Kopfschmerzen, Schlaflosigkeit und Verdauungsbeschwerden."

23 Vgl. dazu auch Thomas Manns Brief vom 16.5.1934 an René Schickele: „[...] ich bin   24 ehrgeizig für uns draußen. Sie und ich und mein Bruder, von dessen Henri IV ich viel erwarte, müssen unsere Sache sehr gut machen, damit man einmal sagt, wir seien in dieser Zeit das eigentliche Deutschland gewesen."

Der Briefwechsel

6.12.1930   René Schickele an Thomas Mann, ms. Br. (mit Unterstreichungen von   27 Thomas Mann)

1 *Sektion:* Sektion für Dichtkunst der Preußischen Akademie der Künste. Die Sektion für Dichtkunst wurde am 26.10.1926 gegründet. Schickele war am 27.10.1926 auf Vorschlag der drei Gründungsmitglieder Ludwig Fulda, Thomas Mann und Hermann Stehr in die Akademie aufgenommen worden. – Zur Gründungsgeschichte der Preußischen Akademie siehe Inge Jens, ‚Dichter zwischen rechts und links. Die Geschichte der Sektion für Dichtkunst der Preußischen Akademie der Künste dargestellt nach den Dokumenten‘, München: Piper 1971, S. 46–92, hier bes. S. 61 ff.

2 *letzten Akademiehandel:* Generalversammlung vom 13.10.1930.

3 *Bezeichnung M. d. A.:* M. d. A. bedeutet „Mitglied der Akademie". In der Sitzung vom Oktober 1930 schlug René Schickele vor, alle Akademie-Mitglieder möchten die Bezeichnung „M. d. A." – analog zu den Usancen an der Académie Française – bei der Veröffentlichung von Büchern und Aufsätzen ihren Namen hinzufügen, um sich als Instanz zu profilieren und Geltung und Verantwortung vor der Öffentlichkeit zu erringen.

4 *Antwort Stuckens:* Eduard Stucken (1865–1936), Erzähler, Lyriker und Dramatiker. – Stuckens Stellungnahme zur Bezeichnung ‚M. d. A.‘ konnte nicht ermittelt werden.

5 *Loerke:* Oskar Loerke (1884–1941): Lyriker, Schriftsteller. Von 1917 bis zu seinem Tod Lektor beim S. Fischer Verlag in Berlin, Mitarbeiter der ‚Neuen Rundschau‘. 1927 Senator und Dritter Ständiger Sekretär in der Sektion für Dichtkunst der Preußischen Akademie der Künste. – Loerkes Antwort auf die Umfrage ist in Inge Jens’ Buch nicht enthalten.

6 *Ricarda Huchs Ansicht:* Ricarda Huch (1864–1947), Schriftstellerin. Trat 1933 unter Protest aus der Preußischen Akademie der Künste aus. Begann vor ihrem Tod ein Buch über die deutsche Widerstandsbewegung: ‚Der lautlose Aufstand‘. – Ricarda Huchs Stellungnahme lautete: „Daß die Mitglieder bei Veröffentlichungen M. d. A. hinzusetzen, sollte ihnen empfohlen werden, aber es sollte meiner Ansicht nach keine Verpflichtung dazu bestehen." (Inge Jens, S. 141).

7 *Fulda:* Ludwig Fulda (1862–1939), Schriftsteller. – Fuldas Antwort auf die Umfrage: „Ob man sich bei Veröffentlichungen als M. d. A. bezeichnen soll oder nicht, sollte füglich jedem Mitglied nach persönlichem Ermessen freigestellt werden. Mir z.B. läge das nicht recht [...] Ich würde das also nur mitmachen, wenn die Sektion gegen meine Stimme es für obligatorisch zu erklären beschlösse." (Inge Jens, S. 141).

8 *Max Halbe* (1865–1944): Dramatiker und Erzähler.

9 *bei Velhagen erscheinenden Roman:* Wahrscheinlich Max Halbe, ‚Generalkonsul Stenzel und sein gefährliches Ich‘, Roman, München: Langen 1931.

10 *Mombert:* Alfred Mombert (1872–1942), Lyriker und Dramatiker. – Momberts Stellungnahme zur Bezeichnung ‚M. d. A.‘: „Ich gebe [...] zu bedenken, daß sich sämtliche Skribenten jeder Schattierung mit großem Gebrüll auf den M. d. A. stürzen werden. Die Nicht-M. d. A.-Verleger [...] werden in diesen Chor einstimmen. Man könnte ohne weiteres darüber hinweghorchen, wenn lauter unverkennbare Meisterwerke erschienen. Aber mit jedem schwächeren Werk wird man höhnisch die Institution der Akademie belasten, ohne daß diese sich schützend davor stellen könnte. Es könnte also sehr wohl das Gegenteil des erhofften Erfolges eintreten. Die alten französischen Gesellschafts-Traditionen ins heutige Deutschland zu überführen, dürfte schwer halten." (Inge Jens, S. 141)

11 *Wilhelm Schäfer* (1868–1952): Erzähler und Dramatiker. 1888–1896 Lehrer in Vohwinkel und Elberfeld. 1898 freier Schriftsteller in Berlin; mit Richard Dehmel befreundet. 1900–1915 in Vallendar, Herausgeber der Zeitschrift ‚Die Rheinlande‘. Seit 1915 in Ludwigshafen am Bodensee, später in Überlingen.

12 *Däubler:* Theodor Däubler (1876–1934), Schriftsteller, Essayist.

13 *Scholz:* Wilhelm von Scholz (1874–1969), Schriftsteller. 1926–1928 Präsident der Preußischen Dichterakademie. 1944 Dr. h. c. der Universität Heidelberg. 1949 Präsident des Verbandes Deutscher Bühnenschriftsteller. Lebte zuletzt auf Gut Seeheim bei Konstanz. Zu seinem Leben vergleiche seine Darstellungen ‚Lebensjahre‘ (1939) und ‚Lebenslandschaft‘ (1943).

14 *Strauss:* Emil Strauss (1866–1960), Schriftsteller. – Die Stellungnahme von Emil Strauss lautete: „Den Antrag auf Verpflichtung der Mitglieder, ihrem Namen auf Büchern usw. M. d. A. beizufügen, lehne ich ab. Wir haben als Akademiker noch nichts von Belang in die Wege geleitet, haben also keinen Grund, die Akademie ins Knopfloch zu stecken – falls dies überhaupt einem empfindlicheren Geschmack entspräche. Überdies ist es den Nichtakademikern gegenüber ein Wettbewerb mit ungleichen Waffen." (Inge Jens, S. 141)

15 *„Völkischer Beobachter":* Nationalsozialistische Tageszeitung, gegründet 1887 als ‚Münchener Beobachter‘, wurde 1900 von Franz X. J. Eher (Zentralverlag der NSDAP), 1918 von der Thule-Gesellschaft erworben und nun unter dem Titel ‚Völkischer Beobachter‘ herausgegeben. 1920 wurde der ‚Völkische Beobachter‘ von der NSDAP als Zentralorgan erworben und erschien seit dem 8. 2. 1923 als Tageszeitung. Er wurde 1921–1923 geleitet von Dietrich Eckart, 1923–1938 von Alfred Rosenberg, 1938–1945 von Wilhelm Weiss. Es gab mehrere Ausgaben mit (1944) 1,7 Mill. Exemplaren. Am 27. 4. 1945 stellte die Zeitung ihr Erscheinen ein.

16 *Tagebuch Jules Renards:* Jules Renard, ‚Journal 1887–1910‘, Paris 1928.

17 *Hermann Hesse bei seinem Austritt:* Wilhelm Schäfer, damaliger Verhandlungsleiter, hatte am 4. 11. 1930 in einem Rundbrief den weniger aktiven Mitgliedern nahegelegt, aus der Akademie auszutreten, woraufhin Hesse am 10. 11. 1930 seinen – schon lange gewünschten – Austritt erklärte. Begründend schrieb er im November 1930 an Wihelm Schäfer: „Ich habe das Gefühl, beim nächsten Krieg wird diese Akademie viel zu der Schar jener 90 oder 100 Prominenten beitragen, welche das Volk wieder, wie 1914 im Staatsauftrag über alle lebenswichtigen Fragen belügen werden." Schäfer und seine völkisch gesinnten Kollegen Erwin Guido Kolbenheyer und Emil Strauss benützten diesen Anlaß als Vorwand für ihren eigenen Austritt (5. 1. 1931). Im Gegensatz zu

Hermann Hesse hatten sie kaum eine andere Wahl, da die Mehrheit der Akademie-
mitglieder, u. a. Alfred Döblin, Walter von Molo, Oskar Loerke, an der Spitze Thomas
Mann, Schäfer und seinen Gefolgsleuten den Austritt aus der Akademie nahelegten,
indem sie beantragten, Schäfers Geschäftsordnung sei zurückzuziehen (vgl. dazu Inge
Jens, S. 119 ff.).

18 *93 Intellektuellen:* 93 prominente deutsche Gelehrte und Intellektuelle, die im Herbst
1914 gegen die Anschuldigungen einer barbarischen deutschen Kriegsführung in Belgien protestierten.

19 *Molo:* Walter von Molo (1880–1958), Schriftsteller. Studierte in Wien und München   29
Maschinenbau und Elektrotechnik. 1904–1913 Oberingenieur im Patentamt Wien,
dann freier Schriftsteller in Berlin. 1928–1930 Präsident der Preußischen Dichteraka-
demie. Seit 1933 mehrfach angegriffen, lebte er zurückgezogen auf seinem Hof bei
Murnau/Obb. – An ihn ist Thomas Manns offener Brief ‚Warum ich nicht nach
Deutschland zurückgehe‘ (XII, 953–962) vom 7.9.1945 gerichtet.

20 *Vortrag am Radio:* Möglicherweise Alfred Döblins Rede zum Todestag von Arno
Holz am 26.10.1930 in der Berliner Funkstunde.

21 *Protokoll mit Loerkes Fragen:* Protokoll der Sitzung vom 13.10.1930. Loerke hielt im
Protokoll fest, die Verpflichtung zur Bezeichnung M.d.A. sei von der Zustimmung
aller, d.h. sowohl der anwesenden als auch abwesenden, Akademie-Mitglieder abhängig, obwohl in der Sitzung über die Bezeichnung bereits abgestimmt worden und eine
Mehrheit dafür gewesen war.

22 *Rundschreiben an die Mitglieder:* Das Rundschreiben wurde anscheinend nicht versandt.

23 *der „Einstimmige Beschluss der Genossenschaft, Sektion für Dichtkunst" vom 24.*   30
November: An der Sitzung vom 24.11.1930 wurde von den Berliner Mitgliedern –
Döblin, Molo, Loerke, Fulda und Stucken – beschlossen, die Aufhebung der in der
Generalversammlung vom 13.10.1930 von Wilhelm Schäfer vorgelegten und ange-
nommenen Geschäftsordnung zu beantragen und bei Nichterfüllung des Antrages die
weitere Mitarbeit einzustellen. Auf einer weiteren Sitzung der Berliner Mitglieder am
17.12.1930 gab Ludwig Fulda die bisher bekannt gewordenen Stellungnahmen der
Auswärtigen zu dem Berliner Beschluß bekannt: Während Thomas Mann, Wilhelm
von Scholz und Theodor Däubler die Aufhebung begrüßten – Thomas Mann sogar mit
der Androhung seines Austritts bei Nichtbefolgung des Berliner Vorschlags –, und
René Schickele zu vermitteln suchte, protestierte Kolbenheyer in laut Protokoll „heftiger Form". Trotzdem wurde einstimmig beschlossen, die Geschäftsordnung als
aufgehoben zu betrachten, da von der Mehrheit der Sektion gegen den Wunsch der
Berliner Mitglieder kein Einspruch erhoben worden sei. Diesen Beschluß nahmen
Kolbenheyer und seine völkisch gesinnten Kollegen Wilhelm Schäfer und Emil Strauss
zum Anlaß, am 5.1.1931 ihren Austritt aus der Akademie zu erklären. – Vgl. hierzu
Inge Jens, S. 125 ff.

24 *Briefwechsel zwischen Molo und Schäfer:* Nicht ermittelt.

25 *Schäfersche Rede zu Rüttenauers 70. Geburtstag:* Wilhelm Schäfer, ‚Benno Rüttenauer
zum siebzigsten Geburtstag‘, München: Müller 1925.

26 *Albert Soergel* (1880–1958): Literarhistoriker. Studierte in Freiburg, Berlin und Leipzig. Doktor der Philosophie. War seit 1911 an der Staatlichen Gewerbeakademie in
Chemnitz als Lehrer, seit 1920 als Professor tätig. Während des Ersten Weltkriegs an
der Front. Schrieb ‚Dichtung und Dichter der Zeit. Eine Schilderung der deutschen
Literatur der letzten Jahrzehnte‘ (1911, [20]1928), mit den Fortsetzungen ‚Im Banne des

Expressionismus' (1925) und ‚Dichter aus deutschem Volkstum' (1934). – Schäfers Rede zu Rüttenauers 70. Geburtstag erschien in der folgenden Festschrift: Martin Richard Möbius, ‚Albert Soergel. Zu seinem 50. Geburtstag', Chemnitz 1930.

27 *in der „Vossischen Zeitung" eine Notiz über Schwierigkeiten in der Akademie:* Vossische Zeitung, Berlin, 20.11.1930, Post-Ausgabe, Nr. 277: „Die Krise der Dichterakademie. Die Krise der Sektion für Dichtkunst bei der Preußischen Akademie, die mit dem Rücktritt Walter von Molos vom Amt des Vorsitzenden manifest wurde, hat einen neuen Fall gezeitigt: die *Austrittserklärung* Hermann *Hesses.* Es ist kein Geheimnis mehr, daß im Kreise unserer Unsterblichen seit langem tiefgehende Meinungsverschiedenheiten bestehen. In letzter Zeit hat sich eine Faktion von Mitgliedern aus dem Reiche herausgebildet, die die Führung an sich reißen will und aus ihrer Animosität gegen die Berliner „Asphalt-Literatur" keinen Hehl macht. Aus Widerwillen gegen diese Atmosphäre unproduktiven Disputs hat Hesse die Tür hinter sich ins Schloß geworfen, und es ist nicht ausgeschlossen, daß noch andere ihm folgen werden."

28 *Geist des Brest-Litowsker Generals Hofmann:* Max Hoffmann (1869–1927), preußischer General, wurde 1914 Erster Generalstabsoffizier der 8. Armee im Osten, war später als Gehilfe Erich Ludendorffs an der Leitung der Operationen beteiligt, seit August 1916 Generalstabschef des Oberbefehlshabers Ost. Bei den Friedensverhandlungen in Brest-Litowsk vertrat er die harten Bedingungen der Obersten Heeresleitung. – General Hoffmann wird hier mit der „fünfköpfigen" oder „5 Mann starken" Berliner Genossenschaft verglichen, bestehend aus Döblin, Molo, Loerke, Fulda und Stucken.

31 29 *Artikel in der „Frankfurter Zeitung":* Wilhelm Schäfer, ‚Der Gedanke einer deutschen Dichter-Akademie und die Sektion für Dichtkunst an der Preußischen Akademie der Künste', in: Frankfurter Zeitung, Frankfurt a.M., 28.10.1929, Jg. 74, Nr. 805:

Seit einigen Jahren wird in Deutschland der Gedanke einer *Dichter-Akademie* mit dem Anspruch erörtert, daß die neu eingerichtete Sektion für Dichtkunst an der preußischen Akademie der Künste zu Berlin diese Dichter-Akademie sei; ganz unbedacht, daß die Sektion für Dichtkunst als solche eine vernünftige Einrichtung ist, als Dichter-Akademie aber eine Fragwürdigkeit sein könnte.

Die im Jahre 1696 gegründete Akademie der Künste zu Berlin – um das Vernünftige zuerst zu betrachten – ist nach dem abgeänderten Statut von 1926 eine „der Förderung der bildenden Künste, der Musik und Dichtkunst gewidmete Staatsanstalt". Sie stellt eine in langer Erfahrung ausgebildete Einrichtung vor, der Kunstpflege des preußischen Staates im Anschluß an seine Berliner Lehranstalten – auf welche sich 89 von den 132 Paragraphen des Statuts beziehen – die Autorität der Kunst zu sichern.

Kern der preußischen Akademie der Künste ist der *Senat,* nach dem gleichen Statut „technische Kunstbehörde und künstlerischer Beirat des Ministers"; seine Mitglieder sind dementsprechend als Staatsbeamte vereidigt. Buchstäblich unter ihm stellen die Genossenschaften der drei Sektionen für bildende *Kunst, Musik* und *Dichtung* den Mutterboden der freien Kunst vor, welche sich im Senat dem Staat verbindet und dadurch zu Einfluß nicht nur auf die staatlichen Lehranstalten, sondern überhaupt auf die preußische Kunstpflege kommt. Ihre Mitglieder werden nicht wie die des Senates teilweise ernannt, sondern ausnahmslos gewählt, und zwar von der Gesamtheit der in Berlin wohnenden Genossen. Die auswärtigen Mitglieder der Genossenschaften haben nach dem Statut weder aktives noch passives Wahlrecht; sie werden mehr oder weniger ehrenhalber geführt.

Da es keine staatliche Lehranstalt für Dichtkunst gibt, gab es bis 1926 auch keine Sektion für sie an der preußischen Akademie der Künste, weder als Senat noch als Genossenschaft; und als sie eingerichtet werden sollte, zeigte es sich auch hier, daß Berlin in Deutschland nicht Paris in Frankreich ist: die deutschen Dichter scheinen eine unzeitgemäße Vorliebe für die Provinz zu haben. Wie bekannt, wurden damals Ludwig *Fulda*, Gerhart *Hauptmann*, Arno *Holz*, Thomas *Mann* und Hermann *Stehr* vom Minister berufen, sich durch Zuwahl als Sektion für Dichtkunst an der preußischen Akademie der Künste zu ergänzen: drei Auswärtige also und zwei Berliner in freundlicher Gewichtsverteilung.

Es ist noch in Erinnerung, unter welch unliebsamen Umständen sich diese Ergänzung vollzog. Gerhart Hauptmann trat protestierend zurück und Arno Holz knallte die Tür hinter sich zu, so daß Ludwig Fulda, Thomas Mann und Hermann Stehr als die Beauftragten übrig blieben, die Wahl vorzunehmen. Hernach gab es hitzige Zeitungs-Erklärungen, und eines Tages wurden jene 25 Namen bekannt gegeben, die seitdem als deutsche Dichter-Akademie herhalten müssen, was sie weder nach dem Statut einer Sektion für Dichtkunst an der preußischen Akademie der Künste zu Berlin noch nach der Zufälligkeit ihrer Wahl sein konnten.

„Der wahre Feuereifer, mit dem sich die Mitglieder der jungen Sektion" – nach einer Bescheinigung durch den ständigen Ersten Sekretär der Akademie – „in die Arbeit stürzten", enthielt die Verwechslung von vornherein: Im Handumdrehen gab es einen Präsidenten der vermeintlichen deutschen Dichterakademie. Und daß es eigentlich nur fünf von den neun Berliner Mitglieder waren, die den Feuereifer entfalteten, hinderte die Öffentlichkeit nicht, die Beschlüsse dieser kleinen Sektion durch die fünfundzwanzig Namen für gedeckt zu halten. Erst seitdem unter Mitwirkung auswärtiger Mitglieder – denen zu diesem Zweck im Gegensatz zum Statut das aktive Wahlrecht zugebilligt wurde – eine Zuwahl auf einunddreißig Namen erfolgte, hat das Berliner Gesicht Ausdruck genug, eine Sektion für Dichtkunst an der preußischen Akademie der Künste vorzustellen. Die deutsche Dichterakademie ist sie darum auch mit ihren auswärtigen Mitgliedern nicht; je mehr die Sektion Haltung und Wirkung gewinnt, je weniger wird sie es sein können, weil der Akademiegedanke etwas anderes, eben das Gegenteil davon ist, daß ein Staat Kunstpflege treibt.

*

Wenn wir Akademie sagen, denken wir vornehmlich an zwei Dinge, an die *Akademie Platos* und an die *französische Akademie* der „*Unsterblichen*".

Die Akademie Platos war zunächst der Schülerkreis um einen Meister, wie ihm unter den zeitgenössischen Bildungen der Kreis um Stefan George am nächsten kam. Nach ihrem Namen war sie der Garten, den Plato als Sitz seiner „Hochschule" hinterließ: nicht wiederzukäuen, was er gelehrt hatte, auch nicht, mit seinem Andenken Kult zu treiben, sondern den Jungbrunnen des griechischen Geistes zu hüten. Die den Garten erbten und weiter vererbten, waren eine Genossen-, besser eine Ordensschaft: gegen den Griechentag, wie er war, die Idee zu stellen, wie er sein sollte.

Keine „Weisheitsschule" also, eher ein Generalstab des griechischen Geistes mit der bestimmten Absicht, Krieg gegen alles Unwahre, Unschöne und Ungute zu führen, über den Trieben und Leidenschaften des einzelnen das Gesetz der Gemeinschaft zu sichern, die höchste Instanz der „Tugend" zu sein. Nicht umsonst trat Sokrates als die tragende Gestalt in den Gesprächen Platos auf.

Eine „moralische Anstalt" im Schillerschen Wortsinn war diese Urakademie, als

Hauptquartier des Griechengeistes in einer Ordensschaft gesichert und genügend dotiert, vom Tag des Staates unabhängig zu sein.

Auch die französische Akademie ist auf ihre Weise eine Ordensschaft, nur daß Richelieu so geschickt war, sie in den Schutz seines Staates zu nehmen. Ob es ihr nicht immer gelang, die wirklich großen Franzosen in ihren Kreis zu ziehen, so ist sie doch bis heute die repräsentative Stelle des französischen Geistes geblieben. Eine moralische Anstalt stellt sie freilich nur noch in dem Sinn vor, daß sie in der Pflege der französischen Sprache den höchsten Dienst am französischen Volkstum sieht; aber darin blieb sie doch eine echte Akademie, daß sie autonom und nicht an die Genehmigung eines Ministers gebunden ist.

Der *Staat* kann die Akademie dulden oder schützen; er kann nicht ihr *Auftraggeber* sein, weil sie in einer höheren Verantwortung steht. Der Staat stellt die äußere Ordnung vor, die sich ein Volk gibt, das Haus, darin es nach seinem Wesen wohnt; die Akademie dient dem Wesen direkt, nicht auf dem Umweg über das Haus. Sie ist autonom, ob sie das ganze Wesen der „Tugend", wie die Platosche Akademie, oder nur einen Teil umfaßt. Wo eine „höhere" Instanz Mitglieder ernennt, Zwecke setzt oder Beschlüsse genehmigt, ist keine Akademie.

*

Die preußische Akademie der Künste zu Berlin ist nach § 1 ihres Statuts eine *Staatsanstalt*. Unter dem Akademiegedanken steht lediglich ihre Genossenschaft, und zwar, da die auswärtigen nach dem Statut kein Wahlrecht besitzen, nur mit den in Berlin wohnhaften Mitgliedern. Aber auch deren Recht ist beschränkt, Anträge durch den Senat an den Minister zu richten; ihre Beschlüsse sind also keinesfalls souverän. Weil dem so ist, kann die Sektion für Dichtkunst an dieser preußischen Staatsanstalt niemals die deutsche Dichterakademie sein, wofür sie von der Oeffentlichkeit hartnäckig angesprochen wird.

Es fragt sich, ob eine solche Dichter-Akademie überhaupt sein kann und etwa in welcher Gestalt?

Denn was sich naive Gewohnheit unter ihr als Vorwegnahme der Zukunft vorstellt, einen Parnaß jener Lebenden, die mit ihrem Werk bestimmt in den Nationalschatz der deutschen Dichtung eingehen, der „Unsterblichen" also: steht unter dem unbarmherzigen Fragezeichen der Zeit. Sie behält sich den Eingang in die Unsterblichkeit hartnäckig vor; und so begierig wir Anwärter der Gegenwart danach sein mögen, den Schlüssel zu ihrem Parnaß gibt sie nicht aus der Hand. Die hohe Sterblichkeit in der französischen Akademie der Unsterblichen ist dafür eine Erfahrung. Es wäre also eine angemaßte Würde für die meisten, und die andern säßen, um dieser Anmaßung willen mit am Rand der Lächerlichkeit, statt im Parnaß.

Die vierzig Unsterblichen in Frankreich entgehen dieser Lächerlichkeit, indem ihr angeblicher Parnaß in Wirklichkeit ein Areopag ist, die höchste Instanz der französischen Sprache; denn nur aus Dienst läßt sich Würde herleiten.

Bei dieser Gelegenheit dürfte dann allerdings gefragt werden, ob die Dichtung nicht ein so hoher Dienst am Volk ist, daß dem Dichter von selber Würde zuständig; ob das Volk, das er bereichere, ihm nicht zu Lohn verpflichtet sei. Wenn auch nicht über die Auserwählten, über die Berufenen sollte einer Sprachgemeinschaft doch wohl ein Urteil zugetraut werden können. In diesem Vertrauen und dieser Verpflichtung läßt sich das große Volk der Deutschen bekanntlich von kleineren – etwa den Dänen – beschämen, die ihren anerkannten Dichtern Pensionen aussetzen.

Während bei uns Länder und Städte ihre Theater unter dem Vorwand der Kunst mit Millionen subventionieren, hat selbst die vielberufene Sektion für Dichtkunst kaum nennenswerte Mittel im Etat. Wenn sie da wären, könnten sie schwerlich für nicht-preußische Zwecke aufgewandt werden. An eine Dotierung deutscher Dichter wäre nur zu denken, wenn sich die öffentliche Hand der ganzen Sprachgemeinschaft dazu entschlösse; was ganz unmöglich scheint, weil sich die Kultusminister der einzelnen Länder im Reich unter Zuzug von Oesterreich und der Schweiz dazu einigen müßten. Wie überall in geistigen Dingen, wird auch hier die staatliche Verzettelung des deutschen Volkstums grausam sichtbar.

Nicht einmal das Reich hat ja ein gemeinsames Kultusministerium; hier sind die kulturellen, also eigentlich nationalen Dinge dem Minister des Innern, dem „Polizei-minister" unterstellt; ein Zustand, wie er in Preußen war, ehe Wilhelm von Humboldt mit seinen Plänen ins Ministerium des Innern kam. Immerhin hat schon der Nord-deutsche Bund am 11. Juni 1870 den Lebensboden der Dichter rechtlich gesichert, indem er das Gesetz „betreffend das Urheberrecht an Schriftwerken usw." erließ, und das Reich selber hat die sogenannte Berner Literaturkonvention vom 9. September 1886 unterzeichnet. Es wäre also denkbar, daß es sich etwa durch ein Gesetz über den Heimfall der Dichtwerke nach der dreißigjährigen Schutzfrist die Mittel verschaffte, seine anerkannten Dichter zu dotieren, wozu vielverschlungene Vorschläge diskutiert worden sind, das kulturelle Eigen- und Außenleben der Länder betreffend.

Jedenfalls würden die jährlichen *Aufwendungen* für ein einziges Theater in Deutsch-land genügen, fünfundzwanzig deutschen Dichtern das Dasein zu sichern; eine mittelmäßige Erwerbung für die Antiken-Sammlung wöge im Etat den so am Leben gehaltenen Rennstall der Dichtung auf. Selbst wenn wir Dichter von heute, soweit wir nicht dem Zeitgeist dienen – d. h. die von ihm uns abverlangten Bücher schreiben – nur noch „Museumsstücke" für die moderne Zeit wären: auch als solche hätten wir ja unsern Wert.

Ganz gewiß würde aus der Gemeinschaft der so zum Ehrensold ihres Volkes erwählten Dichter kein Parnaß werden; und der einzige Dienst, den man ihnen abverlangen könnte, dürfte ihr Werk sein. Um freilich eine Akademie zu heißen, müßte sie das Recht der Berufung haben. Da die Wahl im Ernst weder Volksabstimmungen, noch „parteilicher Fühlungnahme", noch ministerieller Entschließung, noch gar einem pro-fessoralen Sachverständigen-Urteil überlassen werden könnte, würde das akademische Recht der Berufung auch die Vernunft dieses Dinges sein.

*

Eine solche Dichter-Akademie – als deren einzige Möglichkeit – würde von Anfang ein verzerrtes Spiegelbild in jenem vermeintlichen Ding finden, zu der sich die „Sektion für Dichtkunst" an der „preußischen Akademie der Künste zu Berlin" in der öffent-lichen Meinung ausgewachsen hat. Zum mindesten für diese öffentliche Meinung müßte darum der Gedanke naheliegen, eins für das andere zu setzen, in den einund-dreißig Mitgliedern der preußischen Sektion tatsächlich die deutsche Dichter-Akade-mie zu haben. Daß sich diese Gleichsetzung als unmöglich erweist, ist das Verhängnis der Berliner Gründung.

Die Berufung von Dichtern aus dem ganzen Bereich der deutschen Sprache in die preußische Akademie der Künste konnte nicht über den Zweck hinwegsehen, in Berlin eine arbeitsfähige Sektion als Mutterboden für den dort amtierenden Senat zu haben. Im ersten Auftrag des Ministers lag deshalb schon die Bindung, eine bestimmte Anzahl von Berliner Mitgliedern zu wählen, um der sonstigen Einrichtung der Akademie zu entsprechen. Sofern diese Zwecksetzung bei der Wahl mitgewirkt hat – nach dem Statut müssen in der Sektion für Dichtkunst mindestens zehn Berliner Mitglieder sein – ist sie allein schon ein Hindernis, die Mitgliedschaft in der Sektion einer Berufung in die deutsche Dichterakademie gleichzuhalten, und zwar nicht nur für die Berliner Mitglieder selbst, sondern für alle, die durch ihre Mitwirkung zu auswärtigen Mitgliedern ernannt wurden.

Eben weil dies so ist, sollte diese preußische Sektion aber auch von dem Mißverständnis befreit sein, als die deutsche Dichter-Akademie zu gelten; denn die Zwecksetzung bestimmt auch sonst ihr Dasein. Durch ihre Verhaftung mit dem Senat als „technische Kunstbehörde und künstlerischer Beirat des Ministers" kann sie nichts anderes sein als eine literarische Kammer für die Kunstpflege in Preußen. Daß sie ihre Geltung durch Berufung auswärtiger Mitglieder gestärkt hat wie ihre Schwester-Sektionen, kann ihr nicht zu einem Rang verhelfen, der außerhalb ihrer Natur liegt; wie jene niemals den Anspruch erhoben haben, die deutsche Maler-Akademie, die deutsche Musiker-Akademie zu sein, kann auch sie nicht als die deutsche Dichter-Akademie gelten. Das Statut der preußischen Akademie der Künste zu Berlin ist auf praktische Arbeit zugeschnitten, die nach ihrer Natur nur in Berlin geleitet und geleistet werden kann: darum müssen ihre Mitglieder in Berlin wohnen, und die auswärtigen werden nur ehrenhalber geführt, wie es in den beiden alten Sektionen ganz selbstverständlich gehalten wird.

Nur die Neuheit für uns Dichter in Deutschland, endlich auch einmal von einer staatlichen Stelle ernstgenommen zu werden, hat einige von uns auswärtigen Mitgliedern verführt, uns mit in den „Feuereifer" zu stürzen. Die Erfahrung hat uns belehrt, daß es ein Uebereifer war. Die „Sektion für Dichtkunst" an der „preußischen Akademie der Künste zu Berlin" kann sich nicht über ihre Zwecksetzung erheben. In ihr ist sie ein ebenso vernünftiges und begrüßenswertes Ding, wie sie als die deutsche Dichterakademie eine Fragwürdigkeit wäre.

32   30 *ausserordentliche Generalversammlung:* Anstelle einer außerordentlichen Generalversammlung kamen die Berliner Mitglieder am 17.12.1930 zu einer weiteren Sitzung zusammen, an der sie die Aufhebung der Geschäftsordnung einstimmig beschlossen. Siehe Anm. 23. – Auf einer weiteren Sitzung, die unter dem Eindruck der Austritte von Kolbenheyer, Schäfer und Strauss am 12.1.1931 stattfand und an der Fulda, Loerke, Stucken, Döblin, Heinrich Mann und Ricarda Huch teilnahmen, kam es zu einer „lebhaften Debatte, in der Döblin und Heinrich Mann leidenschaftlich für eine ideell-grundsätzliche (im Protokoll geändert aus ‚politische') Fundierung der Sektion eintraten, während andere Mitglieder vor den Gefahren einer etwaigen Politisierung warnen und die Teilnahme daran ablehnen". Auf der gleichen Sitzung wertete Ludwig Fulda, unterstützt von Eduard Stucken, die Austritte als den „Anfang einer Gesundungsaktion", während Ricarda Huch das – trotz allem – „Bedauerliche der Ereignisse" hervorhob. Einig war man sich nur in dem Bestreben, eine loyale Haltung der Republik gegenüber zur Voraussetzung der weiteren Sektionsarbeit zu machen, auch wenn man die Interpretation dieser Prämisse durch Döblin und Heinrich Mann nicht teilte. – Am 27.1.1931 fand dann doch noch eine außerordentliche Hauptversammlung statt, zu deren Einberufung sich die Berliner Mitglieder am 19.1.1931 bereitgefunden hatten, vornehmlich um, wie es im Protokoll hieß, „den Vorwurf der Illoyalität von sich abzuwehren", und durch „Bereinigung der noch bestehenden Unstimmig-

keiten" die Zielsetzung der Sektion neu zu bestimmen. – Siehe zum ganzen Sachverhalt Inge Jens, S. 130–137.

31 *Kultusminister:* Von 1930–1933 war der Sozialdemokrat Adolf Grimme (1889–1963) preußischer Kultusminister. Ihm folgte am 4.2.1933 der nationalsozialistische Reichskommissar Bernhard Rust (1883–1945), kommissarischer Leiter des preußischen Kultusministeriums und somit Kurator der Akademie der Künste (1933–1945 preußischer Unterrichtsminister, 1934–1945 Reichsminister für Wissenschaft, Erziehung und Volksbildung).

16.12.1930   René Schickele an Thomas Mann, ms.Br.

1 *Ihr Radikalismus:* René Schickele bezieht sich hier wahrscheinlich auf einen nicht erhaltenen Brief Thomas Manns (um 13.12.1930) über die Aufhebung der in der Generalversammlung vom 13.10.1930 von Wilhelm Schäfer vorgelegten Geschäftsordnung – sie war in der gleichen Sitzung angenommen worden. Siehe René Schickeles Brief an Thomas Mann vom 6.12.1930, Anm. 23. Siehe auch Thomas Manns Briefe an Oskar Loerke vom 26.11.1930 und 13.12.1930 (Brw. mit Autoren, S. 345 ff.):

München 27, den 26.XI.30.
Poschingerstr. 1

Lieber Herr Loerke:

Dieser Brief ist an Sie privat gerichtet, abgesehen von der Erklärung, die ich voran schicke, daß ich den Beschluß der Berliner Mitglieder vollkommen billige und die Annullierung der in der Hauptversammlung mit gutmütiger Übereilung beschlossenen Schäfer'schen Geschäftsordnung befürworte.

Zur Situation selbst meine ich: Schäfer und die Seinen haben sich schon durch die Anberaumung jener vorabendlichen Privatsitzung, in der die neue Geschäftsordnung entworfen wurde, einer Inkorrektheit schuldig gemacht. Noch schlimmer war der Geleitbrief Schäfers zum Protokoll und es ist mir schwer verständlich, wie die Berliner Herren ihre Zustimmung zu einem solchen Übergriff geben konnten, – oder wieder nur verständlich aus demselben etwas eingeschüchterten Entgegenkommen, das diese Gruppe in der Hauptversammlung gefunden hat. Daß Schäfer seine Absicht, diesen Brief, über dessen mögliche Konsequenzen er sich klar war, und mit dem er also solche Konsequenzen bewußt herausforderte, zu versenden, der Hauptversammlung nicht mitgeteilt hat, ist in meinen Augen eine unmögliche Handlungsweise, und aus dem schweren Verlust, den er dadurch der Akademie zugefügt hat, müßte er nach meiner Meinung seine persönlichen Folgerungen ziehen. Wie konnte er aus seiner vorübergehenden Eigenschaft als Verhandlungsleiter das Recht ableiten, einen Brief hinausgehen zu lassen, durch den eine Anzahl von Mitgliedern, deren Inaktivität nichts an der Wichtigkeit ihrer Zugehörigkeit zur Akademie ändert, in unerträglich schulmeisterhaftem Ton gerüffelt und verwarnt werden! Welche Mühe habe ich mir gegeben, um Hauptmann, dessen Inaktivität von vorneherein feststand, doch noch zu gewinnen, und wie stehe ich, wie stehen wir dank der Schäfer'schen Plumpheit und Arroganz ihm gegenüber nun da. Ich meine, die Regenerations- und Reinigungsabsichten, die er und seine Leute, ich denke natürlich wie Sie an Kolbenheyer und Ponten, verfolgen, sind völlig verfehlt und gehen in umgekehrter Richtung wie die, die eigentlich am Platz und, rund heraus gesagt, für die Lebens- und Arbeitsmöglichkeit der Akademie von Nöten wären. Im Inneren meines Herzens kann ich nicht wünschen, daß die jetzt akut gewordene Krise vertuscht und verkleistert werde. Ich wünsche im Grunde, daß man ihr die Radikalität zugesteht, die sie in Wahrheit besitzt, und ihr, *sei es auch bis zum bitteren Ende, das der Anfang des Besseren sein könnte,* den Lauf läßt. Dergleichen nennt man ja wohl Katastrophenpolitik, aber ich, der ich damals zu den vier Urwählern gehörte und für die Zusammensetzung der Sektion, abgesehen von den letzten Zuwahlen, fast persönlich verantwortlich bin, bin zu der Überzeugung gelangt, daß unser damaliger guter Wille zur Unparteilichkeit falsch war und daß wir drei, vier schwere Fehler gemacht haben und daß die Sektion in ihrer gegenwärtigen Zusammensetzung nicht lebens- und arbeitsfähig ist, es sei denn, die Hemmungen und Einschüchterungen, die beständig von einer kleinen Gruppe ausgehen, würden auf immer paralysiert. Das Richtigste wäre ihre Ausbootung, das Problem besteht darin, wie das zu machen wäre. Vielleicht genügt die nachträgliche Ablehnung ihrer Geschäftsordnung; sonst bietet der Schäfer'sche Brief nach meiner Ansicht allen Anlaß zu einer Aktion, deren Modalitäten noch zu erwägen wären, und die vielleicht auch zu dem mir vorschwebenden Ergebnis führen könnte.

Lassen Sie mich wiederholen: mir ist immer klarer geworden, daß die Herrschaft einer gewissen nicht näher zu charakterisierenden geistigen und politisch-kulturpolitischen Richtung innerhalb der Sektion, eine Herrschaft, die, wenn man Frieden halten will, notwendig durch unsere Konzilianz zustande kommt, vollkommen lähmend und verspießernd auf unsere Körperschaft wirkt, und daß ein irgendwie fruchtbares und ehrenvolles Zusammenarbeiten nicht möglich ist. Schon die Rede Kolbenheyers zu Anfang der Hauptversammlung war durch und durch charakteristisch. Was für ein überflüssiges und verdächtiges Geschwätz von Volk und Volksverpflichtung! Ich habe mich nie dem Volk verantwortlich gefühlt, sondern mir selbst und der europäischen Bildung, und wenn Döblin in seiner Antwort erklärte, daß eine klare und bestimmte Definition dieser Volksverpflichtung notwendig sei, so rührte er mit der Rücksicht, die notwendig gemacht wird durch die Zusammensetzung der Sektion, an den wunden Punkt und machte jeden, der zu hören verstand, aufmerksam auf den Riß, der immer wieder scheinbar und künstlich verhüllt werden muß, wenn die junge Sektion nicht auseinanderfallen soll. Um ganz offen zu sein, ich wollte, man ließe es auf ein solches Auseinanderfallen ankommen und ließe die Krise sich vollenden. Was dann kommen könnte, weiß ich freilich nicht zu sagen, aber ein echtes und rechtes Auffliegen der Sektion für Dichtkunst, das keine endgültige Auflösung zu sein brauchte, könnte, so wage ich zu denken, das vielleicht einzige Mittel sein, die Akademie in neuer und bis zum Effekt der Arbeitsfähigkeit einheitlicher Gestalt wieder erstehen zu lassen. Ich zweifele garnicht daran, daß andere, die auch unmittelbar Zeugen der letzten Vorgänge waren, sich auch schon heimlich ähnliche Gedanken gemacht haben, und wenn man es für geraten hält, sie zu besprechen, so wäre ich notfalls sogar bereit, nach Berlin zu kommen. Jedenfalls wäre ich Ihnen dankbar, wenn Sie mich über Ihre eigne Meinung und über die Stimmung unter den Berliner Mitgliedern freundlichst weiter unterrichten wollten.

Ihr herzlich ergebener
Thomas Mann

Dr. Thomas Mann

München 27, den 13. XII. 30.
Poschingerstr. 1

Lieber Herr Loerke:

Für Ihre letzten Nachrichten recht herzlichen Dank! Die Situation ist wirklich so
verfahren und schwierig, daß man eigentlich garnichts anderes müßte zu tun haben,
um ihr gerecht zu werden. Schickele hat mir auch einen langen Brief geschrieben, in
dem er sehr kluge und schöne Dinge sagt, sich aber trotzdem keineswegs recht im Bilde
zeigt. Ich habe ihm eben ausführlich geantwortet, – ihm klar zu machen versucht,
weshalb er nicht zu den Antiberlinern gehört und gehören kann, – aber was nun
zunächst beginnen? Ich finde, die bündige Erklärung der Berliner Mitglieder, ihre
Tätigkeit sei durch die neue Geschäftsordnung lahm gelegt, muß man anerkennen. Aus
Ihrem Brief geht nun aber das stimmenmäßige Gesamtergebnis des ergangenen Rund-
schreibens noch nicht hervor. Sie wünschen einen Antrag von mir, aber meine Stimme
zugunsten der Annullierung habe ich ja schon abgegeben, und es fragt sich nun, ob für
diese Meinung eine Majorität vorhanden ist, so daß die Geschäftsordnung als begraben
gelten könnte. Sagen Sie mir doch, bitte, vor allem, welche Antworten noch eingegangen sind! Das Beste wäre natürlich, man könnte mündlich über die Lage sprechen,
und wirklich ist es nicht ausgeschlossen, daß ich demnächst, in anderer Angelegenheit,
nach Berlin komme. In diesem Fall würde ich Schickele sehr dringend bitten, auch zu
kommen, denn ich meine, ein solches Zusammensein unter Gesinnungsgenossen wäre
viel besser, als eine Diskussion in einer außerordentlichen oder ordentlichen Hauptversammlung, eine Diskussion, die nur peinlich verlaufen könnte.

Herzlich
Ihr
Thomas Mann

2 *Angehörigen der vielberufenen Gruppe:* Gemeint sind die Berliner Mitglieder Alfred
Döblin, Walter von Molo, Oskar Loerke, Ludwig Fulda und Eduard Stucken, die an
der Sitzung vom 24. 11. 1930 einstimmig die Aufhebung der Geschäftsordnung bean-
tragt hatten.

3 *Protokoll der Generalversammlung:* Protokoll der Sitzung vom 13. 10. 1930, an der die   33
von Wilhelm Schäfer vorgelegte Geschäftsordnung angenommen wurde (Inge Jens,
S. 117f.):

Da die Sektion seit von Molos Rücktritt keinen Vorsitzenden hat [...] wird, auf Vorschlag, einen Verhandlungsleiter zu wählen, Schäfer durch lebhafte Akklamation
gewählt. Er übernimmt den Vorsitz und erteilt Kolbenheyer das Wort zur Verlesung
seiner Grundsätzlichen Niederschrift über die Wege und Ziele der Sektion. Kolbenheyer geht davon aus, daß er die Akademie als Instanz charakterisiert. Er wünscht
diesen Begriff in Verbindung mit der Sektion der amtlichen Beziehungssphäre zu
überheben; wir brauchen den außeramtlichen Charakter, um uns zu einer geachteten,
wirksamen künstlerischen Instanz zu entwickeln. Eine solche Instanz, wurzelnd in
dem dynamischen Wirkungsvermögen des Kunstwerks, muß volksverantwortlich
sein; es zu werden, besitzt die Akademie die Möglichkeit, aber nicht durch amtliche
Entscheide oder Repräsentation, sondern durch die Leistungen ihrer Mitglieder. [...]
Weil wir im tiefsten Wesen keine amtliche Instanz sind, sondern eine volksverant-
wortliche, haben wir zu fragen: Hat das Volk die Sektion zugelassen? Das Volk

empfindet ihre Existenznotwendigkeit bisher nicht, es empfindet nur die Auszeichnung, die einer Reihe von Dichtern durch die Mitgliedschaft der Akademie geworden ist. Man verweigert uns die Anerkennung. – Es gibt zwei Wege der Abhilfe. Der erste ist das Ausweichen, der Verzicht, die Erweiterung der Sektion durch namhafte Literaten, das Hinausgehen über den Rahmen einer Akademie der Künste. Das würde als ein Verzicht aus innerem Unvermögen empfunden werden, und keine Besserung kann so erreicht werden. Der zweite Weg ist länger, unauffälliger, unbequemer. Immer wieder wurde darauf hingewiesen, daß wir eine repräsentative Körperschaft seien. Es wurde Macht verlangt. Wir forderten Geldmittel. Aber unsere anfängliche Grundeinstellung war falsch: die Dichtung ist tiefer im Volksganzen verwurzelt als die anderen Künste, und darum kann ein Mangel an Autorität nicht durch erhöhte Tätigkeit ausgeglichen werden, sondern die Autorität muß von innen her erworben werden. [...] Kolbenheyer [...] wiederholt eindringlich, daß der Rang der Sektion sich auf künstlerische Leistung gründet. Wir müssen uns von Tagesfragen zurückhalten, wir sollten nur bei ernstlichen Gefährdungen, wenn andere Stellen versagen, eingreifen. [...] Im Besonderen erachtete Kolbenheyer für notwendig:

1) mit formulierten Vorschlägen auf das Statut hinzuarbeiten,
2) eine Geschäftsordnung zu beraten, nach der *alle* Mitglieder herangezogen werden,
3) Referate zu schaffen und sinngemäß aufzuteilen,
4) die Zusammensetzung der Sektion zu prüfen und von uns aus den Anspruch aufzustellen, alles Wesentliche des künstlerischen Schrifttums zu repräsentieren; erst nach Erfüllung dieses Anspruchs dürften wir zum numerus clausus übergehen.

4 *„einstimmigen Beschluss“:* Siehe René Schickeles Brief an Thomas Mann vom 6.12.1930, Anm. 23.
5 *Wahl Döblins:* Alfred Döblin wurde bei der ersten Zuwahl neuer Mitglieder auf der Sitzung vom 10.1.1928 mit 15:4 Stimmen in die Akademie gewählt. Siehe Inge Jens, S. 67f.
6 *in meinem Briefe:* René Schickeles Brief an Thomas Mann vom 6.12.1930.
7 *Rede Kolbenheyers:* Erwin Guido Kolbenheyers Vortrag ‚Über die Möglichkeit und die Art einer Dichterakademie‘ an der Generalversammlung vom 13.10.1930. Siehe hierzu Inge Jens, S. 116–123, und Erwin Guido Kolbenheyer, ‚Die Sektion der Dichter an der Berliner Akademie‘, in: Süddeutsche Monatshefte, München, April 1931, Jg. 28, H. 7, S. 519–530.
8 *Schreiben Schäfers:* Wilhelm Schäfers Rundbrief vom 4.11.1930, in dem er den weniger aktiven Mitgliedern nahelegte, aus der Akademie auszutreten, woraufhin Hermann Hesse am 10.11.1930 seinen Austritt erklärte. Siehe René Schickeles Brief an Thomas Mann vom 6.12.1930, Anm. 17. – Die völkisch gesinnte Gruppe um Erwin Guido Kolbenheyer (Wilhelm Schäfer, Emil Strauss, E. G. Kolbenheyer, Josef Ponten) trat Ende 1930/Januar 1931 aus der Akademie aus. Döblins scharfer Linkskurs hatte zu den Spannungen in der Sektion erheblich beigetragen.
9 *Austritt Hesses:* Siehe René Schickeles Brief an Thomas Mann vom 6.12.1930, Anm. 17.

1 *Aufsatz:* Es könnte sich um René Schickele, ‚Der Konvent der Intellektuellen‘, in: Die weißen Blätter, Bern-Bümpliz, August 1918, Jg. 5, H. 2, S. 96–105, handeln.

2 *„Betrachtungen":* Thomas Mann, ‚Betrachtungen eines Unpolitischen‘, Berlin: S. Fischer 1918. Thomas Mann hat die ‚Betrachtungen‘ im November 1915 angefangen und sie am 16. März 1918 abgeschlossen. Die Erstausgabe erschien im Oktober 1918.

3 *Abend bei Ihnen:* Vom 5.–16.5.1931 unternahm Thomas Mann eine Reise nach Paris, auf Einladung des Verlegers Fayard, zum Erscheinen der französischen Ausgabe des ‚Zauberberg‘. 5. Mai: In Straßburg Vortrag im Konservatorium über ‚Die geistige Situation des Schriftstellers in unserer Zeit‘, anschließend Lesung aus dem ‚Joseph‘. 6. Mai: Ankunft in Paris. 7. Mai: Vortrag ‚Vornehmheit und Freiheit‘ im Institut International de Coopération Intellectuelle, Begrüßung durch Stephan Valot, Generalsekretär des Foyer de la Nouvelle Europe, und Einführung durch Jules Romains, Präsidenten des französischen PEN-Clubs. 11. Mai: Vortrag ‚Die Stellung Freuds in der modernen Geistesgeschichte‘ im Germanistischen Institut der Sorbonne. Erste persönliche Begegnung mit André Gide und Jean Schlumberger. Auf der Rückreise besuchte Thomas Mann René Schickele und Annette Kolb in Badenweiler. In einem Brief vom 17.5.1931 an Ludwig Lewisohn berichtet Thomas Mann von dieser Pariser Reise:

München 27, den 17.V.31.
Poschingerstr. 1

Lieber Herr Ludwig Lewisohn,

das erste Wort, das ich nach unserer gestern Abend erfolgten glücklichen Heimkehr zu Papier bringe, soll ein Gruß sein an Sie und Ihre liebe Frau, die Sängerin und *Dichterin* (I didn't know it!), und ein Dank für die beiden erlebnisreichen Pariser Abende, deren Schöpfer Sie waren, – denn auch für den zweiten gebührt, trotz Teitös, dessen Bekanntschaft uns gewiß eine glückliche menschliche Acquisition bedeutet, ohne Zweifel unser Dank in erster Linie Ihnen. Es ist ausschließlich Ihr Verdienst, daß wir in all der literarischen Amtlichkeit doch auch mit der Stadt, ihrem Leben, ihrem Geist ein wenig in Berührung kamen, – und „ein wenig" ist ja schon genug bei unseresgleichen: ich habe an den beiden Abenden eine ganze Menge Paris durch die Poren aufgenommen, wie ich mir wenigstens einbilde. Von der großen Freude, die es für uns bedeutete, wieder einmal mit Ihnen und Frau Thelma zusammen zu sein, Ihre Freundschaft zu empfangen und sie zu erwidern, will ich schweigen.

Unsere Rückreise war von allerschönstem Sommerwetter begünstigt. Der erste Feierabend vor dem kleinen Café de Paris in Chaumont, ein unvergleichliches französisches Kleinstadt-Idyll, wird mir im Gedächtnis bleiben und tat eigentümlich wohl nach dem Pariser Trubel. Die Weiterfahrt durch das blühende Land wurde immer schöner bis Badenweiler, das eine landschaftliche Perle ist, und wo wir einen freundlichen Abend mit René Schickele und Annette Kolb verbrachten. Gestern folgte die berühmte Strecke durch das Höllenthal, und nachmittags liefen wir mit heißen Backen hier ein.

Endlich habe ich das Bücher-Packet unseres Freundes Titus öffnen dürfen – welch ein Reichtum! Die größte Überraschung waren die First fruits, von denen ich einige in ihrer tiefen und starken Naivität schon geradezu lieben gelernt habe, z.B. „You have gone…". Auch „Dina" habe ich gelesen. Es hat mich sehr amüsiert in Ihrem Englisch und mir Hoffnung gemacht, daß sich das Ganze gut ausnehmen wird auf englisch. Wollte nur Gott, *Sie* übersetzten das Ganze!

Leben Sie wohl! Seien Sie höfliche Leute und erwidern Sie recht bald unseren Besuch!

Ihr Thomas Mann

Vgl. hierzu auch Thomas Manns Briefe an Félix Bertaux vom 8.4.1931, 16.4.1931, 28.4.1931 und an Ida Herz vom 2.5.1931, 1.6.1931.

4 *Grüße:* Brief ist nicht erhalten.

21.12.1932 Thomas Mann an René Schickele, hs. Br.

1 *Ihre Aufsätze:* René Schickele, ‚Die Grenze‘, Berlin: Rowohlt 1932.

2 *Dr. Eloesser:* Arthur Eloesser (1870–1938), Berliner Theater- und Literarhistoriker, Kritiker an der ‚Vossischen Zeitung‘ und Mitarbeiter der ‚Neuen Rundschau‘, Dramaturg am Lessingtheater, Berlin. Er veröffentlichte 1925 zu Thomas Manns 50. Geburtstag die Monographie ‚Thomas Mann. Sein Leben und Werk‘ im S. Fischer Verlag. Seine zweibändige Literaturgeschichte ‚Die deutsche Literatur vom Barock bis zu Goethes Tod‘ und ‚Die deutsche Literatur von der Romantik bis zur Gegenwart‘ erschien 1930/31. Thomas Mann rezensierte Band 1 im Dezemberheft 1929 und Band 2 im Januarheft 1933 der ‚Neuen Rundschau‘.

3 *in der Rundschau zu verstehen gegeben:* Thomas Mann, ‚Eloessers zweiter Band‘, in: Die neue Rundschau, Berlin, Januar 1933, Jg. 44, H. 1, S. 139–142. Besprechung von Arthur Eloessers Deutscher Literaturgeschichte, Bd. 2. In dieser Rezension kritisiert Thomas Mann die Kargheit, mit der Eloesser in seiner Literaturgeschichte Nietzsche behandelt. Thomas Mann behauptet, daß sich dies „nur aus einer zu engen Auffassung des Begriffs ‚Literaturgeschichte‘“ habe ergeben können. Diese Auffassung führe Eloesser dazu, die Entwicklung des deutschen Essays unbeachtet zu lassen.

4 *Mein Roman:* Thomas Mann, ‚Joseph und seine Brüder‘, Roman in drei Bänden, Stockholm: Bermann-Fischer 1948. – Im Dezember 1932 arbeitete Thomas Mann am 3. Band des ‚Joseph‘, ‚Joseph in Ägypten‘. Er unterbrach dann die Arbeit am ‚Joseph‘, um den Essay ‚Leiden und Größe Richard Wagners‘ zum fünfzigsten Todestag des Komponisten am 13.2.1933 vorzubereiten.

5 *die veröffentlichten Rosinen:* Vorabdrucke aus ‚Joseph und seine Brüder‘: ‚Höllenfahrt‘, in: Die neue Rundschau, Berlin, Dezember 1927, Jg. 38, H. 12, S. 561–597, Vorabdruck des Eingangskapitels von ‚Die Geschichten Jaakobs‘. ‚Jaakob kommt zu Laban‘, in: Reclams Universum, Leipzig, Oktober 1928, Jg. 45, H. 1, S. 9–11 (Sonderheft zum 100jährigen Bestehen des Verlags), Vorabdruck aus ‚Die Geschichten Jaakobs‘. ‚Dina‘, Erzählung, in: Die neue Rundschau, Berlin, Januar 1929, Jg. 40, H. 1, S. 46–73, Vorabdruck aus ‚Die Geschichten Jaakobs‘. ‚Vor der Hochzeit. Aus Jaakobs Leben‘, in: Die Literarische Welt, Berlin, 19.12.1929, Jg. 5, Nr. 51/52, S. 3–6, Vorabdruck aus ‚Die Geschichten Jaakobs‘. ‚Jaakobsgeschichten‘, in: Corona, München, Berlin, Zürich, Juli/August 1930, Jg. 1, H. 1, S. 79–97, Vorabdruck aus dem Joseph-Roman: ‚Von Gottes Eifersucht‘, ‚Von Rahels Verwirrung‘, ‚Die Dudaim‘. ‚Das bunte Kleid‘, in: Der Morgen, Darmstadt, April 1931, Jg. 7, Nr. 1, S. 12–22, Vorabdruck des Kapitels aus ‚Der junge Joseph‘. ‚Jaakobs Hochzeit‘, in: Corona, München, Zürich, November 1931, Jg. 2, H. 3, S. 300–322, Vorabdruck aus ‚Die Geschichten Jaakobs‘. ‚Demütigung und Erhebung‘, in: Die Grüne Post, Berlin, 27.12.1931, Nr. 52 (mit 2 Illustrationen von W. Petersen), Vorabdruck aus ‚Die Geschichten Jaakobs‘. ‚Die Fahrt

zu den Brüdern', Erzählung, in: Die neue Rundschau, Berlin, August und September 1932, Jg. 43, H. 8 u. 9, S. 205–226, 363–383, Vorabdruck aus ‚Der junge Joseph'.

14.1.1933 Thomas Mann an René Schickele, hs. Postk.
1 *Ihren Artikel:* René Schickele, ‚Begegnung mit dem „totalen" Staat', in: Frankfurter Zeitung, Frankfurt a.M., 1.1.1933. Schickeles Antwort auf einen Artikel von Friedrich Sieburg, „Autoritärer Staat" in Frankreich. Wie die Sozialisten es verstehen. – Der Einfluß der Schlagworte.', in: Frankfurter Zeitung, Frankfurt a.M., 24.12.1932.

27.2.1933 Thomas Mann an René Schickele, ms. Br. 36
1 *Wagner-Vortragsreise:* Thomas Mann, ‚Leiden und Größe Richard Wagners', Berlin: S. Fischer 1935. Vortrag zu Richard Wagners fünfzigstem Todestag, gehalten am 10.2.1933 auf Einladung der Goethe-Gesellschaft im Auditorium maximum der Münchener Universität. Wiederholt am 13.2.1933 anläßlich der Wagner-Gedenkfeier der Amsterdamer Wagner-Vereinigung im Concertgebouw zu Amsterdam, am 14.2.1933 in französischer Sprache an einer Veranstaltung des PEN-Clubs im Palais des Beaux Arts in Brüssel, am 18.2.1933, ebenfalls in französischer Sprache, im Théâtre des Ambassadeurs und auf deutsch im Foyer de l'Europe in Paris.
2 *die Geschichte mit meinem Bruder und die Verhandlungen, die sich daran geknüpft haben:* Über die Umschichtungen, die sich im Frühjahr 1933 an der Preußischen Akademie der Künste vollzogen, hat Inge Jens berichtet: ‚Dichter zwischen rechts und links. Die Geschichte der Sektion für Dichtkunst der Preußischen Akademie der Künste dargestellt nach Dokumenten', München: Piper 1971, S. 181–218, 288–292. In der Sitzung der Gesamtakademie vom Mittwoch, dem 15.2.1933, wurde Heinrich Mann, der Vorsitzende der Sektion für Dichtkunst, zum Austritt bewogen, weil er mit anderen Künstlern zusammen ein Plakat unterzeichnet hatte, das zur Bildung einer Einheitsfront von SPD und KPD gegen die neuen Machthaber aufrief. Heinrich Mann emigrierte sechs Tage später nach Frankreich.
3 *an Döblin geschrieben:* Brief an Alfred Döblin vom 26.2.1933 (Brw. mit Autoren, S. 166f.):

München 27, den 26.II.33
Poschingerstr. 1
Sehr verehrter Herr Dr. Döblin,
haben Sie vielen Dank für Ihre Mühewaltung! Ein Teil dessen, was Sie mir schreiben, war mir noch unbekannt, aber es hat mich nicht wankend machen können in der Überzeugung, daß die Sektion den Machthabern nicht den Gefallen tun darf, sich selber aufzulösen. Natürlich war auch meine erste Reaktion, nach dem Rücktritt meines Bruders, der Gedanke, ebenfalls meinen Austritt zu erklären, aber ich kam sehr bald davon ab und halte auch nach der halb fehlgeschlagenen öffentlichen Erklärung unbedingt dafür, daß wir die Dinge an uns herankommen lassen und es den Besatzungsbehörden überlassen müssen, mit der zwangsweisen Auflösung eine neue, sehr sichtbare und skandalöse Gewalttat zu ihren übrigen auf sich zu nehmen. Damit ist alles gesagt. Das Ausscheiden meines Bruders ist ein schwerer Verlust, und wir sind ohne Haupt. Aber existieren können wir auch so und waren seinerzeit im Zweifel, ob wir uns überhaupt wieder einen Präsidenten geben sollten. Der wesentliche Inhalt

unserer Erklärung, nebst dem Dank an meinen Bruder, hat im Blatt gestanden. Das ist mir nicht unlieb. Daß die eigentliche Erklärung nicht kommt, kann jeder sich aus den Umständen ungefähr und vermutungsweise erklären. Jeder sieht ein, daß wir unter schwerstem Druck stehen, und daß es gar keinen Sinn hätte, jetzt, vor den Wahlen, den Entscheidungen weiteres zu unternehmen. Man muß abwarten, was geschieht, wohin es überhaupt mit Deutschland kommt, wohin die Siegermächte es treiben. Vielleicht heben sie die Sektion auf. Schickele schlägt für diesen Fall eine private Neugründung vor. Das wird auch in dem Fall zu überlegen sein, daß eine rein „nationale" Sektion an unsere Stelle gesetzt wird, – eine Möglichkeit, die mich besonders lockt, von der die Besatzung aber wohl kluger Weise keinen Gebrauch machen wird. So gut wie sie aber müssen wir auf eine Klärung der Situation warten, ehe wir weitere Beschlüsse fassen. Auch an der Meinung Hauptmanns ist im Augenblick wenig gelegen. Er hat vermutlich keine und will keine haben. Ich will ihn aber in diesen Tagen bitten, sich eine zu bilden, damit wir für später wissen, woran wir mit ihm sind.

Ihr ergebener
Thomas Mann

13.4.1933   Thomas Mann an René Schickele, hs. Postk.
 1 *hier:* Thomas Mann hielt sich mit seiner Frau vom 24. März bis 29. April 1933 in Lugano auf und ging nachher nach Basel, um dort ein Haus zu besichtigen.

37   17.4.1933   René Schickele an Thomas Mann, ms. Br.
 1 *wenn Sie herkämen:* Am 20.4.1933 notiert Thomas Mann im Tagebuch: „Schickele schrieb ausführlich, auch über unser gedachtes Kommen nach Sanary, das er empfiehlt. Der Plan wird uns unter dem Eindruck seines Zuredens u. seiner Anerbietungen aufs Neue aktuell und fast zum Beschluß erhoben. Vorher müßte für den Herbst in Basel das Feld bestellt und mit dieser Reise die Begegnung K.'s mit ihren Eltern, sei es in Zürich oder B. verbunden werden. Neue Beratungen über das Schicksal der Kinder, die K. sich scheut nach Deutschland zu lassen. Zuoz? Zürich? Ferien bis zum Herbst? – Wenn ich meinen Paß, so oder so, vom Gesandten zurückhabe, sind die Konsule hier aufzusuchen."
 2 *Bozen:* Im Frühjahr 1933 überlegte Thomas Mann, ob er sich in Bozen, Südfrankreich oder Basel niederlassen solle. Siehe dazu Thomas Manns Brief an René Schickele vom 13.4.1933, an Ida Herz vom 11.4.1933, an Ernst Bertram vom 13.4.1933 und an Hermann Hesse vom 21.4.1933. – Am 7.4.1933 schreibt Thomas Mann in Lugano ins Tagebuch:

Nachher im großen Salon mit Fulda's, Franks u. Speyer. Geteilte und gemeinsame Konversation. Recht glückliche u. neue Perspektiven aufreißende Anregung Fulda's, wir möchten Süd-Tirol, Bozen zum längeren Aufenthalt nehmen. Die Reise von hier über Mailand ist bequem. Nähe Venedigs. Höhenaufenthalte bieten sich für den Sommer. Nähe Münchens in Hinsicht auf K.'s Eltern. Medi's Wunsch und Recht zur Schule zu gehen bietet eine Schwierigkeit.

3 *Pierre Renaudel* (1871–1935): Sozialistischer Politiker. Leitete die ‚Humanité' von 1915–1918. 1933 aus der Sozialistischen Partei Frankreichs ausgeschlossen. Mitbegründer der ‚Parti socialiste de France'.

4 *Meier-Graefes:* Julius Meier-Graefe (1867–1935), Kunstgelehrter und Schriftsteller. Hervorragender Kenner der französischen Malerei des 19. Jahrhunderts und eifriger Verfechter des Impressionismus. Er begründete 1894 mit O. J. Bierbaum und R. Dehmel die Genossenschaft ‚Pan' (Zeitschrift ‚Pan' seit 1895). – Meier-Graefe lebte mit seiner Frau, Annemarie Meier-Graefe, geb. Epstein, seit 1930 in St. Cyr bei Toulon und war mit Schickele befreundet.

5 *Molls:* Carl und Anna Moll, verw. Schindler, Stiefvater und Mutter von Alma Mahler-Werfel. Carl Moll (1861–1945), österreichischer Landschafts-, Genre- und Stillebenmaler, gehörte zu den Gründern der Wiener Sezession.

6 *Alma Werfel* (1879–1964), geb. Schindler: Sie heiratete 1902 Gustav Mahler (gest. 1911). Nach einer kurzen, leidenschaftlichen Beziehung zu Oskar Kokoschka vermählte sie sich 1915 mit Walter Gropius. Nach Trennung von diesem (1918) heiratete sie 1929 Franz Werfel. Mit ihm floh sie 1940 durch Frankreich über Spanien nach New York. Sie schrieb ‚Mein Leben' (1960).

7 *Sanary:* Im Frühjahr 1932, während eines Aufenthaltes vom 19.3.–22.4.1932 in Sanary-sur-mer, hatte sich René Schickele mit Hilfe seiner Freunde Julius Meier-Graefe und Erich Klossowski nach einer günstigen Wohnmöglichkeit für den kommenden Herbst erkundigt. Am 28.9.1932 war er von Badenweiler nach Saint-Cyr-sur-mer, Haus ‚La Banette', gezogen. Vom 21.11.1932–6.10.1933 wohnte er dann in der Villa „Ben Qui Hado" in Sanary-sur-mer. Der Mietvertrag war ursprünglich nur bis Ende April abgeschlossen worden (siehe René Schickeles Brief an Annette Kolb vom 25.11.1932). An eine Rückkehr nach Deutschland war aber trotz finanzieller Schwierigkeiten nicht mehr zu denken. Schließlich meldete sich Schickele am 11.12.1933 in Badenweiler polizeilich ab. Schickele wohnte zu diesem Zeitpunkt, und zwar bis zum 7.3.1934, im Haus „Le Chêne" in Sanary. Dann zog er nach Nice-Fabron, Villa „La Florida", um. Dieser letzte Umzug erfolgte aus gesundheitlichen Gründen, da sowohl Schickele als auch sein Sohn Hans an schwerem Asthma litten (siehe Tagebuch vom 11.1.1934, RS III, 1068f.).

8 *ein zweiter, eingeschriebener Brief:* Auf der Sitzung vom 13.3.1933 war beschlossen worden, eine von Gottfried Benn verfaßte Umfrage allen Akademie-Mitgliedern zur Unterzeichnung zuzusenden. Die Umfrage lautete: „Sind Sie bereit, unter Anerkennung der veränderten geschichtlichen Lage weiter Ihre Person der Preußischen Akademie der Künste zur Verfügung zu stellen? Eine Bejahung dieser Frage schließt die öffentliche politische Betätigung gegen die Regierung aus und verpflichtet Sie zu einer loyalen Mitarbeit an den satzungsgemäß der Akademie zufallenden nationalen kulturellen Aufgaben im Sinne der veränderten geschichtlichen Lage." – Vgl. Inge Jens, S. 191–204.

9 *Antwort:* Da René Schickele die Umfrage nicht beantwortete, sandte ihm Max von Schillings am 11.4.1933 einen zweiten Brief, eine Art Ultimatum, das am 18.4.1933 ablief: „Falls Sie beabsichtigen, dieser Erklärung nicht beizutreten, so müßten wir annehmen, daß Sie selbst den Wunsch haben, sich außerhalb unserer Akademie zu stellen." Auf dieses Ultimatum antwortete Schickele am 18.4.1933:

René Schickele   z. Zt. Sanary s. mer (Var)
Badenweiler   Villa Ben qui hado
(Schwarzwald)   18.4.33.

Sehr geehrter Herr Präsident,
Ihr Brief ging über Badenweiler und hat mich verspätet erreicht.
Leider kann ich Ihre Frage nicht, wie Sie wünschen, ohne weiteres mit ja oder nein
beantworten, solang ich nicht weiss, inwiefern der „Sinn der veränderten geschicht-
lichen Lage" auch den Sinn der Akademie verändert. Zweifellos wurde gerade die
Abteilung für Dichtung nach unpolitischen Gesichtspunkten gegründet, ohne Rück-
sicht auf staatliche Grenzen, für die Anerkennung und Pflege des gesamtdeutschen
Schrifttums.
Sollte dieser Sinn eine neue, über die bestehenden Statuten hinausgehende Bindung
sein, so könnte ich, übrigens schon mit Rücksicht auf meine Staatsangehörigkeit, der
Akademie nicht länger angehören.
Es wird Ihnen, sehr geehrter Herr Präsident, ein leichtes sein, dies zu entscheiden, und
ich wäre Ihnen dankbar, wenn Sie mich Ihre Entscheidung wissen liessen.

                                            Hochachtungsvoll
                                            Ihr sehr ergebener
                                            [René Schickele]

10   *der gemeinsame Exodus:* René Schickele bezieht sich hier auf das Verhalten der Aka-
     demie-Mitglieder an der Sitzung vom 15.2.1933, an der Heinrich Mann, der Vorsit-
     zende der Sektion für Dichtkunst, und Käthe Kollwitz aus der Akademie ausgeschlos-
     sen worden waren, weil sie zusammen mit andern Künstlern ein Plakat des
     Internationalen Sozialistischen Kampfbundes unterzeichnet hatten, das zur Bildung
     einer Einheitsfront von SPD und KPD gegen die neuen Machthaber aufrief. Auf jener
     Sitzung konnten sich die Mitglieder der Abteilung für Dichtkunst nicht zu einem
     gemeinsamen Austritt durchringen, sondern – dank Döblins Beharrlichkeit – lediglich
     zu einer offiziellen Erklärung, in der sie ihr Bedauern über den Rücktritt Heinrich
     Manns aussprachen.
11   *Loerke:* Über den Ausschluß von Heinrich Mann an der Sitzung vom 15.2.1933
     schreibt Loerke am 20.2.1933 an Thomas Mann (Brw. mit Autoren, S. 354f.):

                                            [20.2.1933]

     Lieber Herr Professor Mann,
     auf Anraten Dr. Bermanns, dem ich, weil Sie ihn angerufen hatten, meine Auffassung
     der so überaus peinlichen Akademieangelegenheit entwickelt habe und der sich voll-
     kommen meiner Meinung anschließt, möchte ich Ihnen mein Urteil über den erschüt-
     ternden Vorgang mitteilen. Die meisten Mitglieder der drei Abteilungen, darunter
     auch die meisten politisch linksstehenden, können sich mit dem Aufruf des Interna-
     tionalen sozialistischen Kampfbundes in keiner Weise identifizieren und sie meinen, es
     müsse ihnen erlaubt sein, die eigene Ansicht zu äußern, auch wenn es sich um ein so
     hervorragendes und verehrtes Mitglied wie Ihren Bruder handelt. Es muß doch erlaubt
     sein, zu sagen, daß er sich einmal geirrt hat. Diese Mitglieder finden, daß der Aufruf
     gerade das anficht, worauf sie den größten Wert legen: das Recht der freien Meinungs-
     äußerung. Die Akademiemitglieder fast insgesamt geben dem Internationalen sozia-
     listischen Kampfbund, der das Plakat herausgegeben hat, nicht das Recht, die

Akademie zu sprengen. Sie wollen sich von der Meinung dieses Kampfbundes nicht terrorisieren lassen, sondern wünschen, ihr Recht auf Äußerung ihrer Überzeugung auch zu behalten. Der Aufruf versucht diesen Terror aber in der Tat auszuüben, denn wer sich nicht parteipolitisch in SPD und KPD soweit betätigt [hat, um zu wünschen], daß diese beiden Parteien im Wahlkampf, in der parlamentarischen und in der weiteren Abwehr (hierunter kann auch der Bürgerkrieg verstanden werden, wenn es auch nur rein zeitlich gemeint wäre) zusammengehen, der wird der Trägheit der Natur und der Feigheit des Herzens beschuldigt. Wer also ablehnt, nicht nur in der SPD, sondern auch in der KPD aktiv zu sein, ist träge und feige und befürwortet die Barbarei. Sollten in dem unklaren Text mit den Trägen und Feigen aber die seelisch und materiell schwer bedrohten Mitglieder der SPD und KPD gemeint sein, so kann von den Mitgliedern der Akademie ebenfalls nicht verlangt werden, daß sie sich dieser Beleidigung anschließen.

12 *Gottfried Benn:* Nach dem Rücktritt Heinrich Manns, des Vorsitzenden der Sektion, am 15.2.1933 wurde Benn kommissarischer Leiter. Zusammen mit dem nationalsozialistischen Kultusminister, Bernhard Rust, und dem Präsidenten der Akademie, Max von Schillings, leitete Benn die Neugestaltung der Sektion für Dichtkunst ein. Der Revers vom 13.3.1933, der sich an die Mitglieder der Sektion mit der Frage richtete: „Sind Sie bereit, unter Anerkennung der veränderten geschichtlichen Lage weiter Ihre Person der Preußischen Akademie der Künste zur Verfügung zu stellen?", wurde von Benn formuliert. Nach der Zuwahl zahlreicher neuer Mitglieder wurde Benn durch Hanns Johst abgelöst. Am 27.7.1933 erschien Benn zum letzten Mal in der Akademie, um die Totenrede auf den Akademiepräsidenten Max von Schillings zu halten. Die ‚Rede auf Stefan George' (anläßlich einer geplanten Trauerfeier der Akademie) hielt Benn nicht, da die Veranstaltung verboten wurde. Benns Faszination und Engagement für den Nationalsozialismus hielt bis zum sogenannten ‚Röhmputsch' (30.6.1934) an, obwohl sich bereits 1933 eine kritische Sicht bei ihm durchzusetzen begann. Bis 1936 konnte Benn noch publizieren. Am 18.3.1938 wurde er aus der Reichsschrifttumskammer ausgeschlossen und erhielt Schreibverbot. Nach seinem Eintritt in die Armee am 1.4.1935 erklärte Benn brieflich seinen Verzicht auf die Mitgliedschaft in der ‚Deutschen Akademie', mit der Begründung, der Eintritt in die Wehrmacht vertrage sich nicht mit seiner Stellung im literarischen Leben. (Inge Jens, S. 191 ff.)

13 *Thea Sternheim* (1883–1971), gesch. Loewenstein, geb. Bauer: Schriftstellerin. Von 1907–1927 mit Carl Sternheim verheiratet, hatte mit ihm die Kinder Elisabeth Dorothea, gen. Mops(a) (1905–1954), und Agnes Franz Nikolaus, gen. Klaus (1908–1954); lebte von 1932–1963 in Paris im selben Haus wie Frans Masereel, den sie seit 1921 kannte. – Vom 13.–24.3.1933 hielt sich Thea Sternheim in Berlin auf. Sie kannte Gottfried Benn seit ihrer Begegnung im Januar 1917 auf dem Sternheimschen Besitz La Hulpe bei Brüssel und stand auch in späteren Jahren in freundschaftlichem Kontakt mit ihm.

14 *Hanns Johst* (1890–1978): Dramatiker. 1935–1945 Präsident der Reichsschrifttumskammer und der Deutschen Akademie der Dichtung. SS-Brigadeführer. 1949 als Hauptschuldiger eingestuft.

15 *„Schlageter":* Hanns Johst, ‚Schlageter', Schauspiel, München: Langen-Müller 1933.

16 *Kampfbund für deutsche Kultur:* Diese nationalsozialistische Vereinigung wurde von

Alfred Rosenberg, dem Verfasser des Buchs ,Der Mythus des zwanzigsten Jahrhunderts', gegründet und von Hans Hinkel geleitet.

17 *Hanns Heinz Ewers* (1871–1943): Schriftsteller. 1914–1921 in den USA interniert, dann abwechselnd in Düsseldorf und Berlin. Unter seinen Werken: ,Alraune', Roman (1911); ,Vampir', Roman (1921); ,Das Mädchen von Shalott', Dramen (1921); ,Der Geisterseher' (1922); ,Nachtmahr', Erzählungen (1922); ,Fundvogel', Roman (1928).

18 *Walter Bloem* (1868–1951): Dramatiker, Erzähler. 1895 Rechtsanwalt in Barmen, 1904–1911 freier Schriftsteller in Berlin, 1911–1914 Dramaturg in Stuttgart, im 1. Weltkrieg, dann auf Burg Rieneck/Unterfranken, seit 1929 in Berlin. Im 2. Weltkrieg Stabsoffizier, 1945 Gefangenschaft, nach Freilassung in Lübeck-Travemünde. – Unter seinen Werken: ,Der krasse Fuchs', Roman (1906); ,Das eiserne Jahr', Roman (1911); ,Volk wider Volk', Roman (1912); ,Die Schmiede der Zukunft', Roman (1913); ,Das verlorene Vaterland', Roman (1914); ,Dreiklang des Krieges', Drama (1918); ,Sturmsignal', Bericht (1919); ,Gottesferne', Roman (1920); ,Das Land unserer Liebe', Roman (1924); ,Frontsoldaten', Roman (1930); ,Der Volkstribun', Roman (1937).

19 *Werner Schendell* (1893–1961): Bühnenautor und Erzähler. Doktor der Philosophie. Lebte in Berlin. – Unter seinen Werken: ,Parteien', Drama (1918); ,Dienerin', Romantische Dichtung (1919); ,Irene', Novelle (1920); ,Nachspiel', Roman (1920); ,Der Wehrgreis', Komödie (1924); ,Der Pavian', Komödie (1924); ,Die letzte Fahrt', Schauspiel (1925); ,Die taube Blume', Novelle (1925); ,Ein glücklicher Erbe', Roman (1927); ,Die junge Saat', Roman (1928); ,Ein Scheffel Salz', Roman (1932), ,Wilhelm von Oranien, Befreier der Niederlande', Biographie (1935); ,Der grüne Donnerstag', Erzählung (1935); ,Die Badewanne', Komödie (1950); ,Ein Stückchen Mull', Komödie (1950); ,Zwei Koffer und weiter nichts', Komödie (1951).

20 *im Fall Delcassé:* Théophile Delcassé (1852–1923), französischer Politiker. 1894/1895 Kolonial-, seit 1898 Außenminister. 1904 führte er das französisch-britische Kolonial-Abkommen herbei, aus dem die Entente erwuchs. 1911–1913 war er Marine-Minister, danach Botschafter in St. Petersburg und 1914–1915 Außenminister. Nach dem Scheitern des Dardanellen-Unternehmens zog er sich zurück. – Delcassé protestierte im April 1905 gegen Deutschlands Bestrebungen der ,friedlichen Durchdringung' in Marokko. Delcassé wollte es, auf Großbritannien gestützt, auf einen Krieg ankommen lassen, wurde aber von Rouvier, der den Krieg fürchtete, am 6.6.1905 zum Rücktritt gezwungen.

21 *Annette K.:* Siehe hierzu Annette Kolbs Brief an René Schickele vom 9.4.1933:

Heute Mittag bei Barrère, ich wurde wie der verlorene Sohn mit Champagner traktirt. Er glaubt nicht, dass es länger als 1 Jahr dauert, gibt merkwürdiger Weise wie du, der Sache 1 Jahr. Und zwar meint er, die Juden würden ihm den Hals brechen. McDonald ist unten durch. Bei der Brion war einer von der englischen Botschaft, der schimpfte über ihn ohne retenue, obwohl er noch sein eigener Chef ist. So glaubt man eben doch an jene werdende Front, von der du sprachst. Dies alles nur zu dir bitte, ich schreibe gleichzeitig an Lannatsch über Harry. Hast du von Fischer gehört?

22 *Camille Barrère* (1851–1940): Französischer Diplomat. 1888 Geschäftsträger in München, 1894 Gesandter in Bern, 1897–1924 Botschafter beim Quirinal. Als hervorragender Diplomat förderte Barrère entscheidend die Annäherung Italiens an Frankreich, die im März 1902 zur Verständigung über Tripolis und Marokko, damit zur

allmählichen Abwendung Italiens vom Dreibund und 1915 zu dessen Kriegseintritt führte.

23.4.1933 René Schickele an Thomas Mann, hs. Br. 39

1 *Pronunziamiento:* ,Protest der Richard-Wagner-Stadt München', in: Münchner Neueste Nachrichten, München, 16./17.4.1933, Nr. 105. – Protest gegen Thomas Manns ,Wagner'-Vortrag, unterzeichnet von namhaften Persönlichkeiten des bayerischen kulturellen Lebens, u. a. Hans Knappertsbusch, Hans Pfitzner, Richard Strauss, Olaf Gulbransson:

Protest der Richard-Wagner-Stadt München

Nachdem die nationale Erhebung Deutschlands festes Gefüge angenommen hat, kann es nicht mehr als Ablenkung empfunden werden, wenn wir uns an die Oeffentlichkeit wenden, um das Andenken an den großen deutschen Meister Richard Wagner vor Verunglimpfung zu schützen. Wir empfinden Wagner als musikalisch-dramatischen Ausdruck tiefsten deutschen Gefühls, das wir nicht durch ästhetisierenden Snobismus beleidigen lassen wollen, wie das mit so überheblicher Geschwollenheit in Richard-Wagner-Gedenkreden von Herrn Thomas Mann geschieht.
Herr Mann, der das Unglück erlitten hat, seine früher nationale Gesinnung bei der Errichtung der Republik einzubüßen und mit einer kosmopolitisch-demokratischen Auffassung zu vertauschen, hat daraus nicht die Nutzanwendung einer schamhaften Zurückhaltung gezogen, sondern macht im Ausland als Vertreter des deutschen Geistes von sich reden. Er hat in Brüssel und Amsterdam und an anderen Orten Wagners Gestalten als „eine Fundgrube für die Freudsche Psycho-Analyse" und sein Werk als einen „mit höchster Willenskraft ins Monumentale getriebenen Dilettantismus" bezeichnet. Seine Musik sei ebensowenig Musik im reinen Sinn, wie seine Operntexte reine Literatur seien. Es sei die „Musik einer beladenen Seele ohne tänzerischen Schwung". Im Kern hafte ihm etwas Amusisches an.
Ist das in einer Festrede schon eine verständnislose Anmaßung, so wird diese Kritik noch zur Unerträglichkeit gesteigert durch das fade und süffisante Lob, das der Wagnerschen Musik wegen ihrer „Weltgerechtheit, Weltgenießbarkeit" und wegen dem Zugleich von „Deutschheit und Modernität" erteilt wird.
Wir lassen uns eine solche Herabsetzung unseres großen deutschen Musikgenies von keinem Menschen gefallen, ganz sicher aber nicht von Herrn Thomas Mann, der sich selbst am besten dadurch kritisiert und offenbart hat, daß er die „Gedanken eines Unpolitischen" nach seiner Bekehrung zum republikanischen System umgearbeitet und an den wichtigsten Stellen in ihr Gegenteil verkehrt hat. Wer sich selbst als dermaßen unzuverlässig und unsachverständig in seinen Werken offenbart, hat kein Recht auf Kritik wertbeständiger deutscher Geistesriesen.
Amann Max, Verlagsdirektor, M. d. R.; *Bauckner* Arthur, Dr., Staatstheaterdirektor; *Bauer* Hermann, Professor, Präsident der Vereinigten Vaterländischen Verbände Bayerns; *Berrsche* Alexander, Dr., Musikschriftsteller; *Bestelmeyer* German, Geheimrat, Professor, Dr., Präsident der Akademie der bildenden Künste; *Bleeker* Bernhard, Professor, Bildhauer; *Boehm* Gottfried, Professor, Dr.; *Demoll* Reinhard, Geheimrat, Professor, Dr.; *Doerner* Max, o. Akademieprofessor; *Dörnhöffer* Friedrich, Geheimrat, Professor, Dr., Generaldirektor der Bayerischen Staatsgemäldesammlung a. D.; *Feeser* Friedrichfranz, Generalmajor a. D.; *Fiehler* Karl, Oberbürgermeister; *v. Fran-*

ckenstein Clemens, Generalintendant der Bayerischen Staatstheater; *Gerlach* Walther, Professor, Dr.; *Groeber* Hermann, o. Akademieprofessor; *Gulbransson* Olaf, o. Akademieprofessor; *Hahn* Hermann, Geheimrat, o. Akademieprofessor; *v. Hausegger* Siegmund, Geheimrat, Professor, Dr., Präsident der Akademie der Tonkunst; *Heß* Julius, o. Akademieprofessor; *Hoeflmayr* Ludwig, Geheimer Sanitätsrat, Dr.; *Jank* Angelo, Geheimrat, o. Akademieprofessor; *Klemmer* Franz, o. Akademieprofessor; *Knappertsbusch* Hans, Professor, Bayerischer Staatsoperndirektor; *Küfner* Hans, Geheimrat, Dr., rechtsk. Bürgermeister; *Langenfaß* Friedrich, Dekan; *Leupold* Wilhelm, Verlagsdirektor der Münchener Zeitung; *v. Marr* Carl, Geheimrat, Akademiedirektor a. D., Kunstmaler; *Matthes* Wilhelm, Musikschriftsteller; *Miller* Karl, o. Akademieprofessor; *Musikalische Akademie:* der Vorstand: Eduard Niedermayr, Michael Uffinger, Hermann Tuckermann, Emil Wagner; *Ottow* Fred, Chefredakteur der München-Augsburger-Abendzeitung; *Pschorr* Josef, Geh. Kommerzienrat, Präsident der Industrie- und Handelskammer; *Pfitzner* Hans, Professor, Dr., Generalmusikdirektor; *Röschlein* Christoph, 1. Präsident der Handwerkskammer von Oberbayern; *Schemm* Hans, bayerischer Staatsminister; *Schiedt* Adolf, Chefredakteur der Münchener Zeitung; *Schinnerer* Adolf, o. Akademieprofessor; *Schmelzle* Hans, Dr., Staatsrat, Präsident des Bayerischen Verwaltungsgerichtshofes; *Sittmann* Georg, Geheimrat, Dr., Professor; *Strauß* Richard, Dr., Generalmusikdirektor; *Wagner* Adolf, bayerischer Staatsminister; *Westermann* Fritz, 1. Vorsitzender des Bayreuther Bundes.

Thomas Mann schrieb darauf: ‚Eine Verteidigung‘, in: Frankfurter Zeitung, Frankfurt a. M., 22.4.1933, Nr. 299:

Thomas Mann
Eine Verteidigung.

Wir erhalten von *Thomas Mann* das folgende Schreiben mit der Bitte um Wiedergabe:
Sehr geehrte Herren!
„Die Passion für Wagners zaubervolles Werk begleitet mein Leben, seit ich seiner zuerst gewahr wurde und es mir zu erobern, es mit Erkenntnis zu durchdringen begann". – Das ist ein Satz aus einem umfangreichen kritischen Versuch, den ich unter dem für seine Haltung, sein Gefühl bezeichnenden Titel „*Leiden und Größe Richard Wagners*" im Aprilheft der „*Neuen Rundschau*" veröffentlicht habe. Solcher Sätze enthält der Aufsatz viele, aber das hat ihn nicht davor bewahrt, zum Gegenstand eines heftigen Protestes zu werden, der, versehen mit den Namen einer großen Anzahl von Münchner Honoratioren, nicht nur durch die „Münchner Neuesten Nachrichten", sondern auch durch das Münchner Radio verbreitet worden ist.
Sein Text, der von schweren Schmähungen meines Charakters und meiner Gesinnung voll ist, nimmt auf den großen Essay nicht ausdrücklich und unmittelbar Bezug; er führt nicht seinen Titel an, nennt nicht die Stelle seines Erscheinens und erschwert dadurch die Kontrolle der gegen mich erhobenen Vorwürfe. Er spricht von Vorträgen, die ich in mehreren Städten des Auslandes gehalten und mit denen ich draußen den Namen des deutschen Meisters verunglimpft hätte. Zum Beweise löst der Verfasser aus dem Zusammenhang des Rundschauaufsatzes einige Zitate, die, unter die Massen der Rundfunkhörer geworfen, dem Verständnis meiner Absichten gefährlich werden und die nationale Entrüstung gegen mich aufrufen konnten.

Wirklich habe ich der 52 Seiten langen Studie, einem mit inniger Hingebung geschriebenen Resumé meines Wagner-Erlebnisses, das Material zu einem Vortrag entnommen, mit dem ich aus Anlaß des zurückliegenden Gedenktages bisher viermal öffentlich hervorgetreten bin. Während es sich bei dem Aufsatz um ein der literarischen Aufnahme zugedachtes, an Brechungen und Abtönungen des Gedankens reiches Bekenntnis handelte, war der Vortrag für einen festlichen Zweck bestimmt und verzichtete selbstverständlich auf manche psychologische Schärfe, die einem solchen Zweck hätte zuwiderlaufen können. Ich habe ihn zuerst am 10. Februar auf Einladung der *Münchner Goethe-Gesellschaft* im Auditorium Maximum der Münchner Universität gehalten – unter dem herzlichen Beifall einer halbtausendköpfigen Hörerschaft und ohne den leisesten Widerspruch zu erfahren. Ich habe ihn zur Feier von Wagners fünfzigstem Todestage im *Amsterdamer Concert-Hause* wiederholt, dann, auf Französisch, in *Brüssel* und *Paris*: jedesmal unter der gespannten Anteilnahme eines für Wagner glühenden Publikums. Die Vertreter des deutschen Reiches in den verschiedenen Hauptstädten waren bei diesen Veranstaltungen zugegen und haben mir ihren *Dank* für den Dienst ausgedrückt, den ich damit dem deutschen Namen geleistet. Der Protest der „Wagner-Stadt München" aber, wie die Gesamtheit der Unterzeichner sich nennt, zeiht mich des Gegenteils.

Ich bin der deutschen Oeffentlichkeit und mir selbst die Feststellung schuldig, daß dieser Protest aus einem *schweren Mißverständnis* hervorgegangen ist und mir nach Inhalt und Ausdrucksweise schweres, bitteres Unrecht zufügt. Kaum einer der ehrenwerten und sogar hervorragenden Männer, die ihren Namen darunter setzten, kann den Aufsatz „Leiden und Größe Richard Wagners" überhaupt gelesen haben, denn nur vollkommene *Unkenntnis* der Rolle, die Wagners gigantisches Werk in meinem Leben und Dichten seit jeher gespielt hat, konnte sie bestimmen, an dieser bösen Handlung gegen einen deutschen Schriftsteller teilzunehmen.

Aufrichtig bitte ich die stillen Freunde meiner Arbeit in Deutschland, sich an meiner Verbundenheit mit deutscher Kultur und Ueberlieferung, an meiner Verbundenheit mit *ihnen nicht* irre machen zu lassen.

Lugano, 19. April 1933.

Thomas Mann

23.4.1933 Thomas Mann an René Schickele, ms.Br. (vermutlich von Katia Mann geschrieben)

1 *in Basel Quartier machen:* Thomas Mann erwog im Frühjahr 1933, ob er sich in Basel niederlassen solle. Vom 1.5. bis 5.5.1933 hielt er sich mit seiner Frau dort auf, um einige Häuser zu besichtigen und Erkundigungen einzuholen. Von Basel reiste er dann nach Südfrankreich. Am 3.5.1933 schreibt Thomas Mann im Tagebuch:

K. und ich sprachen beim Abendessen wieder über die Frage der Expatriierung oder Rückkehr. Da schon das Leben von der Substanz des in der Schweiz befindlichen Geldes gegen das Gesetz verstößt, ist die Rückkehr sehr bald verwirkt, spätestens im Herbst. Man wird aber früher schon endgültig vor die Entscheidung gestellt werden, durch die Bedrohung der Vermögenskonfiskation im Falle des Außenbleibens. Diese kann kaum ausbleiben, u. es ist zu überlegen, wie man sich ihr gegenüber verhält. Das flüssige Geld herauszuziehen, scheint es schon zu spät zu sein, da Golo „Schwierigkeiten" bei Feuchtwanger meldet. Ich bin es, der hier ein entschlossenes Handeln verzögert hat, wobei es mir aber weniger um die Rückkehr ins Gewohnte zu tun war, als um die Idee, daß selbst das unselig-verworrenste Deutschland noch eine große Angelegenheit bleibt, während die Schweiz – Sie hat große Vorzüge. –

Telephon-Gespräch mit Frl. Joel in Abwesenheit K.'s. Prof. Schmalenbach will uns nachmittags mit seinem Auto zu Häuserbesichtigungen abholen. –

1/2 11 Ausgang mit dem jungen Andreae. Eine reizvolle moderne Wohnung St. Albans-Anlage besichtigt.

Mittagessen bei Frau *Burkardt-Schatzmann*, schönes altes Patrizierhaus, mit Herrn *Zur Mühlen* u. seiner Frau, geb. B., ferner A. Kolb.

Etwas geruht, dann abgeholt von Prof. Schmalenbach, in dessen Haus in Riehen wir Thee tranken. Dann Besichtigung eines uns zugedachten, aber mir abscheulichen Hauses, das 3000 frs. Miete kosten soll.

Ich fühlte mich schlecht, und der Eindruck der Besichtigung, die eine abscheuliche u. niederdrückende Vorstellung von deklassierter Existenz gab, verschlimmerte den Zustand meiner Nerven, die zu Hause bis zu Tränen versagten.

Schrieb kurz an die Herz, die in der Poschingerstr. lebt und die Joseph-Bibliothek verpackt und an Dr. Bernoulli hier geschickt hat. K. telephonierte mit der Frau.

Telephongespräch mit Pierre Bertaux, Sèvres, der zu Golo nach M. fahren u. vielleicht einiges Geld transportieren soll.

Wir bleiben zu Hause, haben uns Thee und Eier aufs Zimmer bestellt.

Nach den wohltuenden Wochen von Lugano setzt dieser verworrene Übergangszustand mir aufs Neue beängstigend zu. Es gibt Augenblicke, wo ich fürchte, meine Nerven könnten überwältigt werden.

2 *Le Lavandou:* Da Erika Manns Pläne mit ihrem Kabarett ‚Pfeffermühle‘ in Zürich ins Stocken gerieten, fuhr sie am 9. April 1933 nach Le Lavandou an der französischen Riviera, um sich mit Klaus Mann zu treffen, der von Paris herreiste. Von Le Lavandou aus versuchten sie mit Hilfe von René Schickele, in Sanary-sur-mer eine passende Unterkunft für die ganze Familie zu finden. Vom 21. April bis 23. April 1933 besuchten sie ihre Eltern in Lugano und nahmen bei ihrer Rückreise nach Le Lavandou auch die beiden jüngsten Geschwister, Elisabeth und Michael Mann, mit. In jenen Tagen macht Thomas Mann folgende Tagebuchnotizen:

Klaus und Erika treffen um 4 Uhr ein. Thee mit ihnen im großen Salon; Lektüre der Dokumente zum „Fall Wagner" und Besprechung der Lage. Die Kinder drängen auf vollständige Liquidierung der Münchener Verhältnisse, auch auf den Weggang der beiden Alten, der aber kaum zu erreichen sein wird.

[...]

Beim Thee über die Schandtaten der „Revolution", die Mißhandlungen in den Gefangenenlagern und besonders vorher in den S. A.-Kasernen. Die „auf der Flucht Erschossenen" und die Kommunisten, die man in der Zelle erhängt gefunden, wobei lieber nicht auszumalen, was vorhergegangen sein muß.

Die Verachtung und der Abscheu in Frankreich. Die Kinder berichten von Beschimpfungen, die sie von Amerikanern und Franzosen als Deutsche erfahren. (TB 21.4.1933)

Die großen Kinder reisen mit dem Ford nach Lavandou zurück, und im letzten Augenblick kommt Erika auf den Gedanken, die Kleinen gleich mitzunehmen. Ich billige den Einfall, der eine Ersparnis und mehr Bewegungsfreiheit für uns bedeutet in Hinsicht auf unsere nächsten Schritte. Abschied und Abfahrt nach schnellem Packen. Aussicht auf ein Wiedersehen in ca 14 Tagen. (TB 23.4.1933)

Aus Schickeles Tagebuch: Am 8.5.1933 berichtet Schickele dann in seinem Tagebuch von der Ankunft Thomas Manns (RS III, 1049ff., und Die Blauen Hefte IV, ungedruckt, Marbach):

Thomas, Katia, Erika Mann, in Erikas Ford von Lavandou gekommen, um hier Wohnung zu suchen. Er sieht schlecht aus, um 10 Jahre gealtert. Sehr bedrückt und leicht zu beeindrucken. Für Heinrich M. bedeutete die Verbannung schließlich keine große Veränderung, er war immer in der Opposition, und: „haben wir uns", wie er mir schrieb, „auch in der Republik nur einen Tag wirklich sicher gefühlt"? Thomas dagegen, so sehr er sich in den letzten Jahren politisch exponiert hatte, ist tatsächlich aus allen Himmeln gefallen. Die abgründige Gemeinheit dessen, was sich in Deutschland Politik nennt, erfährt er erst jetzt. Er tat, was er für richtig hielt, ohne an die Folgen zu denken, die Folgen aber erschrecken ihn. Wenn einer nicht das Zeug zu einem Märtyrer hat, so ist es Thomas Mann. Er wird täglich beschimpft, Leute wie Pfitzner, Strauss (!), Gulbransson unterzeichnen Pronunziamentos gegen ihn, er kann kein Möbelstück aus seinem Haus herausnehmen, seine beiden Autos und der kleine D.K.W. seines Sohnes Golo sind beschlagnahmt. Golo, der das Münchner Haus bewachte, hat nach Berlin zu Bermanns flüchten müssen, wo er sich nicht polizeilich anzumelden braucht und unerkannt bleiben kann. – Nachm. in St. Cyr bei Ju's, dann wieder bei uns in[s] Sanary. Nach einem Imbiß fahren sie nach Lavandou zurück. Gottseidank, morgen kommt L. aus Badenweiler zurück. Ich habe das sichere Gefühl, daß sie unbehelligt über die Grenze kommt. (8.5.1933)

Thomas und Katia Mann mit 2 Kindern seit gestern im *Grand-Hotel*, Bandol, Erika und Klaus in Sanary, Hotel *La Tour*.
Heute bei uns zum Thee. Er las seinen Brief an den General v. Epp vor. Eine seltsame, sehr würdige Vertraulichkeit. Bei einem General des Weltkriegs hätte sie verfangen – aber bei diesem Piraten? Stundenlang über den Text eines Telegramms an Golo und Monica Mann beraten, die in Berlin sind und abreisen sollen, bevor die Nazis auf den Brief an Epp hin evt. Repressalien ergreifen. [...]
Thomas Mann sehr unglücklich. Es geht ihm wie den meisten Deutschen seiner Geistesart. Sie sehen wohl, was vorgeht und auch, was kommen wird, aber im Grund wollen sie es nicht wahrhaben, weil es unfaßbar toll ist, hauptsächlich aber, weil sie sich nicht eingestehen wollen, daß sie ihr Vaterland verloren haben. Auch ich kann es noch nicht fassen, daß ich Deutschland nicht wiedersehn soll. Und gleichzeitig gibt es niemand, der die Entwicklung der Dinge pessimistischer beurteilt als ich, ich bin auf alles, aber wirklich auf alles gefaßt.
Erika, bildhübsch, klug, energisch. [...] Gestern haben die Schafsköpfe in Deutschland öffentlich doch eine Million Bücher verbrannt. (11.5.1933)

Thomas Mann dazu: „Wie merkwürdig! Man verläßt sein Vaterland, um in Amsterdam und Paris über Richard Wagner zu sprechen, und als man zurück will, ist es einem davongelaufen."
In Deutschland wird jetzt auch der liebe Gott gleichgeschaltet.
Sie gründen eine deutsche evangelische Kirche.
Nicht ohne Schwierigkeit. Denn die Mehrzahl der Protestanten will sich nicht den

nationalsozialistischen Wehrkreispfarrer Müller als „Reichsbischof" aufdrängen lassen. (15.5.1933)

Am 4. August holt Schickele dann zur Schilderung eines Treffens auch mit Heinrich Mann und Frau Kröger aus:

Ein heißer, schöner Tag. Mehr verlangte ich nicht. Wir hatten zu niemand davon gesprochen. Frau Stieler, die im Kalendarium des *Schriftstellers* auf meinen Namen gestoßen war, hatte es Heinrich Mann erzählt, und so „kam es auf". Zu unsrer Überraschung erschien nach Tisch Katia Mann mit ihren beiden Jüngsten und gratulierte. Herrliche Blumen, ein „Delikatessenkorb", frisch aus Toulon herbeigeholt. Mit seinem Inhalt können wir die größte Gesellschaft bewirten.
Am Spätnachmittag kommt Heinrich Mann, leicht angezogen und schwitzend, den Garten herauf, hinter ihm in großer Sommertoilette Frau Kröger. Sie schwitzt nicht. Sie schwebt prall und luftig heran. Ihr Lübeckisch-Deutsch fügt sich mit seinem etwas schwerfälligem Gezwitscher angenehm in das Vogelkonzert ein, von dem der Garten widerhallt. Wir sitzen im Schatten der großen Pinie. Ich lausche mehr den Vögeln als der Unterhaltung. Wir fühlen uns alle sichtlich wohl.
Abendfahrt mit Rainer. Er feiert mich auf seine Weise, indem er mich freundlich über meine Vergangenheit, Gegenwart und Zukunft unterhält, sich von mir über die „erste Zeit mit Lannatsch" erzählen läßt. „Das muß ich doch wissen", meint er. „Das gehört zur mündlichen Familienüberlieferung." Der Sonnenuntergang über der Bandoler Bucht läßt uns verstummen. Er ist unerhört feierlich. Er dehnt sich aus. Er wächst und wächst und findet kein Ende.
Nach dem Abendessen verwandelt L. mit Rainers und Hansens Hilfe Eß- und Wohnzimmer in einen Festsaal, und die Gäste, die sich bald darauf einstellen, können einziehen.
Sie „ziehen" wirklich „ein". Es ist einschüchternd für das „Geburtstagskind". Ich komme mir plötzlich so alt vor...
Mit dem Erscheinen der Familie Thomas Mann erreicht die Feierlichkeit ihren Höhepunkt. *Er* ganz Senator, der Millionen umschlungen sein läßt. Katia, die nicht zu Wort kommt, schiebt nervös den Unterkiefer vor. Bibi und Medi gucken mit großen Augen zu. (Morgen wird Bibi die Szene haargenau darstellen.) Moni lächelt, einen Fuß noch im Dschungel. Golo dreht sich in einer Ecke langsam hin und her. Er blickt finster und unbeteiligt. Ich denke an den Sonnenuntergang, der kein Ende nehmen wollte. Schließlich sagt Thomas Mann in leichterem Ton: „Vor einem Jahr hätte man Ihnen in Deutschland ein Bankett gegeben", worauf Katia herausplatzt: „Na, der Ehrentisch ist ohnehin hier versammelt, und damit wollen wir uns begnügen."
Netter Abend.
Wie immer reden die Brüder Mann liebevoll aneinander vorbei – Thomas am stärksten, wenn er Heinrich ausdrücklich beistimmt. Er hat dann ein merkwürdiges, verhaltenes Zögern in der Stimme. Heinrich sieht man die Freude an, mit seinem Bruder beisammen und einig zu sein. Jeder bemüht sich, Frau Kröger auszuzeichnen, was aber meist mißlingt. Sie bleibt stumm, nur auf ihrem Gesicht steht deutlich zu lesen, sie sei aus ebenso guter Familie wie wir. (Eine Lieblingswendung in ihren Gesprächen mit Frau Stieler, die ihre Vertraute ist, das Vertrauen aber nicht unbedingt rechtfertigt.) Ohne diese verdammten Minderwertigkeitsgefühle (nächstens wird man noch bei Hühnern

von „Komplexen" sprechen!) wäre sie reizend. Welch hohe Gabe ist die Natürlichkeit! Fast so selten wie echtes Talent. Selbst schwer erträgliche Eigenschaften werden erträglich durch Natürlichkeit. Fehlt sie, muß der Geist sich sehr anstrengen, um das Manko wettzumachen. Geistvolle Menschen sind selten in echter Weise natürlich. Sie können durch Selbsterziehung eine zweite Unschuld gewinnen. Frau Kröger, die Bardame war, vermag es nicht.

Ulrich Rauschers Leni, die ebenfalls von der Bar kam, und um nichts klüger war als die andre, brachte es fertig, nicht auf dem Umweg über den Geist, aber auf dem geraden Weg des Herzens. Freilich, Heinrich M. hilft seiner Freundin wenig dabei. Er wird den Lübecker „Anstand" auch im Bordell nicht los. Er mißbraucht ihn dann nur – was als eine Form von geistigem Masochismus zu gelten hat… Wie er neben seiner Freundin sitzt, aufmerksam, ja beflissen, verrät seine ganze Haltung, daß er sich des „ungeregelten Verhältnisses" bewußt ist. Katia fühlt es so stark, daß es sie gegen ihren Willen beeinflußt.

Und es ist ermüdend, soviel Aufmerksamkeit auf eine so läppische Angelegenheit verwenden zu müssen. Alle Harmlosigkeit geht zum Teufel. Mit einer Prinzessin kannst du umgehn, wie Herz und Takt dir befehlen. Eine ewig argwöhnische Madame macht dich ungeduldig und zuletzt ungerecht.

Sooft die Unterhaltung eine Wendung nimmt, die uns andre fesselt, gibt Frau Kröger unzweideutige Zeichen von Langweile von sich. Bleiben wir längere Zeit dabei, empfindet sie das für sie hermetische Gespräch erst wohl nur dunkel, dann aber immer klarer als eine Mißachtung ihrer Person, deren Bildungsgrad ihr nicht erlaubt, den Ausführungen zu folgen. Natürlich wenden sich die Redenden nicht an sie, sondern an diejenigen, die an der Diskussion teilnehmen. So gerät sie auch äußerlich in den Hintergrund. Sie sieht sich auf einmal „nicht mehr vorhanden". Dafür beobachtet sie mit feindlich gespannter Aufmerksamkeit, wie man an ihr vorbeiredet und blickt und sie immer mehr „zurücksetzt". Es kommt der Augenblick, wo wir unsre Verfehlung bemerken und, nicht ohne Bedauern (ein Bedauern, das ihr nicht entgeht) ein- und zu Frau Kröger zurücklenken. Wir suchen einen Gegenstand, der sie interessiert, und finden immer nur den gleichen: die deutschen Greuel.

Das ist das einzige, wo sie anbeißt. Wie gern ließen wir uns etwas von ihr erzählen, wovon sie mehr und Verbürgteres weiß als wir. Die Frau hat doch gelebt und vermutlich sauberer als die Leute „aus guter Familie". Sie weiß es selbst, sie kennt sie doch, die Leute aus guter Familie! Trotzdem würde sie eher ein Märchen zum hundertstenmal erzählen als ein anständiges, saftiges Stück Leben preisgeben, das ihr nicht „vornehm" genug erscheint…

Ungetrübten Genuß an dem Abend hat unser Rainer. Er sitzt im Parkett und paßt auf. Er hat sogar die Stahlbrille aufgesetzt, die ihm das Aussehn eines amerikanischen Clergymannes gibt. Nichts darf ihm entgehen.

„Ich hamstere für den amerikanischen Winter", sagt er mir später. Plötzlich packt es den guten Ju. Das Monokel im Auge und mit weit ausholenden Gesten beginnt er von seiner feudalen Vergangenheit zu erzählen, eine Geschichte von einem Korpsbruder, der hinausflog, weil er sich öffentlich mit einer Ladnerin gezeigt hatte, Frau Kröger wird rot und blaß. Ju ist noch nicht fertig, da fallen wir alle wie eine Meute über die unbeendete Geschichte her und reißen sie, Frau Kröger zu Ehren, in Stücke. In unsrer Blutgier erinnern wir an die Löwen, die in der Arena vor Neros Frau eine Christin zerreißen. Wir hören nicht auf Jus Versicherungen, daß niemand von der Dummheit seiner Geschichte überzeugter sei als er, und obwohl er unsern Eifer nicht begreift und sich mit wachsender Verwunderung umblickt, ruhen wir nicht eher, als bis von dem feudalen Korps kein Fetzen übrigbleibt. (4. 8. 1933)

40   23. 9. 1933   Thomas Mann an René Schickele, hs. Postk.

1 *Einheitsliste:* Vgl. die Berichte in der Neuen Zürcher Zeitung vom 18.–24. 9. 1933.

2 *Ernst Torgler* (1893–1963): Vorsitzender der KPD-Fraktion im Reichstag, wurde nach dem Reichstagsbrand (27. 2. 1933) als angeblicher Mitbrandstifter verhaftet, aber mangels Beweisen wieder freigesprochen. Gleich nach dem Freispruch nahmen ihn die Nazis jedoch in „Schutzhaft“ und schoben ihn in ein Konzentrationslager ab. Vgl. Thomas Mann, ‚Leiden an Deutschland. Tagebuchblätter aus den Jahren 1933 und 1934‘ (XII, 688, 724).

3 *Brandstiftung:* Die Zerstörung des Reichstagsgebäudes in Berlin durch Brandstiftung am 27. 2. 1933; sie wurde von Hitler den Kommunisten zugeschrieben und als Anlaß für die Notverordnung des Reichspräsidenten vom 28. 2. 1933 benutzt, die „zur Abwehr kommunistischer Gewalttaten“ die wichtigsten Grundrechte außer Kraft setzte. Im Reichstagsbrand-Prozeß vor dem Reichsgericht (21. 9. bis 23. 12. 1933) wurde der niederländische Kommunist Marinus van der Lubbe zum Tod verurteilt. Die übrigen Angeklagten (Ernst Torgler, Georgi Dimitrov u. a.) wurden freigesprochen. Von Anfang an sprachen Indizien dafür, daß der Reichstagsbrand von einer terroristischen Gruppe der NSDAP ins Werk gesetzt worden war. Doch auch dies ist umstritten; eine restlose Aufklärung der Tatumstände ist bisher nicht gelungen.

10. 10. 1933   René Schickele an Thomas Mann, hs. Br.

1 *„Bunte Kleid“:* Das erste Kapitel aus dem vierten Hauptstück von ‚Der junge Joseph‘.

2 *in Ihrer Nähe:* Thomas Mann hatte sich im Mai 1933 in Bandol (Grand Hôtel) an der Côte d’Azur niedergelassen. Im Juni zog er nach Sanary-sur-mer („La Tranquille“) um, das damals zum Sammelpunkt emigrierter Schriftsteller wurde. Im Oktober nahm er dann in Küsnacht bei Zürich Wohnsitz.

41   3 *Arbeit:* René Schickele, ‚Die Witwe Bosca‘, Roman, Berlin: S. Fischer 1933. – Am 3. 12. 1933 notiert Schickele im Tagebuch über diesen Roman: „Das objektivste meiner Bücher. Obgleich alles darin ist, was ich an Gram, Zorn und Hoffnungslosigkeit im Sommer 33 erlebt habe. Auf sehr geheime Weise bekennerisch wie kein andres meiner Bücher. Ohne diese Arbeit hätte ich den Sommer vielleicht nicht überlebt.“ – In einem Brief an Harry Graf Keßler vom 17. 2. 1934 schreibt Schickele: „Mit der ‚Witwe Bosca‘ hoffte ich mehr zu tun als nur ein ‚ablenkendes‘ Buch zu schreiben. Die todestrunkene Bosheit und Rachsucht einer götzendienerischen, entgotteten Zeit in einer auf der Straße aufgelesenen Gestalt darzustellen – darauf kam es mir an. Ausdrücklich wollte ich jede aktuelle Beziehung vermeiden und das Übel an der Wurzel zeigen. Denn für das, was heute geschieht, bildet die Politik nur den Vorwand – bestenfalls liefert sie das die innerste Triebfeder auslösende Ereignis. Ich sehe in alledem die *Katastrophe des Menschen, der sein Gewissen verlor.* Er hat die alten metaphysischen Bindungen abgelegt, ohne neue zu finden, und rast wie ein zur Unzeit befreiter Sklave.“ (RS III, 1192 f.).

4 *Berlin:* René Schickeles Roman ‚Die Witwe Bosca‘ erschien im Dezember 1933 im S. Fischer Verlag in Berlin. – Kurz nach diesem Schreiben Schickeles an Thomas Mann, in

einem Brief vom 11.10.1933, übte jedoch Oskar Loerke, der damalige Lektor des S. Fischer Verlags, scharfe Kritik an gewissen Stellen des Romans:

Durch Frau Bosca und Herrn Burguburu kommt in den Roman das Element des Kriminalistischen, des Abnormen, des durch unterstrichene Merkwürdigkeit Spannenden, d.h. der Rang des Buches wird durch sie beeinträchtigt. Das Groteske wird wahrscheinlich nicht unmittelbar als grotesk empfunden werden, und das Humoristische, – da es allzu ausführlich und psychologisch konstruktiv behandelt ist, wird nicht humoristisch wirken, sondern öfters als erkältend angesichts der vielen frischen, unverstellten Natur, die um es herum ist. Man fragt aus den freien, rechtschaffenen Seelen, derer, die um das Paar sind: warum sollen wir uns gerade mit diesen beiden Kuriositäten so eingehend beschäftigen? Wo ist der innere Gewinn? Sind sie exemplarische Bösewichter, sind sie Kranke, die mit ihrem Schicksalsfall viel beleuchten? Warum heiraten sie? [...] Begründet die erotische Verfassung der Witwe genug das Verhalten der anderen?

Loerke bat Schickele, bei der Durchsicht der Fahnenabzüge einige ihm anstößig erscheinende Stellen umzuarbeiten. Im Tagebuch vom 1.11.1933 notiert Loerke: „Die unangenehmste Verlagsarbeit war die zensorische Durchsicht des Romans von Schickele; zu solchen Notwendigkeiten wider das künstlerische Gewissen kann einen nur die letzte Alternative treiben!" Aus einem Brief Schickeles an Thomas Mann vom 18.11.1933 geht jedoch hervor, daß er sich zu einer Änderung nicht entschließen konnte:

Mit meinem Buch gab es ein langes Hin und Her, weil Bermann so gern massenhaft gestrichen hätte. Loerke schrieb mir einen Brief, den ich Ihnen zeigen werde, wenn Sie das Buch gelesen haben. Jetzt erscheint es ohne Striche, aber um Wochen verspätet, ich denke gerade, bevor der Vorhang fällt, kurz vor dem 15. Dezember. Möglich, dass es am gleichen Tag verboten wird. Dann werde ich nach Amsterdam ,gehn', aber nicht zu Querido, sondern zu de Lange, dessen Verlag politisch *nicht* polemisieren will.

5 *nächsten Roman:* Gottfried Bermann Fischer hatte Optionen auf die nächsten zwei Bücher von René Schickele verlangt. Schickele wollte sich deshalb vom S. Fischer Verlag lösen. Im Laufe des Sommers 1934 wechselte er zum Exilverlag Allert de Lange in Amsterdam. Im Herbst erschien dort sein nächstes Werk, der Essay ,Liebe und Ärgernis des D.H. Lawrence'. – Siehe hierzu den Briefwechsel zwischen René Schickele und Annette Kolb vom 18.4.–22.11.1934.

6 *„Voss":* In der ,Vossischen Zeitung' erschien vom 7.10.–21.11.1933 ein Vorabdruck von Schickeles Roman ,Die Witwe Bosca'.

7 *eine dumme Zwischenträgerei des kleinen Peter Mendelssohn:* Vgl. hierzu Klaus Manns Briefe an René Schickele vom 29.9.1933 und 6.10.1933 und René Schickeles Brief an Klaus Mann vom 2.10.1933:

Die Sammlung
Paris, den 29.9.33

Lieber und verehrter Herr Schickele –
immerhin habe ich mich gefreut, daß Sie mir überhaupt noch geschrieben haben; denn, aus den Nachrichten zu schließen, die ein gehässiger Volksmund mir zutrug, waren Sie so böse auf mich, daß es mich schon ganz traurig machte, sogar meinen kleinen Geburtstagswunsch, den ich doch gewiß brav gemeint hatte, sollen Sie inzwischen

scheußlich und unangebracht gefunden haben. Ich fragte mich oft, bis zu welchem Grade ich mir objektiv Schuld geben muß an den Unannehmlichkeiten, die im Zusammenhang mit der „Sammlung" über Sie hereingebrochen sind; aber das ist ja eigentlich eine müßige Frage. Jedenfalls bedaure ich diese Unannehmlichkeiten von ganzem Herzen. – Die Namen der Mitarbeiter – oder der Autoren, die ich erst dafür halten zu dürfen glaubte – werden in der Zeitschrift natürlich nicht mehr genannt. Landshoff schreibt mir, daß, zu seinem großen Bedauern, auf den Schutzumschlägen der beiden ersten Bücher, die der Querido-Verlag verschickt – („Jüdischer Krieg" und Döblin-Broschüre) diese Namen noch figurieren. Das war nicht mehr zu verhindern, die Bücher sind unterwegs. Es soll jedoch nicht wieder vorkommen. Und außerdem hat ja der liebe Bermann die Möglichkeit, jeden Tag der Presse mitzuteilen, daß alles Lug und Trug von uns gewesen ist. Was freilich von unsrer Seite geschieht, wenn er das wirklich tuen sollte, weiß ich noch nicht genau.

Mit meinen besten Grüßen

Klaus Mann

Sanary sur mer (Var)
Villa Ben qui hado
2. 10. 33

Aber, lieber Herr Klaus Mann – was Sie mir da schreiben, das ist doch alles erstunken und erlogen! Ich war niemals so „böse" auf Sie, daß es Sie hätte „ganz traurig machen" können. Ich habe zu *niemand* ein Wort geäußert, das Sie selbst nicht als freundlich empfunden hätten! Und da wir schon dabei sind, muß ich auch das erwähnen: obwohl wir seit Monaten wortwörtlich von der Hand in den Mund leben, hat mich die finanzielle Einbuße, die das (mit meiner Mitarbeit an der „Sammlung" begründete) Veto der Ullsteinschen Geschäftsleitung mir brachte, nicht einmal in der Intimität, etwa meiner Frau gegenüber, eine Aufwallung der Entrüstung oder Empörung oder sonstwelcher Sie belastender Gefühle zur Folge gehabt. Jedem, mit dem ich sprach (es werden, Ihre Familie eingerechnet, nicht viel mehr als ein halbes Dutzend Menschen gewesen sein), erklärte ich ausdrücklich, Sie seien vollauf berechtigt gewesen, mich als Mitarbeiter zu nennen! Der Gipfel ist aber die Behauptung des „gehässigen Volksmundes", ich hätte Ihren Geburtstagswunsch „scheußlich und unangebracht" gefunden. Hier stehe ich Kopf! Ich habe nämlich nur Ihren nächsten Verwandten gegenüber geäußert (und zwar, als die Meinung erörtert wurde, daß Heinrich Manns Aufsatz die „Gefahrzone" des 1. Heftes darstelle): wenn *mir* persönlich etwas in Deutschland „schaden" könnte, so sei es Ihr Geburtstagswunsch – wobei ich Ihren Zeilen das Prädikat gab, das sich von einem geschmeichelten Autor von selbst versteht. „Schaden" mußte er mir wegen der Erwähnung der „Weißen Blätter", die von der Nazipresse seit Jahr und Tag als „Dolchstoß der Literaten" angeprangert werden.

Das ist alles klar und unzweideutig – nicht wahr? Ich stehe aber Kopf, weil es völlig ausgeschlossen ist, daß der enge Kreis, in dem diese Bemerkung fiel, sie anders auffaßte oder anders weitergab, als sie tatsächlich lautete. Und nun müssen Sie mir schon die Frage erlauben: *wer* hat Ihnen erzählt, Ihr Glückwunsch sei von mir als „scheußlich und unangebracht" empfunden worden? Es interessiert mich der Weg von den sechs, sieben Menschen, mit denen ich diesen Sommer verkehrte, zu dem von Ihnen erwähnten „gehässigen Volksmund" – der, wie ich aus Ihrem Brief schließe, Sie mehr gekränkt haben muß als mich der Regen von Ziegelsteinen, der nach Erscheinen Ihres

Heftes auf mich herabfiel und, man sollte es nicht für möglich halten, noch immer andauert.

Jedenfalls sind *Sie* mir, auch dies zeigt Ihr Brief, allen Ernstes „böse". Ich war es keine Sekunde. Ich bitte um Aufklärung über die Zwischenträger. Die allein können den Schaden angerichtet haben.

Le balai! Le balai! Herzliche Grüße Ihres

René Schickele

Die Sammlung
Querido Verlag Amsterdam
Keizersgracht 333
Den 6.10.33

Lieber und verehrter René Schickele –

Ihr Brief ist sehr nett und ich bin schon wieder getröstet. Vielleicht bin ich zu empfindlich gewesen, aber das wäre doch aus der ganzen Situation heraus zu verstehen, denn freilich kam ich mir ein wenig im Stich gelassen vor, nach dem Besuch Saengers in Sanary, und die Affäre mit meinem Vater war und ist ja schließlich sehr penibel. Weiß Gott, was der Bermann da noch anrichten wird. Am meisten habe ich mich übrigens über den Döblin geärgert. Aber nun bin ich vor allem froh zu wissen, daß Sie nicht so gedacht und geredet haben, wie ich es fürchten mußte. Das wäre mir wirklich etwas nah gegangen, und jetzt ist es eine Erleichterung. Der Volksmund, der mir in den Deux Magots zu Paris das Gift einträufelte, hieß übrigens [...] – warum soll ich es nun nicht sagen, wo er mich doch für nichts und wieder nichts so geärgert und aufgeregt hat? Verbürgen will ich mich nicht dafür, ob er kolportiert hat, Sie hätten den Geburtstagswunsch „scheußlich" und unangebracht gefunden. Aber „unangebracht" sagte er sicher, und das „scheußlich" lag so darin. Genau erinnere ich mich, daß er erzählte, Sie hätten die paar Zeilen als eine überflüssige Geburtstagspredigt bezeichnet, und da bin ich natürlich etwas zusammengezuckt. Aber nun ist das erledigt. So Leute wollen sich immer wichtig machen, indem sie einem etwas Sensationelles auftischen. Übrigens war die Erwähnung der „Weißen Blätter" vielleicht wirklich eine Ungeschicklichkeit, aber ich dachte, es könne schon nichts mehr ausmachen, da doch der „Völkische" selbst ständig auf diese Dinge anspielt und sie immer parat hat: Sie hatten mir, zum Beispiel, damals in Sanary den Artikel bei Gelegenheit Ihres Akademie-Austrittes gezeigt, in dem das auch alles vorkam. Mir schien eben, wenn die Nazis diese Dinge zu Ihrer Schande doch so fleißig erwähnen –: warum sollen Ihre Freunde sie nicht auch einmal zu Ihren Ehren erwähnen dürfen? – Nun darf man ja gespannt sein, wie sich die Dinge für die nicht-fascistischen Autoren in Deutschland überhaupt in den nächsten Monaten – oder Wochen – entwickeln. Die neuen Pressegesetze sehen phantastisch aus. Ich halte es noch immer nicht für undenkbar, daß sogar der „Joseph" glatt verboten wird. Falls Ihre Schwierigkeiten in Deutschland zunehmen sollten, wissen Sie natürlich, daß bei Querido das lebhafteste Interesse besteht, in Verbindung mit Ihnen zu kommen; es würde Sie nur ein paar Zeilen kosten. So sehr ich natürlich bedauern würde, wenn Sie in Deutschland Enttäuschungen erleben, so froh wäre ich, wenn Sie hierher, zu uns, kämen. Dann würde ja auch Ihr Beitrag für die „Sammlung" wieder aktuell werden, auf den ich mich so lange gefreut hatte. – Nehmen Sie meine herzlich aufrichtig ergebenen Grüße und, noch einmal, meinen ganzen Dank für Ihren Brief. Ihr

Klaus Mann

Klaus Manns ungezeichneter Glückwunsch zu Schickeles 50. Geburtstag, erschienen im ersten Heft der ‚Sammlung', September 1933, S. 56, lautete:

René Schickele wird fünfzig Jahre alt. Es sind nicht viele in der deutschen Literatur, die unsere Dankbarkeit, unsere Liebe so ohne Einschränkung, so ganz und gar verdienen, wie er. Er ist ein guter Europäer, im konsequenten und verpflichtenden Sinn des Wortes; gleichzeitig ist er ein guter Deutscher – ja: diesem Europäer werden nicht einmal die Nationalisten sein Deutschtum abzusprechen wagen: welches seiner Bücher sie auch öffnen, sie werden immer ein Stück deutscher Landschaft in ihm lebendig finden. – Sein Werk ist voll Klugheit und voll Musik; voll Anmut und Schärfe. Seine Prosa – eine Prosa ganz ersten Ranges, geschmeidig, zärtlich zugleich und exakt, immer von persönlichstem Rhythmus – ist gesättigt von Gefühl und geschärft von einer wachsamen, unnachgiebigen Intelligenz. Sein Werk ist voll Reiz, vorbildlich in seiner geistigen Reinheit und immer liebenswert. Mut und Kompromisslosigkeit der Haltung hat dieser Westdeutsche, für den das deutsch-französische Problem zum höchst persönlichen wurde, schon während des Krieges als der Herausgeber der „Weissen Blätter" gezeigt. Dieselbe Tapferkeit sehen wir ihn jetzt beweisen. Er gehört zu denen, die wir immer in der ersten Reihe finden werden, wenn der Geist gegen die Übermacht des Ungeists kämpft.

8 *die Sache mit den Möbeln:* Ein Teil von Thomas Manns Münchner Möbeln, darunter sein Schreibtisch, wurde über die Adresse von René Schickele in Badenweiler nach Basel (Familie Bernoulli) und von dort nach Küsnacht geleitet. Der Transport verzögerte sich, und die Sachen kamen erst am 25.11.1933 in Küsnacht an:

Das Aufstellen und Räumen, das Auspacken der kleinen Gebrauchs- u. Ziergegenstände aus den Schubladen des Schreibtisches nahm fast den ganzen Vormittag in Anspruch. Dies sind die ersten Zeilen, die ich wieder an dem schönen Möbel, in dem dazugehörigen Stuhle schreibe. Nach Tische las ich die Zeitungen in dem Empire-Fauteuil. Die Plaketten-Sammlung, die gewohnten Einzelheiten des Schreibtisches sind wie vordem geordnet. Der Abreiß-Kalender war dick – er war am 11ten Februar stehen geblieben. Ich entfernte mit sonderbaren Empfindungen den ganzen Packen von Tagesblättern bis heute. Auch in der Halle sind die schönen Empire-Schränke aus unserem Familienbesitz, die Kandelaber und der Musikapparat schon aufgestellt. Schreiner und Techniker müssen am Montag noch weitere Arbeit tun. Die Ankunft der Dinge hat mich sehr bewegt und angestrengt; Kopfschmerzen und große Müdigkeit sind die Folge. (TB 25.11.1933)

9 *Simons:* Das Ehepaar Hugo und Gertrud Simon, geb. Oswald. Mit René Schickele befreundet. – Hugo Simon (1880–1950), Bankier und Politiker, Mäzen von Schriftstellern im Exil. Lebte bis 1933 in Berlin; emigrierte 1933 über die Schweiz nach Paris, wurde 1937 ausgebürgert, ging 1940 (?) nach Brasilien. In Paris gehörte er zum Kreis sozialistischer deutscher Emigranten. Befreundet u. a. mit Rudolf Hilferding, Max Braun, Heinrich und Thomas Mann, Stefan Zweig und Georges Bernanos.

10 *Jakob Wassermann* (1873–1934): Aus Wassermanns Hand hatte Thomas Mann 1896 sein erstes ‚Simplicissimus'-Honorar empfangen, für seine Novelle ‚Der Wille zum Glück'. – Zu den Verhandlungen zwischen Wassermann und dem S. Fischer Verlag

siehe Wassermanns Brief an Gottfried Bermann Fischer vom 27.12.1933 (Brw. mit Autoren, S. 729 ff.).

11 *Gremium des neugegründeten Berliner Gettos:* Beim „Berliner Ghetto" handelt es sich wahrscheinlich um den Kulturbund deutscher Juden in Berlin. Er wurde Mitte Juli 1933 gegründet. Dem Ehrenpräsidium gehörten als Mitglieder u. a. an: Jakob Wassermann, Max Osborn, Arthur Eloesser, Leo Baeck, Martin Buber, Max Liebermann und Franz Oppenheimer. Der Vorstand setzte sich aus Vertretern verschiedener jüdischer Vereinigungen zusammen, u. a. aus: dem Kritiker und Dramaturgen Julius Bab und dem Hauptmann a. D. Dr. Leo Löwenstein (Reichsbund jüdischer Frontsoldaten). Im Aufruf zur Mitgliedschaft vom 1.10.1933 werden Aufgaben und Ziele des jüdischen Kulturbundes genannt:

Wir wollen jüdischen Künstlern und Dozenten weiter eine Lebens- und Schaffensmöglichkeit bieten – wir wollen den aufnahmewilligen und erhebungsbedürftigen deutschen Juden neue Möglichkeiten schaffen, ihre Kulturbedürfnisse zu befriedigen. Die Veranstaltungen, in denen *Juden für Juden* Schauspiel und Oper, Musik und bildende Kunst und Vorträge bringen wollen, sie werden doch nicht die Wiederkehr eines Ghetto bedeuten, in dem jüdisches Wesen sich vor der Lebensgemeinschaft seiner deutschen Heimat und der großen Welt absperrt. Im Gegenteil: in dieser, gemäß dem Notstand der Zeit abgeschlossenen Form wollen wir als Inhalt ein geistiges Leben führen, weit aufgeschlossen den menschlichen Werten, zu denen die Klassiker der Deutschen uns erzogen haben, die großen Künstler, Denker, Forscher, denen wir uns immer verbunden fühlen und in deren Geisteswelt zu leben und zu schaffen uns stolze Pflicht ist. Mit gleicher Treue und gleichem, freiem Stolz wollen wir pflegen und entfalten, was wir in uns als dem Wesen und dem Geist des Judentums zugehörig empfinden. Wir glauben heute wie je, daß der ehrliche Einsatz dieser Wesenskräfte eine fruchtbare Förderung der gesamten Kultur bedeutet.
Deutsche Juden, zeigt, daß keiner von Euch es an Selbstbewußtsein und Hingabe fehlen läßt, jetzt, wo es zum ersten Mal in dieser Zeit eine Möglichkeit gibt, handelnd für Ehre und Leben Eures Geistes einzutreten! Wir rufen Euch auf, im vollen Bewußtsein Eures zwiefach bestimmten Wesens, am Kulturleben der Menschheit weiter teilzunehmen, Euer hohes geistiges Erbe nicht verschrumpfen zu lassen, die Fackel Eures Geistes brennend zu erhalten und künftigen Geschlechtern weiterzureichen. Nehmt tätig teil, so handelt Ihr, indem Ihr empfangt und behauptet Euch wahrhaft am Leben!

Siehe hierzu ‚Die Juden in Deutschland 1933–1945. Leben unter nationalsozialistischer Herrschaft', hrsg. von Wolfgang Benz, München: Beck 1989, S. 83–267.

12 *Max Osborn* (1870–1946): Literatur- und Kunstkritiker. Gab 1894–1914 die ‚Jahresberichte für neuere deutsche Literatur-Geschichte' heraus, war seit 1900 Redakteur der Berliner ‚National-Zeitung', seit 1910 Kritiker der Ullstein-Blätter, 1914–1933 Redakteur der ‚Vossischen Zeitung'. Osborn emigrierte 1935 nach Palästina, 1938 nach Paris. 1941 gelang ihm die Flucht in die Vereinigten Staaten, wo er bis zum Tode in New York lebte. Thomas Mann kannte Osborn seit 1920; die ‚Vossische Zeitung' hatte am 8.6.1920 den Artikel ‚Der gerettete Fontane' gebracht.

13 *Arthur Eloesser* (1870–1938): Siehe Thomas Manns Brief vom 21.12.1932, Anm. 2.

14 *Löwenstein:* Leo Löwenstein (1879–1956), Chemiker und Physiker. 1919 Vorsitzender des ‚Reichsbundes jüdischer Frontsoldaten‘. War im KZ Theresienstadt. Lebte nach 1945 in Schweden und Zürich.

15 *„Witwe Bosca":* René Schickele, ‚Die Witwe Bosca‘, Berlin: S. Fischer 1933.

16 *Zürich:* Thomas Mann war im September 1933 von Sanary-sur-mer nach Küsnacht bei Zürich umgezogen.

17 *vorlesen:* Thomas Mann las am 8. und 10. November 1933 an der Eidgenössischen Technischen Hochschule, Zürich, das Kapitel ‚Das bunte Kleid‘ und die nachfolgenden Brüderszenen aus dem zweiten Band des ‚Joseph‘-Romans, ‚Der junge Joseph‘. Im Tagebuch notiert er zu dieser Lesung:

Dann Eintritt in das überfüllte Amphitheater, das mich mit stärkstem, lang andauerndem Applaus empfing. Ich las die Dankesworte an die Schweiz, die wieder lebhaft quittiert wurden, und blieb stehen bei dem etwa 5/4stündigen Vortrag des ‚Bunten Kleides‘ und der nachfolgenden Brüderszenen. Die Wirkung schien außerordentlich, der kompakte, einhellige, lange sich hinziehende Beifall tat mir wohl. (TB 9. 11. 1933)

Eduard Korrodi schrieb in der ‚Neuen Zürcher Zeitung‘ vom 9. 11. 1933 eine kurze Besprechung. Darin stehen die Sätze:

Der tiefste Eindruck des Abends indes war zweifellos das Zwiegespräch Rubens mit Joseph. Ruben, dem Zauber Josephs verfallen, und doch den Ernst der Wahrheit in das Auge des andern wie in Zisternentiefe versenkend. Nur als ‚Bruchstücke‘ kennen wir die Brüder in der Begegnung einer Stunde, und doch wie prägen sie sich ein, dieser hurtige Naphtali und dieser grundehrliche Ruben, und wie stehen sie alle da wie Klötze vor dem Magier Joseph, den Thomas Mann (nicht ohne Mißtrauen und Einwände) seines Zaubers sich bis zur kindlichen Eitelkeit freuen läßt. Meisterhafte Kunst von Anfang bis zum Ende.

42   17. 10. 1933   Thomas Mann an René Schickele, hs. Br.

1 *diesen Sommer immer in dankbarer Erinnerung:* Vgl. Thomas Manns Tagebucheintragungen vom 12. Juni bis 22. September 1933.

2 *„Wartburg":* Ernst Bertram, ‚Wartburg‘, Spruchgedichte, Leipzig: Insel 1933.

3 *zweites Bild:* Richard Wagner, ‚Tannhäuser und der Sängerkrieg auf Wartburg‘, Große romantische Oper in drei Akten, Dresden: Meser 1845. – Der zweite Akt spielt in der „Sängerhalle" der Wartburg. Dort empfängt Elisabeth den aus dem Venusberg zurückgekehrten Tannhäuser.

4 *Ihr Roman:* René Schickele, ‚Die Witwe Bosca‘, Roman, Berlin: S. Fischer 1933.

5 *Voß:* Siehe René Schickeles Brief an Thomas Mann vom 10. 10. 1933, Anm. 6.

6 *„Sammlungs"-Angelegenheit:* Die literarisch-politische Monatsschrift ‚Die Sammlung‘ wurde von Klaus Mann unter dem Patronat von André Gide, Heinrich Mann und Aldous Huxley im Querido-Verlag Amsterdam herausgegeben. Das erste Heft erschien im September 1933 und enthielt u. a. Heinrich Manns polemisch-politischen Aufsatz ‚Sittliche Erziehung durch deutsche Erhebung‘. Auf der Innenseite des Umschlags wurden u. a. Thomas Mann und René Schickele als künftige Mitarbeiter genannt. Thomas Mann hatte hierzu seine Zustimmung gegeben. Der S. Fischer Verlag sah aber in der ‚Sammlung‘ eine Konkurrenz zur ‚Neuen Rundschau‘ und verlangte

von Thomas Mann, Alfred Döblin und René Schickele, daß sie sich von der ‚Samm-lung‘ distanzierten. Vgl. dazu Gottfried Bermann Fischers Brief vom 19.9.1933 an Thomas Mann. Am 10.10.1933 griff die Reichsstelle zur Förderung des deutschen Schrifttums (Leiter: Alfred Rosenberg) unter dem Titel ‚Literarische Emigrantenzeit-schriften‘ im ‚Börsenblatt für den deutschen Buchhandel‘ die ‚Sammlung‘ und deren Mitarbeiter an. Gottfried Bermann Fischer übergab darauf die Erklärungen, in denen sich Thomas Mann, Alfred Döblin und René Schickele von der ‚Sammlung‘ distanziert hatten, dem ‚Börsenblatt‘ zur Veröffentlichung. Sie wurden am 14.10.1933 publiziert, und die Reichsstelle nahm ihren Vorwurf zurück (siehe Tagebuch-Eintragung vom 14.10.1933). Klaus Mann empfand das Verhalten seines Vaters als einen Rückenschuß. Die Wiener ‚Arbeiter-Zeitung‘ veröffentlichte daraufhin am 19.10.1933 einen schwe-ren Angriff gegen Thomas Mann. Er antwortete am 25.10.1933 in einem Offenen Brief (abgedruckt in der Wiener ‚Arbeiter-Zeitung‘ vom 28.10.1933):

Thomas Mann erwidert

Wir erhalten von Thomas *Mann* als Erwiderung auf den Artikel ‚Literatur und Cha-rakter‘ folgendes aus Zürich vom 25. Oktober datiertes Schreiben.
Sehr geehrter Herr!
Man hat mir die Ausgabe Ihres Blattes vom 19. Oktober mit dem Artikel „Literatur und Charakter“ vorgelegt. Nicht ohne Erschütterung habe ich den Aufsatz gelesen, und zwar galt diese Erschütterung nicht zuletzt der Promptheit und Leichtigkeit, mit der darin eine nicht von gestern stammende positive Einschätzung meiner Person und Arbeit über Bord geworfen und bedenkenlos geopfert wird auf eine einzelne Nach-richt hin, die bei einigermaßen vorsichtiger und von einiger Achtung geregelter Ueberlegung durchaus diese Wirkung nicht hätte hervorbringen müssen. Wie leicht und bereitwillig doch Verehrung in Verachtung umschlägt! Es ist, als ob jede Gele-genheit oder Scheingelegenheit dazu nur so beim Schopf ergriffen würde.
Sie erzählen die Geschichte meiner öffentlichen Absage und der einiger andrer Schrift-steller an die von meinem Sohn geleitete Zeitschrift „Die Sammlung“ und folgern daraus die Tatsache unseres geistigen Todes. Für meine Person habe ich zu jenem Vorgang folgendes zu bemerken: So lange in Deutschland die Sprache frei war, habe ich als ein Mann, der sein Vaterland liebt und es glücklich und geachtet sehen möchte, mich mit allen meinen Kräften für das eingesetzt, was ich für wünschenswert und richtig hielt. Sie in Wien haben Proben davon: ich habe vor Wiener Arbeitern nicht, wie Sie sagen, meinem Bekenntnis zur Demokratie „sogar“ Zugeständnisse sozialen Verständnisses angefügt, sondern meine Rede von damals war ein offenes Bekenntnis zum Sozialismus, wenn auch nicht die Erklärung einer Parteizugehörigkeit. Seit acht Monaten lebe ich außerhalb der deutschen Reichsgrenzen. Der damit selbstverständ-lich verbundenen materiellen und ideellen Opfer will ich mich weder rühmen noch darüber klagen – genug, daß sie gebracht werden mußten. Ueber den Wert einer Polemik, die nicht nach Deutschland hineingelangt und dort tonlos bleibt, kann man verschieden urteilen. Sicher ist, daß meiner Natur die rein positive und produktive Art, dem höheren Deutschland zu dienen, in diesem Augenblick näher liegt als die pole-mische, und damit hängt mein dringlicher Wunsch zusammen, mich, solange es möglich ist, von meinem innerdeutschen Publikum nicht trennen zu lassen. Das ist ein ideelles Interesse, das, wie leicht zu erweisen wäre, mit grobem Opportunismus nicht das geringste zu tun hat. Es handelt sich tatsächlich und nachweislich nicht um den

„Markt", wie eine unfreundlich derbe Psychologie es gern ausdrückt, sondern um geistige und künstlerische Wirkungsmöglichkeit.

Für mein gutes Recht, auch unter diesen Umständen, hielt ich es allerdings, einer außerhalb der deutschen Grenzen erscheinenden literarischen Zeitschrift europäischen Charakters, die erste Namen der Welt zu ihren Mitarbeitern zählt, auch meine gelegentliche Mitarbeit in Aussicht zu stellen. Dabei hatte ich keineswegs das Gefühl, die Reserve, die ich mir bis dahin aus einer Reihe innerer und äußerer Motive auferlegt hatte, in einer irgendwie entscheidenden Weise zu durchbrechen. Als ich mich aber überzeugen mußte, daß schon die bloße Ankündigung meines Namens, die unter normalen Umständen so unerheblich gewesen wäre, genügen würde, mir jede Wirkungsmöglichkeit in Deutschland abzuschneiden, habe ich eine Handlung rückgängig gemacht, der ich von Anfang an wenig sachliche Bedeutung zugeschrieben hatte.

Sie wissen, daß in diesen Tagen ein neues Buch von mir erschienen ist, der erste Teil eines weitläufigen epischen Werkes, das mich seit einer ganzen Reihe von Jahren beschäftigt. Es erscheint in Deutschland, im S.-Fischer-Verlag, mit dem ich seit meinem Eintritt ins literarische Leben verbunden bin. Es war der Verlag, der mich, bevor jener Vorwurf des „geistigen Landesverrates", begangen durch die Verbindung mit einer Emigrantenzeitschrift, überhaupt gegen mich erhoben wurde, aus seiner Kenntnis der heimischen Verhältnisse heraus auf die Gefahr aufmerksam machte, die ich oder vielmehr mein Werk durch jene Ankündigung lief, und der in mich drang, ihm für alle Fälle das notwendige Abwehrmittel in Gestalt einer Absage an die Zeitschrift zur Verfügung zu stellen. Ich stand also vor der Frage, ob ich das Leben meines Werkes opfern, die Menschen, die in Deutschland auf meine Stimme hören und insbesondere seit Jahren auf diese neue Arbeit von mir mit Anteilnahme warten, enttäuschen und verlassen wollte, nur damit mein Name auf der Mitarbeiterliste einer Zeitschrift figuriere, deren erste Nummer gerade, wie ich wahrheitsgemäß erklären konnte, tatsächlich in ihrer Zusammenstellung taktische Fehler aufwies und nicht dem Bilde entsprach, das ich mir von ihr gemacht hatte. Diese Frage habe ich in der Ihnen bekannten Weise entschieden, indem ich meinem Verlag das von Ihnen wiedergegebene Telegramm schickte. Er hat in dem Augenblick davon Gebrauch gemacht, das heißt, es veröffentlicht, als eine reichsdeutsche Organisation „zur Förderung des deutschen Schrifttums" genau an dem Tage, an dem mein Buch erscheinen sollte, im Buchhändlerbörsenblatt die Angelegenheit der „Sammlung" zur Sprache brachte, den Vorwurf des geistigen Landesverrates gegen mich und die andern Beteiligten erhob und das deutsche Sortiment zum Boykott unserer Bücher anhielt. Die Formulierung meiner Erklärung entsprach in ihrer Mäßigung meiner ganzen bisherigen Haltung, und ich habe weder gewünscht noch erwartet, daß sich eine Organisation, die das deutsche Schrifttum zu fördern gedachte, indem sie mein Buch unmöglich machte, sich daraufhin „hinter mich und mein Werk stellen" werde. Es genügte mir, daß dies Werk damit für die deutschen Freunde gerettet war.

So der Hergang. Daß mir meine Entscheidung leicht geworden sei, werden wenige angenommen haben, und niemand hat ein Recht dazu. Scheinen nicht auch Ihnen die Schlüsse, die Sie daraus gezogen, die recht weitgehenden Folgerungen, die Sie daran geknüpft haben, etwas überstürzt und unbillig? Sie haben mich des Verrates am Geiste geziehen, haben mich für moralisch abgetan erklärt und haben hinzugefügt, ich hätte der Gemeinschaft der Aufrechten und Freien, hätte dem geistigen Volke nichts mehr zu sagen. Ich glaube, daß es Ihrer eigenen aufrechten Gesinnung und geistigen Ehre keinen Abbruch täte, wenn meine Darlegung Sie zu einer Revision Ihres harten Urteils bestimmte.

Ihr sehr ergebener
Thomas Mann

Unsere Antwort

Wir begrüßen Thomas Manns Schreiben, weil es an sein Wiener Bekenntnis zum Sozialismus ausdrücklich erinnert und seine Unterwerfung unter den Willen der nationalsozialistischen Literaturdiktatoren, die wir nach wie vor für überflüssig und den höheren Interessen des deutschen Volkes abträglich halten, in milderem Lichte erscheinen läßt.

Der Dichter, dem von seinem Verlag S. Fischer keine andre Aufforderung zugegangen ist als andern Autoren von ihren Verlagen, *irrte*, wenn er glaubte, zur Rettung seines neuen Werkes ein solches Ansinnen willfähriger beantworten zu müssen als jene tapferen Schriftsteller, die trotz ihrer entschiedenen Absage an die Reichsstelle zur Förderung des deutschen Schrifttums, oder gerade wegen dieser Absage die Hoffnung haben können, auch weiterhin zum höheren Deutschland zu sprechen.

Thomas Mann irrt verhängnisvoll, wenn er meint, durch Nachgiebigkeit sein neues Werk für die deutschen Freunde gerettet zu haben. Schon sind neuerdings, nach des Dichters Abkehr von der Emigrantenzeitschrift „Die Sammlung", seine Werke, mit Ausnahme der „Betrachtungen eines Unpolitischen" und der „Buddenbrooks", für die thüringischen Volksbibliotheken verboten worden und andre Verbote werden folgen.

Der Dichter irrt aber erst recht, wenn er meint, daß das Flüstern im Kerker, daß ein in reservierter Sprache gehaltenes Werk, das von einer Gefängnisverwaltung als Gefangenenlektüre gerade noch geduldet wird, bei diesen Gefangenen mehr und Größeres wirkt als das starke, offene Wort, das ja, trotz allem, doch ins finsterste Verlies dringt – jenes gewaltige *Wort der Freiheit aus der Freiheit*, das die Arbeiterschaft gerade von Thomas Mann erwarten zu dürfen glaubte.

Vgl. dazu Thomas Mann, Briefwechsel mit seinem Verleger Gottfried Bermann Fischer 1932–1955, S. 650ff., und Schröter, S. 206ff.

7 *gelegentlich des Austritts aus der Gesellschaft der Völker:* Deutschland trat am 43 14.10.1933 aus dem Völkerbund aus.

8 *Cabaret:* Das literarisch-politische Kabarett ‚Die Pfeffermühle' wurde am 1.1.1933 von Erika Mann und ihrer Freundin Therese Giehse in der ‚Bonbonnière', München, mit großem Erfolg eröffnet. Wegen der politischen Verhältnisse mußte es Ende Februar 1933 schließen. Erika Mann verließ Deutschland am 12. März 1933 und reiste zu ihren Eltern nach Arosa. Im September 1933 bemühte sie sich um die Erlaubnis der Schweizer Behörden, ihr Kabarett in Zürich weiterführen zu können. Am 30. September 1933 wurde es im Hotel ‚Hirschen' am Hirschenplatz in Zürich mit stürmischem Erfolg wiedereröffnet (vgl. dazu Thomas Manns Tagebuch-Eintragungen vom 30.9. bis 5.10.1933). Bereits am 14. Februar 1934 konnte das Kabarett die 50. Aufführung seines Programms feiern. Von Mitte Februar 1934 bis September 1936 unternahm das Ensemble zahlreiche Gastspielreisen, zuerst vorwiegend durch die Schweiz und dann durch ganz Europa: Österreich, Holland, Tschechoslowakei, Lu-

xemburg. Dazwischen, im November 1934, kam es auch in Zürich zu schweren Störaktionen durch die Schweizer ‚Frontisten‘ (Angehörige der Verbände ‚Nationale Front‘ und ‚Neue Schweiz‘). Doch konnte die Spielzeit planmäßig, jedoch unter polizeilicher Bewachung, bis Ende November durchgehalten werden (vgl. dazu Tagebuch-Eintragungen vom 12.11.1934 bis 1.12.1934). Ende September 1936 reisten dann Erika und Klaus Mann, später auch die übrigen Mitglieder des Ensembles nach New York, um ein Gastspiel vorzubereiten. Das Kabarett wurde am 29. Dezember eröffnet. Es fand, im Unterschied zu Europa, wenig Widerhall, und angesichts der Mißerfolge löste sich die Truppe auf. Therese Giehse kehrte nach Zürich zurück, wo sie hinfort zum Ensemble des Schauspielhauses gehörte. Erika und Klaus Mann reisten noch mehrmals zwischen Amerika und Europa hin und her, bis sie schließlich ganz in den Vereinigten Staaten blieben. Beide, insbesondere aber Erika Mann, hatten mit Vortragsreisen in Amerika beträchtlichen Erfolg.

9 *Akademie:* Michael Mann, Bibi genannt, trat am 27. Oktober 1933 in die Zürcher Musik-Akademie ein, um bei Willem de Boer, dem langjährigen Konzertmeister des Zürcher Tonhalle-Orchesters, Violinunterricht zu nehmen.

10 *Dozentenstelle:* Golo Mann erhielt durch Vermittlung seines französischen Freundes Pierre Bertaux eine Stelle als Deutschlehrer am Lehrerseminar in St. Cloud. Von dort wechselte er zur Universität Rennes über.

11 *zweite Nummer:* Die zweite Nummer der ‚Sammlung‘ im Oktober 1933. Sie enthielt folgende Aufsätze: Aldous Huxley: ‚Aus einem mittelamerikanischen Merkbuch‘; Thomas Michel: ‚Das Konkordat‘; Ernst Toller: ‚Kindheit‘; Franz Kafka: ‚Fahrt zur Mutter‘; Gustav Regler: ‚Die Heilige im Sarg‘; Heinrich Eduard Jacob: ‚Musik und Verwirklichung‘; Klaus Mann: ‚Das Schweigen Stefan Georges‘; Else Lasker-Schüler: ‚Abendzeit‘; Glossen.

12 *Platen:* Thomas Mann zitiert aus Platens Gedicht ‚Sonette‘, in: ‚Gesammelte Werke in fünf Bänden‘, Bd. 2, Stuttgart/Tübingen: Cotta’scher Verlag 1853, S. 94.

13 *schleppend:* Mit dieser Bemerkung spielt Thomas Mann auf den langsamen Fortgang der Arbeit am ‚Joseph‘ an. Am gleichen Tag (17.10.1933) schrieb er das Kapitel ‚Wie lange Joseph bei Potiphar blieb‘ von ‚Joseph in Ägypten‘ zu Ende.

44 29.10.1933 Thomas Mann an René Schickele, hs. Postk.

1 *D.:* Bernhard Diebold, ‚Thomas Mann: „Der Zauberberg“‘, in: Frankfurter Zeitung, Frankfurt a.M., 19.12.1924. – ‚Thomas Mann unter den Patriarchen‘, in: Frankfurter Zeitung, Frankfurt a.M., 25.10.1933.

2 *B.:* Badenweiler. Vgl. René Schickeles Brief vom 10.10.1933, Anm. 8.

18.11.1933 René Schickele an Thomas Mann, hs. Br.

1 *Ihr Buch:* Thomas Mann, ‚Die Geschichten Jaakobs‘, Berlin: S. Fischer 1933. Dieser erste Band des ‚Joseph‘-Romans war im Oktober 1933 erschienen.

2 *unbegreiflich, dass Sie Jean Paul nicht lieben:* Über sein Verhältnis zu Jean Paul schreibt Thomas Mann in einem Brief an Eduard Brewer vom 3.2.1944:

I have never been able to gain an intimate relation to this great German prose writer, it is possible that I was in advance affected and influenced by remarks from Goethe which showed little sympathy and respect for him. I never responded to this baroque kind of humor, nor his sentimentality which at his time inflamed all the ladies. I could only admire him full-heartedly as a great, rich and highly peculiar stylist.

Siehe hierzu auch Thomas Manns Brief an Anna Jacobsen vom 21.9.1945, an Emil Preetorius vom 20.10.1949 und an Wolfgang M. Michael vom 25.11.1950. – Im ‚Berliner Abendblatt‘ vom 10.8.1932 schreibt René Schickele unter dem Titel ‚Schmökern in alten Büchern‘ zu Jean Paul:

Wir Zwanzigjährigen waren der Meinung, zwischen Goethe und Nietzsche klaffe in der Literaturgeschichte ein leerer Raum, und es gab nur einen, den wir aus dem Höllensturz der langweiligen Posaunenengel gerettet sehn wollten, das war Jean Paul. Dessen Prosa stellten wir (und mir scheint heute noch, darin wären wir ausnahmsweise so stumpfsinnig nicht gewesen) himmelhoch über die Prosa Goethes, und den Mann selber als Denker und Charakter nicht viel tiefer. Wir verziehn ihm seine Tränenseligkeit, erstens weil er zu weinen verstand, wie Paganini geigte, zweitens weil er das größte europäische Ereignis seit der Reformation, die französische Revolution, in ihrem Kern begriffen hatte, ihren Sinn mutig als Ganzes annahm und sein Werk bis in ulkige Einzelheiten davon bestimmen ließ. Auch als Menschenkenner und moralisierenden Aphoristiker schien er uns Goethe überlegen.

3 *das letzte:* Das letzte Werk Thomas Manns, das noch in Deutschland erschien, bevor der S. Fischer Verlag im Jahre 1936 ins Ausland (Wien) verlegt werden mußte, war der Essayband ‚Leiden und Größe der Meister‘, Berlin: S. Fischer 1935.

4 *Verkündigung der Deutschen Reichskammer:* Der ‚Schutzverband Deutscher Schrift- 45 steller‘ war am 11.3.1933 aufgelöst worden. Als sein Nachfolger konstituierte sich am 9.6.1933 der nationalsozialistisch gelenkte ‚Reichsverband deutscher Schriftsteller‘, der im September 1933 als Fachverband in die neugeschaffene Reichskulturkammer eingegliedert wurde. Am 11.8.1933 teilte der S. Fischer Verlag seinen Autoren mit, daß in Zukunft der Reichsverband die einzige Standesorganisation des deutschen Schrifttums darstelle. Im Oktober 1933 veröffentlichte der Reichsverband ein Schriftstück, in dem „88 deutsche Schriftsteller durch ihre Unterschrift dem Reichskanzler Adolf Hitler" die Treue gelobten. Am 4.12.1933 informierte der S. Fischer Verlag seine Autoren in einem Rundschreiben über eine Veröffentlichung des Reichsverbandes, laut derer sich alle Schriftsteller bis zum 15.12.1933 beim Reichsverband anmelden müßten, da ohne diese Anmeldung nach dem Kulturkammergesetz alle Publikationsmöglichkeiten in Buch, Zeitschrift oder Zeitung aufhörten. – Thomas Mann weigerte sich, als Auslandsdeutscher, den Fragebogen auszufüllen und die Loyalitätserklärung zu unterschreiben. Peter Suhrkamp gelang es schließlich, vom Propagandaministerium die Bestätigung zu erlangen, daß Thomas Mann die Unterlagen nicht zu unterzeichnen brauchte. Siehe hierzu den Briefwechsel zwischen Thomas Mann, Peter Suhrkamp und Hans Friedrich Blunck, dem damaligen Präsidenten der Reichsschrifttumskammer, in Walther Blunck, ‚Thomas Mann und Hans Friedrich Blunck‘, Hamburg: Troll 1969. – Auch René Schickele weigerte sich, die Formulare des Reichsverbandes zu unterschreiben, was zur Folge hatte, daß seine Bücher von da an in Deutschland nicht mehr erscheinen konnten. Er wechselte daraufhin zum Exilverlag Allert de Lange in Amsterdam.

5 *Hitler und Hauptmann:* Am 14.10.1933 war Deutschland aus dem Völkerbund ausgetreten. Am 12.11.1933 fand dann eine neue Reichstagswahl statt, die mit der Frage

verbunden wurde, ob die Politik, die zum Austritt aus dem Völkerbund geführt habe, gebilligt werde. Gerhart Hauptmann veröffentlichte am 11.11.1933 im ‚Berliner Tageblatt‘ eine zustimmende Erklärung. Am 15.11.1933 nahm er offiziell an der Eröffnung der Reichskulturkammer in Berlin teil.

6 *meinem Buch:* René Schickele, ‚Die Witwe Bosca‘, Roman, Berlin: S. Fischer 1933. – Siehe hierzu René Schickeles Brief vom 10.10.1933, Anm. 4.

7 *Brief:* Brief Oskar Loerkes an René Schickele vom 11.10.1933. Siehe hierzu René Schickeles Brief an Thomas Mann vom 10.10.1933, Anm. 4.

8 *Querido:* Der namhafte holländische Verleger Emanuel Querido (1871–1943) gliederte im Sommer 1933 seinem Amsterdamer Verlag eine deutsche Abteilung an. Sie wurde zum bedeutendsten deutschen Exilverlag und brachte zahlreiche Werke emigrierter deutscher Autoren in der Originalsprache heraus. Leiter der deutschen Abteilung war Fritz H. Landshoff, vormals Direktor des Gustav Kiepenheuer Verlags in Berlin und mit Gottfried Bermann Fischer aus Berlin gut bekannt. Landshoff leitete die deutsche Abteilung bis zum deutschen Überfall auf die Niederlande, emigrierte in die USA, kehrte 1945 nach Amsterdam zurück und führte den deutschen Querido-Verlag bis zu seinem Zusammenschluß mit dem in Frankfurt neugegründeten S. Fischer Verlag, 1951, weiter.

9 *de Lange:* Im Rahmen des Allert de Lange Verlags in Amsterdam gründete 1933 Hermann Kesten zusammen mit Walter Landauer, dem vormaligen Direktor des Kiepenheuer Verlags, den zweiten großen deutschen Exilverlag. Vgl. René Schickeles Brief vom 10.10.1933, Anm. 5.

10 *Rolland:* Im Novemberheft 1933 der ‚Sammlung‘ erschien folgender Brief Romain Rollands an Klaus Mann – er betraf die Erklärungen Thomas Manns, Schickeles und Döblins über ihre Mitarbeit an der Zeitschrift (vgl. hierzu auch Thomas Manns Brief an René Schickele vom 17.10.1933, Anm. 6):

Villeneuve (Vaud) Villa Olga

Cher Klaus Mann

j'ai entendu dire que votre premier No. de „Die Sammlung" vous avait valu quelques désaveux de vos collaborateurs allemands, parceque votre revue ne s'était pas tenue sur le plan strictement littéraire et qu'elle avait touché à la politique.

Cette étrange nouvelle m'a bien surpris: car je n'imagine pas comment Victor Hugo, à Guernsey, aurait pu se tenir en dehors de la politique; et s'il s'y était tenu, je n'aurais eu guère d'estime pour lui...

Bien cordialement à vous
Romain Rolland

Diese spontane Äusserung des grossen französischen Schriftstellers geben wir an unser Publikum weiter. Man weiss, worum es sich handelt: Um die Erklärungen einiger deutscher Autoren, betreffend ihre Mitarbeiterschaft an der „Sammlung", die in die deutsche Presse lanciert wurden. Wir selber wollen uns, aus Rücksicht auf eben diese Autoren, jeder Äusserung in der Angelegenheit enthalten.

11 *Gide:* André Gide (1869–1951) sympathisierte 1932–1936 mit dem Kommunismus, nachdem er auf mehreren Afrikareisen die ausbeuterischen Methoden der französischen Kolonialgesellschaften kennengelernt hatte. Nach einem Aufenthalt in Moskau (1936) verwarf er ihn aber wieder.

12 *Joris-Karl Huysmans* (1848–1907): Französischer Romancier. 1866–1898 Angestell-

ter des Innenministeriums in Paris, wo er, von Aufenthalten in Klöstern und kurzen Reisen abgesehen, immer lebte. Um 1892 Bekehrung zum Katholizismus. – Unter seinen Werken: ‚A rebours‘ (1884); ‚Là-bas‘ (1891); ‚En route‘ (1895); ‚La cathédrale‘ (1898); ‚L’ oblat‘ (1903); ‚Les foules de Lourdes‘ (1906).

13 *Paul Claudel* (1868–1955): Thomas Mann wurde auf Claudel bereits 1913 anläßlich der Hellerauer Uraufführung von ‚Verkündigung‘ (‚L’ annonce faite à Marie‘) in Jakob Hegners Übertragung aufmerksam (siehe ‚Betrachtungen‘, XII, 404 ff.). Persönlich trafen sie sich dann bei einem Empfang anläßlich der deutschen Uraufführung von Claudels ‚Tobias und Sara‘ im Zürcher Schauspielhaus am 10.12.1953 (siehe Thomas Manns Brief an Agnes E. Meyer, 20.12.1953).

14 *Georg Bernhard* (1875–1944): Publizist. 1892 bis 1898 Bankbeamter, Buchhalter und Börsenvertreter. 1898 in der Handelsredaktion der ‚Berliner Zeitung‘. 1901 bis 1903 ständiger Mitarbeiter der ‚Zukunft‘ Maximilian Hardens. 1904 eigene Zeitschrift unter dem Titel ‚Plutus‘. Seit 1909 redaktionelle Leitung der ‚Vossischen Zeitung‘. 1914 Chefredakteur und Geschäftsführer des Ullstein-Nachrichtendienstes. Seit 1925 Professor an der Berliner Handelshochschule für Bank-, Börsen- und Geldwesen. 1928 Mitglied des Reichstags der Deutschen Demokratischen Partei; Vorsitz im Reichsverband der deutschen Presse bis 1930; Mitwirkung bei der Gründung der extrem pazifistischen Radikaldemokratischen Partei. 1933 Emigration nach Paris; gründete 1933 das ‚Pariser Tageblatt‘ und 1936 die ‚Pariser Tageszeitung‘; Mitarbeiter im Pariser Volksfrontausschuß; 1940 bei Bordeaux interniert. Emigrierte 1941 in die USA. Starb in New York. – Unter seinen Werken: ‚Die deutsche Tragödie. Der Selbstmord einer Republik‘ (1933); ‚Meister und Dilettanten am Kapitalismus im Reiche der Hohenzollern‘ (1936). – Schickele spricht hier von Georg Bernhards Reaktion auf die Erklärungen Thomas Manns, Schickeles und Döblins über ihre Mitarbeit an der Exilzeitschrift ‚Sammlung‘ (siehe Thomas Manns Brief vom 17.10.1933, Anm. 6). – Über Heinrich Manns Bericht von einem Nachtessen bei Georg Bernhard schreibt Thomas Mann am 3.7.1933 im Tagebuch:

Zum Thee Schickeles, Meyer-Graefes, Ilse D. und Heinrich, der zwei scharfe und harte Aufsätze gegen das deutsche Regime, einen deutschen und einen französischen las. Anknüpfend politisches Gespräch, wo der Bericht Heinrichs über eine republikanische Soiree in Berlin bei Bernhardt kurz vor dem Umsturz am eindruckvollsten war. François-Poncet der Einzige, der sich über das Kommende keine Illusionen mehr zu machen schien. Seine Abschiedsbemerkung: „Wenn Sie einmal über den Pariser Platz gehen, mein Haus steht Ihnen zur Verfügung“ veranlaßte H. zur Abreise.

15 *Dr. Breitscheid:* Der deutsche Politiker Rudolf Breitscheid (1874–1944), Sozialdemokrat, war 1918–1919 preußischer Innenminister und 1920–1933 Mitglied des Reichstags und außenpolitischer Sprecher seiner Fraktion. Er emigrierte 1933 nach Paris, floh 1940 nach Marseille, wurde von der Vichy-Regierung an Deutschland ausgeliefert und kam im Konzentrationslager Buchenwald ums Leben. Thomas Mann war ihm bereits 1919 bei einem Sommerurlaub in Glücksburg in Schleswig-Holstein begegnet.

16 *Leopold Schwarzschild* (1891–1950): Publizist. Trat während des Ersten Weltkrieges in der ‚Europäischen Staats- und Wirtschaftszeitung‘ gegen Militarismus und Nationalismus auf. Gründete 1923 zusammen mit Stefan Grossmann den ‚Montag-Morgen‘ (Berlin). 1925 Gründung des ‚Magazins der Wirtschaft‘. Seit 1927 Herausgeber der von Stefan Grossmann gegründeten Wochenschrift ‚Das Tagebuch‘. Emigrierte 1933 nach

46

Paris. Redakteur des ‚Neuen Tage-Buchs'. Vorübergehend Mitarbeit in der Volksfront. 1940 Emigration in die USA. Kehrte 1950 nach Europa zurück. Starb in Santa Margherita. – Unter seinen Werken: ‚Das Ende der Illusionen' (1934); ‚World in Trance' (1942); ‚The Red Prussian. The Life and Legend of Karl Marx' (1947); ‚Von Krieg zu Krieg' (1947).

17 *Wieland Herzfelde* (1896–1988): Publizist und Schriftsteller. Gründete 1917 den Malik-Verlag, in dem Zeitschriften der kriegsgegnerischen Künstler und der Berliner Dada-Gruppe erschienen und der bald auch zum Verlag für kommunistische und sozialistische Literatur wurde. Herausgeber der Zeitschriften ‚Neue Jugend' (1916–1917), ‚Die Pleite' (1919–1920) und ‚Der Gegner' (1919–1923). 1933 emigrierte Herzfelde nach Prag, führte den Verlag dort weiter und gab die Exilzeitschrift ‚Neue deutsche Blätter' (1933–1935) heraus. 1939 ging er über die Schweiz in die Vereinigten Staaten. 1949 kehrte er in die Deutsche Demokratische Republik zurück und lehrte Literatursoziologie an der Universität Leipzig. – Unter seinen Werken: ‚Schutzhaft' (1919); ‚Tragigrotesken der Nacht' (1920); ‚Gesellschaft, Künstler und Kommunismus' (1921); ‚Unterwegs. Blätter aus fünfzig Jahren' (1961); ‚John Heartfield, Leben und Werk' (1962).

18 *vier „Schweine"*: Mit den „vier Schweinen" meinte Herzfelde vermutlich Thomas Mann, Schickele, Döblin und Stefan Zweig, die sich auf Drängen des S. Fischer Verlags von der Exilzeitschrift ‚Die Sammlung' distanziert hatten. Vgl. hierzu Thomas Manns Brief an René Schickele vom 17.10.1933, Anm. 6, sowie Stefan Zweigs Brief an Thomas Mann vom 10.11.1933 und Thomas Manns Brief an Stefan Zweig vom 15.11.1933.

19 *Paul Morand* (1888–1976): Französischer Diplomat und Schriftsteller. Studium in Oxford und Ecole des Sciences Politiques, Paris. War 1913–1918 Gesandtschaftssekretär in London, Rom und Madrid, 1919–1925 Angestellter im Pariser Außenministerium, begann zu schreiben, gehörte zur Gruppe der ‚Nouvelle Revue Française'. 1943 Gesandter in Bukarest, 1944 in Bern, lebte nach 1945, wegen seiner Zusammenarbeit mit Vichy-Frankreich im Zweiten Weltkrieg, eine Zeitlang im Exil. Lebte abwechselnd in Vevey und Paris. – Der Zusammenhang ist nicht eindeutig zu klären. Gemeint ist möglicherweise: Paul Morand, ‚De l'air ... De l'air ...', in: 1933. Le magazine d'aujourd' hui, Paris, 11.10.1933.

47 24.11.1933 Thomas Mann an René Schickele, hs.Br.

1 *Brief:* Brief René Schickeles an Thomas Mann vom 18.11.1933. Am 22.11.1933 schreibt Thomas Mann dazu in seinem Tagebuch: „Ein sehr guter Brief von Schickele kam, teils über den Jaakob, teils über die deutschen Dinge und das Emigrantentum. Lebhafte Übereinstimmung."

2 *Hans Friedrich Blunck* (1888–1961): Lyriker, Erzähler und Dramatiker völkischnationalistischer Tendenz. Lehrerssohn von Dithmarscher Herkunft, studierte Rechte in Kiel und Heidelberg, Dr. jur., 1910 Referendar, 1915 Assessor, im Ersten Weltkrieg Ordonnanzoffizier, dann Finanzbeamter, 1920 Regierungsrat in Hamburg, 1925–1928 Syndikus der Universität Hamburg, seither freier Schriftsteller. Reisen nach Amerika und Afrika. 1933–1935 Präsident der Reichsschrifttumskammer. Wohnte in Mölenhoff bei Grebin/Holstein, später in Hamburg-Großflottbeck. – Zur Beziehung Thomas Mann/Hans Friedrich Blunck siehe Walther Blunck, ‚Thomas Mann und Hans Friedrich Blunck. Briefwechsel und Aufzeichnungen; zugleich eine

Dokumentation', Hamburg: Troll 1969. Walther Blunck versucht hier seinen Bruder zu rehabilitieren.

3 *Nolde:* Der deutsche Maler und Graphiker Emil Nolde (1867–1956) lernte zuerst an der Holzschnitzerschule in Flensburg, war von 1892 bis 1898 Lehrer an der Gewerbeschule St. Gallen und bildete sich dann in München, Paris und Kopenhagen weiter. 1913/1914 machte er eine Weltreise und arbeitete nach 1918 abwechselnd in Berlin und auf seinem Hof Seebüll. Nach 1933 wurde seine Kunst für „entartet" erklärt, und er erhielt vom NS-Regime Malverbot.

4 *Barlach:* Der deutsche Bildhauer, Graphiker und Dichter Ernst Barlach (1870–1938) ging 1891 an die Dresdener Akademie, war zu Studienzwecken in Paris, Berlin und Wedel und wurde dann Lehrer der Keramikfachschule in Höhr. Nach Aufenthalten in Rußland und Florenz fand er in Güstrow seinen endgültigen Wohnsitz. Im Februar 1933 wurde er Mitglied des Ordens ‚Pour le mérite'. Fast gleichzeitig wurde Barlach durch die nationalsozialistischen Machthaber als Vertreter ‚entarteter Kunst' verfemt. Ein Teil seines Werkes wurde vernichtet, der andere aus Kirchen und Museen entfernt und eingelagert.

5 *Hermann Burte* (Ps. für Hermann Strübe, 1879–1960): Dramatiker, Lyriker, Erzähler von bodenständiger alemannischer Eigenart. – Thomas Mann traf Hermann Burte am 23.11.1933 anläßlich eines Vortrages von Professor Ludwig Köhler über den König David in der Aula der Universität Zürich. Nach dem Vortrag wurde Thomas Mann, zusammen mit Burte und Köhler, zum Abendessen ins Haus des Rektors der Universität, Fleiner, eingeladen. Am 24. November 1933 hält Thomas Mann in seinem Tagebuch zu jenem Abend u.a. folgendes fest:

Außer den Ehepaaren Köhler (Alttestamentler) und Fleiner (Historiker), waren ein befreundetes Ehepaar und eine Cousine des Hauses anwesend, ferner der sehr gesprächsaktive und humoristische, übrigens mit dem Nazitum stark sympathisierende Dichter H. Burte. Angeregte Unterhaltung, vorwiegend über das Politische. [...] Im Gespräch ließ ich mich gestern, was die Entwicklung und Konsolidierung der Verhältnisse in Deutschland betrifft, mit ziemlich humoristischem Optimismus gehen, auch in Anpassung an Burte [...].

Schickele seinerseits notiert über Thomas Manns Brief vom 24.11.1933 im Tagebuch (RS III, 1063):

Unglaublich optimistischer Brief von Th.M. Er glaubt an das baldige Ende des „Spuks". Burte, den er in einer Abendgesellschaft traf, versicherte ihm, man werde ihn bald zurückholen.
Die Zürcher Gastgeber hörten es gerne.

6 *Hänschen:* Hans Schickele (geb. 1914), René Schickeles zweiter und jüngster Sohn, Architekt, lebt in Berkely, USA. 49

7 *„Arbeiterzeitung":* Siehe Brief vom 17.10.1933, Anm. 6.

2.12.1933 Thomas Mann an René Schickele, hs. Postk.

1 *E.E.K. I.:* Eisernes Emigranten-Kreuz I. Klasse. Die „Verleihung" dieses Kreuzes an Gottfried Bermann Fischer hängt wahrscheinlich mit seinem Verhalten in der ‚Sammlungs'-Angelegenheit zusammen (siehe Anm. 6 zum 17.10.1933).

2 *B.F.:* Gottfried Bermann Fischer.

3 *N.T.B.:* Abkürzung für die liberale, kulturpolitische Wochenschrift ‚Das Neue Tage-Buch‘. Sie wurde 1920 in Berlin von Stefan Grossmann als ‚Das Tage-Buch‘ gegründet und von 1922 an von Leopold Schwarzschild herausgegeben. Nach dem Verbot am 17.3.1933 setzte Schwarzschild die Zeitschrift als ‚Das Neue Tage-Buch‘ im Pariser Exil von 1933 bis 1940 fort und machte sie zur angesehensten, bestinformierten und einflußreichsten der deutschen Exilzeitschriften. Am 14. Oktober 1933 erhielt Thomas Mann von Schwarzschild ein Telegramm, in dem er ihn um eine private Erklärung in der ‚Sammlungs‘-Angelegenheit bat (siehe Anm. 6 zum 17.10.1933). Thomas Mann schrieb ihm unverzüglich einen Brief, der zum Teil zur Veröffentlichung im ‚Neuen Tage-Buch‘ bestimmt war, dann aber anscheinend nicht publiziert wurde (vgl. Tage-buch-Eintragung vom 14.10.1933).

4 *N.W.B.:* Abkürzung für die linksgerichtete, kulturpolitische Berliner Wochenschrift ‚Die neue Weltbühne‘. 1905 von Siegfried Jacobsohn als ‚Die Schaubühne‘ gegründet, wurde sie von 1927 an von Carl von Ossietzky geleitet. Nach dem Verbot im März 1933 wurde sie im Exil in Prag als ‚Die neue Weltbühne‘ von Willi Schlamm zusammen mit Hermann Budzislawski weitergeführt. Auch Schlamm forderte Thomas Mann im Oktober 1933 in einem Brief auf, sich über seine Distanzierung von der ‚Sammlung‘ zu äußern. Thomas Mann schickte ihm darauf einen Durchschlag des Briefes, den er für die ‚Arbeiterzeitung‘ zur Veröffentlichung geschrieben hatte (siehe Anm. 7 zum 24.11.1933; vgl. auch Tagebuch-Eintragung vom 25.10.1933).

5 *Ihr Buch:* René Schickele, ‚Die Witwe Bosca‘, Roman, Berlin: S. Fischer 1933.

6 *Werfel:* Franz Werfel, ‚Die vierzig Tage des Musa Dagh‘, Roman, 2 Bände, Wien: Zsolnay 1933.

14.12.1933 Thomas Mann an René Schickele, hs. Postk.

1 *Ihren reizenden Roman:* René Schickele, ‚Die Witwe Bosca‘.

2 *Eduard Korrodi* (1885–1955): Schweizerischer Publizist und Literaturkritiker. War von 1914 bis 1950 Feuilletonredaktor der ‚Neuen Zürcher Zeitung‘ und hatte maßgebenden Einfluß auf das literarische Leben im deutschen Sprachgebiet. Er war mit Thomas Mann seit 1913 befreundet, verfaßte zahlreiche Aufsätze über ihn und sein Werk und publizierte viele Beiträge von ihm in der ‚Neuen Zürcher Zeitung‘. Es kam zur Entfremdung, als am 26.1.1936 Korrodis Offener Brief ‚Deutsche Literatur im Emigrantenspiegel‘ erschien, in dem er die deutsche Emigrantenliteratur als vornehmlich jüdisch bezeichnete. Thomas Mann erwiderte in einem Offenen Brief vom 3.2.1936, zeigte sich solidarisch mit der Emigration und nahm klar Stellung gegen das nationalsozialistische Regime. – Von René Schickele hatte Thomas Mann erfahren (Brief nicht erhalten), daß Julius Meier-Graefe statt für die ‚Frankfurter Zeitung‘ für die ‚Neue Zürcher Zeitung‘ zu arbeiten wünsche. Thomas Mann schrieb in dieser Angelegenheit an Korrodi, der ihm darauf auch antwortete. Weder Thomas Manns noch Korrodis Brief sind vorhanden. Im Brief vom 23.12.1933 an Meier-Graefe schreibt Thomas Mann, Korrodi habe ihm geantwortet, er könne Meier-Graefe zur Zeit nicht als festen Mitarbeiter anstellen, Meier-Graefe sei aber eingeladen, dann und wann Beiträge zu liefern. Thomas Mann rät Meier-Graefe, auf das Angebot von Korrodi einzugehen, und meint, daß sich später gewiß ein festes Verhältnis herausbilden werde (vgl. dazu Thomas Manns Brief vom 23.12.1933 an Julius Meier-Graefe in Br. I, 339ff., fragm.).

3 *M.-Gr.:* Der Kunstschriftsteller Julius Meier-Graefe lebte seit 1930 in St. Cyr und war mit dem in der Nähe wohnenden René Schickele befreundet. Thomas Mann war im Sommer 1933 in Sanary häufig mit ihm zusammen gewesen. Siehe auch René Schickeles Brief an Thomas Mann vom 17.4.1933, Anm. 4. – Gemeint ist hier Thomas Manns Brief an Julius Meier-Graefe vom 23.12.1933 (siehe Anm. 2).

4 *K.:* Thomas Manns Abkürzung für den Namen seiner Frau: Katia.

8.1.1934 Thomas Mann an René Schickele, hs. Br.

1 *Begegnung:* Thomas Mann traf Jakob Wassermann am 20. Dezember 1933 im Hotel Baur au Lac in Zürich. Wassermann befand sich auf der Durchreise. Obwohl bereits schwer leidend, hatte er darauf bestanden, eine Vortragsreise in Holland zu absolvieren. Er starb, kurz nach seiner Heimkehr, in den Morgenstunden des 1. Januars 1934 in Altaussee. Siehe Thomas Manns Tagebuch-Eintragungen vom 20.12.1933, 2.1.1934, 5.1.1934, 8.1.1934 und 14.2.1934.

2 *Frau:* Jakob Wassermann wurde in seinen letzten Lebensjahren von seiner ersten Gattin Julie Wassermann-Speyer in endlose Prozesse und Rechtsstreitigkeiten verwikkelt. Wassermann schildert diesen Konflikt in seinem autobiographischen Schlüsselroman ,Joseph Kerkhovens dritte Existenz', dem dritten Roman der Etzel Andergast-Trilogie. Julie, die darin unverkennbar porträtiert ist, versuchte das Erscheinen des Buches zu verhindern, indem sie den S. Fischer Verlag und andere Verlage mit Schadenersatz-Prozessen bedrohte. Der Roman erschien erst nach Wassermanns Tod 1934 im Querido-Verlag, Amsterdam.

3 *Altaussee:* Jakob Wassermann, der mit Thomas Mann befreundet war, lebte von 1898 an in Wien und später in Altaussee (Steiermark). Er kam aber häufig nach München; die beiden Freunde sahen sich oft und standen ihr ganzes Leben lang in regelmäßigem Briefwechsel (vgl. Thomas Mann, ,Briefwechsel mit Autoren', hrsg. von Hans Wysling, Frankfurt a.M.: S. Fischer 1988, S. 469–485, 725–734).

4 *Berliner Börsencourier:* Anon., ,Nachruf auf Jakob Wassermann', in: Berliner Börsen-Zeitung, Berlin, 2.1.1934, Nr. 1/2, Abendausgabe.

5 *Gottfried Bermann* (geboren 1897): Ursprünglich Chirurg, heiratete 1926 Brigitte Fischer, genannt Tutti (1905–1991), die ältere Tochter von Thomas Manns Verleger Samuel Fischer, wechselte zum Verlegerberuf und trat in den Verlag seines Schwiegervaters ein. Er wurde 1928 Geschäftsführer des Verlags und fügte auf Wunsch des Verlagsgründers den Namen ,Fischer' seinem eigenen Familiennamen hinzu. Nach Samuel Fischers Tod am 15. Oktober 1934 lag die Leitung des Verlags allein in seinen Händen. Im Frühjahr 1936 konnte Bermann, nach einer Vereinbarung mit dem NS-Propagandaministerium, mit den Buchbeständen der in Deutschland unerwünschten bzw. verbotenen Autoren des Verlags nach Österreich auswandern. Er gründete zunächst in Wien, dann in Stockholm mit Hilfe des Verlagshauses Bonnier den Emigrationsverlag Bermann-Fischer GmbH, wo fortan die deutschen Ausgaben Thomas Manns verlegt wurden. Wegen antinationalsozialistischer Tätigkeit mußte Bermann 1941 nach New York emigrieren, wo er zusammen mit dem aus Amsterdam geflohenen Leiter von Querido, Fritz H. Landshoff, das Unternehmen L. B. Fischer gründete und von wo aus er den Stockholmer Verlag weiter leitete. Nach dem Krieg, 1947, errichtete er den Bermann-Fischer-Verlag in Wien, vereinigte seine Stockholmer Firma mit dem Querido-Verlag zum Bermann-Fischer/Querido-Verlag in Amsterdam und kehrte 1950 nach Deutschland zurück, wo der S. Fischer Verlag (mit Sitz in Frankfurt

51

und Berlin) in seiner ursprünglichen Form wieder etabliert wurde. Vgl. hierzu Peter de Mendelssohn, ‚S. Fischer und sein Verlag‘, Frankfurt 1970, die Autobiographie Gottfried Bermann Fischers, ‚Bedroht – bewahrt‘, Frankfurt 1967, sowie den von Peter de Mendelssohn herausgegebenen Band, ‚Thomas Mann. Briefwechsel mit seinem Verleger Gottfried Bermann Fischer‘, Frankfurt 1973.

6 *wie George es gewollt hat:* Stefan George (1868–1933) war als Verkünder eines neuen Reichs, eines geistigen Germaniens, aufgetreten, das er, wie Hölderlin dies getan hat, als Wiedergeburt von Hellas sah. Dies führte zu dem Mißverständnis, George sei ein Prophet des ‚Dritten Reichs‘. Aus Protest gegen die nazistische Umdeutung seines Werkes emigrierte er 1933 in die Schweiz und hinterließ eine testamentarische Verfügung, dergemäß er keinesfalls in Deutschland, sondern im schweizerischen Exil begraben werden wolle. Er starb am 4. Dezember 1933 in Minusio bei Locarno. – Thomas Mann war in München mit einigen Angehörigen des George-Kreises, z. B. Karl Wolfskehl und Ernst Bertram, befreundet gewesen, hatte aber zu George und seinem Werk ein zwiespältiges, distanziertes Verhältnis:

Beendete abends [Kurt Hildebrandts] ‚Norm und Entartung‘, ein wichtiges Werk, aus der George-Sphäre, der wahrscheinlich die Wahrheit und das Leben gehört. Ich wüßte nicht, wo sonst das Positiv-Entgegengesetzte zur Hoffnungslosigkeit der Fortschritts-Civilisation und des intellektualistischen Nihilismus gefunden werden sollte, als in dieser Lehre des Leibes und Staates. Dies zu finden kann mich die Thatsache nicht hindern, daß auch ich mich mit verneint fühlen muß. (TB 1.8.1921)

Zu keiner Zeit bestanden zwischen Thomas Mann und George nähere Beziehungen; Thomas Mann hatte im Grunde mit George ähnliche Mühe wie mit Rilke. George empfand für Thomas Mann keine Sympathie und äußerte sich mehrmals negativ über ihn. – Siehe auch Carl Helbling, ‚Die Gestalt des Künstlers in der neueren Dichtung‘ (Kp. 2: ‚Thomas Mann und der Kreis um Stefan George‘), Bern 1922; Albert Vervey, ‚Mein Verhältnis zu Stefan George‘, Leipzig 1936; Hans Albert Maier, ‚Stefan George und Thomas Mann. Zwei Formen des dritten Humanismus in kritischem Vergleich‘, Zürich 1946 (alle drei Werke mit Notizen in der Nachlaßbibliothek Thomas Manns).

52 7 *Abreise:* Thomas Mann war am 11. Februar 1933 mit seiner Gattin nach Holland abgereist, um in Amsterdam, Brüssel und Paris seinen bereits in München mit großem Erfolg gehaltenen Vortrag ‚Leiden und Größe Richard Wagners‘ zu wiederholen. Er ahnte nicht, daß die Reise ins Exil führen werde. Während seiner Abwesenheit kam es zum Reichstagsbrand in Berlin und zum ‚Protest der Richard-Wagner-Stadt München‘, die eine Rückkehr nach München unmöglich machten.

25.1.1934   René Schickele an Thomas Mann, hs. Br.

1 *Badenweiler:* René Schickele und seine Frau waren bereits im Herbst 1932 von Badenweiler nach Sanary-sur-mer gezogen. Aus gesundheitlichen Gründen – Schickele und auch sein Sohn Hans litten in Sanary vermehrt an Asthma – beschlossen sie Anfang 1934, von dort nach Nizza hinüberzuwechseln und gleichzeitig das Haus in Badenweiler zu räumen und zu vermieten. Am 25.1.1934 reiste Schickeles Frau nach Badenweiler, um den Transport der zurückgelassenen Möbel nach Südfrankreich zu organisieren. Im Tagebuch schreibt Schickele dazu:

Am 25. L.[annatsch] nach Badenweiler. Wir haben Aussicht, unser Haus zu vermieten. Sie schließt einen Vertrag mit dem von den Nazis abgesägten badischen Polizeiobersten Blankenhorn. Vorläufig für ein Jahr. Der gute Mann glaubt, in einem Jahr sei die nationalsozialistische Welle verebbt und er wieder in Amt und Würden.
Am 15. Februar kommt sie angereist, weil wir noch immer keine Wohnung gefunden haben, wohin sie die Möbel aus Badenweiler schicken könnte. Am 19. fährt sie mit Hans nach Nizza und mietet die Villa ‚La Florida' in Fabron. Am 22. wieder nach Badenweiler, mit Hans, am 5. März ist sie zurück.

2 *Nachrufe auf Wassermann:* Anon., ‚Nachruf auf Jakob Wassermann', in: Berliner Börsen-Zeitung, Berlin, 2.1.1934, Nr. 1/2, Abendausgabe. – Vgl. hierzu Thomas Manns Brief an René Schickele vom 8.1.1934.

3 *Prof. Witkop:* Philipp Witkop (1880–1942). Studierte seit 1898 Rechts- und Staatswissenschaften in Marburg, München, Kiel, Tübingen, Freiburg i.Br. (Doktor der Staatswissenschaften 1903), lebte in München und Berlin (Zentralstelle für Arbeiterwohlfahrts-Einrichtungen) und studierte seit Ostern 1905 Philosophie bei Wilhelm Windelband in Heidelberg (Doktor der Philosophie 1908), habilitierte sich 1910 für Ästhetik und neuere deutsche Literatur und wurde 1910 Professor in Freiburg i.Br. – Thomas Mann lernte Philipp Witkop vermutlich anläßlich einer Lesung aus dem ‚Tonio Kröger' und dem ‚Wunderkind' am 11.12.1903 im ‚Neuen Verein' in München kennen. Witkop gehörte dem Vorstand des im Dezember neugegründeten Vereins an. Ende 1903 schrieb Thomas Mann Witkops Schwabinger Adresse in sein Notizbuch (siehe Notizbuch 6, S. 36). Zwischen Thomas Mann und Witkop entwickelte sich ein reger Briefwechsel, der bis 1933 andauerte.

4 *Erwin Guido Kolbenheyer* (1878–1962): Schriftsteller. Studierte in Wien Philosophie, Naturwissenschaften und Psychologie. Seit 1919 freier Schriftsteller, zuerst in Tübingen, ab 1932 in München-Solln. 1926 Mitglied der Preußischen Akademie der Künste, 1928 Mitbegründer des faschistischen Kampfbundes für deutsche Kultur. Wurde nach dem Zweiten Weltkrieg mit einem Schreibverbot belegt. Vor allem durch seine ‚Paracelsus'-Trilogie (1917, 1922, 1926) bekannt.

5 *Reichsschrifttumskammer:* Nationalsozialistische Zwangsorganisation der Kulturschaffenden in Deutschland 1933–1945, zur Überwachung und Lenkung des Kulturlebens durch den Reichspropagandaminister, der Präsident der Reichskulturkammer war. Die Reichskulturkammer war eine Körperschaft des öffentlichen Rechts; sie gliederte sich in sieben (zuletzt sechs) Einzelkammern: Reichspressekammer, Reichsschrifttumskammer, Reichskammer der bildenden Künste, Reichsmusikkammer, Reichstheaterkammer, Reichsfilmkammer und Reichsrundfunkkammer. Jeder auf einem dieser Kulturgebiete Berufstätige war verpflichtet, der zuständigen Kammer anzugehören. Nichtaufnahme oder Ausschluß hatten ein Berufsverbot zur Folge.

6 „*Kampfbund für deutsche Kultur*": Eine von Alfred Rosenberg gegründete und von Hans Hinkel geleitete nationalsozialistische Organisation.

7 *Bernhard Rust* (1883–1945): Nationalsozialistischer Politiker. Studienrat, war 1933–1945 preußischer Unterrichtsminister und 1934–1945 Reichsminister für Wissenschaft, Erziehung und Volksbildung.

8 *mehr oder minder beschimpft:* Anspielung auf die heftigen Angriffe der Emigranten und der Emigrantenpresse auf Thomas Mann, René Schickele und Alfred Döblin wegen ihrer Distanzierung von der ‚Sammlung'. Siehe dazu Thomas Manns Brief an

53

René Schickele vom 17.10.1933, Anm. 6. – Im Zusammenhang mit dieser Hetze schreibt Annette Kolb an René Schickele:

1.XI.33
[Paris, 2.XI.1933]

Lieber René!

Es muss sofort etwas geschehen! Die Hetze steigert sich, statt zu verflauen, eben war ich mit Hugo, er meint, du solltest eine Erklärung – am besten mit Th. Mann veröffentlichen, dass Ihr missverstanden wurdet und mit Eurer Erklärung in keiner Weise von Eurer Überzeugung abrücken wolltet, dagegen eine selbständige Stellungnahme zu den einzelnen Problemen euch vorbehieltet; mit Th. Mann oder allein musst du dich äussern, damit das Geschrei aus der Welt und der Zwischenfall erledigt ist. Es geht um deinen Kredit in dieser reizenden Welt.

In aller Eile sei umarmt von deiner
Annette

Ich konnte zu Anfang die Sache nicht so ernst nehmen, aber sie ist es dennoch in Folge der Wirkung; überlege dir Alles recht wohl, aber zögere nicht und schaff sie aus dieser blöden Welt.

3.XI.
[Paris, 3.XI.1933]

Lieber René!

Wäre es nicht einfacher, statt Mann ev. in Genf zu treffen, ihm *hier* rendez-vous zu geben? Man könnte so vieles dann besprechen an Dingen, die sich schriftlich schwerer verhandeln lassen. Die Sache ist ja wirklich ungemein wichtig für dich. Daß man aus einer so unverbindlichen Erklärung einen internationalen Auflauf machen würde, hätte ich mir nie träumen lassen. Man *will* in dir *auch* den politischen Schriftsteller sehen, die Sache muss aus der Welt geschafft werden, coûte que coûte. Aber dem Bermann grolle ich schwer, dass er unseren Rat nicht befolgte, er sagte in Amsterdam zu Hugo, er hätte es nicht können. Weil er eben niemand ist, sonst wäre er endlich als ein Jemand aufgetreten. Ich habe den Brief von R. Rolland in der Sammlung nicht gelesen, aber was ich davon hörte, erheischt eine Replik. Hugo ist noch bis 11. hier. Wenn du kämst, könnte man so vieles besprechen. Lass von dir hören. Sei umarmt von

Deiner
A.

7.XI.
[Paris, 7.XI.1933]

Lieber René,

ich höre garnichts von dir und bin schrecklich besorgt. Wenn du nichts tust, wirst du schon deine guten Gründe und recht haben. Ich hatte eine alteration mit diesem Breidscheid [!], liess ihm dann durch Rose 10 Punkte seiner Taktlosigkeiten ausrichten, und er schrieb mir einen Entschuldigungsbrief, meine Antwort hat er noch nicht, ich hebe dir die Copie davon auf. *Eins* weiss ich: mit Emigranten hab *ich* nichts mehr zu tun. Man wird sich ja bald an den Kopf greifen darüber, dass eine so widerliche Hetze, wie die gegen Euch, *möglich* gewesen ist. Sie erlebt zu haben, ist eine Lection für's Leben. Einige Tage lang habe ich mich sehr gequält, jetzt zucke ich die Achseln darüber. Den Artikel über deine Entwicklung für das Journal „1933" würde ich aber doch sehr begrüssen. Poupet sagte mir: „on voudrait en France en savoir plus long sur Schickele, et pourquoi en 1918 il n'est pas venu auprès de nous." Übrigens: in französischen Zeitungen stand meines Wissens kein Wort wegen der Klaus Mann Geschichte. Der Müssigang spielte mit in der ganzen Aufbauscherei. Gestern Abend war Hugo da, wie Yorks gerade kamen (Ruth Landshoff). Er glaubt an Krieg, an eine Stabilisirung des III. Reiches niemand mehr. Göring wird bald in die Versenkung gelangen, dann die Bolschevisirung unterm Hackenkreuz [!] einsetzen. Wir sehen nichts schönes mehr. Aber auch nirgends.

René, halten doch wir wenigstens zusammen. Es ist, als käme, ob wir nah oder fern von einander sind, unsere Beziehung nie zu der ruhigen Continuität, die sie doch endlich verdient; immer hin und her gestossen, *sie* wenigstens sollte ein ruhender Pol sein im Sturm rings herum. Ich bin zur Zeit auf eine Weise unglücklich, die ich dir nicht gut schildern kann. Und der Roman leidet auch darunter. Wann endlich erhalte ich *deinen* Roman?

Ich weiss weder, wie es Euch im neuen Hause gefällt, noch wie es geht. Man hätte diese plötzliche Unterbrechung nicht nötig.

Am 4. habe ich ein Schiff und muss es nehmen. Hier kann ich mich ja garnicht vorbereiten für die Rundfunkblamage.

Wegen der 200 Fr. antwortete ich dir nur, weil *Du* mir schriebst, du möchtest sie sofort schicken und meine Adresse deshalb verlangtest. Aber schicke sie ja nicht, wenn du sie im allergeringsten brauchst. Vor Januar oder Februar komme ich in keine Klemme. Das andere sind Panikanfälle. Es dürfte mir halt nicht passiren. Aber dann wärst du ja kleinlich.

Deine
A.

Am 13. will endlich die Mayrisch kommen, aber sie ist furchtbar in Anspruch genommen und viel krank. Ich konnte sie nicht mal wegen des Autos beanspruchen. Wie gesagt: ich glaube man wird sich – à propos de cette Hetze – eines Tages an den Kopf greifen, wie eine solche Emigrantenpsychose möglich war.

---

9 *Emil Ludwig* (1881–1948): Schriftsteller und Journalist. Sohn des Augenarztes Hermann Cohn, der 1883 den Namen Ludwig annahm. Studierte Jurisprudenz, trat 1902 zum Christentum über, ging 1906 in die Schweiz, wurde 1914 Londoner Korrespondent des ‚Berliner Tageblatts', war während des Ersten Weltkriegs in Konstantinopel und Wien, gab 1922 nach der Ermordung Rathenaus das Christentum öffentlich auf, später freier Schriftsteller in Ascona. Verfasser von romanhaften Biographien, wie ‚Goethe' (1920); ‚Napoleon' (1925); ‚Wilhelm II.' (1926); ‚Bismarck' (1926); ‚Michelangelo' (1930); ‚Lincoln' (1930); ‚Cleopatra' (1937); ‚Roosevelt' (1938); ‚Beethoven' (1943); ‚Stalin' (1945).

10 *2. Band des „Jaakob":* Thomas Mann, ‚Der junge Joseph', der zweite Band der ‚Joseph'-Tetralogie erschien im April 1934 im S. Fischer Verlag in Berlin. Er war das zweitletzte Werk Thomas Manns, das noch in Deutschland herauskam; das letzte war der Essayband ‚Leiden und Größe der Meister' (1935). Der dritte Band des ‚Joseph'-

Romans erschien dann bereits in Wien, wohin der S. Fischer Verlag 1936 ausgewandert war.

11 *„Intransigeant:* Thomas Manns Antwort auf eine Rundfrage der Pariser Tageszeitung ‚L'Intransigeant', ‚Que pensez-vous de la France?', erschien am 4.1.1934. Sie war entstellt und fehlerhaft übersetzt und bereitete Thomas Mann in Berlin beträchtliche zusätzliche Unannehmlichkeiten. In einem Brief vom 1.3.1934 berichtete Gottfried Bermann Fischer Thomas Mann über die Vorgänge in Berlin:

Sie haben von Rechtsanwalt Heins inzwischen wohl alle Einzelheiten über die Vorgänge hier erfahren. Unmittelbaren Anstoß zu dem Ausbürgerungsantrag, der, wie wir wußten, schon lange auf dem Programm der P.P., München, stand, gab nach unseren absolut zuverlässigen Informationen das Interview, das in entstellter Form im ‚Intransigeant' veröffentlicht worden ist. Inzwischen ist der Antrag, wie wir aus der gleichen Quelle erfahren haben, abgelehnt worden. Die Ablehnung ist von großer Bedeutung für Ihre Angelegenheit, weil damit der P.P. in München auch die letzte Grundlage für ihre Maßnahmen entzogen ist. Sowie wir hier festgestellt haben, daß die Ablehnung des Antrages auf dem Instanzenwege der Münchener Polizei bekannt geworden ist, wird Rechtsanwalt Heins, auf dieser Entscheidung fußend, gegen die Beschlagnahme vorgehen.

Die deutsche Fassung von Thomas Manns Artikel ist in XI, 436–438, abgedruckt:

Ich gestehe, daß ich kein Freund von Rundfragen bin und gerade in jüngster Zeit zahlreiche Anregungen dieser Art, auch französische, mit Stillschweigen übergangen habe. Ein tiefwurzelnder Widerwille gegen alles von außen Aufgenötigte, gegen jede mir nicht aus dem eigenen Inneren erwachsene Pflicht hat mich seit jeher untauglich gemacht, nach fremden Wünschen zu arbeiten, und ich muß es in den Kauf nehmen, wenn ich dadurch in den Ruf der Ungefälligkeit und unsozialen Eigensinnes gerate.
Natürlichste Dankbarkeit aber hält mich an, mit der Frage, die Sie in diesem Augenblick an nicht-französische Schriftsteller ergehen lassen, eine Ausnahme zu machen. „Que pensez-vous de la France?" – ich darf mich das nicht zwei Mal fragen lassen, sondern muß mich beeilen zu antworten, daß ich mit größter Sympathie, größter Bewunderung von Ihrem Lande denke, – nicht seit gestern, aber seit gestern mehr als je. Ich bin sein Gast, es hat mir ein Asyl geboten, durch all diese schweren Monate hin – einem Deutschen, der sein Vaterland verlor und der bei der Einreise in Frankreich nicht einmal über einen bürgerlichen Ausweis verfügte. Man spricht von französischem Bureaukratismus, – ich kann über ihn nicht klagen. Man kannte meinen Namen als den eines Schriftstellers, – das genügte, um mir die Grenze zu öffnen. […].

54 12 *Josef Roth:* Joseph Roths Brief liegt uns nicht vor. Schickeles Antwort vom 28.1.1934 lautet (RS III, 1186–1191):

Sanary-sur-mer (Var)
Le Chêne
28.I.34.

Lieber Josef Roth,
mir scheint, ein größeres Kompliment können Sie meinem Buch nicht machen, als daß

es Sie Ihren großen und langen Zorn habe vergessen lassen. Um mir aber Ihre wiedergewonnene Freundschaft zu erhalten, auch wenn die Reize der *Witwe Bosca* nicht mehr so frisch sind, benutze ich die Gelegenheit, mich einmal gründlich auszusprechen, und es ist gewiß kein Zufall, daß *Sie* der Gegenstand meiner An- und Aussprache sind.

An das Telegramm denke ich mit Unbehagen zurück. Vor allem im Hinblick auf Klaus Mann, den ich damit bloßstellte. Ich war damals in der Arbeit, und bei der eruptiven, mich ganz gefangen nehmenden Art, wie ich arbeite, bin ich dann tatsächlich nicht ganz zurechnungsfähig (was beileibe keine Entschuldigung sein soll, aber eine Erklärung meines Leichtsinns, der mich veranlaßte, Annette Kolbs und Meier-Graefes Warnung vor einer Mitarbeit an der ‚Sammlung‘ in den Wind zu schlagen). Denn wenn Klaus Mann auch nicht korrekt handelte, als er, ohne zu fragen, meinen Namen auf die Mitarbeiterliste einer Zeitschrift setzte, die meiner Vorstellung nicht entsprach, hätte ich ihn doch nicht desavouieren dürfen. Daß ich ihn desavouierte, fiel mir erst viel später ein, ebenfalls wie das andere, daß der ‚Gebrauch‘, den der Verlag Fischer von dem Telegramm nur ‚im äußersten Notfall‘ machen zu wollen erklärte, seine Veröffentlichung zur Folge haben könnte. Die Gelegenheit, mein Versagen, Kl. M. gegenüber, gutzumachen, wird sich früh genug bieten, und ich werde sie wahrnehmen. Ich sage das, obwohl ich weiß, daß Sie K.M. nicht sonderlich mögen. Ich aber mag ihn. Ich habe eine ausgesprochene Sympathie für ihn.

Nun zum Telegramm.

Ich bin dabei im Wortlaut weitergegangen als Thomas Mann (was ich zu bemerken bitte!), der lediglich eine Tatsache feststellte, nämlich, daß er bei seiner Zusage eine andere Vorstellung vom Charakter der *Sammlung* gehabt habe. Das Telegramm war nicht an irgendeine ‚Reichsstelle‘ gerichtet, sondern *an den Verlag S. Fischer*, dem ich mich, zweifellos mit Recht, vielfach verpflichtet fühlte. Hier die Vorgeschichte. Nach längerer brieflicher Vorbereitung erschien bei uns Prof. Saenger und setzte uns über die Lage der Familie Fischer und des Verlages umständlich ins Bild. Er sagte mir unter vielem anderen, worüber man sich schließlich hätte hinwegsetzen können, Fischer sei körperlich bedroht. Er sagte, der alte Sami, den ich wirklich liebe, würde sich eher mit Knüppeln totschlagen lassen als Deutschland zu verlassen. Er sprach stundenlang, zwei Tage hintereinander. Er selbst machte einen so bejammernswerten Eindruck, daß sein Aussehen überzeugender war als alle seine Worte. Ob ich nun recht tat, oder nicht, ich gab die Erklärung ab. Ich hielt mich für verpflichtet, sie abzugeben, und zwar genau, wie es der Verlag wünschte. Es spielten noch andere Überlegungen mit.

1. waren wir der Meinung: wer von uns in Deutschland erscheinen *könne*, muß es tun, solange es mit Anstand möglich wäre, jedes nicht gleichgeschaltete Wort sei dort wichtiger als alle Verwünschungen, von denen keine Seele in Deutschland erfahre.
2. war ich entschlossen, politisch nicht hervorzutreten, weil ich weiß, daß der politisch tätige Emigrant heute zwangsläufig auf einen der beiden äußersten Flügel der Politik gedrängt wird und entweder bei der KP oder bei den (französischen) Nationalisten landet.
3. wäre ich, von Fischer im Stich gelassen, völlig ohne Geld gewesen. Dieser letzte Punkt ist wichtig genug, denn ich habe gar kein Talent zu Hilfsaktionen finanzieller Art, wenn es sich um meine Person handelt. Aber schließlich hätte ich Meier-Graefe, mit dem ich intim befreundet bin, und der über eine kleine Geldreserve verfügt, um Hilfe angehn können, und er hätte sie mir nicht verweigert. Ich erwähne das, um dem ärgerlichen Punkt 3 nicht mehr Bedeutung zu geben, als er in Wirklichkeit besitzt.

Was ich schon kurz nach Absendung des Telegramms bereute (und heute noch bereue), ist die Fassung, bei der ich mich zu sehr nach den Wünschen des Verlages richtete und die (es ist nicht unwichtig, dies zu erwähnen) von Thomas Mann, als ich ihm den Wortlaut zeigte, freundlich, aber unmißverständlich beanstandet wurde. Wohingegen Heinrich Mann lange, bevor ich mich zur Absendung des Telegramms entschloß, wörtlich sagte: „Dementieren Sie mit den gröbsten Worten." Es war mir klar, daß er aus reiner Freundschaft so kräftig sprach, weil er der Meinung war, es sei hauptsächlich sein Aufsatz, der den Krach veranlaßt habe.

Lieber Roth, Sie sprechen von Kameradschaft in Ihrem Brief – worin unterscheidet sich aber der Feind vom Freund, wenn es jener leichten Herzens fertig bringt, den Kameraden zu verurteilen, ohne ihn gehört zu haben? Weder Annette Kolb noch sonst jemand ließ mich vermuten, daß Sie mit den Wölfen gegen mich heulten, was, abgesehen von unseren Beziehungen, ganz und gar nicht Ihre Art ist. So traf mich Ihr Brief unvorbereitet. Er ist ein schmerzliches Erlebnis, das schmerzlichste von allen, die ich in dieser Sache gehabt habe. Wenn Sie, Josef Roth, mordeten und alle Welt gegen Sie aufstände, so würde ich erst einmal blind Ihre Partei ergreifen und das Licht bei *Ihnen* suchen und gewiß nicht bei einer Bande bemitleidenswerter, darum aber nicht weniger bösartiger Derwische.

Am 28. August 1932 saßen wir in Badenweiler auf unserer Terrasse... Nicht wahr, Sie erinnern sich. – Wir waren *sehr* einig – zu einer Zeit, als die hervorragendsten heutigen Führer der Emigration ein ‚geringeres Übel' nach dem anderen begrüßten, Brüning, Papen, Schleicher, und bereit waren, *alle* Fußtritte entgegenzunehmen, wenn nur die Regierung ihnen die Möglichkeit ließ, sie im eigenen Hause zu empfangen... Ich war, obwohl persönlich *nicht* ‚betroffen', körperlich krank vom Anblick dieses Schauspiels, doch kam es mir keinen Augenblick in den Sinn, deshalb alte Freundschaften zu kündigen... Ich zürnte mit solchen Freunden, wenn sie da waren und sich wehren konnten, und im Grund ließ das Mitleid mich nur noch stärker mit ihnen empfinden. Wie hätte ich Sie im Chor derer vermuten sollen, die einen Mann infamierten, der freiwillig, unbedroht, *mit ihnen Deutschland verließ*, der *aus der Akademie austrat* (und nicht wie andere, deren Namen auf allen Emigrantenzeitschriften figurierten, hinausflogen, ob sie gleich die Loyalitätserklärung unterschrieben), und ihn, von dem selbst seine Feinde erklärten, von ihm hätten sie das ‚am allerwenigsten erwartet', verurteilten, ohne sich auch nur die Mühe gemacht zu haben, ihn zu fragen, wie er zu einer Handlung gekommen sei, die sie selbst als ungewöhnlich und auffallend betrachten müßten.

Der erste, der mich über das Telegramm interpellierte, war jemand, der mir während des Krieges in Berlin eine ‚heroische' Kriegs-Novelle brachte mit dem Ersuchen, sie in den *Weißen Blättern* zu drucken. Ich gab sie ihm zurück und sprach lange und geduldig mit ihm, und da er Jude war, erwähnte ich die Weltmission des Judentums, die keineswegs darin bestehe, den Bart Vater Jahns umzuhängen, wenn das Gebot der Stunde es zu verlangen scheine. Leider gelang es mir nicht, ihn zu überzeugen. Als der Krieg zu Ende war und der Pazifismus zum ‚Gebot der Stunde' aufstieg, schrieb der Mann die Novelle im neuen Geiste um und widmete sie mir. Mit dieser Widmung steht sie in einem seiner Bücher. Dieser also war der erste, der mich hier in Sanary zur Rede stellte. Aber wie? *Von Schadenfreude strotzend* wie eine Hure, die eine bislang anständige Frau bei einem Fehltritt ertappt! Ich versichere Ihnen, seine Stimme überschlug sich vor Schadenfreude! Zu Hause aber hatte ich das Manuskript seines neuen Buches liegen, mit einem Vorwort, worin er auseinandersetzte, warum gewisse Rücksichten ihn zwängen, das Buch anonym erscheinen zu lassen. (Inzwischen sind diese Rücksichten weggefallen, und das Buch erscheint demnächst tapfer unter seinem Namen.) Das war der Emigrant, der, ohnmächtig vor der wirklichen Gewalt und Unterdrückung, seinen traurigen Triumph über einen ,Kameraden' feierte – einen Goi, der zwar „in Deutschland nicht leben, aber den deutschen Markt nicht missen will"! (Welch törichter Vorwurf, nebenbei! Als ob genau das nicht von jeher der heißeste Wunsch aller Emigranten gewesen wäre, von Marx und Heine und Victor Hugo bis Lenin und Trotzki: in dem Land gehört zu werden, aus dem sie vertrieben waren.) Ich sage ,Goi', denn es ist mir aufgefallen, daß bei dem, was ich wohl eine Hetze nennen darf, immer nur von Thomas Mann und mir die Rede ist, nicht aber von Döblin...

Ich hatte von vornherein das größte Mißtrauen gegen die Emigranten – wegen der bekannten Emigrantenmentalität (Victor Hugo warfen seine Freunde vor, er sehe Frankreich immer noch wie im Jahre 1851, da er es verließ!), und erst recht gegen diese Emigration, deren Häupter ich nur zu gut kenne! Mit geringen Ausnahmen haben sie alle Dreck gefressen, bis sie von den Nazis daran gehindert wurden, d.h. bis sie weichen mußten. Wäre Hitler nicht ein so rabiater Antisemit, sie würden ihn heute noch als das ,geringere Übel' feiern und ihre Geschosse loyal gegen den Nürnberger Streicher und den Bolschewismus richten. So aber fühlen sie sich als große Helden, wie es die Leute der Etappe von jeher taten. Wer von ihnen denkt ernstlich an die armen Teufel, die an der Front der Entwürdigung und der Mißhandlung stehen und nicht fliehen können und tagtäglich ihren eigenen Kot fressen müssen? Für mich sind alle entschuldigt, die in Deutschland mit jeder von den Machthabern kontrollierten Handlung sich selbst verraten und jeden Tag mehr in Selbstverachtung sinken. Ihnen wird Gott am ersten verzeihen, sie leiden vielleicht sogar mehr als jene, deren physischer Mut sie befähigt, sich erschlagen oder abwürgen zu lassen.

Merkwürdig, wie leicht die Opfer die Geistesverfassung des Henkers annehmen! Wer Rache nimmt, ist nicht nur böse, er ist dumm. Wenn die Opfer nicht längst die Welt beherrschen, so liegt es daran, ausschließlich daran. Kommt ihre Stunde, wird sie zur Stunde der Rache, und das einstige Opfer macht sich mit dem besten Gewissen der Welt zum Henker. Leid und Rache, es nimmt kein Ende. Das Reich Christi hat noch nicht einmal begonnen. Kaum war Christus tot, bemächtigte sich ein General seiner Sache. Er hieß Paulus. Ein dummer, ehrgeiziger Bursche, ein politisierender General.

Der wahre apokalyptische Reiter ist die Dummheit, die anderen zotteln nur hinterher.

Sie sprechen vom Antichrist, lieber Josef Roth. Sie unterschätzen ihn, wenn Sie glauben, er trage nur eine Uniform. Er findet sich in allen Lagern. Und nur deshalb ist er so mächtig, nur deshalb! Er zwingt seine Feinde zu einer Kampfart, die sie unweigerlich zu seinen Geschöpfen macht. Und um zum Ausgang zurückzukehren: etwas davon wollte ich in der Witwe Bosca darstellen – die zwingt ihre Tochter, den Geliebten zu morden, sie zwingt sogar den Gatten, sie selbst zu erwürgen. Burguburu rächt sich nicht – weshalb ich zum Schluß die Spieluhr der Jahreszeiten ein leises ,Gerettet' spielen lasse. Es ist nur eine kleine Spieldose. Aber ich hoffe, sie klingt rein. Mehr zu tun, liegt nicht in meinen Kräften. Wie gern möchte ich mit der gleichen Melodie die Welt erschüttern und umkehren!

Verzeihen Sie den langen Brief. Und jetzt kein Wort mehr! Der Brief verlangt keine Antwort und bedarf keiner. Was Sie auch dazu sagen mögen, ich könnte nichts antworten, was nicht bereits gesagt wäre. Mehr als an Ihrem Urteil liegt mir daran, daß Sie

mir Ihre Freundschaft erhalten, auch wenn Sie nicht in dieser, wie Sie bald sehen werden, recht vergänglichen Sache mit mir übereinstimmen.
Herzliche Grüße

Ihres René Schickele

Zu Joseph Roths Angriffen gegen die „in Deutschland gebliebenen Verleger" – vor allem gegen Samuel Fischer und Gottfried Bermann Fischer – notiert Thomas Mann am 8.9.1933 in sein Tagebuch: „Im ‚Prager Mittag' sehr zweifelhafte Äußerung Joseph Roths an die Adresse der in Deutschland gebliebenen Verleger, teils geschmacklos, teils denunziatorisch. Alkoholisches Emigrantentum."

13 *Telegramm an Fischer:* Telegramm von René Schickele, Thomas Mann und Alfred Döblin an den S. Fischer Verlag, in dem sie sich von der Mitarbeit an Klaus Manns Monatsschrift ‚Die Sammlung' distanzierten, um ein Verbot ihrer Bücher zu verhindern, die zu diesem Zeitpunkt noch in Deutschland erscheinen konnten. Das Telegramm wurde am 14.10.1933 im ‚Börsenblatt für den deutschen Buchhandel' veröffentlicht, woraufhin unter den Emigranten und in der Emigrantenpresse eine heftige Diskussion entstand. – Siehe hierzu Thomas Manns Brief an René Schickele vom 17.10.1933, Anm. 6.

14 *Ihren Brief an die Wiener „Arbeiterzeitung":* ‚Thomas Mann erwidert' (Brief aus Zürich, 25.10.1933), in: Arbeiter-Zeitung, Wien, 28.10.1933. Siehe Thomas Manns Brief vom 17.10.1933, Anm. 6.

15 *Nizza:* René Schickele und seine Frau zogen im März 1934 von Sanary-sur-mer nach Nizza um.

16 *Hans Schickele* (geb. 1914): René Schickeles zweiter Sohn. Siehe Thomas Manns Brief an René Schickele vom 24.11.1933, Anm. 6.

17 *Aufsatz von H.M. in der letzten „Sammlung":* Heinrich Mann, ‚Das überstandene Jahr', in: Die Sammlung, Amsterdam, Januar 1934, Jg. 1, H. 5, S. 225–231.

55   2.2.1934   Thomas Mann an René Schickele, hs. Postk.

1 *Vortragsreise:* Vom 29. Januar bis 9. Februar 1934 unternahm Thomas Mann eine Vortragsreise durch neun (nicht zehn) Schweizer Städte: Neuchâtel, Solothurn, Bern, Thun, Glarus, Burgdorf, Olten, Aarau und Baden. Thomas Mann las aus ‚Leiden und Größe Richard Wagners', ‚Das bunte Kleid' und ‚Herr und Hund'. Vgl. dazu Tagebuch-Eintragungen vom 29.1. bis 9.2.1934.

2 *Leiden Ihrer Frau:* René Schickeles Frau, Anna Schickele, litt in jener Zeit an einer Nervenentzündung im Arm. Vgl. René Schickeles Brief an Thomas Mann vom 25.1.1934.

3 *Nizza:* Im März 1934 siedelte René Schickele mit seiner Familie von Sanary-sur-mer nach Fabron bei Nizza über.

29.2.1934   René Schickele an Thomas Mann, hs. Br.

1 *Wiener „Arbeiterzeitung":* ‚Thomas Mann erwidert' (Brief aus Zürich, 25.10.1933), in: Arbeiter-Zeitung, Wien, 28.10.1933. Siehe Thomas Manns Brief vom 17.10.1933, Anm. 6.

2 *Harry Graf Keßler* (1868–1937): Schriftsteller, Bibliophile und Diplomat, langjähri-

ger Präsident der Deutschen Friedensgesellschaft. 1895–1900 Mitherausgeber der Zeitschrift ‚Pan‘, 1913 Gründung der ‚Cranach-Presse‘, auf der mit eigens angefertigten Druckschriften mustergültige Handpressendrucke hergestellt wurden. 1918–1921 deutscher Gesandter in Warschau, unablässig bemüht um die Stärkung der Weimarer Republik und ihre internationale Stellung, Verfasser der ersten Rathenau-Biographie (1928). Seine Erinnerungen ‚Gesichter und Zeiten‘ (1935) und seine posthum veröffentlichten ‚Tagebücher 1918–1937‘ (1961) sind von beträchtlicher zeitgeschichtlicher Bedeutung. – Harry Graf Keßler war im März 1933 nach Paris emigriert. Er war mit René Schickele befreundet.

3 *Brief aus Moskau:* Aus dem Antwortschreiben René Schickeles an Harry Graf Keßler vom 17.2.1934 geht hervor, daß es sich hier vermutlich um einen Brief von Johannes R. Becher handelt (RS III, 1192 ff.):

Sanary-sur-mer (Var)
Villa Le Chêne
17.2.34.

Lieber, verehrter Graf Keßler,
haben Sie vielen Dank für Ihre freundlichen Worte und die Übermittlung des Becherschen Briefes!
Mit der *Witwe Bosca* hoffte ich mehr zu tun als nur ein ‚ablenkendes‘ Buch zu schreiben. Die todestrunkene Bosheit und Rachsucht einer götzendienerischen, entgotteten Zeit in einer auf der Straße aufgelesenen Gestalt darzustellen – darauf kam es mir an. Ausdrücklich wollte ich jede aktuelle Beziehung vermeiden und das Übel an der Wurzel zeigen. Denn für das, was heute geschieht, bildet die Politik nur den Vorwand – bestenfalls liefert sie das die innerste Triebfeder auslösende Ereignis. Ich sehe in alledem die *Katastrophe des Menschen, der sein Gewissen verlor.* Er hat die alten metaphysischen Bindungen abgelegt, ohne neue zu finden, und rast wie ein zur Unzeit befreiter Sklave. Ich lege Ihnen hier einige Zeilen bei, die ich vor mehr als einem Jahr in der *Frankfurter Zeitung* schrieb. Sie sagen, vermute ich, knapp und deutlich, wie ich es meine. (Bitte schicken Sie mir das Blatt zurück – es ist der einzige Beleg.)
Was nun meine Einstellung zu den aktuellen Dingen betrifft, so geht sie von der Meinung aus, daß wir hier draußen in der Etappe sitzen und das innere, fast unzugänglich gewordene Deutschland die Front ist, und daß deshalb alle, die es noch können, in Deutschland schreiben müssen – solange es ohne *sacrificium intellectus* geht. Jede *nicht* ‚gleichgeschaltete‘ Zeile ist für unsere Freunde dort ein Labsal – die einzige, die sie erreicht! (Ich habe anonyme Postkarten erhalten, auf denen nichts stand als ein überschwänglicher Dank.) Von dem Theaterspielen hinter herabgelassenem eisernem Vorhang verspreche ich mir wenig. Jedenfalls ist es Sache der Politiker. Und über die denke ich geringer denn je. Ein Versagen der Führer großer, opferbereiter Parteien, wie wir es erlebten, hatte die Welt noch nicht gesehen. Es scheint fast, als hätten sie nur *einen* Gedanken gehabt: die Massen ängstlich in der Hürde und für den Metzger bereitzuhalten – und sich selbst, als die Metzgerstunde schlug, in Sicherheit zu bringen. Es ist schauerlich.
Wie soll man hoffen, daß sie es morgen besser täten? Verpaßte Gelegenheiten sind Wege, auf denen man nicht umkehrt. Sie führen schnurstracks dorthin, wohin man nicht wollte. Und so kam die Zeit für die Räuberhauptleute. Es ist nur zu hoffen, daß sie ihrerseits versagen, wenn sie an den richtigen Gegner geraten…
Als das Kulturministerium eine Loyalitätserklärung von mir verlangte, habe ich ab-

gelehnt und meine Demission als Mitglied der Akademie gegeben. Ich gehöre keiner Kulturkammer an und werde keiner angehören. Da aber der totale kommunistische Staat für mich *(wenn auch schweren Herzens)* so unannehmbar ist wie der faschistische, muß ich allein bleiben – übrigens mit vielen anderen (und nicht den schlechtesten), denen ihr Gewissen ebenfalls verbietet, sich einer Sache zu verschreiben, die für sie entweder (wie die faschistische) in Ziel *und* Methode oder (wie die kommunistische) zwar nicht im Ziel, aber in der Methode eine seelengefährdende Irrlehre darstellt. Ich glaube nun einmal nicht, daß der Zweck die Mittel heiligt!

Ich hoffe, lieber Graf Kessler, daß es mir bei aller Kürze gelungen ist, mich Ihnen einigermaßen verständlich zu machen.

Bitte grüßen Sie Herrn Goertz, den ich leibhaftig vor mir sehe in all seiner gewinnenden Freundlichkeit (arbeitet er?), und seien Sie selbst in alter Treue gegrüßt

von Ihrem René Schickele

4 *Grabrede der Komintern auf die Wiener Arbeiterschaft:* In der ‚Neuen Weltbühne‘ vom 22. 2. 1934, Jg. 3, Nr. 8, erschien unter dem Sammeltitel ‚Das war das Echo‘ folgender Ausschnitt der Rede der Kommunistischen Internationale:

Moskauer Sender meldet sich:
Am 16. Februar wurde im moskauer Sender ein Vortrag unter dem Titel „Der heldenmütige Kampf der österreichischen Proletarier" gehalten. Dieser Vortrag wurde mitstenographiert; dem Stenogramm sind im unverfälschten Wortlaut folgende Stellen entnommen:
„Es gibt keine Gemeinheit, keinen Betrug, keine List, keinen Verrat, den die Führer der österreichischen Sozialdemokratie nicht angewandt hätten, um den Arbeitern die tatsächliche Macht zu entreißen und sie den Kapitalisten und Grundbesitzern zurückzugeben. Gestützt auf die Führer der Sozialdemokratie ist die österreichische Bourgeoisie zu einer Offensive gegen die Arbeiterklasse übergegangen... Die Kapitalisten bezahlten freigiebig ihre sozialdemokratischen Lakaien, all diese Seitz, Danneberg, Renner erhielten Dutzende von einträglichen Pöstchen in den verschiedensten Aktiengesellschaften, Konsumgenossenschaften, Arbeiterbanken. Hunderttausend Schilling Einnahmen im Jahr ist das gewöhnliche Existenzminimum der Führer der österreichischen Sozialdemokratie... Vollkommen gesetzmäßig und der ganzen Politik der österreichischen Sozialdemokratie entsprechend ist die Tatsache, daß die Führer der Sozialdemokratie, als die wiener Kommune beseitigt wurde, sich im Rathausgebäude versammelten, um sich verhaften zu lassen... Mit ihrer Verhaftung wollten sie die Bewegung enthaupten, um ebenso wie im Jahre 1927 die Arbeitermasse zu desorganisieren und den fascistischen Banden auszuliefern... Die Führer türmten und ließen die Massen im Stich. Ähnlich ihren deutschen Zwillingsbrüdern beeilen sich die Führer der österreichischen Sozialdemokratie, dem fascistischen Regime die Treue zu schwören... Der Donner der Geschütze der österreichischen Arbeiter ist zugleich das Begräbnis für die österreichische Sozialdemokratie, die zusammen mit ihren Brüdern aus der II. Internationale auf den Misthaufen der Geschichte hinabrollt."

5 *Neuherausgabe der „Weissen Blätter":* Die literarisch-politische Monatsschrift ‚Die weißen Blätter‘, 1913 von Erik Ernst Schwabach und Franz Blei begründet, wurde von 1915–1920 von René Schickele herausgegeben. Von der ‚Neuen Folge‘ (1921) mit dem Untertitel ‚Soziologische Probleme der Gegenwart‘ erschien nur ein einziges Heft. Als

vorwiegend literarische Zeitschrift war sie nach dem ‚Sturm‘ und der ‚Aktion‘ das wichtigste und umfassendste Organ der expressionistischen Literaturbewegung. René Schickele führte die Zeitschrift seit 1916 von der Schweiz aus. Das Blatt wurde zum Sammelpunkt der Antikriegsliteratur. In der Ankündigung heißt es: „Wie sich die ältere Generation in der ‚Neuen Rundschau‘ ausspricht, so sollen die ‚Weißen Blätter‘ das Organ der jüngeren Generation sein. [...] Die ‚Weißen Blätter‘ werden bei aller Lebendigkeit und Aufmerksamkeit auf das, was unserer Zeit eigentümlich ist, ihre Leser doch nur mit dem Fertigen und Gelungenen bekannt machen. Die ‚Weißen Blätter‘ werden an keinem Gebiete des heutigen Lebens ohne Stellungnahme vorbeigehen. Sie wollen nicht nur der künstlerische Ausdruck der neuen Generation sein, sondern auch ihr sittlicher und politischer.“

6 *Hugo Simon:* Der mit René Schickele befreundete Bankier Hugo Simon hatte zeitweise den Plan, eine Zeitschrift namens ‚Die neuen weißen Blätter‘ von René Schickele herausgeben zu lassen, die in ihrer Tendenz den früheren pazifistischen ‚Weißen Blättern‘ folgen sollten. Hugo Simons Plan wurde nicht verwirklicht. – Siehe auch Thomas Manns Brief an René Schickele vom 6.3.1934.

7 *Annette Kolb schrieb mir aus Lugano:* Annette Kolbs Brief an René Schickele vom 24./26.2.1934:

Hesse kam neulich mit seiner netten Frau. Welche Freude ich an seinem freien, schönen und unabhängigen Urteil hatte. Es lässt nur Personen (wie Ball etc.), aber nie den Dingen gegenüber aus. Da hat er eine bewundernswerte Höhe. Ich schrieb es dir, der Brief ging fehl, davon ein anderes Mal. H. kam von Tegernsee. Er ist der Meinung, man müsse, so gut es nur möglich ist, an seinen Bindungen mit Deutschland festhalten im Hinblick all derer, die heute dort so leiden. Er bekomme mehr Briefe denn je aus Deutschland.

8 *ihrem Brief an meine Frau:* Am 2.2.1934 schreibt Thomas Mann an René Schickele: „Das Leiden Ihrer Frau geht uns nahe! Die Meine schreibt bestimmt in diesen Tagen ausführlich an sie.“ – Katia Manns Brief an Anna Schickele ist nicht erhalten.

9 *Florenz:* Angeregt durch die positiven Erzählungen seines Münchner Freundes Alfred   56 Neumann und dessen Frau, die 1933 nach Florenz emigriert waren, erwogen Thomas und Katia Mann im Januar/Februar 1934, ob sie sich ebenfalls dort niederlassen sollten. – Siehe auch Thomas Manns Brief an René Schickele vom 2.2.1934 und an Alexander Moritz Frey vom 4.2.1934.

10 *Haus, das wir gemietet haben:* René Schickele und seine Frau mieteten im März 1934 das Haus ‚La Florida‘ in Nice-Fabron, Chemin de la Lanterne.

11 *ihrer Rückreise:* Im Februar 1934 war Schickeles Frau wegen des Umzugs der Möbel erneut nach Badenweiler gefahren. Sie kehrte am 5.3.1934 nach Sanary zurück. Zur selben Zeit – vom 26.2. bis 16.3.1934 – weilten Thomas und Katia Mann zur Erholung in Arosa. Die beiden Frauen haben sich deshalb nicht sehen können. – Siehe auch Schickeles Brief vom 25.1.1934, Anm. 1, und Thomas Manns Brief vom 6.3.1934.

2.3.1934   Thomas Mann an René Schickele, hs. Postk.

1 *hier:* Vom 26. Februar bis zum 16. März hielt sich Thomas Mann zusammen mit seiner Gattin zur Erholung in Arosa auf. Genau zur selben Zeit des vorigen Jahres hatte Thomas Mann ebenfalls in Arosa geweilt, um sich von seiner Vortragsreise nach Amsterdam, Brüssel und Paris zu erholen.

Der Kreis ist also geschlossen, wir sind, um 5 Uhr, wieder hier angelangt, wo ich voriges Jahr, ein wenig später schon, am 15. März, diese neuen Aufzeichnungen begann. Alles ist unverändert, mit erstaunten Augen sahen wir wieder, wie das zu gehen pflegt, die Zwischenzeit versinken, das Wieder und Immer noch verschwimmen. Ich war recht nervös gewesen vor der Abreise, die eine rechte Münchener Abreise war: mit dem Küsnachter Chauffeur, unter Assistenz der Kurz, der Mädchen, der Kinder. Das Mädchen Maria, nach München reisend, fuhr mit zum Bahnhof. Unser Zug fuhr 1 Uhr 40; es war viel Platz darin. Wir waren in zwei Stunden in dem vertrauten Chur, wo voriges Jahr der traurige Abschied von Medi sich vollzog. Wir vesperten im Bahnhofsrestaurant. Der Arosa-Zug sehr besetzt, was die Nervosität steigerte, mit der ich dem Aufstieg in die Sphäre entgegensah, die am Ausgang des vorigen Winters meine Erregung so sehr gesteigert hatte. Beängstigung wollte mich überkommen, doch ging sie vorüber, und die Ankunft geschah in ruhiger Müdigkeit. Wir fuhren im Schlitten, das Gepäck auf angehängtem Fahrzeug, die bekannte Straße hinauf zum Waldhotel. Begrüßung durch Dr. Richter, der uns in die Zimmer im III. Stock geleitete. Ich bewohne das meine provisorisch für einige Tage, da das eigentliche, an das K.'s stossende noch nicht frei. Wir packten aus, installierten uns, ich rasierte mich und kleidete mich um. Wir nahmen das Diner im Separatzimmer allein. Da das Frühstück unterwegs nur leicht gewesen, aß ich mit starkem Appetit. Wir hielten uns nachher in dem Salon auf, wo wir voriges [Jahr] mit Nikischs die Abende verbrachten, und später im Lese-Zimmer, wo ich zur Cigarre die Essays von Ernst beendete, eine kultivierte Lektüre von weitem und interessantem Bildungsausblick. (TB 26.2.1934)
Der letzte Februar... Wir treten nun eigentlich in den Monat des Entgleitens der bisherigen Lebensform. Mein Bestreben ging im Grunde dahin, sie möglichst wiederherzustellen. Hier ist sie es äußerlich absolut; man würde nichts merken. In Zürich ist sie es weitgehend. Die friedliche Loslösung von Deutschland, die Rückgabe des Meinen, die Überführung des Inventars in das Zürcher Haus würde meiner Beruhigung großen Vorschub leisten. K. will nicht daran glauben und sucht mich auf die Notwendigkeit der Resignation vorzubereiten. (TB 28.2.1934)
Morgen ist der Jahrestag der entscheidenden Wahlen in Deutschland. K. sagte beim Thee, sie habe die Nacht danach nicht geschlafen, da ihr sofort klar gewesen sei, daß wir nicht zurück könnten. Bei mir war das keineswegs der Fall. K. erinnerte mich daran, daß unser damaliger, bald aufgegebener Beschluß, abzureisen, auf mein Drängen zurückzuführen gewesen sei. Daß es mit der Münchener Existenzform zu Ende sei, habe ich erst Tage später unter schweren Krisen erfaßt. – Ich bin dankbar dafür, wie sehr viel besser es heute ist als voriges Jahr. (TB 3.3.1934)
Gestern Abend sprach ich im Salon mit Lion, dessen kluge, wenn auch moralisch etwas schwächliche Anteilnahme ich schätze, über meine Lage und kam auf ihre Falschheit mit denselben Worten zurück, die sich mir schon vor einem Jahre, von Anfang an, dafür aufdrängten. Die innere Ablehnung des Märtyrertums, die Empfindung seiner persönlichen Unzukömmlichkeit kehrt immer wieder, erneuert sich gerade jetzt und wurde bestätigt und verstärkt durch Lions Wiedergabe einer Äußerung G. Benns von früher: „Kennen Sie Thomas Manns Haus in München? Es hat wirklich etwas Goethisches." – Daß ich aus dieser Existenz hinausgedrängt worden, ist ein schwerer Stil- und Schicksalsfehler meines Lebens, mit dem ich, wie es scheint, umsonst fertig zu werden suche, und die Unmöglichkeit seiner Berichtigung und Wiederherstellung, die sich immer wieder aufdrängt, das Ergebnis jeder Prüfung ist, frißt mir am Herzen. (TB 14.3.1934)

Ich habe gebadet und gefrühstückt und es geht nun ans Packen und an den Abschied von diesem physisch erregenden und auch seelisch, dank den Erinnerungen, bewegenden Aufenthalt. Ein Brief an das ‚Reichs-Innenministerium' beschäftigt mich zuweilen, worin ich Lust hätte, die Geschichte meines Exils darzulegen und meine Entfernung von Deutschland auf noch etwa 2 Jahre zu bemessen. Eine Art von Urlaubsgesuch, dessen Bewilligung meinem Außensein den Fluchtcharakter nehmen und zwischen der Heimat und mir ein würdig-friedliches Verhältnis herstellen würde, wie ich es im Grunde brauche. Dieser Plan ist wichtig. [...] Sonderbar, wie gerade jetzt wieder der Gedanke an Rückkehr nach Deutschland, die vorläufig schon wegen des Eigenlebens der Kinder, der ‚Sammlung' etc. ganz ausgeschlossen erscheint – vor allem aber der an ein friedliches Arrangement mit dem Lande mich fort und fort beschäftigt und der Plan des Briefes mir weiter im Sinn liegt. (TB 16.3.1934)

6.3.1934   Thomas Mann an René Schickele, ms. Br.

1 *Arbeiterzeitung:* ‚Thomas Mann erwidert' (Brief aus Zürich, 25.10.1933), in: Arbeiter-Zeitung, Wien, 28.10.1933. Siehe Thomas Manns Brief vom 17.10.1933, Anm. 6.   57

2 *Wiedererstehens der „Weißen Blätter":* Thomas Mann bezieht sich hier auf René Schickeles Vorschlag, die ‚Weißen Blätter' neu herauszugeben. Siehe dazu René Schickeles Brief vom 29.2.1934, Anm. 6.

3 *Johannes R. Becher* (1891–1958): Lyriker, Erzähler, Dramatiker und Essayist. Sohn eines höheren Richters. Studierte in München, Berlin und Jena Philosophie und Medizin, trat 1917 in die Partei der Unabhängigen Sozialdemokraten, 1918 in den Spartakusbund und 1919 in die KPD ein. Vorsitzender des ‚Bundes proletarisch-revolutionärer Schriftsteller' (1928) und Mitbegründer von dessen Zeitschrift ‚Die Linkskurve'; 1932 Feuilleton-Redakteur der ‚Roten Fahne'. 1933 emigrierte er: Aufenthalte in Österreich, der Tschechoslowakei, der Schweiz und in Rußland. In Moskau Redakteur der ‚Internationalen Literatur/Deutsche Blätter'. Juni 1945 Rückkehr nach Deutschland. Präsident des Kulturbundes zur demokratischen Erneuerung Deutschlands in Berlin (Ost). 1949 Begründer (mit Paul Wiegler) der Literatur-Zeitschrift ‚Sinn und Form'. 1954 Minister für Kultur der DDR. – Vgl. Georg Wenzel, ‚Johannes R. Becher und Thomas Mann. Dialog, Begegnung und Bündnis', in: Weimarer Beiträge, Weimar, 1981, Jg. 27, H. 5, S. 10–29. – Thomas Mann erwähnt hier einen Brief Johannes R. Bechers an René Schickele aus Moskau, den dieser über Harry Graf Keßler erhalten hatte. Siehe hierzu René Schickeles Brief an Thomas Mann vom 29.2.1934, Anm. 3.

4 *Alttestamentlern und Mythologen:* Für seine Vorarbeiten zum ‚Joseph'-Roman hatte Thomas Mann vor allem mit Jakob Horovitz korrespondiert, der Rabbiner der Israelitischen Gemeinde in Frankfurt a. M. sowie Dozent für jüdische Religionswissenschaften an der Simultanpädagogischen Akademie war (siehe Thomas Manns Briefe an Jakob Horovitz vom 11.6.1927, 22.6.1927, 7.7.1927, 26.7.1927 und Jakob Horowitz' Briefe an Thomas Mann vom 17.3.1927 und 1.7.1927). Horovitz hatte Thomas Mann auch auf den Ägyptologen Wilhelm Spiegelberg verwiesen. Spiegelberg, der seit 1923 Professor an der Münchner Universität war, schenkte Thomas Mann ebenfalls ein eigenes Werk, ‚Die Glaubwürdigkeit von Herodots Bericht über Ägypten im Lichte der ägyptischen Denkmäler', Heidelberg 1926 (im Thomas-Mann-Archiv Zürich): „[...] für das liebe und wichtige Geschenk Ihrer Schrift über Herodot und Ägypten

muß ich Ihnen herzlichen Dank sagen. Ich habe viel davon gehabt, viel darin angestrichen, und gewiß wird sie mich auch in Josephs zweite Heimat begleiten." (Brief vom 7.1.1930).

Am 22.1.1934 erhielt Thomas Mann von dem ungarischen Mythologen und Religionshistoriker Karl Kerényi (1897–1973) dessen Aufsatz über ‚Unsterblichkeit und Apollonreligion', Berlin 1934, zugesandt. Damit begann ein sehr intensiver Briefwechsel (‚Thomas Mann – Karl Kerényi. Gespräch in Briefen', hrsg. von Karl Kerényi, Zürich: Rhein-Verlag 1960).

58   5 *Vortragstournee:* Siehe Thomas Manns Postkarte an René Schickele vom 2.2.1934, Anm. 1.

6 *Violin-Lehrer:* Willem de Boer (1885–1962), holländischer Geiger und Musikpädagoge. War Konzertmeister des Zürcher Tonhalle-Orchesters und zeitweise Michael Manns Lehrer am Zürcher Konservatorium.

59   22.3.1934   René Schickele an Thomas Mann, hs. Postk.

1 *unsere neue Adresse:* Anfangs März 1934 waren Schickeles von Sanary-sur-mer nach Fabron bei Nizza umgezogen. Bis zum Einzug in das neugemietete Haus hielten sie sich noch im Hôtel du Luxembourg in Nizza auf. Am 7.3.1934 schreibt Schickele in seinem Tagebuch:

Hals über Kopf weg von Sanary. Meier-Graefes, die zum Ehepaar Moll nach Nizza fahren, packen mich auf. Ich saß mit Klo vor dem *Café de Lyon* und brutzelte an der Sonne. Am liebsten wäre ich ewig da sitzen geblieben – mit einer schattigen Ecke irgendwo zum Arbeiten. Als ich mich von Klo verabschiedete, glaubte ich, ich führe nur bis zur *Chêne.*
Es ist ein schöner Frühlingstag. Die weißen Berge bei Toulon. Ich scheide ungern.
Um 4 Uhr in Nizza, *Hôtel du Luxembourg* an der Promenade des Anglais. [...]
Kurz vor Mitternacht kommen Lannatsch und Hans, todmüde und glückselig, der Asthmahölle der *Chêne* entronnen zu sein.
L.: „Es war der zweitgrößte Reinfall unseres Lebens!" Der größte war, als wir im Jahr 1910 von Meudon in die Rue Bonaparte zogen. Wir erkrankten alle, Rainer schließlich an Typhus. Ein Wunder, daß ich zur gleichen Zeit die *Freundin Lo* schrieb. Ich schrieb freilich meist nachts im *Café Vachette.*

Und am 15.3.1934:

Um drei Uhr fahre ich in unser neues Haus.: *La Florida* in Fabron, Chemin de la Lanterne. Über alle Erwartungen schön. Meine beiden Zimmer sind fertig, groß, luftig, hell. Blick durch den Schleier hochgewachsener Olivenbäume auf das Tal des Var und die Hügel von Cagnes. Links das Meer, rechts die Seealpen. Erstaunlich: alle Möbel passen und die Büchergestelle auch. Sogar die kleinen, die in Badenweiler unter den Fenstern standen, sitzen wie nach Maß gemacht in den Fensternischen.
Der blanke Schreibtisch lacht mich an.
Kaminfeuer.
Nachts in meinem Bett, während ich in Schlaf sinke, habe ich das Gefühl, auf einem Schiff zu sein, das eine weite Fahrt antritt, Ziel unbekannt. Die Zuversicht in Person.

2 *im Sommer:* Thomas Mann reiste erst im August/September 1936 wieder nach Südfrankreich.
3 *Ihren Brief aus Arosa:* Thomas Manns Brief an René Schickele vom 6.3.1934.
4 *„W. Bl.":* ‚Die weißen Blätter'. Siehe hierzu René Schickeles Brief vom 29.2.1934,
Anm. 6.
5 *B.:* Gottfried Bermann Fischer.
6 *Ihren Bruder im Café:* Vgl. Anhang, S. 186f.
7 *Fiutschwänscher:* Lion Feuchtwanger.
8 *Franks:* Der Erzähler und Dramatiker Bruno Frank (1887–1945), ein enger Freund
Thomas Manns seit 1911 und bis 1933 sein Nachbar im Münchener Herzogpark, und
seine Frau Elisa (Liesl), geb. Massary-Pallenberg (1903–1979), eine Tochter der Ope-
rettendiva Fritzi Massary. Die Franks verließen Deutschland am Tag nach dem
Reichstagsbrand (27.2.1933), lebten zunächst in Österreich, in der Schweiz, in Frankreich und England und übersiedelten 1937 nach Hollywood, wo Frank für die
Metro-Goldwyn-Mayer arbeitete. Sie wohnten in Beverly Hills unweit der Manns, so
daß das alte freund-nachbarliche Verhältnis wieder auflebte.
9 *Villa der dicken Fayet:* Das Ehepaar Frank wohnte in Sanary-sur-mer in der Villa Côte
Rouge, Sur la Colline. Siehe Bruno Franks Brief an Thomas Mann vom 9.4.1934.
10 *Seabrook:* Der amerikanische Reiseschriftsteller William (‚Willi') Buehler Seabrook
(1886–1945), den Thomas Mann im Sommer 1933 in Sanary kennengelernt hatte und
der mit Sybille von Schönebeck – bekannt als die englische Schriftstellerin Sybille
Bedford – befreundet war. Seabrook gehörte ebenfalls zu dem Kreis von Emigranten,
die sich in Sanary regelmäßig trafen. Am 31.5.1933 notiert Thomas Mann im Tagebuch: „Zum Thee abgeholt vom Wagen Mr. Seabrooks, des Afrika-Reisenden u.
Schriftstellers in der Nähe. Man saß mit ihm, einem unreinlichen Mann, seiner Freundin u. der Tochter der Frau Marcesani in dem hofartigen Garten mit Platanen. Er hat
mit Kannibalen gelebt und einmal Menschenfleisch gegessen."
Thomas Mann hat Seabrook bei seinem ersten Amerika-Aufenthalt 1935 im Hause van
Loon wieder getroffen. Am 20.9.1945 beging Seabrook Selbstmord.

2.4.1934 Thomas Mann an René Schickele, hs. Br.
1 *neuen Heim:* Haus ‚La Florida', Chemin de la Lanterne, in Nice-Fabron.
2 *sie in absehbarer Zeit zurückerhalte:* Im April 1934 verfaßte Thomas Mann einen
längeren Brief an das Reichsinnenministerium Berlin, worin er es bat, die Münchner
Polizeibehörden zur Verlängerung des Reisepasses und zur Aufhebung der Beschlagnahme seines Hauses und seines Vermögens zu veranlassen (XIII, 96–106). Thomas
Mann sandte den Brief zunächst zur Kenntnisnahme an Gottfried Bermann Fischer:

Der Gedanke, mich an diese Adresse zu wenden, ging ursprünglich von dem hiesigen
Generalkonsul aus, der mir vorschlug, mich wegen der Verlängerung meines Passes
doch an das Berliner Ministerium zu wenden. Ich überlegte mir, daß es keinen Zweck
habe, diesen Schritt allein um des Passes willen zu tun, sondern daß ich bei dieser
Gelegenheit gleich meinen ganzen Fall zur Sprache bringen müsse. So habe ich diesen
ernsten Brief, der einen gewissen Eindruck unmöglich verfehlen kann, aufgesetzt und
denke ihn in einigen Tagen abzusenden. (Brief vom 18.4.1934)

Thomas Mann befolgte Bermanns Rat, den Brief direkt an den Reichsinnenminister Dr. Frick zu senden. Bermann übermittelte den Brief auch an Rechtsanwalt Heins, und beide ließen eine Anzahl von Abschriften herstellen. Bermann gab Abschriften an einige vertraute Freunde des Verlags zur Kenntnis weiter, darunter an Manfred Hausmann. Obwohl in dem Brief mit keinem Wort von einer Bereitwilligkeit zur Rückkehr nach Deutschland die Rede war, glaubte Hausmann sich nach dem Zweiten Weltkrieg, als er das Dokument nicht mehr besaß, zu erinnern, daß Thomas Mann darin die Bitte um Erlaubnis zur Rückkehr ins Dritte Reich ausgesprochen habe, und richtete einen entsprechenden öffentlichen Angriff gegen Thomas Mann. Eine Kopie des Briefes befand sich jedoch noch in Bermanns Besitz und wurde mit Thomas Manns Einverständnis in der ‚Neuen Zeitung‘, München, am 8. 8. 1947, veröffentlicht. – Thomas Mann hat vom Reichsministerium nie eine Antwort erhalten.

3 *Memel-Gebiet:* Thomas Mann erwarb sich 1929 im memelländischen Fischerdorf Nidden an der Kurischen Nehrung ein Dünengrundstück und ließ sich dort ein Sommerhaus bauen. Den Ankauf des Grundstückes hatte ihm der Maler Ernst Mollenhauer, Schwiegersohn des Niddener Gasthofbesitzers Blode, vermittelt, der ihm dann auch den Architekten des Sommerhauses angab, den Hausbau überwachte und während der Abwesenheit der Familie Mann Vertrauensperson am Ort war. Thomas Mann verbrachte mit seiner Familie drei Feriensommer (1930, 1931 und 1932) in Nidden und schrieb dort Teile seines ‚Joseph‘-Romans. Da das Haus auf litauischem Staatsgebiet stand, war es dem Zugriff der deutschen Behörden entzogen. Heute befindet sich in ihm eine von Leonas Stepanauskas begründete Thomas-Mann-Gedenkstätte.

61 4 *Auseinandersetzung:* Während der ersten Jahreshälfte von 1934 geriet Thomas Mann wegen der politischen Tagesereignisse in Deutschland immer mehr in eine „schwere Lebens- und Arbeitskrise", so daß er sich Ende Juli 1934 gedrängt fühlte, seine Arbeit am dritten Band des ‚Joseph‘-Romans zu unterbrechen:

Ich versuchte, weiterzuschreiben am Joseph, kam aber nicht über wenige Zeilen hinaus, – Müdigkeit, Zerstreutheit, Erregung bildeten das Hindernis. Zu sehr liegt mir anderes im Sinn. Der Gedanke, über Deutschland zu schreiben, meine Seele zu retten in einem gründlichen offenen Brief an die ‚Times‘, worin ich die Welt und namentlich das zurückhaltende England beschwören will, ein Ende zu machen mit dem Schand-Regime in Berlin, – dieser Gedanke, wach geworden oder wieder erwacht in den letzten Tagen, läßt mich nicht los, beschäftigt mich tief. Vielleicht ist es wirklich die rechte Stunde dafür, vielleicht kann gerade ich zur notwendigen Wende und zur Wiedereinführung Deutschlands in die Gemeinschaft gesitteter Völker mit verhelfen? (TB 31. 7. 1934)
Mit der Erwähnung jenes problematischen und für die Zukunft soviel Problematik in sich schließenden „Zustandes" aber bin ich bei der Hauptstörung, unter der meine Ruhe, meine Heiterkeit, mein Bedürfnis nach Konzentration, meine seelische und selbst physische Gesundheit und kurz: meine Produktivität zu leiden haben. [...] Ich habe gegen den Gram, den das Schicksal meines Landes mir unaufhörlich bereitet – dies Schicksal, das auch dem Erdteil zu einem solchen zu werden droht – während dieser ganzen anderthalb Jahre die Weiterführung und Erfüllung meiner persönlichen Aufgaben mit schwankendem Erfolge, aber redlich, durchzusetzen versucht. Aber ich kann nicht sagen, wie die Atrozitäten [...] mich erregen und mich dem entfremden, was ich wohl, wenn mein Herz fester und kälter wäre, als das einzig mir Wichtige und

Gemäße betrachten sollte. Was geht mich die „Weltgeschichte" an, sollte ich wohl denken, solange sie mich leben und arbeiten läßt? Aber ich kann so nicht denken. Mein moralisch-kritisches Gewissen ist in einem beständigen Reizungszustande, und immer unmöglicher wird es mir, dem, mag sein, sublimen Spiel meiner Roman-Arbeit weiter nachzuhängen, bevor ich nicht „Rede und Antwort" gestanden und mir vom Herz geschrieben, was darauf liegt an Sorge, Erkenntnis, quälendem Erlebnis und auch an Haß und Verachtung. (Brief an Karl Kerényi, 4.8.1934)

Vom 1. bis zum 28. August 1934 bereitete Thomas Mann dieses „Politikum" vor, indem er aus seinen Tagebüchern von 1933 und 1934 exzerpierte, sich politische Stellen markierte, sich Notizen machte und mit Entwürfen begann:

Beiseitelassung des Roman-Manuskripts. Schriftliche Auszüge aus den Tagebüchern vorigen Jahres, um Material für den geplanten Aufsatz zusammenzubringen. Gründlichkeit erforderte eine wirkliche Abrechnung, ein Aufarbeiten der ganzen Erlebnisse, persönlich und allgemein. Da aber das Unternehmen als Aktion gedacht ist, die vielleicht behilflich sein könnte, als ein Bekenntnis- und Beschwörungsbrief an das englische Blatt, so ist Beschränkung geboten und die große Erörterung auf eine gedrängte Äußerung zu reduzieren. (TB 1.8.1934)

Da sich in jener Zeit die politischen Ereignisse überstürzten – Hindenburgs Tod am 2. August 1934 und Hitlers Selbsternennung zum Reichspräsidenten – wurde Thomas Mann von tiefem Zweifel über den Sinn seiner politischen Abhandlung gequält:

Schrieb noch einmal an den politischen Aufzeichnungen weiter, werde aber im Gefühl der Zwecklosigkeit und in tiefer Niedergeschlagenheit vom elenden Unsinn der Ereignisse, vom Gelingen des Hitlerschen Staatsstreichs und dem Eindruck, den dies Gelingen und „tadellose Klappen" macht, kaum damit fortfahren. Es ist alles garzu lach- und ekelhaft, und ich tue wohl unrecht, es mir so nahe gehen zu lassen. (TB 4.8.1934)
Ich versuchte nach diesen Notizen am Manuskript ein wenig weiterzukommen, aber die Abneigung verhinderte es fast ganz, und es wäre dazu auch der entschiedene Entschluß nötig, mich ihm ganz wieder zuzuwenden, der eben nicht oder noch nicht vorhanden ist. Dieser Zustand ist ein schweres Leiden. [...] Die Enttäuschungen der letzten Tage kamen hinzu, mich niederzudrücken, und das Arbeitsdilemma bringt die Verstimmung auf die Spitze.
Ich ging eine Stunde mit K. spazieren und sprach mit ihr über dies letztere Thema. Sie lehnt die Selbstverdächtigung, der Übergang zu einer politisch-konfessionellen Arbeit sei eine Desertion von der künstlerischen Aufgabe, deren ich überdrüssig oder die mir zu schwer, entschieden ab und bestreitet ebenso lebhaft die Nutzlosigkeit und Müßigkeit dieser Aufgabe. [...] Sie hat weitgehend recht, auch wenn sie fürchtet, ich könnte meine äußere Passivität bereuen, wenn der Tag des Zusammenbruchs da ist. Ich bin augenblicklich zu müde und zweiflerisch-glaubenslos, um diesen Tag nicht für sehr fern, ja für unwahrscheinlich zu erachten. Dennoch drängt mich vieles dazu, eine solche Abhandlung zu schreiben, obgleich ich dadurch mit dem sowieso verschleppten Roman in unabsehbaren Rückstand geraten würde. Aber auch die Form für die Schrift wäre schwer zu finden – sie als Kapitel Autobiographie, gewissermaßen, anzugreifen liegt mir noch am nächsten. (TB 5.8.1934)

Thomas Mann legte die Blätter schließlich beiseite, um sich „Bedenkzeit [...] zu schaffen" (vgl. Brief an Ferdinand Lion, 3.9.1934, und Brief an Hermann Hesse, 5.9.1934). Er gab sie erst im Oktober 1946 unter dem Titel ‚Leiden an Deutschland' heraus, als Privatdruck der Pacific Press, Los Angeles (XII, 684–766).

5 *hat mich wirklich bewegt:* Eduard Korrodi, ‚Der junge Joseph. Thomas Manns neuer Roman', in: Neue Zürcher Zeitung, Zürich, 26. u. 28.3.1934. Am Schluß der Besprechung schreibt Korrodi:

„Es könnte sein" – sagt der Wächter an der Grube, aus der Joseph gerettet wird – „daß diese Grube nur ein Grab... und euer Bruder wäre noch sehr im Werden und keineswegs schon geworden wie die ganze Geschichte noch im Werden ist." Das ist doch wohl erzählerische Größe, daß wir noch einmal diese Geschichte *werdend* erleben und nicht von ihr lassen können, denn wenn das Gemüt nur an ihren lieblichen und idyllischen Augenblicken teil hat, so ist sie doch höhere Kurzweil des Geistes und ein immer neues Staunen über die Meisterschaft des Fabulierers, den wir auf einer Höhe sehen, die keine Jünger erklimmen, denn sie ist wohl auch der Abgesang deutscher Bildungsdichtung – in geistreicher und *dennoch* dichterischer Erfüllung.

62 6 *Locarno:* Vom 5.–6. April 1934 nahm Thomas Mann an einem internationalen Vortragszyklus in Locarno teil. Während Hans Reisiger am ersten Tag über Walt Whitman sprach, hielt Thomas Mann am zweiten seinen Vortrag ‚Leiden und Größe Richard Wagners'.

7 *Annette:* Die Erzählerin und Essayistin Annette Kolb (1870–1967), mütterlicherseits französischer Abkunft, war eine Jugendfreundin Katia Manns und während ihrer Münchner Zeit mit dem Haus Mann befreundet. Während des Ersten Weltkrieges wurde sie zur erklärten Pazifistin, publizierte in René Schickeles ‚Weißen Blättern' und emigrierte 1917 wegen einer Briefsperre in die Schweiz, von wo aus sie versuchte, für den Frieden zu wirken. Sie setzte sich auch danach stets für eine deutsch-französische Verständigung ein. Von 1919–1923 wohnte sie in Berlin und traf dort Gerhart Hauptmann, Max Reinhardt, René Schickele u.a.m. Mit René Schickele, der als Elsässer eine ähnliche Zwischenstellung einnahm wie sie, war sie eng befreundet. 1923 wählte sie Badenweiler als ihren Wohnsitz, um den Schickeles nahe zu sein. Sie verließ Deutschland im März 1933 aus Widerwillen gegen den Chauvinismus und Antisemitismus des NS-Regimes. Nach vorübergehendem Aufenthalt in der Schweiz (Basel) lebte sie zunächst in Paris und gelangte 1941 auf abenteuerlicher Flucht über Vichy, Barcelona, Madrid, Lissabon nach New York. Verschiedene Leute, auch Thomas Mann, versuchten ihr zu helfen. Im Herbst 1945 kehrte sie nach Europa zurück, lebte abwechselnd in Badenweiler und Paris und übersiedelte 1961 endgültig wieder nach München. – Thomas Mann hatte Annette Kolb wohl schon im Hause Pringsheim flüchtig kennengelernt. Er fand sie ‚rührend, drollig und sympathisch' (TB 3.8.1934), was wohl zum Teil von ihrer sprunghaften, herzlichen Konversation herrührte. Sie war eine äußerst begeisterte Leserin und Bewunderin seiner Romane (vgl. Brw. mit Autoren, S. 259–316). – Über jenen Abend am 4.4.1934 schreibt Thomas Mann im Tagebuch:

Zum Abendessen, an dem ich mich wegen Appetitlosigkeit wenig beteiligte, *Annette Kolb*, ein lieber Gast, dazu Golo's Freund. Annette machte uns durch ihr Aussehen, ihre Augen, die Magerkeit ihrer hervortretenden Backenknochen, die eigentümliche

Weichheit, mit der sie Abschied von uns nahm („Behaltet mich in gutem Andenken!"
Umarmung) einen wehmütig-sorgenvollen Eindruck. Es steht gerade wieder schlecht
mit ihrem Herzen, und sie muß Mitte Sechzig sein.

17.4.1934   Thomas Mann an René Schickele, hs. Br.

1   *„Arbeiterzeitung":* ,Thomas Mann erwidert' (Brief aus Zürich, 25. 10. 1933), in: Arbeiter-Zeitung, Wien, 28. 10. 1933. Siehe Thomas Manns Brief vom 17. 10. 1933,
Anm. 6.

2   *Vortrag:* Heinrich Mann war von Gustav Hartung, dem Direktor des Zürcher Schauspielhauses, zu einem Vortrag eingeladen worden, mußte aber wegen der Arbeit an
seinem Roman ,Die Jugend des Königs Henri Quatre' absagen. Thomas Mann sprang
für ihn ein mit dem Vortrag ,Goethe als Repräsentant des bürgerlichen Zeitalters'.
Siehe hierzu Heinrich Manns Brief an Thomas Mann vom 19.4.1934:

Wenn ich den acht oder zehn Aufforderungen zu reisen, sogar nach Amerika, in diesem
Winter nachgegeben hätte, dann wäre von meinem Roman kaum ein Satz geschrieben.
So bin ich doch im zweiten Drittel und hoffe nach der Sommerpause das letzte zu
machen. Diese Pause ist das nächste Ziel, ich arbeite unverbrüchlich auf das Nichtstun
hin. Es wird Zeit dafür: das vorige liegt gleich zwei Jahre zurück. Verzeih mir daher
meine scheinbare Bequemlichkeit und lass, bitte, auch Hartung wissen, dass es an
gutem Willen nicht gefehlt hat!

Im Tagebuch notiert Thomas Mann zu diesem Vortragsabend:

Ich schrieb den Brief an Frank fertig, und machte dann Smoking-Toilette. Wir nahmen
halb 8 Uhr eine kleine Mahlzeit und fuhren zum Theater, wo Hans Rascher mich
empfing, an dem ich, wie K. meint, eine Eroberung gemacht zu haben scheine. Da es
regnete, brachte er mich unter seinem Schirm ins Vestibule, wo Hirschfeld wartete,
durch den ich den Jungen mit einer Eintrittskarte belohnen ließ. Der Saal, wie kaum
anders zu erwarten bei diesem vierten Zürcher Vortrag und der vorgeschrittenen
Saison, war schwach besetzt, d. h. fast nur 2- und 1 Franken-Plätze waren verkauft
worden. Ich war jedoch gut aufgelegt und las lebhaft und ohne zu ermüden 1 Stunde
und 20 Minuten lang. Ich wurde zweimal wieder herausapplaudiert.
Mit Hirschfeld, der sich sehr angetan zeigte, namentlich von dem kommunistischen
Schluß, eine Cigarette im Konversationszimmer, wo mir auch, löblicher Weise, 400
Franken Honorar eingehändigt wurden. Der kleine Rascher fand sich wieder ein, und
man verabredete ein improvisiertes Abendende bei ihm zu Hause. Wir fuhren dorthin
mit Frau Rascher, während die jungen Leute zu Fuße gingen. Bei Thee, Bier, Butter-
brot und Kuchen saß man noch ein Stündchen bei einander. Vom alten Rascher gab es
Nachrichten aus Rom und Neapel. Hans schenkte mir einen Band von Mussolinis
Schriften und schöne Postkarten nach Hodler. Er steht vor dem Abitur, ist aber durch
nächtliches Lesen und namentlich die Beschäftigung mit meinen Schriften wissenschaftlich etwas gefährdet. Sein recht fein geschnittenes Gesicht ist durch Brandnarben
entstellt, Reste einer schweren Verbrennung, die er sich als Kind durch einen Feuer
fangenden Wattebart zugezogen. Aber seine Augen sind schön oder sympathisch
geblieben. Dabei spricht er ein drollig- halb unverständliches Schweizer Deutsch. (TB
23.4.1934)

63   26.4.1934 René Schickele an Thomas Mann, hs. Br.

1 *Ihr neues Buch:* Thomas Mann, ‚Der junge Joseph‘, Berlin: S. Fischer 1934. Der zweite Band des ‚Joseph‘-Romans war im März 1934 erschienen. – Vgl. dazu TB 23.3.1934:

Allerlei Post, auch ein Brief Bermanns, der die Überweisung von 13000 Mark anzeigt. Ich öffnete gleich das unterdessen eingetroffene Bücherpacket von Fischer mit den Exemplaren des ‚Jungen Joseph‘. Das Umschlagbild ist sehr schön, in dem eigentümlichen Monumentalstil des ersten, fein im Ton. Die Gestalt des Joseph im Kopftuch, mit bloßem Oberkörper, erregt meine Freude.

2 *Wochen voll Unruhe und Ärger:* Vgl. hierzu René Schickeles Tagebuch vom 26.3.–22.4.1934.

3 *Ihren Brief:* Thomas Manns Brief vom 2.4.1934. – Im Tagebuch notiert René Schickele am 6.4.1934: „Langer Brief von Thomas Mann. Er quält sich nach wie vor mit seiner Einstellung zu Deutschland. Er bleibt in Zürich, zumindest bis Medi (in 1 1/2 Jahren) ihr Abitur gemacht hat. Er ‚beneidet offen‘ Hesse, ‚der längst draußen, dem aber Deutschland nicht verschlossen ist‘.“ – In einem Brief an Julius Meier-Graefe vom 6.4.1934 schreibt er (RS III, 1195):

Nice-Fabron, 6.4.34.

Mein guter Ju,
vielen Dank für deinen Brief!!...
Heute früh kam ein langer Brief von Thomas Mann. Er quält sich nach wie vor mit seiner Einstellung zu Deutschland – auch er, bei dem die materiellen Gesichtspunkte bei weitem nicht die gleiche Rolle spielen. Wenigstens die Nabelschnur möchte man behalten, vielmehr deren *Spur.*
Fritz von Unruh ist hier aufgetaucht. Er hat seine Besitzung in Zoagli vermieten müssen und sucht (in der Nähe der Grenze) ein billiges Haus am Meer.
Wir verstanden uns recht gut. Er läßt euch grüßen und hofft, daß ihr ihn bei eurem Besuch in Rapallo aufsucht. Adresse gebe ich euch. Madame war auch mit.
Heinrich Mann sagte mir gestern spontan: „Wie gern würde ich in Deutschland publizieren, wenn ich könnte! Ich bin ja zu allem gezwungen worden, es bleibt mir nicht die Wahl.“
Die Krögersche ist ‚vollschlank‘ geworden und sieht appetitlich aus.
Die beiden gehn abends gar nicht mehr aus. Sie süffeln ein bißchen daheim. Anscheinend eine glückliche Ehe.
Wir fahren jetzt zu ihnen zum Tee. Sie bestanden derartig darauf. Ich bin lieber mit ihm allein – *et encore!* Merkwürdige Geschichte. Das geht so seit 26 Jahren!
Muß ich erst sagen, wie sehnsüchtig wir eurem Erscheinen hier entgegen sehn?
Herzliche Grüße deines René
Ich entlade täglich meinen Grimm in das *Tagebuch.* Anders ginge es nicht. Will abwarten, wie sich das entwickelt...

4 *Jongleurkunststücke Spenglers:* Oswald Spengler (1880–1936) hatte 1933 den Band ‚Jahre der Entscheidung‘, München: Beck 1933, herausgegeben. Im Tagebuch vom 24.8.1933 schreibt Thomas Mann dazu: „Ein neues politisches Buch Spenglers ist in Deutschland erschienen, worin er sich rückhaltlos für den National-Sozialismus er-

klärt. Jede Zeile, die er geschrieben, habe der Republik schaden sollen. Das wußte ich.“

5 *Wochenschrift „1934“:* Abel Bonnard, ‚Le monde d'hier‘, in: 1934, Paris, 25.4.1934, 64
p. 2:

Le monde d'hier

Un de mes lecteurs qui est un jeune homme, et qui sait qu'il y a beau temps que je n'en suis plus un, m'a écrit une lettre qui m'a plu et qui m'a touché et où, parmi d'autres propos, il me demande lequel des deux mondes je préfère, celui d'avant la guerre ou celui d'aujourd'hui. Comme sa question me paraît intéressante, je voudrais lui répondre ici. Je lui parlerai, d'abord du monde qu'il n'a pas connu.
Avant la guerre! Certes, la vie était plus agréable qu'à présent, elle était plus libre et plus dénouée. Un immense continent de civilisation venait finir sous nos pieds par une dernière surface, aussi douce que ces plages où l'on se plaît à marcher pieds nus. Le poids de l'argent n'opprimait pas l'existence. Il y avait des façons de prendre la vie qui maintenant ne sont plus possibles. Un homme adroit et un peu artiste pouvait évoluer entre la richesse et la pauvreté, en échappant à la fois à l'embarras d'être riche et à la gêne d'être pauvre; sans doute, il renonçait à la vanité d'avoir un grand train, mais il ne se privait d'aucune volupté délicate. Les voyages étaient faciles et ils coûtaient peu. On n'était pas forcé de penser au prix dont on payait chaque plaisir. La politique était déjà très vile, mais elle ne paraissait pas affecter ni infecter toute la vie: il était permis aux âmes paresseuses de ne pas s'inquiéter d'elle; cela passait même pour élégant. Les études désintéressées et les libres jeux étaient possibles; l'heure du loisir se déployait comme un éventail. Les jeunes gens, dans les cafés, après dîner, s'échauffaient à discuter des questions de littérature et, vers une heure du matin, quand la ville est si déserte qu'il s'y trouve presque autant de statues que de passants, ils rentraient chez eux en se récitant des vers.
Paris baignait au printemps dans l'écume fraîche et légère des marronniers. Ce n'était pas seulement une grosse capitale, mais une petite ville, et c'était cette petite ville qui faisait le prix de la grande où elle était incrustée. La monnaie était loyale et ne mentait pas; l'argent honnête et l'or magique éclairaient les échanges et l'on se sentait armé d'un pouvoir plus réel quand on avait mis quelques louis dans son gousset, avant de sortir, que si l'on emporte aujourd'hui une liasse de billets de banque. Paris avait une âme, c'était son esprit. Le Boulevard était un endroit clos où les mots heureux tintaient longuement. Plusieurs restaurants de la plus haute excellence manifestaient l'auguste finesse du goût français. On trouvait, dans des magasins qui fournissaient l'élite du monde, non point ce genre d'objets qu'on a, depuis, appelés de luxe et qui ne sont souvent qu'une camelote plus brillante, mais ces objets conçus avec goût, exécutés dans la perfection, qui font arriver jusqu'à nous non seulement le talent, mais la probité d'un artisan. Les femmes du monde allaient dans les boutiques pour y acheter, au lieu de s'y établir, comme aujourd'hui, pour y vendre. Un homme bien mis était presque toujours un homme bien élevé. Il y avait encore des gens oisifs, et ces oisifs n'étaient pas des inutiles. Ils étaient les jardiniers des arts, ils faisaient durer un certain charme social.
Des dîners illuminés de grâce et d'esprit brillent encore dans ma mémoire. Ceux qui s'y retrouvaient pouvaient d'autant mieux s'y rendre agréables les uns aux autres qu'ils n'avaient pas l'âme écrasée par de vils soucis. Le présent était rempli plus qu'à demi par

la persistance d'un très long passé. C'est tout cela qui constitue la civilisation. La civilisation, c'est de vivre dans un ordre si léger qu'on n'en sent pas plus le poids qu'on n'éprouve, dans l'ordre physique, la pression de l'air; c'est de pouvoir jouir du plaisir à l'ombre d'une haute morale, comme on boirait du vin, dans un jardin, au pied d'un palais; c'est de flotter sur l'heure tranquille en apercevant, à tout moment, les sommets de l'art, de la poésie et de la pensée, comme ces rameurs qui, glissant sur l'eau suave d'un lac alpestre, voient en même temps les sommets s'offrir à eux dans leur gloire magnifique et tendre.

Entraîné par mon sujet, tandis que je fais de ce passé récent une peinture un peu complaisante, mais que je crois cependant fidèle, j'allais écrire une belle impertinence; j'allais ajouter: et puis, il existait encore des femmes. Je demande pardon à mes lectrices d'une phrase aussi incongrue. Je ne doute pas qu'il n'y ait présentement même nombre de vraies femmes. Mais ce que je veux dire, c'est qu'à présent ces plantes de serre sont forcées de pousser en plein vent. Alors elles étaient abritées. Le visage des femmes de ce temps-là, subtil par leur regard et par leur sourire, n'avait pas cet air dénudé qui fait que ceux des femmes d'aujourd'hui, alors même qu'ils sont beaux, ressemblent à des planètes sans atmosphère. L'amour pouvait avoir de longs développements: car il ne faut pas s'imaginer que l'amour, tel qu'il est peint dans les pièces de Racine ou dans celles de Marivaux, ou dans les romans de Stendhal, se retrouve indifféremment en tous temps et en tous lieux. C'est un art qui vient et qui s'en va avec tous les autres: quand il n'y a plus d'amateurs de peinture ni d'amateurs de cuisine, alors l'art ineffable de se rendre heureux ou malheureux pour des riens disparaît aussi; il ne reste que les crises de l'instinct; il ne reste que des passions abrégées, où les plaisirs sont sans nuances et les tristesses sans charmes.

Cher jeune homme qui lisez ceci, je ne sais quelle impression vous en recevez. Peut-être cette description d'un passé tout proche émeut en vous un regret. Vous avez beau vivre à présent, il ne suffit pas d'être dans un temps pour être d'un temps. Peut-être pensez-vous que, dans ce monde d'hier, votre âme se fût déployée plus à l'aise. Alors je me dépêche de vous dire ceci: quoiqu'il y eut sur ce monde-là les restes d'une dorure qui a disparu de celui d'aujourd'hui, je veux que vous sachiez qu'entre les deux, tout considéré, c'est celui d'aujourd'hui que je préfère. Vous me demandez pourquoi? Je vous le dirai la prochaine fois.

Abel Bonnard.
de l'Académie française.

---

6 *Abel Bonnard* (1883–1968): Französischer Schriftsteller. Wurde 1932 Mitglied der Académie Française. War 1942–1944 Erziehungsminister der Vichy-Regierung. Lebte dann in Spanien. – Unter seinen Werken: ‚Les familiers‘, Gedichte (1906); ‚Les royautés‘, Gedichte (1907); ‚Les histoires‘, Gedichte (1908); ‚La vie et l'amour‘, Roman (1913); ‚La France et ses morts‘ (1918); ‚En Chine‘, Reisetagebuch (1928); ‚L'amitié‘, Prosa (1928, dt. 1943); ‚L' argent‘ (1928); ‚Le bouquet du monde‘ (1938); ‚Pensées dans l' action‘ (1941).

7 *Charles Maurice de Talleyrand* (1754–1838): Französischer Staatsmann. – Herkunft des Zitats nicht ermittelt.

65 8 *Ihre Arbeit:* Thomas Mann arbeitete im März/April 1934 am Kapitel ‚Joseph redet vor Potiphar‘, dem siebenten Kapitel des vierten Hauptstückes von ‚Joseph in Ägypten‘.

9 *„Abrechnung":* Im April 1934 erwähnt Thomas Mann seinen Plan, ein „Buch über

268

Deutschland" zu schreiben (siehe Thomas Manns Brief an René Schickele vom 2.4.1934, Anm. 4). Im August unterbrach er deshalb die Arbeit am ‚Joseph'-Roman. In einem Brief vom 11.9.1934 an seinen Bruder Heinrich schreibt er:

In meinen 3. Band bin ich leider durchaus nicht vertieft, sondern treibe „Nebendinge". Sei es, daß ich dieser Welt überdrüssig war oder daß das Nicht reagieren auf die Reize, die die politischen Dinge beständig auf das kritische Gewissen üben, einem auf die Dauer doch gegen die schriftstellerische Ehre geht, – kurz, ich habe Wochen lang ausladende Vorbereitungen zu einer Kampf- und Bekenntnisschrift gegen das Dritte Reich getroffen, – um sie dann doch vorläufig wieder liegen zu lassen. Fange ich an damit, so wird es eine weitläufige Sache von Monaten, vielleicht vielen Monaten auf Kosten des ohnedies übertragenen Romans, den Viele selbst als Gegen-Werk und -Leistung empfinden, und um den es mir leid tut. Auch frage ich mich, ob so ein Frontalangriff eigentlich meine Sache ist, da sowieso alles erkannt und ausgesprochen wird, am glänzendsten von Dir, aber auch von den Zeitungen, und nicht zu fürchten ist, daß irgendjemand sich über dies miserable Unwesen täuscht. Auch scheint es fast schon zu spät, sich noch ausdrücklich und ausführlich gegen dies längst über und über widerlegte Unwesen zu bekennen. Kurz, ich schwanke, ein recht enervierender Zustand übrigens; und um Zeit zugewinnen, beschäftige ich mich mit etwas Drittem, Neutralem und schreibe, um den Essayband zu komplettieren, eine Art von großem Feuilleton: „Meerfahrt mit Don Quijote", worin tagebuchförmig die Schilderung einer Ozeanreise mit Notizen über das Buch verwoben wird. Das unterhält mich vorläufig, und bis es fertig ist, werde ich vielleicht besser wissen, was ich will.

10 *Ihr Bruder Heinrich sagte mir kürzlich spontan:* Am 3.4.1934 notiert Schickele in seinem Tagebuch:

Als sie gingen, kamen Heinrich Mann und Frau Kröger. [...] Sie brachten mich an den Autobus, um Lannatsch zu begrüßen. Er sagte, wenn er könnte, würde er „selbstverständlich in Deutschland publizieren" und redete mir sehr zu, mich mit Bermann zu verständigen. Er fürchtet, wenn ein Buch von mir bei Allert de Lange erscheine, würde Deutschland für mich gesperrt sein.

Und am 6.4.1934:

Mit L. zum Tee zu Heinrich Mann, 11, rue du Congrès. 3 Treppen. Lift. Geräumige Zweizimmerwohnung mit Bad und Zentralheizung, am Square Malausséna. Er widmete mir seine soeben erschienene Schrift *Der Sinn dieser Emigration.* Er findet sie zum Teil veraltet, von den Ereignissen überholt. Er hört wenig aus Deutschland. Manchmal erhält er einen Brief von jemand, der ahnungsvoll „Ihr Korrespondent" unterschreibt. Der Mann fährt hie und da über die Grenze nach Basel, um ihm zu schreiben. Auch dann unterzeichnet er „Ihr Korrespondent".
Ich erwähne den halb drohenden, halb schmeichlerischen Brief, den Johannes R. Becher mir aus Moskau schrieb, und worin er mich zu einer revolutionären Stellungnahme auffordert. Die Kommunisten haben H.M. angegriffen, weil er auf eine Rundfrage des sozialdemokratischen *Vorwärts* antwortete. Dabei sind sie selbst nur einmal an ihn herangetreten, nämlich um von ihm zu verlangen, daß er (anläßlich der Telegramm-Affäre) öffentlich gegen seinen Bruder, Döblin und mich auftrete. Dafür schien er ihnen der geeignete Mann. Rührend, wie er sagt: „Ich sollte meinen Bruder

verleugnen!" Er ist beunruhigt, weil er gestern zweimal mit Voranmeldung aus Zürich-Küsnacht angerufen wurde und jedesmal, nach stundenlangem Warten, den Bescheid erhielt, der Teilnehmer melde sich nicht. Ausgeschlossen, daß niemand sich im Hause befand, es war um 12 und um 4. Er dachte, sein Bruder habe plötzlich verreisen müssen – aber wohin? Oder man habe ihn, Heinrich, warnen wollen – wovor? Mehr zu seiner Beruhigung sprach ich die Vermutung aus, daß der Anrufer vielleicht Annette Kolb gewesen sei, die es dann entweder vergessen habe oder, des Wartens müde, weggegangen sei, ohne das Gespräch abzumelden. (Im Brief Th. M.s vom 4. stand, daß die Familie zum Abend Annettes Besuch erwarte.) Wir begleiteten L. bei ihren Einkäufen, verloren sie und fanden sie erst wieder am Autobus.

Als beim Verlassen seiner Wohnung Frau K. sich überlegte, ob sie mitgehn sollte oder nicht, stand sie, in Gedanken versunken, da: eine Säule fleischlicher Anmut, liebenswert, in ihrer Art vollkommen. Sie blieb zu Hause. Sie hatte sich die ganze Zeit sichtlich gelangweilt.

11 *an der Nase herumführen lassen von Bermann:* Gottfried Bermann Fischer hatte Optionen auf die zwei nächsten Bücher von René Schickele verlangt. Schickele löste sich deshalb vom S. Fischer Verlag und wechselte zum deutschen Exilverlag Allert de Lange in Amsterdam. Vgl. hierzu René Schickeles Brief vom 10.10.1933, Anm. 5, und Schickeles Tagebuch-Eintragung vom 14.4.1934.

12 *musste de Lange in Amsterdam meinen nächsten Roman versprechen:* Wegen der Vertragsschwierigkeiten mit dem S. Fischer Verlag erschien René Schickeles nächstes Werk, der Essay ‚Liebe und Ärgernis des D. H. Lawrence‘, im Herbst 1934 im Verlag Allert de Lange in Amsterdam.

13 *Peeperkorn erzählte Meier-Graefe in Rapallo:* Peeperkorn – Gerhart Hauptmann. Julius Meier-Graefe hatte Samuel Fischer in Rapallo besucht, um mit ihm über die Vertragsschwierigkeiten zwischen dem S. Fischer Verlag und René Schickele zu sprechen. Im Tagebuch vom 14.4.1934 schreibt René Schickele dazu:

Heute Ju von Rapallo zurück.
Bei Samy nichts erreicht. Er zählt nicht mehr, er erinnert sich an nichts und verwechselt alles. Mehrmals Telefongespräch mit Berlin. Bermann besteht auf seinem Schein (dem irrtümlich unterschriebenen und sofort von mir revozierten Vertrag über meine zwei nächsten Romane) und will gegen Allert de Lange klagen. Die Zeche hätte ich zu zahlen. Ich sehe keinen Ausweg. Bermann will mich „unbedingt halten". Das kenne ich. Hauptmann erzählte Ju, er habe alle Mühe gehabt, von Bermann 300 M. herauszubekommen. Gerhart Hauptmann – und 300 M.! Das nenne ich eine Krise…

14 *gelegentlichen Zusammenseins mit Ihrem Bruder:* Siehe hierzu René Schickeles Tagebuchnotizen vom 31.3.1934, 3.4.1934, 6.4.1934, 22.4.1934.

15 *Frau K.:* Nelly Kröger (1898–1944), damalige Lebensgefährtin von Heinrich Mann. Seit 1939 mit ihm als seine zweite Ehefrau verheiratet.

16 *unser Freund Marum:* Ludwig Marum (1882–1934), Jurist, Sozialdemokrat, Freund von René Schickele. 1918–1919 badischer Justizminister, 1928–1933 Reichstagsabgeordneter, im Frühjahr 1933 wurde er verhaftet und in das Konzentrationslager Kislau eingeliefert. Am 29.3.1934 wurde er dort in seiner Zelle ermordet. Am 4.4.1934 notiert Schickele im Tagebuch:

Frankfurter Zeitung: „Freitod von Ludwig Marum. Karlsruhe, 1. April. (DNB) Nach Mitteilung des Geheimen Staatspolizeiamtes hat der frühere badische Staatsrat und langjährige Reichstagsabgeordnete Marum, der sich seit Mai 1933 in Schutzhaft befindet, sich in der vergangenen Nacht in seiner Zelle im Konzentrationslager Kislau erhängt. Es besteht die Vermutung, daß Marum in einem Anfall von Schwermut die Tat vollbracht hat, da ihm seine Beurlaubung oder Haftentlassung vorerst nicht in Aussicht gestellt werden konnte."

Wer hat es getan, er oder die andern? In beiden Fällen, darüber kann kein Zweifel sein, ist er zum Selbstmord gezwungen worden.

Woher der Haß gegen diesen kreuzbraven, etwas eitlen und völlig harmlosen Menschen? Sie haßten ihn mehr als seinen Genossen Remmele, der seit November 1918 dauernd Minister war und zwar Minister des Innern, Polizeiminister. Der schadete ihnen nach Kräften, veröffentlichte noch kurz vor ihrer Machtergreifung ein saftiges Pamphlet gegen sie. Ihn aber ließen sie vorigen Monat frei, nachdem er einen Verpflichtungsschein unterschrieben hatte, dessen genauen Wortlaut niemand kennt. In der Presse stand, er habe sich verpflichtet, nichts gegen die Regierung zu unternehmen. Das würde jeder im Konzentrationslager unterschreiben, sie würden alles unterschreiben, um herauszukommen, ganz gleich, ob sie es zu halten gedächten oder nicht. Auch Marum hätte unterschrieben.

Einmal, es ist schon lange her, schleppten sie ihn vor das Radio, um ihn öffentlich zu verspotten. Sie fragten ihn, ob er einen Wunsch habe. Er antwortete, nur den, zu seiner Familie zurückzukehren und, gleich wie, sein Leben zu fristen. Aber sie fanden ihn noch nicht demütig genug und sagten: na, na, er dürfte doch bestimmt ein ganz hübsches Vermögen auf der Seite haben. Die Antwort blieb aus. Plötzlich wurde unterbrochen.

Wahrscheinlich mußte er seine Antworten erst vor ausgeschaltetem Mikrophon sagen und sie dann, wenn sie für passend befunden wurden, für die Hörer wiederholen. Diesmal konnte er, wie ich weiß, nur wahrheitsgemäß antworten, daß er weiter nichts als Schulden habe, und diese Antwort paßte ihnen nicht. In ihrer Presse und ihren Versammlungen stellten sie ihn jahrelang als einen steinreichen Volksbetrüger hin. […]

Abwechselnd denke ich an die beiden Möglichkeiten und versuche mitzufühlen, was in jener Nacht in ihm vorging, bis er sich zu dem Schritt entschloß – und dann wieder an die Minuten, da sie ihn *griffen*.

Als ich den Bericht eines aus dem Dachauer Konzentrationslager geflüchteten Kommunisten las, in dem er schilderte, wie er und sein Kamerad tagtäglich gequält wurden, *damit sie sich aufhängten,* und man ihnen jeden Abend einen Strick hinlegte, bis der Kamerad sich dann tatsächlich erhängte, wollte ich dem Manne nicht glauben. Jetzt glaube ich's. Ich *sehe es* in der Gestalt Ludwig Marums. Er war kein Kommunist. Er war kein Fanatiker. Er hatte eine stille, feste, gar nicht rechthaberische Überzeugung. *Aber er war Jude*. Deshalb durfte er nicht mit Remmele gehn.

Es ist mir auf einmal ganz klar.

Ich bin wie betrunken von Trauer. Schwarzes Blut. Haß. Befreiend. *Glorie* der Gewalttat. Rache. Größte aller Wollüste.

Route de la Lanterne. Ich werde sein Bild nicht los – mit dem Hals in der Schlinge, den langen Beinen… Auf die Beine war der Abkömmling spanischer Juden besonders stolz. Die zwei Goldzähne rechts und links, die eine Brücke hielten…

Vor einem alten Feigenbaum bleibe ich stehn. Ein Laokoon von einem Feigenbaum.

Am Ende eines jeden der verkrümmten Äste spreizt sich ein Blatt wie ein Kinder-
händchen, und daneben sitzt die kleine Frucht.
Auch diesen Baum haben sie in ihren heiligen Büchern.
Die arme Frau.
Sein herzkranker Sohn, der es in der Zeitung liest…
Remmele – wenn er es in der Zeitung liest?
Man kann sich das Ereignis nicht aussuchen, durch das eine Sache zum brennenden
Erlebnis wird.
Die Phantasielosigkeit der Menschen ist schuld, fast an allem, womit sie schlagen und
geschlagen werden – ich sehe es täglich mehr. Wenn selbst bei uns, die wir beruflich
damit zu tun haben, für die sie das unentbehrlichste Werkzeug ist, die Phantasie so
mühsam in Gang kommt, wie erst bei den andern!
Freilich sind wir alle in dieser Beziehung abgebrüht. Seit 1914 – zwanzig Jahre, in
denen Totschlag, Mord und Vernichtung, öffentlich bejubelt und ungesühnt, durch
unser Leben schreiten. Eine große Zeit für kleine und große Briganten. Sie ist noch
lange nicht zu Ende.
„Es hilft nichts. Du mußt." Nämlich: bekennen. Ein kleines Buch. *Alles* darin sagen.

Thomas Mann schreibt am 1.4.1934 in sein Tagebuch:

Quälend und neuen Abscheu erweckend die Nachricht vom Selbstmord des sozial.
Abgeordneten Marum im Konzentrationslager: Die Pol. Polizei teilt mit, daß er sich
„in einem Anfall" von Schwermut erhängt habe, weil man ihm Entlassung oder Beurlaubung nicht habe in Aussicht stellen „können". Elende, idiotische Infamie.

Vgl. Elisabeth Marum-Lunau und Jörg Schadt (Hrsg.), ‚Ludwig Marum. Briefe aus
dem Konzentrationslager Kislau'. Mit einem Lebensbild von Joachim W. Storck,
Karlsruhe: Müller ²1988.

17 *Hans:* Hans Schickele, der zweite Sohn René Schickeles. – Vgl. René Schickeles Eintrag
im Tagebuch vom 4.4.1934:

Genau vor einem Monat besuchte Hans Frau Marum in Karlsruhe. Sie war still und
gefaßt und erzählte, daß es ihrem Mann „den Umständen entsprechend" gut gehe, er
verrichte, nachdem sein Herz anfänglich versagt und er eine Zeitlang im Lazarett
gelegen habe, jetzt leichte Arbeit, sei ruhig, guten Mutes und verstehe es, die Be-
drückten aufzurichten und alle in zuversichtlicher Stimmung zu erhalten.
Sollte er sich in vier Wochen so verändert haben? Nichts lag seinem Temperament
ferner als Schwermut, ich habe niemals auch nur einen Anflug davon bei ihm bemerkt.
Dagegen neigte seine Frau in krankhafter Weise dazu. Er liebte sie und die Kinder über
alles – und er sollte plötzlich nicht mehr haben ertragen wollen, was er seine in dieser
Hinsicht besonders gefährdete Frau so tapfer, ja, wie Hans sagte, mit einem „stillen
Strahlen wie von einem Engel" tragen sah? Denn daß sie „frei" und er im Konzentrationslager war, bedeutete für sie und ihr Leiden kaum einen Unterschied. Sie war
schwächer als er – und wieviel empfindlicher!

18 *Frau Marum:* Johanna Marum geb. Benedick (1886–1964), Frau von Ludwig Marum.
Das Ehepaar lebte in Karlsruhe, wo Ludwig Marum seit 1908 selbständiger Rechtsanwalt war. Gemeinsam hatten sie drei Kinder, Elisabeth, Hans und Eva Brigitte.

Nach dem Tod ihres Mannes emigrierte Johanna Marum noch im April 1934 mit ihrer Tochter Eva Brigitte nach Paris, wo Hans Marum wohnte. Er brachte die Mutter nach Fabron (6.5.1934). Nach einigen Monaten zog sie wieder nach Paris, von wo sie anfangs des Krieges, im September 1939, interniert wurde, zuerst in der Nähe von Paris und schließlich in Gurs. 1940 frei gelassen, lebte sie an verschiedenen Orten Frankreichs, bis ihr im Juli 1941 die Auswanderung nach den USA gelang. Als Hans nach Mexiko auswandern konnte, schloß sie sich ihm und seiner Familie an. 1947 kehrte sie nach Deutschland zurück, und zwar in die damalige Sowjetische Besatzungszone. Dort lebte sie bis zu ihrem Tod. – Im Tagebuch vom 2., 6. und 8.5.1934 berichtet René Schickele über Johanna Marums Ankunft und Aufenthalt in Fabron:

Expreßbrief von Hans Marum aus Paris. Seine Mutter ist bei ihm, in welchem Zustand, läßt sich denken. Er fragt, ob wir sie für einige Zeit aufnehmen könnten. Selbstverständlich. Sofort. (TB 2.5.1934)
Johanna Marum mit ihrem Sohn Hans bei uns eingetroffen. Ich hätte mich nicht gewundert, wenn eine völlig fremde Dame erschienen wäre und sich als Frau Marum zu erkennen gegeben hätte... Sie ist unverändert, nur abgezehrt im Gesicht und ohne eine Spur von weiblicher Gefallsucht selbst üblichster Art. Ihre früher so schönen Haare sind glanzlos. Still war sie von jeher. Aber trotz aller Fassung kommen ihr leicht Tränen. In ihrem Zimmer erzählt sie Lannatsch. Ich kann es heute nicht wiedergeben. (TB 6.5.1934)
Johanna Marum, die sich bei uns erholt, erzählt, daß das bekannte Interview ihres Mannes zu Beginn seiner Haft zuerst auf Wachsplatten aufgenommen und erst nach etlichen Streichungen öffentlich gesendet wurde. Der Interviewer war der Innenminister Pflaumer in eigener Person. Pflaumer war seinerzeit wegen Beleidigung Remmeles vor Gericht gestellt und von Marum in seinem Plädoyer unsanft angefaßt worden. Seine Frau war Bürofräulein beim Rechtsanwalt Dietz, den ich als Linkssozialisten und strengen Marxisten gekannt habe, während Frau Dietz sich Kommunistin nannte. Dietz hat die Verfassung des Freistaates Baden zu Papier gebracht.
Frau Dietz besuchte Johanna ein einzigesmal nach der Verhaftung Marums. Es sollte ein Kondolenzbesuch sein. Begeistert berichtete sie von der Ergriffenheit der Massen anläßlich des ersten „Festes der Arbeit". Dietzens Kollegen und Geschäftsteilhaber in seinem Büro sind erprobte Nationalsozialisten.
[...]
Frau Marum schreit nachts im Traum. Sie weiß es nicht. Als Lannatsch sie gestern fragte, wie sie geschlafen, antwortete sie, sehr gut, zum erstenmal habe sie durchgeschlafen. Für L., die im Zimmer neben dem ihren schläft und durch das Geschrei aufgeschreckt wird, etwas grausig.
[...]
Frau Marum sieht ihren Mann im Traum. Aber er ist „wie abwesend", oft auch körperlich undeutlich, verschwommen. Sie leidet darunter, daß er „nicht lebendiger" ist. Wenn sie sich ihm nähern will, um ihn „besser zu sehn", löst er sich auf.
Offenbar sind ihre Träume alle eine Beschwörung, „wiederzukommen", der gewaltsame Versuch, ein Schattenbild zu beleben. Mütterlichkeit. Sie reicht ihm die Brust, ihr Leben, ihr Blut.
Sie sieht ihn aber sicher auch anders. Dann schreit sie. Davon spricht sie nicht, oder sie hat es beim Aufwachen vergessen. (TB 8.5.1934)

19 *Brief:* Am 6.4.1934 schreibt René Schickele im Tagebuch: „Beileidsbrief an Frau Marum. Trauer und Empörung. Sie sollen ihn öffnen! L. fand das Wort von Marums ‚lieblichem Geist'."

20 *das letzte Geleit gegeben:* Am 6.4.1934 gibt René Schickele in seinem Tagebuch folgende Zeitungsnotiz zum Begräbnis Ludwig Marums wieder:

Die *Neue Zürcher Zeitung* meldet aus Karlsruhe: „Die Einäscherung des ehemaligen badischen Staatsrats und sozialdemokratischen Reichstagsabgeordneten Dr. Marum, der im Konzentrationslager Kislau durch Selbstmord aus dem Leben geschieden war, hat am letzten Dienstag in Karlsruhe stattgefunden. Die badische Regierung hatte beabsichtigt, die Leiche am Karsamstag in aller Stille einäschern zu lassen, doch erhoben die Angehörigen Widerspruch dagegen. Die Karlsruher Blätter brachten eine kurze Todesanzeige der Frau Marum. Der Zeitpunkt der Einäscherung durfte nicht mitgeteilt, sondern lediglich der Dienstag als Bestattungstag angegeben werden. Trotzdem fanden sich über 3000 Personen auf dem Friedhof ein. Viele Frauen trugen Tüten in der Hand, aus denen sie beim Versinken des Sarges Blumen ins Grab warfen. Von Beauftragten der Polizei wurden photographische Aufnahmen des Trauergeleits gemacht."

21 *Fritz v. Unruh:* Vgl. René Schickeles Tagebuch-Eintragungen vom 3. und 5.4.1934:

Fritz von Unruh zufällig in der Stadt getroffen. D.h. Asch traf ihn zufällig, und als sie gerade von mir sprachen, ging Hans vorbei, der ihnen sagte, daß ich im *Café Monnot* säße und die Einkäufe seiner Mutter hütete. Seit 1918 nicht gesehn. Reizende und (wie sich bei den ersten Worten zeigt) tapfere Frau. Sie haben ihre Besitzung in Zoagli (ital. Riviera), wo sie seit sechs Jahren wohnten, vermieten müssen und wollen ein Haus im unteren Èze beziehen. Sie besuchen uns morgen. (TB 3.4.1934)

Nach Tisch Fritz von Unruh und Frau. „Ich war Kadett. Vom 8. bis zum 32. Lebensjahr habe ich die Uniform getragen. Ich kenne mich aus. Das sind die Leute der nationalen Erhebung. Es ist die Revolte gegen den Geist."
Er irrt sich. Zwar, ohne diese Offiziere wäre Hitler nie groß geworden. Sie haben ihn hochgepäppelt. Aber die nationalsozialistische Volksbewegung haben die Unteroffiziere gemacht, die Kleinbürger. Die andern erhielten die Quittung für ihre Bemühungen am letzten Kaisergeburtstag, als die SA die feudale Kaisergeburtstagsfeier im Berliner Zoo sprengte und die ordenbedeckten Herren wie hundsgemeine „staatsfeindliche Elemente" ihre Hiebe bekamen.
Unruhs Freiburger Bruder Friedrich Franz, der bis zuletzt gegen den Nationalsozialismus schrieb, schreibt jetzt für ihn. Fritz schien es nicht zu wissen. Als ich es ihm aber sagte, nahm er es ohne weiteres an.
Er will die Möglichkeit behalten, seine Mutter in Dietz a.d. Lahn zu besuchen, wenn sie ernstlich krank würde. Der Gedanke, sie könnte sterben, ohne daß er sie noch einmal sähe, ist ihm unerträglich. Sie soll ihn auch hier besuchen können. Zu Hause wird sie vorzüglich behandelt. „Gründe, billig wie Brombeeren?" Sie sind wenigstens nicht aus Papier.
Werfel ist in Rapallo, frisch und vergnügt. Hauptmann auch, aber weder frisch noch vergnügt. Er kann nicht mehr arbeiten. Seine Sekretärin erzählt, er drehe sich stun-

denlang gleichsam um sich selbst und beiße in die Finger. Kein Wunder, meint Unruh, bei jedem Wort muß er sich überlegen, ob es nicht anstößt.

Mit dem Haus in Èze scheint es nichts zu werden. Ich sprach von Reinhardt in Le Lavandou, der sein Haus gern abgäbe. U. will nicht so weit von der italien. Grenze weg. Das ist die neueste Nuance. Andrerseits dachte er daran, sich im Elsaß niederzulassen. Er wundert sich, daß ich nicht dort bin. Schlechtes Klima. Die Unruhe der Schelmenzunft.

Als er vor einem Jahr aus der Akademie austrat, wurde er beim *Fascio* im Handumdrehen von einem *dio* der deutschen Dichtung zum internationalistischen Schubiak. „Und jetzt?" Jetzt geht es wieder. Sie haben sich daran gewöhnt. (TB 5.4.1934)

22 *„Schubert"-Film:* Im Tagebuch vom 3.4.1934 notiert René Schickele: „Unruh erzählte mit kindlicher Ergriffenheit von einem Schubert-Film, den er hier sah. Von diesem Deutschland kann er nicht los."

23 *Briefes an die Wiener „Arbeiterzeitung":* Thomas Mann, ‚Thomas Mann erwidert' (Brief aus Zürich, 25.10.1933), in: Arbeiter-Zeitung, Wien, 28.10.1933. Siehe Thomas Manns Brief vom 17.10.1933, Anm. 6.

24 *Holland-Nummer der „Sammlung":* Das Heft 8 der ‚Sammlung' vom April 1934 enthielt folgende Beiträge holländischer Autoren:

- Menno ter Braak, ‚Geist und Freiheit'
- E. du Perron, ‚Holländische Literatur'
- Stephen Spender, ‚Van der Lubbe'
- A. den Doolaard, ‚Ogaru der Räuber'
- Sjoerd Broersma, ‚London'
- Constant van Wessem, ‚Zeitgenössische Holländische Musik'
- Henrik Scholte, ‚Bühne in Holland'
- Jan H. de Groot, ‚Diktators Liebe'
- Halbo C. Kool, ‚Zusammenspiel'
- A. A., ‚Unabhängiges Österreich'

25 *„Diktators Liebe":* Jan H. de Groot, ‚Diktators Liebe', in: Die Sammlung, Amsterdam, April 1934, Jg. 1, H. 8, S. 430:

(Sie hätte seine Einsamkeit viel lichter
Machen können). Er war Potentat,
Wie böser Traum lag auf dem Volk sein blutiges Diktat.
Nur sie, mit schwerem Mund, sie reichte dichter

Zu ihm, Mutter und Frau; doch sein Gesicht
Blieb unerreichbar ihr. Als er sie küsste,
Ward es das alte Spiel der Lüste;
Nahm sie, wie man den Arm um Huren flicht.

Der Mächtige. Den nackten grauenhaften Leib
Sah sie, verzückt, auf ihre Brüste gleiten:
Glaubt ihn nun zu besitzen. „Es ist spät",

Spricht er und beugt sich eilig auf das Weib.
Sie nickt – und wenn sich ihre Schenkel spreiten,
Entflieht sie ihm mit abgewandtem Antlitz, drin kein Stern mehr steht.

26 *Goebbels:* Am 22.4.1934 notiert René Schickele im Tagebuch:

Das Ausland wollte den deutschen Journalisten zu Hilfe kommen, indem es eine
Diskussion über die Freiheit und Wahrhaftigkeit der deutschen Presse in Gang brachte. Daraufhin läßt Goebbels seine Leute antreten und hält eine Rede. Die „Gleichge-
schalteten" (die von der internationalen Diskussion vielleicht etwas für sich erhofften)
verhöhnt er. Da er für das Ausland spricht und keinen Widerspruch seiner Zuhörer zu
fürchten braucht, behauptet er kühn, er könne die deutsche Presse nicht mutiger
machen als sie ist.
„Hier ist ein Gipfel", dichtete früher einmal Alfred Mombert – ein Gipfel von risi-
koloser Unverfrorenheit. In der Tat erwies sich das Standesgefühl der angeblich
befreiten und in ihrem beruflichen Selbstgefühl gehobenen Presse als so stark, daß sie
ihrem obersten Büttel begeistert Beifall spendete. Beim bedauernswerten Dr. R. Kircher, der in der *Frankfurter Zeitung* darüber berichtet, spürt man wenigstens Bauchweh. Markiert er doch (auch als Chefredakteur der *Frankfurter Zeitung*) für das
Ausland den einst „führenden Demokraten", der sich, halb zieht es ihn, halb sinkt er
hin, gleichsam überwältigt in die Gedankenwelt des Dritten Reiches einfühlt, ohne
immer ganz verbergen zu können, wie schwierig und undankbar die Aufgabe ist.
Abwechselnd ein Sisyphus und ein Tantalus, ächzt und seufzt er gelegentlich deutlich
vernehmbar in seinen Artikeln. Schon das ärgert sie. Hat man je gehört, daß es Re-
kruten erlaubt sei, zu seufzen und zu stöhnen? Kerls, Zähne zusammen!
Gewiß hat auch früher keine absolute Freiheit der Presse bestanden. Eine solche hat es
nie gegeben, so wenig wie eine vollkommene Freiheit in den Handlungen. Aber es
arbeiteten soviel Interessen gegeneinander, daß der einzelne Journalist *wählen* konnte.
Außerdem blieb ein breiter Raum für die ungebundene Meinungsäußerung. Im Buch
stieß man höchstens an das Strafgesetzbuch. Und das war, zumal in der Praxis der
letzten Jahre, äußerst vernünftig. Sie lügen bewußt, wenn sie sagen, die eine Unfreiheit
sei die andere wert. Die eine angebliche Unfreiheit hat sie ja großwerden lassen!

27 *„Kutzbe":* Gewöhnlich „Chuzpe", jiddisch für Unverfrorenheit, Unverschämtheit.

28 *Diebold:* Bernhard Diebold, ‚Der zweite Joseph-Roman von Thomas Mann‘, in:
Frankfurter Zeitung, Frankfurt a.M., 25.3.1934, Jg. 67, Nr. 12:

[...]
Im „Jungen Joseph" ist in der gleichen Stil- und Stimmungslage sofort eine *Menschen-
handlung* aus der magischen Verwirrung herauskristallisiert. Zerfloß im ersten Teil die
Geschichte in Episoden, so fließt sie hier trotz aller mannigfaltigen Windungen in *einer*
Stromlinie. Verwirrten sich dort die Seelen allzu oft in einer mythisch unzurechnungs-
fähigen Psychologie (und unter dem Gesetz der „Imitation" von früheren Vor-
Bildern), so herrscht hier wesentlich ein großartig primitives Menschentum, das sich in
jeder Angelegenheit mit seinem Gewissen herumschlägt – wie Ich und Du. Die Ur-
Zustände treffen unser eigenes Ur-Ich. Mögen die Handlungen auch urmenschlich
brutal, erdfarben grausam und böse sein, so beruhen sie nicht mehr zuerst auf einer

mythisch-historischen Moral, sondern sie stehen vor dem Gebot der „Moral des Herzens". Jeder der Brüder muß sich auf seine Weise mit dem Verbrechen am Sohne Rahels abfinden. Jeder muß sich fürchten vor Vater Jaakobs Fluch und Schmerz um den Liebling, den sie in den Brunnen geworfen und ihm gestohlen haben. Es geht hier nicht um die Sophistik eines Segen-Diebstahls, sondern um ein „Ding" – um eine ernste innerliche symbolbedeutende Menschenangelegenheit. Wir sind unter uns Sündern. Das Ich erkennt das Du. Dieser zweite Romanteil ist ein Monumentalwerk tiefster Seelenergründung. Eine staunenswerte Ausdeutung einer der schönsten Fabeln der Welt, die uns die Bibel bot.

[...]

Denn die Symbolik dieses Buches ist groß: es geht um die Vergöttlichung des Menschen als „Erdenkloß". Im ersten Teil ist alles – viel zu weitschichtig und verwirrend – angebahnt. Hier im zweiten Roman gelingt der entscheidende Schritt der Seele aus dem verstaubten Mantel des Mythus-Standbildes heraus in die Menschenluft. Die ‚Spannung' kommt nicht aus einem pseudodramatischen Handlungsgefüge; sondern sie treibt uns „episch" von Stufe zu Stufe der Vermenschlichung – dieser Ur-Kinder der biblischen Weltanschauung. Die Anteilnahme an Joseph und seinen Brüdern wird zur Herzenssache, und so wünschen wir mit Ungeduld den dritten Band herbei mit der Spannungsfrage: Wie wird es in Aegypten?

29 *Chefredakteur Kircher in der „Frf. Zeit.":* Rudolf Kircher, ‚Dr. Goebbels vor den Journalisten', in: Frankfurter Zeitung, Frankfurt a. M., 20.4.1934:

Dr. Goebbels vor den Journalisten.

RK Berlin, 19. April

Eigentlich war es umgekehrt: Herr Dr. Goebbels erschien heute abend nicht vor einer großen Versammlung von Mitgliedern des Reichsverbandes der deutschen Presse, sondern diese Hunderte von Journalisten saßen auf den Bänken des alten Preußischen Landtags gleichsam vor ihm wie die Oberprima vor dem Direktor, der die Zensuren austeilt. Um es gleich zu sagen: keiner hat bestanden. Man hörte diesen oder jenen lachen, wenn er glaubte, der spitze Tadel oder die bittere Ironie gelte nicht ihm, sondern einem andern. Das Lachen, das vergnügte Schmunzeln war leicht verzeihlich, denn der Minister für Propaganda hielt eine lange Rede, die gespickt war mit köstlichen Formulierungen. Uns selbst wurde rasch klar, wie falsch es war, gestern erst einen Aufsatz mit der Bemerkung zu schließen, daß wir die Diskussion des Themas „*Presse*" für beendet hielten. Im Grunde müßte sie jetzt erst anfangen, denn der Minister ist mächtig ins Zeug gegangen, aber er tat es in einer Art, wie wenn er bereit wäre, mit jedem einzelnen von uns ein langes Gespräch zu führen.

Unsere damalige Frage: Sind wir (d. h. die deutschen Journalisten) langweilig? würde der Minister zweifellos stürmisch bejahen. Er gab in fast zwei Stunden, von 8 Uhr bis 9.50 Uhr abends, eine Lektion, wie der Journalist vermeiden kann, langweilig zu sein. Er hatte – offenbar ganz spontan – vortreffliche Einfälle. Die Pressefrage ist für ihn eine *Personenfrage*. Das Unglück sieht er darin, daß die deutsche Presse im großen ganzen von den *gleichen Menschen* geschrieben wird, die ihr papiernes Unwesen schon vor dem nationalsozialistischen Umsturz trieben. Nun wollen oder sollen sie auf einmal *andere* Menschen sein, – mit anderen Zielen, anderen Ideen, ja mit einer anderen Sprache. Wie soll das gut gehen? Allzuviele müssen sich den Stil des Dritten Reiches geradezu „anquälen". Sie fühlen sich sehr unsicher in ihrer neuen Rolle. Und dann die Angst, meint Dr. Goebbels! „Ich kann die Presse doch nicht mutiger machen als sie ist." Habt doch endlich Mut, – ruft er uns zu. Habt Mut und tut etwas.

Wir wollen dem Wortlaut der Rede nicht vorwegzugreifen. Sie wird morgen erst veröffentlicht. Sie sollte allen Ausländern, die sich für das neue Deutschland interessieren, ebenso zu denken geben wie allen Deutschen, seien sie Journalisten oder nicht. Jedes einzelne Wort verdient dreifach unterstrichen zu werden, daß zum Nachweis bestimmt ist, daß über das *Maß der Freiheit* der Presse lediglich der nationale Instinkt des Journalisten entscheiden kann, – daß es ebensowenig eine schrankenlose Freiheit geben kann und darf wie einen Polizeistaat, – daß man die Gegenwart nicht an den Bräuchen der Vergangenheit messen darf, – daß die Presse eine Zukunft vor sich hat, für die erst die Menschen geboren werden müssen. Doch dies alles kann uns nicht über die Tatsache hinwegtäuschen, daß man über Wert oder Unwert der Presse und der sie schreibenden Journalisten erst dann *endgültig* urteilen kann, wenn man ihnen das Gesamtfeld und damit die Entscheidung überläßt, wie sie sich darin bewegen wollen. Dagegen wäre es unbillig, über ihr Werk den Stab zu brechen, solange es Gebiete gibt, wichtige Gebiete, die ihnen verschlossen sind. Dr. Goebbels sieht einen Teil des Uebels in der inneren Unsicherheit der Journalisten. Diese Unsicherheit hat in manchem Fall mancherlei Gründe; sie wird dann besonders groß sein, wenn der Staat Schranken errichtet, anstatt die Abgrenzung zur Pflicht jedes einzelnen zu machen.

Dr. Goebbels weiß einen *Charakter* zu schätzen. „Charaktervolle Reserve" ist ihm sehr viel lieber als die übliche Nachlauferei. Die Rede bringt dafür vortreffliche Beispiele, aber gibt es ein besseres Mittel, den Charakter zu erproben und ihn zu stählen, als wenn man ihm erlaubt, sich einen Weg durchs Leben selbst zu suchen? Es wäre für uns Journalisten wohl das Bequemste gewesen, wenn die Regierung von Anfang an erklärt hätte: In solch schwieriger Zeit kann es keine Kritik geben. Statt dessen erging die Aufforderung (und sie erging heute erneut), geniert euch nicht, *kritisiert*, – doch an der richtigen Stelle! Fast ist das ein wenig grausam. Doch verließ der Minister das Rednerpult unter stürmischem Beifall.

30 „*Bosca*": René Schickele, ‚Die Witwe Bosca', Roman, Berlin: S. Fischer 1933. Der Roman war im Dezember 1933 erschienen.

67   13.5.1934   René Schickele an Thomas Mann, hs. Br.

1 *Ihrem Buch:* Thomas Mann, ‚Der junge Joseph', Berlin: S. Fischer 1934. Der zweite Band des ‚Joseph'-Romans war im März 1934 erschienen.

2 *Erklärung von Abrahams Gott:* ‚Wie Abraham Gott entdeckte', das zweite Kapitel des zweiten Hauptstückes von ‚Der junge Joseph' (IV, 425–435, bes. 430).

3 *Die beiden Träume Josephs:* ‚Der Himmelstraum', das zweite Kapitel des dritten Hauptstückes (IV, 459–469), und ‚Die Garben', das vierte Kapitel des vierten Hauptstückes (IV, 501–511).

4 „*Du hörst es, Knabe*": Thomas Mann, ‚Der junge Joseph', das vierte Kapitel des vierten Hauptstückes, ‚Die Garben' (IV, 510).

5 „*Bunte Kleid*": Thomas Mann, ‚Der junge Joseph', das erste Kapitel des vierten Hauptstückes (IV, 470–483).

6 „*Längeres Stillschweigen*": Thomas Mann, ‚Der junge Joseph', das vierte Kapitel des vierten Hauptstückes, ‚Die Garben' (IV, 508).

7 „*um auch für seine aparte Person vom rosigen Morgen bis an den Abend*"…: Thomas

278

Mann, ‚Der junge Joseph‘, das vierte Kapitel des vierten Hauptstückes, ‚Die Garben‘ (IV, 503).

8 „[...] *Huld vergossen habe der Ewige“*: Thomas Mann, ‚Der junge Joseph‘, das erste 68 Kapitel des ersten Hauptstückes, ‚Von der Schönheit‘ (IV, 395).

9 „*Man muss den Rubens verstehn. Er war nicht der Mann...“:* Thomas Mann, ‚Der junge Joseph‘, das dritte Kapitel des vierten Hauptstückes, ‚Von Rubens Erschrecken‘ (IV, 500f.).

10 *der Kapitelschluss auf S. 318:* Thomas Mann, ‚Der junge Joseph‘, das erste Kapitel des siebenten Hauptstückes, ‚Jaakob trägt Leid um Joseph‘ (IV, 647).

16.5.1934 Thomas Mann an René Schickele, hs. Br.

1 *Henri IV:* Heinrich Mann, ‚Die Jugend des Königs Henri Quatre‘, Amsterdam: Que- 69 rido 1935. – Heinrich Mann hat diesen Roman Ende 1931 während eines Aufenthaltes in Südfrankreich vorbereitet, spätestens im Dezember 1932 in Berlin angefangen und am 8.6.1935 in Nizza beendet. – Über den ‚Henri Quatre‘ notiert Thomas Mann im Tagebuch:

Beendete abends Heinrichs Henri IV., ein seltenes Buch, alles weit überragend was heute in Deutschland hervorgebracht wird, großer Reichtum und Beweglichkeit der künstlerischen Mittel, das Geschichtsgefühl gehoben und vertieft durchs Gegenwär- tige und oft allzu sehr darauf zugespitzt, stark und ermutigend in der schneidenden geistig-moralischen Verachtung menschlicher Verirrung und Dummheit, ergreifende dichterische Momente wie der Tod und die Amme und die letzte Schlacht. Großer Gesamteindruck: ein Werk, das den Emigranten-Verlag und die ganze Emigration ehrt und nach der Wendung der Dinge in Deutschland zu hohen Ehren aufsteigen wird. (TB 25.9.1935)

2 *Amerika:* Vom 18. Mai bis 19. Juni 1934 reiste Thomas Mann erstmals in die Verei- nigten Staaten, auf Einladung des Verlegers Alfred A. Knopf. 19. bis 29. Mai: Überfahrt auf dem R.M.S. ‚Volendam‘ der Holland-Amerika-Linie. (Auf dieser Reise wurde Thomas Mann zum Aufsatz ‚Meerfahrt mit Don Quijote‘ angeregt, den er vom 31.8.–11.10.1934 anhand von Tagebuch-Eintragungen schrieb.) – 30. Mai: Empfang beim New Yorker PEN-Club. 1. Juni: Vortrag ‚Goethes Laufbahn als Schriftsteller‘ an der Yale University. 6. Juni: Teilnahme am Testimonial-Dinner im Plaza-Hotel, New York. 9.–19. Juni: Rückfahrt auf dem R.M.S. ‚Rotterdam‘. Zu diesem Aufenthalt in Amerika notiert Thomas Mann zusammenfassend im Tagebuch:

Aufzeichnungen zu machen, war völlig unmöglich. Ich schrieb seit der Abfahrt ein paar Briefe, an die Herz und Reisiger, worin ich in großen Zügen von den 10 Tagen und ihren Eindrücken berichtete, unseren schönen Zimmern im 24. Stock des Savoy Plaza, den Blumen-Schachteln und Briefen, den Club-Feiern (P.E.N., Authors, Dutch-Treat mit dem Pianisten Petri), dem Wochenende bei Knopfs (Warburgs, Pforzheimischer Park), der Naval-Parade, dem großen Bankett im Plaza am 6ten in Gegenwart des Mayors, mit den 59 Lichtern auf dem Kuchen, die ich ausblies, den Reden, der zu- friedenen, beifällig-festlichen Stimmung der 250, der Broadcast-Rede. (TB 12.6.1934)

3 *Zeitpunkt:* Thomas Mann reiste im Herbst nicht nach Südfrankreich, sondern nach Lugano, wo er sich vom 3.–15.10.1934 in der Villa Castagnola aufhielt.

25.6.1934 René Schickele an Thomas Mann, hs. Br.

1 *am 6.:* Thomas Manns 59. Geburtstag am 6.6.1934.

70 2 *aus Amerika:* Vom 29.5.–8.6.1934 weilte Thomas Mann zum ersten Mal in den Vereinigten Staaten, und zwar auf Einladung des Verlegers Alfred A. Knopf aus Anlaß der amerikanischen Ausgabe der ‚Geschichten Jaakobs' in der Übersetzung von Helen T. Lowe-Porter.

3 *Ihrem letzten Brief:* Thomas Manns Brief vom 16.5.1934.

4 *„Jungen Joseph":* Thomas Mann, ‚Der junge Joseph', der zweite Band des ‚Joseph'-Romans, Berlin: S. Fischer 1934.

5 *Joseph im Brunnen:* Thomas Mann, ‚Der junge Joseph', das sechste und siebente Kapitel des fünften Hauptstückes, ‚Joseph schreit aus der Grube' und ‚In der Höhle' (IV, 566–585).

6 *Trauer Jaakobs:* Thomas Mann, ‚Der junge Joseph', das erste, zweite und dritte Kapitel des siebenten Hauptstückes, ‚Jaakob trägt Leid um Joseph', ‚Die Versuchungen Jaakobs' und ‚Die Gewöhnung' (IV, 630–662).

7 *„Mann auf dem Feld":* Thomas Mann, ‚Der junge Joseph', das dritte Kapitel des fünften Hauptstückes, ‚Der Mann auf dem Felde' (IV, 535–547).

71 3.7.1934 Thomas Mann an René Schickele, hs. Br.

1 *Mord- und Pest-Atem:* Mit der Behauptung, einem angeblichen ‚Putsch' zuvorzukommen, wurde am 30.6.1934 auf Hitlers Anweisung Ernst Röhm, Stabschef der SA, zusammen mit 84 weiteren SA-Männern von der SS erschossen (offizielle Zahl: 77). In einem Gesetz vom 3.7.1934 wurden diese ‚Maßnahmen' für ‚rechtens' erklärt. Im Zusammenhang mit dieser Mordaktion gegen die SA-Führung wurden auch andere politisch mißliebige Personen ermordet (Gregor Strasser, die Generäle Kurt von Schleicher und Ferdinand E. von Bredow, der ehemalige bayerische Staatskommissar Gustav Ritter von Kahr, der Führer der Katholiken in Berlin Erich Klausener, zwei der engsten Mitarbeiter von Papens, Herbert von Bose und Edgar Jung). Hitler zeigte damit seine Entschlossenheit, seine Herrschaft mit Gewalt auszuweiten. Mit der Beseitigung der bisherigen SA-Führung hatte er in der Partei keine Rivalen mehr. Unter ihrem neuen Chef, Viktor Lutze, war die SA ohne politische Bedeutung. Die von Himmler geführte SS wurde als selbständige Organisation aus der SA herausgelöst und begann mit dem Aufbau ihrer Sonderstellung. – Thomas Manns Tagebuch-Eintragungen widerspiegeln seine Empörung über die Berliner Greuel:

Unglückseliges, thorheitsvolles Land, das sich diesen schändlichen Mist, diesen Sumpf von Lüge, Roheit und Verbrechen hat aufreden lassen und noch lange nicht Frieden finden wird. [...]. Möge die Flut bald diese ganze Lügen- und Dummheitsgeburt von „nationaler Erhebung" verschlingen mitsamt den menschheitswidrigen Gestalten, die sich ihre Helden nannten! (TB 30.6.1934)
Es handelt sich um eine „staatsmännische" Scheusäligkeit im Stil dieser verdorbenen Hirne, ein Präventiv-Blutbad rechts und links, wobei das rechte das politische Alibi für das linke ergibt und umgekehrt, und das als große moralische Reinigungstat aufge-

macht wird für Wiederherstellung der schon völlig zerrütteten Stimmung. Es ist möglich und scheint so, daß die Kleinbürgermassen wieder auf die mit dreckiger Seelenkunde auf sie zugeschnittene Moralität hineinfallen und in Hitler aufs neue den Retter sehen. (TB 4.7.1934)

[...] sie verstehen unter Politik vollkommenen Cynismus gegenüber dem Ideellen. Das sozialistische Programm des ,National-Sozialismus' haben sie hingeworfen. Sie sind in Blut gewatet, um sich oben zu halten, auf den auf ihren Lügen und Verbrechen errichteten Stühlen. Die Rechts-Morde sind ihnen erlaubt worden, wenn sie vor allem dem S. A.-Bolschewismus ein Ende machten. Heißt das für eine Idee stehen, heißt es geschichtliches Heldentum? Es ist Gaunertum, nichts weiter. (TB 11.7.1934)

Das „Volkhafte", das sich ins niedrig Massenordinäre verwandelt. Die Verhunzung, die den Grundzug von allem bildet. Auch die Verhunzung der „Anständigkeit". Die Alleinherrschaft der Propaganda-Lüge, ohne die leiseste Möglichkeit eines Widerspruchs. Sie korrumpiert die Gehirne bis zum Grad einer höllischen und krankhaften Schamlosigkeit. Goebbels, der erklärt, die Regierung habe das Volk über die Ereignisse des 30. Juni mit beispielloser Offenheit und Redlichkeit aufgeklärt. – Die Anständigkeits-, Schlichtheits-, Tugend-Propaganda für die kleinen Leute. (TB 12.7.1934)

René Schickele notiert im Tagebuch vom 5.7.1934 zum Röhm-Putsch:

Sonntag erfuhren wir die Ermordung einesteils der hervorragendsten SA-Führer, andernteils der gefährlichsten „Reaktionäre" auf Befehl des Führers. Erst hatte es den Anschein, als habe der eigens zur Abhaltung des Strafgerichts nach München geflogene Hitler seinen obersten Stabschef Röhm eigenhändig umgebracht. Dann hieß es, Röhm sei, wie die anderen Häuptlinge auch, von SS-Leuten erschossen worden. General Schleicher und seine Frau wurden in ihrem Haus ermordet. Alle Leichen wurden eingeäschert. Vom Führer der *Katholischen Aktion*, dem früheren Ministerialrat Klausener, behauptete man erst, er habe sich erschossen – was den Vatikan sehr empörte, und was übrigens auch niemand glaubte. Jetzt wird er amtlich unter den Erschossenen genannt. Eine ausführliche amtliche Schlußliste soll folgen. Deutsch und in vier fremden Sprachen erzählte Goebbels im Rundfunk vom prasserischen und widernatürlichen Treiben der gestern noch allmächtigen und hochverehrten SA-Führer. Seine Ausdrücke bleiben weit hinter den heftigsten Seiten von Heinrich Manns *Haß* zurück. Den Polizeipräsidenten von Breslau und SA-Führer Heines hatte der Führer überrascht, wie er neben Röhms Schlafzimmer mit einem homosexuellen Jungen im Bett gelegen habe usw. Der ganzen Welt stieg die Schamröte ins Gesicht – ob auch dem deutschen Volk, werden wir später erfahren. Die Schweizer Presse ersetzte die ausgesprochen „pornographischen" Sätze der *amtlichen* deutschen Auslassung durch Gedankenpunkte. Der nächste Kabinettsrat beschloß ein Gesetz, das aus einem einzigen Paragraphen besteht: „Die zur Niederwerfung hoch- und landesverräterischer Angriffe am 30. Juni und am 1. und 2. Juli 1934 vollzogenen Maßnahmen sind als Staatsnotwehr rechtens." Durch die *nachträgliche* Legalisierung wird zugegeben, daß es sich um Morde handelt. Haben sich die drei, Hitler, Göring und Goebbels, damit ihre eigene Todesart verordnet? Nachdem H. sich unter den Schutz der Reichswehr gestellt hat (die überall gegen die SA offiziell in Bereitschaft stand), wird er vermutlich ihr Gefangener bleiben. Er braucht sie, vorläufig für den Fall von Hindenburgs Tod, und die Reichswehr braucht ihn. Neues Kapitel der deutschen Geschichte: „Von der SA zur Reichswehr".

Glücklicherweise befindet sich Brüning im Ausland. Sonst wäre er an Stelle Klauseners ermordet worden.

General von Schleicher glaubte an seinen Stern! Aber das gibt es nicht unter Banditen. Die wissen zu gut, wie man einem Stern für immer das Licht ausbläst.

Offenbar gingen „in Verfolg" der Strafexpedition des Führers überall in Deutschland die „rächerischen" Revolver von selbst los. Das wurde gewissen einflußreichen Leuten zu bunt. Sie protestierten. Die Regierung mußte am 2. Juli verkünden: „Die Säuberungsaktion fand gestern abend ihren Abschluß. Weitere Aktionen in dieser Richtung finden nicht mehr statt."

Die Revolver gehorchten aber anscheinend nicht. Am 3. Juli ordnete der Reichskanzler an: „Die Maßnahmen zur Niederschlagung der Röhmrevolte sind am 1. Juli 1934 nachts abgeschlossen worden. Wer sich auf eigene Faust, gleich aus welcher Absicht, im Verfolg dieser Aktion eine Gewalttat zuschulden kommen läßt, wird der normalen Justiz zur Verurteilung übergeben."

Die *Germania* bringt die Todesanzeige Klauseners. Darin heißt es, er sei seiner Familie plötzlich entrissen worden... Knigge, Umgang mit Henkern.

Nicht nur die Welt, Napoleon selbst empfand die Erschießung des Herzogs v. Enghien als Schandfleck auf seinem Ruhm. Noch in St. Helena verteidigte er sich leidenschaftlich gegen den Vorwurf, einen Justizmord begangen zu haben. (Las Cases, *Mémorial de Sainte-Hélène*, IV.) Immerhin war der Herzog von einem Kriegsgericht nach regelrechter, protokollierter Verhandlung zum Tode verurteilt worden. Er stand nicht auf „Du und Du" mit Napoleon wie Röhm mit Hitler. Er hatte ihm nicht geholfen, seine Siege zu erringen. Ohne Röhm wäre Hitler nie an die Macht gekommen. Wenn er und seinesgleichen Gesindel waren (und das waren sie), so ist H. durch Gesindel an die Macht gekommen – und gibt es nun öffentlich zu.

Bei Marcu das kürzlich erschienene Buch von Goebbels mitgenommen. *Vom Kaiserhof zur Reichskanzlei*. Im Vorwort lese ich die prophetischen Worte: „Glaube niemand, daß unter denen, die um Hitler stehn, jemals Zank und Zwietracht Platz gefunden hätten *oder in Zukunft einmal finden könnten.*"

Von Goebbels las ich gelegentlich polemische Aufsätze, die, wie man sagt, „Schmiß" hatten. Ordinär, aber witzig, scheinbar echt. Es war nur Berliner Mimikry und Routine. Im Tagebuch, dem Ursprünglichsten, was es geben sollte, fehlt jede Ursprünglichkeit, jeder Schwung und aller Witz. Er verschweigt soviel, daß er farblos und langweilig wird. Alle paar Zeilen streckt die Lüge das Spitzohr hervor. Zeitungsdeutsch und professionell geläufige Verdrehungen in einem Tagebuch – wie gräßlich! Auf jeder Seite wird der Führer angehimmelt. Die Lobeserhebungen klingen womöglich noch unglaubwürdiger als alles andere. Ja, nirgends scheppert der „falsche Ton" so hörbar als gerade hier. Und es riecht schlecht. Fast in jeder Eintragung meldet sich so ein Byzantinismus, wird abgeschüttelt wie ein Furz. Merkwürdig.

Das einzig Echte: durch das Buch zieht sich wie ein roter Faden der Haß auf Gregor Strasser – der ja nun auch am gleichen Tage umgebracht wurde wie Röhm. Von Röhm spricht Goebbels mit Bewunderung.

2 der „*Mann auf dem Felde*": Thomas Mann, ‚Der junge Joseph', das dritte Kapitel des fünften Hauptstückes, ‚Der Mann auf dem Felde' (IV, 535–547).

72　3 „*Testimonial Dinner*" im Plaza-Hotel: Der Verleger Alfred A. Knopf veranstaltete anläßlich der amerikanischen Ausgabe der ‚Geschichten Jaakobs' und des 59. Geburtstags Thomas Manns im Plaza Hotel in New York ein großes Festbankett, zu dem 300

Gäste geladen wurden, darunter Präsident Nicholas Murray Butler, Willa Cather, Henry Goddard Leach, Sinclair Lewis, Dorothy Thompson, Dr. Henry Seidel Canby.

4 *Meyer-Graefe:* Julius Meier-Graefe besuchte Thomas Mann am 2. Juli 1934 in Küsnacht. Im Tagebuch schreibt Thomas Mann zu diesem Besuch:

Heimkehr zum Abendessen. Für 9 Uhr hatte *Meyer-Graefe,* auf der Durchreise, sich angemeldet. Man saß im Freien und trank Thee. Er war schnodderig und komisch dramatisch wie gewohnt. Seine Berichte über Hauptmann – trostlos. Auch er rät entschieden von der Wiedergabe der Festrede in diesem Augenblick ab. – Man hielt sich noch in meinem Zimmer auf. Ich brachte M.-G. nach 11 1/2 zum Omnibus. (TB 2.7.1934)

Am 10.7.1934 schreibt René Schickele an Julius Meier-Graefe:

Nice-Fabron, 10.7.34.

Lieber Ju,

Freitag kann ich nicht kommen. Ich habe wunde Füße – die müssen erst ausheilen. Dabei bin ich *so* gespannt, von deiner Reise zu hören. Th. Mann schrieb, er hätte einen netten Abend mit dir verbracht, du seist so amüsant und dramatisch gewesen wie immer – einen richtigen ,Sanary-Abend'. Ich sah dich leibhaftig vor mir, als ich das las.

Wollt ihr nicht nächsten Sonntag kommen? Ich würde dann vermutlich mit zurückfahren können.

Unsere Unterhaltung damals nachts mit Asch hatte immerhin zur Folge, daß ihm darüber ein neuer Romanstoff einfiel. Der Ewige Jude – von Paulus bis Trotzki. Ich meinerseits habe die Gelegenheit wahrgenommen, mich zur Judenfrage zu äußern – *einmal und nie wieder.* Nur 2 Seiten, aber ich hoffe, sie sind ,erschöpfend'. Der Essay enthält auch sonst allerhand, was nur mittelbar mit Lawrence zu tun hat.

Reifenberg schrieb sehr entrüstet über das Interview Roths in den *Nouvelles Littéraires.* „Gestern noch ein Held gewesen, ist man heute schon ein Schurke", schrieb Heine.

Landauer wünschte Material über mich für seinen Verlagskatalog. Dabei kam mir eine alte Kritik Marcuses unter die Augen – bitte, gib sie mir zurück. (Wird dich amüsieren.) Dabei stellte ich etwas Merkwürdiges fest: all das Zeug nützt nichts, weil die Leute nicht erlauben werden, daß sie im Katalog von de Lange nachgedruckt werden... Und nach dem Essay werde ich in Deutschland auch nicht mehr gedruckt werden. *Ich sitze drin.*

Sonst geht es mir aber ganz gut.

Nur etwas blöde von der Hitze, die heute außerordentlich ist.

Kommt ihr Sonntag?

Es wäre mir lieb, wenn du den Essay läsest, bevor er in Druck geht. Mit Bermann ist es dann aus, er wird kein Verlangen mehr nach mir haben, obwohl eigentlich kein polemisches Wort darin steht. Inzwischen sammelt er feurige Kohlen auf mein Haupt. (Letzte *Neue Rundschau*).

Gott, bin ich blöde!!

Gottogott!!

Dein Amerika-Aufsatz. Ausgezeichnet! Wer macht so was außer dir? Hast du Korrodi gesehn?

Um die Busch zu besänftigen und womöglich zu rühren, zeigte ich ihr eine Photographie von mir im Alter von 8 Jahren. Ich erreichte aber (wenigstens was mich betrifft) nur das Gegenteil. Gerade so gut hätte ich ihr eine Photographie ihrer Mutter im Alter von 80 Jahren zeigen können. Du hast schon recht: sie ist ein Racker!

Dein R.

5 *Peter Suhrkamp* (1891–1959): Ursprünglich Lehrer, war später Redakteur im Ullstein-Zeitschriften-Verlag, Berlin, und wurde Ende 1932 als Nachfolger von Rudolf Kayser zum Redakteur der Monatsschrift ‚Die neue Rundschau‘ im S. Fischer Verlag bestellt. Er hatte in den folgenden Jahren im Verlag eine leitende Stelle inne und übernahm 1936 nach der Auswanderung Gottfried Bermann Fischers den in Deutschland verbliebenen Teil des Verlags. 1950 gründete er den Suhrkamp Verlag.

6 *die alten Eltern meiner Frau:* Die Eltern von Katia Mann, Geheimrat Professor Dr. Alfred Pringsheim (1850–1941) und seine Gattin Hedwig, geborene Dohm (1855–1942), die in München in ihrem Haus Arcisstraße 12 lebten. – Sie hielten sich vom 21. Juni bis 5. Juli 1934 in Küsnacht auf.

73   25./27.7.1934   Katia Mann an René Schickele, mit hs. Zusatz Thomas Manns vom 27.7.1934 (hs. Br., fragm., mit aufgedrucktem Briefkopf)

1 *damit:* Ermordung des österreichischen Bundeskanzlers Engelbert Dollfuß am 25.7.1934.

74   10.8.1934   Thomas Mann an René Schickele, hs. Br.

1 *den 4ten August:* René Schickeles Geburtstag. Schickele wurde am 4. August 1883 in Oberehnheim im Elsaß geboren.

2 *Tod Hindenburgs:* Hindenburg (1847–1934) war am 2.8.1934 auf seinem Gut Neudeck in Westpreußen gestorben. Hitler trat die Nachfolge des Reichspräsidenten an und vereinigte als Reichskanzler und -präsident die Ämter des Partei-, Regierungs- und Staatschefs. Thomas Mann notiert im Tagebuch:

Hörte dann im Radio die Mitteilung von Hindenburgs heute Vormittag erfolgtem Tode, der dem deutschen Publikum um 1/2 10 Uhr durch das Lügenmaul des Goebbels verkündet worden ist, und von dem Reichsgesetz, das vorbereitet gewesen, und nach dem die Ämter des Reichspräsidenten u. Reichskanzlers vereinigt werden, sodaß jener Mensch nun beides ist und seinen Vertreter ernennt. Damit untersteht ihm die Reichswehr, die, wie es scheint, auf ihn vereidigt werden wird, und man versteht nun erst recht den Sinn des Mordputsches vom 30. Juni, durch den nicht zuletzt der Weg zu diesem Ziel frei gemacht wurde. Vollzieht sich die neue Erhöhung zum „Reichsführer" und Staatsoberhaupt reibungslos, wie es den Anschein hat, so ist durch den Tod des Alten, auf den man wie auf eine mögliche Wendung zum Guten, Kritischen, blicken konnte, ein Mehltau auf die Hoffnungen der letzten Tage gefallen.
Ich war und bin halb krank vor Trauer und Entmutigung, zumal die Föhn-Schwüle unleidlich war. (TB 2.8.1934)
Die Zeitung meldet die Ausschreibung einer Volksbefragung durch Hitler für den 19. August, die in der Überzeugung geschehe, daß alle Gewalt vom Volke ausgehe. Vom Volke, – nachdem er sich zum Staatsoberhaupt gemacht und das Heer schon, mit

unanständiger Eile, auf seine Person hat vereidigen lassen. Das Volk wird vor vollendete Tatsachen gestellt, es wird „schlagartig" und „mit fanatischer Brutalität" überrumpelt, und dann aufgefordert, sich dazu zu äußern. Wenn es sich nun mißbilligend äußert, werden dann die vollendeten Tatsachen rückgängig gemacht? Es bestätigt sich nun wieder, daß jedes Wort, das aus dem Munde dieses Individuums kommt, eine Lüge ist. (TB 3.8.1934, vgl. auch TB 4.8.1934)

3 *Venedig:* Am 23. Juli reiste Thomas Mann zusammen mit seiner Frau nach Venedig, wo er vom 25.–28. Juli an einem ,Internationalen Kunst-Kongreß' teilnahm:

Wir reisten nach 6 Uhr weiter. Ich war recht müde, aber die Ankunft, 1/2 10 Uhr, war schön: die Fahrt in der Mondnacht mit dem bekannten Motorboot des Hotels durch die bekannte und ur-geliebte Eigentümlichkeit der heimatlichen Stadt, die namentlich bei Nacht ihr Eigenstes doch bewahrt hat. Es war wieder die Fahrt durch den Großen Kanal, die Piazzetta, der Palast, die Lagune, dann der Kanal zum Excelsior und der Omnibus hierher. Man führte uns in ein geräumiges und hell ausgestattetes Doppelzimmer, das aber sehr dumpfig war, da es der Mücken wegen bei Licht geschlossen bleiben mußte. Wir packten in großer Schwüle aus, badeten, da der Kohlenruß arg gewesen, blickten noch vom kleinen Löwenbalkon aufs leise rauschende Meer und gingen zur Ruhe, nachdem wir reichlich Pellegrino getrunken.
Manches hat sich verändert seit 23 und auch seit 9 Jahren. So geht die Tram jetzt vorbei, bis zum Excelsior durchgeführt. Das braune Kirschholz der Möbel ist dasselbe, das im „T.i.V." beschrieben. (TB 24.7.1934)
Der Gewinn der Reise beschränkt sich auf das Wiederansichtig werden des Lido, der selbst in dieser Hochsaison keineswegs so überfüllt und unmöglich ist, wie man ihn uns schilderte und im Frühjahr durchaus glückliche Bedingungen, wie nur je, bieten muß. Das Meer ist das schönste zum Baden, und die Nähe dieser Stadt etwas Einziges. Wir sind entschlossen, zurückzukehren. (TB 28.7.1934)

4 *einer politischen Bekenntnis- und Kampfschrift:* Siehe Thomas Manns Brief vom 2.4.1934, Anm. 4.
5 *Ihrer Schrift über Lawrence:* René Schickele, ,Liebe und Ärgernis des D.H. Lawrence', Essay, Amsterdam: Allert de Lange 1934. In diesem Essay behandelt Schickele die zentralen Anliegen des Dichters: die Problematik des dichterischen Schaffens, religiöse Fragen, das Verhältnis des Schriftstellers zur Politik, in Sonderheit die Auseinandersetzung mit der Dialektik Demokratie und autoritäre Staatsform. Des weitern charakterisiert er den Menschen Lawrence, seine seelische Problematik, sein Verhältnis zu Frauen, seine Krankheit. Viele Sätze aus Schickeles Essay enthalten Selbstaussagen. In seinem Tagebuch schreibt er am 1. Juli 1934:

Essay über D.H. Lawrence beendet. Gerade einen Monat gebraucht. Leider hatte ich beim Lesen seiner Romane während des Winters versäumt, mir Notizen zu machen, so daß ich das meiste nochmals lesen mußte. Der Essay ist auch ein „Situationsbericht". Was ich zu dieser Zeit zu sagen habe, wird gesagt. Lawrence war ein guter Anlaß. Sein scheinbar so geschlossenes Werk führt in Wirklichkeit nach allen Richtungen der Windrose. Der Essay ist ein kleines Buch geworden. (RS III, 1120)

Der Essayband findet sich mit folgender Widmung in Thomas Manns Nachlaßbibliothek: „Thomas Mann in herzlicher Verehrung – mehr denn je! Im unabsehbaren Exil, Dezember 1934 René Schickele".

6 *Roman meines Bruders:* Heinrich Mann, ‚Die Jugend des Königs Henri Quatre', Roman, Amsterdam: Querido 1935.

7 *Neumann:* Alfred Neumann, ‚Die Tragödie des neunzehnten Jahrhunderts. Bd. 1: Neuer Caesar', Roman, Amsterdam: Allert de Lange 1934.

8 *den ‚Cervantes' von Frank:* Bruno Frank, ‚Cervantes', Roman, Amsterdam: Querido 1934.

75 5.9.1934   René Schickele an Thomas Mann, hs.Br.

1 *Ihre Glückwünsche:* Thomas Manns Brief vom 10.8.1934. In diesem Brief gratuliert Thomas Mann Schickele nachträglich zu dessen 51. Geburtstag am 4.8.1934.

2 *diesen Herbst:* Im Herbst 1934 reiste Thomas Mann nicht nach Südfrankreich. Er weilte vom 3.–15.10.1934 in Lugano, Villa Castagnola, zur Erholung.

3 *Korrektur meines Essais über Lawrence:* René Schickele, ‚Liebe und Ärgernis des D.H. Lawrence', Essay, Amsterdam: de Lange 1934.

4 *von Huxley herausgegebenen Briefe:* David Herbert Lawrence, ‚The letters of D.H. Lawrence', ed. and with an introduction by Aldous Huxley, London: Heinemann 1932.

5 *meinen Roman:* René Schickele arbeitete zu jener Zeit an dem Roman ‚Die Flaschenpost', der 1937 im Verlag de Lange, Amsterdam, erschien. Gleichzeitig schrieb er noch an einem Kinderroman, ‚Grand' Maman', der jedoch unvollendet blieb. Vgl. hierzu René Schickeles Brief an Stefan Zweig vom 11.9.1934: „Obwohl sich viel in mir dagegen sträubt, will ich es mit der Dramatisierung der ‚Bosca' versuchen. Erst aber möchte ich den Kinderroman beenden, an dem ich schreibe. (Der Schrecken, mit dem die Welt der Erwachsenen auf der Welt der Kinder lastet und sie langsam, aber sicher korrumpiert.)" Das Fragment erschien posthum erstmals in: René Schickele, ‚Werke in drei Bänden', hrsg. von Hermann Kesten unter Mitarbeit von Anna Schickele, Köln und Berlin: Kiepenheuer und Witsch 1959, Bd. 2, S. 819–927.

6 *In Deutschland:* Vgl. dazu René Schickeles Brief vom 10.10.1933, Anm. 5.

7 *„Intermezzo":* Thomas Manns Plan, ein ‚Buch über Deutschland' zu schreiben. Siehe dazu Thomas Manns Brief vom 2.4.1934, Anm. 4.

8 *Schriftstellerkongress in Moskau:* Vom 17.8.–1.9.1934 fand in Moskau der Erste Kongreß der sowjetischen Schriftsteller statt. Klaus Mann, der zu diesem Kongreß eingeladen worden war, schildert in seiner Autobiographie ‚Der Wendepunkt' seine Eindrücke (München: Spangenberg 1981, S. 375–379):

Ich setze diese Bemerkungen hierher, um die Motive verständlich zu machen, die mich im Juli des Jahres 1934 dazu vermochten, eine Einladung nach Moskau anzunehmen. Ich wurde zur Teilnahme am Ersten Kongreß der Sowjet-Schriftsteller aufgefordert, obwohl ich kein Kommunist war, oder gerade deshalb: Die offizielle ‚Linie' war damals für die ‚Volksfront', den ‚front commun', und die Anwesenheit von ‚linksbürgerlichen' Elementen (zu denen man mich zählte) mußte den Arrangeuren des Kongresses also willkommen sein.
Es war eine eindrucksvolle Veranstaltung, eine Demonstration großen Stils, fast ein Volksfest, dies pompös aufgezogene Gala-Treffen der Sowjet-Dichter und Sowjet-

Kritiker. Nicht nur die Regie imponierte; sie wäre kaum so wirkungsvoll gewesen ohne den Glauben, die Begeisterung bei den Rednern und Hörern. Offenbar, die Literatur war in diesem Lande eine Angelegenheit, für die nicht nur ein paar tausend Eingeweihte sich interessierten; die Massen nahmen Anteil an den Leistungen und Problemen der Schriftsteller. Die Fabrikarbeiter, Bauern, Soldaten und Matrosen, die auf jeder Sitzung in großer Anzahl vertreten waren, zeigten sich lernbegierig und enthusiastisch, dabei anspruchsvoll. Sie mischten sich in die Diskussion, stellten Fragen, brachten Beschwerden vor. Warum gab es noch keinen Roman über die Metallindustrie? Woran lag es, daß nicht mehr Lustspiele geschrieben wurden, über die man wirklich lachen konnte? Eine Bäuerin bestellte sich vaterländische Balladen für ihre Kinder. Eine junge Trambahnschaffnerin wollte mehr über die Liebe lesen, ‚wie sie wirklich ist‘.

Der Schriftsteller in der Sowjetunion (will sagen: der offiziell akzeptierte, politisch ‚einwandfreie‘ Schriftsteller!) ist in viel stärkerem Grade ‚nationale Figur‘ als sein Kollege in irgendeinem westlichen Lande. Es war rührend und ermutigend, Zeuge der spontanen Begeisterung zu sein, mit der Maxim Gorki von den Massen begrüßt und gefeiert wurde. Kein Politiker, kein General, kein Athlet oder Mime, niemand, außer Väterchen Stalin selbst, war so populär wie der Mann, der ‚Nachtasyl‘ und ‚Die Mutter‘ geschrieben hatte. Er war ein Volksheld; seine Gegenwart bildete die große Attraktion, verlieh dem Kongreß Glanz und Würde.

Nicht, als ob er der effektvollste Redner oder die imposanteste Erscheinung gewesen wäre! Der dänische Delegierte, zum Beispiel, Martin Andersen-Nexö, Verfasser des beliebten Romans ‚Pelle, der Eroberer‘, sah viel dekorativer aus mit seiner hochstirnigen, vom Weißhaar schön gerahmten Goethe-Physiognomie. (Oder war es eher Gerhart Hauptmann, dem er ähnlich sah?) Was rhetorische Brillanz betrifft, so konnte niemand mit den Franzosen Louis Aragon und André Malraux konkurrieren: Sie donnerten mit dem Pathos eines Danton, scherzten mit dem Witz eines Voltaire, parlierten mit der Eleganz eines Anatole France, während Gorki, Präsident des Kongresses, mit mühsam pfeifendem Fistelstimmchen patriarchalische Platitüden von sich gab. Was der kosmopolitisch versierte, geistreich wendige – auch etwas windige – Ilja Ehrenburg zu sagen hatte, war viel gescheiter und amüsanter. Der nachdenkliche und noble Dichter Boris Pasternak, der vollblütige Erzähler Alexei Tolstoi, der pedantische, aber hochintelligente und eifervoll bemühte Bucharin, selbst Karl Radek, dieser rotbärtige Intrigant und intellektuelle Jongleur, sie alle trugen mehr zur Klärung literarischer und kulturpolitischer Fragen bei, waren in ihren Äußerungen substantieller und origineller als der müde, schon todesnahe, in seiner Glorie erstarrte Ehrengreis. Indessen war es Gorki, dem die Menge zujubelte. Wenn er sich von seinem Präsidentensitz erhob, gab es rauschende Ovationen; er öffnete den Mund, und es ward stille im Saal. In andachtsvollem Schweigen lauschten die Poeten des Proletariats und die poesiebeflissenen Proletarier auf das Patriarchengezirp.

Ein solenner Empfang in Gorkis Haus bildete den Höhepunkt und Abschluß des Kongresses. Der Dichter, der die extreme Armut, das düsterste Elend gekannt und geschildert hatte, residierte in fürstlichem Luxus; die Damen seiner Familie empfingen uns in Pariser Toiletten; das Mahl an seinem Tisch war von asiatischer Üppigkeit. Vor dem Essen beantwortete der Hausherr Fragen, die von den ausländischen Delegierten an ihn gerichtet wurden. Wir hörten einiges über Stellung und Aufgabe des Schriftstellers im sozialistischen Staat, Definitionen und Postulate von nicht eben verblüffender Originalität. Dann gab es sehr viel Wodka und Kaviar. Genosse Molotow,

Genosse Kaganowitsch und Genosse Marschall Woroschilow repräsentierten die Obrigkeit. Generalissimus Stalin, dessen Erscheinen uns versprochen worden war, ließ sich entschuldigen. Ich blieb etwa vierzehn Tage im Hotel Metropol zu Moskau und sah so viel oder so wenig vom sowjetrussischen Leben, wie unsere Führer uns sehen ließen. Wir besuchten Theater, Sanatorien, Bildergalerien, den berühmten Moskauer ,Kulturpark‘, ein paar Fabriken, Künstlerklubs, Warenhäuser, Zeitungsredaktionen und die Büros des Staatsverlags. Man versah uns reichlich mit Zigaretten, alkoholischen Getränken und Propagandamaterial. Das Essen war gut. Nach dem Dessert gab es weltanschauliche Diskussionen. Am deutschsprechenden Tisch ging es besonders angeregt zu. Theodor Plievier, Gustav Regler, Andersen-Nexö vertraten das marxistisch-leninistisch-stalinistische Dogma in seiner reinsten und starrsten Form. Ernst Toller, in dessen revolutionärem Pathos das emotionell-humanitäre Element bestimmend war, neigte zu Abweichungen, die von den Strenggläubigen als ,kleinbürgerlich-sentimental‘ gegeißelt wurden. Der relativ tolerante Johannes R. Becher und der weltmännisch humorvolle Egon Erwin Kisch vermittelten zwischen den Orthodoxen und den ,ideologisch Unzuverlässigen‘, zu denen auch ich gerechnet werden mußte. Vieles, was ich in Moskau und während eines kurzen Aufenthaltes in Leningrad zu sehen bekam, war geeignet, meinen Respekt vor dem Sowjet-Regime zu erhöhen; gleichzeitig fand ich aber auch meine Einwände bestätigt, meine Bedenken verstärkt. Was mich am meisten beunruhigte und abstieß, war nicht der Führer- und Heroenkult, nicht der aufdringliche Militarismus (sogar bei den Sitzungen des Literatur-Kongresses hatte es nicht an militärischen Paraden gefehlt!), nicht die naive nationalistische Selbstgefälligkeit: All diese störenden Züge und Tendenzen ließen sich als Kinderkrankheiten eines jungen Staatswesens, als unvermeidliche Reaktionen gegen die Feindseligkeit der kapitalistischen Welt verstehen und, bis zum gewissen Grad, entschuldigen. Schwerer fiel es mir, mich mit einer amtlich vorgeschriebenen Philosophie abzufinden, die meinem Gefühl nicht zusagt und meinen Verstand unbefriedigt läßt. Eine Weltanschauung, der jede Ahnung vom Metaphysischen fehlt, ein geistiges System, in dem es keinen Platz für die Kategorie des Transzendentalen gibt, bleibt mir Entscheidendes schuldig. Ich werde sie nie als mein absolutes Credo akzeptieren können. Genau dies aber fordert der autoritäre und totalitäre kommunistische Staat vom Intellektuellen: daß er die Marxsche Lehre mit all ihren Prämissen und Konsequenzen als absolut gültig und richtunggebend, als das alleinseligmachende Dogma, als Offenbarung und Evangelium anerkenne und befolge. Es genügt nicht, die Sozialisierung der Produktionsmittel als nützliche oder sogar notwendige Maßnahme zu wünschen und zu propagieren; der Intellektuelle im kommunistischen Staat soll glauben, daß mit eben dieser nützlichen oder sogar notwendigen Maßnahme das Problem des Menschen gelöst, die Tragik unseres irdischen Seins behoben sei. Die Kategorie des Tragischen ist dem orthodoxen Marxismus ebenso anstößig, ebenso verdächtig und verächtlich wie die Kategorie des Jenseitigen, die Sphäre des Geheimnisvollen. Die unleugbare Tatsache, daß der religiöse Impuls, die metaphysische Sehnsucht des Menschenherzens, von der herrschenden Klasse jahrhundertelang zynisch mißbraucht worden ist und noch heute zynisch ausgenutzt wird, bringt den orthodoxen Marxisten dazu, diesen Impuls, diese Sehnsucht schlechthin zu leugnen oder als kontrarevolutionären Trick zu verdammen. Ist die Beschäftigung mit dem Mysterium notwendiger- und unvermeidlicherweise Sabotage am sozialen Fortschritt? Ich glaube nicht. Mir scheint, daß man den sozialen Fortschritt wollen und ihm tätig dienen kann, auch wenn einem alles Vergängliche nur als Gleichnis gilt und man unser diesseitiges Drama

nur als Episode in einem größeren, unfaßbar großen, jenseitigen Zusammenhang begreift. Man kann, sollte ich meinen, für die Abschaffung oder Linderung der vermeid-
baren menschlichen Leiden sein und doch die Situation des Menschen im All und auf
dieser Erde als essentiell tragisch, das menschliche Problem als wesentlich unlösbar,
die Qual der individuellen Existenz als letztlich unheilbar empfinden. Ja, es sollte
einem reifen und freien Geist möglich sein, Aberglauben und Obskurantismus zu
bekämpfen, die Aufklärung zu fördern und sich doch das fromme Schaudern vorm
Geheimnis zu bewahren. Die Liebe bleibt Geheimnis, auch im sozialistischen Staat;
und was im Tod uns entfernt, auch Marx und Lenin haben es nicht entschleiert. Die
Schleier bleiben, die Rätsel sind immer da, das Phänomen des Lebens enthüllt uns nicht
seinen Sinn, wir wissen nichts. Wir können die Landwirtschaft kollektivieren und die
Saboteure des Fortschrittes einsperren und die klassenlose Gesellschaft anstreben;
aber wir wissen nicht, warum wir hier sind, woher wir kommen und wohin wir gehen.
Aber wir wissen nichts.

Hätte ich dergleichen auf dem Kongreß der Sowjet-Schriftsteller zu Moskau vorgebracht, es wäre zum peinlichsten Skandal gekommen. Es lag mir indessen fern,
solcherart den Provokateur zu spielen und die Harmonie der festlichen Zusammenkunft zu gefährden. Wozu auch? Die strenggläubigen Kollegen, die dem Kongreß
vorstanden und die mich zur Teilnahme aufgefordert hatten, waren sich ja wohl im
klaren darüber, daß ich nicht zu ihrer Kirche gehörte. Trotzdem wollten sie mich
dabeihaben, und ich bereute es nicht, ihrer Einladung gefolgt zu sein.

9 *Hermann Kesten* (geb. 1900): Schriftsteller. 1927–1933 Lektor des Kiepenheuer-
Verlags in Berlin. Emigrierte 1933 nach Paris, Brüssel, Nizza, London und Amsterdam. Gründete 1933 zusammen mit Walter Landauer im Rahmen des Allert de Lange
Verlags in Amsterdam einen zweiten großen deutschen Exilverlag (neben Querido). Er
war mit Klaus Mann und Fritz Landshoff befreundet. 1939 in Frankreich interniert.
Emigrierte nach seiner Freilassung 1940 nach New York, wo er – mit Thomas Mann
u. a. zusammen – das ‚Emergency Rescue Committee‘ unterstützte. 1949 Rückkehr
nach Europa. 1957–1962 freier Schriftsteller in Rom. 1972–1976 Präsident des PEN-
Zentrums der Bundesrepublik Deutschland. Ging 1962 wieder in die USA. Lebt seit
1977 in Riehen bei Basel. Bekannt durch ‚Dichter im Café‘ (1959); ‚Lauter Literaten‘
(1963).

10 *Gide:* André Gide sympathisierte in jener Zeit mit dem Kommunismus, nachdem er 76
auf mehreren Afrikareisen die ausbeuterischen Methoden französischer Kolonialgesellschaften kennengelernt. Nach einem Aufenthalt in Moskau 1936 verwarf er ihn
aber wieder.

12.9.1934 Thomas Mann an René Schickele, hs. Postk.

1 *„Don Quijote“:* Thomas Mann, ‚Meerfahrt mit Don Quijote‘, Erstdruck in: Neue
Zürcher Zeitung, Zürich, 5.–15.11.1934; erste Buchveröffentlichung in: ‚Leiden und
Größe der Meister. Neue Aufsätze‘, Berlin: S. Fischer 1935. – Thomas Mann wurde
durch seine erste Amerikareise im Juni 1934 zu diesem Aufsatz angeregt (siehe dazu
Thomas Manns Brief an René Schickele vom 16.5.1934, Anm. 2), schrieb ihn nach
seiner Rückkehr vom 31.8. bis 11.10.1934, wozu er Tagebuch-Aufzeichnungen aus
der Zeit der Reise verwendete:

Selber treibe ich Allotria, schreibe ein ausgedehntes Feuilleton, „Meerfahrt mit Don Quijote", das die Tagebuch-Beschreibungen einer Ozeanreise mit Bemerkungen über den Roman vermischt. Es ist ein bloßer Zeitvertreib, weil ich mit „Joseph in Ägypten" nicht weiterkam und mich zu etwas anderem, einem „Buch des Unmuts" noch nicht entschließen kann. Aber wäre es nicht ein guter Titel? (Brief an Hermann Hesse, 5.9.1934)

Der Aufsatz erschien zunächst als Feuilleton in der ‚Neuen Zürcher Zeitung' und wurde dann 1935 – wegen der tiefen Entfremdung zwischen Thomas Mann und Gerhart Hauptmann – anstelle der Festrede zu Hauptmanns 70. Geburtstag in den Essayband ‚Leiden und Größe der Meister' aufgenommen.

2 *Lawrence-Studie:* René Schickele, ‚Liebe und Ärgernis des D.H. Lawrence', Essay, Amsterdam: de Lange 1934.

23.9.1934 Thomas Mann an René Schickele, hs. Postk.

1 *das von Curtius zu hören:* Bezieht sich vielleicht auf eine Äußerung von Ernst Robert Curtius (1886–1956, Romanist, Professor in Marburg, Heidelberg und Bonn) über den ‚Jungen Joseph'. Vgl. Ernst Robert Curtius' Brief an Thomas Mann vom 2.6.1935:

Den naheliegenden Gemeinplatz ‚Ehrt eure deutschen Meister' mögen andere betreten. Obwohl, obwohl... Sie wirklich der einzige deutsche Meister sind, nachdem Hofmannsthal (der nie zu verschmerzende) und George (sich selber überlebend) von uns gegangen sind. Und es ist ja nun auch höchst merkwürdig – oder vielmehr im edelsten, seltensten Sinne natürlich – daß das Phänomen der Meisterschaft und die Exempel der Meister Sie grade in diesen Jahren so beschäftigt, so zur Rechenschaft genötigt haben. Ich habe das Gefühl als seien Sie ein Wanderer, der aus bevölkerten Ebenen und ansprechenden Gebirgsmittellagen immer weiter und höher schreitet und nun Ausblicke genießt, vor denen das Vordergrundsgetriebe der Aktualität verblaßt und verschwindet. So geht es nun nicht mehr um Zeitfragen, nicht mehr um Republik oder Psychoanalyse oder Sanatorien (und doch war das alles so schön, so naturgemäß und naturrichtig) – sondern es beginnen die großen Geistergespräche, die Dialoge mit den Meistern von Cervantes bis Wagner. Es ist eine neue Höhe, ein neuer Lebenszustand, eine neue Freiheit. Eine Freiheit und erfahrene Reife, die Ihnen erlaubt, ja Sie verpflichtet, den problematischen Meistern des 19. Jahrhunderts nun auch freundschaftlich einige Wahrheiten zu sagen, die einmal gesagt werden *mußten.* So in diesem unvergleichlichen Wagner-Essay, dessen Bilanz die definitive sein und bleiben wird. So auch einige Worte über die anti-christliche Verranntheit Nietzsches – mir aus der Seele gesprochen. All dies sind herrliche und bleibende Taten eines kämpfenden, sich bemühenden, aber auch fechtenden und *richtenden* Geistes: Revision und Bestätigung zugleich; heilsam und reinigend nach der Pestilenz des ritualen Kotaus, des Kultus und der Kanonisirung, der Legenden und „Mythologien", mit der ein verdächtiger, nicht erst von George inaugurirter literarischer Götzendienst uns verseucht hat.
Und nun – als Probe aufs Exempel – der Josefsroman. In der Arbeit an diesem erstaunlichen Werk mag Sie die Ahnung, dann die Gewißheit überkommen haben, daß Ihr ‚persönliches Arrangement', wie Sie einmal sagen, unvermerkt und unversehens die unverkennbaren Züge jener meisterlichen Werke annahm, welche ihre Epoche

überragen – und sie befremden. Befremdet war auch ich zunächst. Es wollte zunächst nicht recht gehen mit der Lektüre. Aber dann, beim zweiten Mal ging es – ich ging mit – mit jedem Schritt mehr überzeugt, mehr gebannt, beglückt, bereichert. Schon rein als Spracherzeugnis und als Epos gehört dies Buch zum Neu- und Großartigsten, was ich als denkender Leser erlebt habe. Aber noch denkwürdiger und wohl beispiellos ist dieser Vorgang der Urbesinnung, der Eröffnung längst verschütteter Schächte. Da sind älteste Schauer und vergessenster Prunk, Ketônet und Idyll, Patriarchenluft und Ironie. Das ist hübsch und schön, zierlich und wild – alles mit einer so gewaltigen und so insinuirenden Kraft der Vergegenwärtigung, daß ich keinen Vergleich dafür finde. Jenes Befremden war eine richtige Reaktion und ein verheißungsvolles Symptom. Es tritt immer nur dann ein, wenn etwas unvorhersehbar und unvorfühlbar Neues gestaltet ist. Wie glücklich sind Sie, der Sie sich selbst so von Grund aus erneuen konnten! Sie müssen es selbst viel besser wissen als ich, wie hoch diese Stufe Ihres Schaffens sich über die früheren (ach so geliebten!) erhebt. Nein, das hätte Aschenbach nicht gekonnt! Und damit lassen Sie auch alle Ehrungen tief unter sich, die einem Aschenbach (so hieß er doch wohl) zugebracht wurden und zukamen. Für offizielle Feste ist jetzt kein Raum mehr. Aber dafür haben Sie neue Regionen erobert, die mit der Gegenwart vielleicht wenig zu tun haben – umso mehr aber mit den beiden andern Dimensionen der Zeit.

2 *Meine amerikanischen Interviewer:* Während seines Aufenthaltes in New York im Juni 1934 war Thomas Mann vom Verein des Jüdischen Hilfswerkes in New York gebeten worden, dieser Institution seine Unterstützung zu leihen. Thomas Mann richtete daraufhin einen Brief an den Verein:

Sehr geehrte Herren! Ihren freundlichen Brief sowie den Prospekt über das Unternehmen Ihrer Sammlung zu Gunsten jüdischer und politischer Flüchtlinge der verschiedenen Länder habe ich erhalten und beides mit größtem Interesse gelesen. Ich möchte meinen kurzen Aufenthalt in Amerika nicht zu Ende gehen lassen, ohne Ihnen meine freudige Sympathie mit dieser hochherzigen Aktion ausgesprochen zu haben. Wie immer man sich zu den politischen Umwälzungen in einigen Staaten Europas stellen und welche Hoffnungen oder Befürchtungen man daran knüpfen möge, so ist jedenfalls sicher, daß diese Vorgänge unendliches Leid und schwere Not über zahllose unschuldige Menschen gebracht haben, und es muß leider gesagt werden, daß im großen Ganzen die Welt nur allzu geneigt ist, sich diesen menschlich erschütternden Tatsachen zu verschließen und mit einer gewissen fatalistischen Gleichgültigkeit hinwegzugehen. Um so mehr ist eine entschlossene Hilfsbereitschaft zu begrüßen, wie sie sich in Ihrem Appell und in Ihrer organisatorischen Tätigkeit äußert, deren Erfolg so viel Linderung der herrschenden Not und Entbehrung zeitigen kann. Ich hätte mich gern persönlich für Ihr Unternehmen eingesetzt und zu Gunsten Ihres Appells einige Worte gesprochen. Da mir dies bei der Kürze meines Aufenthalts leider nicht möglich ist, darf ich wenigstens auf diesem Wege ausdrücken, wie sehr ich wünsche, daß Ihr Aufruf offene Ohren und Herzen finden möge. Ich würde darin nicht nur einen politischen Erfolg für Ihr wichtiges materielles Hilfswerk erblicken, sondern auch eine wohltuende moralische Tatsache inmitten einer moralisch verwilderten Welt.

Der volle Wortlaut findet sich in Thomas Manns ,Briefwechsel mit seinem Verleger Gottfried Bermann Fischer 1932–1955‘, S. 705. Das Berliner ,Acht-Uhr-Abendblatt‘

vom 15.6.1934 und die ‚Deutsche Wochenschau' vom 16.6.1934 veröffentlichten ent-
stellte Wiedergaben des Briefes sowie einer Interview-Äußerung Thomas Manns:

B[ermann] macht Mitteilung von „Angriffen" deutscher Blätter wegen meiner New
Yorker Äußerung, i.B. wegen meines Briefes an das Jüd. Hilfswerk, und schickt die
Ausschnitte mit, von deren Kloakengeruch ich mich recht „angeheimelt" fühlte. Beschämend genug, daß ich Rede stehen muß, wenigstens B. gegenüber, denn eine
öffentliche Richtigstellung gibt es ja nicht. (TB 27.6.1934)

Daraufhin sandte Thomas Mann den Wortlaut des Briefes an Bermann und Rechtsanwalt Heins und bat um Richtigstellung gegenüber den deutschen Behörden:

Das Interview, von dem ferner die Rede ist, habe ich absichtlich sehr kurz erledigt,
indem ich mich einfach auf die Äußerungen berief (und mich selbstverständlich zu
ihnen bekannte), die ich in früheren Jahren über den Antisemitismus getan habe. [...]
Die aus einem Interview zitierte Wendung von der „beschmutzten Umschmelzung des
Bolschewismus, der sich bereits im Niedergang befindet", ist zurückzuführen auf eine
Definition des Nationalsozialismus, die ich gleich zu Anfang auf Befragen einem
Journalisten gab. Sie lautete dahin, der Nationalsozialismus sei eine noch ungeklärte
Mischung konservativ-reaktionärer und sozialistischer Elemente. Daß diese Elemente
heute in noch unausgetragenem Kampf liegen, ist ja die objektive Wahrheit und be-
deutet eine Feststellung, in der überhaupt keine Stellungnahme liegt. (Brief an
Gottfried Bermann Fischer, 27.6.1934)

77   12.10.1934 Thomas Mann an René Schickele, hs.Br.
  1 *Essay:* René Schickele, ‚Liebe und Ärgernis des D.H. Lawrence', Essay, Amsterdam:
    de Lange 1934.
  2 *Feuchtwanger:* Der Schriftsteller Lion Feuchtwanger (1884–1958) lebte nach seiner
    Emigration 1933 bis 1940 in Sanary bei Toulon, wo Thomas Mann im Sommer 1933
    häufig mit ihm zusammen war:

Es ist sonderbar, daß ich ihn in München [...] persönlich kaum gekannt habe. Man sah
sich gelegentlich, aber ein freundschaftlicher Kontakt stellte sich nicht her. Das geschah erst in Sanary-sur-Mer, wohin ich 1933 nach längerem Aufenthalt in Lugano
kam. Wie hübsch war es dort! Ein anregender Kreis Deutschlandflüchtiger hatte sich
um René Schickele, der das Zentrum bildete, versammelt: Julius Meier-Graefe, Arnold
Zweig, mein Bruder Heinrich waren da, man traf Aldous Huxley, man kam mit Paul
Valéry zusammen und erprobte die Verständnislosigkeit des westlichen Ästhetizismus
für das, was uns aus Deutschland vertrieben hatte. (Thomas Mann, ‚Freund Feuchtwanger', X, 533–537, hier S. 534f.)

1940 von der Vichy-Regierung bei Aix-en-Provence interniert, flüchtete Feuchtwanger über Spanien und Portugal nach den Vereinigten Staaten und lebte seit 1941 in
Pacific Palisades, wo Thomas Mann sein Nachbar wurde. – Feuchtwangers historischer Josephus-Roman ‚Der jüdische Krieg' war 1932 im Berliner Ullstein-Verlag
erschienen, mußte aber unter nationalsozialistischem Druck Ende März 1933 aus dem
Handel gezogen werden. Der Verlag Ullstein wurde im folgenden Jahr vom NS-

Regime mittels eines Zwangsverkaufs enteignet. Feuchtwangers Werke erschienen 1933–1940 im Querido Verlag, Amsterdam, danach vereinzelt in kleinen Emigrationsverlagen.

3 *Arnold Zweig:* Der Schriftsteller Arnold Zweig (1887–1968) studierte in München Germanistik, Geschichte, Kunstgeschichte und Psychologie. 1914 erhielt er den Kleist-Preis. Nach Kriegsende ließ er sich am Starnberger See nieder, lebte dann von 1923–1933 in Berlin. 1933 emigrierte er als überzeugter Zionist nach Haifa/Palästina. 1948 kehrte er nach Ostberlin zurück, wo er 1950–1953 Präsident der Deutschen Akademie der Künste war. – Arnold Zweig begann als impressionistischer L'art-pour l'art-Künstler mit zarten psychologischen Analysen und mit Tragödien aus der jüdischen Welt. Durch die Kriegs- und Nachkriegserlebnisse wurde er zum scharfen Zeitkritiker, der Schreiben als eine sozial-ethische Mission betrachtete. – Mit Lion Feuchtwanger eng befreundet, gehörte Zweig ebenfalls zu dem Kreis deutscher Emigranten in Südfrankreich (vgl. hierzu Arnold Zweig, ,Lebenswege mit Thomas Mann'). 1934 war im Querido Verlag Zweigs Buch ,Bilanz der deutschen Judenheit' erschienen, worin sich auch ein Kapitel über die Familie Pringsheim und die väterlichen Vorfahren von Katia Mann fand. Am 16. und 17. April 1934 notiert Thomas Mann im Tagebuch: „Es kamen der nachgelassene Roman von Wassermann und ein interessantes Buch von A. Zweig [...]. Gestern abend las ich lange in A. Zweigs Buch über die Juden, mit vieler Genugtuung."

4 *E. Ludwig:* Thomas Mann war im Frühjahr 1933, bei seinem Aufenthalt in Lugano, mehrfach mit Emil Ludwig zusammengetroffen: „1/2 12 Uhr in Ludwigs Wagen zu seinem schönen Wohnsitz bei Ascona. Gesellschaft: *Remarque* und Frau, der alte Graf *Wolf-Metternich, Toller,* später Staatssekretär *Abegg.* Frühstück, Haus- u. Gartenbesichtigung, angeregte Unterhaltung, fast nur über die politischen Dinge." (TB 13.4.1933). Im Herbst 1934 erschien – im Querido Verlag, Amsterdam – Ludwigs Buch ,Führer Europas', eine Sammlung von Porträts führender europäischer Staatsmänner (vgl. TB 21.10.1934).

5 *merkwürdige, schrullig-kühne Sachen:* Im Oktober 1934 arbeitete Hermann Hesse an seinem Roman ,Das Glasperlenspiel'. Er hatte dieses Werk 1931 begonnen und schrieb Thomas Mann in den darauffolgenden Jahren häufig über seine Schwierigkeiten und Fortschritte:

Ich lese, soweit die Augen es erlauben, pietistische Biographien des 18. Jahrhunderts, und weiß gar nicht mehr, was Produktivität eigentlich ist. Dabei wächst die Vorstellung von meinem seit 2 Jahren vorhandenen Plan (dem mathematisch-musikalischen Geist-Spiel) zur Vorstellung eines bändereichen Werkes, ja einer Bibliothek an, desto hübscher und kompletter in der Phantasie, je weiter weg sie von der Möglichkeit einer Realisierung rückt. (Brief an Thomas Mann, Ende 1933)
Mit der aktuellen Arbeit steht es weniger gut. Ich erzählte Ihnen einst von einem seit Jahren bebrüteten Plan, einem utopischen Buch, zu dem ich damals schon dreimal die Vorrede umgearbeitet hatte, sie war noch vor der Hitlerzeit geschrieben, aber voll von Anspielungen, zum Teil Vorahnungen. Diese Vorrede ist nun ein viertesmal neu geschrieben, ganz umgearbeitet, vielleicht bringe ich sie einmal in der Rundschau. Sonst aber existiert von dem geplanten Buch nichts als das kleine Stück „Der Regenmacher".
(Brief an Thomas Mann, 4.8.1934)
Ich habe herzlich aufgehorcht bei dem, was Sie mir von Ihren musikalischen Studien

und der Rolle erzählen, die die alte Musik in Ihren „literarischen Plänen" spielt. Ich nehme an, daß es sich bei diesen Plänen immer um dieselbe weitläufige Merkwürdigkeit handelt, bei deren Verwirklichung meine erwartungsvollsten Wünsche Sie begleiten. (Brief Thomas Manns an Hermann Hesse, 5.9.1934)

Ein Teilstück aus dem Roman, ‚Der Regenmacher', erschien 1934 als Vorabdruck im Mai-Heft der ‚Neuen Rundschau':

Dies Kartenbild, lieber Meister Hesse, hat etwas von der klaren und auch zarten Poesie Ihrer wundervollen Geschichte in der Rundschau, darum schicke ich es Ihnen. Wie schön ist die Novelle gearbeitet – das gibt es sonst in Deutschland garnicht mehr. Und auf wie humane Art betreut sie das Primitive, ohne nach modisch albernem Brauch davor auf dem Bauch zu liegen. Es wird ein herrliches Werk, das „viel größere Ganze", aus dem dies stammt! (Brief Thomas Manns an Hermann Hesse, 16.5.1934)

Während seines Aufenthalts in Lugano, anfangs Oktober 1934, war Thomas Mann oft bei Hermann Hesse zu Besuch:

Mittags nach Montagnola zu Hesses, wo wir den Rest des Tages angenehm verbrachten: Mittagessen, Kaffee, Ruhe, Aufenthalt im Garten, Boccia-Partie. Las dann die neulich schon mitgeteilten Teile aus „Meerfahrt" vor. Hesse schenkte mir ein Exemplar seiner „Nürnberger Reise" und gab mir die Korrektur seines „Glasperlenspiels" zu lesen, die ich abends in der Halle mit Vergnügen und sympathischer Verwunderung las. (TB 5.10.1934)
[...] um 4 mit dem Wagen hinauf zu Hesses. Nach dem Thee Boccia-Partie, dann wieder Vorlesung aus „Meerfahrt", zum Wohlgefallen Hesses, mit dem ich manches über sein „Glasperlenspiel" sprach. (TB 8.10.1934)

Der Roman erschien im November 1943 im Verlag Fretz & Wasmuth, Zürich, da sich eine reichsdeutsche Ausgabe als unmöglich erwiesen hatte. In Deutschland kam das Buch erst 1946 heraus, bei Suhrkamp.

6 *gewährt mir die Bitte:* Friedrich Schiller, ‚Die Bürgschaft': „Ich sei, gewährt mir die Bitte, in eurem Bunde der Dritte."

7 *bei gewissen Vorbereitungen:* Anspielung auf ‚Buch über Deutschland' (Plan). Siehe Thomas Manns Brief vom 2.4.1934, Anm. 4.

78   24.11.1934   René Schickele an Thomas Mann, hs.Br.

1 *3. Band:* Thomas Mann, ‚Joseph in Ägypten', der 3. Band der ‚Joseph'-Tetralogie, Wien: Bermann-Fischer 1936. Im November 1934 arbeitete Thomas Mann am dritten und vierten Kapitel des fünften Hauptstückes, ‚Amun blickt scheel auf Joseph' und ‚Beknechons'.

2 *freundlichen Worte über das kleine „Lawrence-Buch":* Siehe Thomas Manns Brief vom 12.10.1934.

3 *nur auf privatem Weg:* Wegen der Vertragsschwierigkeiten zwischen René Schickele und dem S. Fischer Verlag war der Essay ‚Liebe und Ärgernis des D.H. Lawrence' im holländischen Exilverlag de Lange in Amsterdam erschienen. Das Buch durfte deshalb in Deutschland nicht verkauft werden.

4 *Meier-Graefe:* In einem Brief vom 22.11.1934 an Annette Kolb schreibt René Schickele:

Ich habe keine Karte von Bermann erhalten. Er wird sich's überlegt haben! Ob er den „Lawrence" gelesen hat? Über den laufen täglich wahre Hymnen ein, freilich fast nur von Kollegen. Aber ich fürchte, Ju hat recht, wenn er meint: „100 Leser – und in 100 Jahren wieder hundert. Und so fort." Ein bitterer Witz! Wie soll ein Autor von 100 Lesern leben! Am meisten erfreute mich ein junger Mann, der mir schrieb, mit dem Kapitel über die „Revolution" hätte ich ihn von langen Gewissensqualen befreit. Im übrigen muss ich Dir ein schlimmes Geständnis machen: Das Buch interessiert mich nicht mehr die Bohne, *weil es nicht nach Deutschland kommt.* Den Emigranten zu predigen, fühle ich mich weder berufen, noch gewillt. Das geht noch weit über das übliche Allerseelengefühl nach Erscheinen eines jeden Buches hinaus…

5 *„Don Quichote":* Thomas Mann, ‚Meerfahrt mit Don Quijote', erstmals publiziert in der ‚Neuen Zürcher Zeitung' vom 5. bis 15.11.1934. Thomas Mann hat den Aufsatz später als Schlußstück in die Essaysammlung ‚Leiden und Größe der Meister. Neue Aufsätze', Berlin: S. Fischer 1935, aufgenommen.

6 *Nachruf auf S. Fischer:* Thomas Mann, ‚In memoriam S. Fischer', in: Basler Nachrichten, Basel, 28.10.1934:

Was uns zueinander zog, war mehr als das gemeinsame sachliche Interesse; es war, bei aller Verschiedenheit der Existenzform, der Herkunft und selbst der Jahre, eine gewisse Verwandtschaft der Lebensstimmung, der Schicksalsmischung, für die er Sinn hatte so gut wie ich, so daß er mir wohl zutraute, von seinem Leben etwas zu verstehen, und mir gern zuhörte, wenn ich ihm, besonders in Sorgenzeiten, davon sprach, ihn ein Sonntagskind nannte und ihn, ihm zuredend, versicherte, daß so ein Lebensgrundcharakter allen allgemeinen Unbilden zum Trotz sich immer wieder individuell durchzusetzen wisse.

7 *launischen Grippe:* In einem Brief vom 29.11.1934 an Annette Kolb klagt René Schickele:

Mit der Arbeit plage ich mich, liebe Annette. Ich fürchte, ich werde das alles wieder wegwerfen müssen. Zwangsarbeit ist mir noch nie gelungen. Und so *allen* Auftriebs bar war ich noch nie. Du weisst, selbst um Tragischstes zu gestalten, muss ein Minimum an Herzensleichtigkeit vorhanden sein. Ich habe immer zu Schwermut geneigt – aber das jetzt ist was anderes. Il y a là-dedans de la Terreur. Ich spüre den Arm des rächenden Gottes. – Was meinst Du? Sollte ich nicht alles liegen lassen und versuchen, *das* zu gestalten? Vielleicht würde ich es auf diese Weise los? Als „Monolog" oder Dialog mit einer gewissen, „auf ewig verlorenen" Person?
Ich kann mich doch nicht ewig damit herumschleppen – nicht wahr? Und unsereiner wird solche Sachen doch nicht anders los, als indem er sie hinausstellt. Gewissermassen *objektiviert.* Gerade dies aber dünkt mich so schwer.

Lieber René!

Die depressive Stimmung bei dir hat mich förmlich verzweifelt. Ich beschwöre dich, schreibe deinen Roman für Lange! Er kann nur gut werden und öffnet dir neue Perspektiven. Ich flehe dich an, rauche nicht so viel. Ich kann nicht sagen wie bedrückt ich dein liebes, schönes und predestinirtes Haus verliess – die Abschiedsbange aidant! –

Du musst auch deinem Schicksal helfen und vorarbeiten! Es hat dich noch *nie* im Stich gelassen. Es wird das auch weiterhin nicht tun, wenn du selbst die Flinte nur nicht ins Korn, sondern deinem eigenen Korn nachwirfst!

Ich habe der Marie nicht adieu gesagt, anbei die Karte. Schreib nicht an dem Kinderroman weiter *jetzt*, sondern an dem Roman für de Lange, der erstere wird dann eine superbe Sache für Fischer werden. Mit Taggert[!] spreche ich auch gleich, und lasst uns alle auf Helvetien hoffen. Unterwegs schreibe ich an Else *nochmal*. Du aber spende den Göttern, dass alle guten Geister Euer Haus umstehen. Gib mir bald Nachricht. Verhalte dich nicht passiv!

Das Himmelreich leidet Gewalt. Rauchopfer (aber nicht von Cigaretten!) lasse zu ihm steigen.

Deine reisebange
A.

Grüsse an Lannatsch und Hans

79   8 *Demonstrationen vor der „Pfeffermühle":* Erika Mann hatte am 1. Oktober 1934 ihr Kabarett ‚Die Pfeffermühle' im Zürcher Lokal ‚Zum Hirschen' wiedereröffnet. Das Programm wurde auch in anderen Schweizer Städten gezeigt, außerdem in Holland, Belgien, Luxemburg, in Prag und den USA. Anläßlich der Aufführungen vom November 1934 im Kursaal Zürich kam es wiederholt zu Tumultszenen. Am Freitag, 16.11.1934, störten die Schweizer ‚Frontisten' (Angehörige der Verbände ‚Nationale Front', ‚Heimatwehr' und ‚Neue Schweiz') die Vorstellung. Dem Bericht der ‚Neuen Zürcher Zeitung' zufolge, schrien die Demonstranten antisemitische Hetzparolen, warfen Tränengasbomben, verprügelten das Publikum und demolierten die Einrichtung des Lokals. Die Polizei verhaftete vierundzwanzig Personen, die alle den genannten rechtsradikalen Organisationen angehörten. Die Krawalle setzten sich auf der Straße fort. Vgl. ‚Neue Zürcher Zeitung' vom 18., 19., 20., 21., 23., 25.11.1934 und ‚Blätter der Thomas Mann Gesellschaft', Zürich 1975, Nr. 15, S. 32 ff.

        9 *Rede des französischen Kriegsministers:* Philippe Pétain (1856–1951). 1915 zum General ernannt, im Mai 1917 Oberbefehlshaber des französischen Heeres. 1922–1931 war er Generalinspekteur der Streitkräfte und Vizepräsident des Obersten Verteidigungsrates, wurde 1934 Kriegsminister, 1939 Botschafter in Madrid. Am 18.5.1940 trat Pétain als Vizepräsident in das Kabinett Paul Reynaud ein. Nach der Einnahme von Paris durch deutsche Truppen (14.6.1940) wählte die nach Bordeaux geflohene Nationalversammlung Pétain am 17.6.1940 zum Ministerpräsidenten. Am 22.6.1940 schloß er den Waffenstillstand mit Deutschland und Italien. Am 11.7.1940 übernahm er das Amt des Staatschefs (Chef de l'Etat Français). 1944 wurde Pétain mit Pierre Laval u.a. beim Rückzug der deutschen Truppen mitgeführt und vorübergehend in Sigmaringen interniert. Im April 1945 ging er in die Schweiz; von dort aus stellte er sich

am 26.4.1945 freiwillig dem französischen Obersten Gerichtshof und wurde am 5.8.1945 wegen Hoch- und Landesverrats angeklagt und zum Tode verurteilt. Wegen seines Alters wurde er von Charles de Gaulle zu lebenslänglicher Haft begnadigt und auf die Insel Yeu verbannt (hier auch beigesetzt).

10 *Kurt Wolff* (1887–1963): Verleger. Trat 1908 in den Ernst Rowohlt Verlag, Leipzig, ein; dieser firmierte seit 1913 als ‚Kurt Wolff Verlag‘. 1921 übernahm er den ‚Hyperion-Verlag‘. Zu den von Wolff geförderten Autoren gehören Kafka, Trakl, Werfel, Heinrich Mann, Benn, Lasker-Schüler, Hasenclever, Zuckmayer, Arnold Zweig. 1930 löste Wolff seine Verlage auf und emigrierte am 2.3.1933 zunächst in die Schweiz, dann nach Frankreich; 1935 ging er nach Florenz, kehrte 1938 wieder nach Frankreich zurück, lebte in Nizza und Paris. 1941 übersiedelte er nach New York, wo er 1942 den Verlag ‚Pantheon Books, Inc.‘ gründete und u.a. Bücher von Broch, Stefan George und Musil in englischer Sprache verlegte. Seit 1961 gab Wolff zusammen mit seiner Frau Helen die ‚Helen and Kurt Wolff Books‘ im Verlag ‚Harcourt, Brace and World, Inc.‘, New York, heraus.

11 *Hans:* Hans Schickele, der zweite Sohn René Schickeles, studierte damals an der Ecole des Beaux-Arts in Nizza Architektur.

12 *mit ihrem Arm zu tun:* René Schickeles Frau, Anna, hatte sich im Juli 1934 bei einem Autounfall in Cassis den Arm verletzt. Vgl. dazu René Schickeles Brief an Annette Kolb vom 26.7.1934:

Inzwischen ist der Todesengel gnädig an uns vorübergegangen. Lannatsch, die für einige Tage „Strandleben“ nach St. Cyr gegangen war und das Ehepaar M.G. nach Cassis begleitet hatte, ist bei Cassis aus dem fahrenden Auto gefallen. Sie lag 3 1/2 Stunden ohnmächtig in der Klinik. Zum Glück war es bei einer *Kurve*, die Tür öffnete sich plötzlich und sie flog hinaus, wiederum zum Glück, in den grasbewachsenen *Strassengraben.* Wäre sie auf Stein oder Asphalt aufgeschlagen, wäre es um sie geschehn gewesen. So ist sie mit einem Sprung im Schlüsselbein und einer Gehirnerschütterung davongekommen. Es war nicht Meier-Graefes Auto, sondern ein 8-Zylinder-Ford, den der ob der neuen „Prachtmaschine“ begeisterte Garagist von Cassis ihnen vorführte – zum Spass. „Pour vous montrer ce qu'est une bonne machine.“ Die Gehirnerschütterung scheint *keine* üblen Folgen zu haben. Das geschah vorigen Samstag. Wir erwarten sie nächsten Samstag zurück. Als die telefonische Nachricht von dem Unfall kam, waren gerade Kasimir und die Erna bei uns – in ihrem hübschen „Opel“.

26.11.1934 Thomas Mann an René Schickele, hs. Postk.

1 *„Frontal“-Angriff auf die Pfeffermühle:* Siehe René Schickeles Brief vom 24.11.1934, 80 Anm. 8.

16.12.1934 Thomas Mann an René Schickele, hs. Postk.

1 *Buch:* René Schickele, ‚Liebe und Ärgernis des D.H. Lawrence‘, Essay, Amsterdam: de Lange 1934.

2 *in der Basler Nationalzeitung mit Auszeichnung genannt:* ‚Welches Buch des Jahres halten Sie für wesentlich?‘, Beiträge von Karl Barth, Paul Häberlin, Hermann Hesse, Thomas Mann, Maria Waser, Felix Weingartner u.a., in: National-Zeitung, Basel, 21.12.1934, Nr. 591:

Gern nenne ich Ihnen einige Bücher und zwar solche der diesjährigen Ernte, die mir Eindruck gemacht haben und von denen ich glaube, dass sie anregend und klärend wirken können.

Das Buch von Rudolf *Wahl ,Karl der Grosse'*, erschienen bei S. Fischer, Berlin, ist eine schön und fesselnd geschriebene Studie grossen Stiles über den europäischen Monarchen, höchst lehrreich in ihrer Objektivität, wissenschaftlich wohl fundiert und mit künstlerischen Mitteln gearbeitet.

Ebenfalls bei Fischer erschienen ist ein eindrucksvolles Buch über *Hahnemann*, den Erfinder der Homöopathie, von Martin *Gumpert*, das phantastische und schöpferische Leben eines ärztlichen Rebellen.

René Schickele hat ein zierlich ausgestattetes, bei Allert de Lange in Amsterdam erschienenes Buch über den englischen Dichter *D. H. Lawrence* geschrieben, das mich entzückt hat durch die hohe Eleganz und Luzidität, mit der der Elsässer hier eine innere Lebensgeschichte dem Gefühl nahe bringt und dabei zeitkritische Bekenntnisse einfliessen lässt, die für die Klarheit und Festigkeit seines Blickes und die Noblesse seiner Gesinnung zeugen.

Von Büchern für solche, die sich durch Erkenntnis über die Qual dieser Zeit zu erheben trachten, nenne ich noch zwei. Erstens das bei Oprecht und Helbling in Zürich erschienene Werk von Ernst *Bloch ,Die Erbschaft dieser Zeit'*, die Arbeit eines intellektuell sehr hoch stehenden Marxisten, der eine Art von Inventar dessen aufnimmt, was aus der bürgerlichen Epoche unverloren in eine neue Zeit und Welt eingehen kann. Warum ich das Buch empfehle, möge andeutungsweise aus einem kurzen Zitat hervorgehen. Bloch schreibt: „Gerade die echten metaphysischen Umtriebe, die dem Grossbürgertum noch geblieben und dialektisch brauchbar sind (so bei Bergson, dem eigentlichen Vitalisten), verbinden sich heute mit Wachheit, ja, mit ‚Zivilisation', nicht mit verärgerter Provinzseele, nicht mit Lenbachtum, das statt Tizian Diluvium kopiert."

Aehnlich klärend, wenn auch auf geistig weniger hochgespannte, vielmehr wissenschaftlich gelassen untersuchende Weise wirkt das Buch des Soziologen *Karl Mannheim: ,Mensch und Gesellschaft im Zeitalter des Umbaus'*. (Leiden, A. W. Sijthoffs Uitgsversmaatchappij N. V.) Auch hier wird unsere Sache, unsere Situation abgehandelt, und wenn man der schlechten Gewohnheit huldigt, so streicht man vieles an in der Schrift aus Freude über treffende Formulierungen. Noch einmal ein kurzes Zitat: „Man muss ferner sehen, wie die so entstehende allgemeine Rat- und Führungslosigkeit den diktatorischen Gruppen eine Chance gibt. Gelingt es nämlich solchen Gruppen irgend eine politische Integration zustande zu bringen, so können sie sich ohne wesentlichen Widerstand der übrigen Gruppen im Gesamtbereich gesellschaftlichen Lebens durchsetzen. Sie stossen auf keinen wesentlichen Widerstand, weil alle willensbildenden, geschmacksbildenden, urteilsbildenden Elitezentren sich vorher schon gegenseitig aufgerieben haben." – Hier ist von einer *Schuld* der geistigen Eliten die Rede, die dort zur Warnung dienen mag, wo es so weit noch nicht gekommen ist.

Schliesslich sei noch eine schöne Essay-Sammlung genannt, erschienen bei Rascher in Zürich *,Die Verwandlung des Menschen'*, von *Emil Lucka*. Das sind im besten Sinne populäre Betrachtungen zur Zeit und ihren Problemen, mit Wienerischem Formgefühl geschrieben, unpolemisch-betrachtsam, mit den neuesten Ergebnissen der Geisteswissenschaften arbeitend und von lauterer menschlicher Gesinnung.

Thomas Mann

3 *Reklam-Ausgabe des Don Quijote:* Saavedra Miguel de Cervantes, ‚Leben und Daten des scharfsinnigen Edlen Don Quijote von la Mancha', übers. von Ludwig Tieck, 4 Bände, Leipzig: Reclam 1926. – In der Nachlaßbibliothek Thomas Manns, mit handschriftlichen Anstreichungen.

1.1.1935 Thomas Mann an René Schickele, hs. Postk.
1 *Geschenk:* Ferdinand Freiligrath, ‚Ça ira!', Sechs Gedichte, Herisau 1846, mit Widmung René Schickeles.

2 *Saargebiet:* Das Saargebiet war durch das Saar-Statut im Friedensvertrag von Versailles auf 15 Jahre dem Völkerbund unterstellt und wurde durch eine vom Völkerbund ernannte Regierungskommission verwaltet. Nach Ablauf des Mandats war über die künftige staatliche Zugehörigkeit des Saargebietes eine Volksabstimmung herbeizuführen. Diese Volksabstimmung war auf den 13.1.1935 angesetzt. Die Regierung Hitler organisierte einen heftigen Wahlkampf für die Rückgliederung des Saargebietes an das Deutsche Reich, gegen den die Anhänger der Fortdauer bzw. Verlängerung des Völkerbundmandats (Status quo) einen schweren Stand hatten. Die nationalsozialistische Wahlpropaganda zeitigte einen großen Erfolg: Die Volksabstimmung ergab 90,8% der Stimmen für Deutschland und lediglich 0,4% für Frankreich sowie 8,8% für den ‚Status quo'. Das Saargebiet wurde am 30.1.1935 als ‚Saarland' einem Reichskommissar unterstellt und am 1.3.1935 wieder mit dem Deutschen Reich vereinigt. – Thomas Mann, der den Wahlkampf aufmerksam verfolgte, und seine Frau waren angeblich geteilter Meinung über den Ausgang der Abstimmung:

K.'s sanguinische Hoffnung und vernünftige Forderung des baldigen Endes des Regimes in Deutschland. [...] Die Saar-Angelegenheit und ihr Ausgang ist dunkel. Aber fiele die außenpolitische Spannung weg, gäbe es keine Ablenkung mehr durch sie und ihre zusammendrückenden „nationalen" Wirkungen, so wäre die Wahrscheinlichkeit heftigster innerer Erdrutsche und Entladungen nur desto größer. Es wird daran keinesfalls fehlen, aber ob sie die Abschüttelung des Traumes der Weltführung durch eine neue politische Weltanschauung, das Ende all dessen bedeuten würden, was heute noch die Köpfe der „Intellektuellen" beherrscht? Ich kann mir das nationale Eingeständnis des überstandenen Irrsinns noch lange nicht vorstellen. Die Verfassung der Außenwelt, der Zustand der Demokratieen ist wenig geeignet, dazu anzuhalten. (TB 9.12.1934, siehe auch TB 31.12.1934)

Angesichts des Abstimmungsresultats und der Zeitungsberichte darüber stellt Thomas Mann im Tagebuch folgende Überlegungen an:

Schlamm, in den „Europ. Heften" hat recht, wenn er zur Saarabstimmung erklärt, die Epoche sei abgelaufen, in der man an Massen geglaubt habe, die vernunftmäßig und ihrem Interesse gemäß zu leiten und zu heben seien. Es ist nichts mit diesem Glauben. Aber bedeutet das nicht wirklich das Ende des Marxismus? Stirbt er nicht überall aus Mangel an Glauben an sich selbst langsam dahin? Ist Sozialismus im Zeitalter der Tanks und des Radios, des idealistisch herausgeputzten Propaganda-Massen-Rummels überhaupt noch möglich, in dem Sinn, den er im 19. Jahrhundert hatte. Wie liebevoll war noch dessen Pessimismus! Eine Zeit der Masse, die zugleich eine der Massen- und Menschenverachtung ist, bricht an. (TB 19.1.1935, vgl. auch TB 20.1.1935)

3 *Reichskanzler Michaelis sagte:* Der Jurist Georg Michaelis (1857–1936) war vom 14.7. bis 31.10.1917 Reichskanzler und preußischer Ministerpräsident. – Herkunft des Zitats nicht ermittelt.

1.3.1935 Thomas Mann an René Schickele, hs. Postk.

1 *Sitzungen des Völkerbund-Comités in Nizza:* Am 6. Februar 1935 hatte Thomas Mann von der Société des Nations (Völkerbund) eine Einladung zu den Sitzungen des Comité permanent des Lettres et des Arts vom 1.–3.4.1935 in Nizza erhalten. Für diese Tagung schrieb er vom 8.–14.3.1935 das Referat ‚La formation de l'homme moderne' (dt. ‚Achtung, Europa!'), welches er am 2. April 1935 halten sollte. Auf Drängen Gottfried Bermann Fischers, der um die Auswanderungsbewilligung für seinen Verlag fürchtete, sagte Thomas Mann seine Teilnahme ab:

Neuer Telephon-Anruf Bermanns, der versichert binnen 14 Tagen werde in Berlin der Akt erledigt sein, die entscheidende Sitzung habe stattgefunden, es gehe nur noch um die Ausfertigung, die Reise aber werde alles um Monate zurückwerfen (er weiß nichts von der Rede), ich möge an mich denken, nicht die Mühe und Arbeit von Jahren zunichte machen etc.
Abscheuliche Zwickmühle. Es hängt viel an meinem Entschluß, wohl auch das Schicksal des Verlages und was mich angeht mein zukünftiges Verhältnis zu Deutschland, mein ganzer seelischer Zustand, die Farbe meiner Existenz, denn die Folgen der Rede sind nicht abzusehen, wie übrigens schon Kahler voraussagte. (TB 27.3.1935, siehe auch TB 26.3. u. 28.3.1935)

Thomas Mann bat das Comité zudem, das Schriftstück nicht über den Personenkreis der Vereinigung hinausdringen zu lassen. Auf der Tagung wurde die Rede in französischer Sprache vorgelesen. Sie wurde dann in dem vom Institut International de Coopération Intellectuelle, Paris, herausgegebenen Sammelband veröffentlicht. Deutsch unter dem Titel ‚Achtung, Europa!' im ‚Neuen Wiener Tagblatt' vom 15. und 22.2.1936 und in dem Band gesammelter Aufsätze gleichen Titels im Bermann-Fischer Verlag, Stockholm, 1938.

2 *Unsere Reise:* Vom 19. bis 31. Januar 1935 hatte Thomas Mann eine Vortragstournee nach Prag, Brünn, Wien und Budapest unternommen. Er hatte den Vortrag ‚Leiden und Größe Richard Wagners' gehalten. In Budapest hatte er den Mythologen Karl Kerényi persönlich kennengelernt, mit dem er seit Januar 1934 in regelmäßigem Briefwechsel über religionswissenschaftliche Fragen – im Zusammenhang mit dem ‚Joseph'-Roman – stand.

3 *Fritz von Unruh:* Der Schriftsteller Fritz von Unruh (1885–1970), aus alter preußischer Adels- und Offiziersfamilie, wurde durch das Erlebnis des Ersten Weltkrieges zum Pazifisten. Er lebte in Diez/Lahn und in der Schweiz, emigrierte 1932 nach Italien und 1933 nach Frankreich, lebte dort zumeist in Nizza, wurde 1940 interniert und flüchtete vor dem deutschen Einmarsch nach New York. Seit 1948 lebte er teils in Deutschland, teils in den Vereinigten Staaten. 1952 ließ er sich wieder in Diez nieder, ging aber 1955 vereinsamt und verbittert nach New York zurück, dann nach Atlantic City. 1962 kam er endgültig nach Frankfurt am Main zurück (vgl. Brw. mit Autoren, S. 427–468). – Zu seinem Treffen mit Fritz von Unruh notiert Thomas Mann am 1.3.1935 im Tagebuch: „Fuhr mittags mit Doll zu Reiffs, wo ich mit Fritz v. Unruh

lunchte und mich nachher mit ihm unter vier Augen unterhielt. Er glaubt an nahen Krieg, dessen Anlaß schon Mussolinis Engagement in Afrika sein könne."

28.3.1935 Thomas Mann an René Schickele, hs.Br.

1 *unserem Wiedersehen in den nächsten Tagen:* Thomas Mann hatte geplant, anläßlich der Tagung des Comité de la Coopération Intellectuelle vom 1.–3.4.1935 in Nizza seine Freunde zu besuchen. Siehe dazu Thomas Manns Brief an René Schickele vom 1.3.1935, Anm. 1, sowie Thomas Manns Briefe an Heinrich Mann vom 10.3.1935, 26.3.1935, 28.3.1935 und 3.4.1935, Annette Kolbs Brief an Thomas Mann vom 8.4.1935, Thomas Manns Brief an Annette Kolb vom 9.4.1935 und René Schickeles Brief an Annette Kolb vom 1.4.1935.

Ich schicke Dir die „Denkschrift", da Du Interesse dafür zeigst. Der Völkerbund beanstandete sanft zwei Stellen, das „Hakenkreuz" und noch etwas. Das machte mir erst klar, daß ich an Ort und Stelle Befremden, vielleicht peinliches, erregen würde. Die Vorstellung, diese Dinge in einer nivellierenden französischen Übersetzung zu Gehör bringen zu sollen, war mir gleichfalls nicht lieb. Hinzu kam, etwas spät, denn ich hatte mir „nichts dabei gedacht", die Überlegung, daß ich Bermann (und auch meinen Münchener Anwalt) von einem solchen Schritt eigentlich vorher hätte in Kenntnis setzen müssen. Die Folge wäre wahrscheinlich meine Ausbürgerung, das Verbot meiner Bücher und das Auffliegen des S. Fischer Verlages gewesen. Auf diesem Wege, auf eine mich wenig befriedigende Weise, halb zufällig, gleichsam aus Ungeschicklichkeit, hatte ich das nicht herbeiführen wollen, und da ich mir außerdem kennzeichnender Weise mit der kleinen Analyse die Nerven verdorben hatte, ließ ich die Sache fallen. (Brief Thomas Manns an Heinrich Mann vom 3.4.1935)

2 *Memoire:* Thomas Mann, ‚La formation de l'homme moderne' (deutsch später unter dem Titel ‚Achtung, Europa!'), in: ‚La formation de l'homme moderne', éd. par la Société des Nations, Paris: Institut International de Coopération Intellectuelle 1935 (XII, 766–779).

3 *Genf:* Siehe dazu Thomas Manns Brief an Massimo Pilotty (Unter-Generalsekretär für geistige Zusammenarbeit im Völkerbund Genf) vom 30.3.1935:

Küsnacht-Zürich.
30.III.35.

Sehr verehrter Herr Pilotti:
Nehmen Sie meinen besten Dank für Ihr Telegramm und den heute eingetroffenen Eilbrief. Ihre Anteilnahme an meiner augenblicklichen Lage und Ihr dringender Wunsch, ich möchte die Reise nach Nizza doch noch unternehmen, rührt mich sehr und würde ihre Wirkung auf mich nicht verfehlen, wenn es mir nicht eben unmöglich wäre, meinen Entschluß rückgängig zu machen. Was ich in meinem Brief über meine durch die Erlebnisse der letzten Jahre und namentlich der letzten Wochen erschütterte Gesundheit sagte, ist keine Phrase, sondern ernst gemeint. Es kommt aber hinzu, daß die leichten Ausstellungen, die der Völkerbund selbst an meinem Exposé glaubte machen zu müssen, mir erst recht die Augen geöffnet haben darüber, wie sehr dieses mémoire ein aus spezifisch deutschen Schmerzen kommendes Produkt ist, wie man es in diesem Augenblick und bei dieser Gelegenheit durchaus nicht von mir gewünscht

und erwartet hatte und das, an dieser Stelle vorgebracht, befremdend hätte wirken
müssen. In diesem Sinn habe ich Herrn Kullmann am Telephon gleich geantwortet,
daß meine Bedenken gegen die Rede viel weiter gingen als die der Herren des Gene-
ralsekretariats und daß ich darum Wert darauf lege, der Text möge mit den beabsich-
tigten Korrekturen zwar, wie die anderen Exposés, unter die Mitglieder des Comités
verteilt, aber der Öffentlichkeit in keiner Form, weder durch öffentliche Vorlesung,
noch durch Übergabe an die Presse mitgeteilt werden. Ich möchte diese Bitte noch
einmal wiederholen.

An Monsieur Bonnet werde ich noch direkt nach Nizza ein Wort des Bedauerns
darüber richten, daß die Umstände es mir leider für diesmal verbieten, an den Sitzungen des Comités persönlich teilzunehmen.

Mit nochmaligem Dank für Ihr freundliches Zureden und hochachtungsvoller Begrüßung bin ich, sehr verehrter Herr Pilotti,

Ihr sehr ergebener [Thomas Mann]

82 4 *im Mai:* Thomas und Katia Mann weilten vom 14.–21.5.1935 in Nizza, Hotel d'An-
gleterre, und besuchten dort Klaus Mann, Heinrich Mann und René Schickele (vgl. TB
16.–22.5.1935): „5 Uhr mit Taxi nach Fabron zu Schickeles. Regen. Schwierigkeiten
der Auffindung. Hübsches Heim. Thee wie in Sanary. Hinzukommen Schalom Aschs.
Zuletzt Hans Sch., der uns bei andauerndem Regen zurück nach Nizza und zu Heinrich in die Rue du Congrès fuhr." (TB 16.5.1935). – Vgl. auch Thomas Manns Briefe
vom 22.5.1935 an Ferdinand Lion und vom 23.5.1935 an Julius Bab.

4.5.1935 Thomas Mann an René Schickele, hs. Postk.
 1 *wir kommen:* Siehe Thomas Manns Brief vom 28.3.1935, Anm. 4.
 2 *Amerika:* Vom 10. Juni bis zum 13. Juli 1935 reiste Thomas Mann zum zweitenmal in
die Vereinigten Staaten, auf Einladung der Harvard Universität, Cambridge, die ihm
anläßlich ihres Gründungstages am 20. Juni den Ehrendoktor of letters zu verleihen
wünschte. 10. Juni: Zugfahrt über Basel nach Paris und Besuch bei Annette Kolb. 11.
Juni: Weiterfahrt nach Le Havre und Einschiffung auf M.S. ‚Lafayette'. 11.–19. Juni:
Überfahrt. 20. Juni: Verleihung der Ehrendoktorwürde der Harvard Universität, zusammen mit Albert Einstein:

Gestern den 20. akadem. Festtag, Morgenmusik, 1/2 10, nach Bad und gutem Frühstück, abgeholt von Prof. Walz; Tribüne des Festzeltes, 6000 Menschen, Promotions-
feier, gewaltige Akklamationen für Einstein und mich. Photogr. Aufnahmen im
akademischen Ornat. Lunch im Freien, kalt. (TB 21.6.1935)

21.–27. Juni: Gast des holländisch-amerikanischen Schriftstellers Hendrik van Loon
in dessen Landhaus in Riverside/Conn.:

Gestern Vormittag beschäftigte ich mich, guter Dinge, auf der Veranda mit dem Jo-
seph-Kapitel und schrieb am Dialog weiter. Mittags ging ich mit K. etwas aus, wobei
wir eine schöne Besitzung mit großem Haus am Wasser besichtigten. Der Tag verging
ruhig, van Loon war in der Stadt, wir luchten allein mit seiner Frau. Ich schlief
nachmittags, und nach dem Thee rückte ich den leichten Spieltisch, an dem ich, wie in
Sanary, zu schreiben pflegte, in den Schatten und fuhr noch etwas fort, an dem Kapitel

zu schreiben. Abends kamen Gäste, Schriftsteller, Kritiker, Damen [...]. (TB 26.6.1935)

29. Juni: Gast von Präsident Roosevelt, privates Dinner im Weißen Haus:

Im Speisezimmer der Präsident im Rollstuhl. Mäßiges Essen. Ruhige englische Unterhaltung. Außer uns nur ein paar Damen und ein Knabe im weißen Smoking. Der Präsident, kluge Physiognomie, in hellen Hosen und Sammetsmoking. Gesprächseindrücke von seiner Energie und Selbstherrlichkeit. Geringschätzung der degenerierenden Demokratie und der wilden Regierungsstürzerei, Prime Minister and President, they can't get me out. Amerikanisches Lachen. (TB 29.6.1935, vgl. auch Thomas Manns Brief an René Schickele vom 25.7.1935 und an Gottfried Bermann Fischer vom 10.7.1935)

1.–5. Juli: Aufenthalt in New York im Hotel Algonquin.
5.–12. Juli: Rückreise auf M.S. ,Berengaria'.

5.6.1935   René Schickele an Thomas Mann, Tg.
1 *ju décédé:* Julius Meier-Graefe starb am 5.6.1935 in Vevey.

7.6.1935   Thomas Mann an René Schickele, hs. Br.   83
1 *Ihres nächsten Freundes:* Julius Meier-Graefe.
2 *unseren Festtag:* Thomas Mann feierte am 6.6.1935 seinen 60. Geburtstag im Kreis seiner Familie, zusammen mit Hans Reisiger, Therese Giehse, Gottfried Bermann Fischer und cirka 20 anderen Freunden (siehe TB 6.6.1935). Vom S. Fischer Verlag erhielt Thomas Mann als Geschenk eine Kassette mit handschriftlichen Glückwünschen fast aller S. Fischer-Autoren und zahlreicher anderer Freunde. Heinrich Mann ließ in der Zeitschrift ,Die Sammlung' einen Geburtstagsartikel erscheinen: ,Der Sechzigjährige' (Amsterdam, Juni 1935, Jg. 2, H. 10. S. 505–509). Über die vielen Geburtstagsbriefe und -artikel reflektiert Thomas Mann im Tagebuch:

Die Artikel und Briefe, die mein 60. Geburtstag zeitigt, ergeben ein wesentlich anderes Bild von mir, wie es der Welt vorschwebt, als die Kundgebungen beim 50.. Werk und Person sind gewachsen, die Akzente sind feierlicher, rein-ehrerbietiger, eine Art von Sicherung, Verewigung, hat eingesetzt, die Arbeiten bis zurück zu den Anfängen, stehen in einem veränderten, gereinigten Licht. Die Welt hat sich mit dem bleibenden Charakter dieses Lebens abgefunden und trägt einer geistigen Tatsache Rechnung in Ton und Haltung, die sich in schwankendem Prozeß mit der Zeit, halb gegen ihren Willen, durchgesetzt. (TB 4.6.1935)

Vgl. dazu auch Thomas Manns Brief an Hermann Hesse vom 7.6.1935, an Alfred Neumann vom 7.6.1935, an Bruno Walter vom 8.6.1935 und an Gottfried Bermann Fischer vom 10.7.1935.
3 *Besuch bei Annetten:* Auf der Fahrt von Zürich nach Le Havre, wo er sich nach Amerika einschiffte, machte Thomas Mann einen Zwischenhalt in Paris (10.6.1935) und besuchte dabei Annette Kolb:

Ankunft *Paris* abends 7 Uhr. Mit Golo ins Hotel Mirabeau. Von dort mit Taxi zu

Annette Kolb, allerliebste Wohnung, angenehmes Abendessen mit der Guten zu viert. 1/2 11 Uhr ins Hotel zurück. Verabschiedung von Golo, der nach St. Cloud weiterfuhr. (TB 10.6.1935)

Siehe hierzu auch Thomas Manns Brief vom 4.5.1935, Anm. 2.

25.7.1935 Thomas Mann an René Schickele, hs. Br.

84 1 *Gustav Mahler* (1860–1911): Österreichischer Komponist und Dirigent, der aus einer jüdischen Kaufmannsfamilie stammte. Studierte seit 1875 mit Hugo Wolf am Konservatorium in Wien, hörte gleichzeitig an der Universität Vorlesungen bei Anton Bruckner und schloß 1878 seine musikalischen Studien ab. Zunächst war er als Kapellmeister an kleineren Provinztheatern tätig, später wurde er an größere Theater engagiert: 1883 nach Kassel, 1885 nach Prag und 1886 nach Leipzig. 1888 wurde er Operndirektor in Budapest, 1891 erster Kapellmeister am Stadttheater Hamburg. Nach dem Übertritt zum Katholizismus wurde er 1897 als Kapellmeister an die Wiener Hofoper berufen. 1907 starb seine ältere Tochter, und zugleich wurde bei ihm ein Herzleiden diagnostiziert. Von diesen Ereignissen geschwächt und unter dem Druck mächtiger Intrigen, trat er von der Leitung der Wiener Hofoper zurück und ging nach New York, wo er als Gastdirigent der Metropolitan Opera und später als Leiter der neugegründeten Philharmonic Society tätig war. Hier konnte er zum ersten Mal sämtliche Symphonien Anton Bruckners und einige seiner eigenen Werke aufführen. Eine Krankheit zwang ihn, im Februar 1911 seine Konzerte in New York abzubrechen. Er kehrte nach Wien zurück, wo er kurz darauf starb. – Thomas Mann lernte Gustav Mahler anläßlich der Uraufführung der 8. Symphonie am 12.9.1910 in München kennen:

Wie tief ich Ihnen für die Eindrücke vom 12. September verschuldet bin, war ich am Abend im Hotel nicht fähig Ihnen zu sagen. Es Ihnen wenigstens anzudeuten, ist mir ein starkes Bedürfnis, und so bitte ich Sie, das beifolgende Buch – mein jüngstes – gütigst von mir annehmen zu wollen.
Als Gegengabe für das, was ich von Ihnen empfangen, ist es freilich schlecht geeignet und muß federleicht wiegen in der Hand des Mannes, in dem sich, wie ich zu erkennen glaube, der ernsteste und heiligste künstlerische Wille unserer Zeit verkörpert. (Brief Thomas Manns an Gustav Mahler, 14.9.1910)

Thomas Mann hat im ‚Tod in Venedig' Gustav von Aschenbach nach einer Photographie Gustav Mahlers beschrieben, die er eigenhändig aus einer Zeitung ausgeschnitten hatte (vgl. Hans Wysling/ Yvonne Schmidlin, ‚Bild und Text bei Thomas Mann', Bern und München: Francke 1975, S. 154f.).

2 *meine Promotion in Harvard:* Thomas Mann hatte am 20. Juni 1935 – zusammen mit Albert Einstein – den Ehrendoktor der Harvard Universität erhalten. Siehe dazu Thomas Manns Brief an René Schickele vom 4.5.1935, Anm. 2.

3 *französische Regierungsstürzerei:* Die Probleme der französischen Regierung in der Finanz- und Währungspolitik erreichten anfangs 1934 einen Höhepunkt im Stavisky-Finanzskandal. Durch diesen Skandal wurde im Januar 1934 der amtierende Ministerpräsident Camille Chautemps gestürzt und durch das Kabinett des Radikalsozialisten Edouard Daladier ersetzt. Dieses Kabinett trat aber bereits im folgenden Monat zu-

rück und wurde durch eine Regierung der nationalen Konzentration unter dem vormaligen französischen Staatspräsidenten Gaston Doumergue ersetzt; diese trat ihrerseits kurz darauf zurück und wurde von den Kabinetten Flandin, Laval und Sarraut in rascher Folge abgelöst, bis es schließlich Anfang Juni 1936 zur Bildung der Volksfrontregierung unter Léon Blum kam.

4 *Hendrik van Loon:* Siehe Thomas Manns Brief vom 4.5.1935, Anm. 2.

17.10.1935   René Schickele an Thomas Mann, hs.Br.   85

1 *Ihren gütigen Brief:* Thomas Manns Brief vom 25.7.1935.

2 *Dämmerzustand des Rekonvaleszenten:* René Schickele wurde in jenem Jahr von verschiedenen Krankheiten heimgesucht: im Frühjahr litt er unter einer schweren Grippe, dann plagte ihn wochenlang ein Hautausschlag, und schließlich zog er sich noch eine Blutvergiftung zu. Dazu kamen große finanzielle Sorgen. Vgl. dazu René Schickeles Briefe an Annette Kolb vom Februar bis November 1935.

3 *„Henri IV“ Ihres Bruders:* Heinrich Mann, ‚Die Jugend des Königs Henri Quatre‘, Roman, Amsterdam: Querido 1935. Heinrich Mann hatte den Roman am 8.6.1935 beendet.

4 *französischen „Moralités“:* Einzelnen Kapiteln seines Romans hatte Heinrich Mann   86 ‚Moralités‘ beigefügt, kurze moralisierende Betrachtungen in französischer Sprache, in denen das Vorgefallene zusammengefaßt und gewertet wird. Die ‚Moralités‘ waren als Huldigung an Montaigne gedacht, dessen ‚Essais‘ auf den Roman gewirkt haben und der – in einer von Heinrich Mann erfundenen Episode – persönlich darin auftritt.

5 *Reise:* Vom 18. bis 29. August 1935 unternahm Thomas Mann eine Reise nach Salzburg. 18. August: Reise nach Innsbruck und Treffen mit Hans Reisiger. 20. August: Lesung aus dem ‚Joseph‘ in Bad Gastein. 21. August: „Abends der Wagner-Vortrag im Wiener Saal, gute Akustik, gut gesprochen, gute Stimmung, obgleich der Saal stark gepolstert war u. das Honorar gering. Frau Walter, Mrs. Knopf und viele andere. Nachher Abendessen mit Trebitsch, Reisiger, Blanche.“ (TB 22.8.1935). 22. August: Freilichtaufführung von Gounods ‚Faust‘. 23. August: Mozarts ‚Don Giovanni‘ unter Bruno Walter. Besuch bei Bruno Frank. 24. August: „Wunderschöne Aufführung des ‚Fidelio‘ unter Toscanini mit der Lehmann und Jerger. Ergriffen von dem schwärmerischen Geist des Werkes, dem große aktuelle Wirkungen vorbehalten sind.“ (TB 24.8.1935). 26. August: Besuch bei Carl Zuckmayer in Henndorf. „Abends ‚Falstaff‘ unter Toscanini, spöttisch kühles Greisenwerk, ‚letztes Wort‘, schwebend – es ist nichts, Scherz, Spiel, Trug. Blasser Elfentanz.“ (TB 26.8.1935). 27. August: Thomas Mann liest im Mozarteum den ‚Bericht von Mont-kaws bescheidenem Sterben‘. 28. August: Abfahrt von Salzburg und Übernachtung in Innsbruck. 29. August: Rückfahrt nach Küsnacht.

6 *Jochanaan:* Johannes der Täufer. Hier Figur in Oscar Wildes *Salome*.

7 *Vertragstreue:* Bezieht sich auf den italienisch-abessinischen Krieg. Ungeachtet weltweiter diplomatischer Bemühungen ließ der italienische Staatschef Benito Mussolini am 3.10.1935 seine Streitkräfte in Abessinien einmarschieren. Am 7.10.1935 verurteilte der Völkerbundrat Italien als Aggressor. Am 18.11.1935 wurde mit wirtschaftlichen Sanktionen begonnen (Waffenausfuhr- und Kreditsperre, Ein- und Ausfuhrverbote gegen Italien), ohne Beteiligung Deutschlands, Österreichs, der Schweiz, Ungarns und Albaniens. Seit dem 9.12.1935 tagte in Paris eine britisch-französische Konferenz, die einen Friedensplan – den sogenannten Hoare-Laval-Plan – zur fried-

lichen Beilegung des Abessinien-Konflikts ausarbeitete. Da dieser Plan bedeutende Zugeständnisse an Italien vorsah, wurde er von der politischen Opposition in England und Frankreich als ein Verrat am Völkerbund bezeichnet und mußte daraufhin fallengelassen werden.

31.10.1935 Thomas Mann an René Schickele, hs. Br.

1 *Skriptum:* Thomas Mann, ‚An das Nobel-Friedenspreis-Comité, Oslo‘, erstmals in schwedischer Übersetzung unter dem Titel ‚Nobelpriset och Carl von Ossietzky‘ in: Göteborgs Handels- och Sjöfarts-Tidning, Göteborg, 11.7.1936, Nr. 158A; erste Buchveröffentlichung des deutschen Textes in: Felix Burger, Kurt Singer, ‚Carl von Ossietzky‘, Zürich: Europa-Verlag 1937, S. 117–121; aufgenommen in: Thomas Mann, ‚Altes und Neues. Kleine Prosa aus fünf Jahrzehnten‘, Frankfurt am Main: S. Fischer 1953 (XII, 779–783). – In diesem Brief, den Thomas Mann auf Anregung Gustav Hartungs am 13./14. Oktober 1935 schrieb und am 15. Oktober absandte, befürwortete er die Wahl Carl von Ossietzkys, da diese Entscheidung einem „Märtyrer der Friedensidee“ zugute komme, der seit drei Jahren in einem deutschen Konzentrationslager inhaftiert sei. Er beruft sich ironischerweise auf die ständigen Friedensversicherungen Adolf Hitlers und der deutschen Reichsregierung, wonach diese Verleihung auch im Sinne der deutschen Friedenspolitik sein müsse. – Thomas Mann übersandte Kopien des Briefes an Hartung, Otto Basler, Alfred Neumann, Hans Reisiger, Heinrich Mann u. a. m. Heinrich schrieb ihm am 26.10.1935: „[...] der Brief nach Oslo ist wohl Deine schönste und machtvollste Kundgebung. Mit Rührung und Freude gebe ich Dir den Durchschlag zurück. Wer weiss, ob Dein Wort nicht ein Wunder wirkt. Weil es unglaublich scheint, wollen wir glauben.“ – Gegen Thomas Manns Vorschlag wandte sich am 22.11.1935 der Dichter Knut Hamsun, ein entschiedener Parteigänger Deutschlands, in zwei norwegischen Zeitungen, ‚Aftenposten‘ und ‚Tidens Tegn‘. Hamsun warf Ossietzky vor, er sei absichtlich in Deutschland geblieben, um seinen neuen Herrschern Schwierigkeiten zu machen. Der Artikel erregte einen Sturm der Empörung. Heinrich Mann schrieb eine ‚Antwort an Hamsun‘ (Pariser Tageblatt, 5.12.1935); Hamsun schlug in einem zweiten Offenen Brief zurück. „Hamsun erklärt in einem neuen Brief, niemand werde ihn zu der ‚Unverschämtheit‘ veranlassen, sich in die Angelegenheiten des deutschen Volkes einzumischen. Auf einmal? Das ist wirklich sehr schwach.“ (TB 17.1.1936). – Ossietzky erhielt dann 1936 tatsächlich den Friedensnobelpreis, durfte ihn aber nicht annehmen. Er starb zwei Jahre später in einer Berliner Klinik – unter Polizeiaufsicht.

87 2 *Ausflug nach Salzburg:* Siehe René Schickeles Brief vom 17.10.1935, Anm. 5.

3 *Lehmann:* Die Sängerin Lotte Lehmann (1888–1976) gehörte 1914–1938 der Wiener Staatsoper an. Sie erhielt 1933 in Deutschland Auftrittsverbot, ging 1938 in die Vereinigten Staaten und gründete in Santa Barbara, Kalifornien, eine Musikakademie. Sie war eine der gefeiertsten Opern- und Liedersängerinnen ihrer Zeit.

4 *etwas aus meinem III. Bande:* Thomas Mann las im Mozarteum in Salzburg das Kapitel ‚Bericht von Mont-kaws bescheidenem Sterben‘, das sechste des fünften Hauptstückes aus dem dritten Bande des ‚Joseph‘-Romans, ‚Joseph in Ägypten‘.

5 *Dezemberheft der Neuen Rundschau:* Thomas Mann, ‚Die Gatten‘, in: Die neue Rundschau, Berlin, Dezember 1935, Jg. 46, H. 12, S. 594–624, Vorabdruck des Kapitels aus ‚Joseph in Ägypten‘. – Bei einem Besuch bei Alfred Neumann und seiner

Frau im Gasthaus ‚Adler‘ in Ermatingen las Thomas Mann dieses Kapitel aus dem ‚Joseph‘-Roman vor:

Man blieb lange bei Tisch und ging um 10 Uhr in ein Privatzimmer hinunter, wo ich, in einem Stuhle sitzend, den Richard Wagner zur Zeit des I. Tristan-Aktes viel benutzt, im Laufe von 2 Stunden das ganze Kapitel „Die Gatten“ vorlas, das seltsamen Eindruck machte und, wie das ganze Werk, bewegt diskutiert wurde. (Das zur Wurzel Dringen und zugleich Moderne der Sprache, das mit dem psychologischen Primitivismus des ganzen übereinstimmt und Ergebnis des Stoffes, also Stil, zugleich aber das Dichterische selbst ist. Das Außerordentliche und Großartige des Werkes stark empfunden, das mich auch anhält, mich lesend dabei nur mit Großem (Faust, Proust) zu beschäftigen.) (TB 6.8.1935)

6 *der mich nun auf einmal fesselt:* In der Zeit von Juli bis Dezember 1935 las Thomas Mann immer wieder in Marcel Prousts Werk ‚Auf den Spuren der verlorenen Zeit‘, Bd. 3: ‚Die Herzogin von Guermantes‘, 2 Bände, übersetzt von Walter Benjamin und Franz Hessel, München: Piper 1930 (vgl. TB 28.7.1935, 7.8.1935, 24.8.1935, 19.10.1935 und 28.11.1935). – Thomas Mann war 1920, als Proust in Deutschland noch völlig unbekannt war, von Annette Kolb auf ihn hingewiesen worden (siehe TB 28.7.1920). – Mut-em-enet im ‚Joseph‘-Roman ist psychologisch von Proust beeinflußt.

7 *Dinge wie der Tod „meiner Großmutter“ [...] sind doch unvergeßlich:* Marcel Proust, ‚Auf den Spuren der verlorenen Zeit‘, Bd. 3: ‚Die Herzogin von Guermantes‘, Bd. 2: Erstes Kapitel: Krankheit meiner Großmutter. Krankheit Bergottes. Herzog und Arzt. Mit meiner Großmutter geht es zu Ende. Ihr Tod (S. 329/330):

Nach unserm Arzt war das ein Symptom wachsenden Blutandrangs zum Gehirn. Man mußte es freimachen.
Cottard zögerte. Françoise hoffte einen Augenblick, man werde Schröpfköpfe setzen. „Schöpfköpfe“ sagte sie und suchte in meinem Lexikon, um zu erfahren, wie sie eigentlich wirkten, aber sie fand das Wort nicht. Zu ihrer Enttäuschung versuchte Cottard es, ohne rechte Hoffnung, lieber mit Blutegeln. Als ich ein paar Stunden später bei meiner Großmutter eintrat, ringelten sich, an Nacken, Schläfen und Ohren ihr angesetzt, kleine schwarze Schlangen durch ihr blutiges Haar wie durch das der Meduse. Aber in ihrem bleichen, ruhig gewordenen, ganz unbewegten Gesicht sah ich groß offen, still und leuchtend ihre schönen Augen von früher (vielleicht standen sie bis zum Rande voller mit Geist als vor ihrer Krankheit, denn da sie nicht sprechen konnte, sich nicht regen durfte, vertraute sie ihren Augen allein ihr Denken an, das Denken, das bald einen maßlosen Raum in uns einnimmt, uns ungeahnte Schätze bietet, bald in ein Nichts zu zerrinnen scheint, um dann wieder wie durch Urzeugung zu erstehen dank ein paar Tropfen Blut, die man schröpft), ihre Augen sanft und flüssig wie Öl, in denen das Feuer wieder entfacht war, das nun vor der Kranken das wiedergewonnene Weltall erhellte. Ihre Ruhe war nicht mehr die Weisheit der Verzweiflung, sondern der Hoffnung. Sie begriff, es ging ihr besser, wollte vorsichtig sein, sich nicht bewegen, machte mir nur das Geschenk eines schönen Lächelns, damit ich wisse, sie fühle sich wohler, und drückte mir leise die Hand.
Ich wußte, wie sehr meine Großmutter sich vor dem Anblick gewisser Tiere und natürlich noch viel mehr vor ihrer Berührung ekelte. Ich wußte, sie ertrug die Blutegel

in Anbetracht einer höheren Nützlichkeit. Daher brachte Françoise mich zur Verzweiflung, als sie nun, kichernd wie mit einem Kinde, das man zum Spielen veranlassen will, immer wieder zur Großmutter sagte: „Ach die Tierchen, die kleinen Tierchen, wie sie sich auf der gnädigen Frau tummeln." Sie behandelte dabei obendrein unsere Kranke respektlos, als wäre sie kindisch geworden. Aber meine Großmutter, deren Gesicht die ruhige Tapferkeit eines Stoikers angenommen hatte, hörte gar nicht hin.

Als die Blutegel entfernt waren, wurde der Blutandrang leider gleich wieder viel stärker. Es überraschte mich, daß Françoise jetzt, da es der Großmutter so schlecht ging, alle Augenblicke verschwand. Sie hatte sich Trauerkleidung bestellt und wollte die Schneiderin nicht warten lassen. Im Leben der meisten Frauen läuft alles, selbst der größte Kummer, schließlich auf eine Anprobe hinaus.

8 *abyssinische Sache:* Bezieht sich auf den italienisch-abessinischen Krieg. Siehe dazu René Schickeles Brief an Thomas Mann vom 17.10.1935, Anm. 6.

88 9 *Laval:* Der französische Politiker Pierre Laval (1883–1945) war 1931–1932 französischer Ministerpräsident, nachher Außenminister und von Juni 1935 bis Januar 1936 wieder Ministerpräsident. Am 7.1.1935 traf er sich mit Mussolini zu Gesprächen, die unter anderem zu einem Abkommen über Kolonialkompensationen in Nordafrika führten. Im April 1935 nahm er an der Konferenz in Stresa teil. Am 2.5.1935 schloß er einen Beistandspakt mit der Sowjetunion. Nach dem italienischen Angriff auf Abessinien im Oktober 1935 verhinderte er die Wirksamkeit der vom Völkerbund gegen Italien beschlossenen Sanktionen und war Mitunterzeichner des Hoare-Laval-Abkommens, das Abessinien an Italien auslieferte. – Nach der Niederlage Frankreichs 1940 war Laval Staatsminister und stellvertretender Ministerpräsident unter Marschall Pétain. Im Dezember 1940 abgesetzt und verhaftet, aber nach einer deutschen Intervention wieder freigelassen, wurde er im April 1942 auf Druck der Okkupatoren zum Ministerpräsidenten ernannt, nach der Invasion, 1944, nach Deutschland verschleppt, später von amerikanischen Truppen in Innsbruck verhaftet, am 1.8.1945 den französischen Behörden ausgeliefert und am 9.10.1945 als Hauptkollaborateur erschossen.

10 *seine goldenen Worte im Strand-Magazine:* Winston Churchill, ‚The truth about Hitler‘, in: The Strand Magazine, London, November 1935, S. 10–21.

11 *Heinrichs Roman:* Heinrich Mann, ‚Die Jugend des Königs Henri Quatre‘, Roman, Amsterdam: Querido 1935. Der zweite Teil, ‚Die Vollendung des Königs Henri Quatre‘, erschien 1938.

12 *in meinem Briefe:* Thomas Manns Brief zum *Henri Quatre* (26.9.1935) ist nicht erhalten. Heinrich dankt dem Bruder am 3.10.1935 dafür (Brw. Heinrich Mann, S. 221f.).

13 *Bertaux:* Der französische Germanist Félix Bertaux (1881–1948) war seit 1914 in Frankreich mit Aufsätzen über Thomas Mann hervorgetreten, hatte 1925 die Übersetzung von ‚Der Tod in Venedig‘ und 1933 die französische Fassung von ‚Leiden und Größe Richard Wagners‘ besorgt. Er stand seit 1923 in brieflicher Verbindung mit Thomas Mann; 1925 lernte er ihn persönlich kennen. – Am 3.10.1935 schreibt Heinrich Mann dem Bruder: „[...] durch Eingebung des Gefühls habe ich die ‚Moralités‘ hinzugefügt, im Stil der klassischen Moralisten, was unser Freund Bertaux mir ungefragt, aber ergriffen bezeugte. Ich wollte, dass Deutsch und Französisch sich dies eine

Mal durchdrängen. Davon erhoffte ich immer das Beste für die Welt." (Brw. Heinrich Mann, S. 222.)

14 *seine Geliebte:* Nelly Mann, geborene Kröger (1898–1944), aus Niendorf stammend, war Heinrich Manns Lebensgefährtin. Sie war 1933 in Berlin zurückgeblieben. Heinrich Mann ließ sie nach Südfrankreich nachkommen und heiratete sie am 9.9.1939 in Nizza. Er emigrierte mit ihr 1940 in die Vereinigten Staaten, wo sie sich am 17.12.1944 das Leben nahm. Sie stammte aus einfachen Verhältnissen und fand sich in der Intellektuellen-Welt, in die sie geraten war, nicht zurecht.

16.11.1935   René Schickele an Thomas Mann, hs. Br.   89

1 *Ihr Magen wieder in Ordnung:* Siehe dazu Thomas Manns Brief vom 31.10.1935 und die Tagebuchnotizen vom 29.–31.10.1935.

2 *Félix Nicolas Humbert:* (1881–1964): Arzt in Strasbourg. 1940–1945 in Toulouse.

3 *Mir geht es nun täglich besser:* René Schickele bezieht sich hier auf die verschiedenen Krankheiten, an denen er in jenem Jahr gelitten hatte. Siehe dazu René Schickeles Brief vom 17.10.1935, Anm. 2.

4 *„Henri IV["]:* Heinrich Mann, ‚Die Jugend des Königs Henri Quatre", Roman, Amsterdam: Querido 1935. Siehe auch Thomas Manns Brief an René Schickele vom 16.5.1934, Anm. 1.

5 *„Histoire Contemporaine" von France:* Anatole France, ‚L'histoire contemporaine', 4 Bände (‚L' orme du mail', 1896; ‚Le mannequin d' osier', 1897; ‚L' anneau d' améthyste', 1899; ‚M. Bergeret à Paris', 1901).

6 *„Les Dieux ont soif":* Anatole France, ‚Les dieux ont soif', Roman, 1912 – ein Zeitgemälde Frankreichs während der Revolution, das in einer Verdammung des politischen Fanatismus als zerstörerischer Kraft gipfelt.

7 *„Moralités":* Siehe dazu René Schickeles Brief vom 17.10.1935, Anm. 4.

8 *Félix Bertaux:* Siehe Thomas Manns Brief vom 31.10.1935, Anm. 13.

9 *Stavisky:* Alexandre Stavisky, ein rumänischer Hochstapler, hatte sich, da er in einen Korruptionsskandal verwickelt war, im Februar 1934 erschossen. Infolge dieses Skandals wurden mehrere Minister des Kabinetts Daladier kompromittiert und – wie Daladier selbst – zum Rücktritt gezwungen. Die französischen Behörden nahmen die Stavisky-Affäre zum Anlaß, die Fremdengesetze schärfer als bisher zu handhaben.

10 *Sarraut:* Maurice Sarraut (1869–1943), französischer Politiker, war 1913–1932 Senator, 1924 französischer Vertreter im Völkerbund und 1926–1927 Vorsitzender seiner Partei. Er war mit seinem Bruder Albert zusammen Besitzer und Herausgeber von ‚La Dépêche' in Toulouse, der größten radikalsozialistischen Zeitung. Er wurde von der Miliz der Vichy-Regierung ermordet. – Albert Sarraut (1872–1962): Französischer Politiker, Kolonialminister, Innenminister, Ministerpräsident. – Heinrich Mann hatte in den zwanziger Jahren gelegentlich, im französischen Exil 1933–1940 einmal im Monat für die ‚Dépêche' Beiträge geschrieben. Trotz seiner persönlichen Beziehungen zu den Gebrüdern Sarraut mußte er, wie alle anderen Emigranten, die gesetzlichen Bedingungen erfüllen, um die französische Staatsbürgerschaft zu erhalten. (1936 wurde ihm dann das tschechische Bürgerrecht verliehen.)

11 *Enttäuschungen mit den Gentlemen:* Vgl. dazu René Schickeles Brief vom 17.10.1935,   90 Anm. 7, und Thomas Manns Brief vom 31.10.1935.

12 *Hitler an Edens Hand:* Sir Robert Anthony Eden (1897–1977), konservativer britischer Politiker, war 1931–1933 Unterstaatssekretär des Auswärtigen, 1934–1935 Lordsiegelbewahrer. 1935 wurde er Minister für Völkerbundsangelegenheiten und am

22.12.1935 Außenminister. Differenzen mit Premierminister Neville Chamberlain wegen dessen Politik der Beschwichtigung führten am 20.2.1938 zu seinem Rücktritt. Im Kriegskabinett Churchill 1940–1945 war Eden zuerst Kriegs- und dann wieder Außenminister. Im zweiten Kabinett Churchill 1951–1955 hatte er abermals das Außenministerium inne. Nach Churchills Rücktritt wurde er im April 1955 Premierminister, sah sich jedoch angesichts der weltweiten Empörung, die seine bewaffnete Intervention in der Suezkrise hervorrief, am 10.1.1957 zum Rücktritt gezwungen. – Das deutsch-britische Flottenabkommen vom 18.6.1935 ermöglichte eine deutsche Aufrüstung zur See. Die englische Reaktion auf die widerrechtliche Besetzung des Rheinlandes durch die deutsche Wehrmacht am 7.3.1936 war ebenfalls schwach. Eden schlug Hitler am 12.3.1936 vor, die Truppen im Rheinland zu reduzieren; eher hätte man die Forderung nach deren vollständigem Rückzug erwartet.

13 *Ihr Brief an das Friedenskomitee:* Thomas Mann, ‚An das Nobel-Friedenspreis-Comité, Oslo‘, erstmals in schwedischer Übersetzung unter dem Titel ‚Nobelpriset och Carl von Ossietzky‘ in: Göteborgs Handels- och Sjöfarts-Tidning, Göteborg, 11.7.1936, Nr. 158 A. – Siehe hierzu Thomas Manns Brief vom 31.10.1935, Anm. 1.

22.11.1935 Thomas Mann an René Schickele, ms. Br.

1 *Bermanns Sache sein lassen:* Im November 1935 wurden in Berlin sämtliche beim S. Fischer Verlag und beim Rowohlt Verlag erschienenen Bücher René Schickeles von der Polizei beschlagnahmt. In einem Brief vom 16.11.1935 teilte Gottfried Bermann Fischer René Schickele die Beschlagnahme mit:

Berlin 16. Nov. 1935

Lieber, verehrter Herr Schickele!
Vor einigen Tagen sind Ihre sämtlichen, bei uns erschienenen Bücher, sowie „Meine Freundin Lo" bei Rowohlt, von der Polizei beschlagnahmt worden. Als Grund wurde uns angegeben, dass Sie sich in deutsch-feindlichem Sinne im Ausland geäussert hätten.
Ich habe keine Ahnung auf Grund welcher Vorfälle diese Beschuldigung, die die erwähnte Massnahme zur Folge hatte, gegen Sie erhoben wird und bitte Sie, zunächst in einem an uns gerichteten Schreiben dazu Stellung zu nehmen. Wir würden dann Einspruch gegen die Beschlagnahme erheben, falls Sie es nicht vorziehen sollten, dies selbst durch die zuständige Stelle zu tun.

Siehe hierzu auch René Schickeles Briefe an Annette Kolb vom 19.11.1935, 9.12.1935, 14.12.1935 und 24.12.1935:

19. XI. 35

Liebe Annette,
eben schreibt mir Bermann (auf S. Fischer-Briefbogen aus Berlin), was ich hier in Abschrift beilege.
Ich habe ihm geantwortet, dass er erst einmal herausbringen soll, ob die Sache auf einen Spitzelbericht oder auf meinen „Lawrence" zurück geht. Das finde ich immerhin wissenswert.
Im übrigen denke ich nicht daran, gegen die Beschlagnahme „bei der zuständigen Stelle Einspruch zu erheben". Die zuständige Stelle soll mich –

Bermann dementiert die Nachricht vom Verkauf des Verlags und sagt, die daran geknüpften Kombinationen seien vorläufig unrichtig.
[Hier ist ein Teil des Briefes herausgeschnitten!]
Annette, Du musst achtgeben, dass Deine Mädchen nicht an Deine Briefe herankönnen! Weniger unsertwegen, als wegen der Namen von Leuten, die noch drüben sind...
Du kannst nicht vorsichtig genug sein.
Wir sind ohne Geld.
Herzlichst Dein
R.

9. XII. 35

Liebe, gute Annette,
vielen Dank für die 200. Du bekommst sie zurück, sobald etwas einläuft. Je näher der 15. rückt, desto unruhiger werde ich.
Aber, schau, es war nicht klug, dass Du Reiffenberg meinen Brief zeigtest! Zwar, wenn er etwas gibt, nehme ich es selbstverständlich und ziehe den Hut.
Nur soll er *nicht* intervenieren, was die Beschlagnahme meiner Bücher betrifft. Um keinen Preis.
Schon, dass er glaubt, da Einfluss zu haben, etwas derartiges erreichen zu können, ist mir höchst verdächtig... Das hast Du natürlich nicht bedacht.
Hertha schreibt mir, sie komme aus Deutschland. „Man" sei sprachlos oder ausser sich über die Beschlagnahme meiner Bücher. Weder in Frankfurt noch in Berlin habe „man" einen Grund gewusst und wir müssten die „Verleumdungsquelle" herausbekommen.
Wir müssen gar nicht.
Ich bin froh, die Beschlagnahme nicht provoziert zu haben, und noch froher, dass sie erfolgt ist. Mein Gewissen befindet sich wohler dabei.
Ist Reiffenberg noch in Paris? So lass ihn wissen, dass ich nicht will, dass er etwas in der Richtung unternimmt. Hat er Dir von Paquet gesprochen, den die Geheime Staatspolizei verhaftete und mehrere Tage festhielt? (Bitte, *keinem* Emigranten davon sprechen. Sonst fällt es wieder auf Paquet zurück!!!) Was macht denn Reiffenberg? Ich denke, er ist von der Zeitung weg?
Es ist eine Schweinerei von Bermann, mir erst (aus Berlin noch) zu schreiben, bevor ich wegen meiner Bücher Beschlüsse fasste, sollte ich seine Vorschläge abwarten, und jetzt, wo er über der Grenze ist, nichts von sich hören zu lassen!
Hertha kommt in 14 Tagen durch Nizza – auf der Fahrt nach Marokko, wo sie 2–3 Monate bleiben will. Mit ihrem Sohn. Sie hat in Deutschland zweimal – konzertiert.
Über Marcel Brion haben wir uns alle sehr gefreut. La vérité est en marche.

Ja, Du hättest Reifenberg *nicht* in die Sache hineinziehen sollen. Sieburg!!! J'en ai frémi. Warum nicht den Teufel!!! Und die Botschaft!!! Das ist ja einfach grausig. Das alles erlaubte der Bande nur, einen Blick in unsere Karten zu tun. Wer wird sich alles damit wichtig und lieb Kind machen! Ich verbitte mir, dass Reifenberg meinetwegen an diesen Schubiack von Johst schreibt. *Teile ihm das, bitte, sofort mit.* Wenn ich Dich nicht kennte, Annette, würde ich schwören, Du trügest Wasser auf mehr Schultern, als Du und Deine Bekannten zusammen besitzen.
Schwamm darüber!

Von Bermann erhalte ich eben paar Zeilen aus Zürich. Anfang Januar will er den Verlag in Zürich eröffnen. Ich soll, sagt er, durch die Botschaft Protest gegen die Beschlagnahme meiner Bücher einlegen. Nun höre, Annette! Ich nehme an, sowas macht Dir Spass. (Sonst lass es sein. Jedenfalls benachrichtige mich sofort, *si tu marches ou si tu ne marches pas*.)
Setze Dich sofort mit Commert [!] in Verbindung – gib ihm den beiliegenden Brief. Lass Dir seine Meinung sagen und schreibe sie mir.
Und beantworte auch die obigen Fragen 1. und 2. Bitte, nimm Dir Zeit zu einem *ordentlichen* Brief. Die Angelegenheit ist von der *grössten Wichtigkeit*. (Brief vom 14.12.1935)

24.XII.35

L.A.,

Dein Brief ist abgestempelt: Paris 22.XII. (*Sonntag*) 19 Uhr 15. So erhielt ich ihn natürlich erst heute, *Dienstag früh*. Da Du Frau K. Montag erwartetest, kann ich Dir nicht mehr gut telegrafieren.
Du wirst das Ausbleiben eines Telegramms als Carte blanche aufgefasst haben. Lieber Gott!
Ein für alle Mal, Annette: ich will mit allem, was von fern oder nah Offizielles Deutschland ist, *nichts* zu tun haben. Ob die Leute *innerlich* zu uns und gegen Hitler stehn, ist dabei gleichgültig. Alles, was wir in Bern erlebten, ist ein Kinderspiel im Vergleich zu dem Intrigennetz, das heute gesponnen wird. Die Hakenkreuzspinne ist die giftigste aller bekannten Arten.
Ich nehme an, die Dame, die Du empfangen hast, ist eine Dame. Versichere Dich, bitte, dass sie *keinerlei* Schritte tut. Schreibe, bitte, Reifenberg sofort: „Unser Freund bittet, von *jedem* Vermittlungsversuch abzusehn."
Und in Zukunft: unternimm doch nichts, *bevor* Du mich gefragt hast. Ich täte es im umgekehrten Falle doch auch nicht.
Die Zeiten werden jetzt *verdammt ernst*.
Von Katia kamen 750 franz. Francs…
Hugo schrieb ich schon vor Wochen, dass ich seine Anwesenheit in Nizza benützen wolle, um meine Lage mit ihm durchzusprechen.
Versuche (über Stoissy), Landauer zu erreichen. Er soll mir sofort die Adresse Brods schicken. *Macht es Dir irgendwelche Mühe, so lass es sein.*
Ich bin noch lange nicht entschlossen, mich *ernsthaft* gegen die Beschlagnahme zu wehren. Es liegt nämlich *gar nicht* in *meinem Vorteil*.
Wie lange Du und Th.M. noch drüben erscheinen können, ist nur eine Frage der Zeit. Meiner Meinung wird der Verlag Bermann-Zürich unverzüglich in die Front der Querido u. Allert de Lange eingereiht und dem entsprechend behandelt werden.
Ich bliebe viel lieber bei Landauer, wenn Landauer durchhalten kann. Ich habe gar keine Lust zu Bermann, diesem Esel.
Sprich mir nicht mehr vom Trojanischen Krieg! So viel liegt mir nicht daran. Und ich werde doch nicht der guten Bertha [!] etwas abjagen – selbst wenn ich's könnte…
Eine traurige Weihnacht, liebe Annette! Unsere berühmte, die wir gemeinsam und allein in B. verbrachten, war wenigstens komisch. Zu allem andern regnet es in Strömen. Hans geht zu Freunden. So werden wir zwei Alten allein beim Kaminfeuer sitzen.

Wenn wir das nächste Jahr überleben, ist alles gerettet. Aber werden wir's überleben?

Ich wünsche Dir alles, was gut und recht ist: vor allem volle Gesundheit, Geld, Erfolg, auch äussere Verwurzelung in Frankreich. Lass Dich besonders herzlich umarmen von Deinem

René und L. und Hans.

2 *neuen Verlag:* Gottfried Bermann Fischer hatte bereits zu Samuel Fischers Lebzeiten 91 mehrmals versucht, diesen zur Auswanderung des Verlags zu bewegen; er war aber stets an Fischers Widerstand gescheitert. Nach dessen Tod am 15.10.1934 war seine Witwe, Frau Hedwig Fischer, Alleininhaberin des Verlags, und obwohl sie selbst Deutschland nicht zu verlassen beabsichtigte, willigte sie schließlich in eine Verlegung der Firma ein. Im Frühjahr 1935 gelang es Bermann Fischer, mit dem Propagandaministerium eine Vereinbarung zu treffen, wonach die in Deutschland unerwünschten bzw. verbotenen Autoren des Verlags sowie das zugehörige Buchlager und einige Vermögenswerte zur Auswanderung freigegeben wurden, unter der Bedingung, daß die Familie Fischer die verbleibenden Teile des Verlags verkaufe und in ,zuverlässige Hände' übergehen lasse. Peter Suhrkamp brachte eine Gruppe von Finanzleuten zusammen, die den in Deutschland verbleibenden Teil des Verlags erwarben und unter seiner Leitung weiterführten. Bermann Fischer vereinbarte einen Fusionsvertrag mit dem großen Londoner Verlagshaus William Heinemann Ltd. und beabsichtigte, sich mit dem neuen Verlag in der Schweiz niederzulassen. Dieser Plan scheiterte an dem Einspruch der Schweizer Verleger, die sich bei den Behörden gegen eine Niederlassungserlaubnis aussprachen. Berman Fischer wandte sich daraufhin nach Wien. Aber Österreich erschien dem britischen Partner Heinemann zu riskant, und er trat von der Fusionsvereinbarung zurück. Bermann Fischer ging folglich mit dem Verlag allein nach Wien und gründete dort die Bermann-Fischer Verlag GmbH, in der hinfort die Werke Thomas Manns erschienen. ,Leiden und Größe der Meister' war sein letztes Buch, das noch im alten S. Fischer Verlag in Berlin herauskam. Bermann Fischer hatte ursprünglich gehofft, daß auch Hermann Hesse sich ihm anschließen werde, aber Hesse blieb beim Berliner S. Fischer Verlag. – Siehe hierzu auch Peter de Mendelssohn, ,S. Fischer und sein Verlag', S. 1322–1331; Siegfried Unseld, ,Peter Suhrkamp. Zur Biographie eines Verlegers', S. 81 ff., 130 ff.; ,Hermann Hesse – Peter Suhrkamp. Briefwechsel 1945–1959', hrsg. von Siegfried Unseld, S. 441–491; Siegfried Unseld, ,Der Autor und sein Verleger', S. 94–105; Gottfried Bermann Fischer, ,Bedroht – Bewahrt. Weg eines Verlegers', S. 110–148; Siegfried Unseld, ,Geschichte des Suhrkamp Verlages. 1. Juli 1950 bis 30. Juni 1990'.

3 *Geschichte mit v.d. Heydt:* Eduard von der Heydt (1882–1964), Industrieller und Kunstmaler. – Zusammenhang unbekannt.

4 *Zuckmayer:* Der Dramatiker und Erzähler Carl Zuckmayer (1896–1977) lebte zunächst im Exil in Salzburg, floh 1938 in die Schweiz und ging dann in die Vereinigten Staaten. Dort schrieb er das Schauspiel ,Des Teufels General'. Zuckmayer kehrte nach dem Zweiten Weltkrieg nach Europa zurück und lebte in Saas-Fee in der Schweiz. – In seinen 1966 in Frankfurt erschienenen Lebenserinnerungen, ,Als wär's ein Stück von mir', erzählt Zuckmayer von seinen gelegentlichen Fahrten nach Hitler-Deutschland (S. 46 f.):

Ich konnte es nämlich in diesen ersten Jahren der Naziherrschaft nicht lassen, obwohl ich vor der ‚Machtergreifung‘ öffentlich gegen Goebbels gesprochen hatte und auf seiner ‚Liste‘ stand, obwohl ich ein ‚Verbotener‘ und, schon seit dem ‚Fröhlichen Weinberg‘, Verfemter war, obwohl ich – das schlimmste Verbrechen, das damals ein Deutscher begehen konnte – eine ‚nichtarische‘ Mutter hatte, von Zeit zu Zeit noch aus Österreich hinüberzufahren, nicht aus Heroismus, denn ich konnte ja damit gar nichts besser machen, keinem meiner im KZ gequälten Freunde helfen, höchstens selber hineinkommen – eher aus einer unbewußten Art von selbstmörderischer Verzweiflung, und dann aus Neugier: ich wollte diese falschen Jakobiner einer auf Hartspiritus aufgekochten ‚Revolution‘ noch aus der Nähe sehen, bevor es für mich – oder für sie – zu spät war; und es gelang mir, in einer Billinger-Uraufführung im Deutschen Theater Berlins, gleichzeitig Goebbels, Göring, Himmler und einige heut vergessene, damals dick aufgeplusterte Unterläufer in freier Wildbahn zu beobachten – sie mich vermutlich auch, und das Gewehr hatten *sie*. Das war im Jahr 1936. Käthe Dorsch, die in der Aufführung die Hauptrolle spielte, sagte mir zwar: „Wenn sie dich hopp nehmen, dann lauf ich zu Göring“ (der für sie eine alte Schwäche hatte) „und heule so lang, bis sie dich wieder rauslassen“ – aber ich war mir der Wirksamkeit ihrer Tränen, obwohl sie oft Gefängnistüren aufgetaut hatten, nicht ganz sicher.

5 *Veröffentlichung eines Roman-Bandes:* Der dritte Band des ‚Joseph‘-Romans, ‚Joseph in Ägypten‘, wurde am 23. August 1936 abgeschlossen und erschien am 15. Oktober 1936.

6 *die sechshundertste:* Das Manuskript zu ‚Joseph in Ägypten‘ beginnt auf dem Blatt 847, die 600. Seite (Blatt 1447) fällt in das Kapitel ‚Das erste Jahr‘, das sechste Kapitel des sechsten Hauptstücks.

92   16. 12. 1935   Thomas Mann an René Schickele, ms. Br.

1 *Ihren freundlichen Brief:* Nicht erhalten. Vgl. dazu Thomas Manns Tagebuchnotiz vom 14. 12. 1935: „Große Menge Post: Briefe von Schickele und Lion über ‚Die Gatten‘ und manches andere.“

2 *„Briefe in die Finsternis“:* Vgl. hierzu Thomas Mann, ‚Briefe in die Nacht‘, in: Die Neue Zeitung, München, 7. 7. 1947, Nr. 54. Thomas Manns Brief an die Neue Zeitung vom 25. 6. 1947, als Antwort auf Manfred Hausmanns Beschuldigung wegen angeblicher Bemühungen Thomas Manns um Rückkehr nach Deutschland im Jahre 1933 (XI, 793–795):

Sehr geehrte Herren,
durch deutsche Blätter verbreitet der Schriftsteller Manfred Hausmann die Nachricht, ich hätte im Jahre 1933 in einem Brief an den Innenminister Frick inständig um die Erlaubnis gebeten, ins nationalsozialistische Deutschland zurückzukehren, mit der Versicherung, ich würde dort – sehr im Gegensatz zu meinem Benehmen vorher – Schweigen bewahren und mich in die politischen Dinge nicht mehr mischen. Auf keinen Fall wolle ich in die Emigration gehen. So, nach Hausmann, mein Brief, der unbeantwortet geblieben sei. Gern also wäre ich damals ins Dritte Reich eingekehrt, hätte aber gegen meinen Willen draußen bleiben müssen, weil ich die Erlaubnis nicht erhielt, es zu betreten.
Der Widersinn der Nachrede liegt auf der Hand. Zu meiner Rückkehr nach Deutschland bedurfte es 1933 keiner ‚Erlaubnis‘. Diese Rückkehr war ja das, was gewünscht

wurde: von der Münchener Gestapo, damit sie Rache nehmen könne für meinen Kampf gegen das heraufziehende Unheil, von der Berliner Goebbels-Propaganda aber aus internationalen Prestigegründen und damit die Literatur-Akademie über meinen Namen verfüge. Mehr als ein Wink mit dem Zaunpfahl (durch die ,Frankfurter Zeitung' etwa) bedeutete mich, das Vergangene solle vergessen sein, wenn ich wiederkehrte.

In jüngst veröffentlichten Tagebuchblättern aus den Jahren 1933/34 spiegelt sich das tiefe Grauen vor Deutschland, das ich damals empfand, und dessen ich, fürchte ich, nie wieder ganz ledig werden kann. Es spricht auch daraus die unerschütterliche Überzeugung, daß nichts als Elend, nichts als blutiges Verderben für Deutschland und für die Welt aus diesem Regime entstehen könne – nebst frühem Erbarmen mit dem deutschen Volk, das eine solche Menge von Glauben, Begeisterung, stolzer Hoffnung ins offenkundig Makabre und Verworfene investiere. Durch meine öffentlichen Äußerungen in der Schweiz, mein Bekenntnis zur Emigration erzwang ich die Ausbürgerung, die Goebbels keineswegs gewünscht hatte. „Solange ich etwas zu sagen habe, geschieht das nicht." – Jetzt soll ich um die Erlaubnis gefleht haben, dem Führer den Treueid zu leisten und in die Kulturkammer einzutreten. Hausmann weiß es.

Warum er mir mit der sinnlosen Denunziation in den Rücken fällt, womit ich es um ihn verdient, was ich ihm zuleide getan habe, das weiß ich nicht. Ist er so zornig, weil ich heute ,nicht will', was ich damals ,nicht durfte'? Es sind keine zwei Jahre, daß er an unseren gemeinsamen Verleger nach Amerika schrieb, er sei tief verzweifelt in Deutschland, ein Fremder im eigenen Lande. Dies Volk sei hoffnungslos, bis in die Wurzeln verdorben, und er ersehne nichts mehr, als den Staub von den Füßen zu schütteln und ins Ausland gehen zu können. Heute spricht er von einem „zwar armseligen und unglücklichen, aber doch einigermaßen demokratischen Deutschland", in das ich häßlicherweise nicht zurückkehren wolle. Es steht – und wer wollte sich darüber wundern? – grundunheimlich um das deutsche Equilibrium.

Wenn unter den ,Briefen in die Nacht' (so wollte René Schickele sie nennen), die ich in meiner Qual zu jener Zeit schrieb –, wenn unter diesen Rufen, dem davonschwimmenden Deutschland nachgesandt, sich auch ein Brief an Frick befand, und wenn Manfred Hausmann es verstanden hat, sich in den Besitz dieses Briefes zu setzen, so soll er ihn in seiner Gänze veröffentlichen, statt mit einer offensichtlich verfälschten Inhaltsangabe hausieren zu gehen. Ich bin gewiß, daß ein solches Dokument aus dem Jahre 1933 mir nicht zur Unehre gereichen wird, sondern zur Schande nur dem seither Gerichteten, der, wie Hausmann mit einer Art von Genugtuung feststellt, „nicht darauf antwortete".

Ihr sehr ergebener Thomas Mann

3 *Fall Hamsun:* Der norwegische Romancier und Nobelpreisträger Knut Hamsun (1859–1952), von Thomas Mann als Erzähler seit seinen Anfängen sehr verehrt, schon im Ersten Weltkrieg ein entschiedener Parteigänger Deutschlands, machte seit 1933 aus seinen Sympathien für das nationalsozialistische Deutschland keinen Hehl und trat 1935 der nationalsozialistischen Partei Norwegens, der Nationalen Sammlungspartei Vidkun Quislings, bei. 1940, bei der Besetzung Norwegens, erließ er einen Aufruf an seine Landsleute zugunsten Deutschlands. Nach Kriegsende wurde Hamsun als Kollaborateur vor Gericht gestellt, seines hohen Alters wegen jedoch nur zu einer Geldstrafe verurteilt. – Vgl. dazu auch Thomas Manns Brief vom 31.10.1935, Anm. 1.

4 „*Mysterien*": In Thomas Manns Nachlaßbibliothek findet sich folgende Ausgabe: Knut Hamsun, ‚Mysterien‘, Roman, Einzig autorisierte Übersetzung aus dem Norwegischen von Maria von Broch, Köln und Paris: Verlag von Albert Langen 1894. – Der Roman wurde recht kühl aufgenommen, auch in Deutschland. Ein Grund dazu mögen die heftigen Angriffe auf große Männer gewesen sein. In Kapitel 4 des Romans polemisiert Hamsun gegen Gladstone (S. 48 ff.) und Victor Hugo (S. 62 ff.).

5 *William Gladstone* (1809–1898): Liberaler britischer Staatsmann, war zwischen 1868 und 1894 mehrmals englischer Premierminister. Von dem Willen zu einer christlich-humanitären Staatsführung durchdrungen und jedem politischen Machiavellismus abhold, war Gladstone ein entschiedener Gegner des konservativen, dem Imperialismus zuneigenden Disraeli.

6 *zum Geburtstag gratuliert:* Knut Hamsun gehörte ebenfalls dem großen Kreis von Autoren und Freunden an, die für die Kassette des S. Fischer Verlages zu Thomas Manns 60. Geburtstag einen handschriftlichen Glückwunsch verfaßten:

Thomas Mann, der grosse Dichter in einer grossen Litteratur.
Das Gepräge ist vor allem Kultur, dann die göttliche Verrücktheit die Inspiration, endlich das technische Vermögen.
Es mangelt ihm an seiner Ausrüstung nichts. Und seine Hauptwerke wird stehenbleiben.

Knut Hamsun
Nórholm 23/4. 35.

7 *Kritik über den Henri IV:* Armin Kesser, „„Henri Quatre" oder „das andere Deutschland"", in: Neue Zürcher Zeitung, Zürich, 24. 11. 1935.

8 *Armin Kesser* (geb. 1906): Journalist, Sohn des Erzählers und Dramatikers Hermann Kesser, war ein Schulfreund Klaus Manns an der Odenwaldschule (1922/23), später Journalist in Berlin. Emigrierte 1933 in die Schweiz.

9 *dem Herrn Korrodi geschrieben:* Thomas Manns Brief an Eduard Korrodi vom 29. 11. 1935, abgedruckt in: Briefe I, 403–406. – Korrodi, Feuilletonredakteur der ‚Neuen Zürcher Zeitung‘, hatte Thomas Mann gebeten, sich an einer „Aktion gegen die Kritik des kleinen Kesser" nicht zu beteiligen, was Thomas Mann versprach, da er sich grundsätzlich in innerschweizerische Dinge nicht einmischte. Dennoch müsse er sagen, daß er die Art des Emigranten Kesser, „sich von seinen Schicksalsgenossen zu distanzieren, gelinde gesagt überheblich" finde. Man könne über die deutsche Emigration nicht so „in einem hin" urteilen. Der Brief ist ein Vorläufer der heftigen Auseinandersetzung vom Februar 1936. Vgl. dazu René Schickeles Brief vom 6. 2. 1936, Anm. 1.

10 *Rundschau-Kapitel:* Vorabdruck aus ‚Joseph und seine Brüder‘: ‚Die Gatten‘, in: Die neue Rundschau, Berlin, Dezember 1935, Jg. 46, H. 12, S. 594–624. Drittes Kapitel des sechsten Hauptstückes von ‚Joseph in Ägypten‘.

11 *mit einem neuen Band im Frühjahr:* Thomas Mann, ‚Joseph in Ägypten‘, der dritte Band des ‚Joseph‘-Romans, wurde erst am 23. August 1936 abgeschlossen und erschien am 15. Oktober 1936 bei Bermann-Fischer in Wien.

93 12 *abgereist:* Gottfried Bermann Fischer hatte sich am 13. 12. 1935 in Zürich aufgehalten; vgl. dazu Thomas Manns Eintrag im Tagebuch: „Holten *Bermanns* von ihrem Hotel ab und brachten sie zum Essen zu uns. Viel über den schwankenden Erfolg ihrer Geschäfte hier und in Berlin. Schwierigkeiten bei Gewinnung der Zulassung. Recht

bösartiges Gutachten der Schweizer Verleger. Unterstützung bei Klöti und anderen. Wien, wieder am Horizont erschienen, obgleich viel dagegen spricht." – Bermann war nach Zürich gereist, um mit den Schweizer Behörden wegen seiner Niederlassung in der Schweiz zu verhandeln. Der schweizerische Verlegerverband wurde von der Fremdenpolizei im Zusammenhang mit Bermanns Niederlassungsgesuch um ein Gutachten ersucht. Auf einer Sitzung der beiden Vorstände des Schweizerischen Buchhändlervereins und des damals noch selbständigen Verlegervereins wurde am 7.1.1936 ein Gutachten erarbeitet: Die Niederlassung eines ausländischen Großverlags in Zürich würde die Gesamtinteressen des schweizerischen Verlagswesens schwer gefährden. Diesem Gutachten scheint dann auch die Kantonale Fremdenpolizei gefolgt zu sein: Sie verweigerte nicht nur die Einfuhr des von der deutschen Nazi-Regierung freigegebenen Buchlagers, sondern lehnte auch Bermann Fischers Niederlassungsgesuch ab. – Siehe hierzu auch Thomas Manns Brief vom 22.11.1935, Anm. 2.

13 *Verkauf:* Ein wesentliches Problem bei der Verlegung des S. Fischer Verlags ins Ausland war der Verkauf des in Deutschland verbleibenden Verlagsteiles, der eine entscheidende Auflage für die Gesamtgenehmigung war. Bermann befürchtete vor allem eine Nazifizierung jenes Verlagsteiles. Die schwierigen Verhandlungen führten schließlich jedoch zu einer guten Lösung: Es fanden sich drei Finanzleute, die eine Kommanditgesellschaft unter dem alten Namen S. Fischer Verlag gründeten und jenen nicht zur Auswanderung bestimmten Teil des Verlags erwarben. Peter Suhrkamp wurde die Leitung des Unternehmens übertragen.

14 *Straßburg:* Schickele hat anscheinend Straßburg als weiteren möglichen Verlagsort für Bermann vorgeschlagen.

15 *Wien:* Nachdem die Verhandlungen in Zürich gescheitert waren, wandte sich Bermann nach Wien, und diese Schritte hatten Erfolg. Der Verlag William Heinemann London, mit dem Bermann die Gründung eines Fischer-William-Heinemann-Verlags, London-Zürich oder London-Wien, vereinbart hatte, trat jedoch von dem Partnerschaftsvertrag zurück, da ihm Österreich angesichts der politischen Lage zu unsicher erschien. Bermann wanderte daraufhin mit den in Deutschland unerwünschten bzw. verbotenen Autoren, unter ihnen Thomas Mann, und einem Buchlager von ca. 700 000 Bänden nach Wien aus. Der Bermann-Fischer Verlag nahm seine Arbeit im April 1936 in Wien auf. Die Verlagsräume befanden sich im Haus Esteplatz 5.

20.12.1935 Thomas Mann an René Schickele, hs. Postk.

1 *Berlin:* Von Zürich war Bermann zu Verhandlungen unverzüglich nach Wien weitergereist (13./14.12.1935), und erst von dort kehrte er nach Berlin zurück. Er mußte in Berlin noch den Verkauf des in Deutschland verbleibenden Verlagsteiles regeln. Am 18.12.1935 wurde nach nahezu einjährigen Verhandlungen in Berlin der Verkaufs- und Trennungsvertrag unterzeichnet, aufgrund dessen das Propagandaministerium die Auswanderung Bermanns gestattete. Die neugegründete S. Fischer Verlag K.G. unter Leitung von Peter Suhrkamp kaufte von der S. Fischer Verlag A.G. die in Deutschland erlaubten und erwünschten Teile des S. Fischer Verlags einschließlich der ‚Neuen Rundschau'. – Siehe hierzu auch Thomas Manns Brief vom 16.12.1935, Anm. 15.

2 *Ihren Brief:* Nicht erhalten.

3 *Friedensplan:* Der vom britischen Außenminister Sir Samuel Hoare und dem französischen Ministerpräsidenten Pierre Laval entworfene sogenannte Hoare-Laval-Plan zur Beilegung des Abessinien-Konfliktes, der bedeutende Zugeständnisse an Italien

vorsah, wurde von der Opposition in England und Frankreich als ein Verrat am Völkerbund bezeichnet und mußte fallengelassen werden. Hoare mußte zurücktreten, und Anthony Eden wurde an seiner Stelle britischer Außenminister. – Vgl. hierzu auch Thomas Manns Tagebuch-Eintrag vom 19.12.1935:

Hoare unter dem Druck der engl. öffentlichen Meinung zurückgetreten. Die Zugeständnisse an Mussolini hinfällig. Herriot im Zusammenhang damit vom Parteipräsidium zurückgetreten. Die Stellung Lavals vermutlich erschüttert. Europäische Sensation. In Italien „Tag der Eheringe" und Einweihung eines neuen reinlichen Dorfs in den ehem. Pontinischen Sümpfen.

94   6.2.1936   René Schickele an Thomas Mann, hs.Br.

1 *Antwort an K.:* Leopold Schwarzschild, der Herausgeber der in Paris erscheinenden deutschen Exil-Wochenschrift ‚Das Neue Tage-Buch' veröffentlichte am 11.1.1936 einen scharfen Angriff auf Gottfried Bermann Fischer, in dem er ihn als „Schutzjuden" des Propagandaministers Goebbels bezeichnete und ihn verdächtigte, er beabsichtige, mit Goebbels' Einverständnis und Beihilfe und mit Thomas Mann als Aushängeschild, in Wien einen „getarnten Exilverlag" zu gründen. Es sei „in der Tat äußerst wahrscheinlich, daß sein Unternehmen von deutschen Amtsstellen gewünscht und favorisiert" werde, und er sei „der stillen Teilhaberschaft des Berliner Propagandaministeriums dringend verdächtig". Bermann befand sich zur Zeit dieses Angriffs in London zu Verhandlungen mit dem Verlag Heinemann. – Auf Wunsch Bermanns veröffentlichte Thomas Mann zusammen mit Hermann Hesse und Annette Kolb in der ‚Neuen Zürcher Zeitung' vom 18.1.1936 eine Erklärung mit der Überschrift ‚Ein Protest', in der Schwarzschilds Vorwürfe und Unterstellungen als ungerechtfertigt zurückgewiesen wurden (vgl. XI, 787). Im ‚Neuen Tage-Buch' vom 25.1.1936 kam Schwarzschild auf Thomas Manns ‚Protest' in einem langen Artikel zurück, in dem er Thomas Mann dringend aufforderte, sich von Bermanns Vorhaben zu distanzieren und sich mit der Exilliteratur zu identifizieren. Bermanns neuer Verlag werde „nicht die Literatur bringen, die im Reich nicht zugelassen ist; er wird Literatur bringen, die im Reich zugelassen ist". – Dieser Artikel veranlaßte den Feuilletonredakteur der ‚Neuen Zürcher Zeitung', Eduard Korrodi, am 26.1.1936 zu einem scharfen Angriff auf die Exilliteratur, die er als vorwiegend jüdisch bezeichnete. Am gleichen Tag erhielt Thomas Mann aus Amsterdam folgendes Telegramm: „bitten inständigst auf Korrodis verhängnisvollen Artikel wie und wo auch immer zu erwidern stop diesmal geht es wirklich um eine Lebensfrage für uns alle Klaus [Mann] und Landshoff". – Thomas Manns Offener Brief an Eduard Korrodi erschien am 3.2.1936 in der ‚Neuen Zürcher Zeitung' (vgl. XI, 788–793). Er war Thomas Manns erste öffentliche Absage an Nazi-Deutschland und bekundete seine Solidarität mit der Exilliteratur. Wie aus den Tagebuch-Aufzeichnungen hervorgeht, verwandte Thomas Mann sehr viel Sorgfalt und Überlegung auf diesen vergleichsweise kurzen Text, dessen Niederschrift vier Tage beanspruchte. Die Stellungnahme führte zum endgültigen Bruch mit dem Nazi-Regime. Am 2.12.1936 verlor Thomas Mann die deutsche Staatsangehörigkeit. – Die diversen Artikel sind abgedruckt in: Klaus Schröter, ‚Thomas Mann im Urteil seiner Zeit', Hamburg: Christian Wegner Verlag 1969, S. 259–267.

2 *die ganze Bermann-Geschichte:* In einem Brief vom 6.2.1936 und 8.2.1936 an Annette Kolb schreibt Schickele:

> Die Artikel von Korrodi und Mann lese ich erst heute mittag bei Zweig. [...] Bevor ich aber die Artikel noch gelesen habe, kann ich Dir soviel sagen: es ist gut, dass die schiefe Lage, in die die Dummheit und der Geiz B.'s uns gebracht haben, endlich korrigiert wird. Wir sind durchaus nicht da, um ihm beim Retten seiner Berliner Vermögenswerte behilflich [zu] sein, umsomehr als er uns vor 2 Jahren nur hätte zu folgen brauchen, damit er heute ein weltberühmter und finanziell gesicherter Mann wäre. Er hörte nicht auf uns, sondern wollte, dass wir auf ihn hören – und jetzt sitzt er mit abgesägten Hosen da, der Schlaumeier. (Brief vom 6.2.1936)

> Wenn Thomas Mann *nicht* verboten wird, die Bermann-Sache *nicht* auffliegt, so ist das der bündige Beweis, dass Bermann tatsächlich mit Goebbels im Bunde ist – was ich noch immer nicht glauben will. – Wenn schon, dann sollten die Juden gefälligst in Deutschland schiessen statt in der Schweiz! (Brief vom 8.2.1936)

Vgl. Anm. 1.

3 „*Bosca*": René Schickele, ‚Die Witwe Bosca', Roman, Berlin: S. Fischer 1933.
4 *de Lange:* Der Verlag Allert de Lange in Amsterdam, dem im Mai 1933 eine Abteilung für Deutsche Literatur im Exil angegliedert worden war. Der Verleger Gérard de Lange hatte Hermann Kesten die literarische und Walter Landauer die geschäftliche Leitung anvertraut; beide waren zuvor beim Verlag Gustav Kiepenheuer, Berlin, tätig gewesen.
5 *Ermordung Gustloffs:* Der nationalsozialistische Landesgruppenleiter der Schweiz, Wilhelm Gustloff, wurde am 4.2.1936 in seiner Wohnung in Davos von dem 26jährigen Jugoslawen David Frankfurter, Medizinstudent in Bern, erschossen. Der Täter stellte sich der Polizei und erklärte, er habe keine persönlichen, nur ideelle Gründe gehabt. – Im Tagebuch vom 4.2.1936 notiert Thomas Mann: „Durchs Radio die Nachricht, daß der nationalsozialistische Gauleiter, Agent und Spion in Davos von einem jugoslawischen Agenten erschossen worden. Warum hat man ihn so lange geduldet?"
6 *französisches Buch:* René Schickele, ‚Le Retour. Souvenirs inédits', Paris: Fayard 1938 (Les Œuvres libres 202). – Deutsche Fassung: ‚Heimkehr', aus dem französischen Original übersetzt von Ferdinand Hardekopf, mit einem Vorwort von Hermann Kesten, Strasbourg: Brant 1939. – Das Buch enthält eine locker gefügte Kette von Erinnerungen an die eigene Kindheit, an die Mutter vor allem, darüber hinaus Landschaftsschilderungen, Reflexionen über die Sprache, über den dichterischen Schaffensprozeß, über religiöse Fragen sowie Traumphantasien, Anekdoten, Gedichte und im letzten Teil Auseinandersetzungen mit politischen Problemen. – Schickele hatte früher gelegentlich französische Verse geschrieben, doch dies war sein erstes französisch geschriebenes Buch. In einem Brief vom 13.2.1936 an seine Bekannte Erna Pinner bekennt Schickele (RS III, 1233f.):

> Silvester hatte ich das bestimmte Gefühl, dies Jahr wird, trotz allem, für uns besser. Freilich war 1935 an Mißgeschick gerade für mich kaum zu übertreffen... In der Tat habe ich verschiedentlich Glück gehabt – und vielleicht einen folgenschweren und

glückhaften Schritt getan. Wovor ich immer zurückschreckte, habe ich nun endlich gewagt: ich habe ein *französisches* Büchlein geschrieben. Es war ein wunderbares Abenteuer, ein strahlendes Helldunkel, aus dem ungerufen Gestalten und längst vergessene Worte traten... Was es auch literarisch taugen möge, es hat mich beglückt. Nun muß ich den (vertraglich längst fälligen) Roman für Allert de Lange fertig machen. Das Französisch hat mein Deutsch erfrischt, und wenn ich gesundheitlich in besseren Heften wäre, ginge alles gut.

95   14.2.1936   René Schickele an Thomas Mann, hs. Br.

1 *Valeriu Marcu* (1899–1942): Schriftsteller, Feuilletonist in Berlin. Mitbegründer der kommunistischen Jugendinternationale, später Abwendung vom Kommunismus. Emigrierte 1933 über Österreich nach Frankreich, lebte in Nizza. Schrieb für verschiedene Exilzeitschriften. – In einem Brief vom 10.2.1936 an Annette Kolb schreibt Schickele:

Marcu meint auch, dass Goebbels sich seine Handlungsweise *nicht* von der Emigration vorschreiben lässt und er die Mann'sche Erklärung ruhig einsteckt – bis auf später. Freilich ist er überzeugt, dass Bermann im Einvernehmen mit dem Propagandaministerium steht. Erfolgt jetzt *kein* Verbot von Mann, so halte auch ich das für *erwiesen* und Mann muss von Bermann weg.

2 *Ihren Brief an K.:* Thomas Mann, ,Ein Brief (an Eduard Korrodi)', in: Neue Zürcher Zeitung, Zürich, 3.2.1936, Nr. 193.

3 *Täuschungsmanöver des P. M.:* Gemeint sind die Verhandlungen zwischen dem Propaganda-Ministerium und Gottfried Bermann Fischer über die Verlegung des S. Fischer Verlags ins Ausland.

4 *Brief von Brüning:* Heinrich Brüning (1885–1970), Zentrumspolitiker, 1924–1933 Reichstagsabgeordneter, 1930–1932 deutscher Reichskanzler. Wurde 1932 vom Reichspräsidenten Hindenburg entlassen. Übernahm im Mai 1933 die Führung des Zentrums, sah sich jedoch gezwungen, die Partei anfangs Juli 1933 aufzulösen. Entzog sich 1934 der Festnahme durch Emigration in die USA. Professor an der Harvard Universität. 1938 verlor er die deutsche Staatsangehörigkeit. 1951–1954 Professor für politische Wissenschaft an der Universität Köln. – Brief nicht ermittelt.

5 *Bernh.:* Anspielung auf Georg Bernhards Artikel ,Der Fall S. Fischer', erschienen in: Pariser Tageblatt, Paris, 19.1.1936. Der Artikel bezieht sich auf die Kontroverse zwischen Leopold Schwarzschild, Gottfried Bermann Fischer und Thomas Mann (siehe René Schickeles Brief vom 6.2.1936, Anm. 1):

Der Fall S. Fischer

In der „Neuen Zürcher Zeitung" lesen wir den folgenden „Protest": „Die Unterfertigten fühlen sich verpflichtet, Einspruch gegen einen Artikel zu erheben, der in der Ausgabe vom 11. Januar der Wochenschrift „Das Neue Tage-Buch" erschienen ist und sich mit der Person Dr. Gottfried Bermann-Fischers, des Erben und gegenwärtigen Leiters des S. Fischer-Verlages beschäftigt. Dr. Bermann hat sich während dreier Jahre nach besten Kräften und unter den schwierigsten Umständen bemüht, den Verlag an der Stelle, wo er gross geworden ist, im Geiste des Begründers weiter zu führen. Er verzichtet jetzt auf die Fortsetzung dieses Versuches und ist im Begriffe, dem S. Fischer-Verlag im deutschsprachigen Ausland eine neue Wirkungsstätte zu schaffen. In diese Bemühungen bricht der erwähnte Artikel ein, indem er sie nicht nur bereits als gescheitert hinstellt, sondern auch, direkt und zwischen den Zeilen, an der Haltung und Gesinnung Bermanns eine sehr bösartige Kritik übt. Die Unterzeichneten, die zu dem Verlage stehen und ihm auch in Zukunft ihre Werke anvertrauen wollen, erklären hiermit, dass nach ihrem besseren Wissen die in dem „Tage-Buch"-Artikel ausgesprochenen und angedeuteten Vorwürfe und Unterstellungen durchaus ungerechtfertigt sind und dem Betroffenen schweres Unrecht zufügen. Thomas Mann. – Hermann Hesse. – Annette Kolb."

*

Es ist nicht unsere Sache, das „Neue Tage-Buch" zu verteidigen, dessen Herausgeber sicher nicht verfehlen wird, von sich aus das ihm nötig Scheinende auf diese Erklärung zu erwidern. Aber es handelt sich hier um keine Angelegenheit, die eine einzelne Zeitschrift angeht, sondern um eine politische und moralische Frage, die für die gesamte deutsche Emigration von ausserordentlicher Tragweite ist. Deshalb wird es jedem, der sich der Sache der Emigration mitverpflichtet fühlt, unmöglich erscheinen, stumm zu bleiben gegenüber der Kundgebung der drei Autoren des Verlages S. Fischer. Mit Hermann Hesse und Annette Kolb wird es freilich ausgeschlossen sein, erspriesslich zu diskutieren. Denn beide schreiben noch heute in die „Frankfurter Zeitung". Sie unterstützen somit den Zweck der Auslandstäuschung, zu dessen wirksamer Durchführung Dr. Goebbels diesem Feigenblatt des Dritten Reiches ab und zu eine grössere Freiheit in der Auswahl seiner Autoren lässt als anderen Zeitungen. Sie beweisen durch diese Haltung, dass ihnen die strikte moralische Trennung vom Propaganda-Apparat des Dritten Reiches nicht als Pflicht gilt. Eine Auffassung, die uns vor allem bei der einstigen tapferen Vorkämpferin für Frieden und Verständigung unbegreiflich ist, deren Gesinnungsgenossen heute in den Konzentrationslagern des Dritten Reiches unsagbare Qualen erdulden.

*

Anders steht es um Thomas Mann. Seine Freunde und Verehrer beklagen es zutiefst, dass seine Bücher nach wie vor im Berliner Verlage von S. Fischer erscheinen. Wir alle, die wir draussen gegen das Hitlerregime kämpfen, hätten gewünscht, dass er ebenso wie sein Bruder Heinrich, völlig losgelöst von allem, was im Dritten Reiche geschieht, mit uns auf der anderen Seite der Barrikade hausen könnte. Aber andererseits hat er nie einen Zweifel darüber gelassen, dass sein Geist mit uns kämpft, obwohl seine Verlagsrechte noch die Kassen eines auf reichsdeutschem Gebiete arbeitenden Verlagshauses füllen. Vielleicht zeugt es sogar umsomehr von der Reinheit und Opferwilligkeit der Gesinnung Thomas Manns, dass er, ohne Rücksicht darauf, dass seine Bücher noch in Deutschland publiziert werden, in seinen öffentlichen Erklärungen aus seiner Verurteilung der nationalsozialistischen Ungeistigkeit kein Hehl macht. Er hat gerade erst die Vorrede zu einer Biographie von Jakob Wassermann, dem aus Deutschland Verstossenen, publiziert, die in einem der holländischen Emigranten-Verlage erscheint und über die an anderer Stelle der heutigen Ausgabe des „Pariser Tageblatts" ausführlich berichtet wird. Wenn er jetzt aus derselben persönlichen Anständigkeit heraus, die ihn treibt, seiner moralischen Gesinnung gegen das Dritte Reich offen Ausdruck zu verleihen, für seinen Verleger eintreten zu müssen vermeint, so wollen wir darüber nicht mit ihm rechten. Aber wenn er auch zum Ausdruck bringt, dass er „aus besserem Wissen" als das der Kritiker des Fischer-Verlages dessen Verteidigung führe, so befinden wir uns in der peinlichen Lage, ihm sagen zu müssen, dass wir das, was er als „besseres Wissen" ansieht, für einen Irrtum halten. Und wir empfinden ihm mehr noch als der Oeffentlichkeit gegenüber die Verpflichtung, unsere Auffassung zu begründen.

*

Der Verlag S. Fischer ist nicht nur für die naturalistische Literatur, die ihren Höhepunkt in den frühen Werken Gerhart Hauptmanns fand, sondern auch für weite Strecken der späteren literarischen Entwicklung Deutschlands dasselbe gewesen, was einst für die klassische Zeit der deutschen Poesie der Verleger Cotta bedeutete. Der Begründer der Firma hatte mit viel Klugheit, manchmal seherischem Spürsinn und mit noch mehr geschäftlichem Glück, aber auch mit vielfach mäzenatenhafter Freigebigkeit sein Unternehmen zu einem Sammelpunkt alles dessen gemacht, was von Anfang der nationalsozialistischen Agitation an mit dem Schimpfwort „Kulturbolschewismus" belegt wurde. Es war schon deshalb niemals daran zu denken, dass das Regime der Göring, Goebbels und Rosenberg gestatten würde, diesen Verlag „im Geiste des Begründers" weiterführen zu lassen. Wenn die grosse Wandlung in Deutschland Samy Fischer, dessen eigensinnige Individualität trotz mancher unbequemen Eigenheiten jeder von uns geliebt hat, nicht als einen bereits gebrochenen Mann getroffen hätte, so würde er sicher vor dem Einbruch der Barbaren in die deutsche Kultur mit seinen Autoren ins Ausland geflüchtet sein, um durch den klingenden Namen seines Verlagshauses der ganzen Welt deutlich zu zeigen, auf welcher Seite der reichsdeutschen Grenzen der wirkliche deutsche Geist weiterlebe.

*

Dr. Gottfried Bermann hat, seit er Schwiegersohn und Sozius Samy Fischers wurde, zwar dessen Namen dem seinen hinzugefügt, aber dadurch hat er weder von seinem Charakter noch von seinem Herzen etwas für sich abbekommen. Freilich scheint er beim Beginne des Hitlerregimes vorübergehend von dem Hauch des schwiegerväterlichen Geistes angeweht gewesen zu sein. Denn damals hat er ernstlich darüber verhandelt, dem Dritten Reich den Rücken zu kehren und in der Schweiz oder in Holland den grossen, wahrhaft deutschen Verlag zu machen, nach dem die Hunderte von ausgewanderten und verfolgten Schriftsteller damals lechzten. Doch er überlegte es sich schnell anders. Wir wollen seine Motive gar nicht verdächtigen. Es gibt in den Fällen so schwerer, von geschäftlichen Erwägungen ebenso wie von menschlichen Aengsten beeinflussten Entscheidungen nicht einfach schwarz und weiss. Aber was er nach dieser Entscheidung getan hat, war objektiv gesehen, ein Verrat an dem geistigen Gut, das im Dritten Reiche beschmutzt wird und für dessen Blankhaltung die deutsche Emigration kämpft. Er hat eine Reihe von Autoren, die ihn um Freigabe ihrer Verlagsrechte ersuchten, mit seinen stärkeren Rechtsmitteln gezwungen, in seinem Verlag weiter zu publizieren, bis sie schliesslich verboten wurden, und so nicht nur geschädigt, sondern auch bemakelt waren. Er hat bei einem Teil von ihnen deren schwierige Vermögenslage und die Tatsache, dass sie bei ihm in der Kreide sassen, ausgenutzt. Er hat dann Gerhart Hauptmann, der anfangs schwankte, verhindert, Deutschland zu verlassen. Und er hat auch Thomas Mann bewogen, das Signum des Fischer-Verlages weiter auf seinen Werken zu dulden.

*

Der Vorgang um Thomas Mann beleuchtet die Eigenart der Situation, die hier geschaffen wurde, besonders grell. Thomas Mann hatte keine materiellen Rücksichten zu nehmen. Dieser, neben seinem Bruder Heinrich, stärkste lebende deutsche Dichter war sicher, mit offenen Armen von jedem Verleger der Erde empfangen zu werden. Es ist gar nicht auszudenken, was es materiell und ideell für das Schrifttum der Emigration bedeutet haben würde, wenn der Ruhm Thomas Manns als geschäftliches und ideelles Aktivum in einem Verlag der deutschen Emigration hätte eingebracht werden können. Unendlich viel Leiden und Elend wäre damit vielen emigrierten deutschen Schriftstellern erspart geblieben, die heute die materiell beengten Verlage der Emigration bei aller Anerkennung ihres grossen Bemühens kaum notdürftig über Wasser halten können. Daß Thomas Mann sich schliesslich für S. Fischer entschied, war auf seiner Seite sicher nicht das Ergebnis geschäftlicher Reflexionen. Aber er glaubte sich nicht dem von Dr. Bermann sehr geschickt vorgebrachten Appell entziehen zu können, seine in der geistigen Einöde des Dritten Reiches lebende Leserschaft nicht im Stich zu lassen. Und bis in die letzte Zeit hinein hat Dr. Bermann Thomas Mann, indem er ihm mehrfach Aufstellungen über das Verhältnis seiner Leser innerhalb und ausserhalb Deutschlands lieferte, in einer – unserer Auffassung nach irrtümlichen – Auffassung bestärkt.

*

Für Dr. Bermann andererseits aber handelte es sich, indem er sich an die Verlagsrechte Thomas Manns klammerte, im Endeffekt sicher um ein sehr, sehr gutes Geschäft. Wir sind gewiss die Letzten, die Dr. Bermann Gewinne nachrechnen oder neiden wollten. Aber für uns ist viel, viel schlimmer der Hilfsdienst an der nationalsozialistischen Propaganda, zu dem durch Dr. Bermann Thomas Mann erniedrigt wurde – sicher gegen den Willen des Dichters und wahrscheinlich sogar ohne dass Thomas Mann bis auf den heutigen Tag klar die Rolle erkennt, in die Dr. Bermann ihn gedrängt hat. Die Tatsache allein, dass Thomas Mann noch immer im S. Fischer-Verlag erscheinen darf – wie in Tausenden von Buchhandlungen der ganzen Welt durch jede Schaufensterauslage dokumentiert wird – nährt ausserhalb des Dritten Reiches bis auf den heutigen Tag noch immer den Glauben, es sei nach wie vor ein wirklich wertvoller Teil der deutschen Literatur im nationalsozialistischen Deutschland verblieben. Und da die mannhaften Reden und Erklärungen Thomas Manns gegen das nationalsozialistische Regime nur von einem kleinen Teil Menschen gelesen werden, die Auslagen der Buchhandlungen und die Kataloge des Fischer-Verlages aber Propagandamittel sind, die durch die ganze Welt wirken, so glauben wahrscheinlich heute draussen sogar noch viele Tausende, Thomas Mann gehöre zu den geistigen Mitkämpfern des Hitlerregimes. Gerade um diesen Eindruck zu erwecken, hat ja auch bis jetzt Dr. Goebbels dem S. Fischer-Verlag die Publikation der Romane desselben Thomas Mann gestattet, über dessen wahre Gesinnung natürlich niemand besser als der Propagandaminister des Deutschen Reiches unterrichtet ist.

*

Nun aber hat sich die ganze Spekulation des Dr. Bermann als verfehlt erwiesen. Jetzt muss auch der Verlag S. Fischer seine Zelte in Deutschland abbrechen. Jetzt endlich ist auch er gezwungen, sich im freien Ausland für seine Geschäfte eine neue Grundlage zu suchen. Und da bittet man für Herrn Dr. Bermann-Fischer um Indemnität für alles Vergangene, und wir sollten nun so tun, als ob in der ganzen Zwischenzeit von drei harten Jahren nichts geschehen wäre? Man soll ihm womöglich gar die Gelegenheit geben, die ihm verloren gegangenen Autoren mit hohen Geldangeboten und schönen Reden wieder um sich zu sammeln, und denjenigen Verlagen in der Schweiz, in Paris und in Holland eine schwere Konkurrenz zu bereiten, die bisher die Existenzgrundlage für die früher von Herrn Dr. Bermann auf Goebbels' Geheiss ausgestossenen Schriftsteller sicherten. Davon kann gar keine Rede sein. Bei uns nicht und bei anderen nicht. So selbstverständlich bisher für das „Pariser Tageblatt" – mit der einzigen, von uns bewusst gemachten, Ausnahme der Bücher von Thomas Mann – die Verlagserscheinungen von Fischer bisher nicht existierten, werden wir auch in der Zukunft von ihnen keine Notiz nehmen, wo auch der Sitz des Verlages immer sein wird. [...] Und wer vollends in seinem Verlag ein Buch mit der Widmung an den Reichstagsbrandstifter Göring hat erscheinen lassen, der kann nicht einmal auf mildernde Umstände rechnen.

6 *Schwarzs.:* Anspielung auf Leopold Schwarzschilds Artikel im ‚Neuen Tage-Buch' vom 11.1.1936, in dem er behauptete, Gottfried Bermann Fischer plane, mit Goebbels' Hilfe, im Ausland einen „getarnten Exilverlag" zu gründen. Siehe René Schickeles Brief vom 6.2.1936, Anm. 1.

96 7 *Hitler in Schwerin:* Am 12.2.1936 nahm Hitler in Schwerin an der Beisetzung des in der Schweiz ermordeten Landesgruppenleiters Wilhelm Gustloff teil. In seiner Rede nahm Hitler aus außenpolitischen Gründen eine für seine Begriffe eher maßvolle Haltung ein. Er stand unmittelbar vor der Rheinlandbesetzung und wollte daher die Weltöffentlichkeit nicht durch eine übertriebene Reaktion schon vorher reizen. Außerdem hatte sich die Tat in der Schweiz zugetragen. In seiner Rede feierte er den Opferwillen der nationalsozialistischen Kämpfer und gab förmlich der Genugtuung darüber Ausdruck, daß sein „jüdischer Feind" nun zum erstenmal ohne die angeblichen Mittelsmänner in Erscheinung getreten sei (Max Domarus, ‚Hitler. Reden und Proklamationen 1934–1945', Kommentiert von einem deutschen Zeitgenossen, Wiesbaden: R. Löwit 1973, Bd. 1, S. 572ff.):

Dann kommt eine endlos lange Reihe von ermordeten Nationalsozialisten, feige ermordet, fast stets aus dem Hinterhalt, erschlagen oder erstochen oder erschossen. Hinter jedem Mord stand aber dieselbe Macht, die verantwortlich ist für diesen Mord: hinter den harmlosen kleinen verhetzten Volksgenossen, die aufgewiegelt waren, steht die haßerfüllte Macht unseres jüdischen Feindes, eines Feindes, dem wir nichts zuleide getan hatten, der aber versuchte, unser deutsches Volk zu unterjochen und zu seinem Sklaven zu machen, der verantwortlich ist für all das Unglück, das uns im November 1918 getroffen hat, und verantwortlich ist für das Unglück, das in den Jahren darauf Deutschland heimsuchte! So wie sie alle gefallen sind, diese Parteigenossen und braven Kameraden, so war es auch anderen zugedacht, so sind viele Hunderte als Krüppel übriggeblieben, schwer verwundet, haben das Augenlicht verloren, sind gelähmt, über 40 000 andere verletzt; unter ihnen so viele treue Menschen, die wir alle persönlich kannten und die uns lieb und teuer gewesen sind, von denen wir wußten, daß sie niemand etwas zuleid tun konnten und niemals jemand etwas zuleid getan hatten, die nur ein Verbrechen allein begangen haben, nämlich, daß sie sich für Deutschland einsetzten. So stand auch in den Reihen dieser Opfer Horst Wessel, der Sänger, der der Bewegung ihr Lied gab, nicht ahnend, daß auch er unter den Geistern gehen werde, die mit uns marschieren und mit uns marschiert sind.

So hat nun auch der Nationalsozialismus im Ausland seinen ersten bewußten Blutzeugen bekommen. Einen Mann, der nichts tat, als nur für Deutschland einzutreten, was nicht nur sein heiliges Recht ist, sondern seine Pflicht auf dieser Welt, der nichts getan hat, als sich seiner Heimat zu erinnern und sich in Treue ihr zu verschreiben. Auch er wurde genauso ermordet, wie so viele andere. Wir kennen diese Methode. Selbst als wir am 30. Januar vor drei Jahren die Macht übernommen hatten, spielten sich noch in Deutschland genau dieselben Vorgänge ab, einmal in Frankfurt an der Oder, ein anderes Mal in Köpenick, und dann wieder in Braunschweig. Es war immer dasselbe Verfahren: Ein paar Männer kommen, rufen einen aus seiner Wohnung heraus, stechen ihn nieder oder schießen ihn tot.

Das ist kein Zufall, das ist eine leitende Hand, die diese Verbrechen organisiert hat und weiter organisieren will. Dieses Mal ist nun der Träger dieser Taten zum erstenmal selbst in Erscheinung getreten. Zum erstenmal bedient er sich keines harmlosen deutschen Volksgenossen. Es ist ein Ruhmesblatt für die Schweiz sowohl als auch für unsere eigenen Deutschen in der Schweiz, daß sich keiner dingen ließ zu dieser Tat, so daß zum erstenmal der geistige Urheber selbst zum Täter werden mußte. So ist unser Parteigenosse denn von der Macht gefällt worden, die einen fanatischen Kampf nicht nur gegen unser deutsches Volk, sondern gegen jedes freie, selbständige und unabhängige Volk führt. Wir begreifen die Kampfansage, und wir nehmen sie auf! Mein lieber Parteigenosse, du bist nicht umsonst gefallen!

Unsere Toten sind alle wieder lebend geworden. Sie marschieren nicht nur im Geiste, sondern lebendig mit uns mit. Und einer dieser Begleiter in die fernste Zukunft hinein wird auch dieser Tote sein. Das sei unser heiliger Schwur in dieser Stunde, daß wir dafür sorgen wollen, daß dieser Tote in die Reihen der unsterblichen Märtyrer unseres Volkes einrückt. Dann wird aus seinem Tod millionenfaches Leben kommen für unser Volk. Das hat dieser jüdische Mörder nicht geahnt oder vorausgesehen, daß er einen tötete, aber in die fernste Zukunft hinein Millionen und aber Millionen Kameraden zu einem wahrhaft deutschen Leben erwecken wird. So wie es früher nicht möglich war, durch solche Taten den Siegeszug unserer Bewegung zu hemmen, sondern wie im Gegenteil aus diesen Toten Bannerträger unserer Idee geworden sind, so wird auch diese Tat nicht die Zugehörigkeit des Deutschtums im Ausland zu unserer Bewegung und zum deutschen Vaterland hemmen. Im Gegenteil: nun hat jede Ortsgruppe des Auslandes ihren nationalsozialistischen Patron, ihren heiligen Märtyrer dieser Bewegung und unserer Idee. In jeder Geschäftsstelle wird nun sein Bild hängen. Jeder wird seinen Namen im Herzen tragen, und er wird nimmermehr vergessen sein in alle Zukunft.

Das ist unser Gelöbnis. Diese Tat fällt auf den Täter zurück. Nicht Deutschland wird dadurch geschwächt, sondern die Macht, die diese Tat verübte.

Das deutsche Volk hat einen Lebenden im Jahre 1936 verloren, allein einen Unsterblichen für die Zukunft gewonnen!

8 *Neuorganisierung der Gestapo:* Die Verselbständigung bzw. allmähliche Herauslösung der Polizei aus der inneren Verwaltung hatte bereits im Frühjahr 1934 begonnen, als die Politischen Polizeien der Länder in der Hand Himmlers und Heydrichs zu-

sammengefaßt wurden. Dieser Zusammenfassung stand von Anfang an die zentrale, auch die Polizeiverwaltung umfassende Zuständigkeit des Reichsinnenministers Frick gegenüber. Das Tauziehen um eine gesetzliche Regelung der Stellung der Gestapo wurde schließlich am 10.2.1936 mit einem neuen preußischen Gesetz beendet. Das Gesetz bestimmte, daß das Geheime Staatspolizeiamt in Berlin „Oberste Landesbehörde" der Gestapo sei und daß deren Aufgaben in der Mittelinstanz von gesonderten Staatspolizeistellen wahrgenommen würden. Durch diese Bestimmung war die organisatorische Selbständigkeit der Gestapo anerkannt. Das Gesetz verfügte aber auch, daß die Stapostellen „gleichzeitig den zuständigen Regierungspräsidenten unterstellt" seien, „den Weisungen derselben zu entsprechen und sie in allen politisch-polizeilichen Angelegenheiten zu unterrichten" hätten. Da die organisatorische Verselbständigung der Gestapo aber zugleich personelle und institutionelle Verquickung der SS und des SD mit der Politischen Polizei bedeutete und mithin die in der SS besonders ausgeprägte Führer- und Gefolgschaftsstruktur sowie die spezifischen Weltanschauungs- und politischen Gegner-Begriffe der SS bestimmend für die Gestapo wurden, fiel der Gegensatz zur allgemeinen inneren Verwaltung tatsächlich viel stärker ins Gewicht. Und die gegenteiligen Bestimmungen des Gestapogesetzes blieben weitgehend illusorisch, zumal Himmler und Heydrich bei ihrem Bemühen nach Verselbständigung der Gestapo die volle Rückendeckung Hitlers hatten. – Siehe hierzu auch Martin Broszat, ‚Der Staat Hitlers. Grundlegung und Entwicklung seiner inneren Verfassung', München: Deutscher Taschenbuch Verlag 1969, S. 336–346; Hans Buchheim, ‚Die SS – das Herrschaftsinstrument Befehl und Gehorsam', in: Hans Buchheim [u.a.], ‚Anatomie des SS-Staates', Olten und Freiburg i.Br.: Walter-Verlag 1966, Bd. 1, S. 38–54.

19.2.1936   Thomas Mann an René Schickele, ms.Br.

1 *Schlußteil meines neuen Bandes:* Vom 11.2. bis zum 19.3.1936 schrieb Thomas Mann das Kapitel ‚Die schmerzliche Zunge (Spiel und Nachspiel)', das zweite des siebenten und letzten Hauptstückes von ‚Joseph in Ägypten'.

2 *mein Impromptu in der N.Z.Z.:* Thomas Mann, ‚Ein Brief (an Eduard Korrodi)', in: Neue Zürcher Zeitung, Zürich, 3.2.1936, Nr. 193. – Im Zusammenhang mit diesem offenen Brief an Eduard Korrodi schreibt Thomas Mann am 11.2.1936 an seinen Bruder Heinrich:

Küsnacht-Zürich 11.II.36.
Schiedhaldenstraße 33

Lieber Heinrich,
Korrodi's Mesquinerien und Schnödigkeiten gegen die Emigration hatten im Zusammenhang gestanden mit unserer Erklärung gegen Schwarzschild zugunsten des auswandernden Bermann, und so hatte ich das Gefühl, meine innere Zugehörigkeit zu denen, die das Dritte Reich ausstieß oder die es flohen, einmal unzweideutig bekunden zu müssen. Auch vor der Welt war dies notwendig geworden, die zum Teil von meinem Verhältnis zum Hitler-Reich unangenehm halb- und halbe Vorstellungen hat. Vor allem aber war es für mich selbst eine seelische Notwendigkeit, dem machthabenden Gesindel einmal, wenn auch in den gemessensten Worten, meine Meinung zu sagen und es wissen zu lassen, daß ich seine Rache nicht fürchte. Ich glaube, ich habe meinen Augenblick nicht schlecht gewählt und befinde mich besser seitdem. Wenn sie mich ausbürgern und meine Bücher verbieten, so darf ich mir sagen, daß entweder in 1 1/2

326

bis 2 Jahren der Krieg da ist – oder in derselben Frist sich in Deutschland Zustände hergestellt haben müssen, die auch die Verbreitung meiner Bücher wieder erlauben. Übrigens bin ich noch garnicht so sicher, daß sie zurückschlagen. Es ist durchaus möglich, daß sie es wie Früheres schlucken und sich damit begnügen, mir weiter Habe und Paß vorzuenthalten. Olympiade und Außenpolitik sprechen dafür.

Bermann hat in Zürich Schwierigkeiten. Die Gilde ist aus Eifersucht gegen ihn. Der Mißerfolg ist noch nicht entschieden; tritt er ein, so bleiben Wien und Prag. Bermann hat sich mit Heinemann, London, liiert; es wird eine internationale Firma Fischer-Heinemann mit amerikanisch-englischem Kapital, politisch sehr unabhängig dadurch, deren deutsche Abteilung B. selbständig leiten wird, eine gute, durchaus aussichtsreiche Sache. Schwarzschilds Angriff ging vollständig fehl. Landshoff selbst schreibt mir, er habe in der Gründung weiterer Verlage im Ausland nie eine Gefahr gesehen, sondern im Gegenteil eine Entlastung. Die Monopolstellung einer zu kleinen Anzahl von Verlagen sei auf die Dauer unzuträglich. – Die Hauptfrage bleibt, unter welchen Bedingungen, mit einem wie blauen Auge, Bermann in Berlin loskommt. –

Nach gesprochenem Wort denke ich mich zu halten wie bisher. Die Beteiligung an der Moskauer Zeitschrift liegt nicht auf meiner Linie. Ich bin meinem Schweizer Gastland, in dem ich mich sehr gern vor Ablauf der gesetzlichen Frist einbürgern lassen möchte, gewisse Rücksichten schuldig und mag mich überhaupt, bei aller Sympathie, nicht zu ausdrücklich aufs Kommunistische festlegen lassen.

Herzlich T.

3 *Valeriu Marcu:* Siehe René Schickeles Brief vom 14.2.1936, Anm. 1.

4 *bei Deutschen gefunden:* In der Zeit vom 3.2.–19.2.1936 notiert Thomas Mann im Tagebuch die Besuche folgender Freunde und Bekannten: Erich von Kahler, Joachim Maass, Bruno Walter, Rudolph Wahl, Ludwig Renn, Willi Bredel und Leonard Steckel. Viel zahlreicher als die Besuche sind aber die Anrufe und Zuschriften, die Thomas Mann anläßlich seines offenen Briefes an Korrodi erhielt: von Emil Oprecht, Otto Basler, Wolfgang Langhoff, Bruno Frank, Hermann Hesse, René Schickele, Hans Reisiger, Max Herrmann-Neisse, Heinrich Mann, Kurt Horwitz, Alfred Neumann, Kuno Fiedler u.a.m. Am 7.2.1936 heißt es im Tagebuch:

Zwischenein weitere Kollektion von Glückwunsch-Briefen, darunter einer von Br. Frank, nicht sehr gescheit, und einer von Hesse, der meinen Schritt im Grunde bedauert, da er erwartet, nun in Deutschland allein zu bleiben, auch weil er den Bruch als durch die Emigranten erpreßt ansieht. – Klaus schrieb angenehm. Es sind lange Dankbarkeitsergüsse von Leidenden unter den Briefen, zumeist natürlich von Juden.

Hermann Hesse hatte am 5.2.1936 geschrieben:

Lieber Herr Thomas Mann
Die Schwarzschild- und Korrodikampagne war eigentlich kein würdiger Anlaß, indessen begreife ich, daß Sie einmal den Schnitt durchs Tafeltuch haben tun müssen. Nun es getan ist und in so würdiger Form, sollte man Ihnen eigentlich nur gratulieren. Ich kann es dennoch nicht tun. Ohne mir, auch nur in Gedanken, die geringste abfällige Kritik an Ihrem Schritt zu erlauben, bedaure ich im Grunde doch, daß Sie ihn taten. Es war ein Bekenntnis – aber wo Sie stehen, war längst jedermann bekannt. Für die Herren in Prag und Paris, die Sie auf so banditenhafte Art bedrängten, ist es Genugtuung zu sehen, daß der Druck gewirkt hat.

Wenn ein Lager da wäre, dem man sich zuwenden und anschließen könnte, wäre ja alles gut. Aber daran fehlt es ja. Wir haben aus der Giftgasatmosphäre zwischen den Fronten keine andere Zuflucht als zu unserer Arbeit. Und die, gewissermaßen illegale Wirkung des Trostes und der Stärkung, die Sie auf die reichsdeutschen Leser hatten, wird Ihnen nun wohl verloren gehen – das ist ein Verlust für beide Teile. Auch ich bin mitbetroffen, ich verliere einen Kameraden, und ich beklage das ganz egoistisch. So wie ich während des Weltkriegs einen Kollegen in Romain Rolland hatte, so hatte ich ihn seit 1933 in Ihnen. Ich denke Sie zwar keineswegs zu verlieren, ich werde nicht leicht untreu, aber drüben in Deutschland stehe ich, als Autor, nun sehr allein. Ich möchte aber den Posten halten, solang es von mir abhängt.

Nun wünsche ich sehr, Sie möchten, ganz persönlich und privat, die Entspannung wohltätig spüren, die Ihr Schritt bringen sollte. Wenn Sie sich befreit fühlen und erleichtert zu Ihrer Arbeit zurückkehren, dann ist ja alles gut. Herzlich grüßt Sie und Frau Mann

Ihr H. Hesse

5 *Frage der Freigabe meines Vermögens und der Einhändigung eines Passes:* Nachdem Thomas Mann im Februar 1933 nicht mehr nach München zurückgekehrt war, wurde sein Vermögen von den deutschen Behörden beschlagnahmt. Auch sein im April 1933 abgelaufener Paß wurde nicht mehr verlängert. Valentin Heins, Thomas Manns Anwalt, bemühte sich mehrere Jahre lang ohne Erfolg bei den Münchner Behörden und den Ministerien in Berlin, die gegen Thomas Mann verfügten Maßnahmen rückgängig zu machen.

6 *Bermann, der gerade hier ist:* Bermann weilte in Zürich, um nochmals mit den Schweizer Behörden – vor allem mit Emil Klöti, dem damaligen Stadtpräsidenten von Zürich – wegen seiner Niederlassung in der Schweiz zu verhandeln. Vgl. hierzu Thomas Manns Tagebuchnotizen vom 18./19. 2. 1936:

Zum Essen *Trebitsch*, dann überraschend *Bermann*, der gekommen seine Interessen hier so oder so zu bereinigen. Deprimiert, unentschlossen, ob Zürich überhaupt wünschbar, ob Wien oder London vorzuziehen. Ist überzeugt zum wenigsten vom Verbot meiner Bücher. [...] Wir holten Bermann vom „Urban“ ab, und er verbrachte den Abend bei uns. Viel über Deutschland, den so gut wie sicheren Krieg, die zu erhoffende Auflösung des Reiches, über die Vorzüge Wiens und Zürichs und ihre Nachteile.

97 7 *offizielle Ausbürgerung:* Bermanns Vorhersagen bestätigten sich: Thomas Manns offener Brief an Eduard Korrodi vom 3. 2. 1936 hatte zur Folge, daß Thomas Mann am 2. 12. 1936 die deutsche Staatsangehörigkeit verlor.

8 *Anlaß zu meiner Äußerung:* Leopold Schwarzschilds Artikel im ‚Neuen Tage-Buch‘ vom 11. 1. 1936 gegen Gottfried Bermann Fischers Pläne, den S. Fischer Verlag ins Ausland zu verlegen.

9 *Bestätigung dafür von Querido:* Mit der „Bestätigung“ meint Thomas Mann wohl Fritz Landshoffs Brief vom 5. 2. 1936:

Querido Verlag N. V.
Keizersgracht 333
Amsterdam, den 5. Februar 1936

Lieber und sehr verehrter Herr Professor Mann!

Erlauben Sie mir, Ihnen unter dem unmittelbaren Eindruck Ihres Aufsatzes zu sagen, wie sehr ich durch diese Lektüre bewegt bin. Selbst für den, der in diesen Zeilen nichts als die konsequente Fortführung und Erläuterung eines durch die Emigration 33 und seither bei vielen Gelegenheiten, zuletzt in dem Wassermann-Vorwort stets eingenommenen Standpunktes sieht, sind diese Zeilen erschütternd. Sie geben einer tragischen Situation gültigen und unvergesslichen Ausdruck.

Es bedrückt mich, in diesem Zusammenhang ein Wort pro domo et me ipso hinzufügen zu müssen. Die von Schwarzschild mit wenig glücklichen Mitteln entrierte Polemik hat uns in eine um so schwierigere Lage gebracht, als Schwarzschild sich ebenso ritterlich und zweifellos in bester Absicht, wie ungebeten und zu meiner aufrichtigen Bestürzung schützend vor unseren, damals übrigens von keiner Seite attackierten Verlag stellte.

Ich habe den dringenden Wunsch (und ich kann mich dabei auf Klaus, der meine Stellungnahme vom ersten Augenblick an kannte, berufen), Ihnen zu versichern, dass Schwarzschilds Argumente die unseren nicht sind und nicht sein können. Wenn ich einmal von der Person Bermanns absehen darf, so habe ich sachlich in der Gründung weiterer Verlage im Ausland niemals eine Gefahr gesehen, sondern umgekehrt eine Entlastung. Sowohl für die Autoren wie für die Verlage muss es auf die Dauer unzuträglich sein, dass eine allzu kleine Anzahl von Verlagen eine Art „Monopolstellung" geniesst. Selbst wenn man aber in dieser Frage eine andere Stellung als ich einnimmt, scheint es mir nicht angängig, das Schauspiel eines Streites um die „Futterkrippe" zu bieten. Diese Art eines vermeintlichen Konkurrenzkampfes dürfte jedenfalls geschmacklos und verwerflich sein.

Mit besten Grüssen an Sie und Ihre Gattin,
bin ich Ihr sehr ergebener
Landshoff

10 *Gründung eines englisch-deutschen Verlages:* Die Fusionierung des S. Fischer Verlags mit dem William Heinemann Verlag, London. Sie kam nicht zustande, da dem englischen Verlag Österreich als Verlagsort angesichts der politischen Lage zu unsicher erschien. Siehe Thomas Manns Brief vom 16.12.1935, Anm. 15.

11 *Alle Reichsdeutschen, die ich spreche:* Vgl. Thomas Manns Brief vom 19.2.1936, Anm. 4.

12 *Nizza:* Thomas Mann reiste erst im Herbst (27.8.–23.9.1936) wieder nach Nizza. 98

13 *Alle möglichen anderen Reisepläne und halbe bis ganze Verabredungen:* 6. bis 14. Mai: Vortragsreise nach Wien, Brünn, Prag. 8. Mai: In Wien Festvortrag ‚Freud und die Zukunft' an der Feier des 80. Geburtstages von Sigmund Freud im ‚Akademischen Verein für medizinische Psychologie'. Besuch bei Freud. 5. bis 18. Juni: Reise zur Tagung des ‚Comité de la Coopération Intellectuelle' in Budapest. 7. Juni: Lesung aus dem ‚Joseph' im Innerstädtischen Theater. 8. bis 12. Juni: Tagung des Komitees, Referat Thomas Manns über ‚Humaniora und Humanismus'. 12. Juni: ‚Freud'-Vortrag. 13. Juni: In Wien Lesung aus ‚Joseph in Ägypten'. 14. Juni: Besuch bei Sigmund Freud, dem er seinen Vortrag privatim vorliest. 23. bis 28. Juli: Ein paar Tage in Sils-Baselgia.

14 *Argentinien:* Der Internationale P. E. N.-Kongreß fand 1936 in Buenos Aires, Argentinien, statt. Thomas und Heinrich Mann waren offiziell eingeladen, beschlossen jedoch, auf die Reise zu verzichten. Vgl. dazu Thomas Manns Brief an Heinrich Mann vom 19.5.1936:

> Argentinien – es ist komisch, wie ich auch hier beim Schreiben wieder dem Thema auszuweichen suche und die Rede darüber verschiebe. Offen gestanden, ich habe keine Lust und möchte die zwei bis 2 1/2 Monate, die es kosten würde, lieber auf friedlichere Art verbringen. Ich habe zugesagt, habe mehrfach mit dem eifrigen Herrn Aita korrespondiert und bin im Besitz der schönsten Zusicherungen, namentlich derjenigen völliger Kostenlosigkeit. Aber je näher der Termin rückt, desto zweifelhafter wird mir die Sache. Die Vorstellung, im August in das glühende Marseille zu reisen und drei Wochen auf dem Schiff mit dem ganzen Kongreß schon im Voraus zusammen zu sein, um dann 14 Tage in dem notorisch uninteressanten Buenos Aires zu verbringen, wird mir immer bedrückender. Ich bin nicht einmal sicher, ob ich es mit der Beendigung meines III. Bandes und seiner Drucklegung zeitlich würde vereinbaren können, denn schon in knappen drei Wochen kommt ja eine neue Reise nach Wien und Budapest (Völkerbund-Comité) an die Reihe. Kurzum, wenn Du mich fragst, daß *wir* reisen, ist nahezu unwahrscheinlich geworden, und ich meine, wir täten besser, uns im Sommer irgendwo an der französischen See zu treffen – wie wäre es mit der Bretagne?

15 *Rußland:* Thomas Mann wurde im Januar 1936 vom russischen Publizisten und Vorsitzenden des sowjetischen Schriftstellerverbandes Michail Kolzow zu einem Besuch nach Rußland eingeladen (siehe TB 11.1.1936). Offenbar hat Thomas Mann diese Einladung abgelehnt (siehe TB 18.1.1936).

29.9.1936   René Schickele an Thomas Mann, hs. Br.

1 *Gesichtsrose:* Nach seiner Südfrankreichreise vom 27.8.–23.9.1936 wurde Thomas Mann in Küsnacht von einer langwierigen Gesichtsrose befallen, die ihn zu mehreren Tagen Bettruhe zwang. Siehe Thomas Manns Tagebuch-Aufzeichnungen vom 29.9.–2.10.1936.

2 *Reise ins mittägliche Frankreich:* Auf seiner Reise nach Südfrankreich vom 27.8.–23.9.1936 hielt sich Thomas Mann zuerst anläßlich eines Besuches von René Schickele im Hotel Les Lecques in St. Cyr-sur-mer auf. Er ließ sich anschließend wegen Unterkunftsschwierigkeiten nicht in St. Maxime, sondern in Aiguebelle Le Lavandou nieder, wo er mit Heinrich und dessen Tochter Leonie ein paar Ferientage verbrachte:

> Montag, nach Besuch bei Schickeles, sehr heiße, anstrengende und strapaziöse Tagesfahrt auf der Suche nach neuer Station. Ste Maxime abgelehnt. Das sympathische Hotel bei La Cavalère (schweizerisch), wo wir wohltuenden Kaffee tranken, besetzt. Warm, zurück in Lavandou, im Begriff, über Toulon nach Bandol zurückzufahren. Nach Telephonat mit dem Wirt der „Roches fleuries" nahmen wir hier in dem über jenem gelegenen älteren Hotel ein vorläufig-unordentliches Quartier. (TB 9.9.1936)

3 *Les Lecques:* Thomas Mann weilte vom 29.8.–7.9.1936 im Hotel Les Lecques in St. Cyr-sur-mer. Siehe hierzu auch Anm. 2.

4 *Jean Paul:* Stelle nicht ermittelt.
5 *hier:* Von Mitte Juli bis Mitte Oktober 1936 weilte das Ehepaar Schickele zur Erholung
bei Annemarie Meier-Graefe in St. Cyr-sur-mer. Vgl. dazu René Schickeles Briefe an
Annette Kolb vom 23.7.–12.10.1936:

Château „La Banette"
St. Cyr-s.-mer (Var)
23.7.36

Liebste Annette,
wir sind heute gerade 8 Tage hier. Ich bin wie ausgewechselt. Du weisst, wie skeptisch
ich über diesen Luftwechsel dachte. Aber schon am ersten Tag war mir buchstäblich
eine Last von der Brust genommen, meine Beine gingen ganz allein. Gestern habe ich
mein erstes Bad genommen – das erste Freibad seit... Ascona. (Erinnerst Du Dich?)
Wenn der Mistral nicht bläst, bleibe ich 2 Stunden nackt an der Luft, gegen die
Mittagssonne durch einen roten Schirm geschützt. Also, episch:
Ich stehe um 7 1/2 auf. Frühstücke mächtig auf der Terrasse. Darüber und über der
inzwischen eingetroffenen Post wird es 1/2 9, 9. Dann Schreibtisch bis 11 1/2. Fahrt an
den Strand. Bad u. Luftbad bis 1 1/4, 1 1/2. Mittagessen. Siesta. Um 3 1/2 an Schreib-
tisch bis 5, 5 1/2. Abendfahrt, oft nach Sanary. Nach 8 Abendessen. Um 10 1/2 im
Bett. Ich lese noch eine Stunde und lösche dann das Licht.
Wenn ich das 6 Wochen durchhalte, bin ich kreuzgesund – hoffe ich. Vorläufig habe ich
noch richtig Angst vor dem Meer. Wenn ich hineingehe und die Wellen so unter meinen
Füssen weggehn, wird mir schwindlig. Auch wage ich mich noch nicht ins Tiefe, ich
setze mich wie die Kinder in die (eiskalten) Wellen.
Busch würdest Du nicht wiedererkennen. Die Berliner Göre (die leider Ju soviel Spass
machte, weshalb sie die Sache pflegte) wird unter uns allmählich ganz von selbst zu
einem liebenswürdigen Geschöpf – freilich, wie wir alle, mit unverwüstlichen Ge-
burtsfehlern.
Wie schön, wenn Du auch herkommen könntest. Du würdest Dich so gut erholen, und
jeden Abend würdest Du einem ausgewählten Kreis ein Stück Deines Mozart vorlesen.
Heute sind wir zum Abendessen bei Feuchtwanger, Samstag zum Mittagessen bei
Huxley. Ich schreibe an Renate. Sie muss mir sagen, wie man das macht mit der
arischen Abkunft. Ich habe keine Ahnung.

Ich umarme Dich.
Dein
R.

Gesundheitlich glaubte ich mich schon über den Berg, da kam ein ganz böser Rückfall,
und daran laboriere ich jetzt... *Die Ärzte sagen alle, es müssten Aufregungen jeder Art
von mir ferngehalten werden.* Dabei verweigern sie mir das leichteste Schlafmittel
(wegen des Ausschlags), was *schlaflose Nächte* zur Folge hat, die mir natürlich mehr
Aufregungen bringen, als die ganze Hitlerpresse und anderes... Ich gehe gerädert,
geschunden, hoffnungslos aus diesen Nächten hervor und brauche den ganzen Tag und
allen *Mut*, um mich seelisch einigermassen wiederherzustellen. Und dann folgt die
nächste Nacht mit ihrer Höllenfahrt. Aber – ich kämpfe es durch! Das Stück Mut, das
ich tags wiederfinde, wird grösser und erweist sich als dauerhafter. Für unser Zusam-

mensein in Nizza habe ich bereits ein festes Programm, das einem Festprogramm zum Verwechseln ähnlich sieht. Du wirst sehn! Und damit soll die *Vita nuova* beginnen – zum Teufel nochmal!! (Brief vom 6.9.1936)

6 *„Flaschenpost":* René Schickele, ‚Die Flaschenpost‘, Roman, Amsterdam: de Lange 1937. René Schickele beendete den Roman im September 1936. Vgl. dazu René Schickeles Briefe an Annette Kolb:

Und mein kleiner, kurioser Roman ist beinahe fertig. Es fehlen nur noch 3 Kapitel. Das Tagebuch eines Irrsinnigen, der nicht mehr und nicht weniger verrückt ist als Du und ich. Du wirst Tränen lachen. Ein bisschen unanständig ist er auch. Das Mädchen des Mannes heisst Pipette. Das sagt Dir genug. Zum Schluss kommt er ins Irrenhaus und trifft dort den „Führer". Freilich, ob das gedruckt werden kann, muss der Verleger entscheiden. Schade, wenn ich es herausstreichen müsste.
Im Oktober will ich nach Paris. Bis dahin habe ich zu tun. (Den andern Roman, der seit 1 1/2 Jahren zu drei Vierteln vorliegt, für Landauer fertigmachen.) Vor Dezember ist an keine Vortragsreise zu denken. Wovon sollen wir bis dahin leben? (Brief vom 26.8.1936)

Ich habe mein Buch fertig. Hasenclever hat recht gehabt. Aus der Novelle ist ein (kleiner) Roman geworden. Titel: „Die Flaschenpost". Lannatsch sitzt bereits über der 2. Abschrift, und in 2–3 Wochen, denke ich, kann das druckfertige MS abgehn. (Brief vom 14.9.1936)

7 *Amsterdam:* Der Verlag Allert de Lange in Amsterdam.
8 *„Candide":* François-Marie Voltaire, ‚Candide ou l'optimisme‘, Genf 1759.
99 9 *mein Buch über Franz v. Assisi:* René Schickele hat seinen Plan, ein Buch über Franz von Assisi zu schreiben, nicht ausgeführt.
10 *Amerika [...] Florenz [...] Assisi:* Wohl aus finanziellen Gründen hat René Schickele keine der Reisen ausgeführt.
11 *„Grand' maman" und „Der Preusse":* Die beiden Romane ‚Grand' Maman‘ und ‚Der Preuße‘ blieben unvollendet und erschienen postum als Fragmente in: René Schickele, ‚Werke in drei Bänden‘, hrsg. von Hermann Kesten unter Mitarbeit von Anna Schickele, Köln und Berlin: Kiepenheuer und Witsch 1959, Bd. II, S. 819–927 und 929–1054.
12 *Brief Tucholskys:* Brief Kurt Tucholskys an Arnold Zweig vom 15.12.1935, in: Kurt Tucholsky, ‚Ausgewählte Briefe 1913–1935‘, hrsg. von Mary Gerold-Tucholsky und Fritz J. Raddatz, Reinbek bei Hamburg: Rowohlt 1962, S. 333–339:

Zürich, 15.12.35

Lieber Arnold Zweig,
ich danke Ihnen herzlichst für Ihren Brief vom 13.11. Dank für alle freundlichen Worte – und wenn Sie mir neben *„Verdun"* auch die *„Bilanz der Judenheit"* schicken lassen wollten, so wäre ich Ihnen sehr dankbar. Daß ich erst heute antworte, liegt an meinem Gesundheitszustand: es geht mir nicht gut.
Ja, da wäre also einiges zu sagen.
Sie sind, lieber Zweig, einer der so seltenen Schriftsteller, die eine Kritik (damals über Grischan) so aufgenommen haben, wie sie gemeint gewesen ist: nämlich freundschaft-

lich. Das habe ich Ihnen nicht vergessen. Deshalb möchte ich Ihnen etwas schreiben, das wenig mit Ihrem Werk, viel mit Ihrer Anschauung zu tun hat – es richtet sich gar nicht an Sie, aber ich spreche zu Ihnen.

Ich bin im Jahre 1911 „aus dem Judentum ausgetreten", und ich weiß, daß man das gar nicht kann. Die Formel vor dem Amtsgericht lautete so. Sie wissen, daß damit keine Konjunkturriecherei verbunden gewesen ist – ein Jude hatte es im Kaiserreich erträglich, ein Konfessionsloser nicht. (Militär, vadächtiger Hund, vadächtiga.) Warum also tat ich das –? Ich habe es getan, weil ich noch aus der frühesten Jugendzeit her einen unauslöschlichen Abscheu vor dem gesalbten Rabbiner hatte – weil ich die Feigheit dieser Gesellschaft mehr fühlte als begriff... Wendriner war damals noch nicht geboren. Doch – aber er hatte noch keinen Namen. Also heraus.

Antisemitismus habe ich nur in den Zeitungen zu spüren bekommen, im Leben nie. Mit dem feinen Instinkt, der die boches auszeichnet, haben mich viele Leute nicht für einen Juden gehalten, was ich nicht geschmeichelt anmerke, sondern belustigt. In dreieinhalb Jahren Militär: nichts. Zuletzt war ich Polizeikommissar – auch nicht die Spur eines Hauches einer Idee. Ich habe mit den Kerlen im Kasino gesoffen, was mir eine gute Kenntnis des Milieus für später ermöglicht hat – nichts war zu spüren. Ich spreche also nicht aus Ressentiment.

Auch gehöre ich nicht zu den bekannten jüdischen Antisemiten.

Über Palästina erlaube ich mir keinerlei Bemerkung –: ich kenne die Verhältnisse nicht. Zweierlei fällt mir auf:

Das ist kein jüdischer Staat, sondern eine englische Kolonie, in der die Juden – wie unter Pontius Pilatus – eine Rolle spielen, die mir nicht schmeckt und wohl manchen Juden dort unten auch nicht. Zweitens: die deutschen Juden, die Geld hatten, durften nur heraus, wenn sie statt ihres Geldes eine Abmachung mit herausnahmen, bei der Palästina mit deutschen Waren überschwemmt wird.

Doch ist das Sache der Zionisten, und da ich nicht mittue, nehme ich mir wenig Recht, zu kritisieren. Wohl aber darf ich Ihnen sagen:

Was sind Sie –? Angehöriger eines geschlagenen, aber nicht besiegten Heeres? Nein, Arnold Zweig, das ist nicht wahr. Das Judentum ist besiegt, so besiegt, wie es das verdient – und es ist auch nicht wahr, daß es seit Jahrtausenden kämpft. Es kämpft eben nicht.

Die Emanzipation der Juden ist nicht das Werk von Juden. Diese Befreiung ist den Juden durch die Französische Revolution, also von Nicht-Juden, geschenkt worden – sie haben nicht dafür gekämpft. Das hat sich gerächt.

Sie sagen: Ja, es gibt Wendriners, ich nehme sie aus, sie sind mir fatal – aber... *Ich* sage: Es *gibt* auch anständige Juden, ein paar, wie die Emigrationsziffer zeigt, noch nicht 10% – ich nehme sie aus – ich habe die größte Achtung vor ihnen, vor ihrem stillen Leiden – aber... Aber –? Der Rest taugt nichts.

Es ist nicht wahr, daß die Deutschen verjudet sind. Die deutschen Juden sind verbocht.

Mir hat schon diese faule und flaue Erklärung nie gefallen, mit der man mir erzählt hat: Die Gettojuden im 16. Jahrhundert *konnten* nicht anders, sie waren bedrückt, man ließ sie ja nichts andres tun als schachern. Nein, lieben Freunde. Getto ist keine Folge – Getto ist Schicksal. Eine Herrenrasse wäre zerbrochen – diese da „müssen doch leben". Nein, so muß man nicht leben, so nicht.

Aber lassen wir die mittelalterlichen Juden – nehmen wir die von heute, die von Deutschland. Da sehen Sie, daß dieselben Leute, die auf vielen Gebieten die erste Geige gespielt haben, das Getto *akzeptieren* – die Idee des Gettos und ihre Ausführung. Ich sehe diese Schweinekerle bis hierher – ohne mich um sie zu kümmern, ich lese keine deutschen Zeitungen und so gut wie gar keine Emigrationsliteratur – ich sehe sie. Man sperrt sie ein; man pfercht sie in Judentheater mit vier gelben Flecken vorn und hinten, und sie haben (wie ich das höre!) nur einen Ehrgeiz: „Nun werden wir ihnen mal zeigen, daß wir das bessere Theater haben!" – Pfui Deibel. Und sie spüren es nicht. Sie sehen es nicht. Sie merken es nicht.

Ich füge Ihnen einen Ausschnitt aus einem Londoner Brief bei, der nur in halb spaßiger Form das äußerliche und doch auch das innerliche gibt. Es ist noch viel schlimmer – das ist nur eine Illustration. Es ist so:

Der Jude ist feige. Er ist selig, wenn ein Fußtritt nicht kommt – ihn so als primär annehmend, als das, was ihm zukommt. Er duckt sich. „Nur Geschäfte!" – aber das ist es nicht allein. Es ist noch ganz etwas andres – es ist das absolute Unvermögen, zu begreifen, was Heroismus überhaupt ist. Ich kenne die Einwände alle, ich kann sie im Schlaf – nur im Schlaf – aufzählen: „Was haben Sie denn für heroische Taten vollbracht – haben Sie vielleicht…" Das ist der Refrain, den ich heute zu hören bekäme, wäre ich schamlos genug, vor einem Parterre voll Dreck aufzutreten – so wie ich früher zu hören bekommen habe: „Was haben Sie davon? Haben Sie das nötig?"

Aber der große Moment fand ein kleines Geschlecht.

Wie! Nicht zu begreifen, daß im März 33 der Augenblick gekommen war, in umgekehrter Proportion auszuziehen – also nicht wie heute einer auf zehn, sondern einer hätte da bleiben müssen, und neun hätten gehen müssen, sollen, müssen. Hat sich auch nur *ein* Rabbiner gefunden, der der Führer seines Volkes gewesen ist? Auch nur ein Mann? Keiner. In Nürnberg wohnte eine so reiche und einflußreiche Judengemeinde – dort ist der Herr Streicher groß geworden. „Lassen Sie doch den Mann! Nur ka Risches!" Und habe ich nicht mit eigenen Augen gelesen, daß die Gemeinde in Frankfurt, als die ersten Pogrome, ich glaube 1931, einsetzten, den Gläubigen empfahl, nach dem Gottesdienst gleich nach Hause zu gehn und Ansammlungen auf der Straße – auf *ihrer* Straße – lieber Zweig – zu vermeiden? So war es.

Wohin unsere Warnungen gefallen sind, wissen Sie. Und dann war es zu spät – es war vielleicht noch eine Sekunde Zeit – und was war dann?

Dann taten die Leute etwas, das mir immer das Wort Beer-Hofmanns, das er einmal zu mir gesagt hat, ins Gedächtnis zurückruft: „Der Jude ist gar nicht klug. Die andern sind, in manchen Gegenden, nur dümmer." So ist es.

Hätten Sie dem Durchschnitts-Juden im Jahre 1933 gesagt, er würde Deutschland unter Bedingungen verlassen, wie sie ihm das Jahr 1935 ff. bieten, er hätte Sie ausgelacht. „Ich kann doch nicht weggehn! (und nun, wie ein Spieler) Ich bin doch im Verlust! Was meinen Sie – mein Geschäft…" Und jetzt schleichen sie heraus, trübe, verprügelt, beschissen bis über die Ohren, pleite, des Geldes beraubt – *und ohne Würde*. (Sich aber besser dünkend.)

Heroismus war hier nun auch noch das bessere Geschäft. Also warum haben sie diesen Weg nicht gewählt? Weil sie nicht heroisch sein können; weil sie gar nicht wissen, was das ist.

Es steht bei dem großen Péguy, den ich Ihnen gar nicht genug empfehlen kann, eine Stelle, in der es ungefähr heißt: Die Juden hören nicht gern auf ihre Propheten, denn sie wissen, was das kostet. Ihre jahrhundertelange Erfahrung… und so fort, recht philosemitisch. Das ist wacker und brav – aber es ist nicht wahr.

Wer die Freiheit nicht im Blut hat, wer nicht fühlt, was das ist: Freiheit – der wird sie

334

nie erringen. Wer das Getto als etwas von vornherein gegebenes akzeptiert, der wird ewig darin verbleiben. Und hier und nur hier steckt das Versagen der gesamten deutschen Emigration, aus der ich keine Judenfrage machen möchte – hier ist ihre Schuld, ihre Erbärmlichkeit, ihre Jämmerlichkeit. Das ist nichts.

Das klingt nun so, wie wenn das gegen den gerichtet wäre, an den ich diesen Brief richte – aber mit Ihnen hat das nur sehr mittelbar zu tun. Ich kann Ihnen zwar nicht folgen, wenn Sie die Jüdin loben, weil sie Eigenschaften hat, die ich bei andern genauso sehe („Sie weiß auf Gartenfesten schön zu sein" – aber das kann Minchen Müller auch) – aber ich weiß, daß *Sie* nie einen Daumenbreit nachgäben. Ich klage vor Ihnen – ich belle Sie nicht an. Ich klage die Gesinnung der Juden an, und viel weiter gehend, die Gesinnung der sog. „deutschen Linken" und hier darf das Wort nebbich angewandt werden.

Man hat eine Niederlage erlitten. Man ist so verprügelt worden, wie seit langer Zeit keine Partei, die alle Trümpfe in der Hand hatte. Was ist nun zu tun –?

Nun ist mit eiserner Energie *Selbsteinkehr* am Platze. Nun muß, auf die lächerliche Gefahr hin, daß das ausgebeutet wird, eine Selbstkritik vorgenommen werden, gegen die Schwefellauge Seifenwasser ist. Nun muß – ich auch! ich auch! – gesagt werden: Das haben wir falsch gemacht, und das und das – und hier haben wir versagt. Und nicht nur: die andern haben... sondern: wir alle haben.

Was geschieht statt dessen? Statt dessen bekommen wir Lobhudeleien zu lesen, die ich nicht mag – Lob der Juden und Lob der Sozis und der Kommunisten – „sie sitzen da und hochachten einander" heißt es einmal im schwedischen. Und das ist keine Sache der Partei. Eine Geißlung so einer Schießbudenfigur wie Breitscheids vorzunehmen oder Hilferdings oder sonst eines – das ist ja Leichenschändung. Doch haben weder die noch irgendein andrer, wenigstens ist mir kein Beispiel bekannt, überhaupt begriffen, was ihnen geschehen ist. „Ohne Hören, ohne Sehen, stand der Gute sinnend da, und er fragt, wie das geschehen und warum ihm das geschah."

Statt einer Selbstkritik und einer Selbsteinkehr sehe ich da etwas von „Wir sind das bessere Deutschland" und „Das ist gar nicht Deutschland" und solchen Unsinn. Aber ein Land ist nicht nur das, was es *tut* – es ist auch das, was es verträgt, was es duldet. Es ist gespenstisch, zu sehen, was die pariser Leute treiben – wie sie mit etwas spielen, was es gar nicht mehr gibt. Wie sie noch schielen – wie sie sich als Deutsche fühlen – aber zum Donner, die Deutschen wollen euch nicht! Sie merken es nicht.

Das ist Deutschland. Die Uniform paßt ihnen – nur der Kragen ist ihnen zu hoch. Etwas unbequem – etwas störend – so viel Pathos und so wenig Butter – aber im übrigen? Wie sagt Alfred Polgar: „Der Umfall beginnt damit, daß man hört: Eines muß man den Leuten lassen..." Und sie lassen ihnen das eine und das andere und dann alles.

Das ist bitter, zu erkennen. Ich weiß es seit 1929 – da habe ich eine Vortragsreise gemacht und „unsere Leute" von Angesicht zu Angesicht gesehen, vor dem Podium, Gegner und Anhänger, und da habe ich es begriffen, und von da ab bin ich immer stiller geworden. Mein Leben ist mir zu kostbar, mich unter einen Apfelbaum zu stellen und ihn zu bitten, Birnen zu produzieren. Ich nicht mehr. Ich habe mit diesem Land, dessen Sprache ich so wenig wie möglich spreche, nichts mehr zu schaffen. Möge es verrecken – möge es Rußland erobern – ich bin damit fertig.

Ich glaube Sie als Schriftsteller zu kennen – es ist möglich, daß Sie sich hiermit auseinandersetzen. (Es wäre mir in einem solchen Falle lieb, *sehr lieb*, wenn Sie meinen

Namen fortließen; ich will nicht einmal als Diskussionsbasis über deutsche Dinge dastehn – vorbei, vorbei.)

Aber ich kann nicht unrecht haben –: die Tatsachen sprechen für mich. Die Tatsache, daß es ein Volk gibt (Juden und die schwächliche deutsche Bourgeoisie, die sich als links ausgab oder es zum kleineren Teil auch gewesen ist), ein Volk, das Demütigungen einsteckt, ohne sie zu fühlen. Sie haben eine Frau – Sie haben Kinder, glaube ich. Nun...

– – „Dabei sensible Naturen, die es vielleicht nicht so schroff empfanden, wenn ein Knote ganz bieder am Versöhnungstage einem Herrn mit Gebetbuch ‚Verfluchtes Judenaas!‘ nachrief; oder wenn ein Major von den ‚Elfern‘ vorn auf der Straßenbahn offen erklärte: ‚Wieviel schwangere Judenweiber man sieht – ’s ist zum Kotzen!‘ Nicht das war verletzend. Sondern wenn aufgeklärte Freunde, Wohlwollende, schonend sagten ‚Die jüdischen Herrschaften‘ – das traf.“

Das ist von Kerr. Wie soll das also bei einem mindern Menschen aussehen.

Nein, mein Lieber – das ist nichts und das wird nichts. Diese Frage sehe ich weit über das Jüdische hinaus – ich sehe eine Sozialdemokratie, die erst siegen wird, wenn es sie nicht mehr gibt – und zwar nicht nur, weil sie charakterlos und feil und feige gewesen ist (und wer war denn das anders als eben wieder Deutsche) – sondern die die Schlacht verloren hat, weil die Doktrin nichts taugt – sie ist falsch. Glauben Sie bitte nicht, ich sei inzwischen zu Blut und Boden oder sonst etwas übergelaufen – ich empfehle Ihnen von Dandieu et Aron *„La révolution nécessaire“*, ich empfehle Ihnen die Hefte des *„Ordre Nouveau“*, eine der belangreichsten Sachen, die mir je untergekommen ist, ich empfehle Ihnen à la rigueur auch den *„Esprit“* (Paris) – und Sie werden sofort begreifen, was ich meine.

Man muß von vorn anfangen.

Man muß ganz von vorn anfangen – „Ford, c’est Descartes descendu dans la rue“ heißt eine der Formeln Dandieus – (Er ist leider, viel zu jung, mit 36 Jahren gestorben.) Man muß von vorn anfangen – nicht auf diesen lächerlichen Stalin hören, der seine Leute verrät, so schön, wie es sonst nur der Papst vermag – nichts davon wird die Freiheit bringen. Von vorn, ganz von vorn.

Wir werden das nicht erleben. Es gehört dazu, was die meisten Emigranten übersehen, eine Jugendkraft, die wir nicht mehr haben. Es werden neue, nach uns, kommen. – So aber gehts nicht. Das Spiel ist aus.

Nihilismus –? Lieber Zweig, ich habe in den letzten fünf Jahren viel gelernt – und wäre mein schlechter Gesundheitszustand nicht, so hätte ich dem öffentlich Ausdruck gegeben. Ich habe gelernt, daß es besser ist, zu *sagen*, hier sei nichts – als sich und andern etwas vorzuspielen. (Was Sie nie getan haben.) Aber das Theater der Verzweiflung, die noch in so einem Burschen wie Thomas Mann einen Mann sieht, der, Nobelpreisträger, sich nicht heraustraut und seine „harmlosen“ Bücher in Deutschland weiter verkaufen läßt – die Verzweiflung, die dieselben Fehler weiter begeht, an denen wir zugrunde gegangen sind –: es nämlich nicht so genau mit den Bundesgenossen zu nehmen – dieses Theater kann ich nicht mitmachen. Und hier ist das, was mich an der deutschen Emigration so abstößt –: es geht alles weiter, wie wenn gar nichts geschehen wäre. Immer weiter, immer weiter – sie schreiben dieselben Bücher, sie halten dieselben Reden, sie machen dieselben Gesten. Aber das ist ja schon nicht gegangen, als wir noch drin die Möglichkeit und ein bißchen Macht hatten – wie soll das von draußen gehn! Sehn Sie sich Lenin in der Emigration an: Stahl und die äußerste Gedankenreinheit. Und die da –? Schmuddelei. Doitsche Kultur. Das Weltgewissen… Gute Nacht.

Ich enthalte mich jedes öffentlichen Schrittes, weil ich nicht der Mann bin, der eine neue Doktrin bauen kann – ich bin kein großer Führer, ich weiß das. Ich bin ausgezeichnet, wenn ich einer noch dumpfen Masseneinsicht Ausdruck geben kann – aber hier ist keine. Entmutige ich –? Das ist schon viel, wenn man falsche und trügerische Hoffnungen abbaut. Ich glaube übrigens an die Stabilität des deutschen Regimes – es wird von der ganzen Welt unterstützt, denn es geht gegen die Arbeiter. Aber stürzte das selbst zusammen –: die deutsche Emigration ist daran unschuldig. Ich sehe den Referenten im Propagandaministerium: er muß sich grinsend langweilen, wenn er das Zeug liest. Es ist ungefährlich.

Das ist ein langer Brief geworden – halten zu Gnaden.

Ja, wenn Sie herkommen und ich bin grade in der Schweiz, wirds mich freuen, mit Ihnen zu plaudern. Ich bin ein aufgehörter Schriftsteller – aber mit Ihnen sprechen, das wird immer ein kleines Fest sein.

Alles Gute für Sie. Und vor allem für Ihre Augen!

Herzlichst Ihr getreuer
Tucholsky

13 *Abdruck in der „Weltbühne":* Kurt Tucholsky, ‚Juden und Deutsche‘, in: Die neue Weltbühne, Prag, 6.2.1936, Jg. 32, Nr. 6, S. 160–165, und Arnold Zweig, ‚Antwort‘, in: Die neue Weltbühne, Prag, 6.2.1936, Jg. 32, Nr. 6, S. 165–170.

14 *Verhandlung gegen die 16 „Trotzkisten":* Vom 19.–24.8.1936 fand in Moskau ein Prozeß gegen 16 Trotzkisten statt. Es war der erste der drei großen Moskauer Schauprozesse. Ursache dieser Prozesse war die Ermordung Sergej Mironowitsch Kirows, eines engen Mitarbeiters und potentiellen Nachfolgers Stalins, im Jahre 1934. Der Mord wurde einer konterrevolutionären Gruppe unter der Leitung von Grigorij Sinowjew zugeschrieben, deren Verbindung mit Trotzki behauptet wurde. Die Folge waren die großen Schauprozesse: 1936 der „Prozeß der 16", gegen Grigorij Sinowjew, Leo Borissowitsch Kamenew u.a.; 1937 der „Prozeß der 17", gegen Karl Bernhardowitsch Radek u.a.; 1938 der „Prozeß der 21", gegen Nikolaj Iwanowitsch Bucharin, Aleksej Iwanowitsch Rykow u.a. Von den insgesamt 64 Angeklagten wurden 57 zum Tode verurteilt, die übrigen starben später im Gefängnis. Die Schauprozesse, auch „Große Säuberung" genannt, bedeuteten die endgültige Liquidierung der trotzkistischen Opposition. – Siehe hierzu auch Karl-Heinz Ruffmann, ‚Sowjetrußland 1917–1977‘, München: Deutscher Taschenbuch Verlag 1984, S. 56–71; Joel Carmichael, ‚Säuberung. Die Konsolidierung des Sowjetregimes unter Stalin 1934/1938‘, Frankfurt a.M. [u.a.]: Ullstein 1972; Isaac Deutscher, ‚Stalin. Eine politische Biographie‘, Stuttgart: Kohlhammer 1962, S. 368–410.

15 *„Königliche Hoheit":* Thomas Mann, ‚Königliche Hoheit‘, Roman, Berlin: S. Fischer 1909.   100

6.10.1936   Thomas Mann an René Schickele, hs.Br.

1 *Ihr Brief:* René Schickeles Brief vom 29.9.1936. Vgl. Thomas Manns Eintrag im Tagebuch vom 3.10.1936: „Schwer leserlicher Brief von Schickele."

2 *Rekonvaleszenz:* Während ihres Aufenthaltes in Aiguebelle Le Lavandou vom 8.9.–21.9.1936, zusammen mit Heinrich und dessen Tochter Leonie, waren Thomas

und Katia Mann an einer schweren Angina erkrankt, die sich in hohem Fieber, Hals-
und Gliederschmerzen, Appetitlosigkeit und großer Müdigkeit äußerte (siehe dazu
Thomas Manns Tagebucheintragungen vom 10.9.–23.9.1936). Zurück in Küsnacht,
von seiner Erkältung noch nicht ganz genesen, wurde Thomas Mann zusätzlich von
einer langwierigen Gürtelrose befallen, die ihn zu mehreren Tagen Bettruhe
zwang.

3 *Le Lavandou:* Es war offenbar geplant gewesen, daß sich Thomas und Heinrich Mann
und ihre Freunde aus St. Cyr-sur-mer und Umgebung – Schickele, Frau Meier-Graefe,
Feuchtwanger, Unruh u. a. – beim österreichischen Schriftsteller Emil Alphons Rheinhardt in Lavandou zu einem Fischessen treffen würden. Wegen Thomas und Katia
Manns Erkrankung – auch Heinrich und dessen Tochter wurden von der Grippe erfaßt
– mußte diese Zusammenkunft abgesagt werden.

4 *Les Lecques:* Siehe René Schickeles Brief vom 29.9.1936, Anm. 2.

101 5 *Emil Alphons Rheinhardt* (1889–1945): Der österreichische Schriftsteller Emil Alphons Rheinhardt war ursprünglich Mediziner, später Lektor im Münchner Drei-
Masken-Verlag, Übersetzer, Autor erfolgreicher Biographien im S. Fischer Verlag.
Thomas Mann kannte ihn seit 1920 aus München und traf ihn 1933 in Südfrankreich
wieder. Während des Zweiten Weltkrieges gehörte Rheinhardt der französischen Widerstandsbewegung an, wurde denunziert und starb im Konzentrationslager Dachau,
wo er als Arzthelfer verwendet wurde, an Typhus.

6 *Dr. Hammerschlag:* Der österreichische Arzt Ernst Hammerschlag lebte damals in Le
Lavandou, später in New York.

7 *Schweizer Arztes:* Dr. med. Jakob Stahel (1872–1950), Hausarzt der Familie Mann in
Küsnacht.

8 *Reichtum an Ideen, Plänen, schöpferischen Aussichten:* René Schickele hatte im September 1936 seinen Roman ‚Die Flaschenpost‘ abgeschlossen. Als nächstes plante er,
ein Buch über Franz von Assisi zu schreiben (nicht ausgeführt). Darüber hinaus
beabsichtigte er, die beiden angefangenen Romane ‚Grand’ Maman‘ und ‚Der Preuße‘
zu beenden. Siehe hierzu auch René Schickeles Brief vom 29.9.1936.

9 *„Joseph in Aegypten“:* Der dritte Band des ‚Joseph‘-Romans wurde am 23.8.1936
abgeschlossen und erschien Mitte Oktober bei Bermann-Fischer in Wien.

10 *Hausherrin von La Nanette [Banette]:* Annemarie Meier-Graefe, Gattin des 1935
verstorbenen Julius Meier-Graefe, in deren Haus „La Banette“ in St. Cyr-sur-mer sich
René Schickele im Sommer 1936 zur Erholung aufhielt und Thomas Mann auf seiner
Südfrankreichreise anfangs September mehrmals zu Besuch weilte. Siehe René
Schickeles Brief vom 29.9.1936, Anm. 2 und 5. Im Tagebuch notiert Thomas
Mann:

Vorgestern (31.VIII.) nachmittags in Bandol und Sanary, Besuch bei *Feuchtwangers.*
Mehrfach mit *Schickeles* und Frau *Meyer-Graefe.* Gestern (1.IX.) Abendessen bei
diesen und Aufenthalt bis spät vor ihrem Hause bei vollem Mond in leichter Kleidung.
(2.9.1936)
Gestern nach dem Diner wieder bei Schickeles und Frau M.-Gr. (3.9.1936)
Gestern bei Schickeles zum Thee, danach Spaziergang in der wundervoll beleuchteten
Landschaft. (4.9.1936)
Fuhren zu Schickeles und machten mit den Damen einen schönen Spaziergang im
Hinterland. Vater und Sohn kamen uns mit dem Wagen entgegen. Wermut bei Frau
M.-Gr. Dann ins Hotel zum Abendessen. Danach wieder zu den Freunden zur Joseph-

Vorlesung im Salon. Las die Gartenszene und die „Damengesellschft", ein Programm, das als sehr geeignet für die Öffentlichkeit erfunden wurde. Die Stücke wurden bewundert. Es fiel das Wort „Sprachorgel", auch das von einer „ganzen Menschheitsgeschichte". [...]
Nach der Ruhe in St. Cyr auf der Post. Dann zu Fr. M.-Gr. zum Gesellschaftsthee: Schickeles, Feuchtwangers, Markuses, Arn. Zweig. (5.9.1936)
Zum Thee bei Schickeles. Kurzer Spaziergang. Durch den Mistral gereinigte leichte Luft. Im Hotel gepackt u. rasiert. Nach dem Diner wieder zu Fr. M.-Gr. bis 11 Uhr. Champagner von St. Cyr. Verabschiedung. (6.9.1936)

11 *Verfilmungsplan:* Der Schweizer Publizist und Theaterkritiker Bernhard Diebold 102
(1886–1945) interessierte sich – zusammen mit dem Hollywooder Filmproduzenten Carl Laemmle und dem Schriftsteller Julius Marx – für die Verfilmung von Thomas Manns Romanen (siehe TB 2.7.1936, 31.10.1936). Zusammen mit Marx gründete Diebold zudem in jener Zeit die Firma ‚Thema', die es sich zur Aufgabe stellte, zwischen Autor und Filmproduktion zu vermitteln. Thomas Mann erklärte sich bereit, mit der Firma zusammenzuarbeiten (siehe Thomas Manns Brief an Bernhard Diebold vom 6.11.1936). Marx bemühte sich daraufhin erfolglos, einen Produzenten für die Verfilmung von ‚Königliche Hoheit' zu finden – ein Angebot der London Film Ltd (Alexander Korda/Ludwig Biro) wurde aus finanziellen Gründen abgelehnt (siehe Thomas Manns Brief an Julius Marx vom 18.3.1937, 1.6.1937). Auf seiner Amerikareise im April 1937 überzeugte sich Thomas Mann dann davon, daß es unsinnig sei, einen in Zürich lebenden Agenten mit dem Filmvertrieb seiner Werke zu betrauen: „Mein Name gilt heute drüben sehr viel [...], und ganz ohne mein Zutun wurden mir Angebote für Hollywood gemacht, auf die nicht einzugehen wirtschaftlich wirklich unverantwortlich gewesen wäre, und die sich auf ganz anderer Ebene bewegen als alles, wovon je zwischen uns die Rede war." (Thomas Manns Brief an Julius Marx vom 30.4.1937). Thomas Mann trat deshalb von allen mit Marx getroffenen Verabredungen zurück (vgl. Thomas Manns Briefe an Julius Marx vom 30.4.1937 und vom 1.6.1937).

19.12.1936 René Schickele an Thomas Mann, hs. Entwurf
1 *„Königliche Hoheit":* Thomas Mann, ‚Königliche Hoheit', Roman, Berlin: S. Fischer 1909. Im Brief vom 29.9.1936 hatte René Schickele Thomas Mann um ein Exemplar dieses Romans gebeten.
2 *„Josef in Ägypten":* Thomas Mann, ‚Joseph in Ägypten', Roman, Wien: Bermann-Fischer 1936. Der dritte Band des ‚Joseph'-Romans war Mitte Oktober 1936 erschienen.
3 *Nietzsches Definition des Barockstils:* Nicht ermittelt.
4 *Siebenkäs:* Jean Paul, ‚Blumen-, Frucht- und Dornenstücke oder Ehestand, Tod und 103 Hochzeit des Armenadvokaten F. St. Siebenkäs im Reichsmarktflecken Kuhschnappel', 3 Bände, Berlin: Matzdorff 1796–1797.
5 *englische Spektakel:* Eduard VIII. (1894–1972) hatte am 20.1.1936 den Thron bestiegen. Im Spätherbst dieses Jahres kam es zu einer Krise zwischen ihm und der Regierung, als der König den Wunsch äußerte, Mrs. Wallis Warfield Simpson, eine bereits zweimal geschiedene Amerikanerin, zu heiraten. Premierminister Baldwin, die anglikanische Staatskirche und alle Commonwealth-Regierungen sprachen sich gegen diese Heiratsabsicht aus. Der König dankte am 11.12.1936 zugunsten seines jüngeren

Bruders ab, nahm den Titel eines Herzogs von Windsor an, heiratete Mrs. Simpson 1937 und lebte mit ihr fortan im Ausland, zumeist in Frankreich und den Vereinigten Staaten.

104   6 *Hans Schickele:* Zweiter und jüngster Sohn von René und Anna Schickele.

  7 *Ihren Vortrag:* Während seines Aufenthaltes in St. Cyr-sur-mer vom 29.8.–7.9.1936 hatte Thomas Mann seinen Freunden die beiden Kapitel ‚Joseph redet vor Potiphar‘ und ‚Die Damengesellschaft‘ aus ‚Joseph in Ägypten‘ vorgelesen.

  8 *Amerika:* Hans Schickele wanderte im Dezember 1936 nach Amerika aus. Er war am 3.12.1936 von Nizza über Paris nach New York gereist, von wo er dann zu seinem Bruder Rainer in Berkeley weiterfuhr. Siehe hierzu René Schickeles Briefe an Annette Kolb vom 27.10.1936 und vom 5.12.1936:

Hans fährt mit seiner Mutter heute nachmittag nach Cannes zum Arzt: Asthma u. Ausschlag. Der amerik. Konsul macht ihm alle erdenklichen Schwierigkeiten wegen des Visums, *weil kein Vermögen da ist.* Ich frage mich, ob er es überhaupt bekommt. Inzwischen wird er krank und elend vor Aufregung. Dazwischen die Verzweiflungsausbrüche L.'s. (Brief vom 27.10.1936)

Inzwischen wird Hans Dich besucht haben. Es ist schmerzlich für uns (und vielleicht am meisten für mich), den Jungen zu verlieren. Er gehörte hier zur Sonne, zum blauen Meer, seine Fröhlichkeit und Hilfsbereitschaft sind unersetzlich – der Süden hat für mich sein Herz eingebüsst, ein etwas törichtes, aber so echtes Knabenherz... Hoffentlich bekommt ihm Amerika. Ich fürchte, seine Nerven werden den Ansprüchen nicht gewachsen sein. Er hat in keiner Weise die Kraft seines Bruders. Jedenfalls kommt er nicht in das Gemetzel, das hier jeden Tag ausbrechen kann. (Brief vom 5.12.1936)

  9 *unserer Freunde Habgood:* Norman Hapgood (1868–1937), amerikanischer Publizist, und dessen Ehefrau Elisabeth Hapgood, Übersetzerin. Elisabeth Hapgood lebte häufig in Badenweiler und wurde 1933 unter dem Vorwurf der Spionage aus Badenweiler ausgewiesen. Von René Schickele übersetzte sie Auszüge aus der Essaysammlung ‚Himmlische Landschaft‘, Essays, Berlin: S. Fischer 1933.

 10 *seinem [Bruder]:* Rainer Schickele (geb. 1905), ältester Sohn René Schickeles, war bereits 1933 in die USA ausgewandert. Lebt in Berkeley, USA.

 11 *Spanien:* Am 17.7.1936 hatte General Franco mit Hilfe der spanischen Fremdenlegion und marokkanischer Truppen in Spanisch-Marokko den Bürgerkrieg ausgelöst. Es gelang ihm, bis September 1936 große Teile Spaniens unter seine Gewalt zu bringen. Während sich im August Frankreich und England zum Prinzip der Nichteinmischung bekannten, begannen Italien und Deutschland die Aufständischen zu unterstützen. Rußland trat auch dem Nichteinmischungskomitee bei, begann aber gleichzeitig mit Waffenlieferungen an die Republik. Am 7.11.1936 begann Francos Angriff auf Madrid.

 12 *Friedenspreis für O.:* Carl von Ossietzky (1889–1938) hatte am 10.12.1936 den Friedensnobelpreis erhalten.

 13 *Tscheche:* Thomas Mann hatte am 19.11.1936 die tschechische Staatsangehörigkeit zugesprochen erhalten, dank der Vermittlung des Kaufmanns Rudolf Fleischmann, in dessen Gemeinde Proseč Thomas Mann als Bürger aufgenommen wurde. Fleischmann hatte bereits am 21.8.1935 im Gemeinderat seines Heimatortes durchgesetzt, daß

Heinrich Mann dort das Heimatrecht gewährt wurde, welches die Voraussetzung für die Einbürgerung in die Tschechoslowakei war. Fleischmann bemühte sich dann, auch Thomas Mann und seine Familie die Einbürgerung zu verschaffen. Er suchte am 6.8.1936 als Vertreter der Gemeinde Proseč Thomas Mann in Küsnacht auf, kehrte als Bevollmächtigter Thomas Manns mit dem unterschriebenen Antrag auf Gewährung des Heimatrechts nach Proseč zurück und reichte ihn beim dortigen Gemeinderat ein. Die „Versammlung der Gemeindevertretung", von deren insgesamt 18 Mitgliedern 16 anwesend waren, nahm in ihrer Sitzung vom 18.8.1936 das Gesuch Thomas Manns „um Zusage der Gemeindezugehörigkeit" mit 12 Stimmen an. Thomas Manns Gesuch erstreckte sich auf ihn selbst, Frau Katia Mann und die noch unmündigen Kinder Elisabeth und Michael. Golo Mann hatte ein getrenntes Gesuch eingereicht, das gleichzeitig bewilligt wurde. Fleischmann reichte die Dokumente bereits am nächsten Tag zwecks Erteilung der tschechoslowakischen Staatsbürgerschaft beim Landesamt in Prag ein. Gleichzeitig reichte er auch die Dokumente Klaus Manns ein, dessen Gesuch um Zuerkennung des Heimatrechts auf der Gemeinderatssitzung vom 3.8.1936 mit 10 von 15 Stimmen bereits angenommen worden war. Von der ganzen Familie Mann nahm lediglich Erika Mann die Hilfe Fleischmanns nicht in Anspruch, da sie durch ihre Heirat mit Wystan H. Auden bereits britische Staatsbürgerin war. Am 4.11.1936 ersuchte der Abgeordnete Jan B. Kožak, Professor für Philosophie an der Karls-Universität Prag und Präsident der Thomas Mann-Gesellschaft in Prag, das Landesamt in Prag um beschleunigte Erledigung der Akten Thomas und Gottfried Mann, da auch „der Präsident der Republik, der Ministerpräsident und der Innenminister" hieran interessiert seien. Am 19.11.1936 leistete Thomas Mann auf dem Tschechoslowakischen Konsulat in Zürich den Treueid und nahm sein Naturalisierungsdekret in Empfang. Golo Mann erhielt seine Einbürgerungsurkunde am 22.1.1937 in Prag, Klaus Mann die seine am 31.3.1937 in Zürich. Als letztem Familienmitglied wurde Monika Mann von der Gemeinde Proseč am 20.3.1937 das Heimatrecht zugesprochen. – Im Tagebuch vom 6.8.1936 schreibt Thomas Mann zu seiner Einbürgerung:

Zum Essen Herr *Fleischmann* aus Proseč, Č.S.R., rührender Mann, der mit heiligem Eifer und „historischer" Feierlichkeit meine und der Meinen Ehren-Einbürgerung betreibt. Dazu Prof. *Frankl* (Prag), der zufällig zum Kaffee erschien. Angeregte Unterhandlungen, merkwürdiger, vielleicht denkwürdiger Tag. Ich unterschrieb den Einbürgerungsantrag an die tschechische Gemeinde. Mit Rücksicht auf die Rückgewinnung meiner Habe und auf das Erscheinen des dritten Joseph soll die Angelegenheit vorläufig diskret behandelt werden. Bin jedoch dem Reich gegenüber gedeckt durch meine wiederholten Mahnungen, ich würde gezwungen sein, eine andere Staatsangehörigkeit anzunehmen.

14 *Ausbürgerung:* Thomas Mann war am 2.12.1936 auf Grund des „Gesetzes über den 105 Widerruf von Einbürgerungen und die Aberkennung der deutschen Staatsangehörigkeit vom 14.7.1933" die deutsche Staatsangehörigkeit entzogen worden. In die Aberkennung waren Frau Katia Mann und die vier jüngeren Kinder, Golo, Monika, Elisabeth und Michael, eingeschlossen. Erika und Klaus Mann waren bereits längere Zeit vorher getrennt ausgebürgert worden. Die offizielle Verlautbarung über die Aberkennung wurde am 5.12.1936 im ‚Völkischen Beobachter' veröffentlicht:

Wiederholt beteiligte er sich an Kundgebungen internationaler, meist unter jüdischem Einfluß stehender Verbände, deren feindselige Einstellung gegenüber Deutschland allgemein bekannt war. Seine Kundgebungen hat er in letzter Zeit wiederholt offen mit *staatsfeindlichen Angriffen gegen das Reich* verbunden. Anläßlich einer Diskussion in einer bekannten Züricher Zeitung über die Bewertung der Emigrantenliteratur stellte er sich eindeutig auf die Seite des staatsfeindlichen Emigrantentums und richtete öffentlich gegen das Reich die schwersten Beleidigungen, die auch in der Auslandspresse auf starken Widerspruch stießen. Sein Bruder Heinrich Mann, sein Sohn Klaus und seine Tochter Erika Mann sind bereits vor längerer Zeit wegen ihres unwürdigen Auftretens im Ausland der deutschen Staatsangehörigkeit für verlustig erklärt worden.

Am 4. 12. 1936 hatte Thomas Mann folgende Erklärung an die Redaktion ,Deutsche Information' in Paris gesandt:

Sie wünschen eine Äußerung von mir über meine jetzt von der deutschen Regierung verfügte ,Ausbürgerung'. Vor allem habe ich zu bemerken, daß dieser Akt, da ich schon seit 14 Tagen tschechoslowakischer Staatsbürger bin und damit automatisch aus dem deutschen Staatsverband ausgeschieden bin, jeder rechtlichen Bedeutung entbehrt. Von seiner geistigen Bedeutungslosigkeit brauche ich nicht zu reden. Ich habe gelegentlich schon im Voraus erklärt, daß ich in deutschem Leben und deutscher Überlieferung tiefer wurzele als die flüchtigen, wenn auch penetranten Erscheinungen, die zur Zeit Deutschland regieren.

Die Erklärung erschien in: Pariser Tageszeitung, 9. 12. 1936, Nr. 181, und Berner Tagwacht, 10. 12. 1936. – Siehe hierzu auch Thomas Manns Briefe an Klaus Mann vom 3. 12. 1936, an Bruno Walter vom 10. 12. 1936, an Heinrich Mann vom 12. 12. 1936 und an Käte Hamburger vom 15. 12. 1936 sowie Heinrich Mann, ,Begrüßung des Ausgebürgerten', in: Die neue Weltbühne, Prag [u.a.], 10. 12. 1936, Jg. 32, Nr. 50, S. 1564 ff.:

Begrüßung des Ausgebürgerten.
Die neue Weltbühne, 10. Dezember 1936.
Aber müssen wir ihn bei den Ausgebürgerten noch erst begrüßen? Den berühmtesten der deutschen Schriftsteller hielt niemand für ein Mitglied des Dritten Reiches. Das Ausland hatte den Ereignissen vorgegriffen, die Welt war seit langem der Meinung, er gehöre ihr und nicht dem Kleindeutschland Hitlers. Das Reich der deutschen Geister, von jeher hat es weiter gereicht als die Landesgrenzen – auch vorgeschobene Grenzen könnten sie niemals einholen. Wenn man denkt, ich sei in Weimar, bin ich schon in Jena: so ähnlich sprach Goethe, aber im Sinne hatte er Kontinente und sah ein Jahrhundert voraus.
Seien wir bescheiden. Thomas Mann, seit neuestem kein „Deutscher" mehr, hat mit Goethe wenigstens, allerwenigstens gemein, daß er sich müht und trägt die auferlegte Last. Wo ist er, der sich müht und trägt die Last, die wir getragen haben? Dieser Goethesche Satz ist hier nicht wörtlich wiedergegeben, er ist zurückübersetzt. In dem Manifest an die Europäer, verfaßt von Thomas Mann zu ihrer Warnung, war der Satz in allen ihren Mundarten zu lesen. Ein Deutscher, im Begriff ausgebürgert zu werden, macht gemeinsame Sache mit einem anderen Deutschen, Goethe, der jetzt auch nicht in Weimar säße, sondern Haus und Habe wären ihm fortgenommen, er teilte mit uns

allen das Exil. Er würde französisch wie deutsch schreiben; Napoleon hat ihn schon damals aufgefordert, nach Paris zu kommen. Demgemäß erläßt nach hundert Jahren ein Deutscher seinen Aufruf an die Europäer in allen ihren Sprachen.

Vielleicht hat den letzten Anstoß, ihn auszubürgern, dieser Aufruf gegeben. Er sagt der europäischen Jugend genau das, was das Dritte Reich sie nicht hören lassen will: Höchstes Gut des Menschen ist die Persönlichkeit. Denn sie will erarbeitet sein. Europa verfällt, weil die neuen Europäer ihre wesentliche Arbeit nicht mehr erfüllen wollen. Sie wissen nichts, das wäre schon schlimm genug; aber sie maßen sich Unwissenheit als ihren Vorzug an. Die Arbeit an der eigenen Vervollkommnung, die persönliche Verantwortung und Mühe, sie geben alles billig, wenn sie sich dafür einreihen dürfen in Gemeinschaften, den „Führern" folgen. Das ist bequem und gewährt die wohlfeilste Abart der seelischen Berauschtheit: anstatt der dionysischen die kollektive. Man braucht sich nicht zu vervollkommnen, braucht weder das Wissen noch die Verantwortung, die beide in hohen, bewegten Stunden die Trunkenheit des Geistes ergäben. Dann hätte man durch langes, redliches Bemühen zuweilen den Gipfel gewonnen, wo alles Lebende eins ist mit dir. Nein, sondern sie treiben ihr eigensüchtiges Vergnügen, berauschen sich an der Unterordnung, marschieren Schritt und Tritt und singen dazu Leitartikel aus dem Propagandaministerium.

Merkwürdig genug, daß ein Drittes Reich und sein Propagandaministerium diese Sprache einem Deutschen so lange nachgesehen haben. Sie hatten natürlich die plattesten Beweggründe, immer nur solche, die den äußerlichen Aspekt – und das Auswärtige Amt – betreffen. Es sollte nicht offen in die Erscheinung treten, daß auch der letzte Schriftsteller von Weltruf ihr Herrschaftsgebiet geräumt hatte. An seinem Namen wollten sie sich unredlich bereichern. Bis sie anderen Völkern ihr Land geraubt hätten und mit dem Umfang des Reiches ihre Ehre vermehrt, die einzige Ehre, die sie begreifen, bis dahin versuchten sie einen Nobelpreisträger auszuspielen als den Ihren. Das hat ihnen nichts genützt, der Nobelpreisträger sorgte selbst dafür, daß es fehlschlug. Übrigens ist die Mitwelt vorzüglich unterrichtet über ein Reich, das keine größere Sorge kennt als von sich reden zu machen. Es war nirgends unbekannt, was in den Buchhandlungen Deutschlands vor sich ging, und daß die Schriften des Nobelpreisträgers, die jeder Buchladen Europas führt, in seinem Heimatlande nur insgeheim verkauft werden durften. Was ändert seine Ausbürgerung?

Sie stellt offen dar, daß der Geist Europas das Deutschland Hitlers verwirft und ausschließt. Das Umgekehrte ist Vorspiegelung und Mache. Nicht Hitler bürgert Thomas Mann aus, sondern Europa Herrn Hitler. Dieser Zeitgenosse überschätzt seine Macht in jedem Betracht, militärisch, ideologisch, aber besonders hinsichtlich der Persönlichkeiten, die nicht eines Tages „die Macht ergriffen" haben: sondern sie haben sich selbst und damit ihr Deutschland, ihr Europa, die Zukunft und das Reich erworben und verdient ihr ganzes ernstes Leben lang.

15 *Bermann:* Siehe hierzu Thomas Manns Tagebuch-Eintragungen sowie seine Briefe an Gottfried Bermann Fischer vom 5. und 8. 12. 1936:

Zu Hause Anruf Bermanns aus Wien, aus Berlin zurück, wo er dies und das über meine bevorstehende Ausbürgerung gehört. Erkundigt sich nach meinem neuen Staatsverhältnis und rät, mit der Veröffentlichung dem deutschen Schritt zuvorzukommen, was meinem eigenen Antriebe entspricht. – Glänzender Verkauf von „J. i. Äg.", die Auflage von 10000 schon so gut wie vergriffen, Neudruck im Gange. Über die Stimmung in

Berlin: äußerst gedrückt und schwer erträglich. [...] Danach Briefdiktate: an Kozák (Prag) wegen der Veröffentlichung und des diplomatischen Schrittes und an V. Heins, um ihn ins Bild zu setzen. (TB 30.11.1936)
9 Uhr auf und an der Novelle [gearbeitet], unterbrochen von zwei Telephongesprächen mit Bermann, der kurze Mitteilung an den Frick als Consequenz meines Schreibens vom Frühjahr 34 anregte und die Frage ventilierte, ob ich noch deutscher Staatsbürger u. also die „Ausbürgerung" noch möglich sei. [...] Beschäftigt mit dem Entwurf eines Briefes ans Reichs-Innenministerium. Dabei neuer Anruf Bermanns, mit dem übereinkam, mit der Veröffentlichung doch bis Neujahr zu warten. Handelt sich im Grunde um das deutsche Weihnachtsgeschäft, welches ein Gesichtspunkt. (TB 1.12.1936)
Anruf von Heins aus München, der im Gegensatz zu Bermann auf Veröffentlichung dringt, damit das Prävenire gespielt werde. (TB 2.12.1936)
Telephonierte zwischendurch mit Bermann, der in die Veröffentlichung willigte. [...] Telephonierte mit dem Sekretär des tschechischen Konsulats wegen der Veröffentlichung. Schrieb kurzen Brief an das Reichs-Innenministerium, worin ich die Verantwortung für den notwendig gewordenen [Schritt] „vor Mit- und Nachwelt" der derzeit. deutschen Regierung zuschiebe. (TB 3.12.1936)
Beim Mittagessen telephonisch die nun doch überraschende und ärgerlich zuvorkommende Nachricht von meiner Ausbürgerung durch die deutsche Regierung. Teleph. Gespräch mit dem Konsul und den Schweizer Blättern wegen Feststellung der Ungültigkeit. Nach dem Thee Brief-Diktate an die Berner Fremden-Polizei, an die Informations allemandes in Paris. (TB 4.12.1936)

16 *„Die Flaschenpost":* René Schickele, ‚Die Flaschenpost', Roman, Amsterdam: de Lange 1937.
17 *„Le Retour":* René Schickele, ‚Le Retour. Souvenirs inédits', Paris: Fayard 1938 (Les Œuvres libres 202).
18 *St. Cyr:* Siehe dazu René Schickeles Brief vom 29.9.1936, Anm. 2, und Thomas Manns Brief vom 6.10.1936, Anm. 10.
19 *meine Handschrift:* Siehe hierzu René Schickeles Briefe an Annette Kolb vom 6.9.1936 und vom 27.10.1936.

20.1.1937   René Schickele an Thomas Mann, hs.Br.
1 *Paris:* René Schickele hielt sich vom 21./22.1.–15.3.1937 in Paris auf. In einem Brief an die deutsche Schriftstellerin Hilde Stieler vom 4.5.1937 schreibt René Schickele über diesen Pariser Aufenthalt: „Von den 8 Wochen, die wir in Paris waren, hatte ich 5 die Grippe. Alle Welt hatte sie. Wir jubelten, als wir hinter Lyon in die Provence einfuhren!" (RS III, 1243)
2 *Ihren schönen Brief an den Bonner Dekan:* Thomas Mann, ‚Ein Briefwechsel', in: Neue Zürcher Zeitung, Zürich, 24.1.1937, erste Buchveröffentlichung: Zürich: Oprecht 1937. Es handelt sich um die Veröffentlichung von Thomas Manns Briefwechsel mit dem Dekan der philosophischen Fakultät der Universität Bonn anläßlich der Streichung Thomas Manns aus der Liste der Ehrendoktoren.
3 *Simons:* Das Ehepaar Hugo und Gertrud Simon. – Am 22.1.1937 schreibt Harry Graf Keßler in seinem Tagebuch:

Nachmittags auf der Préfecture endlich mein Visum abgeholt. – Abends mit Jacques bei H. Simon. Dort Schickele, den ich seit vielen Jahren nicht gesehen hatte, und seine Frau, der Marchese Farinolla und seine (zweite) Frau, Annette Kolb, Hans Siemsen. Dieser verursachte einen sehr unangenehmen Skandal, indem er zur Marchesa Farinolla sagte: „Mussolini kann mich am A... lecken." Farinolla, der daneben saß, stand zum Protest auf und ging hinaus, Schickele sah Siemsen mit weitaufgerissenen Augen wie einen Verrückten an usw. Schließlich ging Siemsen fort und entschuldigte sich dann telephonisch. Farinollas waren beide wütend und ließen es merken. Meine Palma-Reise löste von allen Seiten Proteste aus. Farinolla beschwor mich, nicht hinzu-fahren.

4 *Ihr Hotel:* Gemeint ist das ‚Hotel Westminster‘, 12, rue de la Paix, Paris. Bei einem kurzen Aufenthalt in Paris, auf der Rückreise von seinem Amerikabesuch im April 1937, übernachtete Thomas Mann ebenfalls in diesem Hotel. Siehe Thomas Manns Brief vom 1.4.1937.

5 *Bibis Adresse:* Michael Mann, Hotel des Arts, 168 avenue de Neuilly, Neuilly sur Seine.

1.2.1937   René Schickele an Thomas Mann, ms. Br.   106

1 *nach Paris:* René Schickele weilte vom 21./22. 1.–15. 3. 1937 in Paris. Siehe hierzu René Schickeles Brief vom 20.1.1937, Anm. 1.

2 *„Weißen Blätter":* Der mit René Schickele befreundete Bankier Hugo Simon hatte zeitweise den Plan, eine Zeitschrift namens ‚Die neuen weißen Blätter‘ von René Schickele herausgeben zu lassen, die in ihrer Tendenz den früheren pazifistischen ‚Weißen Blättern‘ folgen sollten. Siehe auch René Schickeles Brief an Thomas Mann vom 29.2.1934, Anm. 6, und Annette Kolbs Briefe an René Schickele vom 26.1.1934, 26.2.1934, 28.3.1934 und 16.1.1935:

Und glaube mir, Hugos Plan wäre wirklich wie eine Insel, wo sich die Menschen wert des Namens retten könnten. Und du hättest dein stabiles Einkommen. (26.1.1934) Warum glaubst du nicht an die W. Blätter. Es wäre ein Unglück. Gut Ding muss Weil haben. (26.2.1934)
Hugo Simon hat endlich eine Wohnung und eine Geschäftsstelle, so wird er auch an die W. B. jetzt denken können. *Dies* ging vor für ihn, o wie wichtig wäre heute das andere! (28.3.1934)

Auch Klaus Mann war seit Sommer 1934 über den Zeitschriften-Plan informiert. Er schreibt Schickele am 1.6.1934 von Amsterdam aus:

Lieber Herr René Schickele –
was Sie mir über ein Wieder-Erstehen der „Weißen Blätter" andeuten, ist ungeheuer interessant. Wenn etwas dieser Art für Sie in Frage kommt, wäre es mir natürlich sehr sehr wichtig, Sie *vorher* zu sprechen. Vielleicht käme doch irgendeine Form der Zu-sammenarbeit in Frage. Darüber müßte freilich entschieden werden, *ehe* wir unseren zweiten Jahrgang anzeigen. – Ich hatte ohnedies vor, in nicht zu ferner Zeit einmal an die Küste zu kommen. Es hängt nur noch von einer bestimmten Sache ab, ob ich es nicht schon in diesem Monat – zweite Juni-Hälfte – einrichten kann. Ich hoffe jetzt noch mehr, daß es sich machen läßt.

Aus René Schickeles Briefen an Annette Kolb vom 2.1.1935 und 10.1.1935:

Die Strassburger Zeitschrift ist ein (aussichtsloser) Plan von Schoenberner. Dieser bat mich, ihn mit H.S. in Verbindung zu setzen. Habe ich getan. Eine Zeitschrift, die keine Honorare zahlen kann, mache *ich* nicht, und wenn sie von andern gemacht wird, trägt sie die Pleite schon in sich. Ich sage mir: „Sie sollen es mal mit andern versuchen, die es ‚billiger machen‘!" Die ganze Sache ist nicht aktuell. Das Hemd sitzt mir näher als der Rock. Gelegenheit für Hugo, sich ein wenig wichtig zu tun. (2.1.1935)
Ich sprach mit ihm [Zweig] über die Zeitschrift, und die Sache ist dadurch stark vorwärts gekommen. Unter uns: ich wäre *selig*, wenn sie *ohne* H.S. zustande käme. Aus vielen Gründen. Ich habe die Auseinandersetzung mit ihm, wo er ganz Georg Bernhard war (und Th. Mann „an den Pranger stellen" wollte) nicht vergessen. Und der armselige Prinz Löwenstein sollte die „repräsentative" Spitze sein! Und schliesslich hätten wir auch noch die Dichterin Annette Simon zu lancieren! ... In der Ferne habe ich ihn ganz gern – aber ich muss Dir schon gestehn, dass ich lieber mit Dir telefoniere, wenn er *nicht* dabei ist. (10.1.1935)

3 *einige bemittelte Leute:* René Schickele meint hier vermutlich vor allem Hugo Simon und Hubertus Friedrich Maria Prinz zu Löwenstein.

4 *Schweizer:* Gemeint ist wahrscheinlich Hans C. Bodmer (1891–1956), Schweizer Mäzen und damaliger Präsident des ‚Lesezirkels Hottingen‘.

5 *amerikanischen Stiftungen:* Vielleicht die ‚American Guild for German Cultural Freedom‘, eine Hilfsorganisation für deutsche Schriftsteller im Exil, die von 1936–1941 bestand.

6 *Zeitschrift:* ‚Maß und Wert‘, Zweimonatsschrift für freie deutsche Kultur, die von Thomas Mann und Konrad Falke im Verlag Oprecht, Zürich, herausgegeben wurde. Die Redaktion der beiden ersten Jahrgänge besorgte Ferdinand Lion, die des dritten Golo Mann und Emil Oprecht. Es erschienen: Jg. 1, H. 1–6, September/Oktober 1937 bis Juli/August 1938; Jg. 2, H. 1–6, September/Oktober 1938 bis Juli/August 1939; Jg. 3, H. 1–5/6, November/Dezember 1939 bis September/Oktober/November 1940.

7 *Ihrem Brief an den Bonner Dekan:* Thomas Mann, ‚Ein Briefwechsel‘, in: Neue Zürcher Zeitung, Zürich, 24.1.1937, erste Buchveröffentlichung: Zürich: Oprecht 1937.

107 5.2.1937 Thomas Mann an René Schickele, ms. Br.

1 *Ihr Brief:* Im Tagebuch notiert Thomas Mann am 2.2.1937: „Brief Schickeles über seine Absicht die ‚Weißen Blätter‘ zu erneuern; fatal, Fusionierung der Pläne notwendig."

2 *Gerüchte von „meinen" Plänen:* Pläne zur Gründung der Zweimonatsschrift für freie deutsche Kultur, ‚Maß und Wert‘, die von Thomas Mann und Konrad Falke im Verlag Oprecht, Zürich, von 1937–1940 herausgegeben wurde.

3 *Eine reiche Frau:* Aline Mayrisch de Saint-Hubert, die Witwe des luxemburgischen Stahlmagnaten Emile Mayrisch. Sie kam, ohne daß ihr Name an die Öffentlichkeit gelangte, vielen exilierten deutschen Schriftstellern – unter ihnen Annette Kolb – zu Hilfe und trug ab 1937 wesentlich zur Finanzierung von Thomas Manns Zeitschrift ‚Maß und Wert‘ bei.

4 *Ein Vertrauensmann:* Jean Schlumberger (1877–1968), französischer Schriftsteller.

346

Aus reicher, protestantischer Industriellenfamilie schwäbisch-österreichischer Herkunft. Verließ 15jährig das Elsaß, um die französische Staatsbürgerschaft nicht zu verlieren. Gründete mit André Gide und Jacques Rivière 1909 die ‚Nouvelle Revue Française‘. Leitete seit 1913 das Theater Vieux Colombier und schrieb seit 1938 regelmäßig im ‚Figaro‘, häufig über deutsch-französische Probleme. Verfaßte, neben Gedichten und Dramen, Aufsätze über nationale und soziale Fragen und wertvolle literarische Studien. – Siehe Thomas Manns Tagebuch-Eintragungen vom 19.1.1937, 13.2.1937, 14.2.1937:

Briefe von Breitbach und Schlumberger in Sachen der Stiftung der Fr. v. Mayrisch zur Gründung einer literarischen Zeitschrift. Problematisch. Was mit dem Geld: dreimal 10000 Schw. Franken das Jahr, am besten machen? Besuch Schlumbergers angekündigt. (TB 19.1.1937)
Zu Tische Frau *Mayrisch*, Mr. *Schlumberger*, Hrr. *Breitbach*, Dr. *Oprecht* und Frau. Beim Kaffee weitere eingehende Besprechung des Planes der Zeitschrift hauptsächlich nach der finanziellen Seite. Berufung Lions für morgen. (TB 13.2.1937)
Zu Tische *Lion*. Beim Kaffee über das Programm von „Maß und Wert“. 4 1/4 Uhr mit K. und Lion zu Oprechts. Beim Thee mit diesen, Frau Mayrisch, Lion, Schlumberger u. Breitbach. Beratungen finanzieller und literarischer Art. Zwei- oder Ein-Monatsschrift. Waage neigt zu letzterem. (TB 14.2.1937)

5 *Verleger:* Der Zürcher Verleger und Buchhändler Emil Oprecht (1895–1952).
6 *Herausgeberschaft:* Die Herausgeberschaft von ‚Maß und Wert‘ wurde von Thomas Mann und dem Schweizer Schriftsteller Konrad Falke übernommen.
7 *spreche hier oben mit Lion und Kahler über das Problem:* Während seines Ferienaufenthaltes vom 20.1.–9.2.1937 in Arosa besprach Thomas Mann mit Ferdinand Lion und Erich von Kahler die Gründung der Zeitschrift ‚Maß und Wert‘. Siehe dazu Thomas Manns Tagebucheintragungen:

Beim Dessert gesellte sich Lion hinzu, mit dem wir nach Tische im hinteren kleinen Salon saßen. Interessante Unterhaltung über den Plan der Zeitschrift, Sinn und Geist, inneren Umfang, ihre Leitung, in die Lion und Brentano sich teilen könnten. Titel vielleicht „Der Wert“. (TB 20.1.1937)
Brief von Wolfenstein, Prag, der in überraschender Übereinstimmung den Plan einer notwendig zu gründenden Zeitschrift entwickelt. Las den Brief nach dem Diner im kl. Salon Lion vor. Mit ihm weitere Erörterungen über den Plan. Allgemeine briefliche Äußerungen Döblins über denselben. (TB 27.1.1937)
Dann im kleinen Salon. Mit Kahler und Lion über die Zeitschrift. Lion präsentierte den Plan von fünf Nummern. Als Verlag wird nur Oprecht in Frage kommen. (TB 31.1.1937)
Nach dem Diner mit Hatvanyis, Kahler und Lion im kl. Salon. Urfaust. Über die Zeitschrift, nach der von allen Seiten gerufen wird, und ihre[n] Titel. Mein Vorschlag „Maß und Wert“ wurde akklamiert. (TB 2.2.1937)

Ostern 1937 René Schickele an Thomas Mann, hs. Br.

1 *Walter Landauer:* 1933–1940 Geschäftsführer der Deutschen Abteilung des Verlages Allert de Lange, Amsterdam. Siehe auch René Schickeles Brief an Thomas Mann vom 18.11.1933, Anm. 9.

2 *„Die Flaschenpost":* René Schickele, ‚Die Flaschenpost', Roman, Amsterdam: de Lange 1937. Der Roman war im Februar erschienen. – Vgl. Klaus Manns Besprechung, Anhang, S. 188–191.

3 *in diesem Sinne schrieb:* Der Brief Walter Landauers an Thomas Mann ist nicht erhalten.

4 *Jean Fayard:* Inhaber des Verlages Arthème Fayard, Paris.

5 *mein französisch geschriebenes Büchlein:* René Schickele, ‚Le Retour. Souvenirs inédits', Paris: Fayard 1938 (Les Œuvres libres 202).

6 *Georges Duhamel* (1884–1966): Französischer Schriftsteller und Kritiker. Studierte Medizin, arbeitete als Chirurg und Forscher. Seit 1913 einflußreicher Literaturkritiker des ‚Mercure de France'. Als Arzt im Ersten Weltkrieg. 1918 Prix Goncourt. 1919 kurze Zeit Anhänger der Antikriegsbewegung ‚Clarté'. Reisen durch Afrika, Europa, Amerika und Asien. 1935–1937 Leiter des ‚Mercure de France'. 1930 Großer Literaturpreis, seit 1936 Mitglied der Académie Française.

7 *eine von Thomas Mann:* Thomas Mann hat letztlich kein Vorwort zu ‚Le Retour' geschrieben.

8 *Bernard Barbey* (1900–1970): Schweizer Romancier französischer Sprache. War 1935–1939 literarischer Leiter des Verlages Arthème Fayard, Paris.

9 *Pariser Hotel:* Thomas Mann nahm nicht auf der Hinreise, sondern auf der Rückreise von Amerika, am 30.4.1937, kurz Aufenthalt im Hotel Westminster, Rue de la Paix, in Paris. Aus diesem Grund bat er Schickele, ihm das Manuskript von ‚Le Retour' nach Küsnacht zu schicken. Siehe Thomas Manns Brief vom 1.4.1937.

10 *Überfahrt nach Amerika:* Vom 6.4.–1.5.1937 unternahm Thomas Mann seine dritte Reise in die Vereinigten Staaten, auf Einladung der ‚New School for Social Research', New York. 12. April: Ankunft in New York zusammen mit Aldous Huxley; Aufenthalt im ‚Bedford Hotel', dort Zusammentreffen mit dem Arzt und Schriftsteller Martin Gumpert. 15. April: Festrede ‚The Living Spirit' auf dem Bankett der ‚New School for Social Research', New York, zur Feier des vierten Jahrestages der Gründung der ‚Graduate Faculty of Political and Social Sciences'. 19. April: Ebd. ‚Wagner'-Vortrag. Um den 20. April: Rede ‚Zur Gründung der „American Guild for German Cultural Freedom" und der „Deutschen Akademie"'. – Auf dieser Reise lernte Thomas Mann den Verleger der ‚Washington Post', Eugene Meyer, und dessen Frau, Agnes E. Meyer, kennen, mit denen ihn in den folgenden Jahren ein reger Briefwechsel verband. Ferner machte Thomas Mann die Bekanntschaft der Psychoanalytikerin Caroline Newton, einer großen Verehrerin und Sammlerin seines Werkes, mit der er ebenfalls einen Briefwechsel begann. – Siehe dazu auch Thomas Manns Tagebuch-Notiz vom 28.4.1937, die Briefe an Kuno Fiedler vom 27.4.1937, an Ida Herz vom 27.4.1937 und an Karl Kerényi vom 4.5.1937.

11 *über Chamisso:* Thomas Mann, ‚Chamisso', in: Die neue Rundschau, Berlin, Oktober 1911, Jg. 22, H. 10, S. 1438–1453; Thomas Mann, ‚Rede und Antwort. Gesammelte Abhandlungen und kleine Aufsätze', Berlin: S. Fischer 1922.

12 *6 Wochen:* René Schickele hat sein französisch geschriebenes Buch ‚Le Retour. Souvenirs inédits' offenbar im November/Dezember 1935 verfaßt. Am 3.1.1936 teilte er Annette Kolb mit:

Mein kleines französisches Buch ist fertig und wird abgeschrieben. Komisch, nun werde ich es aus dem Französischen übersetzen müssen (später!). Jetzt muss ich den Roman für Landauer fertig machen. Angeblich bekomme ich dann wieder Geld von ihm.

Siehe auch René Schickeles Brief an Thomas Mann vom 6.2.1936, Anm. 6.

13 *Alfred Neumann* (1895–1952): Erzähler und Dramatiker. War von Beginn der zwanziger Jahre an Thomas Manns Nachbar im Münchner Herzogpark und seither mit ihm freundschaftlich verbunden. Er emigrierte 1933 nach Florenz, später nach Südfrankreich und gelangte 1941 in die USA, wo er in Kalifornien wiederum Nachbar von Thomas Mann war und zu seinem vertrautesten Umgang gehörte. Er erlag während eines Europa-Aufenthaltes 1952 in der Schweiz einem Herzleiden. Siehe Thomas Manns Nachruf ‚Für Alfred Neumann‘ (X, 530–531). Der erhaltene Briefwechsel erschien, hrsg. von Peter de Mendelssohn, 1977 in Heidelberg. – Vgl. René Schickeles Brief an Annette Kolb vom 26.4.1938:

Dein versprochener Brief ist noch nicht eingetroffen. Sabatier (vielen Dank!) schrieb. Ich habe geantwortet. Von E.R. Curtius bekam ich eine *begeisterte* Zuschrift – Note 1a vom ersten Romanisten der Welt. Darauf kann der Schüler Schickele doch ein wenig stolz sein, wie? Verschiedene Franzosen wollen einfach nicht glauben, dass es meine erste franz. Arbeit ist, andre, die Deutsch können, wundern sich, dass ich genau Französisch schreibe wie Deutsch, und ich wundre mich mit ihnen. Das Französisch von Rilke ist übersetzt, das meine kommt aus eigener Quelle: So sagt Alfred Neumann, der ebenfalls Romanist (u. ein glänzender Übersetzer) ist. Et, pardieu, c’est vrai! Ich bin entschlossen, gegen meine Bescheidenheit anzugehn. „Klappern gehört zum Handwerk“, sagte mein Vater, wenn ich mich ärgerte, dass er seine Weine anpries. Ich habe in diesen Jahren *derart* an Minderwertigkeitsgefühlen *gelitten*, dass ich mich schäme. Du hast ganz recht, Liebe, auf Deinem Schein zu bestehn, und ich will es in Zukunft ebenfalls und kräftiger denn je tun, ohne dabei zu erröten! Wie gut tut ein bisschen Erfolg. Mon dieu!

14 „*Witwe Bosca*“: Der Pariser Verlag Arthème Fayard plante seit 1935, eine französische Übersetzung von Schickeles Roman ‚Die Witwe Bosca‘ herauszugeben. Die Angelegenheit verzögerte sich, weil sich der Verlag nicht entscheiden konnte, ob er ‚Die Witwe Bosca‘ oder ‚Le Retour‘ zuerst publizieren solle. Die französische Romanausgabe erschien dann erst 1939 – nach ‚Le Retour‘ (1938) und nicht beim Verlag Fayard: René Schickele, ‚La Veuve Bosca‘, traduit par E. Alfandari-Botton avec la collaboration de M. Behr et M. Muller, préface de Thomas Mann traduite par Maxime Alexandre, Paris: Editions de la Nouvelle Revue Critique 1939 (Tours d’horizon 21).

15 *Ferdinand Lion:* War von 1937–1939 Redakteur von ‚Maß und Wert‘.

16 *Paris:* Das Ehepaar Schickele hielt sich vom 21./22.1.–15.3.1937 in Paris auf. Siehe René Schickeles Briefe vom 20.1.1937 und 1.2.1937.

17 *Romanfragment:* René Schickele bot Ferdinand Lion für das erste Heft von ‚Maß und Wert‘, September/Oktober 1937, einen Ausschnitt aus seinem Roman ‚Die Flaschenpost‘ an.

18 *Ernst Glaeser*, Ps. Anton Ditschler (1902–1963): Schriftsteller und Journalist. Dramaturg am Neuen Theater Frankfurt am Main, Mitarbeiter der ‚Frankfurter Zeitung‘.

1933 wurden seine Bücher verbrannt, Emigration nach Locarno, dann nach Zürich. Mai 1939 Rückkehr nach Deutschland. 1941 Redakteur der Frontzeitung ‚Adler im Süden‘ in Sizilien. Wohnte nach 1945 in Heidelberg, Stuttgart, Bensheim und Wiesbaden. Unter seinen Werken: ‚Jahrgang 1902‘, Roman (1928); ‚Das Gut im Elsaß‘, Roman (1932); ‚Der letzte Zivilist‘, Roman (1935); ‚Köpfe und Profile. 22 Staatsmänner des In- und Auslands‘ (1952); ‚Glanz und Elend der Deutschen‘, Roman (1960).

19 *„Hymnus" von Heinrich Mann:* Heinrich Mann, ‚Der Roman von René Schickele‘, in: Die literarische Welt, Berlin, 22.10.1926, Jg. 2, Nr. 43, S. 1 (siehe Anhang).

1.4.1937 Thomas Mann an René Schickele, hs. Postk.

1 *am 6ᵗᵉⁿ direkt nach Le Havre:* Am 6. April 1937 fuhren Thomas und Katia Mann nach Le Havre, von wo sie sich an Bord der ‚Normandie‘ auf ihre dritte Reise in die Vereinigten Staaten begaben. Siehe René Schickeles Brief von Ostern 1937, Anm. 10.

2 *Paris:* Auf der Rückreise von Amerika machte Thomas Mann am 30.4.1937 einen kurzen Aufenthalt in Paris:

Ankunft in Paris abends, St. Lazare. Bibi. Hotel Westminster, Rue de la Paix. Erschöpft, Schmerzen. Am 1. (National-Feiertag) mit K. und Bibi zum Déjeuner mit Champagner bei Annette Kolb, Rue Cas. Perier. Breitbach. Nachmittags wieder lange geschlafen. Abendessen mit Bibi im Oberstock des Café de la Paix. Dann im Hotel Landsbergs. Hübsche Frau, Rheinländerin. Fuhr uns in ihrem D.K.W. zur Gare de l'Est, nach vorheriger Versorgung des großen Gepäcks. (TB 4.5.1937)

3 *das französische Buch:* René Schickele, ‚Le Retour. Souvenirs inédits‘, Paris: Fayard 1938 (Les Œuvres libres 202).

4 *Vorwort:* Thomas Mann hat das Vorwort zu ‚Le Retour‘ nicht geschrieben.

5 *Ihren Roman:* René Schickele, ‚Die Flaschenpost‘, Roman, Amsterdam: de Lange 1937.

110   29.5.1937 René Schickele an Thomas Mann, ms. Br.

1 *Amerika:* Vom 6. April bis 1. Mai 1937 hatte Thomas Mann seine dritte Reise in die Vereinigten Staaten unternommen, auf Einladung der ‚New School for Social Research‘, New York.

2 *Nervenschmerzen:* Thomas Mann hatte sich auf seiner dritten Amerikareise eine Ischias im linken Bein zugezogen, an der er auch nach seiner Rückkehr noch litt.

3 *Ihrem Brief an den Bonner Dekan:* Thomas Mann, ‚Ein Briefwechsel‘, in: Neue Zürcher Zeitung, Zürich, 24.1.1937, erste Buchveröffentlichung: Zürich: Oprecht 1937.

111   4 *Alfons Goldschmidt* (1879–1940): Politisch-ökonomischer Schriftsteller, Mitarbeiter von: ‚Die neue Weltbühne‘, Prag; ‚Das Neue Tage-Buch‘, Paris; ‚New York Times‘, ‚Internationale Literatur‘, Moskau, und ‚Deutsches Volksecho‘, New York. – Zusammenhang unbekannt.

5 *im Februar 1851 Engels an Marx:* Friedrich Engels und Karl Marx, ‚Der Briefwechsel zwischen Friedrich Engels und Karl Marx‘ 1844–1883‘, hrsg. von August Bebel und

Eduard Bernstein, 4 Bände, Stuttgart: Verlag von J.H.W. Dietz Nachf. 1913, Bd. 1,
S. 139 (Brief von Friedrich Engels, o.D.), S. 141 (Brief von Karl Marx, 11.2.1851),
S. 142 (Brief von Friedrich Engels, 13.2.1851).

6 *„Flaschenpost"*: René Schickele, ‚Die Flaschenpost', Roman, Amsterdam: de Lange   112
1937. Das Buch war im Februar 1937 erschienen. Vgl. hierzu René Schickeles Brief an
Annette Kolb vom 25.3.1937:

Liebe Annette,
ich habe Dir für zwei liebe Briefe zu danken.
Was den ersten betrifft, so freut es mich, dass die „Flaschenpost" Dir doch, wenn auch
nur teilweise, gefallen hat. Vergiss aber nicht, es sind gewissermassen *„Werthers Leiden"* in einer *katastrophalen Zeit...* Daß ich etwas wie die „Liebesnacht", wie Du
behauptest, schon besser gemacht hätte, muss ich bestreiten. Eine so kuriose „Liebesnacht", wo *„er"* absolut nicht will und auf die komischste Weise kneift, ist
überhaupt noch nicht geschrieben worden. Das ist nun ganz gewiss. Ehre, wem Ehre
gebührt!
Überhaupt: bemerke, bitte, dass die *Situationen* durchweg *komisch* sind, von den
handelnden Personen jedoch *todernst* genommen werden. So ist das Leben. Wo aber
findest Du diesen Zwiespalt so konsequent durchgeführt? Nicht einmal bei Cervantes!
René Schickeles Brief an Arnold Zweig vom 6.6.1937 (RS III, 1244 ff.):

Nice-Fabron (A.M.)
La Florida
Chemin de la Lanterne
6.6.37.

Lieber Zweig,
haben Sie Dank für Ihre freundlichen Zeilen über die *Flaschenpost!* Von Ihnen hätte ich
freilich nach unseren Gesprächen im Sommer 36 etwas anders erwartet, nämlich den
Ausruf: „Na also, da sind Sie's los!" Und sonst eigentlich nichts, denn das andre
versteht sich mehr oder minder von selbst.
Über den Richard Wolke wird viel gestritten. Aber wissen Sie, wer ihm am meisten
gerecht wird? Die Ärzte, nicht zuletzt die Psychoanalytiker. Natürlich ist er nicht
verrückt – er simuliert, dass er simuliert, wie es in verschiedener Abwandlung des
öftern heisst. Er sucht den Weg, sich aus diesem Leben zu drücken und trotzdem
weiterzuleben. Er hat einen Heisshunger auf das Leben und eine noch grössere Angst
davor. Denn er glaubt an die grosse Katastrophe, die Gewissheit lebt in ihm wie ein
Geschwür, das ihn vergiftet. Wenn er sich mit der urgesunden Pipette einliesse, würde
er vielleicht von seiner todsüchtigen Angst erlöst – und dies gerade fürchtet er wieder.
Denn dann müsste er bei der Katastrophe seinen Mann stehn. Mir scheint, das ist, in
starker Verkürzung oder auf eine simple Parabel gebracht, der Zustand der heutigen
Menschheit. (Aufs grob Politische übertragen z.B. das Bild, das die englisch-franzö-
sische Politik auf der einen, die der Diktaturstaaten auf der andern ergibt.) Und ich
glaube allen Ernstes, dass mein Buch einmal ebenso typisch für unsere gottlose, in allen
Himmelsängsten sich verzehrende Zeit sein und als solches gelten wird wie etwa
Werthers Leiden für seine Zeit. Nur dass die *Flaschenpost* viel mehr von der Satire hat
als vom Bekenntnis. Es ist ein listiges Buch, es verleitet zu Humor und ästhetischem
Behagen, man glaubt, es so hinlesen zu können, aber es hat einen doppelten Boden.

Und dann: Es verhält sich ähnlich wie der Var, auf den ich von meiner Terrasse herabsehe: die Hauptmasse seines Wassers fliesst unterirdisch. Ach! lieber Zweig, wo sind heute die Menschen, die ein Buch zweimal lesen? Wo die Kollegen, die sich die Zeit nehmen, hinter ein Buch zu kommen, von dessen Verfasser sie doch wissen, dass sein Sinn nicht gerade auf Gaukelei und ‚reine Musik‘ gerichtet war, als er es schrieb, dass der Mann vielmehr als ein kleiner Hiob auf seinem Misthaufen sass und sich die Haut mit Scherben kratzte! Sie kennen mich gut genug, um zu wissen, dass ich der letzte bin, der eine Kritik und gar eine so freundschaftliche wie die Ihre nicht annähme. Andrerseits wiege ich mich nicht gerade in der Hoffnung, mein Einspruch könnte Sie eines Bessern belehren, denn ein erster Eindruck, den man von Menschen und Dingen hat, lässt sich nur durch einen längeren Umgang verwischen, sofern er ihn nicht verstärkt, und ich weiss, dass Ihre Augen Ihnen eine derartige Bemühung nicht erlauben. Aber vielleicht überdenken Sie doch noch einmal das Buch, vielleicht hören Sie dann doch etwas vom Strömen des Unterirdischen, vielleicht gelingt Ihnen doch ein Blick hinter den gaukelnden Hiob... Nehmen Sie es jedenfalls als ein Zeichen unsrer Verbundenheit und meines kameradschaftlichen Vertrauens, dass ich eine solche Hoffnung ausspreche.

Wir freuen uns, Sie und Ihre süsse Frau im Sommer wiederzusehn. Wir bleiben im Süden, hier und einen Monat oder länger in St. Cyr. Vermutlich kommt unser Ältester mit seiner Familie aus Amerika zu Besuch herüber. Hans studiert in Ames weiter, auf der Hochschule, an der sein Bruder lehrt, sie hat eine ausgezeichnete Abteilung für Architekten und Ingenieure (in den Staaten bilden beide vernünftigerweise *ein* Fach). Ich bin froh, dass beide Kinder Ferien von Europa genommen haben, denn was die politische Lage anlangt, bin ich so pessimistisch wie je. Ich nehme nur an, dass die grossen Raubtiere sich noch nicht genügend gemästet haben, um ernstlich loszuspringen. Es ist ja auch bei ihnen nicht der Hunger, der sie töten heisst, auch bei ihnen ist es die Angst, die Angst, dass die, so noch ein halbwegs erkenntliches Menschenantlitz tragen, sich zusammennehmen und dann stärker sind als sie. Mich hält eines aufrecht: Gottvertrauen. Es gibt Wunder, es gibt unwahrscheinliche Rettungen. Es gibt einen Gott.

Seien Sie beide herzlich gegrüsst

René Schickele

7 *Kritik Ernst Glaesers in der N. Z. Z.:* Ernst Glaeser, ‚Flaschenpost‘, in: Neue Zürcher Zeitung, Zürich, 24. 5. 1937, Abendausgabe, Nr. 930:

Wenn ein Schiff in schwere Havarie gerät, geschieht es oft, daß ein Matrose die letzten Worte, die er zu sagen hat, einer versiegelten Flasche anvertraut, in der Hoffnung, daß sie einst ein Fischer auffange oder eine gnädige Welle sie an weiches, sandiges Ufer spüle. Wenn ein Dichter in den Ozean der Verwirrung, über den die Staaten Europas wahrlich nicht mehr als stolze Fregatten segeln, jenem Matrosen gleich, seine Botschaft einer Flaschenpost anvertraut, dann zeigt er durch diesen symbolischen Akt den Grad der Verzweiflung, in dem er sich befindet.

René Schickele kann mit den üblichen deutschen Emigranten in keiner Weise verglichen werden. Hinter ihm steht ein Werk, das niemals in seinen Höhepunkten von der „zivilisationsliterarischen Negation“ gespeist war. Hinter ihm stuft sich Landschaft, hinter ihm steht der Atem eines eingeborenen Dichters.

Das Erbe am Rhein, und besonders in ihm „Maria Capponi“, sind hervorragende

Zeugnisse, nicht von Blut und Boden, sondern von Boden und Geist. Schickeles Elsässertum überwand die übliche Raunzerei. Es hob sich zur Sphäre, die über den Grenzen glänzt. Es wurde zur melodischen Stimme zwischen Schwarzwald und Vogesen, und niemals werde ich jene Stunde vergessen, da ich den Dichter von seinem Badenweiler Haus in der Pause eines erregten Gesprächs nach Westen blicken sah. In diesem Augenblick lag soviel Wissen und Liebe, soviel Schwere und Heiterkeit, daß auch wir, die um ihn waren, verstummten und auf das Land sahen, das im Dunst einer fruchtbaren Sonne schwamm.

René Schickele hat Deutschland verlassen, als über das Fluidum seiner Grenzen der eiserne Vorhang fiel. Er hat lange geschwiegen und wahrscheinlich tief gelitten. Sein erster Roman, der uns außerhalb der deutschen Reichsgrenzen erreicht, entstand im französischen Süden, in einem waldlosen Land.

„Flaschenpost" (Allert de Lange-Verlag, Amsterdam) birgt allerdings keine Botschaft an das verlorene Ufer. Die Erzählung, in Schickeles Frühstil geschrieben, entbehrt nicht einer individualistischen Exzentrik. Ein Mann, sensibel und viel zu gescheit, findet in dieser Welt nicht mehr den Anschluß an das Konkrete. Er lebt in den Arabesken seiner Phantasie und erreicht seinen „Frieden" in der Bequemlichkeit eines Irrenhauses. Das Buch ist gescheit, ja verschmitzt. Es setzt der bösen Realität die Irrealität eines holden Wahnsinns entgegen. Herr Wolke, so nennt sich der „Held", spinnt sich gegen die Zeit in skurrile Verwechslungen und Assoziationen. Er plaudert sich innerlich gegen eine Welt durch, die er für verrückt hält. Er macht nicht mehr mit. Er narrt sich ein.

Das Buch liegt unter einem interessanten Zwischenlicht. Es ist eine Mischung aus Erzählung und Meditation. Es balanciert auf der scharfen Kante zwischen Schatten und Helle. Aber der holde Wahnsinn, der es melodiös durchweht, bleibt frei von Tragik. Er verschimmert im Burlesken, im Skurrilen, ja leider auch manchmal im Amüsanten.

Die Flaschenpost, die René Schickele ins Meer dieser Zeit warf, enthält keine Botschaft. Ihr Absender hat die Katastrophe des Schiffbruchs ins Private abgebogen, was wahrlich kein Fehler wäre, gäbe sich das Einzelne nur weniger bizarr.

Es sind heute jedoch wenige, denen es aufgetragen ist, das Deutsche unversehrt durch den Sturm der Lüge, die von zwei Seiten aufschwillt, zu tragen. Möge René Schickele bald aus dem Monolog seines Mittelmeerlebens zurückkehren in die große Vision seiner Vogesen.

Ernst Glaeser

8 *Gedicht von mir:* René Schickele, ‚Abschwur', in: Die weißen Blätter, Zürich und Leipzig, Juni 1919, Jg. 6, H. 6, S. 288, wiederabgedruckt als Prolog zu René Schickele, ‚Am Glockenturm', Schauspiel in drei Aufzügen, Berlin: Cassirer 1920, und zu René Schickele, ‚Hans im Schnakenloch', Schauspiel in vier Aufzügen, München: Kurt Wolff 1927 (Umgearbeitete Neuauflage).

31. 5. 1937 Thomas Mann an René Schickele, hs. Br.   113

1 *in meiner Depression und Schmerzensmüdigkeit:* Thomas Mann hatte sich auf seiner dritten Amerikareise (6. 4.–1. 5. 1937) eine schmerzhafte Ischias zugezogen, unter der er nach seiner Rückkehr – im Mai und anfangs Juni 1937 – sehr litt, und die ihn –

zusammen mit Schlafstörungen und eingeschränkter Bewegungsfreiheit – in seiner Arbeit stark behinderte.

2 *Ihre freundschaftlichen Worte:* René Schickeles Brief vom 29. 5. 1937.

3 *Glaesers elendem Gefasel:* Ernst Glaeser, ‚Flaschenpost‘, in: Neue Zürcher Zeitung, Zürich, 24. 5. 1937. Siehe René Schickeles Brief vom 29. 5. 1937, Anm. 7.

4 *Ecole de Zurich:* Thomas Mann spielt hier auf Eduard Korrodis Artikel ‚Deutsche Literatur im Emigrantenspiegel‘ (Neue Zürcher Zeitung, 26. 1. 1936) an, in dem Korrodi die Emigrantenliteratur als vorwiegend jüdisch bezeichnete.

5 *Zeitschrift:* ‚Maß und Wert‘, Zweimonatsschrift für freie deutsche Kultur, hrsg. von Thomas Mann und Konrad Falke, Redaktion von Ferdinand Lion (Jg. 3: Golo Mann und Emil Oprecht), 1937–1940.

6 *Vorwort:* Thomas Mann, ‚Maß und Wert‘, in: Maß und Wert, Zürich, September/Oktober 1937, Jg. 1, H. 1, S. 1–16. Die Ziele der neuen Zeitschrift kennzeichnet vor allem ein Satz dieses Vorwortes:

Künstler wollen wir sein und Anti-Barbaren, das Mass verehren, den Wert verteidigen, das Freie und Kühne lieben und das Spiessige, den Gesinnungsschund verachten – ihn am besten und tiefsten verachten, wo er sich in pöbelhafter Verlogenheit als Revolution gebärdet.

Thomas Mann hat dieses Vorwort vom 5. bis 22. Mai 1937 geschrieben. Am 26. 5. 1937 notiert er in seinem Tagebuch:

Mit K. und Medi zum Abendessen bei Oprechts. Silone, Kahler, Hirschfeld, später die Giehse und Kalser. Nach dem Kaffee Vorlesung des Aufsatzes „Maß und Wert“, die starken Eindruck machte. Silone begeistert. Verlangen nach Signierung.

7 *Lion:* Am 30. 5. 1937 schreibt Thomas Mann im Tagebuch: „Anruf Lions, der seine Begeisterung über das Vorwort äußert. ‚Das einzig Gute, das er habe.‘ Ich habe gleich gewußt, daß ich die Zeitschrift allein machen muß.“ Während der Vorbereitungen zur Herausgabe von ‚Maß und Wert‘ sorgte sich Thomas Mann sehr darum, interessante Beiträge für die erste Nummer der Zeitschrift zusammenzubringen:

Las gestern Abend noch ein eingegangenes Mt. von Hollnsteiner, Apologie der kath. Kirche, schlecht geschrieben. Die Zeitschrift Last, Verlegenheit und Sorge. Die Albernheiten Brentanos und Glaesers. Starke Neigung das Ganze abzuwerfen. [...] Zum Abendessen Kahler. Briefwechsel Kahler-Brentano. Brief Glaeser. Hoffnungsloses Elend. Mein körperlicher Zustand erträgt es schlecht. Ich möchte die Zeitschrift los sein. (TB 4. 5. 1937)

Er bat verschiedene Freunde und Bekannte, u. a. Schickele, Kerényi, Hesse, von Kahler, einen Aufsatz für ‚Maß und Wert‘ zu schreiben. Vgl. hierzu Thomas Manns Brief an Hermann Hesse vom 21. 5. 1937:

Die Zeitschrift macht manches Kopfzerbrechen. Ich habe jetzt eine umfangreichere programmatische Einleitung für das erste Heft geschrieben, welches auch das Anfangskapitel meiner Goethe-Erzählung bringen soll. Daß Sie mit der Zeit doch auch einmal dort zu Gast sein mögen, ist der dringliche Wunsch von Herausgeber, Redactor und Verleger.

8 *Unterbrechung[,] nach der blöden Triumphreise:* Thomas Manns dritte Reise in die Vereinigten Staaten vom 6.4.–1.5.1937 auf Einladung der ,New School for Social Research‘, New York.

9 *University in exile:* Die 1933 von Alvin Johnson gegründete ,Graduate Faculty of Political and Social Sciences‘ der ,New School for Social Research‘, die den exilierten europäischen Wissenschaftlern und Gelehrten eine neue Heimstätte bieten sollte und auch ,University in Exile‘ genannt wurde. Zur Feier des vierten Jahrestages ihrer Gründung hielt Thomas Mann am 15.4.1937 in New York seine Rede ,The Living Spirit‘. Ein „reicher Mann“ hatte versprochen, dem Institut hunderttausend Dollar zu stiften, wenn Thomas Mann nach New York komme und bei der Feier eine Festrede halte. Dieser Mr. Littauer (vermutlich Lucius Nathan Littauer, 1859–1944, Handschuh-Fabrikant, vormaliger Kongreßabgeordneter und Spender großer Hochschulstiftungen) hatte sein Versprechen gehalten. – Vgl. dazu Thomas Manns Tagebucheintrag vom 29.5.1937.

10 *die Goethe-Novelle:* Im Mai 1937 schrieb Thomas Mann am Riemer-Kapitel von ,Lotte in Weimar‘. Er beendete dieses Kapitel am 16.7.1937.

11 *nach Ragaz zur Kur:* Vom 11.6.–7.7.1937 weilte Thomas Mann wegen eines Ischiasleidens in Bad Ragaz zur Kur.

12 *Erika, die am 6ᵗᵉⁿ von New York zu Besuch kommt:* Erika Mann war Ende September 1936 – zusammen mit Klaus Mann – nach New York gereist, um dort mit ihrem Kabarett ,Die Pfeffermühle‘ aufzutreten. Das Kabarett fand jedoch in Amerika, im Unterschied zu Europa, wenig Widerhall, und angesichts der Mißerfolge löste sich das Ensemble auf. Während Therese Giehse Mitte Februar 1937 nach Zürich zurückkehrte, blieben Erika und Klaus Mann in Amerika. Sie reisten noch mehrmals zwischen Amerika und Europa hin und her, bis sie schließlich ganz in den Vereinigten Staaten blieben. Beide, insbesondere Erika Mann, hatten mit Vortragsreisen in Amerika beträchtlichen Erfolg. – Erika Mann traf am 5.6.1937 in Zürich ein und kehrte am 17.7.1937 über Paris nach New York zurück: „Abreise Erika und Klaus nach Paris, von wo E. nach New York weiterfährt. Verabschiedung. Wehmut. Schmerzen.“ (TB 17.7.1937)

4.6.1937   René Schickele an Thomas Mann, ms.Br., Schluß des Briefes handschrift-   115
lich, von „Es gibt bestimmt...“ an

1 *Vorwort:* Thomas Mann, ,Maß und Wert‘, in: Maß und Wert, Zürich, September/Oktober 1937, Jg. 1, H. 1, S. 1–16.

2 *Beschiessung Almerias:* Am 31.5.1937 wurde der befestigte Seehafen von Almeria von deutschen Kriegsschiffen beschossen. Dabei wurden 19 Personen, darunter fünf Frauen und ein Kind, getötet und 55 Personen verletzt. 39 Häuser wurden vollständig zerstört, zahlreiche schwer beschädigt. Die Beschießung war eine Vergeltungsmaßnahme für die Bombardierung des vor Anker liegenden Panzerschiffes „Deutschland“ durch Flugzeuge der spanischen Volksfront, bei der 25 Mann der Besatzung getötet und 20 schwer verletzt wurden. Das deutsche Panzerschiff hatte sich an der internationalen Seekontrolle beteiligt, die von den im Londoner Nichteinmischungskomitee vertretenen Großmächten eingeführt worden war. Laut deutscher Presseberichte rief der Überfall auf das Kontrollschiff in ganz Deutschland größte Empörung hervor. Die aus spanischer Volksfront-Quelle stammende Version, wonach das deutsche Kriegsschiff zuerst das Feuer auf die spanischen Flugzeuge eröffnet und diese erst dann mit

Bombenabwürfen geantwortet hätten, wurde als Lüge bezeichnet. Die gegenseitigen Herausforderungen und Repressalien führten zu Spannungen, die man nach der Einigung der Großmächte auf die Politik der Nichtintervention bereits für überwunden gehalten hatte. – Siehe dazu auch Neue Zürcher Zeitung vom 31.5.1937 und 1.6.1937.

116 3 *Heilung und Erholung in Ragaz:* Siehe Thomas Manns Brief vom 31.5.1937, Anm. 11.

4 *Geheimrat Schwörer:* Geheimrat Dr. Schwörer war der Hausarzt von René Schickele in Badenweiler.

117 8.6.1937 René Schickele an Thomas Mann, hs. Entwurf, fragm.

1 *Lebenszeichen von Fayard:* Der Brief ist nicht erhalten.

2 *Georges Duhamel:* Siehe René Schickeles Brief von Ostern 1937, Anm. 6.

3 *„Mercure de France":* Französischer literarischer Verlag, wurde 1893 gegründet und machte sich verdient um die Verbreitung der Werke von André Gide, Georges Duhamel, Guillaume Apollinaire, Paul Claudel u.a. Georges Duhamel war von 1935–1937 Verlagsleiter.

4 *Verlag:* Arthème Fayard, Paris.

5 *Jean Giraudoux* (1882–1944): Französischer Schriftsteller. Studierte 1903/1904 Germanistik. War 1905 Erzieher im Hause des Herzogs von Sachsen-Meiningen, 1906 Lektor der Harvard-Universität, dann Privatsekretär und Feuilletonist der Pariser Zeitung ‚Matin'. Trat 1910 in den diplomatischen Dienst, war Pressechef des Außenministeriums in Paris, 1939/1940 Propagandaminister.

6 *Jean Schlumberger* (1877–1968): Siehe Thomas Manns Brief vom 5.2.1937, Anm. 4.

7 *„Bosca":* René Schickele, ‚La Veuve Bosca', traduit par E. Alfandari-Botton avec la collaboration de M. Behr et M. Muller, préface de Thomas Mann traduite par Maxime Alexandre, Paris: Editions de la Nouvelle Revue Critique 1939 (Tours d'horizon 21).

8 *langwierige Geschichte:* Siehe René Schickeles Brief von Ostern 1937, Anm. 14.

9 *Buch:* René Schickele, ‚Le Retour. Souvenirs inédits', Paris: Fayard 1938 (Les Œuvres libres 202).

118 4.7.1937 René Schickele an Thomas Mann, hs. Br.

1 *Blütenstaub:* Nachträglich beigefügter Satz. Ein Pfeil verbindet ihn mit dem leicht zerflossenen a im Wort „Savoyen".

2 *Savoyen:* Die Schickeles verbrachten im Juli 1937 Ferien in der Haute-Savoie.

3 *„Retour":* René Schickele hatte Thomas Mann das Manuskript seines autobiographischen Essays ‚Le Retour' zugeschickt, mit der Bitte, dazu ein Vorwort zu schreiben. Die Herausgabe des Büchleins verzögerte sich aber, und der Essay erschien dann erst – ohne ein Vorwort Thomas Manns – im Frühjahr 1938.

4 *St. Cyr:* Auf seiner Südfrankreichreise im August/September 1936 hatte Thomas Mann auch ein paar Ferientage bei René Schickele in St. Cyr-sur-mer verbracht. Siehe René Schickeles Brief vom 29.9.1936, Anm. 2.

5 *Engadin:* Im Sommer 1937 fuhr das Ehepaar Mann nicht ins Engadin; es hielt sich vom

17.9.–7.10.1937, zusammen mit Hans Reisiger, zur Erholung in Locarno, Hotel Reber, auf.

10.7.1937   Thomas Mann an René Schickele, hs. Br.
1 *Ihre Zeilen:* René Schickeles Brief vom 4.7.1937.
2 *diese Reise:* Siehe René Schickeles Brief vom 4.7.1937, Anm. 2.
3 *Ihren kleinen Beitrag fürs erste Heft von „M. u. W."*: René Schickele, ,August', in: Maß und Wert, Zürich, September/Oktober 1937, Jg. 1, H. 1, S. 135–140. – Darin die Abschnitte (S. 140):

Nun lebe ich an der Küste des Mittelmeeres. Es gibt keine Laubwälder, und von den goldschattigen Pinien gehn jährlich Tausende in Flammen auf. Die Flüsse sind umständliche Rinnsale, die ein Gewitter für Stunden mit Wasser füllt, dann verwandeln sich die sonst völlig ausgetrockneten Bäche in Stromschnellen und reissen ganze Uferstücke mit. Wie heiter, mit Licht behangen über und über sind die rheinischen Pappeln! In den Zypressen nisten schwarze Gedanken, die krächzen ganz anders noch als die Raben. Die spärlichen Wiesen verbrennt der Juni. Auf den Bergen ruht mit fast schmerzender Klarheit das Licht. Sie sind so deutlich, wie nur der Stein sein kann...
Von meinem Platz sehe ich auf einen alten, mächtigen Oelbaum, die windbewegten Blätter flimmern. In seinem Schatten liegt eine undeutliche Gestalt, und da es heisser Mittag ist, kann ich mir einbilden, es sei der alte, nichtsnutzige Pan, der da schläft. Die Querflöte liegt neben ihm, sie klingt dennoch weiter, die Sonne, die im Laube spielt, berührt sie, hin und her, mit leuchtenden Lippen. Es ist nicht das Ohr, das die Töne einlässt, sie nehmen ihren Weg durch die Erde und steigen in die Kreatur empor. Ein Tumult sondergleichen entsteht in der Brust: wohin mit all der Wildheit? wofür die tiefe Trauer! ... Doch brauche ich nur aufzustehen und mich umzublicken, da kommt aus der klaren Ordnung der Landschaft Mass und Wert der Dinge von selbst auf mich zu. Daß alles, was uns entsetzt und beglückt, schon andern geschah, hindert nicht, dass jeder von uns einmalig da ist – und dass er sein *darf*, was sein Herz begehrt, solang es *fühlen* kann: ein Sänger, ein Drachentöter, ein Befreier, ein Teilhaber am kommenden Sieg. Denn der Sieg ist niemals das Werk eines einzelnen. Wer zur Stunde des grossen Glockenschlags als Sieger genannt wird, in dessen Hand haben sich die Siege zahlloser andern versammelt, und wer kann sagen, ob nicht einer von den vielen, die keiner nennt, das vielleicht winzige Gewicht auf die Wage tat, das die eine Schale beugte, damit die andre sich steil aufrichten und das Gelingen anzeigen konnte?

4 *Emigrationsgespräch im zweiten Heft:* Heft 2 von ,Maß und Wert' enthielt folgende Beiträge:

– Oskar Goldberg, ,Die Götter der Griechen'
– ,Briefe von Nietzsches Mutter über den kranken Sohn'
– Thomas Mann, ,Lotte in Weimar II.'
– Ernst Křenek, ,Ist Oper heute noch möglich?'
– Heinz Politzer, ,Gedichte'
– Oskar Maria Graf, ,Menschen aus der Heimat'
– Konrad Falke, ,Hakenkreuzigung der Kunst', Glosse

– Ernst Weiss, ‚Bemerkungen zu den Tagebüchern und Briefen Franz Kafkas‘, Kritik

Auch in den weiteren Heften von ‚Maß und Wert‘ ist kein Aufsatz von René Schickele über die Emigration erschienen.

5 *zurück in Küsnacht:* Vom 11.6.–7.7.1937 hatte Thomas Mann wegen eines Ischiasleidens in Bad Ragaz zur Kur geweilt.

6 *Goethe-Geschichte:* Thomas Mann, ‚Lotte in Weimar‘, Roman, Stockholm: Bermann-Fischer 1939.

7 *Amerika:* Thomas Manns dritte Amerikareise vom 6.4.–1.5.1937 auf Einladung der ‚New School for Social Research‘, New York. Siehe dazu René Schickeles Brief von Ostern 1937, Anm. 10.

8 *Eröffnungskapitel:* Thomas Mann, ‚Lotte in Weimar‘, Ein kleiner Roman, Erstes Kapitel, in: Maß und Wert, Zürich, September/Oktober 1937, Jg. 1, H. 1, S. 17–34.

9 *Unterhaltung zwischen Lotte und Dr. Riemer:* Im Juli 1937 arbeitete Thomas Mann am dritten Kapitel von ‚Lotte in Weimar‘. Er beendete dieses Kapitel am 16.7.1937.

30.9.1937 Thomas Mann an René Schickele, ms. Br.

1 *Gruß vom 25.:* Der Brief ist nicht erhalten.

2 *reisen:* Anna Schickele reiste anfangs November 1937 für sechs Wochen nach Amerika, um die Söhne Rainer und Hans zu besuchen. Der jüngere Sohn Hans war erst ein Jahr zuvor, im Dezember 1936, in die Vereinigten Staaten ausgewandert.

3 *Florida:* Name von René Schickeles Haus in Fabron bei Nizza, wo er und seine Frau seit März 1934 wohnten.

4 *ersten Heftes:* Heft 1 von ‚Maß und Wert‘, September/Oktober 1937, enthielt folgende Beiträge:

– Vorwort, „Mass und Wert“
– Thomas Mann, ‚Lotte in Weimar. Ein kleiner Roman‘
– Erich Kahler, ‚Die preussische Oekonomie‘
– Herrmann Steinhausen, ‚Die Zukunft der Freiheit‘
– Josef Breitbach, ‚Die Rückkehr‘
– Karl Mannheim, ‚Zur Diagnose unserer Zeit‘
– Konrad Falke, ‚Politische Aphorismen‘
– Gerhard Scholz, ‚Lichtenberg und wir‘
– Edmond Jalouse, ‚Der schöpferische Traum‘
– René Schickele, ‚August‘
– Ferdinand Lion, [Kritik]
– Rudolf Jakob Humm, [Kritik]

5 *Ihr schöner Beitrag:* René Schickele, ‚August‘, in: Maß und Wert, Zürich, September/Oktober 1937, Jg. 1, H. 1, S. 135–140.

6 *etwas Weiteres und Größeres von Ihnen:* In Heft 2 von ‚Maß und Wert‘ und auch in den weiteren Nummern ist kein Artikel von René Schickele mehr erschienen. Einzig zum Gedenken an seinen Tod wurde noch folgender Beitrag veröffentlicht: ‚Drei Gedichte

Walthers von der Vogelweide', ins Neudeutsche übertragen von René Schickele, in: Maß und Wert, Zürich, März/April 1940, Jg. 3, H. 3, S. 347–349.

7 *Lion:* Die Spannungen zwischen Ferdinand Lion und René Schickele rührten daher, daß Lion immer wieder Schickeles Anregungen und Vorschläge zu ‚Maß und Wert' abwies. Siehe hierzu René Schickeles Briefe an Thomas Mann vom 24.11.1937 und 25.11.1937. In Briefen an Annette Kolb spricht Schickele seinen Unmut über Lions redaktionelle Arbeit direkt aus:

Dass sie [Frau Mayrisch] die Regelung der Zeitschriften-Angelegenheit Breitbach überliess, ist ewig schade, und daran (und an dem Redakteur Ferd. Lion) wird „Mass und Wert" auch wohl zu Grunde gehn. Die zweite Nummer stinkt vor Langerweile. Ich mache nicht mehr mit. Es ist wieder mal eine schöne Gelegenheit versäumt. Glaube nur nicht, dass Katia Dir Deinen Beitrag aus eigener Initiative zurückgeschickt hat! Sie denkt übrigens über die Redaktionstalente Lions womöglich noch pessimistischer als ich. (Brief vom 4.11.1937)

Ich schreibe in den nächsten Tagen an Manns. Meine Beziehungen zu Lion habe ich abgebrochen, dieser Mensch gewordene Schleim ist mir körperlich zuwider – da mag er noch so nett und entgegenkommend zu mir sein!! (Brief vom 11.11.1937)

Ja, Lion hat nach dem letzten Krieg im „Neuen Merkur" einen schadenfrohen Artikel über mich geschrieben: Poincaré habe recht gegen mich behalten und andres Geschwätz, so perfid, wie der ganze Kerl. Ich bekomme „Mass u. Wert" nie. Du? Th. Mann kann doch nicht erwarten, dass ich abonniere!

Ich schrieb es ihm und dachte, er würde mir die Zeitschrift zustellen lassen. Keine Spur! Er hat mir auf den Brief gar nicht geantwortet. Freilich war es gerade in den Tagen des Aufbruchs von Zürich, und aus einem Brief Katias sah ich, dass sie sehr beunruhigt waren und sich fragten, ob sie überhaupt noch ungeschoren aus Europa herauskämen.

Bibi, den ich in St. Cyr sah, erzählte, Lion sei ihnen allen zum Kotzen, und man hoffe, ihn bald abhalftern zu können. Die Schwierigkeit sei bloss, er verlangt eine Abstandssumme. (Hat er wohl von Wilh. Herzog gelernt.) (Brief vom 4.10.1938)

8 *hier:* Vom 17.9.–7.10.1937 verbrachten Thomas Mann und seine Frau Katia, zusammen mit Hans Reisiger, Ferien im Hotel Reber in Locarno.

9 *Hans Reisiger* (1884–1968): Schriftsteller und Übersetzer, mit dem Hause Mann befreundet.

10 *immer wieder:* Thomas Mann hatte sich bereits zweimal, im April 1933 und im Oktober 1934, im Tessin aufgehalten.

11 *Lotte in Küsnacht:* Nach seinen Ferien in Locarno schrieb Thomas Mann vom 8.–17.10.1937 das fünfte Kapitel von ‚Lotte in Weimar', ‚Adele's Erzählung'. Er unterbrach dann den Roman, um die Vorträge ‚Richard Wagner und der „Ring des Nibelungen"' und ‚Vom zukünftigen Sieg der Demokratie' zu schreiben. Im Dezember 1937 nahm er die Arbeit am ‚Lotte'-Roman mit dem sechsten Kapitel wieder auf. Erst zwei Jahre später, im Oktober 1939, beendete Thomas Mann „diese Improvisation".

12 *zum vierten Joseph:* Thomas Mann begann den vierten ‚Joseph'-Band im August 1940 und beendete ihn im Januar 1943.

13 *Amerika-Reise:* Vom 15.2.–6.7.1938 unternahm Thomas Mann seine vierte Reise in die Vereinigten Staaten. Am 25.2.1938 nahm er an der feierlichen Eröffnung der

Thomas-Mann-Sammlung in Yale teil. Anschließend begab er sich auf die vom Agenten Harold Peat, New York, organisierte Tournee mit dem Vortrag ‚The Coming Victory of Democracy‘ durch folgende Städte: Chicago, Ann Arbor, New York, Washington, Philadelphia, Kansas City, Tulsa, Salt Lake City, San Francisco und Los Angeles. Vom 4.–21.4.1938 schrieb er in Beverly Hills den Aufsatz ‚Bruder Hitler‘. Nach dem Anschluß Österreichs an das Deutsche Reich (13.3.1938) beschloß Thomas Mann, künftig in den USA zu bleiben. Am 5.5.1938 erfolgte die offizielle Einwanderung über Kanada, deren formelle Schritte von Agnes E. Meyer eingeleitet worden waren. Vom 5.–22.5.1938 hielt sich Thomas Mann in New York auf. Hier erhielt er das Angebot, als ‚Lecturer in the Humanities‘ in Princeton zu wirken. Vom 22.5.–21.6.1938 weilte das Ehepaar Mann in einem Landhaus von Caroline Newton in Jamestown, Rhode Island. Hier nahm Thomas Mann am 26.5.1938 seine Arbeit an ‚Lotte in Weimar‘ wieder auf. Am 29.6.1938 trat er nochmals die Überfahrt nach Europa an, um in den kommenden zwei Monaten den Schweizer Haushalt aufzulösen. Am 14.9.1938 reiste er wieder in die Vereinigten Staaten zurück.

24.11.1937 René Schickele an Thomas Mann, hs.Br.
1 *Billett:* Nicht ermittelt.
2 *Frau Meier-Graefe:* Annemarie Meier-Graefe, geb. Epstein, genannt Busch, Frau des Schriftstellers Julius Meier-Graefe (1867–1935), mit dem sie 1930 nach St. Cyr emigriert war.
3 *Ihrer neuen Prosa:* Thomas Mann, ‚Bekenntnisse des Hochstaplers Felix Krull‘ (Um ein ‚Zweites Buch [fragmentarisch]‘ erweitert), Amsterdam: Querido 1937, und Vorabdruck aus ‚Lotte in Weimar‘: Drittes Kapitel: Lottes Gespräch mit Riemer, in: Maß und Wert, Zürich, November/Dezember 1937, Jg. 1, H. 2, S. 209–272.
4 *Stelle:* Thomas Mann, ‚Lotte in Weimar‘, Drittes Kapitel (II, 438).
5 *die „Flaschenpost":* René Schickele, ‚Die Flaschenpost‘, Roman, Amsterdam: de Lange 1937. Offenbar hat Ferdinand Lion es abgelehnt, Auszüge aus René Schickeles neuem Roman in ‚Maß und Wert‘ zu veröffentlichen. Siehe auch Thomas Manns Brief vom 30.9.1937, Anm. 7.
6 *Brentanos „Prozess ohne Richter":* Rudolf Jakob Humm, ‚Bernard von Brentano: Prozeß ohne Richter‘, in: Maß und Wert, Zürich, September/Oktober 1937, Jg. 1, H. 1, S. 150–152.
7 *„mythische" Dichter:* Ferdinand Lion, ‚Alfred Döblin: Die Fahrt ins Land ohne Tod‘, in: Maß und Wert, Zürich, September/Oktober 1937, Jg. 1, H. 1, S. 141–145:

Die beiden mythischen Romane der Emigration, das Jakob-Josephwerk Thomas Manns und dieser Roman Döblins: beide geschaffen aus der gleichen Not und Bedrängnis wie die innere Politik Deutschlands, doch während diese alles erniedrigt bis zum Unkenntlichen, sind jene Kunstwerke würdig der Erkenntnis- und Gestaltungskraft des früheren Deutschland. Gegen solche seltsam-wissenden Oppositionen muss der Hass der Machthaber am grössten sein. Denn Thomas Mann wie Döblin schreiben die Kunstwerke einer möglichen Politik, die der teilweise von gleichen Prämissen ausgehenden in Deutschland befolgten Politik entgegengesetzt ist. Auch sie gehen von Urzeiten aus, der eine von der des Nahen Orients, die für Deutschland lange die Urzeit an sich bedeutete, der andere von der des fernen Westens, die von den Europäern der Renaissance zerstört wurde. Thomas Mann hat die grösste Wissenschaft über diese

Dinge, er führt sogar infolge dichterischer Ahnung über das erworbene, aufgehäufte Wissen noch weiter. Döblin dagegen ist selbst ein Primitiver. Im Josephsroman findet sich das Primitive, das Traumhaft Unbewusste direkt neben dem höchsten europäischen Verstand, es entsteht die hypothetische Möglichkeit eines Reichs und einer fortwährenden conjunctio oppositorum des Frühesten und Spätesten. Bei Döblin wird der Urzeit die Tat entgegengestellt, die in sie eingreift.

8 *Gläser:* Aus einem Brief Thomas Manns an Bernard von Brentano vom 10.9.1937 geht hervor, daß Ernst Glaeser die Mitarbeit an ‚Maß und Wert‘ verweigerte, nicht weil Juden dafür schrieben, sondern weil er mit Thomas Manns „politischer Entwicklung nicht einverstanden“ war.

9 *seit 3 Wochen allein:* Im November und Dezember 1937 weilte Anna Schickele bei ihren Söhnen Rainer und Hans in Amerika. Siehe Thomas Manns Brief an René Schickele vom 30.9.1937, Anm. 2. Während der Abwesenheit seiner Frau schreibt René Schickele an Annette Kolb: 122

Liebe, gute Annette,
bitte, glaube mir: ich unterhalte mich *täglich* mit Dir, gelegentlich sogar mit lauter Stimme (was ich für ein Zeichen beginnender Senilität halte), und wenn ich Dir nicht öfter schreibe, so liegt das an zweierlei. Ich hätte Dir nicht ein einziges Mal eine *gute* Nachricht geben können, meine Lebensstimmung ist denkbar tief, ich habe *täglich Anfälle wahrer Verzweiflung.* Und, zweitens, wir stehn so miteinander, dass ich Dir nichts vormachen kann. (Brief vom 4.11.1937)

Inzwischen hat mich neues Unheil heimgesucht. Weil ich nur Kohlen bekam, wenn ich die erste Lieferung bezahlte, blieb das Haus einige Zeit ungeheizt. Ich arbeitete mit einer elektrischen „Sonne“ unter dem Schreibtisch, immer die verfluchte Kälte im Rücken. Aber immerhin, es ging. Es ging auch *sehr gut* mit der Arbeit. Aber gestern abend fingen die Beine an zu jucken, und nachts kratzte ich sie im Schlaf auf [...]. Ergebnis: Ausschlag, der auch auf die kratzende Hand überging. So sind die adeligen Herren „Überempfindlichen“, die Ritter von der Allergie. Ich halte mich nun ganz ruhig im Bett, probiere auch, von Frau Asch assistiert, eine Salbe an der Hand aus (früher schadeten mir nämlich Salben) und hoffe, in sehr kurzer Zeit wieder in Ordnung zu sein. *Bitte, sage Lannatsch davon nichts – ich möchte nicht, dass sie während der Herfahrt immerzu daran denkt.* Es würde ihr sicher viel von der Freude nehmen. Heute sind auch die Kohlen gekommen (dank der guten Hertha!). (Brief vom 9.12.1937)

10 *MS von „Retour“:* René Schickele, ‚Le Retour. Souvenirs inédits‘, Paris: Fayard 1938 (Les Œuvres libres 202). Siehe René Schickeles Brief vom 4.7.1937, Anm. 3.

11 *Oskar Wöhrle* (1890–1946): Erzähler und Lyriker. Lebte in Schünow bei Bernau im Kreis Niederbarnim, später in Mülhausen im Elsaß. Unter seinen Werken: ‚Die frühen Lieder‘ (1912); ‚Ein Handwerksbursch der Biedermeierzeit‘, Erzählung (1915); ‚Als ein Soldat in Reih und Glied‘, Gedichte (1915); ‚Das Soldatenblut‘, Erzählungen (1915); ‚Das Rattennest‘, Roman (1927); ‚Jan Hus‘, Roman (1929); ‚Die Schiltigheimer Ernte‘, Gedicht (1934); ‚Sundgaubuch‘, Geschichten (1941); ‚Kamerad im grauen Heer‘, Gedichte (1942), ‚Der Vogesendurchstich‘, Roman (1942).

25.11.1937 René Schickele an Thomas Mann, hs. Br.

1 *meinem gestrigen Brief:* René Schickeles Brief vom 24.11.1937.

2 *von Januar an regelmässig an „Maß und Wert" mitarbeiten:* Siehe Thomas Manns Brief vom 30.9.1937, Anm. 6.

3 *der beiden Romane:* René Schickele, ‚Grand' Maman' und ‚Der Preuße', in: René Schickele, ‚Werke in drei Bänden', hrsg. von Hermann Kesten unter Mitarbeit von Anna Schickele, Köln und Berlin: Kiepenheuer und Witsch 1959, Bd. 2, S. 819–927; 929–1054.

4 *Lion:* Ferdinand Lion. Anspielung auf Lions Verhalten als Redakteur von ‚Maß und Wert'. Siehe Briefe vom 30.9.1937, Anm. 7, und 24.11.1937, Anm. 5.

5 *„Retour":* Siehe René Schickeles Brief vom 4.7.1937, Anm. 3.

6 *Übersetzung der „Bosca":* René Schickele, ‚La Veuve Bosca', traduit par E. Alfandari-Botton avec la collaboration de M. Behr et M. Muller, préface de Thomas Mann traduite par Maxime Alexandre, Paris: Editions de la Nouvelle Revue Critique 1939 (Tours d'horizon 21).

123   27.11.1937 Thomas Mann an René Schickele, ms. Br. (Abschrift)

1 *Ihrem lieben, freundschaftlichen Brief:* René Schickeles Briefe an Thomas Mann vom 24. und 25.11.1937.

2 *Arbeit, Unpäßlichkeit, Zerstreuungen, plötzlich einfallende Ansprüche:* 11. Juni bis 7. Juli: Wegen Ischias Kuraufenthalt in Bad Ragaz. – 16. Juli: Riemer-Kapitel von ‚Lotte in Weimar' beendet. – 19. Juli bis 7. Oktober: Arbeit am vierten (Adele-)Kapitel. – September: Das erste Heft von ‚Maß und Wert' erscheint. – 17. September bis 7. Oktober: Erholungsaufenthalt in Locarno, Hotel Reber, mit Hans Reisiger. – 8. bis 17. Oktober: Das fünfte Kapitel von ‚Lotte in Weimar', ‚Adele's Erzählung', entsteht. – 31. Oktober bis 13. November: Niederschrift des neuen Wagner-Vortrags. – 16. November: Vortrag ‚Richard Wagner und der „Ring des Nibelungen"' in der Aula der Universität Zürich. – 21. November bis 10. Dezember: Vorbereitung des Vortrags ‚Vom zukünftigen Sieg der Demokratie' für die Frühjahrstournee durch die Vereinigten Staaten.

3 *Riemer-Kapitel:* Das dritte Kapitel von ‚Lotte in Weimar'.

4 *Ischias-Schmerzen:* Siehe Thomas Manns Brief vom 31.5.1937, Anm. 1.

5 *der Geheime Rat:* Vgl. dazu Thomas Mann, ‚Lotte in Weimar', Drittes Kapitel (II, 409–447).

6 *Kunstgespräch im „Tonio Kröger":* Thomas Mann, ‚Tonio Kröger', Viertes Kapitel (VIII, 292–305).

7 *„Sie sprechen vortrefflich!":* Thomas Mann, ‚Lotte in Weimar', Drittes Kapitel (II, 438).

124   8 *Essay („G. als Repräsentant des bürgerlichen Zeitalters"):* Thomas Mann, ‚Goethe als Repräsentant des bürgerlichen Zeitalters', Rede zum 100. Todestag Goethes, gehalten am 18. März 1932 in der Preußischen Akademie der Künste zu Berlin, Berlin: S. Fischer 1932 (IX, 312).

9 *lectures über „den zukünftigen (sehr zukünftigen) Sieg der Demokratie":* Der Vortrag ‚Vom zukünftigen Sieg der Demokratie' (‚The Coming Victory of Democracy'), den Thomas Mann für seine Vortragstournee in den Vereinigten Staaten im Frühjahr 1938 vorzubereiten hatte.

10 *Zeitschrift:* ‚Maß und Wert'.

11 *„Flaschenpost"*: René Schickele, ‚Die Flaschenpost', Roman, Amsterdam: de Lange 1937.

12 *Heft II:* Siehe Thomas Manns Brief vom 10.7.1937, Anm. 4.

13 *Heft III:* In Heft 3 von ‚Maß und Wert' wurden folgende Aufsätze publiziert:

- Alfred Döblin, ‚Prometheus und das Primitive'
- Hermann M. Görgen, ‚Die österreichische Frage historisch gesehen'
- Robert Musil, ‚Mondstrahlen bei Tage'
- Thomas Mann, ‚Richard Wagner und der „Ring des Nibelungen"'
- Konrad Falke, ‚Jesus oder die Kirche?'
- Ferdinand Lion, ‚Die Schönheit des Lyrischen'

14 *Oprecht:* Der Zürcher Verleger und Buchhändler Emil Oprecht (1895–1952).

15 *„Retour":* René Schickele, ‚Le Retour. Souvenirs inédits', Paris: Fayard 1938 (Les Œuvres libres 202).

16 *Schriftchen:* Thomas Mann, ‚Avertissement à l' Europe', trad.: Rainer Biemel, préf.: André Gide, Paris: Gallimard 1937. – Cont.: André Gide, ‚Préface à quelques écrits récents de Thomas Mann', Ein Briefwechsel, Achtung, Europa!, Spanien, Christentum und Sozialismus (aus der Einleitung zu ‚Maß und Wert').

17 *Übersetzer:* Rainer Biemel. Siehe auch Anm. 16.

18 *„im siebenten Jahrzehnt":* Thomas Mann, ‚Achtung, Europa!' (XII, 766).

6.1.1938 René Schickele an Thomas Mann, hs. Br.

1 *Vorwort zur „Witwe Bosca":* Thomas Mann, ‚René Schickele Ecrivain Français de la Langue Allemande', in: Les Nouvelles Littéraires, Paris, 14.1.1939; ‚Préface', in: René Schickele, ‚La Veuve Bosca', Roman, Paris: Editions de la Nouvelle Revue Critique 1939 (Tours d'horizon 21).

2 *Brief Barbiers:* Bernard Barbey (1900–1970), Schweizer Romancier französischer Sprache. War 1935–1939 literarischer Leiter des Verlags Arthème Fayard, Paris. – Barbeys Brief konnte nicht ermittelt werden, Schickele erwähnt ihn jedoch in einem Brief an Annette Kolb vom 28.12.1937:

Von Barbier erhielt ich die Kunde, dass Fayard nun doch den „Retour" bringen will. *Unter uns:* dem „Strahlen", womit Poupet Dir das mitteilte, misstraue ich. Die Sache ist überhaupt erst durch neuerliches Auftreten Variots wieder in Gang gekommen. Lannatsch hatte den Eindruck mitgenommen, dass Fayard endgiltig *keine* Lust zeigte, „Retour" zu verlegen. (Ihre Quertreibereien bei Duhamel hatten mir bereits zu denken gegeben.) Vielleicht tue ich Barbier und Poupet unrecht, aber die Mentalität dieser Brüder beunruhigt mich. Denke nur an das Verhalten Lions Dir gegenüber, das natürlich auf den andern Warmen zurückgeht. Wie reden sie (bei Deinen Freunden!) von Dir, und wie handeln sie dann! Im Grunde mögen sie uns doch nicht – gelinde gesagt. Na ja, wie dem auch sei: mir liegt viel mehr an der „Bosca" als an „Retour". Der angekündigte Vertragsentwurf ist noch nicht da. Ich gebe aber „Retour" nur, wenn auch die „Bosca" gebracht wird.

Siehe hierzu auch René Schickeles Briefe von Ostern 1937, Anm. 14, und vom 4.7.1937, Anm. 3.

3 *„Le Retour":* ‚Le Retour' erschien in der Reihe ‚Œuvres libres': René Schickele, ‚Le Retour. Souvenirs inédits', Paris: Fayard 1938 (Les Œuvres libres 202).

4 *„Bosca":* Es erschien zuerst ‚Le Retour' (1938), dann die französische Fassung der ‚Witwe Bosca': René Schickele, ‚La Veuve Bosca', traduit par E. Alfandari-Botton avec la collaboration de M. Behr et M. Muller, préface de Thomas Mann traduite par Maxime Alexandre, Paris: Editions de la Nouvelle Revue Critique 1939 (Tours d'horizon 21).

5 *angekündigte Vertrag:* Der angekündigte Vertrag des Verlags Fayard, Paris, traf erst am 20.1.1938 bei René Schickele ein:

Fayard schickte einen Vertrag (endlich!) für „Le Retour". 10% vom Absatz, kein Vorschuss. Da will ich lieber in den „Oeuvres libres" erscheinen – die zahlen wenigstens! Und also hat Variot wieder mal recht gehabt mit seinen Ratschlägen und *nicht* der und jener warme Bruder. (Brief an Annette Kolb, 20.1.1938)

6 *„ach! ich bin des Treibens müde"!:* Johann Wolfgang von Goethe, ‚Wanderers Nachtlied'.

126 7 *Heft 3:* ‚Maß und Wert', Zürich, Januar/Februar 1938, Jg. 1, H. 3. Siehe Thomas Manns Brief vom 27.11.1937, Anm. 13.

9.1.1938   René Schickele an Thomas Mann, ms. Br.

1 *zu den Vorgängen in Russland:* Die von Stalin seit 1935 durchgeführten Säuberungen erreichten zwischen 1936 und 1938 ihren Höhepunkt. Sie erstreckten sich auf alle Ebenen des Partei-, Staats-, Wirtschafts- und Kulturapparates. Gestützt auf Polizei und Staatsanwaltschaft, ließ Stalin unter mannigfaltigen Beschuldigungen (konspirative Tätigkeit, Zusammenarbeit mit dem verfemten Leo D. Trotzkij, Hochverrat, Spionage, Attentatspläne gegen Stalin u.a., Wirtschaftssabotage, Wiederherstellung der ‚bürgerlich-kapitalistischen Ordnung') nicht nur seine ehemaligen innerparteilichen Gegner, sondern auch eine sehr große Zahl von Parteimitgliedern und Sowjetbürgern verhaften. Während die Masse der meist willkürlich Beschuldigten auf administrativem Wege verurteilt wurde, ließ Stalin seine Rivalen aus der Zeit der innerparteilichen Machtkämpfe in Schauprozessen verurteilen. Die Führung der Roten Armee wurde in einem Geheimprozeß 1937 hingerichtet.

2 *G.P.U.:* Abkürzung für russisch Gosudarstvennoje političeskoje upravlenie (‚staatliche politische Verwaltung'), die politische Polizei der Sowjetunion, mit weitreichenden – bis 1953 fast unbegrenzten – Vollmachten. 1922 aus der Tscheka hervorgegangen und mit dem Status eines Volkskommissariats versehen, wurde sie 1934 in das Volkskommissariat für innere Angelegenheiten eingegliedert und dementsprechend in NKWD und MWD (seit 1946) sowie schließlich in KGB (seit 1954) umbenannt.

3 *Ihre Vortragsreise:* Thomas Manns vierte Reise in die Vereinigten Staaten vom 15.2.–6.7.1938. Siehe Thomas Manns Brief vom 30.9.1937, Anm. 13.

127 4 *Reise nach Zürich:* René Schickele ist in jener Zeit nicht nach Zürich gereist.

5 *Hugo Simon:* Hugo Simon plante, mit seinen Freunden Willi Münzenberg und Heinrich Mann im Pariser Exil einen ‚Bund Neues Deutschland' zu gründen. Er sollte ein Sammelbecken exilierter deutscher Politiker, Künstler und Literaten auf überparteilicher Grundlage sein. Als prominente Mitglieder waren vorgesehen: Thomas Mann, Heinrich Mann, Emil Ludwig, Lion Feuchtwanger, Fritz von Unruh, Annette Kolb, Rudolf Hilferding, Max Braun und Karl Spiecker. In einem Brief vom 6.1.1938 fragte

Thomas Mann Hugo Simon, in welcher Form die „lose Vereinigung eigentlich aktiv werden" solle und wie sie sich personell zusammensetze. In einem weiteren Brief (18.1.1938) bat er ihn dann um Aufnahme „in den Kreis der Freunde" und hoffte, „kein ganz unnützes Mitglied" zu sein. – Über die Pläne Hugo Simons schreibt René Schickele am 28.12.1937 an Annette Kolb:

Mit Hugo und Trude assen, pardon: speisten wir bei Raynaud, gut und nicht zu teuer. Das Ergebnis war geistig eher ärmlich – wie übrigens immer, wenn H. darauf besteht, Original„ideen" zu haben. Bitte, frage ihn ja nicht nach diesen „Ideen" – das ist vorläufig noch ein Geheimnis, und ich kann Dir versichern, que tu ne perds rien en les ignorant. Vielleicht sehe ich ihn nochmals, wobei leider wieder von grossen Umsturz-plänen und Stürmen im (Pariser Emigranten-)Wasserglas, vielmehr Tintenfass die Rede sein wird. Je t'en prie, ne demande pas. C'est trop bête, und er würde schliesslich gar meinen, ich hätte ihn verraten. Übrigens halte ich seine Position für sehr erschüt-tert.

6 *Durchschlag seines Briefes:* Nicht erhalten.
7 *Ihrer Antwort:* Vermutlich Thomas Manns Brief an Hugo Simon vom 6.1.1938.
8 *Otto Klepper* (1888–1957): Jurist und Bankfachmann. War von 1931–1932 preußi-scher Finanzminister der Regierung Otto Braun, die am 20.7.1932 vom damaligen Reichskanzler Franz von Papen durch eine Notverordnung gestürzt wurde. Entkam 1933 der Verhaftung durch Flucht nach Frankreich, war bis 1935 Berater des chine-sischen Finanzministers in Nanking und Shanghai, dann in den Vereinigten Staaten, 1937–1942 in Paris, später Rechtsanwalt in Mexiko, seit 1948 wieder in Deutsch-land.
9 *Erich Ludendorff* (1865–1937): Preußischer General. War 1916 für die Kriegsführung zu Lande verantwortlich. Schrieb ‚Meine Kriegserinnerungen', Berlin 1919.
10 *Willi Münzenberg* (1889–1940): Kommunistischer Publizist und Verleger. War seit 1924 Mitglied des Reichstags, leitete den Propaganda-Apparat der KPD, gründete 1924 in Berlin den ‚Neuen Deutschen Verlag', der mehrere kommunistische Zeitungen und Zeitschriften herausgab. Er emigrierte 1933 nach Paris, wo er den Verlag ‚Editions du Carrefour' gründete, der mit der Veröffentlichung mehrerer sogenannter ‚Braun-bücher' eine weltweite Propaganda gegen das NS-Regime betrieb. Er gab 1936 den Anstoß zur Bildung eines deutschen Volksfront-Ausschusses in Paris, zu dessen füh-renden Persönlichkeiten Heinrich Mann gehörte, und wurde 1937 wegen seiner Kritik an Stalin aus der KPD ausgeschlossen. 1938 gründete er den Verlag ‚Editions Sebastian Brant', in dem er die Zeitschrift ‚Die Zukunft' herausgab. Er wurde nach dem Ein-marsch der deutschen Truppen in Frankreich am 21.10.1940 im Departement Isère tot aufgefunden, vermutlich ermordet.
11 *Georg Bernhard:* Siehe René Schickeles Brief vom 18.11.1933, Anm. 14.
12 *ein zweiter 9. November:* Im November 1918 kam es im Deutschen Reich und in Österreich-Ungarn zur sogenannten Novemberrevolution, durch die die Monarchien beseitigt und der Übergang zur parlamentarisch-demokratischen Republik eingeleitet wurde. Ursachen der Revolution waren die langjährige Verweigerung innerer, beson-ders verfassungsrechtlicher Reformen, ferner die wachsende Radikalisierung der Arbeiterschaft infolge der Not des Krieges. Ausgelöst wurde die Novemberrevolution im Deutschen Reich durch eine Meuterei der Hochseeflotte, einen Matrosenaufstand in Kiel und die schnelle Ausbreitung von Unruhen in Großstädten. Am 7./8.11.1918

rief Kurt Eisner in München die ‚demokratische und soziale Republik Bayern‘ aus. In Berlin kam es am 9.11.1918 zum Generalstreik und zu großen Demonstrationen. Reichskanzler Prinz Max von Baden suchte, im Einvernehmen mit dem Sozialdemokraten Friedrich Ebert, die Revolution aufzuhalten, indem er Kaiser Wilhelm II. die Abdankung nahelegte. Da die Abdankungserklärung des Kaisers ausblieb, gab Prinz Max den Thronverzicht am 9.11.1918 mittags eigenmächtig bekannt und übergab Ebert das Reichskanzleramt. Ohne dessen Kenntnis rief Philipp Scheidemann um 14 Uhr im Reichstag die ‚deutsche Republik‘ aus. Zwei Stunden später proklamierte Karl Liebknecht im Berliner Schloß eine ‚freie sozialistische Republik‘. Der Kaiser begab sich in die Niederlande. Danach entsagten alle regierenden deutschen Fürsten widerstandslos ihren Thronen. – Siehe auch René Schickele, ‚Der neunte November‘, in: René Schickele, ‚Werke in drei Bänden‘, hrsg. von Hermann Kesten unter Mitarbeit von Anna Schickele, Köln, Berlin: Kiepenheuer & Witsch 1959, Bd. 3, S. 459–490.

13 *„Hyperion“:* Friedrich Hölderlin, ‚Hyperion oder Der Emerit in Griechenland‘, 2 Bände, Tübingen: Cotta 1797–1799.

14 *„Zarathustra“:* Friedrich Nietzsche, ‚Also sprach Zarathustra. Ein Buch für Alle und Keinen‘, 4 Teile, Chemnitz: Schmeitzner (1–3), Leipzig: Schmeitzner 1883–1885.

15 *Schulaufsatz des Siebzehnjährigen:* Friedrich Nietzsche, ‚Autobiographisches aus den Jahren 1856 bis 1869‘, Brief an meinen Freund, in dem ich ihm meinen Lieblingsdichter zum Lesen empfehle, 19.10.1861, in: Friedrich Nietzsche, Werke in drei Bänden, hrsg. von Karl Schlechta, München: Hanser 1963–1966, Bd. 3, S. 95–98.

128 16 *Verse:* Friedrich Hölderlin, ‚Lebenslauf‘, Gedicht.

27.1.1938 Thomas Mann an René Schickele, hs. Br.

1 *préface:* Thomas Mann ‚René Schickele Ecrivain Français de la Langue Allemande‘, in: Les Nouvelles Littéraires, Paris, 14.1.1939; ‚Préface‘, in: René Schickele, ‚La Veuve Bosca‘, Roman, traduit par E. Alfandari-Botton avec la collaboration de M. Behr et. M. Muller, préface de Thomas Mann traduite par Maxime Alexandre, Paris: Editions de la Nouvelle Revue Critique 1939 (Tours d’horizon 21). Vgl. hierzu René Schickeles Brief an Thomas Mann vom 6.1.1938.

2 *amerikanischen lectures:* Der Vortrag ‚Vom zukünftigen Sieg der Demokratie‘ (‚The Coming Victory of Democracy‘), den Thomas Mann vom 21.11.–10.12.1937 für seine Frühjahrstournee durch die Vereinigten Staaten vorbereitet hatte.

3 *Schopenhauer-Aufsatz:* Es handelt sich um die Einleitung zur amerikanischen Schopenhauer-Auswahl ‚The Living Thoughts of Schopenhauer‘, selected from ‚The World as Will and Idea‘, presented by Thomas Mann, translation of the introductory essay by Helen Tracy Lowe-Porter, the selections are from the translation by R. B. Haldane and J. Kemp, New York, Toronto: Longmans, Green & Co. 1939 (The Living Thoughts Library). Die ursprüngliche Einleitung, an der Thomas Mann von Januar bis Mai 1938 arbeitete, wuchs sich zu einem großen Essay aus, der für die amerikanische Publikation gekürzt werden mußte. Der ungekürzte Essay ‚Schopenhauer‘ erschien 1938 im Bermann-Fischer Verlag, Stockholm.

129 4 *Übersetzung:* Die Übersetzung von Thomas Manns Vorwort zur französischen Ausgabe ‚La Veuve Bosca‘, ‚René Schickele Ecrivain Français de la Langue Allemande‘, besorgte Maxime Alexandre.

5 *seit 3 Wochen hier:* In der Zeit vom 10.–31.1.1938 verbrachten Thomas Mann und seine Frau – zeitweise zusammen mit ihren Kindern Elisabeth, Golo und Michael –

Winterferien in Arosa, Neues Waldhotel. Im Tagebuch schreibt Thomas Mann am 11.1.1938:

„Ununterbrochenheit", Unmittelbarkeit des Wiederanschlusses an das gewohnte Milieu, ganz als sei man nie weggewesen. Das Hotel wie immer. Begrüßung mit Concierge u. Personal. Dr. Richter, der uns auf die gewohnten Zimmer im III. Stock begleitet, aus denen wir „eben" ausgezogen u. in denen wir uns nun zur Wiederholung (die etwas variiert sein, andere Inhalte haben wird) wieder einrichten. Bequemlichkeit, Platz, praktische Behaglichkeit. Freude an der Wiederaufnahme dieser Lebensform bis zur Bewegtheit. (TB 11.1.1938)

6 *unser Schiff von Cherbourg:* Am 16.2.1938 traten Thomas Mann und seine Frau auf der R.M.S. „Queen Mary" in Cherbourg ihre vierte Reise in die Vereinigten Staaten an. Siehe hierzu Thomas Manns Brief vom 30.9.1937, Anm. 13.

7 *Brief:* René Schickeles Brief vom 9.1.1938.

8 *mein politischer Vortrag:* Der Vortrag ‚The Coming Victory of Democracy', den Thomas Mann auf seiner vierten Reise in die Vereinigten Staaten im Frühjahr 1938 in mehreren amerikanischen Städten hielt. Siehe hierzu Thomas Manns Brief vom 30.9.1937, Anm. 13.

15.7.1938 Thomas Mann an René Schickele, hs.Br.

1 *Ihre guten Zeilen:* Brief ist nicht erhalten. Im Tagebuch vom 14.7.1938 schreibt Thomas Mann: „Heute kurzer Brief von Schickele, der ein Ekzem am Schreibfinger bekommt, wenn er zu arbeiten versucht."

2 *Jamestown, Rhode Island:* Auf seiner vierten Reise in die Vereinigten Staaten weilte Thomas Mann vom 22.5.–21.6.1938 zur Erholung in einem Landhaus in Jamestown, Rhode Island, das ihm Caroline Newton zur Verfügung gestellt hatte. Hier konnte er am 6.6.1938 seinen 63. Geburtstag feiern. Hier rang er sich zum Entschluß durch, trotz der unsicheren Weltlage nochmals nach Europa zu fahren, um den Küsnachter Haushalt aufzulösen und die Herausgabe von „Maß und Wert" zu regeln:

Unsicherheit unseres Verbleibens Anfang Juli, wenn die Besitzerin hier einziehen sollte. Zusammenleben mit ihr kaum vorstellbar. Die nächsten Wochen gesichert, aber unterbrochen durch die Degree-Besuche in New York und Yale […]. (TB 24.5.1938)
Nicht recht wohl; erneute Zweifel an der Richtigkeit unseres Tuns. Wäre uns nicht, trotz dem drohenden Kriege, an den ich nicht glaube, wohler in Küsnacht? Neuer Brief von Fleischmann über die Erregung und Hetze in der Tschechoslowakei wegen meiner Einwanderung hier trägt zur Verstimmung bei. (TB 27.5.1938)
Ich schrieb an Frank, wobei zum ersten Mal die tagüber wiederholt mit K. besprochene Möglichkeit erwähnte, daß wir doch am 24. nach dem Yale Besuch, mit der „Statendam", noch für 2 Monate nach Europa und in die Schweiz fahren. Unser Nicht recht wohin wissen für Juli-August und die beruhigtere Lage drüben legen diesen Gedanken nahe. – *Den Brief an President Dodd diktiert,* worin ich die Berufung nach Princeton annehme. Danach Abend-Spaziergang mit K., wobei erneute Erörterung der Reise-Frage. (TB 28.5.1938)
[…] dabei aus der Zeitung über die Lage gehört, deren Problematik mich doch wieder

an der Möglichkeit der Europa-Fahrt zweifeln ließ. Die Wahlerfolge der sudetendeutschen Partei geben ein mächtiges Propagandamittel. Mit meiner Vernunft kann ich an den Krieg nicht glauben, weil niemand ihn will. Aber dieselbe Vernunft sagt mir, daß weder die Auflösung der Tschechoslowakei noch die Herabsetzung Frankreichs auf den Rang Spaniens ohne Krieg denkbar ist. In Frankreich Mahnungen zur Bereitschaft durch Pétain und Lebrun. (TB 30.5.1938)
Danach Studium der Zeitung. Trotz allem, der Krieg ist vorläufig unwahrscheinlich. Hitler *kann* keinen führen. Auch wird man die Tschechen zu äußersten Zugeständnissen bestimmen nach Henleins Wahlerfolgen. Ich glaube, daß wir reisen können. K. wird das Reiseamt aufsuchen. (TB 31.5.1938)
Luxus-Kabine auf „Statendam" wurde fest bestellt. Sonderbar heiterer und nicht leicht zu fassender Gedanke, nun dennoch in die Schiedhaldenstraße wieder einzufahren, wo alle sechs Kinder versammelt sind. Noch immer kann die Politik ihn wieder zerstören. (TB 7.6.1938)
In den Times Bericht über Hitlers Grundsteinlegung zum auf 25 Jahre berechneten Neubau Berlins, das alsdann die Hauptstadt und Pilgerstätte Europas, zum mindesten, sein soll. Die 25 Milliarden Kosten werden die zukünftigen Touristen bezahlen. Desto beruhigter können wir nach Europa fahren. (TB 15.6.1938)

3 „*Oesterreich*": Auf dem Obersalzberg bei Berchtesgaden verlangte Hitler am 12.2.1938 von Österreichs Bundeskanzler Kurt von Schuschnigg die bedingungslose Erfüllung aller Punkte des Vertrages vom 11.7.1936, vor allem die Amnestie für die in Österreich inhaftierten Nationalsozialisten. Am 16.2.1938 bildete Schuschnigg die Regierung um und ernannte den „Großdeutschen" Arthur Seyß-Inquart zum Innenminister. Am 11.3.1938 dann gab Schuschnigg seinen unter deutschem Druck erzwungenen Rücktritt bekannt. Bereits am 12.3.1938 marschierte die deutsche Wehrmacht in Österreich ein, und am 13.3.1938 wurde das Gesetz über die Wiedervereinigung Österreichs mit dem Deutschen Reich verkündet.

4 *Philadelphia:* In Philadelphia hielt Thomas Mann am 11.3.1938 im Rahmen seiner Frühjahrstournee durch mehrere amerikanische Städte den Vortrag ‚Vom zukünftigen Sieg der Demokratie' (siehe Thomas Manns Brief vom 30.9.1937, Anm. 13). Im Tagebuch notiert Thomas Mann seine Empörung über die Vorgänge in Österreich:

Beim Interview überrumpelnde und niederschlagende Nachrichten über die Gewalttat an Österreich. Depression, Erregung. Änderung des Anfangs der lecture. (TB 12.3.1938)
Nachmittags keine Ruhe. Stand auf und ging zu den Frauen hinüber. Erörterungen. Zustand erinnert an 33, verstärkt, vergrößert, aber mit Vorzügen. (TB 14.3.1938)
Erika, dazukommend, berichtet von der Rede Hulls, die sie am Radio gehört, und die sehr feierlich entschiedenen Charakters gewesen sein soll. Rafft die Welt sich auf? Krise des englischen Kabinets. Wer rettet aber Schuschnigg, der schamloser Weise in Deutschland vor Gericht gestellt werden soll? – Gequält nachmittags von Gram und Haß. Käme der Krieg! Ecrasez l'infâme! Befreiung von diesem Alp des Ekels! Man erstickt. (TB 17.3.1938)
Beim Thee von der vorläufigen Rückkehr nach Küsnacht gesprochen. Auflösung des Haushalts, Ausfolgung der Bibliothek. (TB 19.3.1938)
Im Zuge Zeitung. Inangriffnahme der Tschechoslowakei. Forderung Kündigung des russischen Bündnisses und Anschluß an „Deutschland". Konnte garnicht anders kom-

men. Schwachköpfe, die nicht sahen, daß, wenn man Österreich zuließ, kein halten war. Das großdeutsche 100 Millionen Reich kommt gewalttätig zustande. Welcher Triumph der Gewalt-Majestät! Welche Folgen für das europäische Denken! Aber welche Rolle auch wieder werden die Deutschen in der Welt, vor der Gesittung spielen! Kein Herz, kein Kopf, kein Wille auf der anderen Seite, niemand, der auch nur ein starkes und gutes Wort fände. Die wüsteste Demoralisation durch Deutschland. Fürchterliches Bombardement Barcelonas durch deutsche und italien. Flugzeuge, entsetzlicher Effekt der neuen deutschen Brisanzbomben. – Nach der Annahme des polnischen Ultimatums durch Litauen: Juden-Pogrom in Warschau, verübt von dem enttäuschten Mob. – Gram und Sorge, Gedanke an mein Schreiben, Frage nach meiner Leserschaft. –

[...] Aber ob Krieg oder nicht, daß wir überhaupt noch einmal in die Schweiz zurückkehren, scheint immer unrätlicher. Geht es so weiter, wird dem Scheusal bald nichts mehr unmöglich sein. Plan, daß Erika allein nach Europa fährt, den Haushalt auflöst, die Situation der Kinder ordnet und den Transport leitet. Doch ist der Lauf der Dinge in den nächsten Wochen abzuwarten. – Diese Reise könnte, namentlich dank Erika, trotz aller Anstrengungen heiter sein, ohne den grauenerregenden politischen Hintergrund. Mutmaßlich ist es wieder ein Glück, daß wir draußen sind. Zu vertrauen, daß der individuelle Charakter meines Lebens stets wieder durchschlägt. Auch die Aufrechterhaltung eines deutschen Geisteslebens meines Gepräges wird so oder so möglich sein, etwa durch die Eröffnung eines deutschen Verlages durch Knopf. (TB 20.3.1938)

Keine neuen politischen Nachrichten. Die Rede Chamberlains hat heute wohl schon stattgefunden und das Schicksal Mitteleuropas wird besiegelt sein. Beginnende Gleichgültigkeit gegen das alles [...]. Krieg unwahrscheinlich. Ob Rückkehr in die Schweiz oder nicht bleibt abhängig von dem Gesicht der Dinge in einigen Wochen. (TB 24.3.1938)

5 „*Lecturer in the humanities*": Im Mai 1938, während seines vierten Amerika-Aufenthaltes, wurde Thomas Mann von der Princeton University eine Ehrenprofessur angeboten, die ihn für ein Jahr zu vier Vorlesungen, bei einem Gehalt von 6000 Dollars, verpflichtete. Das Angebot kam auf Anfrage und Unterstützung von Agnes E. Meyer zustande. In einem Brief vom 27.5.1938 an den Präsidenten der Princeton University, Harold Willis Dodds, nahm Thomas Mann die ehrenvolle Berufung an:

Jamestown, Rhode Island
27.V.38

Lieber Herr Präsident:
Verzeihen Sie, wenn ich Ihren freundlichen Brief vom 21. des Monats auf deutsch beantworte; ich muß doch fürchten, durch mein Englisch noch Ihre Augen und Ohren zu beleidigen.
Ihr Schreiben kam mit einiger Verspätung in meine Hände; dazu aber werden Sie verstehen, daß ich mir einige Tage Bedenkzeit genommen habe für Ihre gütigen Vorschläge: es geschah gewissenhafter Weise. Im Grunde aber stand von vornherein so gut wie fest, daß ich sie annehmen würde. Denn sie sind ganz das, was ich mir gewünscht hatte, und schon die Ehre, die mir durch die einhellige Zustimmung der von Ihnen befragten Fakultätsmitglieder erwiesen wurde, mußte mich zu dankbarer Annahme bestimmen.

Ich heiße Ihre Vorschläge also gut und bin der Ihre. Lassen Sie mich wiederholen, auf welche Voraussetzungen für das kommende Studienjahr unser Verhältnis gegründet sein wird. Ich werde mit den Meinen im Herbst meinen Wohnsitz in Princeton nehmen. In dem Rahmen der Vortrags-Serie über literarische Meisterwerke werde ich den Vortrag über Goethes Faust halten. Wenn ich ferner bei den Beratungen über diese Conferenzen mit meinem Rat dienlich sein kann, so soll mich das besonders freuen. Ich werde außerdem im Lauf des Studienjahres drei öffentliche Vorlesungen halten, über deren Gegenstände ich mir auch schon ziemlich im klaren bin. Dies sind die bescheidenen Leistungen, die ich werde bieten können, bei deren Darbietung ich aber mein Bestes einzusetzen entschlossen bin.

Wenn Sie die Güte haben würden, mir gelegentlich mitzuteilen, zu welchem Zeitpunkt das Semester beginnt, wäre ich Ihnen recht dankbar, da ich für die nächsten Monate Dispositionen treffen muß und natürlich rechtzeitig zur Stelle sein möchte. Ich sehe dem Leben an Ihrer Universität und der Zusammenarbeit mit ihren hervorragenden Geistern mit Freude entgegen und begrüße Sie, verehrter Herr Präsident,

als Ihr ergebener
Thomas Mann

130   6 *Vortrag über „Faust":* Thomas Manns Vortrag ‚Über Goethes Faust', der erste, den er als „Lecturer in the Humanities" am 28./29.11.1938 an der Princeton University hielt.

    7 *lecture tour:* Vortragsreise mit ‚Vom zukünftigen Sieg der Demokratie' (‚The Coming Victory of Democracy'). Sie führte Thomas Mann – in Begleitung seiner Frau Katia und der Tochter Erika – durch insgesamt 15 amerikanische Städte. Siehe dazu Thomas Manns Brief vom 30.9.1937, Anm. 13.

    8 *Schopenhauer-Aufsatz:* Thomas Mann, ‚Schopenhauer' (Einleitung), in: ‚The Living Thoughts of Schopenhauer', presented by Thomas Mann, New York, Toronto: Longmans, Green & Co. 1939 (The Living Thoughts Library). Thomas Mann arbeitete an dieser Einleitung in New York noch vom 14.–18.5.1938.

    9 *in Jamestown „Lotte in Weimar":* In Jamestown, Rhode Island, nahm Thomas Mann seine Arbeit an ‚Lotte in Weimar' am 26.5.1938 wieder auf.

  10 *Adelens Erzählung:* Thomas Mann, ‚Lotte in Weimar', Fünftes Kapitel: Adeles Erzählung, in: Maß und Wert, Zürich, Mai/Juni 1938, Jg. 1, H. 5, S. 667–697, und Juli/August 1938, Jg. 1, H. 6, S. 827–856.

  11 *Gespräch mit August v. G.:* Thomas Mann, ‚Lotte in Weimar', Sechstes Kapitel: Lottes Gespräch mit August von Goethe (II, 558–617).

  12 *der Alte:* Thomas Mann, ‚Lotte in Weimar', Das siebente Kapitel: Der Monolog (II, 617–696).

  13 *Arrangement:* Siehe hierzu Brief von Gottfried Bermann Fischer und Fritz Landshoff an Thomas Mann vom 8.6.1938:

Amsterdam, den 8. Juni 1938

Lieber Herr Doktor Mann,
wir telegrafierten Ihnen gestern gemeinsam:

„Weitgehende Zusammenarbeit unter Beibehaltung bisheriger Firmennamen in Europa in gemeinsamer Firma in Amerika im Sinne Ihres Vorschlags und Landshoffs Vereinbarungen in New York abgeschlossen. Brief folgt. Gruß Bermann Fischer Landshoff."

Folgendes ist zwischen den Verlagen de Lange, Querido und Bermann-Fischer vereinbart worden:

Die Verlage behalten ihre bisherige Selbständigkeit; der Bermann-Fischer Verlag arbeitet in Zukunft unter seinem bisherigen Namen in Zusammenarbeit mit Bonniers, Stockholm.

Die drei Verlage haben eine sehr weitgehende Interessengemeinschaft durch Zusammenlegung des gesamten Vertriebsapparates für Europa geschaffen, die sich auch auf gemeinsame Propaganda erstreckt.

In Amerika beteiligen sich alle drei Verlage an der Kombination mit Longmans Green, d.h. die Auslieferung erfolgt durch diese neue Firma für Nord- und Südamerika etc.

Die drei Verlage liefern von dieser Firma und den Verlagen gemeinschaftlich ausgewählte Bücher mit dem Imprint der neuen amerikanischen Firma, die in besonderer Weise vertrieben werden (evtl. durch Buchgemeinschaft), und schließlich veranstalten die drei Verlage gemeinschaftlich eine billige Serie bereits erschienener Bücher zum Preis von etwa hfl. 1.20 (in der Art der Albatrosbücherei).

Durch diese Vereinbarung ist ein gemeinschaftliches Vorgehen auf dem gesamten deutschsprachigen Absatzmarkt erreicht unter Aufrechterhaltung der Individualität der Verlage.

Bei diesen Vereinbarungen setzen wir voraus, daß Ihre Produktion in Europa im Bermann-Fischer Verlag erscheint, während sie in Amerika durch den Bermann-Fischer Verlag in der gemeinsamen Firma bei Longmans Green herausgebracht wird.

Mit besten Grüßen

Bermann Fischer
Landshoff

Siehe auch Thomas Manns Briefe an Gottfried Bermann Fischer vom 8.4.1938, 15.4.1938, 11.5.1938, 18.5.1938, 24.6.1938, 10.7.1938, 14.7.1938 und Gottfried Bermann Fischers Briefe an Thomas Mann vom 26.4.1938, 29.4.1938, Mai 1938, 17.5.1938, 7.6.1938, 29.6.1938, 1.7.1938, 12.7.1938.

14 *von Ihren [...] französischen Erfolgen:* Thomas Mann bezieht sich hier wahrscheinlich auf die verschiedenen positiven Kritiken zu René Schickeles ‚Le Retour. Souvenirs inédits‘, das im April 1938 im Verlag Fayard, Paris, erschienen war. Vgl. hierzu René Schickeles Briefe an Annette Kolb vom 3.4.1938, 26.4.1938 und 7.6.1938:

Ich arbeite. Fast zuviel in Anbetracht meiner Gesundheit. Was ich für das sogenannte „Kinderbuch" geschrieben hatte, bleibt für eine erweiterte Buchausgabe von „Le Retour" reserviert, und ich habe etwas neues angefangen, das gut fortschreitet.
Sabatier schrieb, eine Buchausgabe von „Le Retour" sei in absehbarer Zeit unmöglich. Erst müsse ein neues Buch kommen. Er hat recht.
Ich hörte, im „Figaro" habe ein Artikel über „Le Retour" gestanden. Da Du abonniert bist, hast Du ihn vielleicht. Bitte, schicke ihn mir.
Jaloux schrieb recht freundlich in den letzten „Nouvelles Littéraires". Leider hat er offensichtlich nur den Anfang gelesen – kein Wunder, wenn er rund 200 Bücher im Jahr besprechen muss. Ob es was taugt oder nicht – „Le Retour" ist *viel* mehr als ein „retour à la *langue* française". (3.4.1938)
In den „N. Littéraires" hat auch Robert de Traz den „Retour" „admirable" genannt –

fast in jeder Nummer stand was. Die Plattform ist da, Du hast recht, nun müsste man sich dranhalten. Gestern kam Theodor Wolff herauf, ganz ausser sich vor Entzücken über die „Freundin Lo", die ihm zufällig in die Hände gefallen war, und die er noch nicht kannte. Er versteht nicht, warum dies so „pariserische Buch" nicht längst übersetzt ist... Ich auch nicht. Jetzt, da das Eis gebrochen scheint, wird es vielleicht gehn. Sabatier hat die „Lo". *Ich gebe mein nächstes französisches Buch nur dem, der auch meine Übersetzungen bringt.* (7.6.1938)

Siehe auch René Schickeles Brief von Ostern 1937, Anm. 13.

15 *dritten Joseph:* Thomas Mann, ‚Joseph en Egypte', Roman (Joseph et ses Frères III), traduit de l'allemand par Louise Servicen, Paris: Gallimard 1938 (Edition de la ‚Nouvelle Revue Française'). Siehe Thomas Manns Briefe an Louise Servicen vom 10.8.1938 und 2.1.1939.

16 *„Du hast es besser"?:* Johann Wolfgang von Goethe, ‚Zahme Xenien VII' (1, 333):

Amerika, du hast es besser
Als unser Kontinent, der alte,
Hast keine verfallene Schlösser
Und keine Basalte.
Dich stört nicht im Innern,
Zu lebendiger Zeit,
Unnützes Erinnern
Und vergeblicher Streit.

31.12.1938 Thomas Mann an René Schickele, hs.Br.

131 1 *Münchener Frieden:* Das am 29.9.1938 in München zwischen Hitler, Arthur Neville Chamberlain, Edouard Daladier und Mussolini geschlossene Münchener Abkommen zur Lösung der deutsch-tschechoslowakischen Krise. Es setzte die Bedingungen und Modalitäten der Abtretung der sudetendeutschen Gebiete an das Deutsche Reich fest.

2 *hier:* Thomas Mann und seine Frau Katia waren im September 1938 definitiv nach Amerika ausgewandert. Sie waren am 14.9.1938 von Küsnacht abgereist, hatten sich am 17.9.1938 in Boulogne auf der „Nieuw Amsterdam" eingeschifft, waren am 24.9.1938 in New York eingetroffen und schließlich am 28.9.1938 in das Haus in Princeton, The Mitford House, 65 Stockton Street, eingezogen. Über den Einzug schreibt Thomas Mann im Tagebuch vom 29.9.1938:

Ankunft Princeton. Auffinden des Hauses Stocktonstreet 65, Ecke Library Place. Lucy und ihr John, magerer Nigger, der Kleider, Bücher und Wäsche ausgepackt hatte. Einteilungs-Prüfungen. Ungewißheit des Arbeitszimmers. Vorläufige Installierung. Sehr müde und ergriffen. Selbstverständlich höchst unfertiger und chaotischer Zustand. Saß längere Zeit in einem der beiden Veranda-Zimmer u. las die deutschen Zeitschriften. Post-Haufen zu öffnen und zu sichten begonnen. Auch einer und der andere Schmähbrief. Hatten Thee in der Veranda. Ging gegen Abend mit K. einige Schritte aus u. kaufte Cigaretten. Abendessen zu dritt mit Medi in dem gegen Küsnacht sehr geräumigen u. repräsentativen Eßzimmer. Luxuriöse Bedienung, Caretaker extra für Heizung und Garten. Waschfrau. – Haus nicht im besten Zustand, viele Lampen nicht funktionierend, Mangel an Kontakten, Mängel da u. dort... Nach dem Essen

Fortsetzung der Brieföffnung. Verstärkung meiner Erkältung, Husten. Schlafzimmer recht hübsch. Bei Zeiten, übermüdet, zur Ruhe; nur ein paar Seiten in Musils intellektuellem Buch.

3 *Vorwort zu dem Büchlein „Achtung, Europa!":* Thomas Mann schrieb vom 5.–18.10.1938 den Essay ‚Dieser Friede'. Er erschien als Sonderausgabe, Thomas Mann, ‚Dieser Friede', Stockholm: Bermann-Fischer 1938, und unter dem Titel ‚Die Höhe des Augenblicks' als Vorwort zu der Sammlung politischer Essays ‚Achtung, Europa!', Aufsätze zur Zeit, New York: Longmans, Green & Co. Alliance Book Corporation 1938.

4 *seine Regierung an „München":* Frankreichs Beteiligung am „Münchener Abkommen" vom 29.9.1938 (siehe Anm. 1). Frankreich wäre als Bundesgenosse der Tschechoslowakei (Versailler Vertrag) verpflichtet gewesen, dem bedrohten Staate beizustehen; aber ohne die Hilfe Englands wäre es hierzu nicht in der Lage gewesen.

5 *Chamberlain:* Großbritannien trat mit verschiedenen Vermittlungsversuchen zwischen Deutschland und der Tschechoslowakei hervor.

6 *Pogroms:* Das von den Nationalsozialisten in der Nacht vom 9. zum 10.11.1938 organisierte Pogrom gegen die jüdischen Bürger in Deutschland. Am 7.11.1938 erschoß Herschel Grynszpan in Paris den deutschen Botschaftssekretär Ernst vom Rath. Auf Initiative von Joseph Goebbels wurde dieses Attentat von den Nationalsozialisten dazu benützt, unter dem Deckmantel ‚spontaner Kundgebungen' in der Nacht vom 9. zum 10.11.1938 im gesamten Reichsgebiet Ausschreitungen gegen jüdische Kultstätten, Friedhöfe, Wohn- und Geschäftshäuser zu organisieren. Es wurden fast alle Synagogen und mehr als 7000 Geschäfte, darunter 29 Warenhäuser, zerstört. Im Verlauf des Pogroms fanden 91 Menschen den Tod. Den angerichteten Schaden mußten die deutschen Juden selbst tragen. Außerdem wurde ihnen eine kollektive Sondersteuer in Höhe von 1 Mrd. RM auferlegt. Mehr als 30 000 Juden wurden verhaftet und zeitweilig in ein Konzentrationslager eingeliefert, um sie zur Auswanderung zu drängen. Mit diesen organisierten Pogromen und den nachfolgenden Maßnahmen trat der Antisemitismus des nationalsozialistischen Staates in eine neue Phase ein, in der unter Verzicht auf rechtliche Begründungen direkte Aktionen zur Verdrängung und schließlich zur Vernichtung der jüdischen Bevölkerung eingeleitet wurden.

7 *„Lotte in Weimar":* Thomas Mann hatte am 30.7.1938 das sechste (August-)Kapitel des Romans beendet. Hierauf verfaßte er die Princetoner Vorlesung ‚Über Goethes Faust' (15.8.–4.10.1938) und den Essay ‚Dieser Friede' (5.–18.10.1938). Vom 19.–27.10.1938 bereitete er dann „Das siebente Kapitel" von ‚Lotte in Weimar' vor und begann am 28.10.1938 die ersten Zeilen zu schreiben.

8 *innerer Monolog des Alten:* Thomas Mann, ‚Lotte in Weimar', Roman, Das siebente Kapitel (II, 617–696).

9 *lecture:* Vom 7.3.–16.4.1939 befand sich Thomas Mann – zusammen mit seiner Frau Katia und der Tochter Erika – auf einer Lecture-Tour mit dem Vortrag ‚The Problem of Freedom'. Er las ihn u.a. in Boston, New York, Detroit, Cincinnati, Chicago, St. Louis, Fort Worth, Omaha, Seattle. Siehe hierzu Thomas Manns Tagebuch-Notizen vom 7.3.–16.4.1939.

10 *St. Simonismus:* Die erste französische Sozialisten-Schule, in der Nachfolge von Claude Henri de Rouvroy Comte de Saint-Simon von S.-A. Bazard (1791–1832) und Barthélemy Prosper Enfantin (1796–1864) gegründet. Der in entscheidenden Punkten von der Lehre Saint-Simons abweichende Saint-Simonismus stellte in den Mittelpunkt

die Kritik des Privateigentums an Produktionsmitteln, forderte die Abschaffung des Erbrechts, Überführung der Produktionsmittel an die Gesamtheit und ihre Verwaltung durch eine Zentralbank, die die Kapitalien nach den Fähigkeiten und Leistungen der einzelnen verteilt.

11 *Annette:* Aus dem Antwortbrief Annette Kolbs an Thomas Mann vom 20. 1. 1939 geht hervor, daß Thomas Mann Annette Kolb zum Jahreswechsel 1938/39 seine Essaysammlung ‚Achtung, Europa!‘, Stockholm 1938, versehen mit einer Widmung, gesandt hat:

20. 1. 39
21 rue Casimir Périer

Lieber verehrtester Freund

Innigen Dank für Ihr Buch, die rührend schöne Widmung, diese goldenen vorerst in die Wüste ausgerufenen Worte. Was anderes ist heute Europa? Der Teufel selber verwaltet es und läßt nur Helfershelfer heran. „Dieser Friede“ wie Sie schrieben gewinnt ja täglich an schauerlicher Richtigkeit, viel mehr noch als man glaubte befürchten zu müssen. Legt man des Morgens die Zeitung weg faßt einem manchmal etwas wie Irrsinn an wie eine Flucht in die Krankheit! – Ich habe eben Ihren Schopenhauer gelesen. Er und Plato und William James und etwas Bergson sind ja die einzigen Philosophen, die ich las. Da kann ich Ihnen nicht sagen wie nah mir Ihre Ausführungen gingen. Klarer als er sich selber war, stellen Sie ihn hin und seine Lehre. Es ist gewiß das bleibendste was über ihn gesagt wurde durch die generöse Art ihm gerecht zu werden, bei so viel Überblick und Distanz. Es ist ein wundervolles Bild! Bild und Maler *unvergänglich*! –

Ich bin erst seit wenig Tagen von Vence zurück fand Schickele, wenn auch noch an seinem Asthma leidend, in bester Form, wie seit langem nicht. Indes wird er ja große Freude an dem Aufsatz in den Nouvelles Littéraires haben!! es geht wieder aufwärts mit ihm gottlob. Als ich ihn sah hatte er eben „Diesen Frieden“ gelesen, stand ganz unter dem Eindruck. So ging es auch Möring und Janin, nur ich klammerte mich an die Hoffnung, daß Sie vielleicht doch ein wenig zu schwarz sahen. Aber diese Hoffnung ist jetzt ganz dahin. Sie hatten in erschütternder Weise recht. Der Kurs wird beibehalten der uns ins Verderben rennen läßt. Man steht da, greift sich an den Kopf. Frau Zuckerkandl war gestern bei mir. Sie veröffentlicht bei Bermann ihre Memoiren die vom menschlichen Standpunkt hoch interessant sind. Ach was hat man an Oesterreich verbrochen. Aber es regt sich keine Hand es erhebt sich keine Stimme in Europa. Es zieht sich um das 3. Reich kein Ring des Entsetzens, sondern der Stille, keine Front der zivilisierten Völker, ganz im Gegenteil: das III Reich ist ein Magnet geworden für alle gemeinen Menschen und es vergemeinert sie. Aber so will ich nicht schließen. Daß Sie leben ist ein großer Trost nicht nur, es ist eine Zuflucht. Man kann Ihnen in dieser Hinsicht nicht alles sagen was man empfindet. Es wird Ihnen zu überschwänglich vorkommen.

Ich umarme Katia. Vielleicht kommt ein Wunder und wir sehen uns alle froher wieder als wir alle heute sind. Ich umarme auch Erica und bin immer Ihre,

Eure
Annette

Bei Ostertag sah ich gestern Ihren Schopenhauer in Buchform. Sind Sie zufrieden mit der Übersetzung? ich glaube daß das Buch hier reißend geht.

1 *meine kleinen Vorzeigungen:* Thomas Mann, ,Lotte in Weimar', Sechstes Kapitel: Lottes Gespräch mit August von Goethe, in: Maß und Wert, Zürich, März/April 1939, Jg. 2, H. 4, S. 453–503, und Thomas Mann, ,Bruder Hitler', in: Das Neue Tage-Buch, Paris, 25.3.1939, Jg. 7. H. 13, S. 306–309.

2 *Ihre Karte:* René Schickeles Karte ist nicht erhalten. Im Tagebuch vom 20.4.1939 notiert Thomas Mann: „Karte von Schickele über den Eindruck, den der Hitler-Aufsatz gemacht. ,Schon gelesen?'"

3 *Ihre Worte über Augusten:* Thomas Mann, ,Lotte in Weimar', Roman, Sechstes Kapitel (II, 558–617).

4 *Idee „fiebriger Steigerung" aus dem „Zauberberg":* Thomas Mann, ,Der Zauberberg', Roman, insbesondere das Kapitel „Schnee" (III, 647–688).

5 *im nächsten Kapitel:* Thomas Mann, ,Lotte in Weimar', Roman, Das siebente Kapitel (II, 617–696).

6 *Tage-Buch-Beitrag:* Thomas Mann, ,Bruder Hitler', in: Das Neue Tage-Buch, Paris, 25.3.1939, Jg. 7, H. 13, S. 306–309.

7 *englisch in „Esquire":* Thomas Mann, ,That man is my brother', in: Esquire, Chicago, March 1939, vol. 11, no. 3, p. 31, 132–133.

8 *Leopold Schwarzschild* (1891–1950): Publizist. Siehe René Schickeles Brief vom 18.11.1933, Anm. 16.

9 *vor einem Jahr in Californien:* Thomas Mann hatte den Aufsatz ,Bruder Hitler' vom 4.–21.4.1938 in Beverly Hills geschrieben – anläßlich seines vierten Amerika-Aufenthaltes (15.2.–6.7.1938).

10 *Spanien:* Erika und Klaus Mann hatten sich von Juni bis Mitte Juli 1938 in Spanien – Barcelona, Valencia und Madrid – aufgehalten, von wo sie über den Bürgerkrieg berichteten. Siehe dazu Klaus Mann, ,Der Wendepunkt', S. 438–441, und Klaus Manns Briefe an Hermann Hesse vom 2.7.1938 und an Ludwig Hatvany vom 14.7.1938.

11 *Message unseres Präsidenten:* Nach dem italienischen Überfall auf Albanien am 7.4.1939 richtete Präsident Roosevelt am 14.4.1939 eine Botschaft an Hitler und Mussolini, in der er anfragte, ob sie bereit seien, im Fall von dreißig namentlich genannten Ländern Nichtangriffs-Zusicherungen zu geben. Im Tagebuch notiert Thomas Mann dazu:

Gespräch der Stunde die Botschaft des Präsidenten an Hitler. Denkwürdiges Dokument, aber zweischneidig. Innenpolitischer Schachzug? Ist es klar, daß Hitler nicht Mitglied einer Friedenswelt sein kann? (TB 15.4.1939)

1 *November-Pogrome:* Siehe Thomas Manns Brief vom 31.12.1938, Anm. 6.

2 *Propaganda-Hetze gegen die Tschechoslowakei:* Siehe Thomas Manns Brief vom 31.12.1938, Anm. 1.

3 *das „Schwarze Corps":* ,Das schwarze Corps', in Berlin erscheinende Wochenzeitung und offizielles Organ der SS.

4 *Frank Kingdon* (1894–1972): Universitätsprofessor und Radio-Kommentator.   134 1936–1940 Präsident der Universität Newark. Chairman des International Rescue and

Relief Committee; New York Chairman des Committee to Defend America by Aiding the Allies; Chairman des Fight for Freedom Committee und des Committee for Care of European Children. Außerdem Mitbegründer des Emergency Rescue Committee. Stand in enger Verbindung mit Thomas Mann.

5 *Wilhelm (William) Dieterle* (1893–1972): Schauspieler und Regisseur. Ging 1910 zum Theater (Heilbronn, Mainz, Zürich, München, Berlin). Seit 1930 in Hollywood. 1955 wieder in Deutschland, seit 1961 künstlerischer Leiter der Hersfelder Festspiele. Danach in Triesen, Liechtenstein. Unter seinen Filmen: ‚Die Heilige und ihr Narr‘; ‚A Midsummer Night's Dream‘; ‚The Life of Emile Zola‘; ‚Dr. Ehrlich's Magic Bullet‘; ‚Portrait of Jennie‘.

6 *Bruno Frank* (1887–1945): Siehe René Schickeles Brief vom 22.3.1934, Anm. 8.

7 *James Franck* (1882–1964): Physiker. Bis 1933 am Kaiser Wilhelm-Institut, Berlin. Emigrierte in die USA; lehrte zunächst an der Johns Hopkins University, Baltimore; seit 1938 Professor für physikalische Chemie an der Universität Chicago. Nobelpreis 1925.

8 *Leonhard Frank* (1882–1961): Schriftsteller. Wollte ursprünglich Maler werden, ging deshalb 1904 nach München. Seit 1910 in Berlin. Emigrierte 1915 in die Schweiz. 1918 in München. 1920–1933 freier Schriftsteller in Berlin. Floh 1933 nach Zürich, 1937 nach Paris; wurde in Frankreich mehrmals interniert. 1940 Flucht nach Lissabon und in die USA (Hollywood, ab 1945 New York). 1950 Rückkehr nach München.

9 *Lotte Lehmann* (1888–1976): Lyrisch-dramatische Sängerin. 1910 am Hamburger Staatstheater, 1914–1938 an der Wiener Staatsoper, seit 1934 auch an der Metropolitan Opera, New York. Lehrte in Santa Barbara, Calif.

10 *Hermann Rauschning* (1887–1982): Publizist und Diplomat. Bis 1936 Präsident des Senats der Freien Stadt Danzig; galt zuerst als Vertrauensmann Hitlers, floh aber 1936 in die Schweiz; 1938 nach Frankreich, 1940 nach England, 1941 in die USA. Lebte seit 1948 als Farmer in Portland, Oregon. ‚Die Revolution des Nihilismus‘ (1938); ‚Gespräche mit Hitler‘ (1939); ‚Die Zeit des Deliriums‘ (1947). Mitarbeiter von ‚Maß und Wert‘.

11 *Max Reinhardt* (1873–1943): Theaterdirektor und Regisseur. Ursprünglich Schauspieler. 1905–1920 und 1924–1933 Direktor des Deutschen Theaters, der Kammerspiele und des Großen Schauspielhauses in Berlin, später des Josefstädtischen Theaters in Wien, zusammen mit Hugo von Hofmannsthal. Gründer der Salzburger Festspiele. Seit 1932 verheiratet mit der Schauspielerin Helene Thimig. Thomas Mann kannte ihn persönlich seit 1909. Reinhardt emigrierte 1938 nach den Vereinigten Staaten, wo er in Los Angeles eine Schauspielschule leitete. Siehe auch Thomas Mann, ‚Gedenkrede auf Max Reinhardt‘, 1943 (X, 490–495).

12 *Ludwig Renn*, eigentlich Arnold Friedrich Vieth von Golßenau (1889–1979): Schriftsteller. Verfasser des bekannten Romans ‚Krieg‘ (1928). Schloß sich 1928 der Kommunistischen Partei an. Nach dem Reichstagsbrand wegen Hochverrats zu zweieinhalb Jahren Zuchthaus verurteilt. Floh 1936, nach seiner Entlassung, in die Schweiz. Nahm am spanischen Bürgerkrieg teil. Emigrierte 1939 über Frankreich, England und die USA nach Mexiko. 1940 Professor für moderne europäische Geschichte an der Universität Morelia; Präsident der Bewegung ‚Freies Deutschland‘. Seit 1947 Professor für Anthropologie an der Technischen Hochschule in Dresden. Weitere Werke: ‚Vor großen Wandlungen‘, Roman (1936); ‚Adel im Untergang‘, Roman (1944).

13 *Erwin Schrödinger* (1887–1961): Physiker. Lehrte in Stuttgart, Breslau, Zürich. 1927

in Berlin als Nachfolger Plancks (Nobelpreis für Physik 1933). Emigrierte 1933 nach Oxford. 1936 in Graz. 1940 in Dublin, dann USA; seit 1956 in Wien.

14 *Paul Tillich* (1886–1965): Theologe. 1919 Privatdozent in Berlin. Lehrte in Marburg, Dresden, Frankfurt. Vertreter des „religiösen Sozialismus". Emigrierte 1933 nach den USA, Professor am Union Theological Seminary in New York. Seit 1955 an der Harvard Divinity School. Während der Vorarbeiten zum ‚Doktor Faustus' bat ihn Thomas Mann um eine Beschreibung des Theologiestudiums. Tillichs Antwort vom 23.5.1943 ist in den ‚Blättern der Thomas-Mann-Gesellschaft', Zürich 1965, Nr. 5, S. 48–52, abgedruckt.

15 *Fritz von Unruh* (1885–1970): Siehe Thomas Manns Brief vom 1.3.1935, Anm. 3.

16 *Arbeit:* Es handelt sich möglicherweise um ‚Kultur und Politik', erstmals unter dem Titel ‚Zwang zur Politik' in: ‚Das Neue Tage-Buch', Paris, 22.7.1939, Jg. 7, H. 30, S. 710–712 (XII, 853–861).

17 *„Nation":* Linksliberale, von Freda Kirchwey herausgegebene politisch-literarische New Yorker Wochenschrift, die Thomas Mann regelmäßig las und in der mehrfach Beiträge von ihm erschienen.

18 *„New Republic":* ‚The New Republic', bedeutende amerikanische linksliberale politisch-kulturelle Wochenschrift, erschien seit 1914 in New York.

23.5.1939   Thomas Mann an René Schickele, hs.Br.   135

1 *die Veuve:* René Schickele, ‚La Veuve Bosca', traduit par E. Alfandari-Botton avec la collaboration de M. Behr et M. Muller, préface de Thomas Mann traduite par Maxime Alexandre, Paris: Editions de la Nouvelle Revue Critique 1939 (Tours d'horizon 21).

2 *verdeutschte „Retour":* René Schickele, ‚Heimkehr', aus dem französischen Original übersetzt von Ferdinand Hardekopf, mit einem Vorwort von Hermann Kesten, Strasbourg: Brant 1939.

3 *„Maß u. Wert":* Zweimonatsschrift für freie deutsche Kultur, hrsg. von Thomas Mann und Konrad Falke, Zürich 1937–1940.

4 *„Heimkehr":* Siehe Anm. 2.

5 *die letzten Hefte:* Heft 3 von „Maß und Wert" vom Januar/Februar 1939 enthielt folgende Beiträge:

– Heinrich Mann, ‚Nietzsche'
– Jan Romein, ‚Dialektik des Fortschritts'
– Ferdinand Lion, ‚Alt- und Neuschöpfung im Kunstwerk II.
– ‚Zu Georg Kaisers 60. Geburtstag'
– Georg Kaiser, ‚Der Gärtner von Toulouse'
– Hermann Rauschning, ‚Die tödliche Schwäche des Reichs'

Glossen:
– ‚Notwendige Bemerkung'
– Arthur Rosenberg, ‚Zur Geschichte der politischen Emigration'
– Alfred Einstein, ‚Musikalisches'
– Rudolf Jakob Humm, ‚Gespräch zwischen Sokrates und Kallikles über die Zukunft der Helvetier'

Kritik

Heft 4 vom März/April 1939 brachte folgende Artikel:
– Jakob Wassermann, ‚Kindheits- und Jugenderinnerungen‘
– André Siegfried, , Die industrielle Revolution und ihre Rückwirkungen auf die Probleme unserer Zeit‘
– Thomas Mann, ‚Lotte in Weimar‘
– Moritz Beretz, ‚Shylock‘
– Johannes Wüsten, ‚In den Tagen des Menschensohns‘
– Albert Verwey, ‚Gedicht‘

Glossen:
– Annemarie Clark, ‚Nordamerikanisches‘
– Niklas Federmann, ‚Südamerikanisches‘

Kritik

6 *etwas Geld für die Sache:* Siehe dazu Thomas Manns Brief an Agnes E. Meyer vom 20.5.1939:

In Zürich wird die Fortsetzung von „Maß und Wert" zu besprechen sein. Die Lage ist so: Wenn wir mit einer Auflage von noch 2000 Exemplaren rechnen, so dürften die Druckkosten von 6 Nummern auf ca.12000 schw. Franken zu stehen kommen. Die Redaktion wird für das Jahr rund 3000 Franken kosten. Das Honorar für die Beiträge sollte, wenn irgend möglich, nicht vermindert werden – ich persönlich habe für die meinen auf Vergütung verzichtet. Vielleicht folgt noch ein oder der andere Autor meinem Beispiel; man könnte dann mit einem Honorardurchschnitt von 6 Franken pro Seite rechnen, also mit 1000 Franken pro Heft und 6000 pro Jahr. Rechnen wir etwa 3000 Franken für Unvorhergesehenes hinzu, so sind die Unkosten für den neuen Jahrgang rund 24000 schw. Franken, und wenn wir annehmen, daß die Hälfte davon an Eingängen abgeht, so bleibt ein Defizit von 12000 Franken, ungefähr 3000 Dollars. – Ich habe mich anheischig gemacht, 2000 davon hier aufzubringen; die restlichen 1000 würden *dann* aller Voraussicht nach von europäischer Seite beigesteuert werden. – Frage: Ist also jene große Seele, auf die zu hoffen Sie und Ihr lieber Mann mich ermutigt haben, bereit, mir den rettenden Check auf die 2000 zu überhändigen, daß ich ihn mit mir nach Europa nehmen kann? Meine reinliche Bilanz *muß* der großen Seele ja gefallen.

7 *Ferien-Schiff nach Europa:* Auf seiner ersten Europareise vom 6.6.–18.9.1939, mit Frau Katia und Erika Mann, hielt sich Thomas Mann vom 14.–15.6.1939 gemeinsam mit Heinrich Mann in Paris auf. Anschließend verbrachte er einige Ferienwochen (16.6.–5.8.1939) in Nordwijk aan Zee. Dort arbeitete er am achten Kapitel von ‚Lotte in Weimar‘. Am 5./6.8.1939 reiste er nach Zürich, Waldhaus Dolder (Weiterarbeit am ‚Lotte‘-Kapitel). London (18.–23.8.1939): Besuch bei seiner Tochter Monika und ihrem Gatten, dem Kunsthistoriker Jenö Lanyi. Dann nach Stockholm, wo Thomas Mann anläßlich des PEN-Kongresses den Vortrag ‚Das Problem der Freiheit‘ hätte halten sollen. Wegen des Einmarsches der deutschen Truppen in Polen (1.9.1939) reiste Thomas Mann vorzeitig, am 12.9.1939, von Southampton nach Princeton zurück. Siehe hierzu Thomas Manns Tagebuch-Notizen vom 6.6.–13.9.1939.

8 *Schweiz:* Thomas Mann weilte vom 6.–18.8.1939 in Zürich, Waldhaus Dolder. Am 9.8.1939 notiert er im Tagebuch:

Nach dem Thee Ausfahrt mit K. nach Küsnacht, die vertraute Strecke in die vertrautere Landschaft, der Wald, wo ich tausendmal gegangen, Johannisburg, Besuch bei Studer-Gujers, wo wir nur die Schwester trafen. Dann in die Schiedhaldenstraße. Wir fuhren den Wagen in die offene Garage, stiegen die verwachsenen Stufen hinauf. Die Steinplattform, wo ich saß, als die Möbel zum „Lift" hinuntergetragen wurden. Die Gartenterrasse vorm Eßraum, der Hecke beraubt. Einblick in die Wohnhalle mit einigen der bekannten Möbel; ins Eßzimmer. Aufblick zu meinem Arbeitszimmer, wo der dritte Band des Joseph, der Brief an den Dekan, der größte Teil von Lotte entstanden. Tiefe Bewegung, erschüttertes Lebensgedenken, Trauer und Schmerz...

9 *Schweden:* Siehe Anm. 7.
10 *Fertigstellung von „Lotte in Weimar":* In Nordwijk aan Zee, wo das Ehepaar Mann den größten Teil der Sommerferien verbrachte, beendete Thomas Mann zuerst das siebente Kapitel von ,Lotte in Weimar' und begann am 25.7.1939 das achte Kapitel zu schreiben. In Zürich führte er die Arbeit weiter. Er schloß das Kapitel am 8.10.1939 in Princeton ab und schrieb dann vom 12.–26.10.1939 das neunte und letzte Kapitel des Romans.

29.7.1939   Thomas Mann an René Schickele, hs. Br.   136
1 *Ihre Zeilen vom 15. und 25.:* Nicht erhalten.
2 *Georg Herwegh* (1817–1875): Politisch-revolutionärer Lyriker. Wurde 1837 nach der Aufgabe des Theologiestudiums in Stuttgart Mitarbeiter an August Lewalds ,Europa'. 1839 floh er wegen eines Streites in die Schweiz und veröffentlichte hier die ,Gedichte eines Lebendigen' (1841). Die schwungvoll-rhetorischen Verse hatten als Wegbereiter der Revolution stärkste Wirkung. Herwegh lebte von 1844–1848 in Paris, wo er nach der Revolution von 1848 als Führer der Deutschen auftrat. Danach wohnte er vornehmlich in Zürich und Liestal, seit 1866 in Baden-Baden. 1863 dichtete er das Lied ,Mann der Arbeit, aufgewacht!'. – In ,Maß und Wert' findet sich kein Beitrag René Schickeles über Georg Herwegh.
3 *„M.u.W.":* ,Maß und Wert', Zweimonatsschrift für freie deutsche Kultur, hrsg. von Thomas Mann und Konrad Falke, Zürich 1937–1940.
4 *Golo:* Golo Mann reiste im Juli 1939 nach Zürich, um – als Nachfolger von Ferdinand Lion – die Redaktion von ,Maß und Wert' zu übernehmen. Er besorgte die Redaktion des dritten Jahrganges, von Heft 1 (November/Dezember 1939) bis zur Einstellung der Zeitschrift mit Heft 5/6 (September/Oktober/November 1940).
5 *in ca 8 Tagen:* Thomas Mann reiste am 6.8.1939 von Nordwijk aan Zee nach Zürich. Er blieb bis zum 17.8.1939 dort.
6 *London:* Thomas Mann weilte vom 18.–23.8.1939 in London zu Besuch bei seiner Tochter Monika und ihrem Gatten Jenö Lanyi.
7 *Stockholm:* Siehe dazu Thomas Manns Brief vom 23.5.1939, Anm. 7.
8 *„Stockholmer Gesamtausgabe":* ,Stockholmer Gesamtausgabe der Werke von Thomas Mann', Stockholm: Bermann-Fischer 1939–1948. Die ,Stockholmer Gesamtausgabe' wurde im Herbst 1939 mit ,Lotte in Weimar' und mit der zweibändigen Ausgabe von ,Der Zauberberg' begonnen.
9 *New York:* Wegen des Einmarsches der deutschen Truppen in Polen mußte Thomas Mann seine Rückreisepläne ändern: Anstelle der geplanten Schiffsreise von Stockholm nach New York flog Thomas Mann bereits am 9.9.1939 von Malmö über Amsterdam

nach London und fuhr von dort mit dem Zug nach Southampton. Dort trat er am 12.9.1939 mit der S.S. ‚Washington‘ die Rückreise nach New York an. Im Tagebuch vom 19.9.1939 schreibt Thomas Mann über diese Schiffahrt:

Sechs eigentümlichste, gedehnte, schwer durchzuführende Tage im Menschengedränge auf der Washington bei ruhigem, gegen das Ende der Reise sehr schönem Wetter. Der schlimmste und schwerste Tag, trüb, schwühl, dunkel und naß, derjenige, an dem das Eingreifen Rußlands in Polen klar wurde, das allerdings korrigierte Gerücht von der Kriegserklärung Rußlands an England und Frankreich aufkam. Viel gelitten, aber, bei guten Mahlzeiten und unterstütztem Schlaf Phlegma und Vertrauen in das eigene Schicksal aufrecht erhalten – bei zunehmender Einsicht in die zeitliche und inhaltliche Unabsehbarkeit des begonnenen Prozesses, dessen Ende zu erleben ich nicht gewiß sein kann.
[...]
Heimkehr – eine Art davon. Amerika Schicksals- und Notheim vielleicht für den Rest meines Lebens; die Meinung, der „Krieg“ werde 10 Jahre dauern wird vielfach ausgesprochen. Vansittard, verbittert über die Fruchtlosigkeit seiner sechsjährigen Warnungen, hält dafür und sieht den Untergang der Civilisation. – Zurück im Hause nach 3 1/2 Monaten. Die Schweizer Uhr aufgezogen. Ausgepackt. Abendessen mit K. allein. Mrs. Shenston. Wir werden viel allein sein. Sehr müde. Allein im großen Schlafzimmer, das breite Bett mit der Daunendecke.
[...]
Was ich erwarte und erhoffe ist: Deutschland als Kriegsschauplatz beim Kampf zwischen Rußland u. dem Westen, kommunistische Revolution und Untergang Hitlers darin. Der Untergang des Regimes unter schwerer Heimsuchung des schuldigen Landes ist im Grunde alles, was ich wünsche.

Siehe hierzu auch Thomas Manns Brief an Heinrich Mann vom 26.11.1939.

10 *im Fall der Fälle:* Am 1.9.1939 brach mit dem Einmarsch der deutschen Truppen in Polen der Zweite Weltkrieg aus.

11 *Mynona:* Pseudonym für Salomo Friedlaender (1871–1946), philosophisch-satirischer Schriftsteller und Kritiker. Studierte zunächst Medizin, später Philosophie in München, Berlin und Jena. 1902 Dr. phil. Lebte bis 1933 als freier Schriftsteller in Berlin. Emigrierte dann nach Frankreich und war Mitarbeiter am ‚Pariser Tageblatt‘.

12 *Broschürenplan:* Ein Komitee unter der Leitung von Frank Kingdon sollte die Finanzierung eines Projektes übernehmen, das vorsah, im Lauf der nächsten zwölf Monate etwa 24 Broschüren, von Repräsentanten des deutschen Geistes im Ausland verfaßt, nach Deutschland einzuschleusen und so einen Kontakt zwischen dem deutschen Volk und den Exilierten herzustellen. Siehe auch Thomas Manns Brief an Heinrich Mann vom 14.5.1939.

13 *Bruno Frank:* Bruno Frank, ‚Botschaft an Deutschland‘. Siehe Thomas Manns Brief vom 18.5.1939.

14 *Gumpert:* Der Berliner Arzt und Schriftsteller Martin Gumpert (1897–1955) wanderte 1936 in die Vereinigten Staaten aus und war in New York eng mit Erika Mann befreundet. Thomas Mann hatte Gumpert 1935 in Zürich kennengelernt; in Amerika verband ihn eine wachsende Zuneigung mit dem „Hausfreund“. Er hat Gumpert in der Figur des Mai-Sachme im dritten und vierten ‚Joseph‘-Band porträtiert.

15 *Hermann Rauschning:* Vermutlich Hermann Rauschning, ‚Herr Hitler, Ihre Zeit ist
um! Offenes Wort und letzter Appell', Zürich: Europa-Verlag 1939. Siehe Thomas
Manns Brief vom 18.5.1939, Anm. 10.

16 *Einleitung zu „Anna Karenina“:* Vom 2.–13.8.1939 schrieb Thomas Mann eine Einleitung zu einer amerikanischen Ausgabe von Leo Tolstois ‚Anna Karenina': Leo
Tolstoy, ‚Anna Karenina', translated from the Russian by Constance Garnett with an
introductory essay by Thomas Mann and illustrations by Philip Reisman, New York:
Random House 1939, 2 Bände.

17 *„Lotte in Weimar“:* In Nordwijk aan Zee (16.6.–5.8.1939) arbeitete Thomas Mann am
siebenten (Abschluß am 24.7.1939) und am achten Kapitel von ‚Lotte in Weimar'. Er
beendete den Roman im Oktober 1939 in Princeton.

18 *im Herbst:* ‚Lotte in Weimar' erschien am 27.11.1939.

19 *verrückten amerikanischen Winter:* Thomas Mann deutet hier die verschiedenen Ak-
klimatisationsschwierigkeiten an, unter denen er in den ersten Monaten in Princeton
litt; sie führten zu einer schmerzhaften Hautnerven-Entzündung. Vor allem meint er
die vielen „politisch-literarisch-gesellschaftlichen Verpflichtungen“, die ihn während
des Winters sehr belasteten und in seiner Arbeit am ‚Lotte'-Roman behinderten. –
Über diesen „verrückten Winter“ schreibt Thomas Mann in einem Brief an Kuno
Fiedler vom 11.5.1939:

> Princeton N.J. 11.V.39
> 35 Stockton Street
>
> Lieber Dr. Fiedler,
> heute kam nun auch Ihr recht lesenswerter Nationalzeitungsausschnitt, – da ich Ihnen
> doch schon für mehrere freundliche u. interessante Briefe Dank schulde. Sie beschä-
> men mich, mit Arbeit belastet und dabei an Gesundheit nicht der Stärkste, wie auch
> Sie, wenigstens Ihrer Behauptung nach, sind. Aber das Leben hat es wirklich in letzter
> Zeit etwas bunt mit mir getrieben; von Briefschreiben konnte nicht die Rede sein,
> kaum daß es mit dem laufenden Hauptgeschäft vorwärtsgegangen ist, – eine solche
> Kette von literarisch-politisch-sozialen Zumutungen und Verpflichtungen hat sich
> gleich wieder an die kaum absolvierte fünfwöchige Vortragsreise gereiht. In meine
> Korrespondenz teilen sich 3 Personen, eine Engländerin, ein junger Literat, Dr. Mei-
> sel, und meine Frau. Ich rühre die Sachen kaum noch an, wenn ich die Handschrift
> nicht kenne. Was ich mache, sind Reden, speeches, lectures, die dann auch gehalten sein
> wollen: bei politischen Dinners, Meetings und vor der akademischen Jugend. Gestern
> habe ich hier für die boys auf englisch über den „Zauberberg“ gesprochen, es war ganz
> hübsch und wird sich ja sonst noch verwenden lassen. Aber man hätte anderes zu thun.
> Heute schloß ich die Dankesansprache ab, die ich nächste Woche hier bei Empfang des
> Dr. of letters h.c. zu halten haben werde. Wird auch eine recht erhebende Ceremonie,
> aber weitergehen kann und darf es so nicht. Längst regt sich Fluchtdrang vor dem
> kolossal-naiven Eifer dieser Öffentlichkeit, und ich denke ernstlich daran, mich, um
> den vierten Joseph zu schreiben, nach Californien ins Privatleben zurückzuziehen.
> Und Sie? Nun, Sie predigen – und predigen tauben Ohren wie wir alle. Gleichwohl ist
> es nachher besser, man hat seine Schuldigkeit getan. Wird man sich im Sommer wie-
> dersehen? Aber darauf können Sie ebenso wenig antworten, wie ich es im Augenblick
> kann. Hier verzichtet einer nach dem andern auf seine vorgehabte Europa-Reise. Wir
> haben es noch nicht endgültig getan. Man ist abhängig von den Inspirationen eines
> schmutzigen Hanswursten, so verhält es sich nun einmal. Noch denke ich ernstlich an

ein *schwedisches* Seebad für die Sommermonate. Von dort aus könnte wenigstens meine Frau, wenn ihre alten Eltern nackt und bloß über die Schweizer Grenze gelangen, was sie anstreben, rasch hinunterfliegen, um ihnen die vorzeitig ererbten Perlen und Diamanten zu bringen, von denen sie das Restchen ihres Lebens bestreiten können. Sie sind 89 und 83.

Wird England das Bündnis mit Rußland schließen? Es wäre Bedeutendes damit geschehen, und fast würde es auf mich wie ein Wunder wirken. Demokratie und Sozialismus hätten zusammengefunden – glückliche atmosphärische Veränderungen, vom rein Militärisch-Machtmäßigen abgesehen, könnten nicht ausbleiben. Aber zwei große internationale Mächte, Katholizismus und Kapitalismus, suchen es zu verhindern, und daß man ein neues München herbeizuführen wenigstens versuchen wird, ist mir gewiß.

Ihr Thomas Mann

Siehe hierzu auch Thomas Manns Brief an Gottfried Bermann Fischer vom 11.2.1939, an Ida Herz vom 19.2.1939, an Agnes E. Meyer vom 4.3.1939 und 20.5.1939 und an Käte Hamburger vom 28.5.1939.

20 *Nizza:* Seit seinem Aufenthalt in Sanary-sur-mer im Sommer 1933 war Thomas Mann bereits zweimal – 1935 und 1936 – für ein paar Tage nach Südfrankreich gereist, um dort seinen Bruder und die anderen Emigranten zu besuchen. 1939 mußte er wegen verschiedener Verpflichtungen auf einen solchen Besuch verzichten.

137   18.1.1940   René Schickele an Thomas Mann, ms.Br.
1 *Ihre Botschaft an den Sozialdemokratischen Bund in New York:* Unbekannt. Vgl. aber Tagebuch vom 17.11.1939.
2 *ein lebendig Wesen:* Johann Wolfgang von Goethe, ‚Gingo biloba‘.
3 *der grosse Pasteur:* Louis Pasteur (1822–1895), französischer Chemiker und Biologe. Stelle unbekannt.
4 *in meinem Büchlein über Lawrence:* René Schickele, ‚Liebe und Ärgernis des D.H. Lawrence‘, Amsterdam: de Lange 1934, Kapitel ‚Huitzilopochtli‘, S. 83–99, hier S. 91 f.:

Ramon und Cipriano, obwohl in allem verschieden, können einander gleichen, als wären sie Zwillinge. Ramon führt Cipriano, der Kopf den Leib – so führt die Sonne die Erde. Die Sonne strahlt Wärme aus, ihre Wärme fällt befruchtend in den Schoss der Erde, und doch sind beide, Ramon und Cipriano, hauptsächlich Männer.
In einer gewissen Stille freilich werden sie einander ähnlich und beinahe eins. Dann hat sich das Tiefste von ihnen in der Tiefe der Erde vereinigt, auf der dunkeln Schwelle, hinter der die andre Sonne wohnt. Und dann kann ihnen auch die Irländerin Kate bis zur Verschmelzung nahe sein, obwohl sie gerade dann in einem Masse Weib ist, wie sonst nie.

5 *Napoleon zu Goethe:* Erfurt, 2.10.1809.
6 *„Lotte in Weimar“:* Thomas Mann, ‚Lotte in Weimar‘, Roman, Stockholm: Bermann-Fischer 1939.

7 *Szene im Wagen:* Thomas Mann, ‚Lotte in Weimar‘, Neuntes Kapitel (II, 138 749–765).

15.2.1940 Thomas Mann an Anna Schickele, hs. Br.
1 *Telegramm:* Thomas Manns Telegramm an Anna Schickele vom 6.2.1940 zum Tode von René Schickele am 31.1.1940. Am 5.2.1940 schreibt Thomas Mann im Tagebuch: „Nachricht vom Tode René Schickele’s, schmerzhaft.“ Siehe hierzu auch Thomas Manns Nachruf ‚René Schickele †‘, in: The New York Times Book Review, New York, 26.5.1940 (im Anhang).
2 *in Princeton Ihren Sohn Rainer:* Im Tagebuch vom 1.1.1940 vermerkt Thomas Mann folgenden Besuch: „Zum Lunch kleine Gesellschaft: *Mrs. Shentone* u. Söhnchen, *Ladenburgs* und *Rainer* Schickele.“ Rainer Schickele lebte bereits seit 1933 in den USA, vorwiegend in Berkeley.
3 *Reise:* Vom 6.–29.2.1940 unternahm Thomas Mann eine mehrwöchige Vortragsreise 139 durch den mittleren Westen und in den Süden der Vereinigten Staaten mit ‚The Problem of Freedom‘. Er las den Vortrag am 7.2. in Delaware, am 9.2. in Dubuque, am 13.2. in Ames, am 15.2. in Minneapolis, am 17.2. in Topeca, am 19.2. in Dallas, am 21.2. in Houston. Vom 22.2. an hielt er sich in San Antonio auf, las aber am 26.2. noch in Denton, Texas. Vgl. hierzu auch Thomas Manns Tagebuch-Notate vom 6.–29.2.1940.
4 *Brief:* René Schickeles Brief vom 18.1.1940. Am 12.2.1940 schreibt Thomas Mann im Tagebuch: „Posthumer Brief Schickele’s, 14 Tage vor seinem Tode, ohne Andeutung eines Vorgefühls. Schreibt über ‚Lotte‘, ‚grüßt einen Geniestreich‘, bezweifelt das Schlußkapitel, von dessen Herzenston Fiedler, der gleichzeitig schrieb, mehr gewünscht hätte. F., noch im Spital, von seinem Mittelohr-Accident genesend. Die Worte Schickeles sonderbar dumpf zu Herzen gehend.“ Und am 14.2.1940 notiert Thomas Mann: „Der Gedanke an den toten Schickele bleibt gegenwärtig, an die unheimliche Unmöglichkeit, ihm auf seinen Brief dankbar zu erwidern, an das Ausscheiden der sinnvollen Freunde, d.h. Empfindungs- u. Erlebnisgenossen.“
5 *mein letztes Buch:* Thomas Mann, ‚Lotte in Weimar‘, Roman, Stockholm: Bermann-Fischer 1939.
6 *Ihren Söhnen:* Rainer und Hans Schickele, die beide – seit 1933 bzw. 1936 – in den Vereinigten Staaten, Berkeley und Carmel, lebten. Anna Schickele wohnte in den folgenden Jahren in Amerika und hat Thomas Mann in Pacific Palisades mehrmals besucht (vgl. TB 1.6.1940, 10.10.1941, 22.11.1941, 20.1.1942).

BERICHT UND DANK

1. *Briefbestand*: Erhalten sind insgesamt 86 Briefe, 52 von Thomas Mann, 34 von René Schickele. Die einen liegen im Deutschen Literaturarchiv Marbach, die andern im Thomas-Mann-Archiv der ETH Zürich. Die Abschrift eines weiteren Thomas-Mann-Briefes liegt in der „Sammlung Hans-Otto Mayer", Düsseldorf. Wir danken den genannten Institutionen und vor allem den Familien Mann und Schickele für die Erlaubnis zum Abdruck der Briefe.

2. *Text*: Was Thomas Mann am 6. 10. 1936 zu einem Brief von Schickele schrieb, haben auch die Herausgeber lebhaft empfunden: „... nicht leicht zu erobern ist das Geschenk, und vor das Vergnügen ist die Qual gesetzt. Ihre Handschrift, offen gesagt, nimmt einen immer privateren Charakter an, und ganz bin weder ich noch ist meine Frau der krausen Runen Herr geworden. Freilich kommt es mir wohl nicht zu, einen Stein aufzuheben, – gesetzt, ich dächte an eine so grobe Geste." Der Text handgeschriebener Runen beider Autoren ist buchstabengetreu wiedergegeben. Mit Maschine geschriebene Briefe sind der heutigen Rechtschreibung angepaßt worden.

3. *Kommentar*: Die Anmerkungen versuchen, etwas von der Umwelt der beiden Autoren anzudeuten. Sie richten sich an Leser, die Thomas Manns oder Schickeles Tagebücher nicht zur Hand haben. Auch werden Briefwechsel des Umfelds herangezogen, vor allem jene mit Heinrich Mann und Annette Kolb.

4. *Anhang*: Hier sind vornehmlich Dokumente abgedruckt, die das Verhältnis der beiden Autoren vor der Zeit des Briefwechsels beleuchten. Thomas Manns Nachruf auf Schickele erweist sich als Wiederabdruck des Aufsatzes über die französische Ausgabe der *Witwe Bosca*; Thomas Mann hat dem Aufsatz von 1939 lediglich einen neuen Ingreß vorangestellt.

6. *Dank*: Ich danke Cornelia Bernini und Rosmarie Hintermann, meinen Mitarbeiterinnen am Thomas-Mann-Archiv der ETH Zürich, für ihre Unentwegtheit bei der Herstellung des Kommentars und beim Schreiben der Satzvorlage.

Redaktionsschluß: 1. 3. 1990   H. W.

BRIEFVERZEICHNIS

DLA   = Deutsches Literaturarchiv Marbach
TMA   = Thomas-Mann-Archiv, Zürich
HOM   = Sammlung Hans-Otto Mayer, Düsseldorf

6.12.1930	René Schickele an Thomas Mann (TMA)
16.12.1930	René Schickele an Thomas Mann (DLA)
20. 5.1931	Thomas Mann an René Schickele (DLA)
21.12.1932	Thomas Mann an René Schickele (DLA)
14. 1.1933	Thomas Mann an René Schickele (DLA)
27. 2.1933	Thomas Mann an René Schickele (DLA)
13. 4.1933	Thomas Mann an René Schickele (DLA)
17. 4.1933	René Schickele an Thomas Mann (TMA)
23. 4.1933	René Schickele an Thomas Mann (TMA)
23. 4.1933	Thomas Mann an René Schickele (DLA)
23. 9.1933	Thomas Mann an René Schickele (DLA)
10.10.1933	René Schickele an Thomas Mann (TMA)
17.10.1933	Thomas Mann an René Schickele (DLA)
29.10.1933	Thomas Mann an René Schickele (DLA)
18.11.1933	René Schickele an Thomas Mann (TMA)
24.11.1933	Thomas Mann an René Schickele (DLA)
2.12.1933	Thomas Mann an René Schickele (DLA)
14.12.1933	Thomas Mann an René Schickele (DLA)
8. 1.1934	Thomas Mann an René Schickele (DLA)
25. 1.1934	René Schickele an Thomas Mann (TMA)
2. 2.1934	Thomas Mann an René Schickele (DLA)
29. 2.1934	René Schickele an Thomas Mann (TMA)
2. 3.1934	Thomas Mann an René Schickele (DLA)
6. 3.1934	Thomas Mann an René Schickele (DLA)
[22. 3.1934]	René Schickele an Thomas Mann (TMA)
2. 4.1934	Thomas Mann an René Schickele (DLA)
17. 4.1934	Thomas Mann an René Schickele (DLA)
26. 4.1934	René Schickele an Thomas Mann (TMA)
13. 5.1934	René Schickele an Thomas Mann (TMA)
16. 5.1934	Thomas Mann an René Schickele (DLA)
25. 6.1934	René Schickele an Thomas Mann (TMA)
3. 7.1934	Thomas Mann an René Schickele (DLA)
25./ 27.7.1934	Katia und Thomas Mann an René Schickele (DLA)

10. 8.1934	Thomas Mann an René Schickele (DLA)
5. 9.1934	René Schickele an Thomas Mann (TMA)
12. 9.1934	Thomas Mann an René Schickele (DLA)
23. 9.1934	Thomas Mann an René Schickele (DLA)
12.10.1934	Thomas Mann an René Schickele (DLA)
24.11.1934	René Schickele an Thomas Mann (TMA)
26.11.1934	Thomas Mann an René Schickele (DLA)
16.12.1934	Thomas Mann an René Schickele (DLA)
1. 1.1935	Thomas Mann an René Schickele (DLA)
1. 3.1935	Thomas Mann an René Schickele (DLA)
28. 3.1935	Thomas Mann an René Schickele (DLA)
4. 5.1935	Thomas Mann an René Schickele (DLA)
5. 6.1935	René Schickele an Thomas Mann (TMA)
[zum 6.6.1935]	René Schickele an Thomas Mann (TMA)
7. 6.1935	Thomas Mann an René Schickele (DLA)
25. 7.1935	Thomas Mann an René Schickele (DLA)
17.10.1935	René Schickele an Thomas Mann (TMA)
31.10.1935	Thomas Mann an René Schickele (DLA)
16.11.1935	René Schickele an Thomas Mann (TMA)
22.11.1935	Thomas Mann an René Schickele (DLA)
16.12.1935	Thomas Mann an René Schickele (TMA, Fkop.)
20.12.1935	Thomas Mann an René Schickele (DLA)
6. 2.1936	René Schickele an Thomas Mann (TMA)
14. 2.1936	René Schickele an Thomas Mann (TMA)
19. 2.1936	Thomas Mann an René Schickele (DLA)
29. 9.1936	René Schickele an Thomas Mann (TMA)
6.10.1936	Thomas Mann an René Schickele (DLA)
19.12.1936	René Schickele an Thomas Mann (DLA, Entwurf)
20. 1.1937	René Schickele an Thomas Mann (TMA)
1. 2.1937	René Schickele an Thomas Mann (TMA)
5. 2.1937	Thomas Mann an René Schickele (DLA)
Ostern 1937	René Schickele an Thomas Mann (DLA)
1. 4.1937	Thomas Mann an René Schickele (DLA)
29. 5.1937	René Schickele an Thomas Mann (TMA)
31. 5.1937	Thomas Mann an René Schickele (DLA)
4. 6.1937	René Schickele an Thomas Mann (TMA)
8. 6.1937	René Schickele an Thomas Mann (DLA, Entwurf)

4. 7.1937	René Schickele an Thomas Mann (TMA)
10. 7.1937	Thomas Mann an René Schickele (DLA)
30. 9.1937	Thomas Mann an René Schickele (DLA)
24.11.1937	René Schickele an Thomas Mann (TMA)
25.11.1937	René Schickele an Thomas Mann (TMA)
27.11.1937	Thomas Mann an René Schickele (HOM, Abschrift)
6. 1.1938	René Schickele an Thomas Mann (TMA)
9. 1.1938	René Schickele an Thomas Mann (TMA)
27. 1.1938	Thomas Mann an René Schickele (DLA)
15. 7.1938	Thomas Mann an René Schickele (DLA)
31.12.1938	Thomas Mann an René Schickele (DLA)
21. 4.1939	Thomas Mann an René Schickele (DLA)
18. 5.1939	Thomas Mann an René Schickele (DLA)
23. 5.1939	Thomas Mann an René Schickele (DLA)
29. 7.1939	Thomas Mann an René Schickele (DLA)
18. 1.1940	René Schickele an Thomas Mann (TMA)
15. 2.1940	Thomas Mann an Anna Schickele (DLA)

LITERATURVERZEICHNIS

I. THOMAS MANN

1. Gesammelte Werke, Briefe, Tagebücher u. a.

Gesammelte Werke in dreizehn Bänden, Frankfurt a. M.: S. Fischer 1974 [Band, Seite].

Aufsätze, Reden, Essays, Bd. 1: 1893–1913; Bd. 2: 1914–1918; Bd. 3: 1919–1925, hrsg. von Harry Matter, Berlin; Weimar: Aufbau-Verlag 1983 ff.

Briefe 1889–1936; 1937–1947; 1948–1955, hrsg. von Erika Mann, Frankfurt a. M.: S. Fischer 1961; 1963; 1965 [Br., Band, Seite].

Briefwechsel mit Autoren, hrsg. von Hans Wysling, Frankfurt a. M.: S. Fischer 1988 [Brw. mit Autoren].

Briefwechsel mit seinem Verleger Gottfried Bermann Fischer, 1932–1955, hrsg. von Peter de Mendelssohn, Frankfurt a. M.: S. Fischer 1973.

Samuel Fischer, Hedwig Fischer, Briefwechsel mit Autoren, hrsg. von Dierk Rodewald und Corinna Fiedler, mit einer Einführung von Bernhard Zeller, Frankfurt a. M.: S. Fischer 1989, S. 394–466, 966–988.

Hermann Hesse – Thomas Mann, Briefwechsel, hrsg. von Anni Carlsson, Frankfurt a. M.: Suhrkamp/Fischer 1968 (dass., erweitert von Volker Michels, Vorwort: Theodore Ziolkowski, Frankfurt a. M.: Suhrkamp/Fischer 1975 (Bibliothek Suhrkamp; Bd. 441).

Thomas Mann – Heinrich Mann, Briefwechsel 1900–1949, hrsg. von Hans Wysling, Frankfurt a. M.: S. Fischer 1984.

Thomas Mann – Heinrich Mann, Briefwechsel. Neu aufgefundene Briefe 1933–1949, hrsg. von Hans Wysling unter Mitwirkung von Thomas Sprecher, in: Thomas Mann Jahrbuch, Frankfurt a. M., 1988, Bd. 1, S. 167–230.

Thomas Mann, Briefe an René Schickele, in: Der Monat, Berlin, November 1961, Jg. 14, H. 158, S. 45–53.

Paul Kurt Ackermann, Comments on „Joseph und seine Brüder" in some unpublished letters from Thomas Mann to René Schickele, in: Monatshefte. A journal devoted to the study of German language and literature, Madison, Wis., Mai 1962, Jg. 54, Nr. 4, S. 197–200.

Paul Kurt Ackermann, A letter to René Schickele, in: Boston University journal, Boston, 1971, vol. 19, no. 2, p. 14–18.

Paul Kurt Ackermann, A letter to René Schickele, in: Boston University journal, Boston, 1980, vol. 26, no. 3, p. 90–94.

Tagebücher 1933–1934; 1935–1936; 1937–1939; 1940–1943, hrsg. von Peter de Mendelssohn, Frankfurt a. M.: S. Fischer 1977 ff.

Notizbücher, hrsg. von Hans Wysling und Yvonne Schmidlin, Frankfurt a. M.: S. Fischer 1991 f.

Dichter über ihre Dichtungen, Bd. 14/I–III: Thomas Mann, hrsg. von Hans Wysling unter Mitwirkung von Marianne Fischer, München/Frankfurt a. M.: Heimeran/S. Fischer 1975 ff. [DüD I–III].

2. Hilfsmittel

Sigrid Anger (Hrsg.), Heinrich Mann 1871–1950. Werk und Leben in Dokumenten und Bildern. Mit unveröffentlichten Manuskripten und Briefen aus dem Nachlaß, Geleitwort von Alexander Abusch, 2. Aufl., Berlin und Weimar: Aufbau-Verlag 1977 (Veröffentlichung der Akademie der Künste der Deutschen Demokratischen Republik).

Hans Bender, Das Maß verehren, den Wert verteidigen. Thomas Mann und seine Zeitschrift „Maß und Wert", in: Die Weltwoche, Zürich, 18.6.1965.

Hans Bender, Der Herausgeber und sein Redactor. Ein Nebenkapitel der Thomas-Mann-Biographie, in: Heinz Ludwig Arnold (Hrsg.), Text + Kritik. Sonderband. Thomas Mann, 2., erw. Aufl., München: edition text + kritik 1982, S. 164–168.

Georg Bernhard, Der Fall S. Fischer, in: Pariser Tageblatt, Paris, 19.1.1936.

Gottfried Bermann Fischer, Bedroht – bewahrt. Weg eines Verlegers, Frankfurt a.M.: S. Fischer 1967.

Hildegard Brenner, Ende einer bürgerlichen Kunst-Institution. Die politische Formierung der Preußischen Akademie der Künste ab 1933. Eine Dokumentation, Stuttgart: Deutsche Verlags-Anstalt 1972 (Schriftenreihe der Vierteljahrshefte für Zeitgeschichte; Nr. 24).

Walther Blunck, Thomas Mann und Hans Friedrich Blunck. Briefwechsel und Aufzeichnungen; zugleich eine Dokumentation, Hamburg: Troll 1969.

Bernhard Diebold, Thomas Mann: „Der Zauberberg", in: Frankfurter Zeitung, Frankfurt a.M., 19.12.1924.

Bernhard Diebold, Thomas Mann unter den Patriarchen, in: Frankfurter Zeitung, Frankfurt a.M., 25.10.1933.

Bernhard Diebold, Der zweite Joseph-Roman von Thomas Mann, in: Frankfurter Zeitung, Frankfurt a.M., 25.3.1934, Jg. 67, Nr. 12.

Paul Egon Hübinger, Thomas Mann, die Universität Bonn und die Zeitgeschichte. Drei Kapitel deutscher Vergangenheit aus dem Leben des Dichters, 1905–1955, München; Wien: Oldenbourg 1974, insbesondere S. 139 ff. und 392 ff.

Inge Jens, Dichter zwischen rechts und links. Die Geschichte der Sektion für Dichtkunst der Preußischen Akademie der Künste dargestellt nach den Dokumenten, München: Piper 1971.

Rolf Kieser, Erzwungene Symbiose. Thomas Mann, Robert Musil, Georg Kaiser und Bertolt Brecht im Schweizer Exil, Bern; Stuttgart: Haupt 1984, S. 23–79.

Erwin Guido Kolbenheyer, Die Sektion der Dichter an der Berliner Akademie, in: Süddeutsche Monatshefte, München, April 1931, Jg. 28, H. 7, S. 519–530.

Eduard Korrodi, Thomas Manns Vorlesung, in: Neue Zürcher Zeitung, Zürich, 9.11.1933.

Eduard Korrodi, Der junge Joseph. Thomas Manns neuer Roman, in: Neue Zürcher Zeitung, Zürich, 26. und 28.3.1934.

Eduard Korrodi, Deutsche Literatur im Emigrantenspiegel, in: Neue Zürcher Zeitung, Zürich, 26.1.1936.

Ferdinand Lion, Der Neue Merkur / Maß und Wert, in: Akzente. Zeitschrift für Dichtung, München, Februar 1963, Jg. 63, H. 1, S. 34–40.

Heinrich Mann, Der Sechzigjährige, in: Die Sammlung, Amsterdam, Juni 1935, Jg. 2, H. 10, S. 505–509.

Heinrich Mann, Begrüßung des Ausgebürgerten, in: Die neue Weltbühne, Prag [u.a.], 10.12.1936, Jg. 32, Nr. 50, S. 1564 ff.

Peter de Mendelssohn, S. Fischer und sein Verlag, Frankfurt a.M.: S. Fischer 1970.

Werner Mittenzwei, Exil in der Schweiz, 2. verb. u. erw. Aufl., Leipzig: Reclam 1981 (Kunst und Literatur im antifaschistischen Exil 1933–1945 in sieben Bänden; Bd. 2) (Reclams Universalbibliothek; Bd. 768).

Friedrich Pfäfflin und Ingrid Kussmaul, S. Fischer, Verlag. Von der Gründung bis zur Rückkehr aus dem Exil. Eine Ausstellung des Deutschen Literaturarchivs im Schiller-Nationalmuseum Marbach am Neckar, Marbach a.N.: Deutsche Schillergesellschaft 1985 (Marbacher Katalog 40).

Wilhelm Schäfer, Der Gedanke einer deutschen Dichter-Akademie und die Sektion für Dichtkunst an der Preußischen Akademie der Künste, in: Frankfurter Zeitung, Frankfurt a.M., 28.10.1929, Jg. 74, Nr. 805.

Dieter Schiller et al., Exil in Frankreich, Leipzig: Reclam 1981 (Kunst und Literatur im antifaschistischen Exil 1933–1945 in sieben Bänden; Bd. 7) (Reclams Universalbibliothek; Bd. 867).

Klaus Schröter (Hrsg.), Thomas Mann im Urteil seiner Zeit. Dokumente 1891–1955, Hamburg: Christian Wegner Verlag 1969.

Thomas Sprecher, Thomas Mann im Schweizer Exil 1933–1938, in: Blätter der Thomas Mann Gesellschaft, Zürich, 1989–1990, Nr. 23, S. 5–27, 44–46.

Peter Stahlberger, Der Zürcher Verleger Emil Oprecht und die deutsche politische Emigration 1933–1945, mit einem Vorwort von Professor Dr. J.R. von Salis, Zürich: Europa Verlag 1970.

Siegfried Unseld (Hrsg.), Hermann Hesse – Peter Suhrkamp. Briefwechsel 1945–1959, Frankfurt a.M.: Suhrkamp 1969.

Siegfried Unseld, Peter Suhrkamp. Zur Biographie eines Verlegers in Daten, Dokumenten und Bildern, Frankfurt a.M.: Suhrkamp 1975 (suhrkamp taschenbuch; 260).

Siegfried Unseld, Der Autor und sein Verleger. Vorlesungen in Mainz und Austin, Frankfurt a.M.: Suhrkamp 1986.

Siegfried Unseld, Geschichte des Suhrkamp Verlages. 1. Juli 1950 bis 30. Juni 1990, Frankfurt a.M.: Suhrkamp 1990.

Hans Wysling/Yvonne Schmidlin, Bild und Text bei Thomas Mann, Bern und München: Francke 1975.

Hans Wysling, Narzißmus und illusionäre Existenzform. Zu Thomas Manns Hochstapler-Roman, Bern und München: Francke 1982 (Thomas-Mann-Studien; 5).

II. RENÉ SCHICKELE

1. Gesammelte Werke, Briefe, Tagebücher u.a.

Werke in drei Bänden, hrsg. von Hermann Kesten unter Mitarbeit von Anna Schickele, Köln; Berlin: Kiepenheuer & Witsch 1959–1961 [RS, Band, Seite].

Briefe, in: Werke in drei Bänden, hrsg. von Hermann Kesten unter Mitarbeit von Anna Schickele, Köln; Berlin: Kiepenheuer & Witsch 1961, Bd. 3, S. 1131–1265.

Samuel Fischer, Hedwig Fischer, Briefwechsel mit Autoren, hrsg. von Dierk Rodewald und Corinna Fiedler, mit einer Einführung von Bernhard Zeller, Frankfurt a.M.: S. Fischer 1989, S. 796–800, 1095–1097.

Hermann Kesten (Hrsg.), Deutsche Literatur im Exil. Briefe europäischer Autoren 1933–1949, Wien; München; Basel: Verlag Kurt Desch 1964, S. 74–76, 81f., 109–111, 125, 129.

Annette Kolb – René Schickele, Götterdämmerung für uns. Aus dem Briefwechsel 1935, in: Akzente. Zeitschrift für Literatur, München, Dezember 1973, Jg. 20, H. 6, S. 536–549.

Annette Kolb – René Schickele, Briefe im Exil 1933–1940, in Zusammenarbeit mit Heidemarie Gruppe hrsg. von Hans Bender, Mainz: v. Hase & Koehler Verlag 1987 (Die Mainzer Reihe; Bd. 65).

Christian Hallier, Friedrich Lienhard und Christian Schmitt. Zur hundertsten Wiederkehr ihrer Geburtstage, in: Christian Hallier (Hrsg.), Studien der Erwin von Steinbach-Stiftung, Frankfurt a. M. 1965, Bd. 1, S. 65–104, insbesondere S. 96–102 (Briefe René Schickeles an Friedrich Lienhard).

Klaus Mann, Briefe und Antworten 1922–1949, hrsg. und mit einem Vorwort von Martin Gregor-Dellin, München: Edition Spangenberg im Ellermann Verlag 1987, S. 103 f., 109 f., 129 f., 140–145, 180 f., 186, 191 f., 203–205, 207 f.

Julie Meyer-Boghardt, „Cher maître". Die Korrespondenz zwischen René Schickele und Romain Rolland mit einigen ergänzenden Dokumenten, in: Literaturwissenschaftliches Jahrbuch, Berlin, 1988, N. F., Bd. 29, S. 84–137.

Die Blauen Hefte: I (10.6.1932–28.9.1932); II (Januar 1933–März 1933); III (1.4.1933–16.4.1933); IV (18.4.1933–18.5.1933), ungedruckt, Deutsches Literaturarchiv Marbach a. N.

Paul Kurt Ackermann, Excerpts from an unpublished diary of René Schickele, in: Monatshefte, Madison, Wis., November 1954, Jg. 46, Nr. 6, S. 332–338.

Tagebücher, in: Werke in drei Bänden, hrsg. von Hermann Kesten unter Mitarbeit von Anna Schickele, Köln; Berlin: Kiepenheuer & Witsch 1961, Bd. 3, S. 1011–1129.

2. Sekundärliteratur

Paul Kurt Ackermann, René Schickele. A critical study, Diss. Harvard University 1953.

Paul Kurt Ackermann, René Schickele. A Bibliography, in: Bulletin of Bibliography, New York, September–Dezember 1956, Jg. 22, H. 1, S. 8–14.

Friedrich Bentmann (Hrsg.), René Schickele. Leben und Werk in Dokumenten, Nürnberg: H. Carl 1974.

Konrad Bieber, René Schickele: a hyphen between France and Germany, in: Jadavpur Journal of Comparative Literature, Calcutta, 1962, Bd. 2, S. 7–15.

Sebastian Brant, Der Dolchstoß der Literaten. Die Mitarbeiter der „Weißen Blätter" – Ein „schwarzes" Kapitel aus dem Weltkrieg, in: Deutsche Treue. Zeitschrift für monarchische Staatsauffassung, hrsg. vom Nationalverband Deutscher Offiziere, Berlin–Reichenbach, 6.8.1931, Nr. 31/32, S. 3/4, und 20.8.1931, Nr. 33/34, S. 3–5.

Franz Büchler, René Schickele. Ein literarisches Porträt, in: Studien der Erwin von Steinbach-Stiftung, Frankfurt a. M., 1965, Bd. 1, S. 105–125.

Peter Burri, Im Schatten des Mondes. „Am Glockenturm" von René Schickele uraufgeführt, in: Frankfurter Allgemeine, Frankfurt a. M., 28.2.1985.

Claudia Clavadetscher, René Schickeles Schweizer Jahre 1915–1919. Zum 100. Geburtstag des Dichters am 4. August, in: Neue Zürcher Zeitung, Zürich, 4.8.1983, Nr. 179, S. 25.

Kasimir Edschmid, Dichter, Zeit, René Schickele, in: Kasimir Edschmid, Die doppelköpfige Nymphe. Aufsätze über die Literatur und die Gegenwart, Berlin: Paul Cassirer 1920, S. 47–55.

Adrien Finck, Introduction à l'œuvre de René Schickele, Strasbourg: SALDE 1982.

Adrien Finck, Actualité de René Schickele, in: Revue alsacienne de littérature, Strasbourg, 1983, n° 3.

Adrien Finck, Im Herzen die Weisheit zweier Völker. Französischer Staatsangehöriger und deutscher Dichter: René Schickele zum 100. Geburtstag, in: Die Welt, Bonn, 4.8.1983.

Adrien Finck, „Immerhin gehöre ich zur deutschen Literatur". Im 100. Geburtsjahr René Schickeles, in: Allmende. Eine alemannische Zeitschrift, 1983, Jg. 3, H. 3, S. 150–154.

Adrien Finck und Maryse Staiber (Hrsg.), Elsässer, Europäer, Pazifist. Studien zu René Schickele, Kehl; Strasbourg; Basel: Morstadt 1984.

Klaus Fischer, Der Wikinger und das Eskimomädchen. Eine Erinnerung an Marianne Flake, in: Stuttgarter Zeitung, Stuttgart, 12.1.1985.

Otto Flake, Von der jüngsten Literatur, in: Die neue Rundschau, Berlin, 1915, Bd. 2, S. 1276–1287.

Varian Fry, Auslieferung auf Verlangen. Die Rettung deutscher Emigranten in Marseille 1940/41, hrsg. und mit einem Anhang vers. von Wolfgang D. Elfe und Jan Hans, München; Wien: Hanser 1986.

Ernst Glaeser, Flaschenpost, in: Neue Zürcher Zeitung, Zürich, 24.5.1937, Abendausgabe, Nr. 930.

Barbara Glauert, René Schickele – Leben und Werk in Dokumenten. Ausstellung des oberrheinischen Dichtermuseums Karlsruhe, in: Börsenblatt für den Deutschen Buchhandel, Frankfurter Ausgabe, Frankfurt a.M., 31.5.1974, Jg. 30, Nr. 43, Aus dem Antiquariat, Nr. 5, S. A153–A158.

Ruth Greuner, Betrachtungen zur „Witwe Bosca", in: Neue Deutsche Literatur, Berlin, Juli 1976, Jg. 24, H. 7, S. 111–128.

Kurt R. Grossmann, Emigration. Geschichte der Hitler-Flüchtlinge 1933–1945, Frankfurt a.M.: Europäische Verlagsanstalt 1969.

Peter Härtling, Ein böses, ungestümes Lied. Peter Härtling über René Schickeles „Die Witwe Bosca", in: Frankfurter Allgemeine, Frankfurt a.M., 6.3.1980.

Christian Hallier, Friedrich Lienhard und Christian Schmitt. Zur hundertsten Wiederkehr ihrer Geburtstage, in: Christian Hallier (Hrsg.), Studien der Erwin von Steinbach-Stiftung, Frankfurt a.M., 1965, Bd. 1, S. 67–104.

Werner Herden, Die „preußische Dichterakademie" 1926–1933, in: Literarisches Leben in Berlin 1871–1933, hrsg. von Peter Wruck, Berlin: Akademie-Verlag 1987, Bd. 2, S. 151–193.

Walter Hinck, Die Dichter als Bettler. Der aufschlußreiche und bisweilen erschreckende Briefwechsel zwischen Annette Kolb und René Schickele, in: Frankfurter Allgemeine Zeitung, Frankfurt a.M., 6.2.1988.

Karl-Heinz Hucke, Utopie und Ideologie in der expressionistischen Lyrik, Tübingen: Niemeyer 1980, insbesondere S. 35–77.

Paul Hübner, Im Schnakenloch. René Schickele vor 100 Jahren im Elsaß geboren, in: Rheinische Post, Düsseldorf, 4.8.1983.

Hermann Kesten, René Schickele†, in: Das Neue Tage-Buch, Paris, 10.2.1940, Jg. 7, H. 6, S. 138–141.

Hermann Kesten, René Schickele, in: Hermann Kesten, Meine Freunde die Poeten, Wien; München: Donau Verlag 1953, S. 127–140.

Annette Kolb, René Schickele, in: Maß und Wert, Zürich, März/April 1940, Jg. 3, H. 3, S. 345 f.

Annette Kolb, Um René Schickele, in: Die neue Rundschau, Frankfurt a. M., 1950, Jg. 61, S. 278–282.

Annettte Kolb, René Schickele, in: Annette Kolb, Blätter in den Wind, Frankfurt a. M.: S. Fischer 1954, S. 198–203.

Helmut Koopmann, Der verlorene Schatten. Identitätsbedrohungen und Identitätssicherungen in der Literatur des Exils, in: Theo Stammen (Hrsg.), Vertreibung und Exil. Lebensformen – Lebenserfahrungen, München; Zürich: Verlag Schnell & Steiner 1990, S. 91–109.

Karl Kraus, René Schickele – Elsässer und Europäer. Besuch bei Anna Schickele in Badenweiler, in: Basler Nachrichten, Basel, 5. 12. 1972.

Herbert Lehnert, Geschichte der deutschen Literatur vom Jugendstil zum Expressionismus, Stuttgart: Reclam 1978 (Geschichte der deutschen Literatur von den Anfängen bis zur Gegenwart; Bd. 5) (Universal-Bibliothek; Nr. 10275), insbesondere S. 805–811.

Charles Linsmayer, Ein echter zweisprachiger Elsässer. Gedanken zu einer Anthologie über René Schickele, in: Sprachspiegel. Zweimonatsschrift, hrsg. vom Deutschschweizerischen Sprachverein, Zürich, 1974, Jg. 1, S. 120–122.

Ferdinand Lion, René Schickele, in: Hermann Friedmann und Otto Mann (Hrsg.), Expressionismus. Gestalten einer literarischen Bewegung, Heidelberg: Wolfgang Rothe Verlag 1956, S. 204–210.

Oskar Loerke, René Schickele. Zu seinem 50. Geburtstage, in: Die neue Rundschau, Berlin, August 1933, Jg. 44, H. 8, S. 285–287.

Heinrich Mann, Der Roman von René Schickele, in: Die literarische Welt, Berlin, 22. 10. 1926, Jg. 2, Nr. 43, S. 1.

Klaus Mann, René Schickele (Geburtstagsgruß), in: Die Sammlung, Amsterdam, September 1933, Jg. 1, H. 1, S. 56.

Klaus Mann, Neue Bücher (über René Schickeles Essay ‚Liebe und Ärgernis des D. H. Lawrence‘), in: Die Sammlung, Amsterdam, Dezember 1934, Jg. 2, H. 4, S. 201–210.

Klaus Mann, René Schickeles neuer Roman „Der Fall Richard Wolke", in: Pariser Tageszeitung, Paris, 5. 5. 1937, Jg. 2, S. 327.

Klaus Mann, Report on German writers, in: The Saturday Review of Literature, New York, 17. 7. 1937.

Klaus Mann und Hermann Kesten (eds.), Heart of Europe. An anthology of creative writing in Europe 1920–1940, with an introduction by Dorothy Canfield Fisher, New York: L. B. Fischer 1943.

Klaus Mann, Prüfungen. Schriften zur Literatur, hrsg. von Martin Gregor-Dellin, München: Nymphenburger Verlagshandlung 1968.

Gunter Martens, Stürmer in Rosen. Zum Kunstprogramm einer Straßburger Dichtergruppe der Jahrhundertwende, in: Roger Bauer et al. (Hrsg.), Fin de siècle. Zu Literatur und Kunst der Jahrhundertwende, Frankfurt a. M.: Klostermann 1977 (Studien zur Philosophie und Literatur des neunzehnten Jahrhunderts; Bd. 35), S. 481–507.

Raymond Matzen, René Schickele (1883–1940). Ein Europäer aus dem Elsaß, Vortrag am 18. Oktober 1989 gehalten in der Badischen Landesbibliothek Karlsruhe, Karlsruhe: Bad. Bibliotheksges. 1990.

Julie Meyer, Madonna-Kore und Mänade. Zeugnisse zum Wandel des Frauenbildes im

Werk René Schickeles zwischen 1907 und 1917, in: Literaturwissenschaftliches Jahrbuch, Berlin, 1976, N.F., Bd. 17, S. 191–246.

Julie Meyer, Vom elsässischen Kunstfrühling zur utopischen Civitas Hominum. Jugendstil und Expressionismus bei René Schickele (1900–1920), München: Fink 1981 (Münchner Germanistische Beiträge; Bd. 26). [Anhang I: Zeittafel zu Leben und Werk René Schickeles 1900–1920. Anhang II: Biographie der Werke und der zeitgenössischen Literatur 1900–1920].

Julie Meyer-Boghardt, „Cher maître". Die Korrespondenz zwischen René Schickele und Romain Rolland mit einigen ergänzenden Dokumenten, in: Literaturwissenschaftliches Jahrbuch, Berlin, 1988, N.F., Bd. 29, S. 84–137.

Julie Meyer-Boghardt, René Schickeles Anti-Muse oder: Wie die Wirklichkeit die Fiktion einholte, in: Recherches Germaniques, Paris, 1988, Nr. 18, S. 103–118.

Julie Meyer-Boghardt, Briefe im Exil: 1933–1940 / Annette Kolb, René Schickele. In Zusammenarbeit mit Heidemarie Gruppe hrsg. von Hans Bender, in: Literaturwissenschaftliches Jahrbuch, Berlin, 1990, N.F., Bd. 31, S. 422–430.

Balder Olden, Requiem für René Schickele, in: Die Neue Zeitung, München, 26.9.1947, S. 3.

Paul Raabe et al. (Hrsg.), Expressionismus. Literatur und Kunst 1910–1923. Eine Ausstellung des Deutschen Literaturarchivs im Schiller-Nationalmuseum Marbach a.N. vom 8. Mai bis 31. Oktober 1960, Marbach a.N.: Deutsche Schillergesellschaft 1986 (Sonderausstellungen des Schiller-Nationalmuseums; Katalog Nr. 7).

Wolfdietrich Rasch, Gespaltene Liebe. Wolfdietrich Rasch über René Schickeles „Das Erbe am Rhein", in: Frankfurter Allgemeine, Frankfurt a.M., 29.7.1982.

Wilhelm Roth, „Nur hell muß es sein". Zum 100. Geburtstag von René Schickele, in: Frankfurter Rundschau, Frankfurt a.M., 30.7.1983, S. 3.

K.H. Ruppel, René Schickele, in: Die neue Rundschau, Berlin, Juli 1934, Jg. 45, H. 7, S. 102–111.

Wolf Scheller, Von der Freundin Lo bis zur Witwe Boska. Eine längst notwendige Wiederbegegnung mit dem elsässischen Dichter René Schickele, in: Schwäbische Zeitung, Leutkirch, 15.3.1984.

Ursula Schenk, Anwalt der Völkerverständigung. Anmerkungen zum 100. Geburtstag von René Schickele, in: Göttinger Tageblatt, Göttingen, 4.8.1983.

Ursula Schenk, Vermittler zwischen Frankreich und Deutschland, in: Neue Deutsche Hefte, Berlin, 1986, Jg. 33, H. 2, Nr. 190, S. 342–349.

Wolfgang Schirrmacher, Versöhnung der Völker in der Poesie. Zum 100. Geburtstag des Schriftstellers René Schickele, in: Hessische/Niedersächsische Allgemeine, Kassel, 4.8.1983.

Rolf Schneider, Es schaffen bis zum Ende. Sanary in Südfrankreich – Zuflucht für Walter Benjamin und die anderen, in: Die Zeit, Hamburg, 7.10.1988, Nr. 41, S. 73/74.

Nicolaus Schubert, Uttwil, das Dorf der Dichter und Maler, Uttwil 1985.

Jean Jacques Schumacher, Redécouverte de René Schickele, in: Allemagne d'Aujourd'hui, Nouvelle série N° 49, Sept./Okt. 1975, S. 80ff.

Ernst Stadler, René Schickele, in: Ernst Stadler, Dichtungen, Schriften, Briefe. Kritische Ausgabe, hrsg. von Klaus Hurlebusch und Karl Ludwig Schneider, München: Beck 1983, S. 276–293.

Ernst Stadler, René Schickele: Weiß und Rot. Gedichte. Berlin 1910, in: Ernst Stadler, Dichtungen, Schriften, Briefe. Kritische Ausgabe, hrsg. von Klaus Hurlebusch und Karl Ludwig Schneider, München: Beck 1983, S. 307–315.

Maryse Staiber, Le départ en provence, in: Revue alsacienne de littérature, Strasbourg, 1985, n° 10.

Maryse Staiber, Situation de René Schickele en France (1932–1940), in: Revue d'Allemagne, Paris, avril–juin 1986, tome 18, no 2, p. 265–277.

Marie-Louise Staiber, L'exil de René Schickele 1932–1940, Thèse de Doctorat, Strasbourg 1988.

Joachim W. Storck, René Schickele – eine europäische Existenz, in: Frankfurter Hefte, Frankfurt a. M., August 1970, Jg. 25, H. 8, S. 577–588.

Joachim W. Storck, „Rebellenblut in den Adern". René Schickele als politischer Schriftsteller, in: Recherches Germaniques, Strasbourg, 1979, Nr. 9, S. 278–307.

Joachim W. Storck, Der späte Schickele. Ein Sonderfall der deutschen Exilliteratur, in: Jahrbuch der Deutschen Schillergesellschaft, Stuttgart, 1983, Bd. 27, S. 435–461.

Joachim W. Storck, Verfolgung und Exil. René Schickele und Alfred Mombert, in: Bernhard Zeller und Walter Scheffler (Hrsg.), Literatur im deutschen Südwesten, Stuttgart: Konrad Theiss Verlag 1987, S. 307–318.

Joachim W. Storck, René Schickele und Thomas Mann. Vortrag, gehalten am 16.11.1990 am Colloque Européen René Schickele in Strasbourg, Palais de l'Europe [Manuskript].

Geneviève Tempe, Die handschriftlichen Quellen zu René Schickeles Roman „Die Witwe Bosca". Ein Beitrag zur Entstehungsgeschichte des Werkes in den Jahren 1932–1933, in: Revue d'Allemagne, Paris, avril–juin 1986, tome 18, no 2, p. 278–322.

Frithjof Trapp, Die Autobiographie des Bankiers und Politikers Hugo Simon, in: Exil, Frankfurt a. M., 1986, Jg. 6, Nr. 2, S. 30–38.

Heinz Tüfers, „Garten der Freundschaft". René Schickele: „Überwindung der Grenze", in: Die Rheinpfalz, Ludwigshafen, 10.6.1987.

Margot Ulrich. Thomas Mann und René Schickele im Exil. Plädoyer für einen Briefwechsel, in: Heinrich Mann Jahrbuch, hrsg. von Helmut Koopmann und Peter-Paul Schneider, Lübeck 1983, Bd. 1, S. 171–186.

Ludvik Vaclavek, Literaturen der kulturellen Vermittlung, in: Philologica Pragensia, Prag, 1967, Jg. 10, H. 13, S. 193–202.

III. ZEITGENÖSSISCHES

Hans Brandenburg, München leuchtete. Jugenderinnerungen, München 1953.

Tilla Durieux, Meine ersten neunzig Jahre. Erinnerungen, München–Berlin 1971.

Lion Feuchtwanger/Arnold Zweig, Briefwechsel 1933–1958, hrsg. von Harold von Hofe, Berlin und Weimar: Aufbau-Verlag 1984, 2 Bde.

Otto Flake, Es wird Abend. Bericht aus einem langen Leben, Frankfurt a. M.: S. Fischer 1980 (Fischer Taschenbücher; 2272).

Ludwig Fulda, Briefwechsel 1882–1939. Zeugnisse des literarischen Lebens in Deutschland, 2 Bände, hrsg. von Bernhard Gajek und Wolfgang von Ungern-Sternberg, Frankfurt a. M.; Bern; New York; Paris: Lang 1988 (Regensburger Beiträge zur deutschen Sprach- und Literaturwissenschaft: Reihe A, Quellen; Bd. 4).

Harry Keßler, Tagebücher 1918–1937, hrsg. von Wolfgang Pfeiffer-Belli, Frankfurt a. M.: Insel-Verlag 1961.

Hermann Kesten, Lauter Literaten. Porträts, Erinnerungen, Wien; München; Basel: Verlag Kurt Desch 1963.

Hermann Kesten (Hrsg.), Deutsche Literatur im Exil. Briefe europäischer Autoren 1933–1949, Wien; München; Basel: Verlag Kurt Desch 1964.

Oskar Loerke, Tagebücher 1903–1939, hrsg. von Hermann Kasack, Frankfurt a.M.: Suhrkamp 1986 (Suhrkamp Taschenbuch; 1242).

Erika Mann, Briefe und Antworten, Bd. 1: 1922–1950; Bd. 2: 1951–1969, hrsg. von Anna Zanco Prestel, München: Edition Spangenberg im Ellermann Verlag 1984f.

Heinrich Mann, Zola, in: Die weißen Blätter, Leipzig, 1915, Jg. 2, H. 11, S. 1312–1382.

Heinrich Mann, Das überstandene Jahr, in: Die Sammlung, Amsterdam, Januar 1934, Jg. 1, H. 5, S. 225–231.

Heinrich Mann, Die Jugend des Königs Henri Quatre, Amsterdam: Querido 1935.

Heinrich Mann, Die Vollendung des Königs Henri Quatre, Amsterdam: Querido 1938.

Heinrich Mann, Ein Zeitalter wird besichtigt, Düsseldorf: Claassen 1974.

Klaus Mann, Der Wendepunkt. Ein Lebensbericht, München: Edition Spangenberg im Ellermann Verlag 1981.

Klaus Mann, Briefe und Antworten 1922–1949, hrsg. und mit einem Vorwort von Martin Gregor-Dellin, München: Edition Spangenberg im Ellermann Verlag 1987.

Klaus Mann, Tagebücher 1931–1933; 1934–1935; 1936–1937; 1938–1939, hrsg. von Joachim Heimannsberg, Peter Laemmle und Wilfried F. Schoeller, München: Edition Spangenberg 1989f.

Ludwig Marcuse, Mein zwanzigstes Jahrhundert. Auf dem Weg zu einer Autobiographie, München: List 1960.

Ludwig Marum, Briefe aus dem Konzentrationslager Kislau, ausgew. u. bearb. von Elisabeth Marum-Lunau u. Jörg Schadt, mit einem Lebensbild von Joachim W. Storck, Karlsruhe: Müller 1984.

Ernst Stadler, Dichtungen, Schriften, Briefe. Kritische Ausgabe, hrsg. von Klaus Hurlebusch und Karl Ludwig Schneider, München: Beck 1983.

Kurt Tucholsky, Ausgewählte Briefe 1913–1935, hrsg. von Mary Gerold-Tucholsky und Fritz J. Raddatz, Reinbek bei Hamburg: Rowohlt 1962.

Carl Zuckmayer, Als wär's ein Stück von mir, Frankfurt a.M.: S. Fischer 1966.

WERKREGISTER

PERSONENREGISTER

Abegg, Wilhelm *293*
Aita, Antonio *330*
Alexander der Große *52*
Alexandre, Maxime *129, 349, 356, 362, 364, 366, 377*
Alfandari-Botton, E. *349, 356, 362, 364, 366, 377*
Amersdorffer, Alexander *205*
Andersen Nexø, Martin *287f.*
– Pelle der Eroberer *287*
Andreae (Häusermakler) *224*
Apollinaire, Guillaume *356*
Aragon, Louis *287*
Aron, Robert *336*
Asch, Frau *361*
Asch, Schalom *22, 274, 283, 302*
Attila, Hunnenkönig *52*
Auden, Wystan H. *341*
Bab, Julius *233, 302*
Bach, Johann Sebastian *86, 163*
Baeck, Leo *233*
Baldwin, Stanley *339*
Ball, Hugo *257*
Barbey, Bernard *108, 125, 348, 363*
Barlach, Ernst *47, 243*
Barrère, Camille *38, 220f.*
Barrès, Maurice *194f.*
– Les déracinés *194*
Barth, Karl *297*
Basler, Otto *306, 327*
Bazard, S.-A. *373*
Bebel, August *350f.*
Becher, Johannes R. *55, 57, 176, 180, 255, 259, 269, 288*
– An den General (Gedicht) *180*
– An Europa *180*
– Hymne auf Rosa Luxemburg (Gedicht) *180*
– Päan gegen die Zeit *180*
Bedford, Sybille *261*
Beer-Hofmann, Richard *334*
Beethoven, Ludwig van
– Fidelio *87, 305*
Behr, M. *349, 356, 362, 364, 366, 377*

Benjamin, Walter *307*
Benn, Gottfried *38, 217, 219, 258, 297*
Benz, Wolfgang *233*
Bergson, Henri *298, 374*
Bernanos, Georges *232*
Bernhard, Georg *45f., 95, 127, 241, 346, 365*
– Der Fall S. Fischer *320–324*
Bernoulli, Christoph *224, 232*
Bernstein, Eduard *160, 350f.*
Bertaux, Félix *88f., 214, 308f.*
Bertaux, Pierre *224, 238*
Bertram, Ernst *42, 216, 246*
– Wartburg *42, 234*
Biemel, Rainer *125, 363*
Bierbaum, Otto Julius *217*
Billinger, Richard *314*
Biro, Ludwig *339*
Blankenhorn (Polizeioberst) *247*
Blei, Franz *256*
Bloch, Ernst
– Die Erbschaft dieser Zeit *298*
Blode, Hermann *262*
Bloem, Walter *38, 220*
Blum, Léon *305*
Blunck, Hans Friedrich *47f., 174, 239, 242f.*
Blunck, Walther
– Thomas Mann und Hans Friedrich Blunck *239, 242f.*
Bodmer, Hans C. *17, 106, 346*
Boer, Willem de *43, 58, 238, 260*
Bonnard, Abel *268*
– Le monde d' hier *64, 267f.*
Bonnet, Georges *302*
Bose, Herbert von *280*
Brant, Sebastian
– Der Dolchstoß der Literaten. Die Mitarbeiter der „Weißen Blätter" *7, 175–182, 199*
Braun, Max *232, 364*
Braun, Otto *365*
Brecht, Bertolt *7*
Bredel, Willi *327, 329*

Hesse, Hermann 14, 24, 28, 30f., 33f.,
  55, 60, 77, 91, 202ff., 212, 216, 257,
  264, 266, 290, 293f., 297, 303, 313,
  318, 321, 326ff., 354, 375
– Das Glasperlenspiel 293f.
– Die Nürnberger Reise 294
– Der Regenmacher 293f.
Hesse, Ninon 257, 294
Hessel, Franz 307
Heydrich, Reinhard 325f.
Heydt, Eduard von der 91, 313
Hildebrandt, Kurt
– Norm und Zerfall des Staates 246
Hilferding, Rudolf 86, 232, 335, 364
Himmler, Heinrich 280, 314, 325f.
Hindenburg, Paul von Beneckendorff
  und von 74, 263, 281, 284, 320
Hinkel, Hans 220, 247
Hirschfeld, Kurt 265, 354
Hitler, Adolf 7, 13f., 17, 21, 38, 43, 45f.,
  53, 57, 66, 79, 86ff., 90, 96, 124,
  132ff., 136, 186f., 199f., 228, 239, 253,
  263, 269, 274, 280ff., 284f., 293, 299,
  306, 308ff., 312, 321–326, 331, 342f.,
  368f., 372f., 375f., 380f.
Hoare, Sir Samuel 305f., 308f., 317f.
Hodler, Ferdinand 265
Hölderlin, Friedrich 246
– Hyperion oder Der Emerit in
  Griechenland 127f., 366
– Lebenslauf (Gedicht) 128, 366
Hoffmann, Max 30f., 204
Hofmannsthal, Hugo von 9, 290, 376
Hollnsteiner, Johannes 354
Holz, Arno 203, 205
Homer
– Ilias 63
Horovitz, Jakob 259
Horwitz, Kurt 327
Huch, Ricarda 27, 201, 208
– Der lautlose Aufstand 201
Hugo, Victor 46, 92, 240, 253, 316
Hull, Cordell 368
Humbert, Félix Nicolas 89, 309
Humboldt, Wilhelm von 207
Humm, Rudolf Jakob
– Bernard von Brentano: Prozeß ohne
  Richter 121, 360

Huxley, Aldous 75, 186, 234, 286, 292,
  331, 348
Huxley, Maria 186
Huysmans, Joris-Karl 45, 240f.
Ibsen, Henrik
– Peer Gynt 195
Jacobsen, Anna 239
Jacobsohn, Siegfried 244
Jaloux, Edmond
– Le Retour par René Schickele 371
James, William 374
Janin, M. 374
Jay, Hertha 311, 361
Jay, Herwy 311
Jean Paul (eig. Johann Paul Friedrich
  Richter) 44, 98, 102f., 238f., 331
– Blumen-, Frucht- und Dornenstücke
  oder Ehestand, Tod und Hochzeit des
  Armenadvokaten F.St. Siebenkäs im
  Reichsmarktflecken Kuhschnappel 103,
  339
Jens, Inge
– Dichter zwischen rechts und links.
  Die Geschichte der Sektion für Dicht-
  kunst der Preußischen Akademie der
  Künste 201ff., 209, 211f., 215, 217,
  219
Jerger, Alfred 305
Joel, Hedwig 224
John s. Long, John
Johnson, Alvin 355
Johst, Hanns 38, 219, 311
– Schlageter 38, 219
  Verein des Jüdischen Hilfswerks,
  New York 291f.
Jünger, Ernst 183
Jung, Edgar 280
Jungmann, Elisabeth 274f.
Kafka, Franz 12, 195, 297
Kaganowitsch, Lasar Moisejewitsch 288
Kahler, Erich von 107, 300, 327, 329,
  347, 354
Kahr, Gustav Ritter von 280
Kalser, Erwin 354
Kamenew, Leo Borissowitsch 337
Kant, Immanuel 123, 136
Karl der Große 21, 52f., 298
Karlweis-Wassermann, Marta 51